2022

令和4年度版

必勝合格 宅建士 テキスト

総合資格学院 編

総合資格学院

はじめに

民法・建築基準法の大改正に完全対応・徹底攻略！

「民法の一部を改正する法律」が、令和２年４月１日に施行されました。また、建築基準法や宅建業法についても改正があり、令和２年度は宅建試験が大きく変わる年となりました。そこで本書では、最新法令に合わせて大改訂し、法改正に完全対応・徹底攻略！ 安心して学習していただけます。

「必勝合格 宅建士テキスト」の特長

このテキストは、高い合格率を誇る総合資格学院の宅建講座で講座専用教材として使用しているテキストを、広く受験生のみなさんに提供するために編集したものです。実績のある講座の教材をベースにしたテキストですから、掲載項目の選定はもちろんのこと、解説内容や図表も、長年の合格指導によって蓄積された、合理的なノウハウによって裏打ちされたものばかり。みなさんも、ぜひ、このテキストを使って合格の栄冠を勝ち取ってください。

「必勝合格 宅建士テキスト」の編集方針

宅建試験は、例年20万人前後が受験する人気のある資格試験ですが、その合格率は15%～17%前後。決して簡単な資格試験ではありません。この難関を突破するためには、過去問の出題項目を把握することが不可欠です。ただ、過去問といっても、10年間で500問、2,000肢近くの選択肢があり、その中には合格・不合格に影響しないような問題や選択肢も数多く含まれます。「必勝合格 宅建士テキスト」では、過去の本試験問題を徹底的に分析し、「合格に必要十分な項目のみを合理的に簡潔に解説する」という観点に基づいて編集しています。

「必勝合格 宅建士過去問題集」と併用して最高の学習効果

「必勝合格 宅建士テキスト」の姉妹書として、「必勝合格 宅建士過去問題集」があります。この書籍も、総合資格学院の宅建講座で講座専用教材として使用している問題集を市販用として編集したものです。過去問演習用として、この「必勝合格 宅建士過去問題集」を本書と併用することで最高の学習効果が得られます。

「オリジナル問題集」「直前予想模試」でダメ押し

「必勝合格 宅建士テキスト」「必勝合格 宅建士過去問題集」に続いて、令和４年４月に「オリジナル問題集」を、６月には「直前予想模試」を刊行する予定です。両問題集ともに総合資格学院のノウハウを結集して作成したオリジナル問題を収録。ぜひ、チャレンジして、実力確認・弱点補強にご活用ください。

「必勝合格 宅建士テキスト」の特長と使い方

●最新法改正に対応

本書は、令和３年10月時点で判明している令和４年４月１日までに施行予定の最新法令に合わせて編集しています。

なお、本書編集後、令和４年４月１日（本試験出題基準日）までに新たな法改正があった場合には、追録並びにホームページにて告知致します（７月末頃のご案内になります）。追録をご希望の方は、本書挟み込みのハガキでご請求ください。

> 本書に関する法改正・追録・正誤などの最新情報がある場合は、ホームページおよび当学院出版サイトにてご案内いたします。
> 定期的にご確認いただくとともに、試験直前には必ずご確認ください。
> **総合資格学院HP　https://www.shikaku.co.jp/**
> **総合資格学院出版サイト　https://www.shikaku-books.jp/**

●ひと目でわかる学習優先順位

本文の右側余白部分に 重要度A 重要度B 重要度C という表現で、項目ごとに重要度すなわち学習の優先順位を示しています。

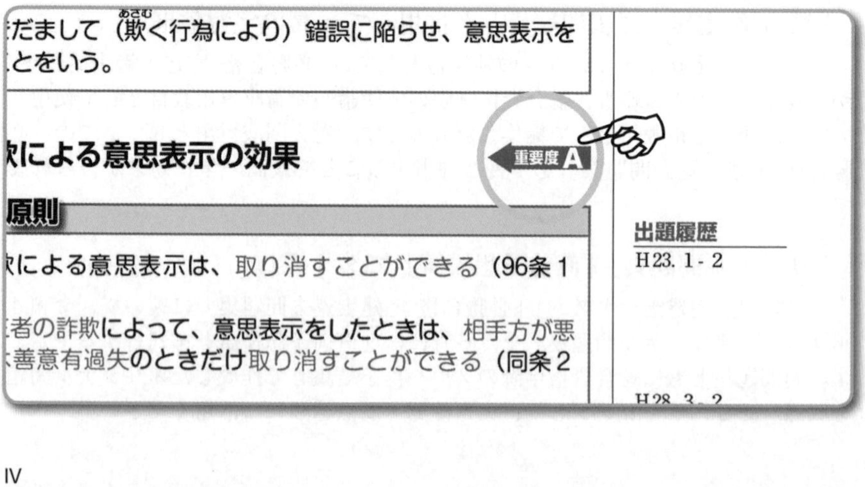

だまして（欺く行為により）錯誤に陥らせ、意思表示を
とをいう。
欺による意思表示の効果
重要度A
原則
欺による意思表示は、取り消すことができる（96条１
者の詐欺によって、意思表示をしたときは、相手方が悪
善意有過失のときだけ取り消すことができる（同条２
出題履歴
H23. 1 - 2
H28. 3 - 2

重要度A	最も重要度が高く、最優先でマスターすべきポイント
重要度B	重要度Aの次に重要度が高く、合格を勝ち取るには必要不可欠なポイント
重要度C	高度な知識、難度の高い知識等で最後に学習すべき項目
理解する	重要項目習得の前提として理解すべき部分
参考	難易度が高く参考程度に留めておけばよい項目

※確実に合格するためには、まず、理解する および 重要度A を最優先でマスターし、続いて 重要度B もマスターすることが必要です。

●各単元の最初に、合格に必要不可欠な重要ポイントを集約

ほとんどの単元の最初に、**重要ポイント**のページを設けています。これは、その単元における合格に必要不可欠なポイントを図表等を使ってまとめた部分です。その単元の学習が一通り終了したら、**重要ポイント**を完全マスターしましょう。

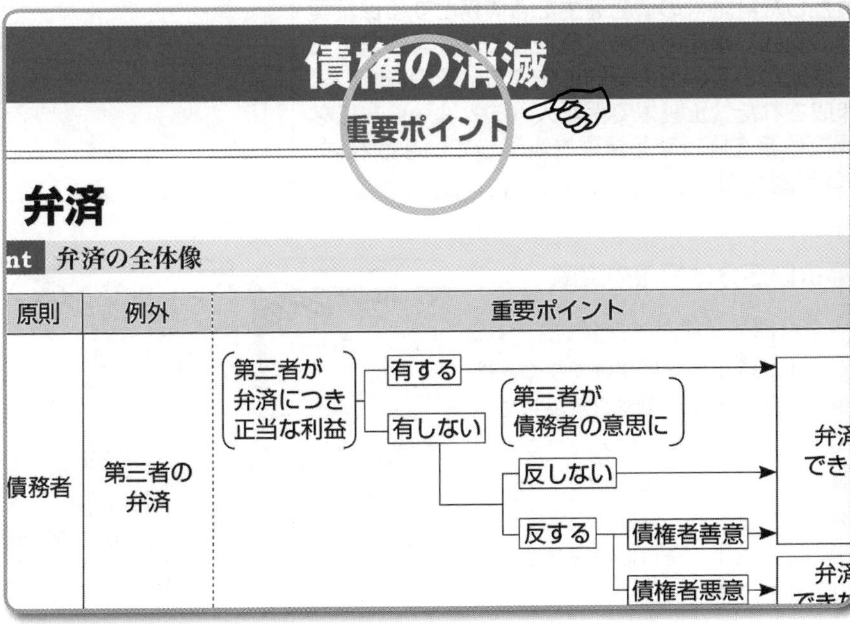

●本文の囲み部分でまずその項目の中心論点を把握する

本文中、その項目における中心となる考え方・論点を□で囲み、**重要なキーワードは、赤ゴシック体**で示しています。また、□以外の部分の記述においても、ポイントとなる語句については**黒ゴシック体**で強調しています。

●ポイントごとに本試験出題履歴を掲載

本文の余白部分には、過去10年以上の本試験出題履歴を記載しています。これにより、出題頻度からみたそのポイントの重要度が視覚的に把握できます。

※例えば、「R2(10). 2- 4」と記載されている場合は、令和２年10月実施の本試験において、問２の肢４でそのポイントが出題されていることを表しています。

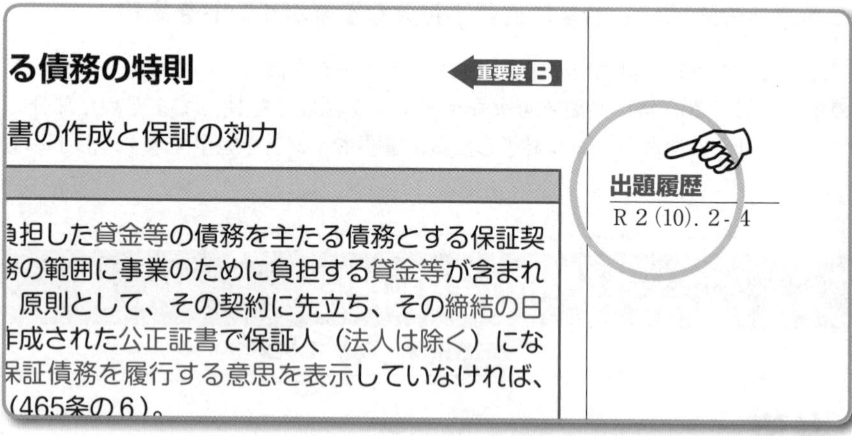

る債務の特則
重要度B
書の作成と保証の効力
負担した貸金等の債務を主たる債務とする保証契
務の範囲に事業のために負担する貸金等が含まれ
原則として、その契約に先立ち、その締結の日
作成された公正証書で保証人（法人は除く）にな
保証債務を履行する意思を表示していなければ、
(465条の6)。
出題履歴
R 2 (10). 2- 4

●余白部分は情報の宝庫

余白部分は前記の重要度A、B、Cや本試験出題履歴だけでなく、難解な用語や重要な用語を解説している用語解説部分や学習のコツなどが書かれた「講師からのアドバイス」の欄が用意されています。本文の学習のみならず、余白欄の記載にも注意しましょう。

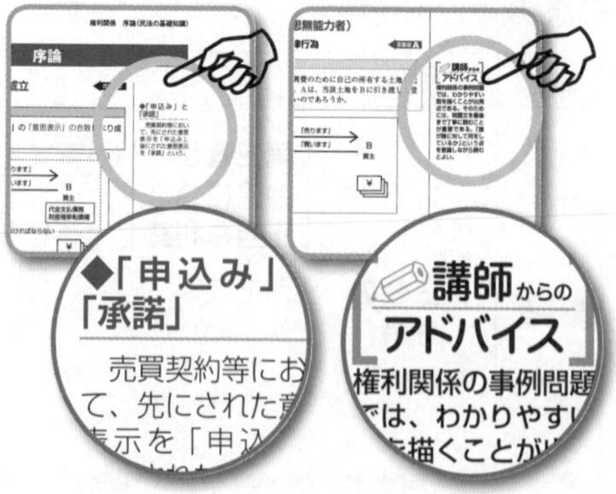

CONTENTS

宅建業法

必勝合格

宅建士テキスト

権利関係

序論

1 意思表示と契約の成立

理解する

条文・原則

契約は、「申込み」と「承諾」の「意思表示」の合致により成立する（522条１項）。

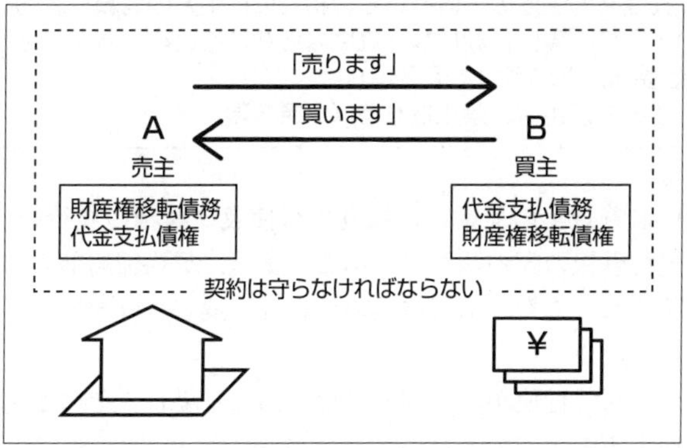

（1）売買契約は、売主の「売ります」という意思表示と、買主の「買います」という意思表示が合致することにより成立する。また、賃貸借契約も、貸主の「貸します」という意思表示と、借主の「借ります」という意思表示が合致することにより成立する。契約の成立等を求めて意思を外部に表示することを意思表示という。

（2）契約は、**意思表示の合致（合意）によって成立**するのが原則である。したがって、民法の明文や当事者間の特約がある場合を除き、**代金の支払い、目的物の引渡し、登記の移転等が済んでいない場合や契約書が作成されていない場合でも、契約は成立する（522条２項）**。

（3）民法では、個人の自由な意思を尊重し、重視する立場から、契約は原則として、その意思に基づき自由に行うことができる（521条）。その反面、契約当事者は、自由な意思に基づいて締結した**契約は守らなければならない**。

（4）もっとも、自由な意思とはいえ、社会的相当性を欠くこ

◆「申込み」と「承諾」

売買契約等において、先にされた意思表示を「申込み」、後にされた意思表示を「承諾」という。

◆私的自治の原則

人は、自らの意思に従い、自由に法律関係を形成でき、その法律関係に拘束されるとするのが私的自治の原則である。この自己決定と自己責任こそが、民法を貫く考え方である。

とは許されない。そこで、信義則に反する行為や権利の濫用は許されない。また、公序良俗に反する法律行為は、無効とされる。

2 民法の基本原則

1 信義誠実の原則と権利濫用の禁止

参考

条文・原則

1 社会共同生活の一員として、相互に相手方の信頼を裏切らないように誠実に行動しなければならないことを信義誠実の原則（信義則）という（1条2項）。
2 権利の濫用は、禁止される（1条3項）。

講師からのアドバイス
契約締結交渉中の一方の当事者が契約交渉を不当に打ち切った場合、信義則上の義務違反として、損害賠償責任を負うことがある。

（1）信義誠実の原則は、**権利の行使及び義務の履行**のほか、契約解釈の際の基準でもある。また、契約締結前の準備段階においても、信義誠実の原則は、遵守されなければならない。

（2）権利の行使が、権利の濫用にあたる場合、その権利を行使することができない。

2 公の秩序又は善良の風俗に反する行為

参考

条文・原則

公序良俗違反の法律行為は、無効である（90条）。

不動産取引に関する公序良俗違反の例としては、時価20万円の原野を別荘地として2,000万円で売却する契約（いわゆる原野商法）等がある。

3 権利義務の主体 理解する

条文・原則

民法上、権利義務の帰属主体となりうるのは、自然人と法人である。

（1）権利義務の帰属主体となりうる資格を権利能力という。
（2）自然人は、出生と同時に権利能力を取得するため、誰でも権利義務の主体になることができる。
（3）法人とは、自然人以外で権利義務の帰属主体となることが法によって認められた団体等をいう。

出題履歴
H25. 2-1

◆胎児について
人が権利義務の主体となるのは出生した時からであるが、不法行為（721条）と相続（886条）・遺贈（965条）に関しては胎児であっても権利義務の主体として認められる。

4 無効な行為（意思無能力者）

1 意思無能力者の法律行為 重要度A

設例①

意思能力を欠くAは、自己の所有する土地を売却する契約をBと締結した。Aは、当該土地をBに引き渡して登記を移転しなければならないのであろうか。

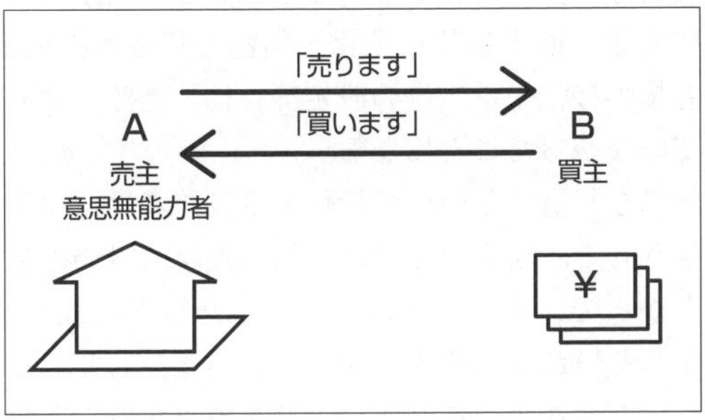

講師からのアドバイス
権利関係の事例問題では、わかりやすい図を描くことが出発点である。そのためには、問題文を最後まで丁寧に読むことが重要である。「誰が誰に対して何をしているか」という点を意識しながら読むとよい。

出題履歴
H24. 3- 1
H30. 3- 4
R 3 (10). 5- 4

◆意思無能力者の具体例
例えば、幼児や泥酔者のほか、重い精神病患者等である。

条文・原則

意思能力のない者（意思無能力者）がした行為は、無効である（3条の2）。

（1）意思能力とは、自己の行為の法的な結果を認識・判断することのできる能力をいい、おおよそ7歳から10歳ぐらいから備わる能力であると考えられている。

（2）人はその自由な意思により締結した契約を守らなければならない。意思無能力者は、「正常な意思決定」ができないので、その行為の結果により義務や負担を負わせることはできない。したがって、意思無能力者がした行為は、無効とされる。

2　無効とは

理解する

条文・原則

無効とは、当事者の意図した法律効果が、初めから発生しないことをいう。

（1）契約等の法律行為が無効とされると、当事者の意図した法律効果（財産権移転債権・債務や代金支払債権・債務、所有権の移転や抵当権の設定等）は、当然に初めから存在していなかったことになる。

（2）無効な行為に基づいて給付を受けた者は、相手方を原状に復させる義務を負う（**原状回復義務**、121条の2第1項）。したがって、すでに受け取っていた物や金銭等があれば、返還しなければならず、相手方に引き渡していた物や支払っていた金銭等があれば、返還を請求することができる。

ただし、意思無能力による無効の場合、意思無能力者を保護するため、意思無能力者は、**現に利益を受けている限度**において、返還の義務を負う（同条3項）。したがって、意思無能力者が受け取っていた物をすでに一部消費していたときは、現存する残りの一部を返還すれば足りる。

【設例①へのあてはめ】

設例①のような契約は、意思無能力者の行為であり無効である。したがって、Aは、当該土地をBに引き渡して登記を移転する必要はない。

5 取消しができる行為（制限行為能力者）

1 未成年者

重要度A

設例②

17歳のAは、その親権者の同意を得ることなく、遊興費のために自己の所有する土地をBに売却する契約を締結した。Aは、当該土地をBに引き渡して登記を移転しなければならないのであろうか。

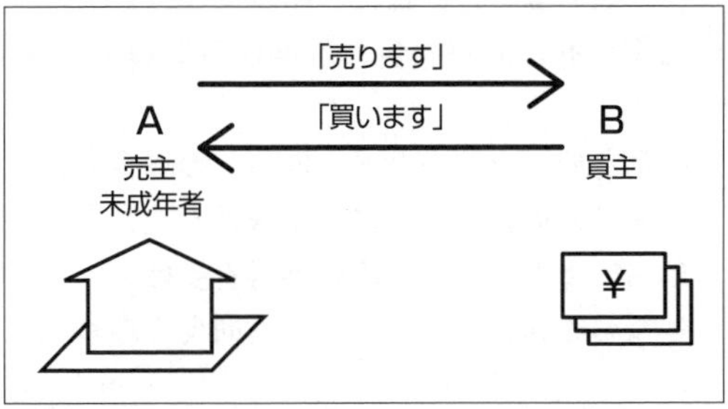

条文・原則

未成年者が、その法定代理人（親権者又は未成年後見人）の同意を得ないで（単独で）行った法律行為は、取り消すことができる（5条2項）。

（1）未成年者は、社会経験が不十分なために、取引に際して適切な判断ができない。そのため、不利な内容の契約を締結することにより財産的損害を受けるおそれがある。そこで、未成年者がその法定代理人の同意を得ないで、単独で行った法律行為は、取り消すことができるとされた。

（2）未成年者の保護者である法定代理人は、親権者又は未成年後見人である。親権者が保護者となることができない場合に、未成年後見人が選任される。

◆制限行為能力者

独立して取引をする能力が不十分な以下の4種類のいずれかに該当する者をいう。
①未成年者
②成年被後見人
③被保佐人
④被補助人

◆未成年者

18歳未満の者をいう。

出題履歴

H22. 1‐1

講師からのアドバイス

序論では、基本的な考え方をマスターするため、あえて例外や瑣末な事項は省いて記述している。よって、例外的に、未成年者が、法定代理人の同意を得ていなくても取り消すことができない場合については、後述する。

2　取消しとは

理解する

条文・原則

取消しとは、いったん有効に成立した法律行為を初めにさかのぼって無効にする一方的意思表示をいう。

出題履歴
H29. 2-4

（1）取り消された意思表示は、契約締結時にさかのぼって無効となり、当事者間には契約が初めからなかったことになる（121条）。

（2）無効と異なり、取消しは相手方に対して意思表示をしなければならない。取り消されない限り、契約は有効である。

（3）取り消されて、契約が初めからなかったことになったときは、無効の場合と同様に、給付を受けた者は、相手方を原状に復させる義務を負う（**原状回復義務**、121条の２第１項）。

制限行為能力を理由とする取消しの場合も、意思無能力による無効の場合と同様に、制限行為能力者を保護するため、制限行為能力者は、**現に利益を受けている限度**において、返還の義務を負えば足りる（同条３項）。

【設例②へのあてはめ】

未成年者ＡがＢとの間で締結した契約が、Ａにとって不利なものであれば、売却の意思表示を取り消して、契約関係を解消することができる。

制限行為能力者

重要ポイント

1. 制限行為能力者のまとめ

Point

<table>
<tr><th colspan="2"></th><th>未成年者</th><th>成年被後見人</th><th>被保佐人</th><th>被補助人</th></tr>
<tr><td colspan="2" rowspan="2">要件</td><td rowspan="2">18歳未満</td><td>①事理弁識能力を欠く常況
②後見開始の審判</td><td>①事理弁識能力が著しく不十分
②保佐開始の審判</td><td>①事理弁識能力が不十分
②補助開始の審判（本人以外の申立ての場合は本人の同意が必要）</td></tr>
<tr><td colspan="3">審判が取り消されるまでは、能力が一時的に回復したとしても制限行為能力者として保護される。</td></tr>
<tr><td colspan="2">保護者</td><td>親権者又は
未成年後見人</td><td>成年後見人</td><td>保佐人</td><td>補助人</td></tr>
<tr><td rowspan="4">権限</td><td>同意権</td><td>○</td><td>×</td><td>○</td><td>△</td></tr>
<tr><td>代理権</td><td>○</td><td>○</td><td>△</td><td>△</td></tr>
<tr><td>取消権</td><td>○</td><td>○</td><td>○</td><td>△</td></tr>
<tr><td>追認権</td><td>○</td><td>○</td><td>○</td><td>△</td></tr>
<tr><td colspan="2" rowspan="2">制限行為能力者が単独でできる行為</td><td colspan="4">制限行為能力を理由とする取消し（追認はできないのが原則）</td></tr>
<tr><td>①単に権利を得、又は義務を免れる行為
②処分を許された財産の処分
③営業を許された場合（営業に関する行為に限る）</td><td>日用品の購入等日常生活に関する行為（この点は、被保佐人・被補助人も同じ）</td><td>法定された重要な財産行為を除いては、保佐人の同意なしに単独で行為をすることができる。</td><td>法定された重要な財産行為の一部を除いては、補助人の同意なしに単独で行為をすることができる。</td></tr>
</table>

△＝家庭裁判所の審判により付与された場合のみ、その権限が認められるもの。

1 行為能力と制限行為能力者制度

1　趣旨

理解する

行為能力とは、自ら単独で有効に法律行為を行うことができる資格である。

意思能力の有無を個々に判断・証明するのは困難である。また、このような個別的判断によって契約等の有効・無効を決めると、取引が混乱するおそれもある。そこで、取引的な判断能力が不十分な者を定型化してその者の利益を保護し、取引の安全を図るのが制限行為能力者制度である。

2　制限行為能力者の類型

理解する

制限行為能力者には、以下の4つの類型（タイプ）がある。

①未成年者　②成年被後見人　③被保佐人　④被補助人

なお、制限行為能力者のうち、成年被後見人、被保佐人、被補助人については、判断能力が不十分というだけでは、制限行為能力者とはいえず、家庭裁判所の審判が必要である。

制限行為能力者について、家庭裁判所の審判があった場合は、その審判が取り消されるまでは、たとえ一時的に判断能力が回復したとしても、制限行為能力者として保護される。

2 未成年者

1　未成年者とは

理解する

出題履歴
H20. 1 - 2
R 3 (10). 5 - 1

条文・原則

未成年者とは、18歳未満の者をいう（4条）。

男女とも満18歳になれば婚姻をすることができる（731条）。

H25. 2 - 3

2　未成年者の保護者

理解する

条文・原則

未成年者の保護者（法定代理人）には、親権者がなり、親権者がいない場合等には、未成年後見人が付けられる（818条、838条１号）。

親権者（父母）が保護者となるのが原則であるが、親権者がいないとき等は、未成年後見人が保護者となる。親権者・未成年後見人は、未成年者本人を代理して契約の締結等をすることができるので、**「法定代理人」**である。

◆「法定代理人」
法律の規定によって当然に本人の代わりに法律行為を行うことのできる権限（代理権）を付与される者をいう。

H26. 9- 4
R 2 (12). 3- 3

◆「未成年後見人」
未成年者保護の観点から、複数でも法人でも可能である。この点は成年後見人、保佐人、補助人も同様である。

3　未成年者の行為能力制限

重要度A

条文・原則

1　未成年者が法律行為をするには、その法定代理人（親権者又は未成年後見人）の代理によるか、又はその同意を得なければならない（５条１項、824条、859条）。
2　未成年者が、その法定代理人（親権者又は未成年後見人）の代理によらず及びその同意も得ないで（単独で）行った法律行為（契約等）は、取り消すことができる（５条２項、120条１項）。

出題履歴
H22. 1- 1

（1）未成年者が契約等の主体となる方法

未成年者が契約等の主体となる方法は、３通りある。

①親権者・未成年後見人（法定代理人）が未成年者の代わりに（代理して）契約等をする方法
②未成年者本人が、親権者・未成年後見人の同意を得て契約等をする方法
③未成年者本人が契約等をしたうえで、事後的に親権者・未成年後見人が追認する方法

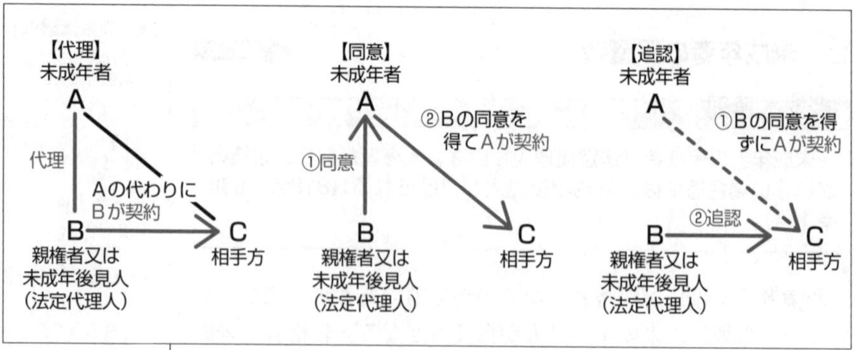

（2）未成年者が単独でできる行為

未成年者であっても単独でできる行為には、以下の３通りがある。

①単に権利を得、又は義務を免れる法律行為

理由－例えば、ただで物をもらったり（負担のない贈与）、借金を免除してもらうだけであれば、未成年者に有利になることはあっても、不利になることはない。

②処分を許された財産の処分

理由－例えば、親から渡される毎月のお小遣いで物を買ったり、親から受け取った学費を学校に支払うような場合には、実質的に同意があったのと同じである。

③営業の許可を受けた場合のその営業のための法律行為

理由－例えば、法定代理人から宅建業の営業について許可を受けた場合には、少なくともその営業に必要な契約等は単独で有効に行えないと、営業に支障が生じる。

出題履歴

H25. 2- 2
H28. 2- 1
R 3 (10). 5- 3

3 成年被後見人

1 成年被後見人とは

理解する

条文・原則

成年被後見人とは、精神上の障害により事理を弁識する能力を欠く常況にある者で、家庭裁判所から後見開始の審判を受けた者をいう（7条、8条）。

◆「事理を弁識する能力を欠く常況」
重い精神障害により自分の法律行為の結果を判断する能力がないのが通常である状態をいう。

2 成年被後見人の保護者

理解する

条文・原則

成年被後見人には、家庭裁判所により保護者（法定代理人）として成年後見人が付けられる（8条）。

H26. 9 - 4

成年後見人は、成年被後見人本人を代理して契約の締結等をすることができるので、「**法定代理人**」である。

3 成年被後見人の行為能力制限

重要度A

条文・原則

1　成年後見人は、成年被後見人を代理して成年被後見人の財産に関する法律行為を行う（859条1項）。
　ただし、成年後見人が、成年被後見人を代理して、成年被後見人が居住する建物又はその敷地について、売却、賃貸、賃貸借の解除又は抵当権の設定等の処分をする場合は、家庭裁判所の許可を得なければならない（859条の3）。
2　成年被後見人が行った法律行為は、成年後見人の同意を得て行った場合でも、当該法律行為を取り消すことができる（9条本文）。ただし、日用品の購入その他日常生活に関する行為については、取り消すことができない（同条ただし書）。

出題履歴
H20. 1 - 1

H22. 1 - 2
H26. 9 - 2
H28. 2 - 3
本文1の家庭裁判所の許可については、被保佐人、被補助人についても同様である。

H22. 1 - 3
本文2の日用品の購入に関することは、被保佐人、被補助人についても同様である。

（1）成年被後見人が契約等の主体となる方法

成年被後見人が契約等の主体となる方法は、2通りある。

①成年後見人（法定代理人）が成年被後見人の代わりに契約等をする方法
②成年被後見人本人が契約等をしたうえで、事後的に成年後見人が追認する方法

（2）事前の同意による方法の可否

成年被後見人は、事前に成年後見人の同意を得たとしても、同意の意味を十分に理解して同意の内容に従って行動するとは限らない。そのため、成年被後見人本人が単独で契約等をした場合は、成年後見人の事前の同意の有無にかかわらず取り消すことができる。

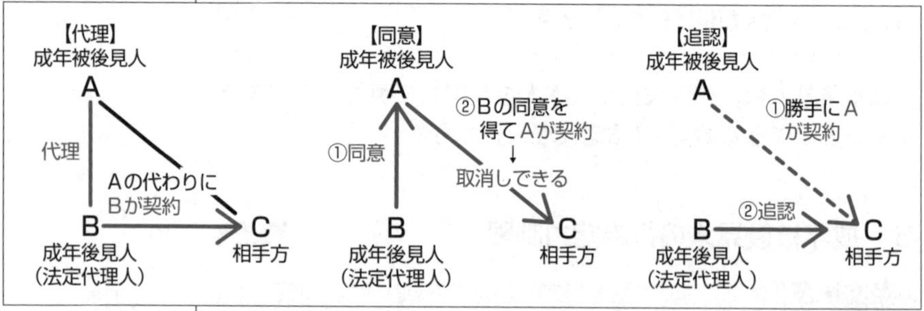

4 被保佐人

1　被保佐人とは

理解する

条文・原則

被保佐人とは、①精神上の障害により事理を弁識する能力が著しく不十分である者で、②家庭裁判所から保佐開始の審判を受けた者をいう（11条、12条）。

2　被保佐人の保護者

理解する

条文・原則

被保佐人には、家庭裁判所により保護者として保佐人が付けられる（12条）。

3 被保佐人の行為能力制限

（1） 同意権（保佐人には、当然に同意権がある） 重要度B

条文・原則

1 被保佐人が法定された重要な財産上の行為（後記①～⑩）をするには、保佐人の同意を得なければならない（13条1項）。
2 被保佐人が、保佐人の同意を得なければならない行為について、同意を得ないで（単独で）した場合、当該法律行為を取り消すことができる（同条4項）。

被保佐人は、成年被後見人とは異なり、一定の判断能力が残存していることが前提となっている。そのため、保佐人の権限が及ぶ範囲は、被保佐人がする行為のうち一定の行為（重要な財産上の法律行為）に限定しており、また、保佐人には同意権が与えられるが、代理権は当然には与えられない（13条、876条の4）。

講師からのアドバイス
一般的に重要とみられる財産行為と理解しておけばよい。

①元本を領収し、又は利用すること
②借金をしたり、保証人になったりすること
③不動産（土地・建物）その他重要な財産（宝石等の動産のほか特許権や著作権等の財産権も含む。）の売買等をすること
④民事訴訟において原告となって訴訟行為をすること
⑤贈与等をすること
⑥相続の承認・放棄又は遺産分割をすること
⑦贈与を受けることを拒否すること等
⑧新築、増・改築又は大修繕をすること
⑨土地5年、建物3年を超える期間の賃貸借契約をすること等
⑩制限行為能力者の法定代理人として①～⑨の行為をすること

出題履歴
H28. 2 - 2

H28. 2 - 2

5 被補助人

1 被補助人とは 理解する

条文・原則

1 被補助人とは、①精神上の障害により事理を弁識する能力が不十分である者で、②家庭裁判所から補助開始の審判を受けた者である（15条1項、16条）。
2 本人以外の者の請求により補助開始の審判をするには、本人の同意がなければならない（15条2項）。

出題履歴
H20. 1 - 3

2　被補助人の保護者

理解する

条文・原則

被補助人には、家庭裁判所により保護者として補助人が付けられる（16条）。

3　被補助人の行為能力制限

重要度B

被補助人は、判断能力が十分ではないといっても、その程度は被保佐人よりも軽い。そのため、補助開始の審判により、自動的に補助人に対して、同意権や代理権が与えられるのではなく、補助開始の審判に加えて、申立人が、補助人に対して同意権を付与する審判と代理権を付与する審判を選択したうえで、申し立てられるようにしている（17条、876条の９第１項）。なお、同意権と代理権の両方を選択することもできる。

（1）　同意権を付与する審判
（補助人には、当然には同意権はない。）

出題履歴
H22. 1 - 4

◆被補助人の自己決定権の尊重
本人以外の者の請求によって、補助人に同意権を付与する場合には、本人の同意が必要である。

条文・原則

1　家庭裁判所は、補助開始の審判をするに際し、本人、配偶者、補助人等一定の者の請求により、被補助人が一定の法律行為をするには補助人の同意を得なければならない旨の審判をすることができる（17条１項本文）。
2　補助人の同意が必要となる行為は、保佐人の同意を要するとされた4 3（1）の①から⑩までに規定する行為の一部に限られる（同項ただし書）。
3　被補助人が、補助人の同意を得なければならない行為について、同意を得ないで（単独で）した場合は、当該法律行為を取り消すことができる（同条４項）。

補助人の同意が要求される行為は、4 3（1）の①～⑩のすべてではなく、この中から家庭裁判所の審判によって定められた一定の重要な財産上の法律行為に限られる。

6 制限行為能力者の相手方の保護

1　制限行為能力者の詐術

重要度 B

条文・原則

制限行為能力者が、相手方に行為能力者と信じさせるため詐術を用いたときは、取り消すことができなくなる（21条）。

詐術とは、例えば、未成年者が、虚偽の身分証明書を見せて、自分は成年者だと騙すような場合である。

このような**悪質な行為をする者まで保護する必要はない**ので、取消しを認めないことにしたのである。

出題履歴
H20. 1 - 4
H28. 2 - 4

MEMO

意思表示

重要ポイント

1. 無効・取消しのまとめ

Point 当事者間の関係と第三者との関係

	当事者間の関係（AとBの関係）	第三者との関係（AとCの関係）
	A ― B 表意者　相手方	A ― B ｜ C 第三者
心裡留保	原則として有効 相手方が悪意又は善意有過失の場合は無効	善意の第三者には無効を主張できない
虚偽表示	無効	善意の第三者には無効を主張できない
錯誤	取消し可	善意無過失の第三者には取消しを主張できない
詐欺	取消し可	善意無過失の第三者には取消しを主張できない
強迫	取消し可	取消しを主張できる
公序良俗違反	無効	無効を主張できる
意思無能力	無効	無効を主張できる
制限行為能力	取消し可	取消しを主張できる

1 心裡留保

1　心裡留保とは　理解する

条文・原則

真意でないことを自分自身でわかっていながら、意思表示をすることをいう。

例えば、贈与の意思もないのに、冗談のつもりで「この土地をあなたにただであげる」というような意思表示をする場合である。

2　心裡留保による意思表示の効果　重要度A

（1）当事者間

条文・原則

心裡留保は、原則として有効である。ただし、①心裡留保であることを相手方が知っていた場合（悪意）、又は②不注意で知らなかった場合（善意有過失）は、無効となる（93条1項）。

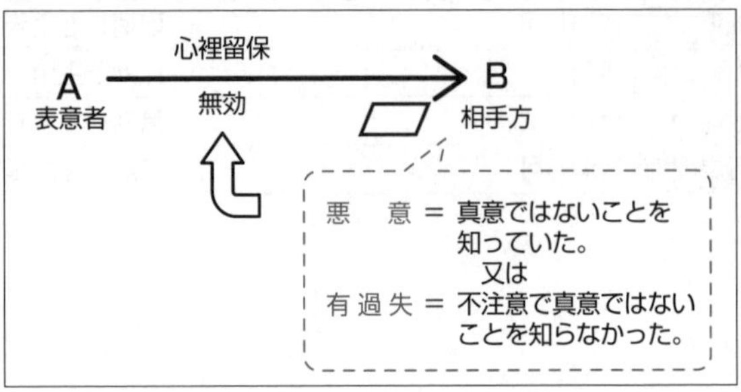

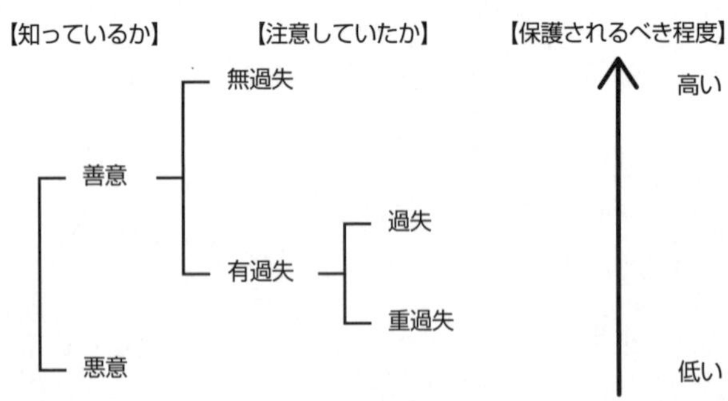

◆善意（ぜんい）と悪意（あくい）

善意とは、単にある事実を知らないことを指し、**悪意**とは、反対にある事実を単に知っていることを指す。

日常用語と違って、良いとか悪いという意味はない。

◆過失（かしつ）

不注意ということ。

「善意・有過失」といえば、善意だが不注意があった場合を指すことになり、普通の人であれば冗談と気づくべきであるのに、うっかりしてそれに気づかなかったというようなケースである。

（2）第三者との関係

条文・原則

心裡留保の意思表示の無効（相手方が悪意又は善意有過失の場合）は、善意の第三者には対抗（主張）できない（93条２項）。

心裡留保であることを知らずに取引関係に入った者は、あえて真意ではない意思表示をした表意者よりも保護の必要性が高い。そこで、心裡留保の意思表示の無効は、善意の第三者に対抗できないものとされる。表意者の落ち度が大きいことから、第三者は善意であれば足り、**無過失は要求されない**。

下記の例であれば、Aは、自己の所有権を善意の第三者Cに主張することができない。

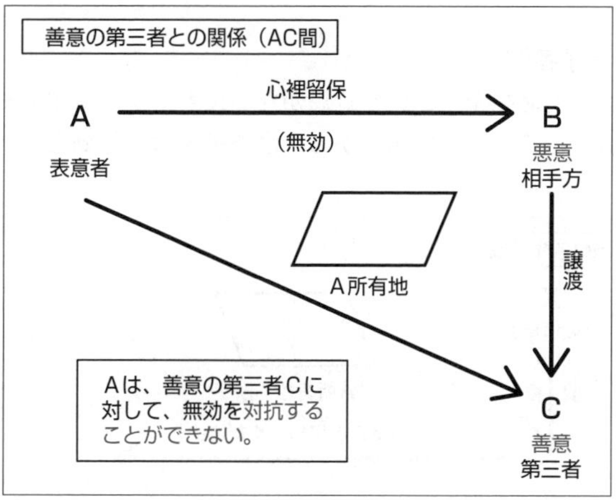

2 （通謀）虚偽表示

事 例

Aは借金を抱えていたが、返済が滞ったため、債権者Xが、Aが所有する土地に強制執行をしようとした。それを知ったAは、強制執行を免れるために知人Bと相談のうえ、その土地について見せかけだけ（仮装）の売買契約を締結した。このような仮装の契約も有効なのだろうか。

講師からのアドバイス
虚偽表示は、「相手方と通じて、嘘の契約をすること」というイメージで捉えておく。

1　虚偽表示とは

理解する

条文・原則

相手方と通じ合って、真意でない虚偽の意思表示を行うことをいう。

2　虚偽表示の効果

重要度A

出題履歴
H30. 1-3

条文・原則

1　虚偽表示は、無効である（94条1項）。
2　虚偽表示による無効は、善意の第三者には対抗（主張）できない（同条2項）。善意の第三者に、登記や無過失は不要である。

（1）当事者間

Aは、土地を売るという意思がないにもかかわらず売却の意思表示をしているのであるから、**虚偽表示**は、**無効**とされている。

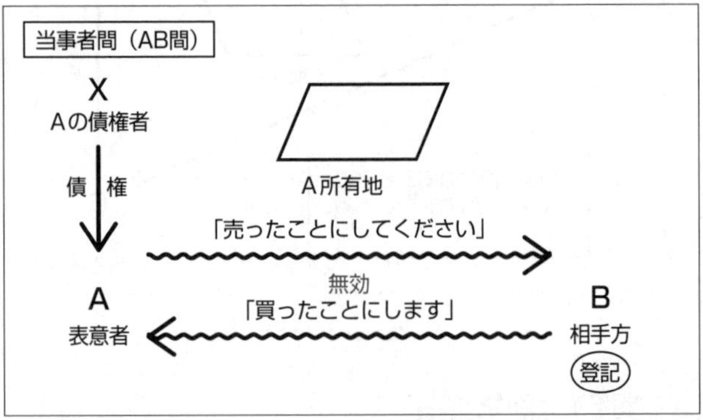

（2）第三者との関係

出題履歴
H20. 2-2
H22. 4-4
H27. 2-1

相手方Bから、AB間の契約が虚偽表示であるという事情を知らずに第三者Cが土地を譲り受けた場合に、Aに無効の主張を許して土地の取り戻しを認めたのではCが思わぬ損害を受ける可能性がある。そこで、虚偽表示による無効は、善意の第三者に対抗できないものとされ、Aは、自己の所有権を善意の第三者Cに主張することができない。

この場合、第三者Cは、AB間の虚偽表示について**善意でさえあれば、過失があっても、登記がなくても保護される（判例）**。

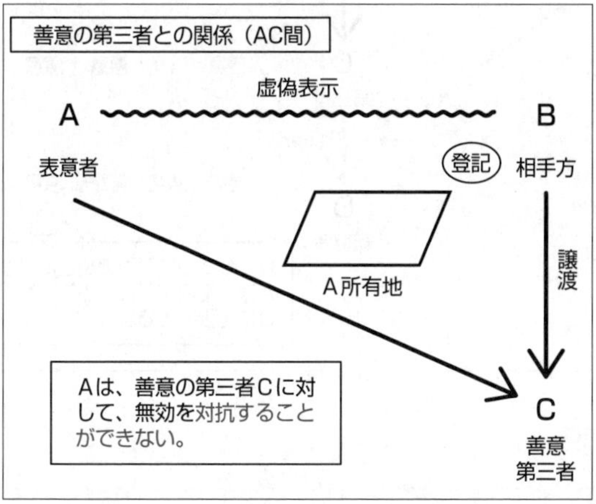

◆第三者
ここでいう「第三者」とは、虚偽の意思表示の当事者又はその一般承継人（相続人など）以外の者であって、その表示の目的につき法律上の利害関係を有するに至った者をいう（判例）。
土地や建物の仮装譲受人からさらに譲り受けた者が典型例である。

出題履歴
H24. 1
H27. 2 - 2、- 3

（3）第三者Cがさらに同じ不動産を転得者Dに売却した場合

H27. 2 - 4

第三者Cから土地を譲り受けたDを「転得者」という。

Cが善意の場合・悪意の場合、Dが善意の場合・悪意の場合の組合せによって4通りに場合分けできるが、そのうち表意者Aが、転得者Dに対して虚偽表示による無効を対抗できるのは、C・Dともに悪意の場合だけであり、その他の場合は、AはDに虚偽表示による無効を対抗できない。

権利関係

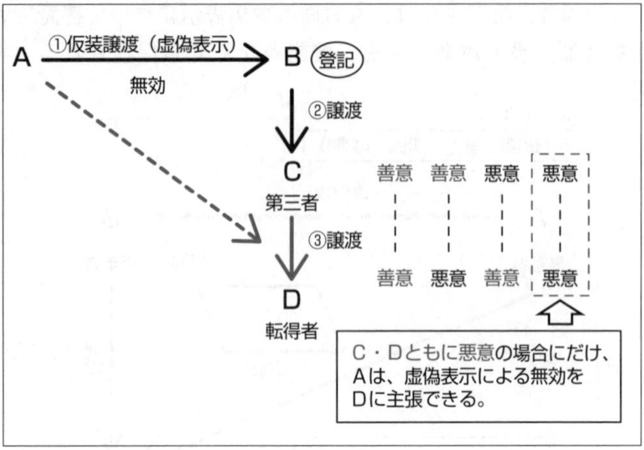

講師からのアドバイス
錯誤は、「勘違い」による意思表示というイメージで捉えておく。

3 錯誤

事例

Aは、甲土地と乙土地を所有し、乙土地に自宅として一戸建てを建てて住んでいる。その後、まとまったお金が必要になり、甲土地をBに売却することを思い立ったが、勘違いして「乙土地を売る」と言ってしまった。Aは、自宅をあきらめ、乙土地を売らざるを得ないのだろうか。

1　錯誤とは

理解する

条文・原則

勘違いのことである。

民法は、錯誤に基づく意思表示のうち、次の2、3の要件を満たす一定の重要なもののみ、**取消し**を認めている。

2　錯誤の要件（1）

重要度A

条文・原則

1　次の①又は②に掲げる錯誤に基づくものであって、その錯誤が法律行為の目的及び取引上の社会通念に照らして重要なものであること（95条1項）。
　①　意思表示に対応する意思を欠く錯誤
　②　表意者が法律行為の基礎とした事情についてのその認識が真実に反する錯誤（動機の錯誤）
2　②の錯誤の場合は、その事情が法律行為の基礎とされていることが表示されていること（同条2項）。

出題履歴
H25. 1-1
H21. 1-3、-4
H23. 1-1
H28. 3-4
R 2 (10). 6-2

（1）「錯誤が法律行為の目的及び取引上の社会通念に照らして重要なものであること。」とは、表意者本人において、錯誤がなければ当該意思表示をしなかったといえること、かつ、同じ立場の通常の一般人の目線においても同様のことがいえること、を意味する。

（2）①の「意思表示に対応する意思を欠く錯誤」とは、事例のような言い間違い等、内心と異なることを表示してしまった場合である。

（3）②の「表意者が法律行為の基礎とした事情についてのその認識が真実に反する錯誤」とは、例えば「今なら土地を売却しても課税されない」と信じて土地を売却したが、実際には課税された場合である。

この場合は、今なら課税されないということを前提として購入するということが、相手方に表示されている必要がある。

◆法律行為の基礎とした事情の表示

この場合の表示は、明示・黙示のどちらでもよい。
H21. 1-3、-4

3　錯誤の要件（2）

重要度A

条文・原則

要件（1）をみたす錯誤であっても、錯誤が表意者の重大な過失によるものであった場合には、次の①又は②の場合を除いて、意思表示を取り消すことができない（95条3項）。
　①　相手方が表意者に錯誤があることを知り（悪意）、又は重大な過失によって知らなかったとき（善意有重過失）
　②　相手方が表意者と同一の錯誤に陥っていたとき（共通錯誤）

出題履歴
H21. 1-1
R 1. 2-4
R 2 (10). 6-1、-4
R 2 (12). 7-4
R 2 (10). 6-3

錯誤が表意者の重過失に基づく場合には表意者保護の必要性が小さく、錯誤による取消しを認める必要がない。しかし、①相手方が表意者の錯誤につき悪意又は善意有重過失の場合や、②表意者と同様の錯誤に陥っていた場合には、相手方を保護する必要性が小さいため、錯誤による取消しが認められる。

4　錯誤による意思表示の効果

重要度A

条文・原則

1　要件（1）（2）をみたす錯誤は、取り消すことができる（95条1項）。

R 1. 2- 3　2　錯誤による意思表示の取消しは、善意無過失の第三者には対抗（主張）できない（同条4項）。

（1）当事者間

取消しは、相手方に対する取消しの意思表示によってなされ、最初にさかのぼって錯誤に基づく意思表示がなされなかったことになる（**遡及的無効**）。この場合、すでに給付を受けた者は、相手方を原状に復させる義務を負う（**原状回復義務**、121条の2第1項）。

（2）第三者との関係

錯誤による意思表示の取消しは、**善意無過失の第三者には対抗できない**。心裡留保や虚偽表示の場合と異なり、無過失が要求されているのは、あえて真意ではない意思表示を行った場合（心裡留保・虚偽表示）に比べて**表意者を保護する必要性が高い**からである。

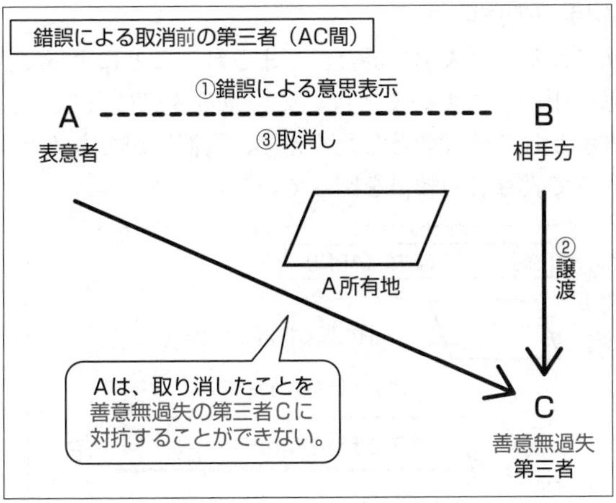

4 詐欺

事例

Aは、Bにだまされて自己所有の土地を相場の半額で売却するという意思表示をしてしまった。Aは、そのまま半額で売却しなければならないのだろうか。

1　詐欺とは

理解する

条文・原則

他人をだまして（欺（あざむ）く行為により）錯誤に陥らせ、意思表示をさせることをいう。

2　詐欺による意思表示の効果

重要度A

条文・原則

出題履歴

1　詐欺による意思表示は、取り消すことができる（96条1項）。 H23. 1-2

2　第三者の詐欺によって、意思表示をしたときは、相手方が悪意又は善意有過失のときだけ取り消すことができる（同条2項）。

3　詐欺による取消しは、（取消前の）善意無過失の第三者には対抗（主張）できない（同条3項）。 H28. 3-2 R1. 2-2

講師からのアドバイス

取り消すか、取り消さないかの判断は、だまされた表意者に委ねられる。
たまたまその契約内容がだまされた者にとっても有利な内容であれば、取り消さないで有効な契約として取り扱うこともできる。
有効に確定する一方的意思表示を追認という。

(1) 相手方の詐欺

詐欺による意思表示の場合、だまされることによって表意者の意思は歪められているとはいえ、売る意思はある。そこで、意思表示としては有効としたうえで、取消しができるとすることによって表意者の救済を図っている。

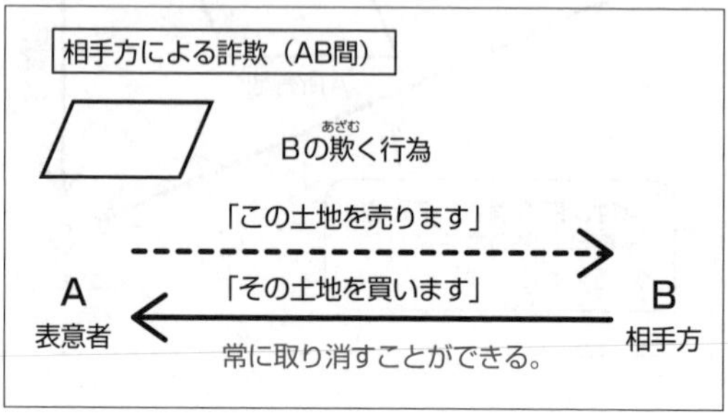

出題履歴

H23. 1 - 2
H30. 1 - 4

(2) 第三者の詐欺

表意者Aが、第三者Xにだまされて B に売却の意思表示をした場合、Aは、Bが詐欺の事実を**知っていた（悪意）とき又は知り得た（善意有過失）ときだけ取り消すことができる**。Bが過失なく詐欺の事実を知らなかった（善意無過失）ときは、取り消すことができない。相手方に不測の損害を与える可能性と、だまされた表意者の救済のバランスを考慮してのことである。

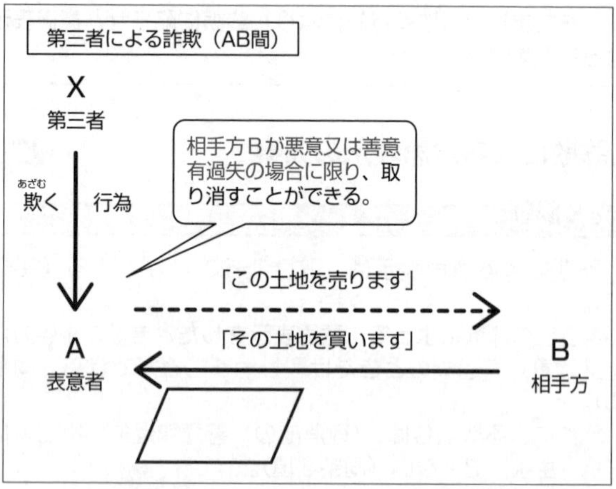

(3) 第三者との関係

相手方Bから、AB間の詐欺の事実を過失なく知らずに第三者Cが土地を譲り受けた場合に、Aに取消しの効果として土地の取戻しを認めたのではCが思わぬ損害を受ける可能性がある。そこで、詐欺を理由とする取消しの効果は、**善意無過失の第三者に対抗できない**ものとされる。この場合、**第三者は善意無過失であれば足り、登記を備えていることは必要ない**。

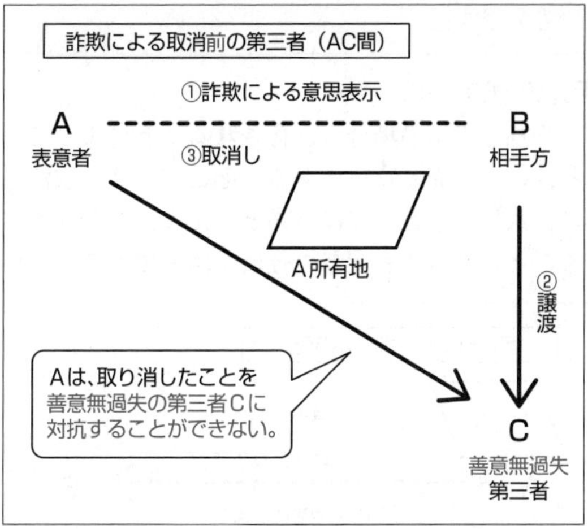

5 強迫

事例

Aは、Bに脅されて、自己所有の土地を相場の半額で売却するという意思表示をしてしまった。そのまま半額の値段で売却しなければならないのだろうか。

1 強迫とは

理解する

条文・原則

他人に害悪を告知して恐怖心を生じさせ、その人の自由な意思に反する意思表示を行わせることをいう。

2　強迫による意思表示の効果

重要度A

条文・原則

1　強迫による意思表示は、取り消すことができる（96条1項）。
2　第三者の強迫によって、意思表示をしたときは、相手方が善意無過失の場合でも取り消すことができる。
3　強迫による取消しは、（取消前の）善意無過失の第三者にも対抗（主張）できる。

出題履歴
H20. 2- 4
H23. 1- 4

（1）相手方の強迫

強迫による意思表示の場合も、脅されることによって歪められているとはいえ、売る意思はある。そこで、詐欺取消しの場合と同様に、意思表示としては有効としたうえで、取消しができるとすることによって表意者の救済を図っている。

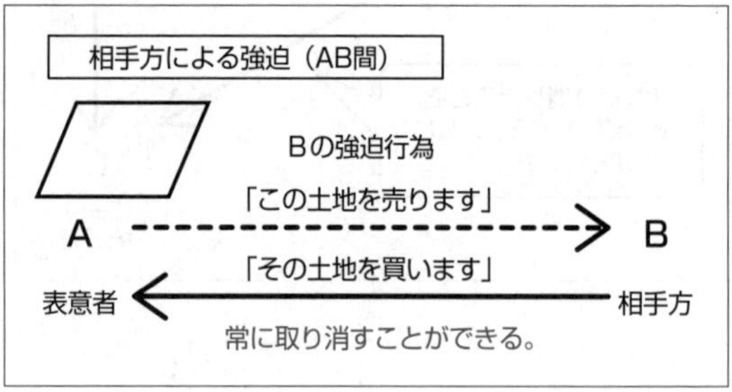

(2) 第三者の強迫

第三者の強迫によって意思表示をしたときは、**相手方の善意・悪意にかかわらず、表意者は、取り消すことができる**。表意者の自由な意思決定が妨げられているので、表意者を強く保護する必要があるからである。

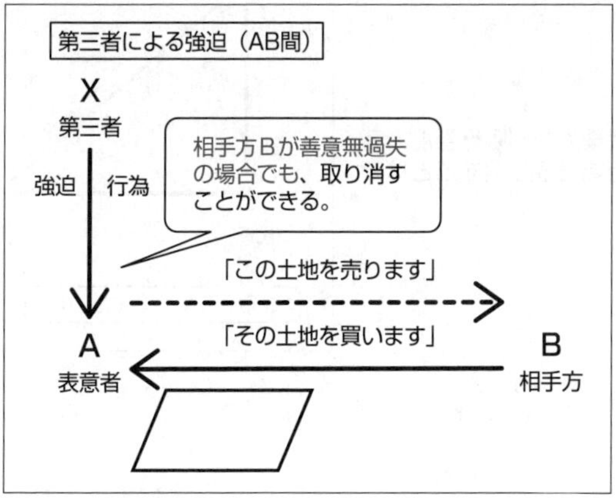

(3) 第三者との関係

強迫を理由とする取消しの場合は、表意者の自由な意思決定が妨げられており、表意者を強く保護する必要がある。そこで、表意者Aは、**第三者Cが強迫の事実を過失なく知らなかった（善意無過失）場合にも、取消しの効果をCに対抗でき**、取消しによる所有権の復帰をCに主張できる。

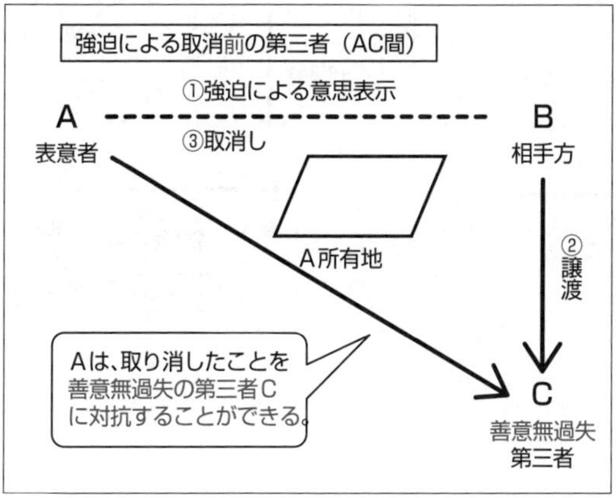

代理1

重要ポイント

1．代理人の能力

Point 代理人の能力

●代理人は制限行為能力者でもよい。
↓
原則として、本人は、代理人が制限行為能力者であることを理由に代理行為を取り消すことはできない。

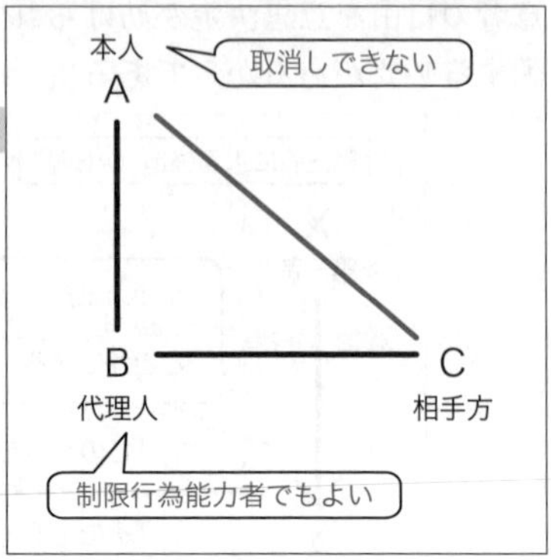

2．顕名

Point 顕名のない代理行為

●原則：代理人に効果が帰属する。

●例外：①相手方が知っていた場合（悪意）
②相手方が過失により知らなかった場合（善意有過失）
↓
本人に効果が帰属する。

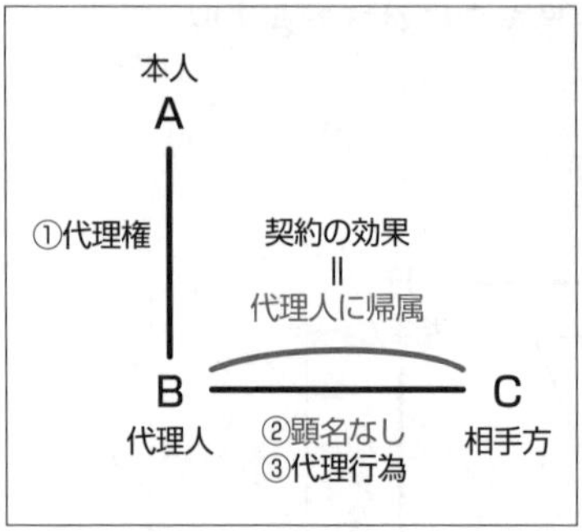

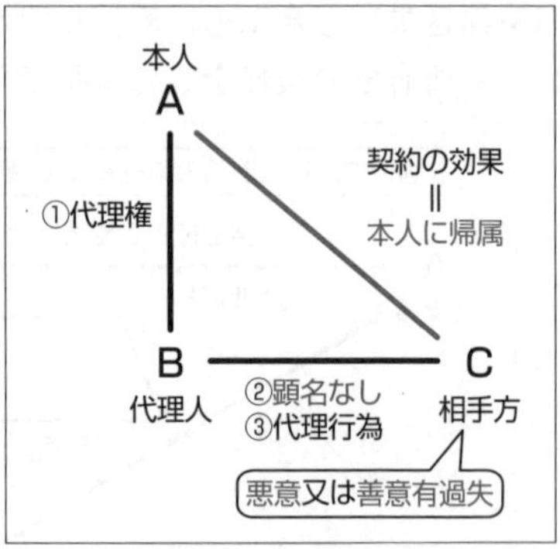

3．代理行為の瑕疵

Point 取消原因・無効原因の有無、善意・悪意等の判断基準

●原則：代理人を基準に判断する。

●例外：特定の法律行為を委託された代理人が代理行為をしたときは、本人は自ら知っていた事情や過失によって知らなかった事情について、代理人が知らなかったことを主張できない。

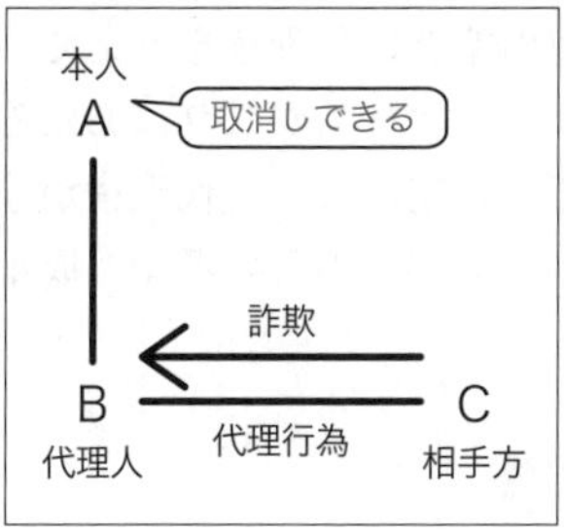

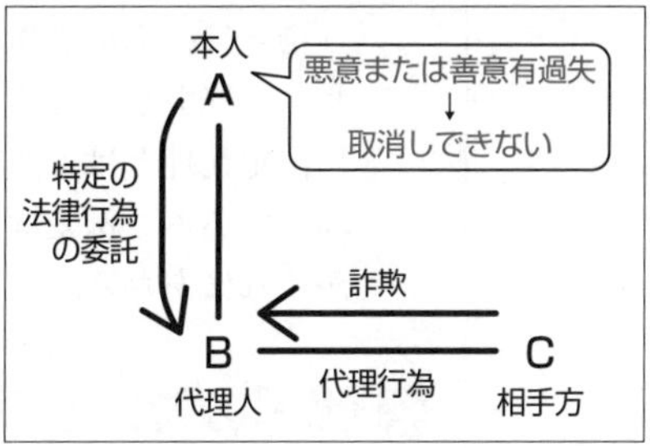

4．自己契約・双方代理

Point 自己契約・双方代理の禁止

●原則：本人に効果が帰属しない（無権代理とみなされる）

●例外：本人に効果が帰属する場合
①債務の履行（不動産所有権移転登記の申請等）
②本人があらかじめ許諾した場合
③本人が追認した場合

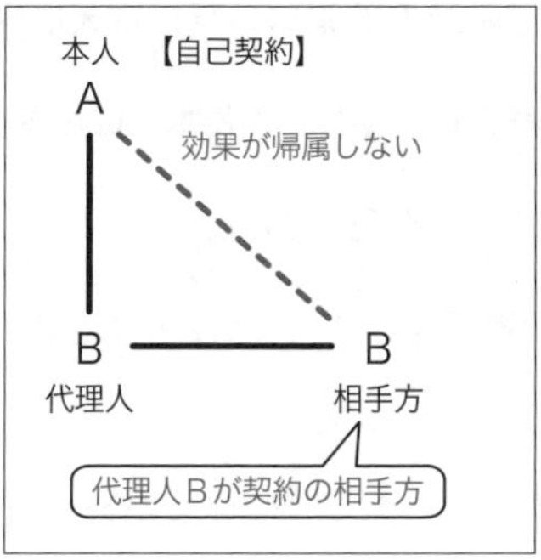

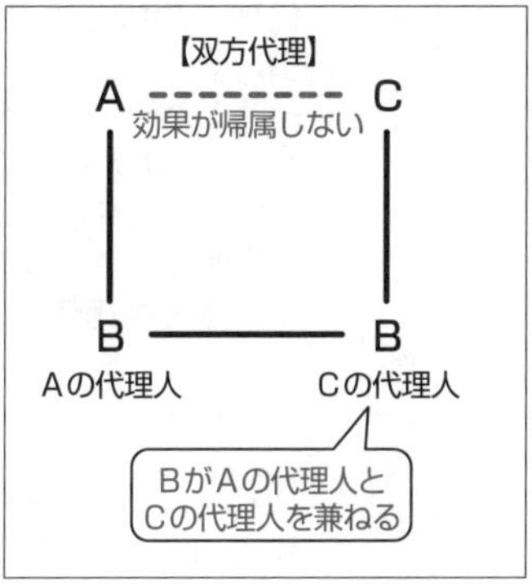

1 代理

理解する

条文・原則

代理とは、契約等の法律行為を他人が、本人に代わって行うことをいう。

（1）**任意代理**とは、本人の信任を受けて、自己の意思により代理人になる場合である。例えば、不動産の売買契約を行う場合に、宅地建物取引業者に代理権を与えて、自分の代わりに取引をさせるようなケースがこれにあたる。

（2）法定代理とは、法律の規定により、代理権が与えられる場合である。例えば、未成年者の親権者や、成年後見人等がこれにあたる。

2 代理の要件と効果

理解する

事例

本人Ａが代理人Ｂに自己所有の家屋の売却を依頼し、Ｂは相手方Ｃと売買契約を締結した。この場合、売却した家屋の代金支払請求権は、いったんＢに帰属するのだろうか。それとも直接Ａに帰属するのだろうか。また、代理の効果が発生するために必要なことは何だろうか。

条文・原則

1　代理人の行った意思表示の効果は、直接本人に帰属する（99条）。

2　代理人の行った意思表示の効果が、直接本人に帰属するためには、以下の要件が必要である。

①代理人に有効な代理権が存在すること

②代理人が本人のためにすることを示すこと（顕名）

③代理人が代理権の範囲内で意思表示をすること（代理行為）

（1）前記①～③の要件を満たすと、代理人が行った法律行為（代理行為）の効果が本人に帰属する。前記の設例においては、本人Ａと相手方Ｃの間に契約関係が発生し、Ａは売主として家屋引渡義務を負い、Cは買主として代金支払義務を負うことになる。

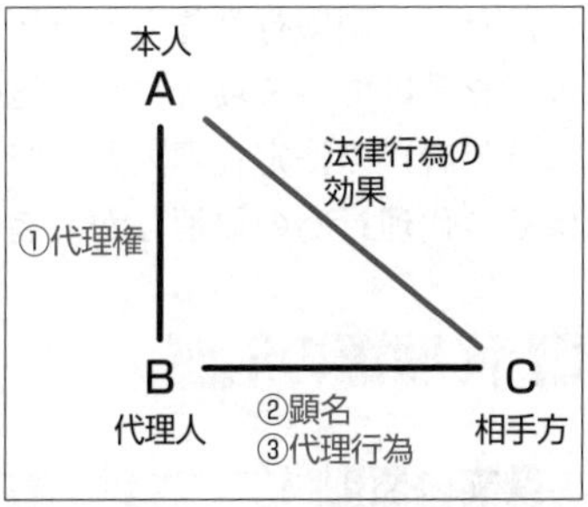

3 代理人の能力

重要度A

事例

Aは、17才のBを代理人にして、CにA所有家屋を売却する契約をした。

1　Bのような未成年者を代理人にできるのだろうか。

2　また、Aは、未成年を理由にして、この契約を取り消すことができるのだろうか。

条文・原則

1　代理人は、制限行為能力者でもなることができる。

2　制限行為能力者が代理行為を行った場合、原則として、制限行為能力を理由とする取消しはできない（102条本文）。

出題履歴
H21. 2-2
H22. 2-3
H24. 2-1
H26. 2-ウ
H30. 2-2

（1）代理の効果は、直接本人に帰属するので、**制限行為能力者が代理人となっても、制限行為能力者は不利益を受けない**。したがって、本人は、制限行為能力者を代理人とすることができる。

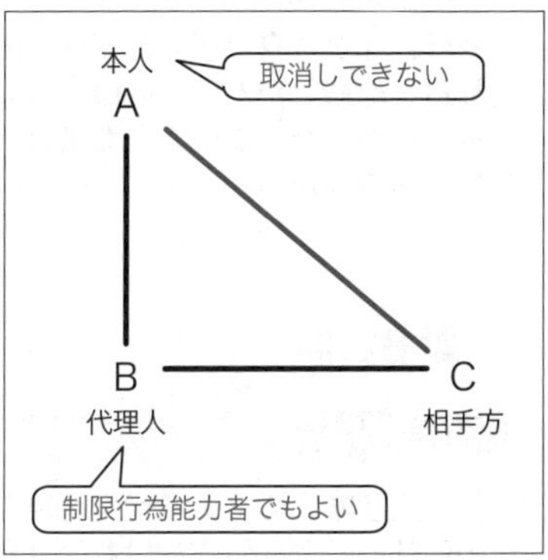

（2）また、制限行為能力者が単独で行った代理行為は、制限行為能力を理由に**取り消すことができない**。

ただし、制限行為能力者（例えばBがAの父親で保佐開始の審判を受けている場合）が、他の制限行為能力者（例えばAが未成年者）の法定代理人として代理行為を行った場合は、本人はその代理行為の取消しができる（102条ただし書）。

4 代理権の消滅

重要度 C

条文・原則

有効に代理権が存在していても、下記の事由が生じたときは、代理権は、自動的に消滅する（111条）。

出題履歴
H22. 2-1、-2
H26. 2-ウ
H30. 2-4

		死亡	破産手続開始の決定	後見開始の審判を受けたこと
法定代理	本人側	消滅	存続	存続
	代理人側	消滅	消滅	消滅
任意代理	本人側	消滅	消滅	存続
	代理人側	消滅	消滅	消滅

5 顕名

事例

Bは、Aから自己所有の家屋の売却の代理を依頼され、Cと売買契約を締結したが、その際、自分がAの代理人であることをCに示さなかった。このような場合、契約の効果は、だれに帰属するのであろうか。

1 顕名とは

理解する

条文・原則

代理人が本人のために代理行為を行う際には、相手方に本人のためにすることを示さなければならない（99条）。

２　顕名のない代理行為の効果

重要度 A

条文・原則

１　本人のためにすることを示さないで行った代理行為は、原則として、代理人に効果が帰属する。
２　ただし、本人のためにする行為であることを相手方が知っていたか（悪意）、又は知ることができた（善意有過失）ときは、有効な代理行為として本人に効果が帰属する（100条）。

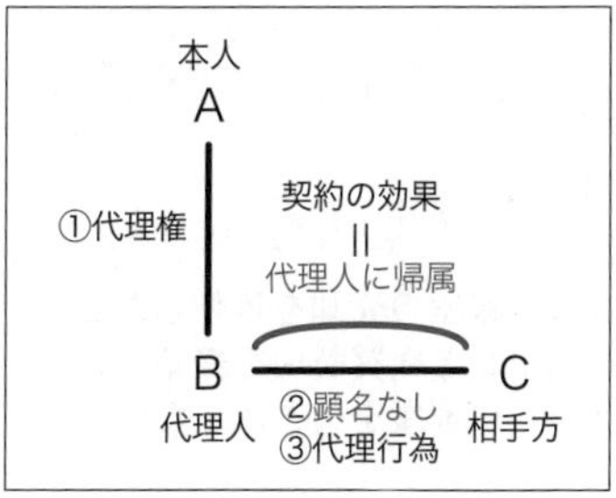

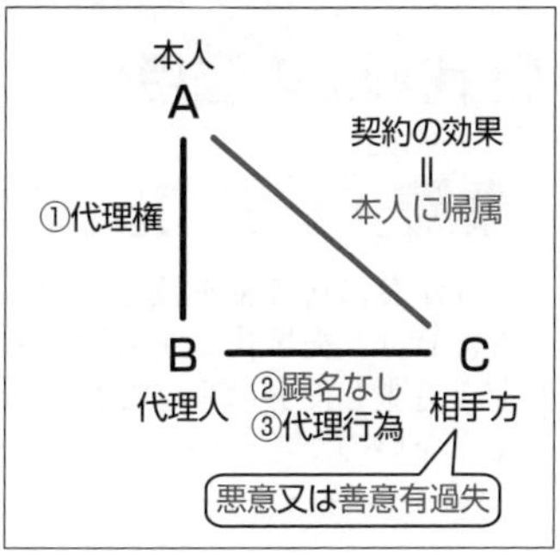

権利関係

出題履歴
H21. 2‐1

6 代理行為の瑕疵

重要度 A

事例

Ａの代理人Ｂが、Ｃの詐欺によって、Ａ所有家屋をＣに売却する契約を結んだ場合、この契約は取り消すことができるのだろうか。

◆瑕疵（かし）
キズ、**欠陥**のこと。

条文・原則

１　代理人がした意思表示や代理人が受けた意思表示の効力が意思の不存在、錯誤、詐欺、強迫又はある事情を知っていたこと若しくは知らなかったことにつき過失があったことによって影響を受けるべき場合には、その事実の有無は、代理人について決する（101条１・２項）。
２　特定の法律行為をすることを委託された代理人が代理行為をしたときは、本人は自ら知っていた事情について代理人が知らなかったことを主張できない。本人が過失によって知らなかった事情についても同様である（同条３項）。

出題履歴
H24. 2‐2
H26. 2‐エ

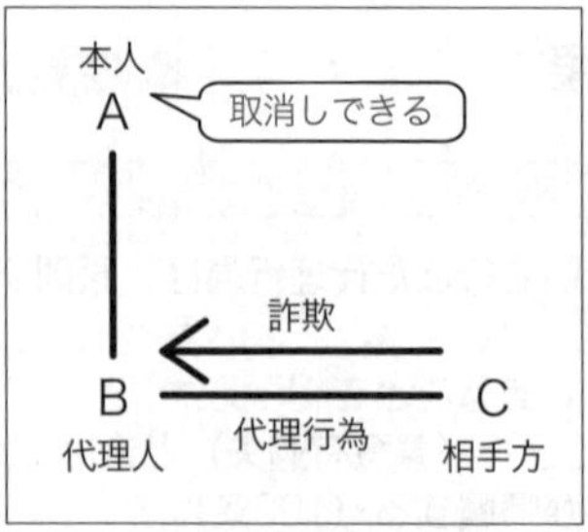

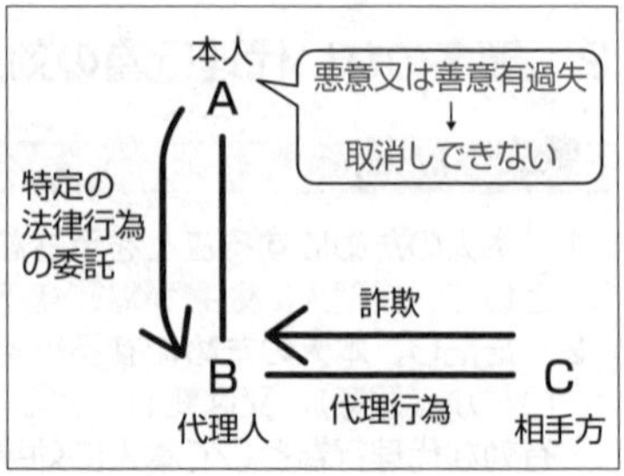

7 代理権の濫用

重要度 B

事例

AがBに代理権を授与して、A所有家屋の売却を依頼したところ、Bは、売買代金を着服する意図でCと売買契約を締結し、代金を着服したBは失踪した。Aは、Cに家屋を引き渡さなければならないのだろうか。

条文・原則

代理人が自己又は第三者の利益を図る目的で代理権の範囲内の行為をした場合、相手方がその目的を知っていたか（悪意）、又は知ることができた（善意有過失）ときは、その行為は、代理権を有しない者がした行為とみなす（107条）。

出題履歴
H30. 2-1
R 2 (12). 2-1

講師からのアドバイス
代理権の範囲「外」の行為をしたのであれば、無権代理の問題となる。

（1）代理人の意図が「代金を着服」といった自己又は第三者の利益を図るものであっても、代理権の範囲「内」の行為をしたのであれば、その**代理行為の効果は本人に帰属するのが原則**である。

（2）もっとも、相手方が代理人の意図について**悪意又は善意有過失**の場合は、本人を犠牲にして相手方を保護する必要がないため、例外的に、その代理行為は、代理権を有しない者がした行為（**無権代理**）とみなされ、原則として**本人に効果は帰属しない**。

講師からのアドバイス
無権代理とみなされるため、後述するように、本人は追認又は追認拒絶ができる。

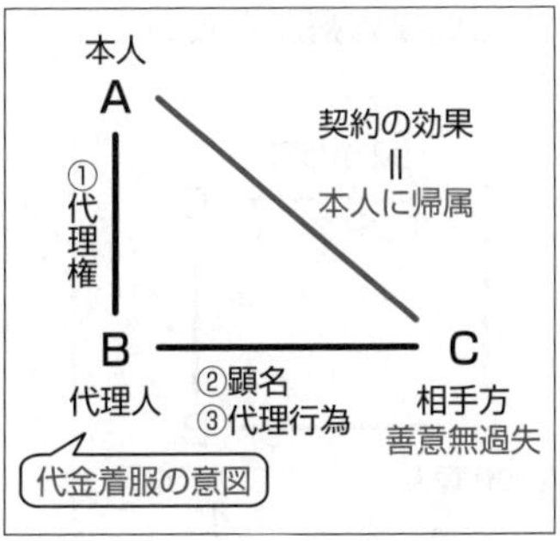

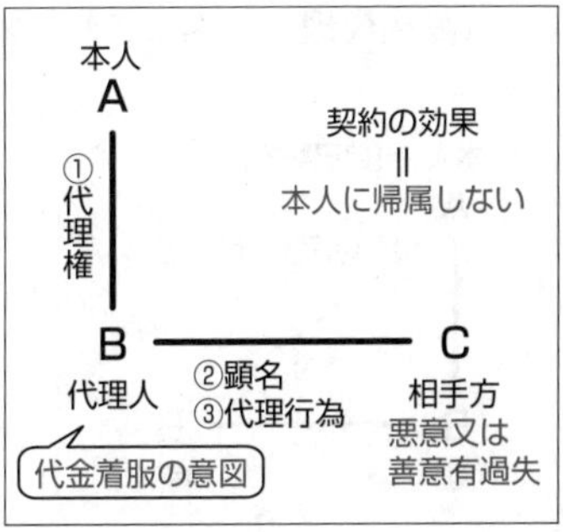

8 自己契約・双方代理

重要度 A

事例

Ａから家屋売却の代理権を与えられたＢは、自分でその家屋が欲しくなり、自分を買主とする契約を締結した。このような契約は許されるのだろうか。また、Ｂが、買主Ｃの代理人にもなった場合はどうか。

条文・原則

1　同一の法律行為について、相手方の代理人として（自己契約）又は当事者双方の代理人として（双方代理）した行為は、代理権を有しない者がした行為とみなす（108条１項本文）。
2　ただし、あらかじめ本人の許諾がある場合、又は、契約締結後の債務の履行については、例外的に自己契約・双方代理が許される（同項ただし書）。
3　自己契約や双方代理以外でも、本人と代理人との利益が相反する行為は、あらかじめ本人の許諾がある場合を除き、代理権を有しない者がした行為とみなす（108条２項）。

出題履歴
H20. 3-1、-2
H21. 2-4

H22. 2-4
H24. 2-3
H30. 2-3
R 2(12). 2-2

（1）自己契約とは、代理人が契約の相手方になる場合をいう。
（2）双方代理とは、代理人が相手方の代理人も兼ねる場合をいう。
（3）自己契約や双方代理を認めると、本人と代理人との間で利益が対立する関係になりかねない。そこで、**自己契約、双方代理**は原則として、代理権を有しない者がした行為

（**無権代理**）とみなされ、**本人に効果は帰属しない**。

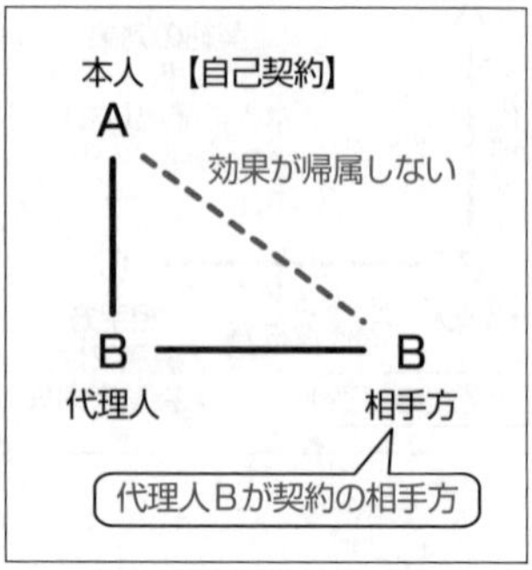

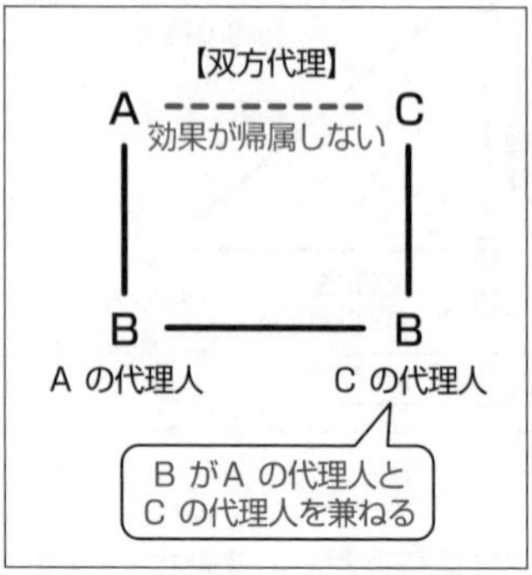

（4）ただし、**本人が許諾**している場合や、**単に債務を履行**するだけの行為については、本人と利益が対立することはないので、例外的に自己契約・双方代理が許される。

例えば、登記申請行為は、登記義務者にとっては義務の履行に過ぎず、代理行為によって新たな利害関係が創出されるものでもないので、双方代理が許される。

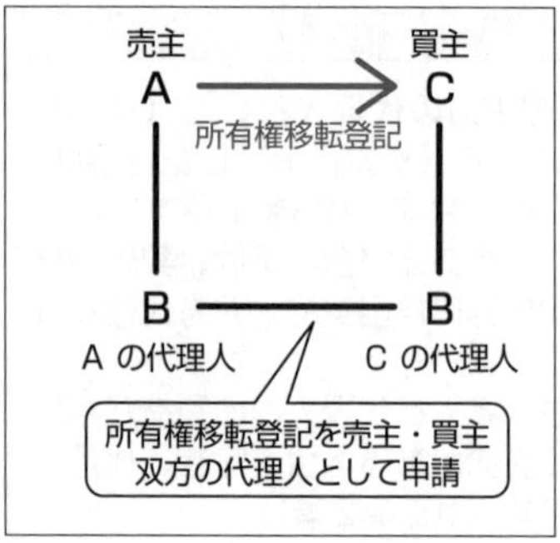

9 復代理

1　復代理とは

理解する

条文・原則

復代理とは、代理人が自分の権限の範囲内の行為を行わせるため、さらに本人の代理人を選任することをいう。

2　復代理の効果

理解する

条文・原則

復代理人が行った行為の効果は、直接本人に帰属する（106条1項）。

復代理人を選任するのは代理人であるが、だからといって、復代理人は代理人をさらに代理するわけではない。あくまで復代理人は本人の代理人であって、代理人自身が代理した場合と同じく、**直接本人に効果が帰属**する。

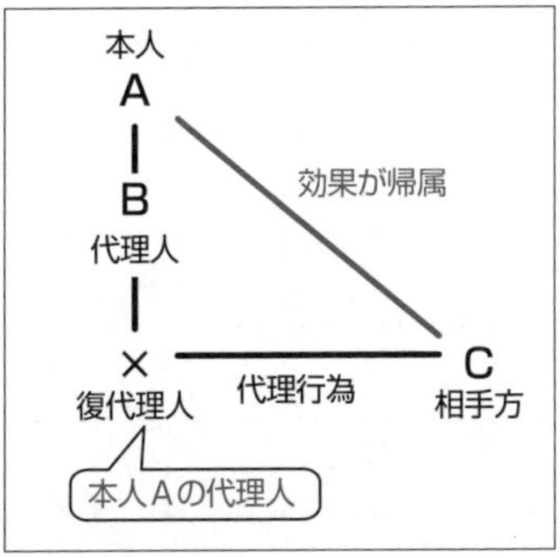

3　復代理人を選任する権限（復任権）

重要度 A

条文・原則

1　任意代理人は、本人の許諾を得たとき、又はやむを得ない事由があるときでなければ、復代理人を選任することができない（104条）。
2　法定代理人は、いつでも自由に復代理人を選任することができる（105条前段）。

出題履歴
H21. 2 - 3
H29. 1 - 2

H24. 2 - 4

MEMO

代理２

重要ポイント

1．無権代理　追認・追認拒絶

Point 無権代理

●無権代理の効果
本人に効果が帰属しない。
↓
①本人の追認：契約の時にさかのぼって本人への効果帰属が確定
②本人の追認拒絶：本人への効果不帰属が確定

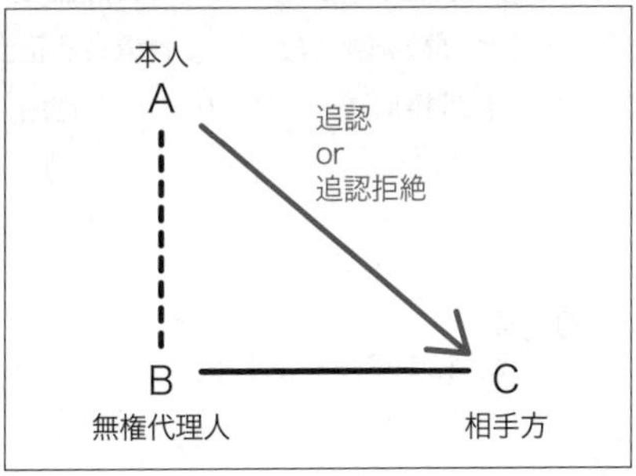

●無権代理行為の追認・追認拒絶
原則：相手方に対して追認・追認拒絶する。
例外：無権代理人にした場合
↓
相手方が追認あるいは追認拒絶の事実を知れば、追認あるいは追認拒絶の効果を相手方に対抗（主張）できる。

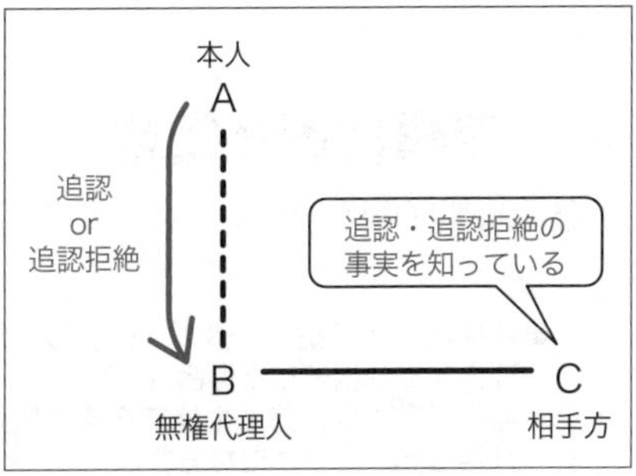

2．無権代理の相手方の保護

Point 無権代理の相手方を保護する制度

	相手方			効果
	悪意	善意		
		有過失	無過失	
催告権	○	○	○	確答がなければ、追認拒絶の効果
取消権	×	○	○	本人への効果不帰属に確定
無権代理人の責任	×	×（注）	○	履行の請求又は損害賠償請求
表見代理	×	×	○	本人に効果帰属

（注）無権代理人が自己に代理権がないことを知っていた場合は、相手方は、善意有過失であっても、無権代理人の責任を追及できる。

3．表見代理

Point 表見代理

●要件

いずれか１つ		相手方
①代理権授与表示 ②代理権を越えた ③代理権消滅 ④　①＋② ⑤　③＋②	＋	代理権があると信じる正当な理由 ‖ 善意・無過失

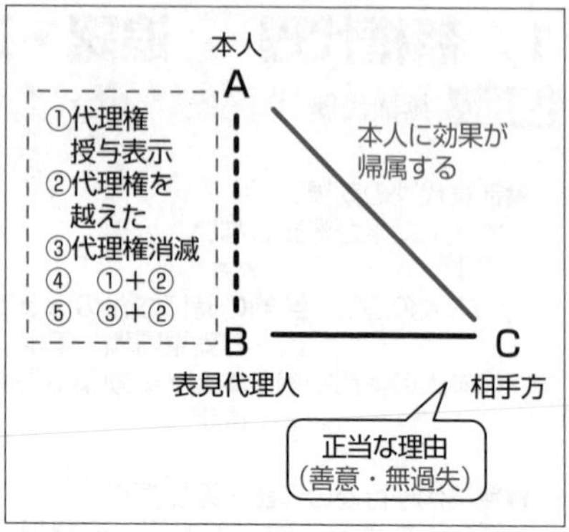

●効果
本人に効果が帰属する。

4．無権代理と相続

Point 無権代理と相続

●無権代理と相続①　本人が死亡し、無権代理人が単独相続した場合（注）
無権代理人は、追認拒絶できず、無権代理行為は当然に有効になる。
（注）本人が追認を拒絶した後に死亡したときは、無権代理行為は有効にならない。

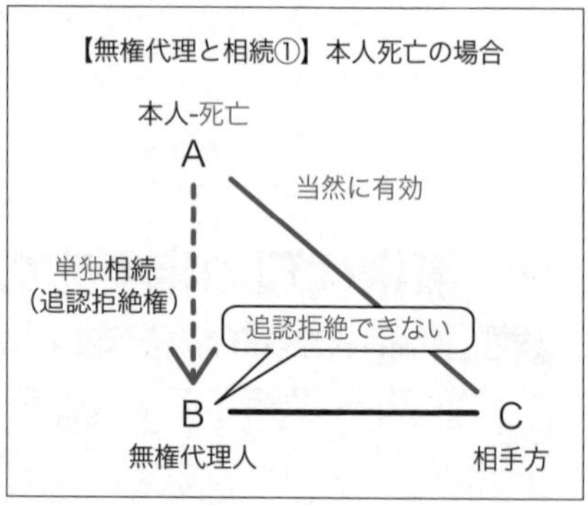

●無権代理と相続②　無権代理人が死亡し、本人が相続した場合
無権代理行為は当然には有効にならず、本人は、追認拒絶できる。

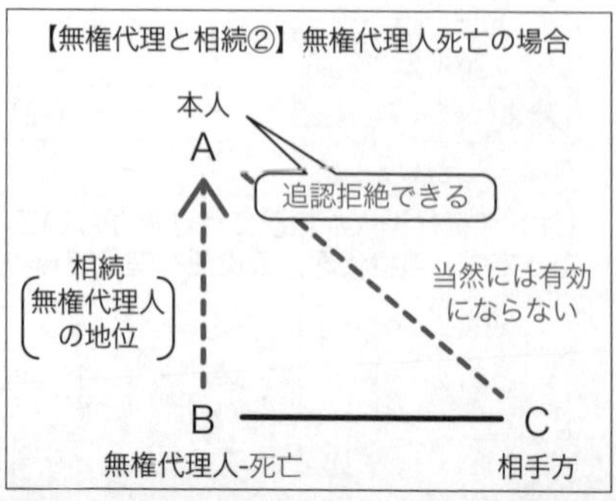

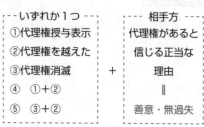

❶ 無権代理

１　無権代理

理解する

条文・原則

代理権を有しない者（無権代理人）が、代理人としてした契約は、本人がその追認をしなければ、本人に対してその効力を生じない（113条１項）。

無権代理とは、**代理権を有しない者が代理人として行為した場合**である。

無権代理には、①初めから代理権が全くないにもかかわらず代理行為が行われた場合だけでなく、②与えられた代理権の範囲を越えて代理行為が行われた場合や、③いったん与えられた代理権が消滅した後に代理行為が行われた場合も含まれる。

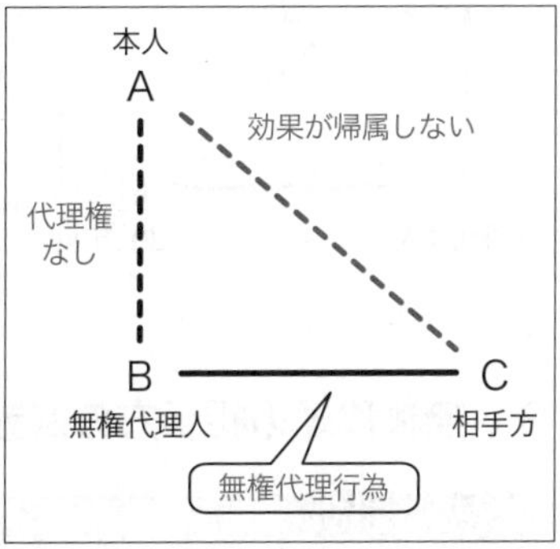

講師からのアドバイス

②「与えられた代理権の範囲を越えて代理行為が行われた場合」は、下図のようなイメージで捉えておこう。

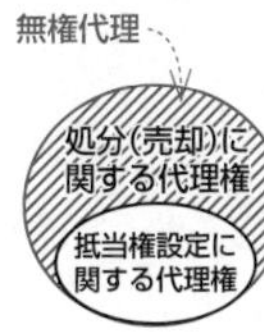

２　無権代理行為の追認・追認拒絶

重要度Ａ

条文・原則

１　本人が追認すると、無権代理行為は、有効な代理行為となり、契約上の効果は、原則として契約の時にさかのぼって本人に帰属する（116条本文）。
２　本人が追認拒絶をすると、無権代理行為の効果は、本人に帰属しないことに確定する。

出題履歴

H24. 4 - 1
H26. 2 - ア
R 1. 5 - 3
R 2 (12). 2 - 4

（１）無権代理行為は、本人の与えた代理権に基づくものではないから、その効果を当然に本人に帰属させることはできない。とはいえ、無権代理行為が、全て本人に不利益なものであるとも限らない。そこで、いったん**本人に効果が帰属しないとしたうえで、本人が「追認」**あるいは**「追認拒**

講師からのアドバイス

無権代理行為は、本人が追認又は追認拒絶するまで、「宙に浮いた状態」になるというイメージで理解しておくとよい。

絶」することによって、最終的に本人に効果を帰属させるかどうかを決める。

（2）**追認・追認拒絶**は、**相手方に対してする**のが原則である。ただし、無権代理人にした場合であっても、相手方が追認あるいは追認拒絶の事実を知れば、追認あるいは追認拒絶の効果を相手方に対抗（主張）できる。

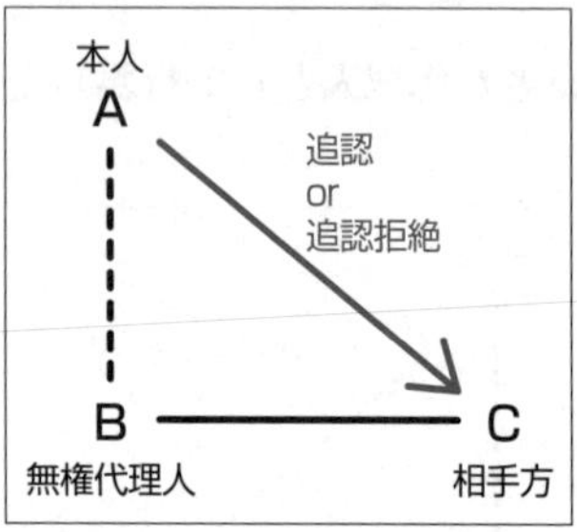

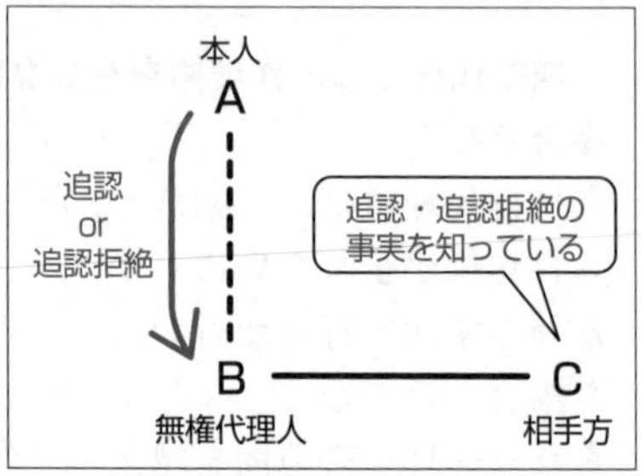

3　無権代理の相手方の保護

重要度A

条文・原則

1　無権代理の相手方は、本人に対して、相当の期間を定めて、追認をするか否かの催告をすることができ、期間内に確答がない場合は、追認を拒絶したものとみなされる（114条）。
2　無権代理について善意の相手方は、本人の追認があるまでは、無権代理人との契約を取り消すことができる（115条）。
3　無権代理について善意無過失の相手方は、無権代理人（制限行為能力者である場合を除く）に対して、契約の履行又は損害賠償を請求できる。ただし、無権代理人が自己に代理権がないことを知っていた場合は、相手方は善意有過失であっても、上記請求ができる（117条）。

（1）無権代理の相手方は、追認又は追認拒絶があるまで不安定な立場におかれる。そこで、相手方には、このような不安定な立場を解消する手段として催告権が認められる。この**催告権**は、**相手方の善意・悪意、過失の有無にかかわらず認められる**。
（2）また、相手方から、無権代理による行為を取り消してしまうことも認められる。取消権が行使されると、本人は追認をすることができなくなる。

ただし、取消権の行使は、本人の追認権を奪うものであるから、無権代理につき**善意（過失はあってもよい）の相手方に限り、認められている。**

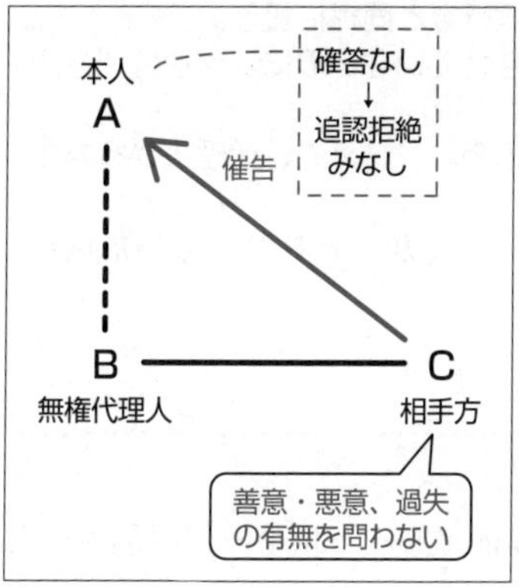

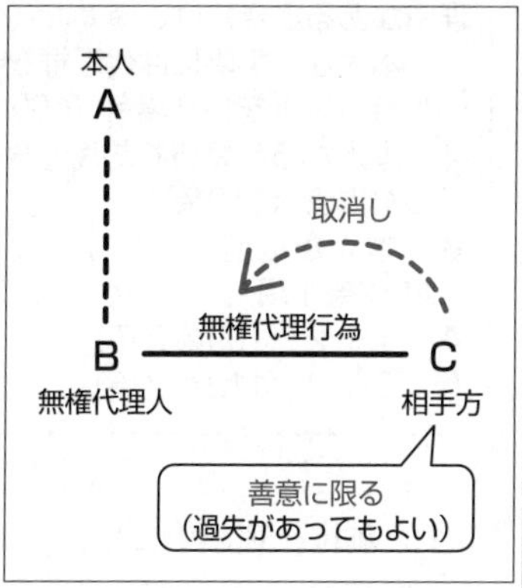

（3）さらに、相手方は、無権代理を行った無権代理人に対して、**契約の履行**又は**損害賠償請求**を内容とする責任を追及することもできる。この場合、**相手方は善意・無過失でなければならない。**

ただし、**無権代理人が自己に代理権がないことを知っていた場合**は、相手方は**善意有過失であっても、上記請求ができる。**また、無権代理人が制限行為能力者であるときは、無権代理人への責任追及はできない。

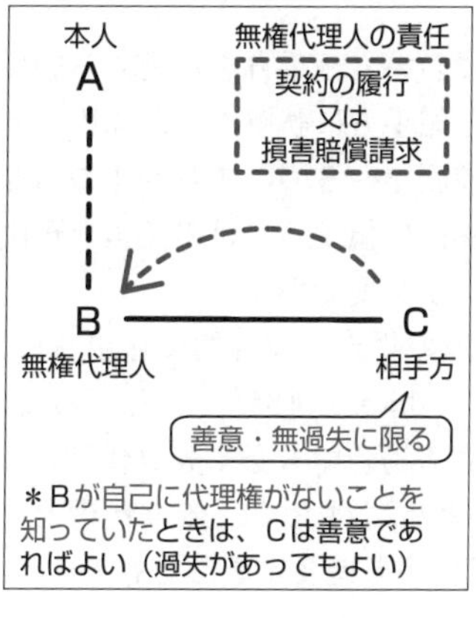

2 表見代理（本人の責任）

重要度A

条文・原則

以下の事情があり、無権代理であることにつき、相手方が善意・無過失であったとき（代理人の権限があると信ずべき正当な理由があるとき）は、有効な代理行為と同様に扱う。

1　本人が、実際には代理権を与えていないのに、代理権を与えた旨の表示をした場合（109条1項）
2　本人から与えられた代理権の範囲を越えて、代理人が行為をした場合（110条）
3　本人が以前代理権を与えていたが、それが消滅した場合（112条1項）
4　1＋2（109条2項）
5　3＋2（112条2項）

出題履歴
H26. 2-イ
R 2 (12). 2- 3

【具体例】
1の例－AがCに対し、BはA所有地について売却する権限を与えた代理人であると表示していたところ、実際にはそのような代理権が授与されていないにもかかわらず、BがA代理人としてその土地をCに売却した場合
2の例－Bが、Aからその所有する土地について、抵当権設定の代理権しか授与されていなかったにもかかわらず、A代理人としてその土地をCに売却した場合
3の例－Bが、Aからその所有する土地について、売買契約締結に関する代理権を授与された後、破産手続開始の決定を受けたにもかかわらず、A代理人としてCと売買契約を締結した場合

（1）無権代理の中には、代理権があると相手方に誤解させた原因に本人が関与している場合がある。このような場合に、有効な代理行為と同様の法的な取り扱いをして、本人への効果帰属を認めるのが、表見代理制度である。

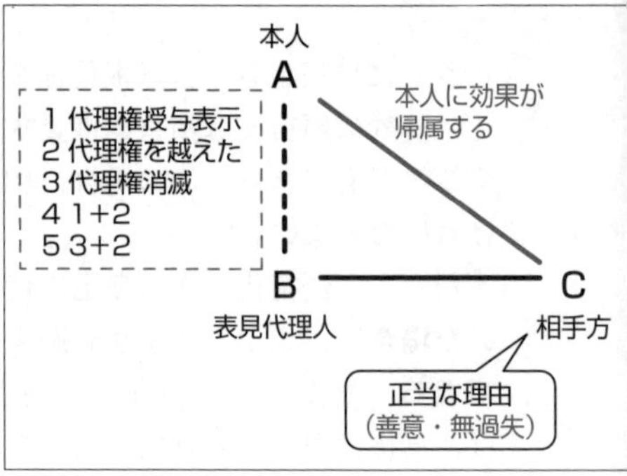

（2）表見代理は、本人の犠牲において相手方を保護する制度であるから、代理権があると相手方に誤解させた原因に本人が関与していること（＝**前記1～5のいずれか1つに該当すること**）と、相手方に保護に値するだけの**正当な理由**があること（**善意・無過失**）が必要である。

（3）表見代理の規定と無権代理の規定は競合的に適用され、相手方はどちらを選択してもよい（判例）。したがって、相手方は、表見代理が成立する場合でも**必ず表見代理として対処しなければならないわけではなく、無権代理として、117条の無権代理人の責任等を追及することもできる**。

３ 無権代理と相続

重要度Ｂ

出題履歴
H20. 3-3
H24. 4-2
H30.10-1
R 1. 5-2

H20. 3-4
H24. 4-3
R 1. 5-4

権利関係

条文・原則

1　無権代理人が本人を単独で相続した場合、その無権代理行為は当然に有効となる（判例）。ただし、本人が無権代理行為の追認を拒絶した後に、無権代理人が本人を単独で相続しても、その無権代理行為は有効にはならない（判例）。
2　本人が無権代理人を相続した場合には、当然には有効とならない（判例）。

（1）**本人が死亡し、無権代理人が本人の地位を単独相続した場合**、無権代理人は、本人が有していた「追認拒絶権」を取得する。しかし、無権代理人は、自分自身が無権代理行為をしたいわば加害者的な立場にあるから、相続によって承継した追認拒絶権を行使するのは信義則に反する。ゆえに、この場合には無権代理人は追認拒絶できず、**無権代理行為は当然に有効となる**。

【無権代理と相続①】本人死亡の場合

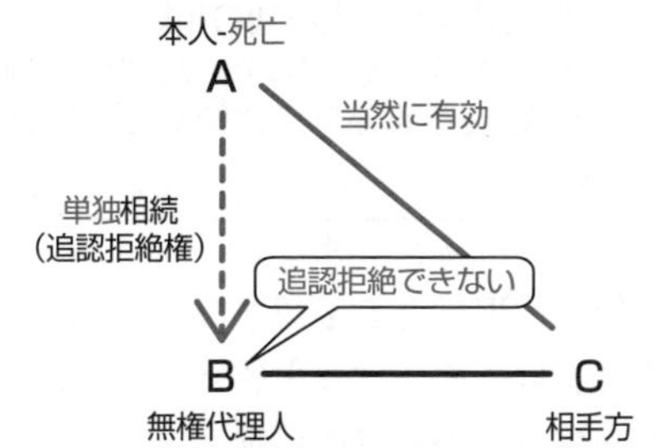

【考え方】
加害者的な立場にある無権代理人が相続した場合は、追認拒絶できない。

ただし、本人が、死亡前に**既に追認拒絶をしていた**ときは、その時に無権代理行為の効果が本人に帰属しないことが確定しているため、後で無権代理人が本人の地位を単独相続しても、**無権代理行為は有効にはならない**。

（2）**本人が無権代理人の地位を相続した場合**は、本人が無権代理人の地位を承継することになる。しかし、本人は無権代理行為のいわば被害者的地位にあり、その利益は保護されなければならない。他方、相手方が偶然生じた事実である相続によって、本来得られなかった利益を得ることは妥当ではない。ゆえに、この場合は**無権代理行為は当然には**

有効にならず、本人は追認拒絶をすることができる。

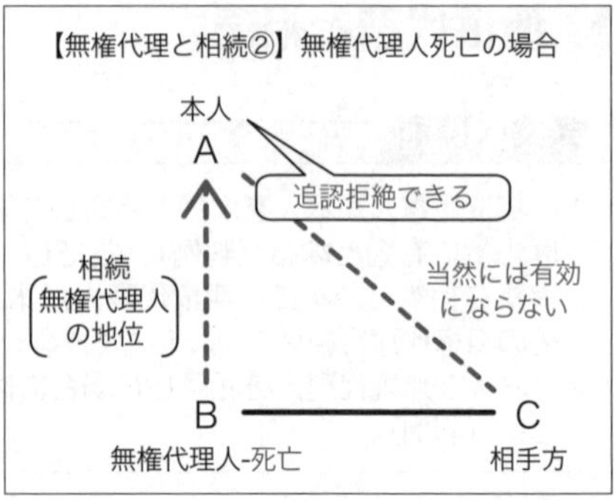

出題履歴
H24. 4 - 4

条文・原則

無権代理人が本人を他の相続人と共に共同相続した場合、他の共同相続人の追認がない限り、無権代理行為は、無権代理人の相続分に相当する部分においても、当然に有効とはならない（判例）。

無権代理行為を追認する権利は、その性質上相続人全員に不可分的に帰属するから、その**追認は、共同相続人全員が共同して行わない限り、無権代理行為は有効とはならない**。したがって、他の共同相続人が無権代理行為の追認をしているのに無権代理人が追認を拒絶することは信義則上許されないとしても、**他の共同相続人全員の追認がない限り、無権代理行為は、無権代理人の相続分に相当する部分においても、当然に有効となるものではない。**

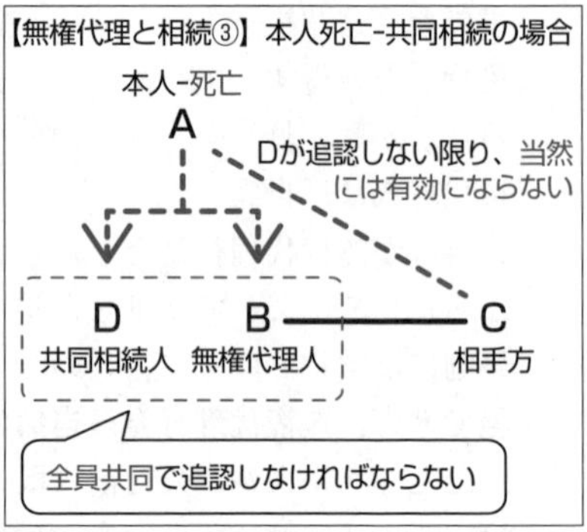

時効

重要ポイント

1. 取得時効

所有権の取得時効の成立要件

1. 所有の意思をもって占有すること
2. 平穏かつ公然の占有であること
3. 原則として20年間の占有継続（ただし、「占有開始時」善意・無過失の場合は、10年間）

占有の継続１（間接占有）

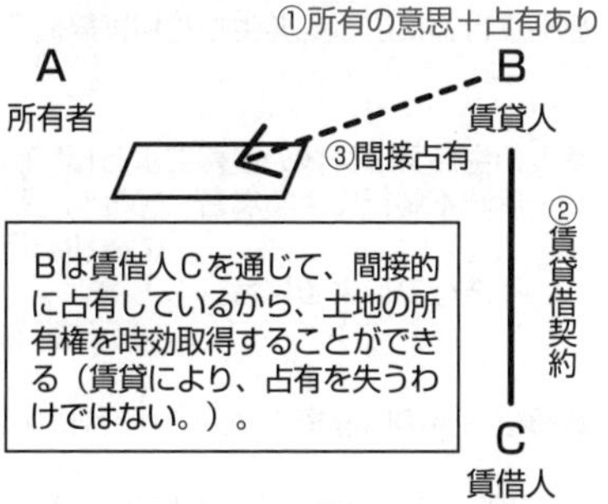

Bは賃借人Cを通じて、間接的に占有しているから、土地の所有権を時効取得することができる（賃貸により、占有を失うわけではない。）。

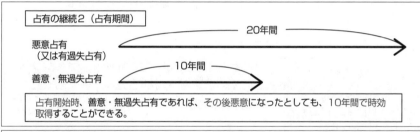

占有の継続２（占有期間）

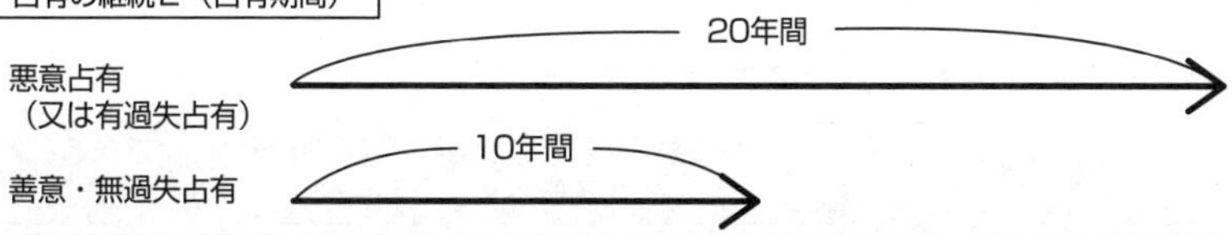

占有開始時、善意・無過失占有であれば、その後悪意になったとしても、10年間で時効取得することができる。

占有の継続３（占有の承継）

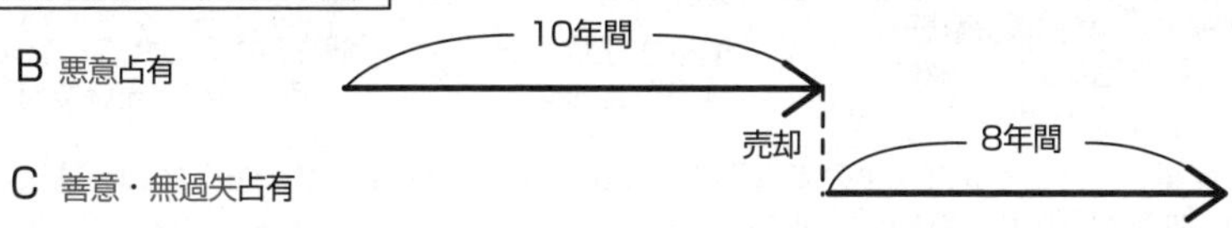

Cが、自己の善意・無過失占有だけを主張しても、Bの悪意占有を併せて主張しても、現時点では、時効取得不可

占有の継続４（占有の承継）

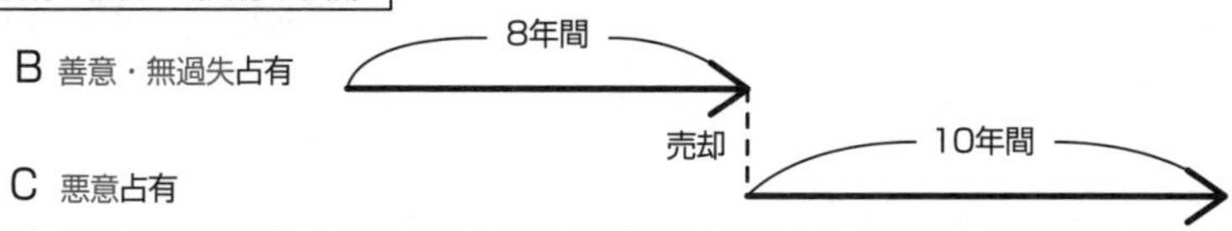

Cが、自己の悪意占有だけを主張しても、現時点では、時効取得不可だが、Bの善意・無過失占有を併せて主張すれば、現時点でも、時効取得可

2. 消滅時効

Point 消滅時効の期間

●一般の債権：①権利を行使することができることを知った時から５年
　　　　　　　②権利を行使することができる時から10年

●不法行為によって発生した損害賠償請求権：①損害及び加害者を知った時から３年
　　　　　　　　　　　　　　　　　　　　　②不法行為の時から20年

●人の生命又は身体の侵害による損害賠償請求権：
・債務不履行による場合：①権利を行使することができることを知った時から５年
　　　　　　　　　　　　②権利を行使することができる時から20年
・不法行為による場合　：①損害及び加害者を知った時から５年
　　　　　　　　　　　　②不法行為の時から20年

●債権以外の財産権：20年（所有権を除く）

●10年より短い時効期間が定められている債権　→　確定判決等により確定したときは、原則として10年に延長

消滅時効の起算点（権利を行使することができる時）

債権の種類	権利を行使することができる時	権利が行使できることを知った時
確定期限付債権（ex.支払日が５月１日）	５月１日の到来時	５月１日の到来を知った時（通常は５月１日の到来時）
不確定期限付債権（ex.父が死亡したら支払う）	父が死亡した時	父が死亡したことを知った時
期限の定めのない債権（ex.売買代金の支払日を決めていない場合）	債権成立時　※（売買契約時）	債権が成立したことを知った時（通常は売買契約時）

※　売買契約において売買代金の支払日を決めなかったときは、いつでも支払いを請求できるため、債権成立時から権利行使可能となる。

3. 時効の援用・時効利益の放棄

Point 時効の援用・時効利益の放棄

●物上保証人等は、被担保債権の消滅時効の援用権者

●時効の利益は、時効完成前は放棄できない。

●債権の消滅時効においては、時効完成後の債務の承認により、援用権を喪失する。

●時効の効力は、起算日にさかのぼる。

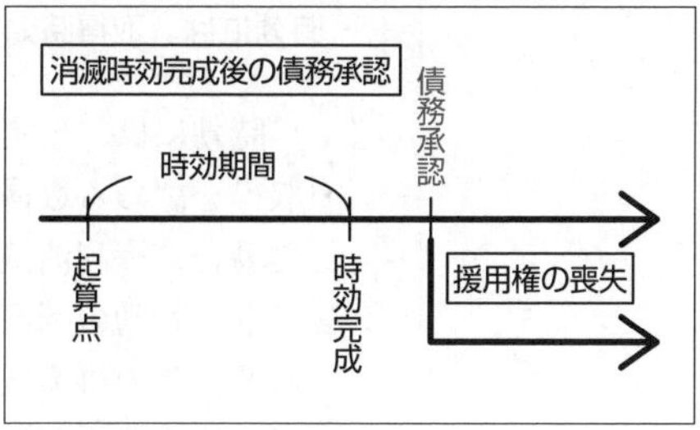

4. 時効の完成猶予・更新

Point 時効の完成猶予

●時効の完成猶予事由
①裁判上の請求等
②強制執行・担保権の実行等
③仮差押え・仮処分
④権利行使が困難な場合
⑤催告
⑥協議を行う旨の書面合意

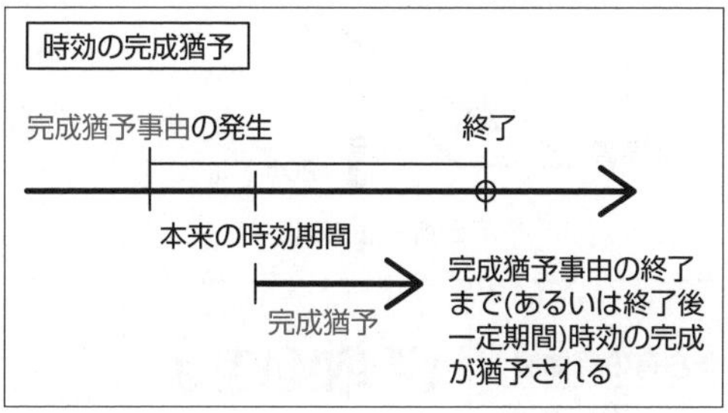

●①～③の提起・申立てがなされると、手続が続いている間（その後、一定期間)、時効の完成が猶予される。

●⑤は、催告から6か月間時効の完成を猶予する。
催告から6か月以内に裁判上の請求等の手続をとると、別途、時効の完成猶予・更新の効力が生じる。

Point 時効の更新

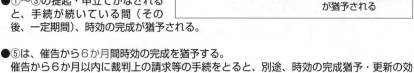

●時効の更新事由
①認容判決の確定等
②強制執行・担保権の実行手続の終了等
③承認

●時効の更新がなされると、時効期間は更新時から新たに進行する。

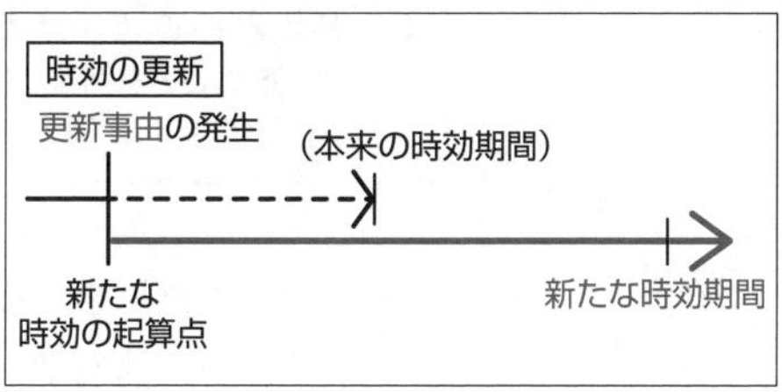

1 取得時効と消滅時効

理解する

条文・原則

時効には、取得時効と消滅時効がある。

（1）時効には、事実上の権利行使状態が継続した場合に権利取得を認める**取得時効**と、権利を行使しない状態が継続した場合に権利消滅を認める**消滅時効**とがある。

（2）取得時効の制度趣旨は、長期間一定の事実状態が継続すると、その事実状態を前提に社会生活が営まれ、様々な事実・法律関係が積み重ねられる。その事実状態をそのまま尊重して、社会・法律関係の安定を図るためである。これに対して、消滅時効の制度趣旨は、弁済証明の困難を救済する他、継続的に権利を行使しない者は、権利を失ってもやむをえないと考えられるからである。

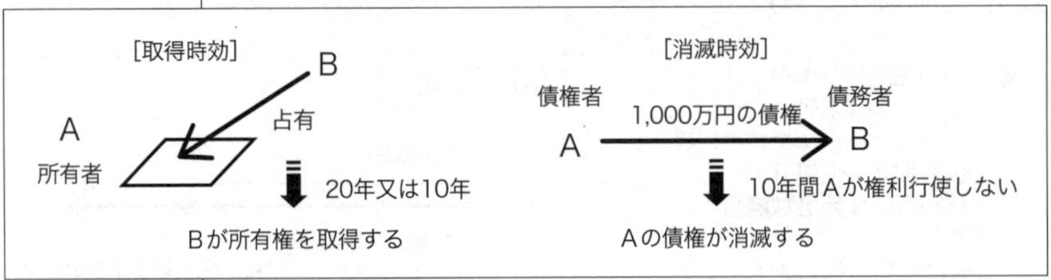

◆占有の具体例

土地であれば、建物を建てたり、耕したり、駐車場として整備したりすれば、占有があるといえ、建物であれば、そこに居住したり、そこで店舗を営んだりすれば、占有があるといえる。不法占拠者でも占有はあることに注意。

2 取得時効

1 所有権の取得時効

重要度A

1－1 所有権の取得時効の成立要件

条文・原則

1 所有の意思をもって占有すること（自主占有）
2 平穏かつ公然の占有であること
3 原則として20年間の占有継続
（ただし、「占有開始時」善意・無過失の場合は、10年間）
（162条1・2項）

出題履歴
H22. 3- 2

（1）所有の意思をもって占有している土地の一部に、隣接する他人の土地の筆の一部が含まれていても、他の要件を満たせば、当該他人の土地の一部の所有権を時効によって取得することができる。

（2）所有の意思は、賃借人にはない。したがって、**賃借人が、一定期間占有を継続しても、それだけでは、所有権の取得時効は成立しない。**

出題履歴
H26. 3- 4
H27. 4- 1

（3）所有の意思をもって直接占有していた者が、その後、第三者に賃貸しても、その賃借人を介して**間接占有**しているので、**占有の継続**が認められる。

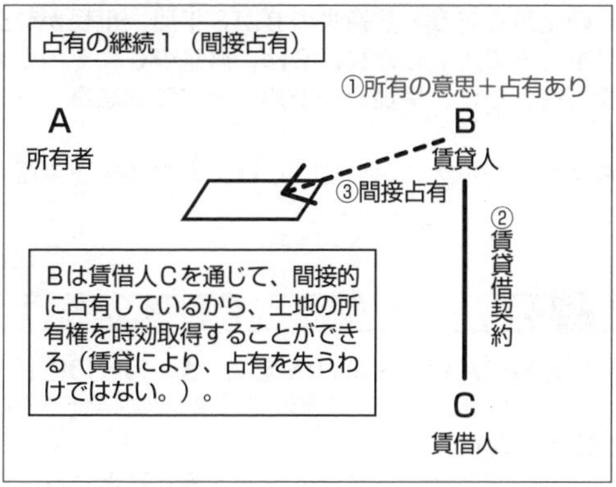

占有の継続１（間接占有）
①所有の意思＋占有あり
A
所有者
B
賃貸人
③間接占有
②賃貸借契約
C
賃借人
Bは賃借人Cを通じて、間接的に占有しているから、土地の所有権を時効取得することができる（賃貸により、占有を失うわけではない。）。

（4）所有権の取得時効における時効期間は、**「占有の開始の時」に善意・無過失**だったか（**10年間**）、**悪意又は有過失**だったか（**20年間**）により区別される。占有開始時に善意・無過失であれば、**途中で悪意又は有過失占有に転じたとしても、10年間で取得時効が完成**する。

出題履歴
R 2 (10).10- 2

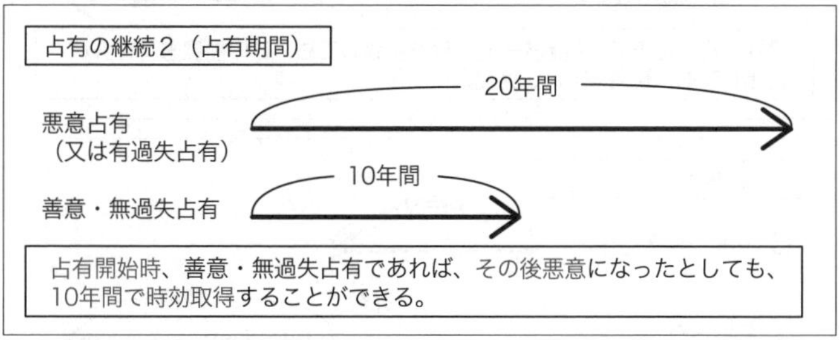

占有の継続２（占有期間）
20年間
悪意占有
（又は有過失占有）
10年間
善意・無過失占有
占有開始時、善意・無過失占有であれば、その後悪意になったとしても、10年間で時効取得することができる。

1－2　占有の承継

重要度A

事例

ケース1

A所有の土地を悪意のBが10年間、平穏かつ公然に所有の意思をもって占有した後、Bは、善意・無過失のCにその土地を売却した。購入後、Cは、平穏かつ公然に所有の意思をもって８年間占有した。

ケース2

A所有の土地を善意・無過失のBが８年間、平穏かつ公然に所有の意思をもって占有した後、Bは、悪意のCにその土地を売却した。購入後、Cは、平穏かつ公然に所有の意思をもって10年間占有した。

これら２つのケースにおいて、Cは、取得時効を主張できるのだろうか。

出題履歴
H27. 4- 2
R 2 (10).10- 1

条文・原則

占有を引き継いだ者（占有の承継人）は、自分の占有期間だけを主張してもよいし、前の占有者の占有期間を併せて主張してもよい（187条１項）。

ただし、前の占有者の占有も併せて主張するときは、前の占有者の善意・悪意や過失の有無も引き継ぐ（同条２項）。

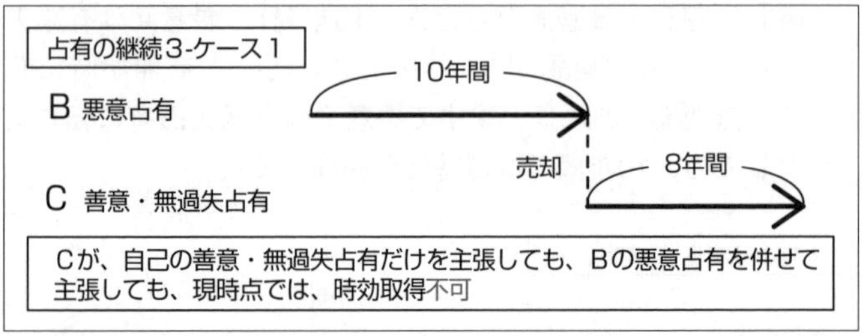
占有の継続3-ケース1
10年間
B 悪意占有
売却
8年間
C 善意・無過失占有
Cが、自己の善意・無過失占有だけを主張しても、Bの悪意占有を併せて主張しても、現時点では、時効取得不可

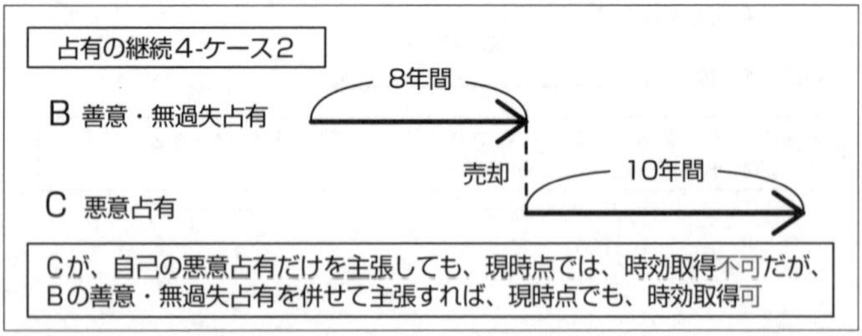
占有の継続4-ケース2
8年間
B 善意・無過失占有
売却
10年間
C 悪意占有
Cが、自己の悪意占有だけを主張しても、現時点では、時効取得不可だが、Bの善意・無過失占有を併せて主張すれば、現時点でも、時効取得可

（1）占有期間は、前に占有していた者の占有期間を合計してもよい。ただし、前の占有者の占有期間を合計するときは、前の占有の**よい面も悪い面もすべて引き継ぐ**。

（2）ケース1のCは、A所有地を平穏かつ公然に所有の意思をもって善意・無過失で占有しているが、占有期間が8年間であるため、自己の占有期間だけでは、取得時効を主張できない。そこで、Bの占有期間を引き継ぐと、占有期間は、18年間になるが、Bが占有開始時に悪意であるため、Cは、これをも引き継ぐ。その結果、Cは、悪意で18年間占有したに過ぎないことになる。したがって、Cは、取得時効を主張することができない。

（3）ケース2のCは、A所有地を平穏かつ公然に所有の意思をもって、10年間占有しているが、占有開始時に悪意であるから、自己の占有期間だけでは、取得時効を主張できない。そこで、Bの占有を引き継ぐと、占有期間は、18年間にしかならないが、Bは占有開始時、善意・無過失であり、Cは、これも引き継ぐ。その結果、Cは、善意・無過失で18年間占有したことになる。したがって、Cは、取得時効を主張することができる。

講師からのアドバイス

ポイントは、まず、取得時効を主張する者Cから、取得時効の成否を判断することである。しかる後、取得時効が成立しない場合に、前主Bの占有を足してみるとよい。前主Bから考えると分からなくなるので、注意。

出題履歴

R 2 (10).10- 3

2　所有権以外の財産権の取得時効

重要度C

条文・原則

地上権、地役権、不動産賃借権なども、自己のためにする意思で、平穏かつ公然に一定期間（善意・無過失なら10年、悪意又は善意・有過失なら20年）、権利を行使することによって時効取得できる（163条）。

出題履歴

H22. 3- 1、- 4
H27. 4- 4

3 消滅時効

1　一般の債権の消滅時効

重要度A

出題履歴
H22. 6- 3
H26. 3- 3

条文・原則

1　一般の債権は、次のいずれかの場合、時効により消滅する（166条1項）。
① 権利を行使することができることを知った時から5年間行使しないとき
② 権利を行使することができる時から10年間行使しないとき
2　10年より短い時効期間が定められている債権も、確定判決等により確定したときは、原則として10年の時効期間となる（169条）。

（1）　消滅時効は、「**権利を行使することができることを知った時**」から5年、「**権利を行使することができる時**」から10年で完成する。「権利を行使することができる時」とは、**客観的に権利行使が可能である状態**をいう。

消滅時効の起算点（権利を行使することができる時）

債権の種類	権利を行使することができる時	権利が行使できることを知った時
確定期限付債権（ex.支払日が5月1日）	5月1日の到来時	5月1日の到来を知った時（通常は5月1日の到来時）
不確定期限付債権（ex.父が死亡したら支払う）	父が死亡した時	父が死亡したことを知った時
期限の定めのない債権（ex.売買代金の支払日を決めていない場合）	債権成立時　※（売買契約時）	債権が成立したことを知った時（通常は売買契約時）

※　売買契約において売買代金の支払日を決めなかったときは、いつでも支払いを請求できるため、債権成立時から権利行使可能となる。

◆確定判決
判決の確定のことで、通常の上訴という方法では取り消すことができない状態になった判決である。

（2）　10年より短い時効期間の定めがある債権（一般の債権であれば、権利を行使できることを知った時から5年）であっても、**確定判決まで得たもの**は、確定の時に弁済期が到来している債権に限り、判決確定後**10年**の時効期間に延長される。

2　不法行為によって発生した損害賠償請求権の消滅時効

重要度A

条文・原則

不法行為によって発生した損害賠償請求権は、次のいずれかの場合、時効により消滅する（724条）。
① 損害及び加害者を知った時から３年間行使しないとき
② 不法行為の時から20年間行使しないとき

出題履歴
H26. 6 - 3
H26. 8 - 2、- 4
H28. 9 - 1、- 2

3　人の生命又は身体の侵害による損害賠償請求権の消滅時効

重要度A

条文・原則

1　債務不履行による場合（166条、167条）
① 権利を行使することができることを知った時から５年間行使しないとき
② 権利を行使することができる時から20年間行使しないとき
2　不法行為による場合（724条、724条の２）
① 損害及び加害者を知った時から５年間行使しないとき
② 不法行為の時から20年間行使しないとき

人の生命又は身体の侵害による損害賠償請求権の場合、発生原因が債務不履行の場合も不法行為の場合も、権利行使可能なことを知った時（損害及び加害者を知った時）から５年間、権利行使可能な時（不法行為の時）から20年とされ、実質的に時効期間が統一されている。

債務不履行・不法行為に基づく損害賠償請求権の時効期間のまとめ

	債務不履行	不法行為
損害賠償請求権の消滅時効（原則）	権利行使可能時から10年 or 知った時から５年	不法行為時から20年 or 知った時から３年
人の生命身体の侵害による損害賠償請求権の場合	権利行使可能時から20年 or 知った時から５年	権利行使可能時から20年 or 知った時から５年

4　債権以外の消滅時効

重要度C

出題履歴
H26. 3-2
R 2(10).10-4

条文・原則

1　所有権は、消滅時効にかからない。
2　所有権・債権以外の財産権は、原則として、権利を行使できる時から20年間、権利を行使しないときは、時効により消滅する（166条2項）。

4 時効の援用等

1　援用とは

理解する

講師からのアドバイス
ここからは、債権の消滅時効を具体例として想定した方が、理解しやすい。

◆時効の援用
時効によって利益を受ける者が、時効の利益を受ける意思を表示すること。

条文・原則

裁判所は、当事者が時効を援用しなければ、時効による裁判をすることができない（145条）。

時効期間が満了し、時効が完成したからといって、自動的に時効の効果が発生するわけではない。時効により直接利益を受ける者が、時効の援用（主張）をして、初めてその効果が生じる。

時効により、直接利益を受ける者の意思を尊重するためである。

2　援用権者

重要度B

条文・原則

R 2(12). 5-1

1　時効を援用できる者（援用権者）は、当事者である。
2　消滅時効の場合は、保証人、物上保証人、第三取得者その他権利の消滅について正当な利益を有する者も援用権者に含まれる（145条）。

H30. 4-1、-2、-3

援用権者のまとめ

援用権者にあたる（援用可）	援用権者にあたらない（援用不可）
①保証人、連帯保証人 ②物上保証人 ③抵当不動産の第三取得者 ④詐害行為の受益者	⑤土地上の建物の賃借人（土地の時効取得について援用不可） ⑥後順位抵当権者（先順位抵当権の被担保債権の時効消滅について援用不可）

3　時効利益の放棄とは

重要度C

条文・原則

時効完成前に、時効の利益を放棄することはできない（146条）。

（1）時効完成前に時効利益の放棄を認めると、特に、債権の消滅時効において、事前放棄が債権者に濫用され、時効制度を認めないのと同様になってしまうからである。したがって、時効の利益をあらかじめ放棄する約定は、無効となる。

これに対し、**時効完成後**であれば上記のような心配はないので、時効利益を**放棄することができる**。

（2）**時効完成後**に、時効の完成を知らずに借金を返したり、**債務の承認**をしたりしても、信義則上、もはや時効の**援用はできなくなる**（判例）。

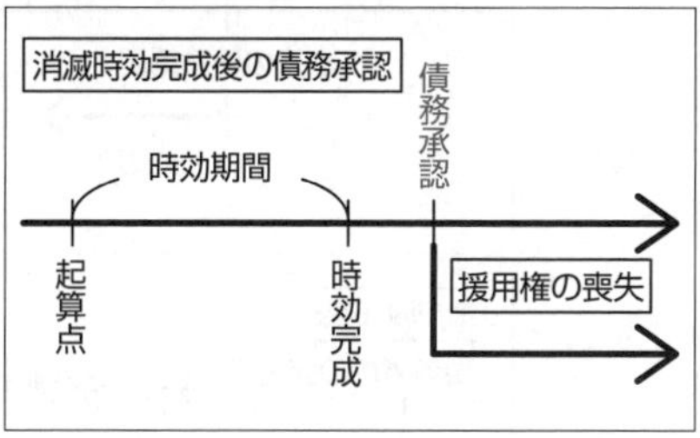

◆放棄

時効利益の放棄は、放棄される利益内容を知って時効の利益を受けない旨の不要式の一方的意思表示によってされる。

出題履歴

H21. 3- 2

H21. 3- 4
H30. 4- 4

講師からのアドバイス

その後、さらに時効期間が経過すれば、完成した時効の援用をすることはできることに注意。

4　時効の遡及効

重要度B

条文・原則

時効の効力は、その起算日にさかのぼる（144条）。

（1）起算日は、取得時効においては、占有を開始した日の翌日であり、消滅時効においては、権利行使が可能となった日の翌日である。

（2）時効の援用権者が、任意に時効の起算点を選択して、時効完成の時期を早めたり遅らせたりすることはできない（判例）。

H29. 2- 1

◆起算日

時効期間の算定を開始する一定日。

H22. 3- 3

5 時効の完成猶予及び更新

1　時効の完成猶予と更新とは

理解する

条文・原則

1　時効の完成猶予とは、一定の完成猶予事由が生じた場合に、その事由が終了するまでの間又は終了後一定期間時効が完成しなくなることをいう。
2　時効の更新とは、一定の更新事由が生じた場合に、それまで積み重ねてきた時効期間がゼロとなり、また最初から新たに時効期間の進行を始めることをいう。

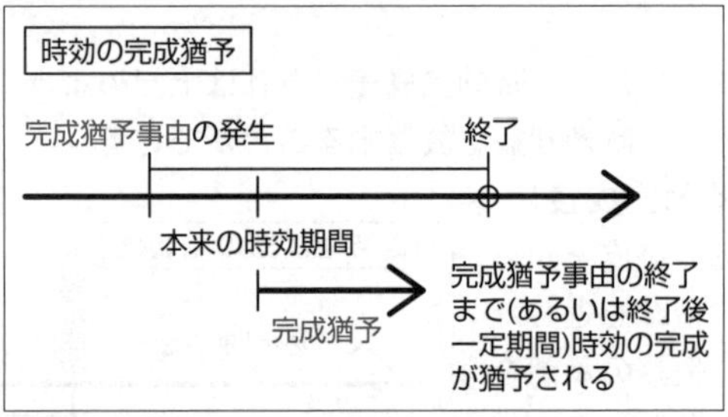

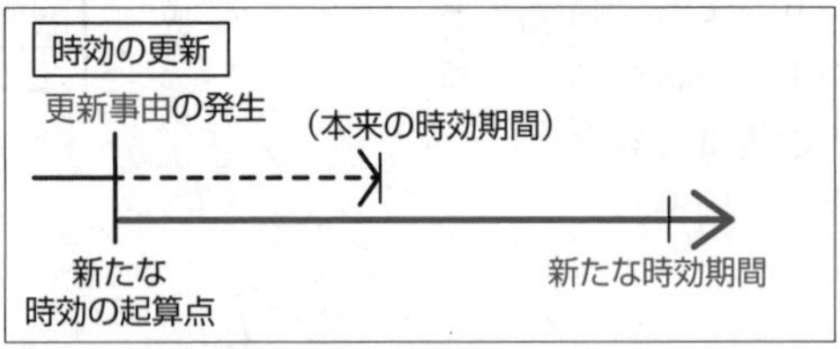

2　主な時効の完成猶予事由

重要度 B

条文・原則

以下の事由があると、その事由が終了するまでの間、時効の完成が猶予される。
1　裁判上の請求、支払督促、調停申立、破産手続参加等（147条1項）
2　強制執行、担保権の実行等（148条1項）
3　仮差押え、仮処分（149条）
4　権利行使が困難な場合（158条～161条）
5　催告（150条1項）
6　協議を行う旨の書面合意（151条）

（1）裁判上の請求等

債権者が裁判所を通じて権利を行使するための手続であり、訴えの提起の段階では権利は未確定であるものの、権利の不行使を解消するために行動しているため、手続中に時効が完成してしまうことは時効の趣旨からして望ましくない。したがって、訴訟等の継続中には時効の完成が猶予される。その上で、提起した訴えについて認容判決が確定すると、債権者による権利不行使の状態が確定的に解消されるから、時効が更新される。

なお、訴えの取下げなど、確定判決等以外によって終了した場合には、その終了の時から６か月経過するまでは時効の完成が猶予される。

支払督促は、訴えの提起と同様に、申立ての時から時効の完成猶予の効力が生じる。ただし、支払督促それ自体では権利を実現する効果を持たないため、訴えの場合と異なり、申立てが認められても（勝訴しても）、時効の更新の効果が生じない。時効の更新の効果を生じさせるためには、**仮執行宣言の付された支払督促の申立てを行い、その申立てが認められる必要がある。**

（2）強制執行、担保権の実行等

いずれも権利を行使しようとする行為であり、手続中は時効の完成が猶予される。なお、取下げ等によって手続が終了した場合には、その終了の時から**６か月**経過するまでは時効の完成が猶予される。

（3）仮差押え、仮処分

権利の保全を図る行為であり、その終了した時から**６か月**経過するまでは時効の完成が猶予される。

（4）権利行使が困難な場合

例えば、夫婦間で権利を行使するのは困難（期待できない）と言えるため、夫婦の一方が他方に対して有する権利については、婚姻の解消の時から**６か月**経過するまでは時効の完成が猶予される（159条）。また、天災その他避けることのできない事変のため裁判上の請求等ができない場合、その障害が消滅した時から**３か月**経過するまでは時効の完成が猶予される（161条）。

◆裁判上の請求

裁判所に訴えを提起すること
R１. 9‐1、‐2、‐3
R２(12). 5‐2

◆支払督促

裁判所に対して行う金銭等の請求に関する簡易な請求手続き。簡易迅速に、金銭の支払いを命ずる債務名義（仮執行宣言）を得る。
H21. 3‐1

◆仮執行宣言

債務者の財産に対する強制執行が可能となる債務名義。

◆調停の申立て

裁判所に対し当事者間の紛争解決のための調整を申し立てること

◆破産手続参加等

破産手続や民事再生の手続等に債権者として参加する（債権の届出を行う）こと

◆強制執行

差押えや強制競売等、債務名義（確定判決等）に基づいて権利の実現を図る行為

◆担保権の実行

例えば抵当権を実行して競売を行い権利の実現を図る行為
R２(12). 5‐4

H21. 3-3

講師からのアドバイス

(6)に関して、従来の制度では、当事者間で円満な話合いができていても、時効の完成が迫った場合には訴訟提起等の手段を取らないと、権利が時効消滅してしまったが、この制度によって、訴訟提起等によらずとも当事者間の合意で時効の完成猶予の効果を生じるため、話合いによる解決を図る時間的な余裕を生むことができるようになった。

(5) 裁判外の請求（＝催告）

一般的には、債権者が債務者に対して口頭で、又は内容証明郵便や信書等で支払いを求める手紙を送りつける方法で行われる。公的に権利の存在が確定的に証明されたわけではないので、**催告後、6か月間**時効の完成が猶予される。

なお、催告による時効の完成猶予の効果は1回のみであり、催告による時効の完成猶予期間中に再度の催告を行っても時効の完成猶予期間が延長されるわけではない（150条2項）。

(6) 権利についての協議を行う旨の合意

時効の完成が間近に迫っているが、裁判等を提起しなくとも当事者間で交渉が可能といったときに、権利についての協議を行う旨の合意を**書面**で行うことで、時効の完成を猶予することができる。

猶予の期間は、原則として**書面による合意の時から1年間**（1年より短い期間を定めた場合にはその期間）とされ（151条1項）、この合意は同様の方法で**更新することができる。**ただし、本来時効が完成すべき時から5年を超えて更新することはできない（同条2項）。

3 時効の更新事由

重要度B

条文・原則

以下の事由があると、時効が更新される。
1 確定判決又は確定判決と同一の効力を有するものによる権利の確定（147条2項）
2 強制執行、担保権の実行手続の終了（148条2項）
3 承認（152条）

◆確定判決

判決が出され上訴期間が経過した場合や最高裁判所での判決のように、これ以上上訴の手続が存在しない場合の、内容の確定した判決

◆確定判決と同一の効力を有するもの

裁判上で和解をした場合や調停が成立した場合、仮執行宣言付の支払督促が確定した場合等がある。
R1.9-4

(1) 確定判決等

これらの場合には、債権者による権利不行使の状態が**確定的に解消**されたといえるため、時効は更新され、その時から新たな時効期間が進行する。

（2）承認

承認とは、裁判外において、時効の利益を受ける当事者（債務者）が権利者に対し、その権利の存在を認める旨を表示することをいい、黙示でもよい。例えば、**支払猶予の申込みや利息の支払い、債務の一部弁済等**である。

債務者が債権者に対して権利の存在を認める行為であるから、時効は更新され、承認の時から新たな時効期間が進行することになる。

4　時効の完成猶予・更新の効力の及ぶ範囲　重要度C

条文・原則

時効の完成猶予・更新の効力は、完成猶予・更新の事由が生じた当事者及びその承継人の間においてのみ、効力が生じる（153条）。

債務者の承認により被担保債権について生じた消滅時効の更新の効力を物上保証人が否定することは、担保権の付従性に反し、許されない（判例）。

不動産物権変動１

重要ポイント

1．不動産物権変動と登記

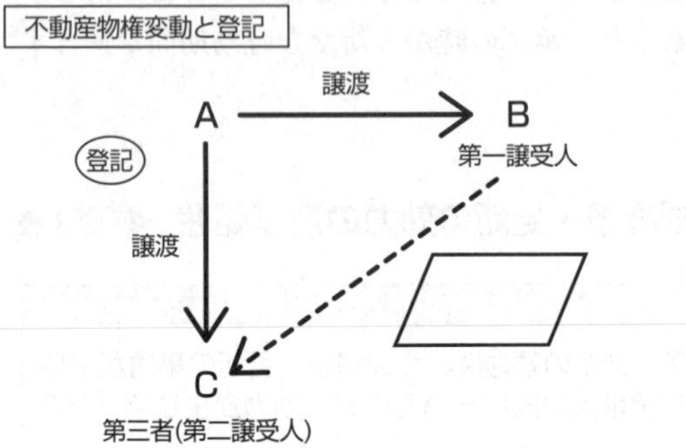

1．第一譲受人Ｂが譲渡人Ａに対して、又は第二譲受人Ｃが譲渡人Ａに対して、所有権の移転を対抗するためには、登記は不要である（当事者間の関係）。

2．Ｂが、第三者Ｃに対して、所有権の移転を対抗するためには、登記が必要である（対抗関係）。

3．ＢもＣも登記をしていない場合には、ＢＣ共に、互いに自己の所有権の取得を対抗できない。

2．第三者のまとめ

第三者にあたる者 登記がなければ対抗できない （登記必要）	第三者にあたらない者 登記なくして対抗できる （登記不要）
・所有権者（所有権譲受人） ・悪意者 ・不動産の賃借人 ・所有権以外の物権取得者等	・当事者 ・相続人 ・転々譲渡における前々主 ・無権利者（虚偽登記の名義人等） ・不法行為者、不法占拠者 ・背信的悪意者

1 物権変動

1　物権

理解する

条文・原則

1　物権とは、物から直接的に（人の行為を介さないで）支配して利益を享受する権利である。
2　物権は、物から排他的に利益を享受する権利である。

2　契約による物権変動（売買契約による所有権移転）

理解する

物権は、契約のほか、取消しや解除、取得時効や相続等によっても変動するが、この章では、契約による物権変動、特に売買契約による所有権移転を取り扱う。

条文・原則

物権変動は、当事者の意思表示のみによって生ずる（176条）。

例えば、土地・建物の売買契約を締結した場合、土地・建物の**所有権は、契約を締結した時点**で、売主から買主に**移転**する。

例外として、特約で「登記移転の時に所有権は買主に移転する」などと定めた場合には、特約のとおりに物権変動が生ずる。

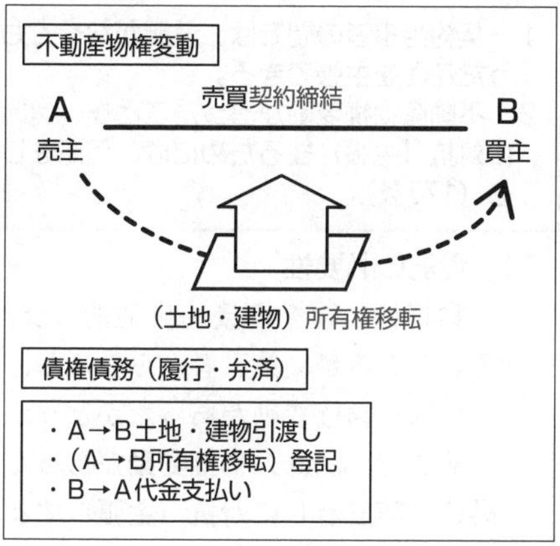

講師からのアドバイス

人は自らの意思に従い、自由に法律関係を形成でき、その法律関係に拘束されるという私的自治の原則からすれば、物権変動が、意思の合致＝契約の締結により生ずることが理論的に一貫している。
なお、この章においては、物権変動は、基本的には、所有権の移転と考えておけばよい。

出題履歴

H29. 2 - 3

2 不動産物権変動と登記

重要度A

事例

Aが土地をBに3,000万円で売った後、同じ土地を4,000万円で買いたいというCが現れたので、Cにも売ってしまった。

土地所有権を取得したのは、先に買ったBなのだろうか、それとも後に買ったCなのだろうか。

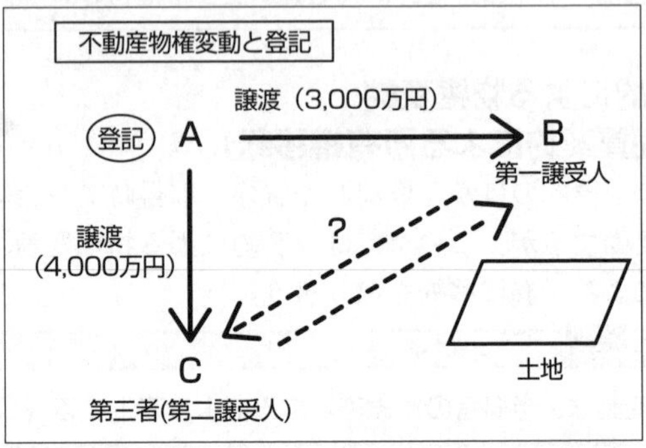

条文・原則

1　契約当事者の間では、登記がなくても、不動産物権変動があったことを主張できる。
2　不動産物権変動があったことを、契約当事者等以外の第三者に対抗（主張）するためには、登記をしておくことが必要である（177条）。

◆不動産登記制度
不動産（土地・建物）に、どのような権利が成立しているかを世の中に知らしめる（公示する）制度。一定区域ごとに登記所（法務局等）が設置され、管内の不動産の物理的な状況と権利関係を登記記録に記録する。

（1）　登記の必要性

物権は、物を直接的排他的に支配する強力な権利である。ところが、第三者から見ると、当事者間の意思表示だけでは、物権変動があったかどうかが明らかではない。

そこで、法は、**物権変動があったことを契約当事者等以外の「第三者」に対抗（主張）するためには、登記をしておくことが必要である**とした。

この制度により、これからその不動産について取引をしようとする者は、登記を見て物権変動の有無を確認し、予想外の損害を受けるリスクを事前に回避することができる。また、**登記という明確、かつ、画一的な基準で、物権変動の優劣を決めることにより、不動産をめぐる紛争を迅**

速に解決することができる。

(2) 具体例

前記の例では、Bは、**契約当事者であるA**には、契約をしただけで、所有権の取得を主張できる。しかし、**契約当事者でないC**に対しては、登記をしておかなければ、Aから所有権を取得したことを対抗できない。

Cも同じで、契約当事者のAには、登記なくして、所有権の取得を主張できるが、第三者であるBには、登記をしなければ、所有権取得を対抗できない。

したがって、BもCも登記をしていない場合には、BCともに、互いに自己の所有権の取得を対抗できない。

一方に登記がなされた場合、売主の他方への売買契約上の債務は、履行不能となる（判例）。そこで、Cが先に登記を備えた場合、Bは、Aに債務不履行による損害賠償請求をすることができる。

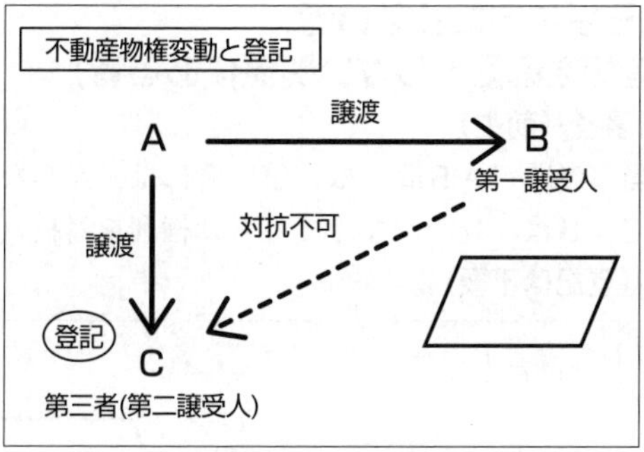

出題履歴
H22. 4- 1
H24. 6- 3
H28. 3- 1

H24. 8- 3

3 第三者

1　第三者とは

重要度C

条文・原則

177条の「第三者」とは、登記がないことを主張できる正当な利益を有する者に限定される（判例）。

（1）「物権変動があったことを契約当事者等以外の第三者に対抗（主張）するためには、登記をしておくことが必要である」という場合の**「第三者」**とは、当事者及びその包括承継人以外のすべての者を指すのでなく、**登記がないことを主張できる正当な利益を有する者に限定**される。

無権利者や不法行為者・不法占拠者、虚偽登記名義人との関係では、登記を待つまでもなく、真の権利者を勝たせるべきだからである。

講師からのアドバイス
本文③-1より登記が必要かどうかは、「第三者」にあたるかどうか（正当な利益を有するかどうか）の判断に掛かってくることになるが、試験対策としては、**第三者にあたらない者を押さえることが合理的**である。

出題履歴
H20. 2-1

2　第三者にあたらない者（登記を必要としない関係にある者）

重要度A

（1）当事者（前主）

当事者間（AB間）は、第三者にはあたらない。したがって、Bは、登記がなくてもAに権利を対抗（主張）できる（**登記は不要**）。

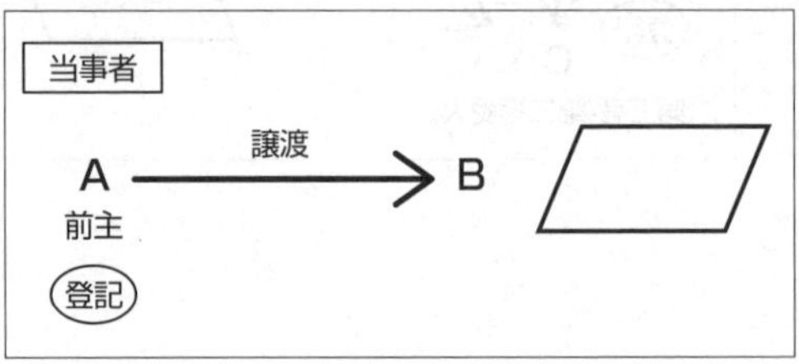

（2）相続人

相続人Cは、被相続人Aに帰属する権利義務をすべて引き継ぐため、譲受人Bとの関係では、譲渡人＝当事者と同じ関係に立つ。そのため、相続人Cは、第三者にはあたらない。したがって、Bは物権変動があったことをCに対抗（主張）するために、**登記は不要**である。

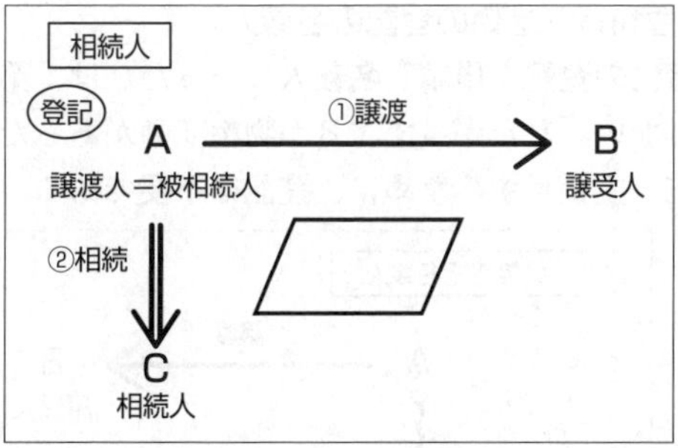

（3）転々譲渡における前々主

転々譲渡における前々主（ＡＣ間）は、第三者にはあたらない。したがって、Ｃは、登記がなくてもＡに権利を対抗（主張）できる**（登記は不要）**。 R 1. 1- 3

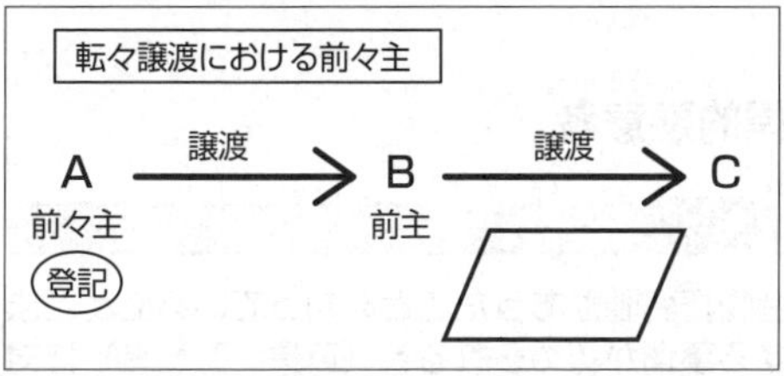

（4）不法行為者・不法占拠者

建物を不法に破壊する**不法行為者**や土地を不法に占拠する**不法占拠者**は、第三者にはあたらない。したがって、Ｂが物権変動があったことをＣに対抗（主張）するために、**登記は不要**である。

Ｂは、登記なくして不法行為者Ｃに対する損害賠償や不法占拠者Ｃに対する土地の明渡しを請求できる。 R 1. 1- 1

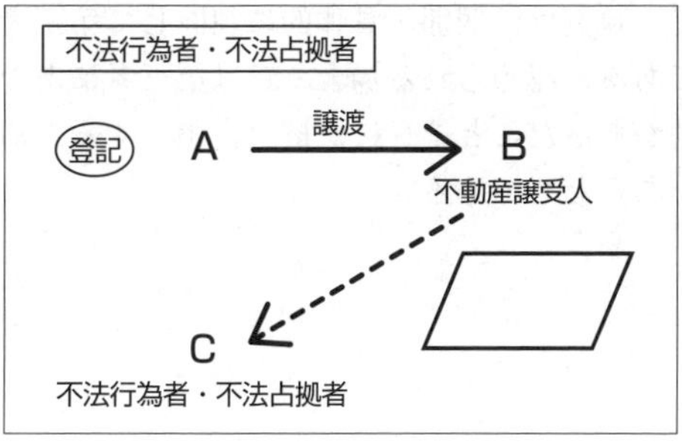

（5）無権利者（虚偽の登記の名義人）

虚偽の登記を申請し**名義人**になったCは、第三者にはあたらない。したがって、Bが物権変動があったことをCに対抗（主張）するために、**登記は不要**である。

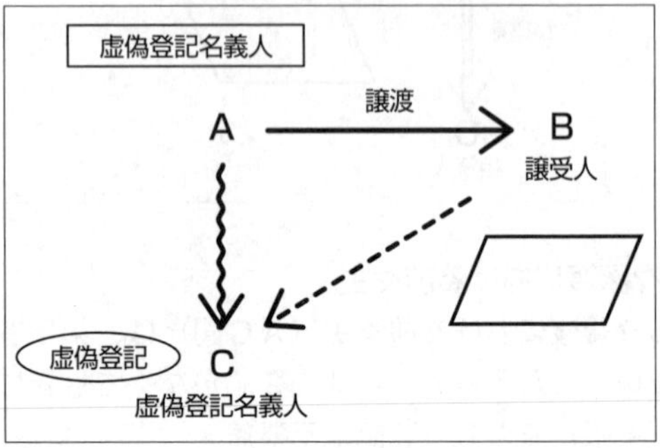

3　背信的悪意者

重要度A

条文・原則

不動産物権変動があったことを知っているにとどまらず、信義則に反する事情が認められる者（背信的悪意者）に対して、物権変動があったことを対抗（主張）するためには、登記をしておくことは不要である（判例）。

後述するように、**第三者C**については、**善意・悪意は問わない（悪意者に対しては、登記必要）**。しかし、単なる悪意を超え、**信義則に反するような事情が認められる**場合（**背信的悪意者**の場合）には、登記という明確、かつ、画一的な基準で優劣を決めることは妥当ではない。

出題履歴
H24. 6- 4
H28. 3- 3

そこで、判例は、個別・具体的に判断して第三者Cが**背信的悪意者**であると認められる場合、Cは第三者にあたらず、Bが物権変動があったことをCに対抗（主張）するためには、**登記は不要**であるとしている。

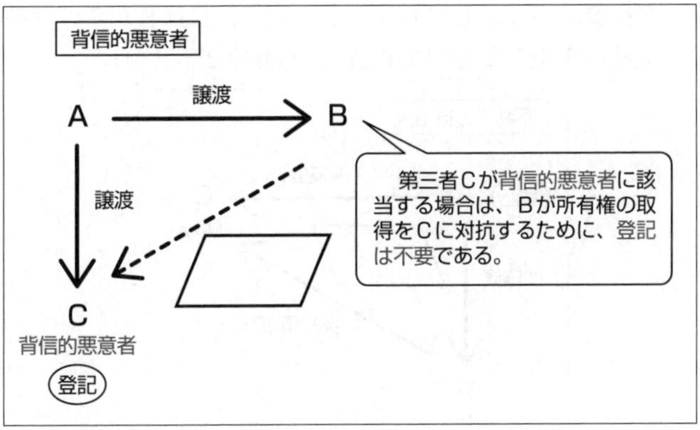

講師からのアドバイス

過去問では、第一譲受人を欺き、著しく高く売りつける目的で、第一譲受人が所有権移転登記を行っていないことに乗じて、同不動産を買い受け、所有権移転登記を得た者を背信的悪意者としている。

4　第三者にあたる者（登記を必要とする関係にある者）

重要度 B

（1）悪意者

不動産物権変動があったことを知っている第三者（**悪意の第三者**C）でも、「第三者」にあたる。そこで、Bが物権変動があったことをCに対抗（主張）するためには、**登記が必要**である。登記という明確、かつ、画一的な基準で優劣を決めるべきだからである。

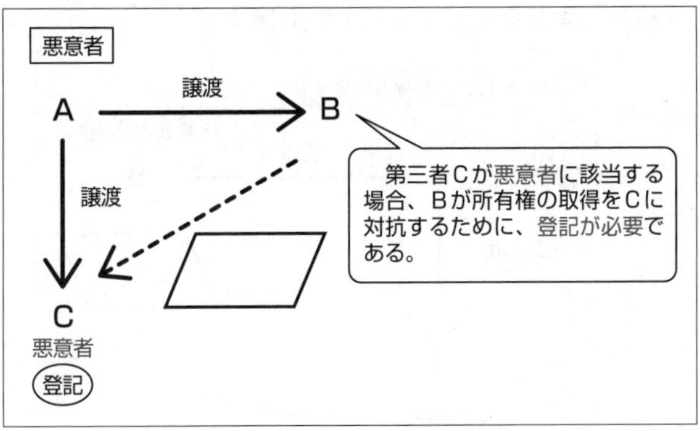

（2）不動産の賃借人

出題履歴
H24. 6 - 2
R 1. 1 - 2

例えば、CがAから賃借しているA所有の不動産が、AからBへ譲渡され、BがCに対して賃料請求をした場合、対抗要件を備えた不動産賃借人Cは、「第三者」にあたる。このため、**Bの賃料請求が認められるためには、Bに登記**

が必要であり、Bに登記がない限り、CはBからの賃料の支払いを拒むことができる（605条の2第3項）。

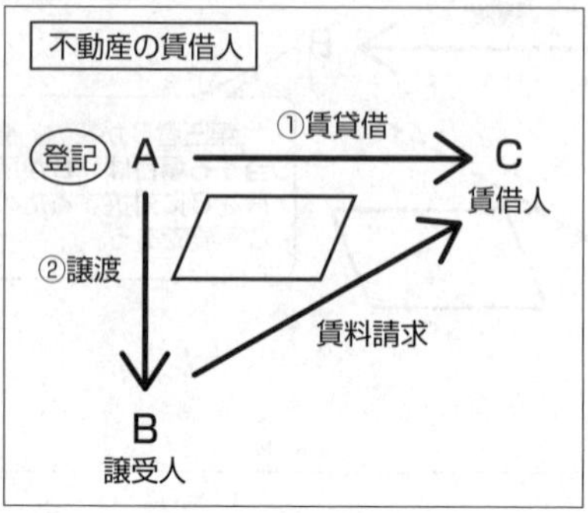

（3）所有権以外の物権取得者

第三者は、所有権を取得した者に限らない。 Aがその所有する不動産をBに売却したが、所有権移転登記をしないでいる間に、Aが同一の不動産にCのために抵当権を設定し、抵当権設定登記も済ませた場合、BはCに対して抵当権の負担のない所有権取得を対抗することができない。BがCに対抗するためには、抵当権設定登記をする前に**所有権移転登記**をしておくことが**必要**である。

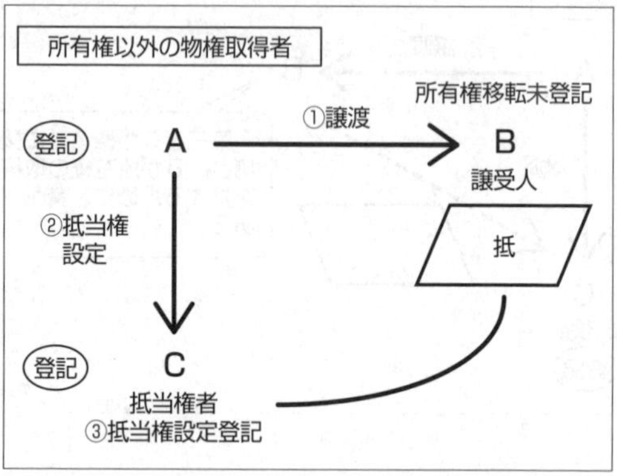

不動産物権変動２

重要ポイント

1．取消しと登記

Point 取消権者と第三者

●いったん移転した所有権は、取消しにより、取消権者に復帰する（原状回復）。取消権者がこの復帰的な所有権の移転を第三者に対抗するためには、登記は必要か。

- 取消前の第三者 … 登記不要
- 取消後の第三者 … 登記必要

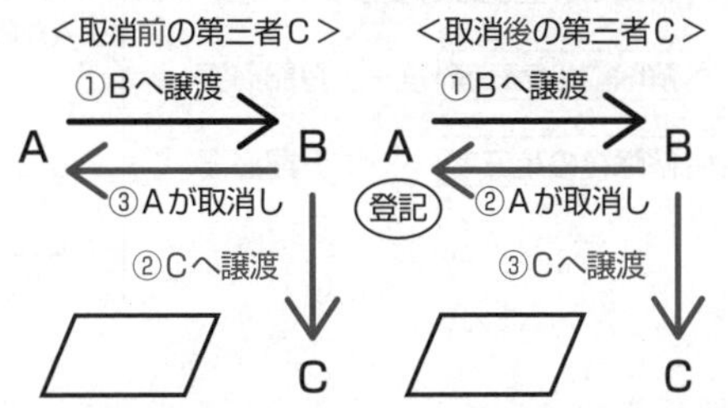

錯誤及び詐欺取消しの場合、取消前の第三者Ｃが善意無過失のときには、取消権者Ａは、そもそも取消し自体を対抗できない（善意無過失の第三者Ｃが保護される）。

2．取得時効と登記

Point 取得時効と登記

●取得時効が完成し、援用されると、所有権は時効取得者に帰属する。時効取得者がこの所有権の取得を第三者に対抗するためには、登記は必要か。

- 時効完成前の第三者 … 登記不要
- 時効完成後の第三者 … 登記必要

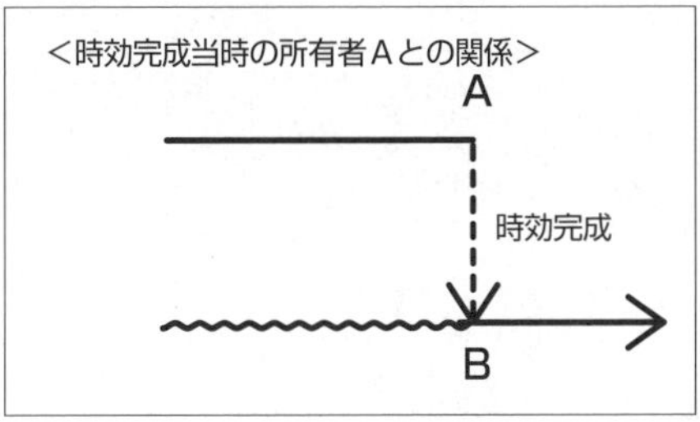

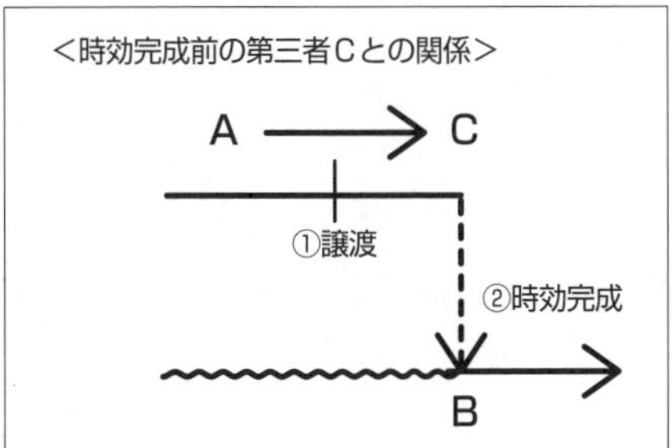

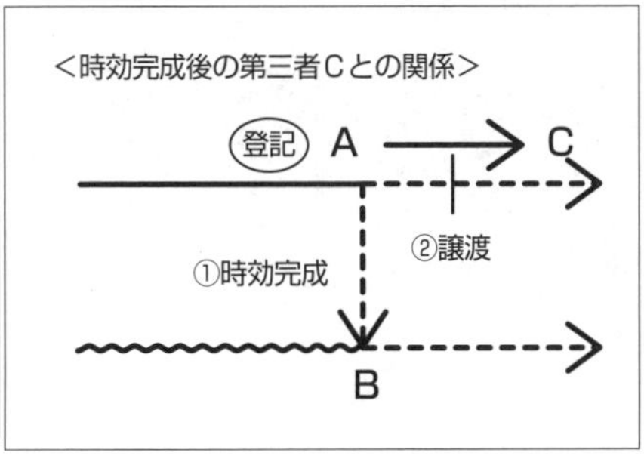

3. 解除と登記

Point 解除権者と第三者

●いったん移転した所有権は、解除により、解除権者に復帰する（原状回復）。解除権者がこの復帰的な所有権の移転を第三者に対抗するためには、登記は必要か。

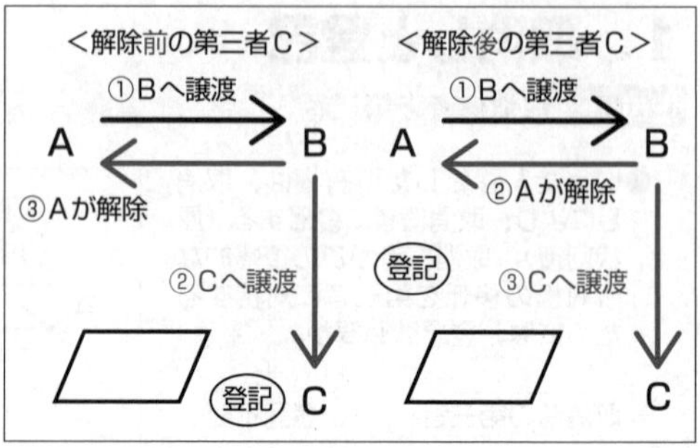

- 解除前の第三者 … 登記必要
- 解除後の第三者 … 登記必要

1 取消しと登記

1　取消前の第三者

重要度A

条文・原則

不動産売買契約を売主が取り消した場合、取消前にその不動産を買主から譲り受けた者に対しては、取消権者は、登記がなくても、取消しを対抗できる（判例）。

（1）例えば、A→B→Cと不動産が譲渡された後、Aが取り消した場合（制限行為能力、錯誤、詐欺・強迫を理由とする）、物権変動の効力は遡及的に消滅することから、Aは登記がなくても取消しをCに対抗できる。

（2）ただし、**錯誤、詐欺の場合**は、**Cが善意無過失であれば**、そもそも取消し自体を対抗できないから（95条４条、96条３項）、**Aは、たとえ登記があっても、Cに対抗できない**。

出題履歴
H20. 2 - 4
H22. 4 - 2
H23. 1 - 4

H28. 3 - 2

2　取消後の第三者

条文・原則

不動産売買契約を売主が取り消した場合、取消後にその不動産を買主から譲り受けた者に対しては、取消権者は、登記がなければ、取消しを対抗できない（判例）。

制限行為能力、錯誤、詐欺、強迫等取消原因を問わず、この場合は対抗関係となり（177条）、AとCのうち、先に登記した者が優先する。

出題履歴
H23. 1 - 3
R 1. 2 - 1

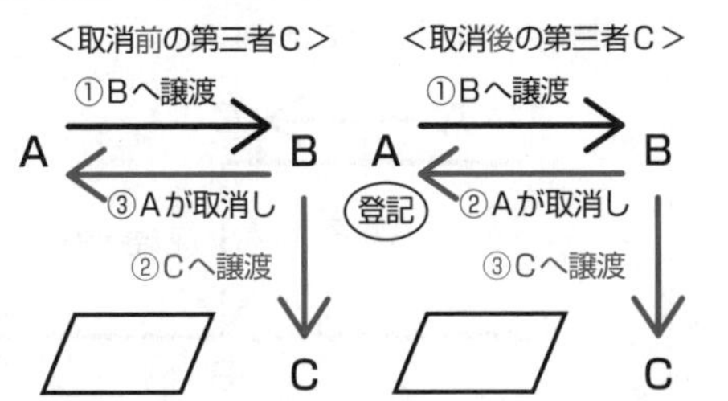

錯誤及び詐欺取消しの場合、取消前の第三者Cが善意無過失のときには、取消権者Aは、そもそも取消し自体を対抗できない（善意無過失の第三者Cが保護される）。

2 取得時効と登記

重要度A

1　時効完成当時の所有者

条文・原則

取得時効による所有権取得は、時効完成した時点の不動産所有者に対しては、登記なくして対抗できる（判例）。

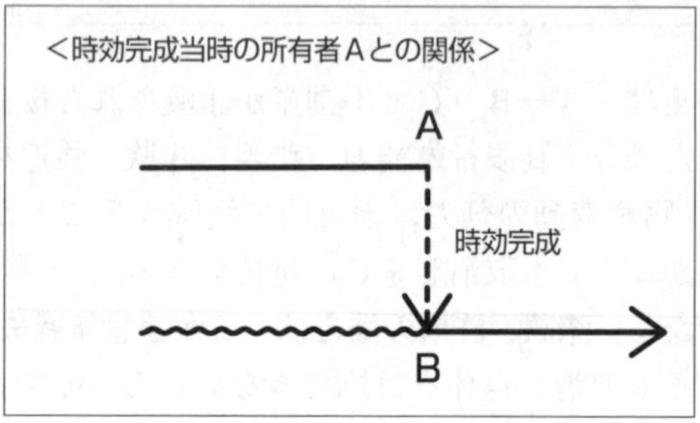

2　時効完成前の第三者

条文・原則

時効完成前、原所有者から不動産を譲り受けた者に対しては、取得時効による所有権取得を登記なくして対抗できる（判例）。

出題履歴
H22. 4- 3
H24. 6- 1
H27. 4- 3
R 1. 1- 4

例えば、Aの不動産をBが所有の意思をもって占有して取得時効が完成した場合、完成前にAがCに不動産を譲渡しても、BはCに対し、所有権の取得を登記がなくても対抗できる。時効取得者Bと不動産所有者Cとは、1と同様、物権変動の**当事者関係と類似**するからである。

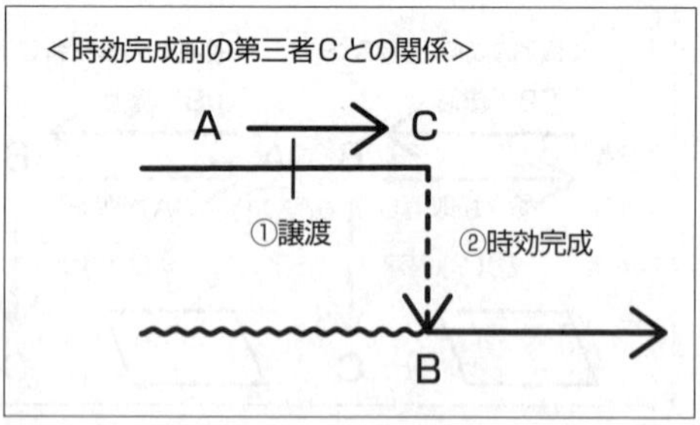

3　時効完成後の第三者

条文・原則

時効完成後、原所有者から不動産を譲り受けた者に対しては、登記がなければ取得時効による所有権取得を対抗できない（判例）。

この場合には、時効取得者Ｂと不動産譲受人Ｃとは、不動産原所有者Ａからの二重譲受人に類似する。したがって、ＢとＣは対抗関係となり（177条）、先に登記をした者が優先する。

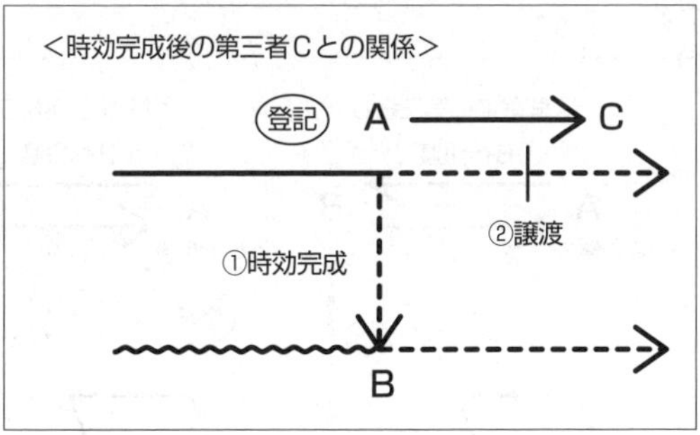

3 解除と登記

重要度 A

1　解除前の第三者

条文・原則

不動産売買契約を売主が解除した場合、解除前にその不動産を譲り受けた者は、悪意でも、登記をしておけば、不動産所有権の取得を対抗できる（判例）。

例えば、Ａ→Ｂ→Ｃと不動産が譲渡された後、ＡがＢの債務不履行（例えば、買主Ｂの代金不払い）を理由に契約を解除した場合、解除前の第三者Ｃは悪意でも、登記をしておけば保護され、契約当事者ＡＢは契約の解除の効果をＣに主張できない（545条１項ただし書）。

出題履歴
H21. 8- 1

2　解除後の第三者

出題履歴
H20. 2 - 3

条文・原則

不動産売買契約を売主が契約を解除した場合、解除後にその不動産を買主から譲り受けた者に対しては、解除権者は、登記がなければ、解除を対抗できない（判例）。

例えば、A→B→Cと不動産が譲渡されたが、B→Cに譲渡される前にAがBの債務不履行を理由に契約を解除していた場合、AとCとは**対抗関係**となり（177条）、**先に登記をした者が優先する**。

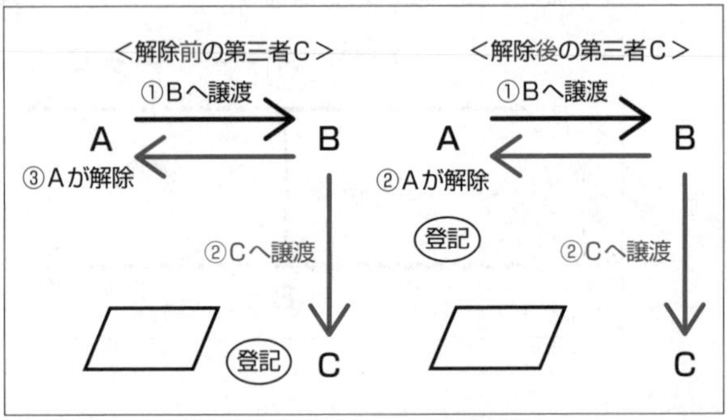

4 共同相続と登記

重要度B

事例

例えば、Xの死亡によりABが各2分の1の持分でX所有の不動産を相続したところ、Bが勝手に単独所有の登記をして、その不動産全部をCに譲渡し登記を移転した場合に、AC間の権利関係はどうなるであろうか。

条文・原則

H30.10 - 2

共同相続人の1人が不動産について単独所有である旨の登記をし、これに基づいて第三者に譲渡しても、他の共同相続人は自己の持分（法定相続分）について、登記なくして、第三者に対抗できる（判例）。

相続財産も**共有**（898条）関係にあるため、遺産分割前でも、

Ｂは、**自己の持分**（法定相続分）をＣに譲渡できる。しかし、Ｂが勝手に単独名義の登記をしたところで自己の持分を超える部分については無権利であり、Ａの持分までＢの所有になるわけではない。したがって、Ｃは、Ａの持分をＢから譲り受けることはできない。以上より、Ａは、**自己の持分については**、**登記なくして**、Ｃに対抗できる。

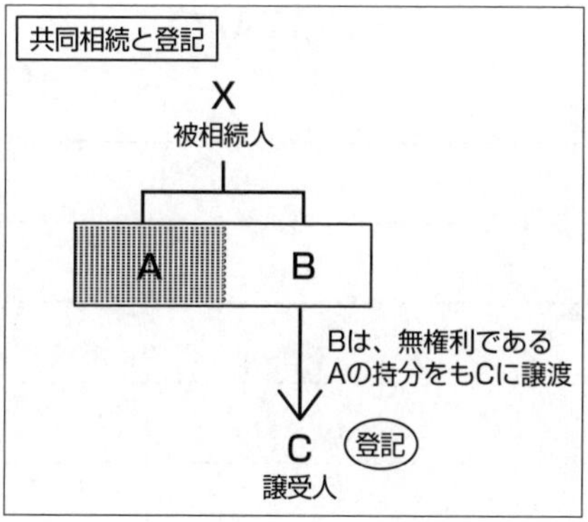

MEMO

所有権

重要ポイント

1. 共有

Point 共有物の持分

- 各共有者は、持分の割合に応じて、共有物の全部を使用できる。
  ↓
  無断で、単独で、共有物全部を使用している共有者がいても、他の共有者は明渡請求不可。
- 持分の処分は、各共有者の自由
- 持分の放棄・共有者が相続人等なく死亡
  ↓
  その持分は、他の共有者に帰属

共有物の管理

概念	具体例	要件
保存行為	・目的物の修繕 ・共有物の侵害に対する妨害排除請求	各共有者単独でできる。
管理行為	共有物全部の賃貸借契約の解除	**持分価格の過半数**によって決する。
変更行為	・建物の増改築 ・土地の形質の変更 ・共有物全部の売買契約の締結	共有者**全員**の合意

共有物の分割

共有物分割自由の原則	各共有者は、いつでも共有物の分割を請求することができる。
不分割特約	**5年**を超えない期間内は、分割をしない特約は、有効である。
不分割特約の更新	不分割特約は、更新後の期間も**5年**を超えることはできない。
分割の手続・方法	協議による分割…共有者全員で話し合って分割する手続
	裁判による分割…共有物分割の訴えを裁判所に提起して分割する手続
	現物分割…共有物を現実的にそのまま分割する方法
	代金分割…共有物を第三者に売却し、その代金を分割する方法
	価格賠償…共有者の１人が他の共有者の持分を全部取得する代わりに、その対価を他の共有者に支払う方法

1 所有権

理解する

条文・原則

所有権とは、人が特定の物を法令の制限内において、自由に使用・収益・処分することができる権利である（206条）。

2 共有

1　共有とは

理解する

条文・原則

１個の物を２名以上の者で所有することである。

例えば、ＡＢＣが共同で別荘を購入した場合や、ＡＢＣが共同相続をした場合などに共有関係が生じる。

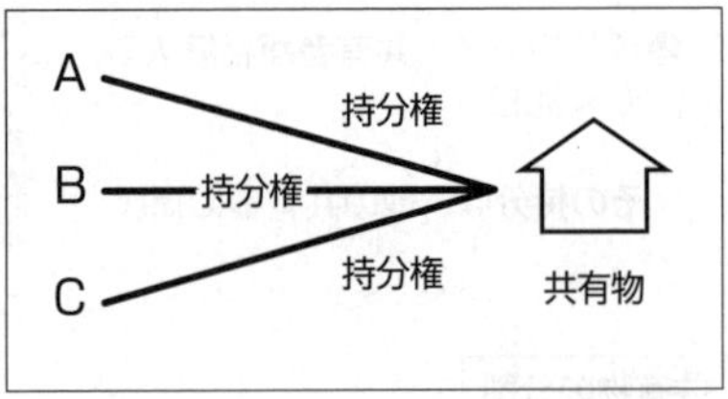

2　共有持分

重要度 A

条文・原則

1　各共有者は、自己の持分を自由に処分（譲渡、抵当権の設定等）することができる。
2　共有者の一人が、持分を放棄したとき、又は相続人等なくして死亡したときは、その持分は、他の共有者に帰属する（255条）。

出題履歴
H29. 3- 4
R 2 (12). 10- 4

（1）**持分（権）**とは、共有物に対して各共有者が有する所有権の割合をいう。

（2）各共有者の持分権は、各共有者に帰属する所有権に他ならないから、**自由に処分や分割をすることができる**。前記の例において、Ａが自己の持分をＤに譲渡すれば、ＤＢＣが共有者になる。

なお、共有者の１人が、共有物を単独所有に属するものとして売り渡した場合でも、自己の持分を超える部分についても、他人の権利の売買契約として有効に成立する（判例）。

（3）不動産所有者が相続人なくして死亡した場合、その不動産は、原則として、国の所有に属する（239条2項）。しかし、共有の場合には、持分の割合に応じて、他の共有者に権利が帰属することにした。もっとも、例外的に、**特別縁故者**への財産分与（958条の3第1項）の対象となるときは、そちらが**優先**する（判例）。

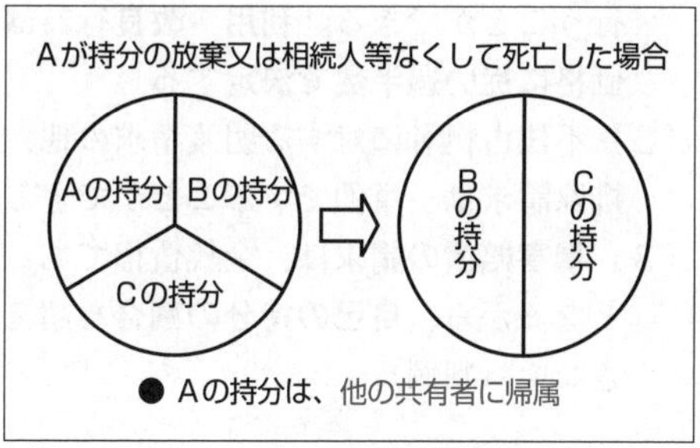

3　共有物の使用

重要度 B

条文・原則

各共有者は、共有物の全部につき、その持分の割合に応じて使用収益することができる（249条）。

（1）割合的持分しかないとしても、**共有物の全部を使う**ことができる。共有者間で、どのように使うかの協議は、後述する「管理」に関する事項なので、各共有者の持分価格の過半数で決する。例えば、ＡＢＣが１／３ずつの持分であれば、１週間交替で３週間ごとに使用する等の方法が採られる。

（2）他の共有者との協議に基づかないで、自己の持分に基づいて現に共有物を独占する共有者に対して、他の共有者は、当然には共有物の明渡しを請求することはできない（判例）。

出題履歴
H29. 3 - 1

講師からのアドバイス

明渡しが認められない結果、他の共有者は、持分権侵害による不法行為を理由に損害賠償請求をするか、共有物の管理に関する協議を行う他ない。どうしても収拾がつかなければ、共有物の分割により解決することになる。

H23. 3 - 4
H24.10 - 2
H30.10 - 4

4　共有物の保存・管理・変更

重要度A

R 2 (12). 10- 2、- 3

（1）**保存行為**は、全員の利益になる行為であるから、**単独**で行うことができる。**利用・改良行為**は、**変更を除き、持分価格に従い過半数で決定する。**

出題履歴
H23. 3- 3

（2）不法占拠者に対する明渡請求の他、持分権に基づく妨害排除請求は、単独ですることができる（判例）。

（3）**損害賠償の請求**は、金銭債権であって、これは分割債権となるから、**自己の持分の割合**を超えて請求することはできない（判例）。

5　共有物の分割

重要度A

出題履歴
H23. 3- 1

条文・原則

1　各共有者は、いつでも共有物の分割を請求できる。ただし、期間5年以内なら、分割しない契約をすることができる（256条1項）。
2　分割方法につき、共有者の協議が調わないときは、裁判所に分割を請求できる（258条1項）。

（1）持分（権）は、所有権に他ならない。したがって、**分割**は、その処分と同様に自由である。ただし、不分割の特約をすることもできる。不分割特約は更新できるが、更新後の期間も**5年以内**でなければならない（256条2項）。

H23. 3- 2

（2）裁判所に分割請求があった場合、土地のように物理的な分割が容易なものは、**現物分割**をする。しかし、建物のように現物分割が困難なときなどは、競売にかけて**金銭で分割**することができる（258条2項）。

また、共有物の性質等の事情を総合的に考慮し、その価格が適正に評価され、取得者に支払能力がある等の特段の事情が存するときは、共有物を共有者の1人又は数人の所有とし、他の者には持分の価格を賠償させる方法、すなわち**全面的価格賠償の方法による分割**も許される（判例）。

共有物分割自由の原則	各共有者は、いつでも共有物の分割を請求することができる。
不分割特約	**5年**を超えない期間内は、分割をしない特約は、有効である。
不分割特約の更新	不分割特約は、更新後の期間も**5年**を超えることはできない。
分割の手続・方法	協議による分割…共有者全員で話し合って分割する手続
	裁判による分割…共有物分割の訴えを裁判所に提起して分割する手続
	現物分割…共有物を現実的にそのまま分割する方法
	代金分割…共有物を第三者に売却し、その代金を分割する方法
	価格賠償…共有者の1人が他の共有者の持分を全部取得する代わりに、その対価を他の共有者に支払う方法

講師からのアドバイス

共有物の処分と持分の処分は、混同しやすいので気をつけよう。共有物の処分とは、共有物全部の所有権を譲渡等することをいう。
また、利用・改良行為について、頭数の過半数ではなく、持分価格の過半数が要求されている点にも注意。

抵当権 1

重要ポイント

1. 抵当権の基本構造

Point 抵当権の目的

抵当権の目的
- ①不動産……土地・建物
- ②永小作権
- ③地上権

※土地賃借権や地役権などは、抵当権の目的とはできない。

Point 抵当不動産の使用・収益、処分

●抵当権設定者は、抵当不動産を自由に使用・収益、処分することができる。

↓

抵当権者の承諾がなくても…
- ・抵当不動産に住み続ける。
- ・抵当不動産を賃貸できる。
- ・抵当不動産を譲渡（売却等）できる。

Point 抵当権の成立

●抵当権設定契約により成立する。
抵当権設定登記：対抗要件

2. 抵当権の性質

Point 抵当権の性質

●付従性
①債権（被担保債権）が存在しなければ、抵当権も成立しない。
②債権（被担保債権）が消滅すれば、抵当権も自動的に消滅する。

●随伴性
被担保債権が譲渡されれば、抵当権も移転する。

●不可分性
被担保債権全額の弁済を受けるまで、抵当不動産の全体に対して抵当権を行使することができる。

●物上代位性
抵当不動産が請求権に変化したもの（価値代替物）に対しても抵当権の効力が及ぶ。

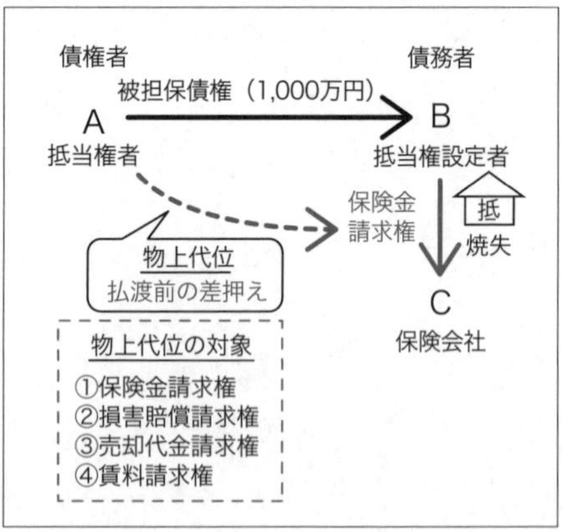

3．抵当権の効力・被担保債権の範囲

Point 抵当権の効力が及ぶ範囲

●抵当権の効力は、原則として、付加一体物に及ぶ。
①付合物
②抵当権設定当時の従物
③従たる権利
※借地上の建物に抵当権を設定した場合の借地権

Point 被担保債権の範囲

●利害関係人がいる場合
利息その他の定期金や遅延損害金
↓
通算して満期となった最後の２年分のみ優先弁済を受けられる。
●利害関係人がいない場合
利息その他の定期金や遅延損害金を含む全額について優先弁済を受けられる。

※利害関係人：後順位抵当権者
一般債権者

1 抵当権の存在意義

1　抵当権が設定されていない場合

理解する

事例①

Bは、Aから1,500万円、Cから1,000万円、Dから500万円をそれぞれ無担保で借り入れたが、弁済期（返済期日）になってもBが弁済しなかったため、AがBの唯一の財産である甲土地について、強制執行をして競売が行われた結果、競売代金として1,500万円が得られた。この場合、A、C、Dが弁済を受けられる（回収できる）額はいくらであろうか。

条文・原則

一般債権者は、各債権額の割合に応じて平等に弁済を受けることができる（債権者平等の原則）。

債務者の一般財産について強制執行による不動産競売がなされた場合、各債権者は、それぞれの債権額に比例して弁済を受けられる。事例①では、Bの債務総額はACD合わせて3,000万円であるが、競売代金は1,500万円である。このような場合、債権者平等の原則により、Aは750万円、Cは500万円、Dは250万円の弁済を受けられるにとどまる。

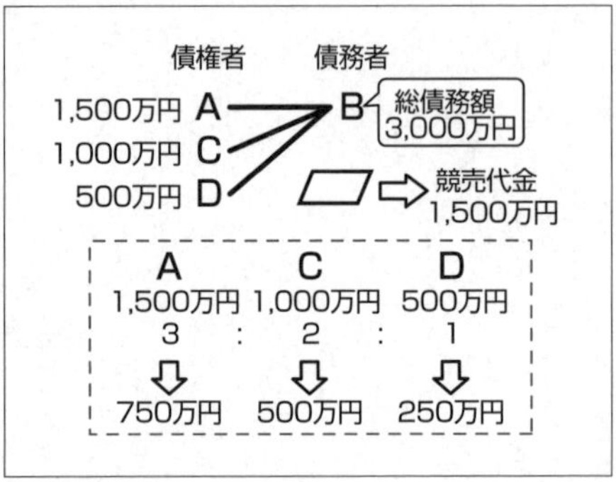

2　抵当権が設定されている場合

理解する

事例②

同じ事例において、Bの唯一の財産である甲土地にAのために抵当権が設定されていたとしたら、A、C、Dが弁済を受けられる額はいくらであろうか。

条文・原則

抵当権を有する債権者は、他の債権者に優先して弁済を受けることができる（優先弁済的効力）。

事例②のようにAのために抵当権が設定されていると、Aは、ＣＤに優先して、1,500万円の弁済を受けることができ、ＣＤは、残余がないため競売代金から弁済を受けることができない。このように、抵当権を有する債権者が、他の債権者に優先して弁済を受けることができる効力を優先弁済的効力といい、先取特権、質権にも同じ効力が認められている。

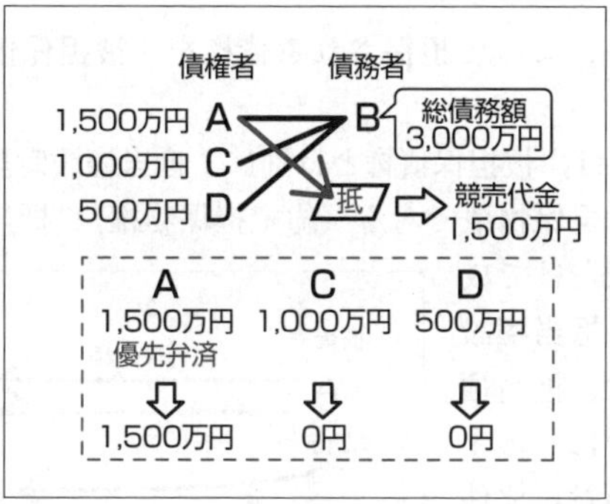

2 抵当権の基本構造

1　抵当権の目的

理解する

条文・原則

抵当権は、債務者又は第三者が占有を移転しないで債務の担保に供した不動産等について、他の債権者に先立って自己の債権の弁済を受ける権利である（369条1項）。

抵当権は、**不動産（土地、建物）**だけでなく、**地上権、永小作権**を目的として設定することもできる（369条2項）。

※　土地賃借権や地役権などは、抵当権の目的とはできない。

◆地役権

他人の土地を自己の土地の便益に供する権利。例として、通行地役権などがある。

2　抵当権の成立

理解する

出題履歴

H29.10 - 3

条文・原則

1　抵当権は、抵当権設定契約により成立する。
2　抵当権設定登記は、対抗要件である。

（1）抵当権によって担保される債権を「**被担保債権**」という。

H26. 4 - 2
H29.10 - 4

（2）抵当権は、被担保債権とは別に、**抵当権設定契約**により成立する担保物権である（約定担保物権）。抵当権は**当事者の合意**だけで成立する。**抵当権設定登記**は、抵当権を第三者に主張するための対抗要件である。

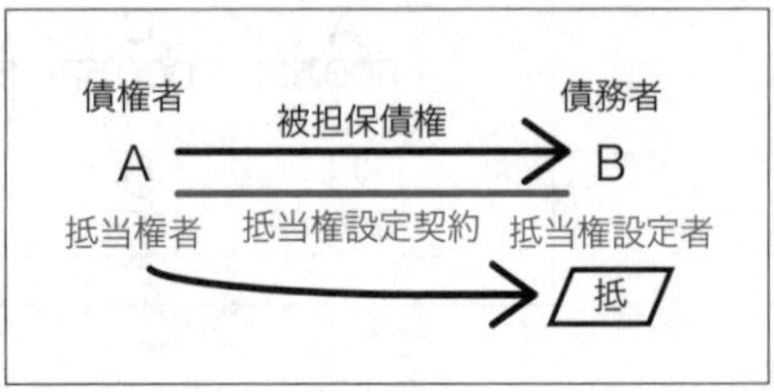

（3）自分が所有する不動産に抵当権を設定して、担保として提供する者を「**抵当権設定者**」という。

◆約定担保物権

当事者の合意により成立する担保物権。抵当権、質権等がこれにあたる。

◆法定担保物権

法律の規定により成立する担保物権。留置権及び先取特権がこれにあたる。

（4）抵当権は、被担保債権の債務者の所有する不動産だけでなく、第三者の所有する不動産に設定することもできる。この場合、他人（債務者）のために自分が所有する不動産に抵当権を設定した者を「**物上保証人**」という。

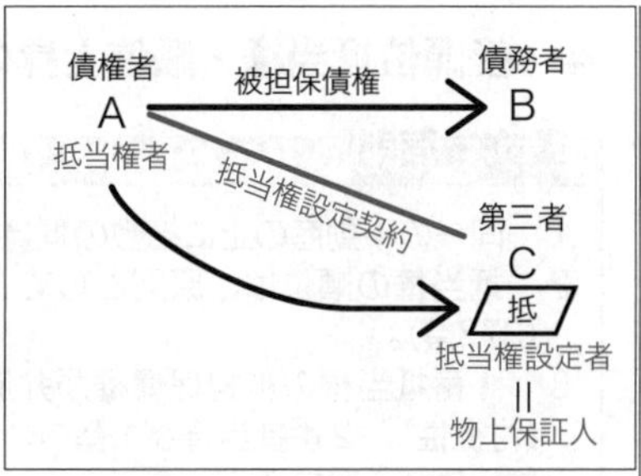

3　抵当不動産の使用・収益及び処分

理解する

条文・原則

抵当権設定者は、抵当不動産を自由に使用・収益、処分することができる。

（1）抵当権は、目的物の交換価値を把握する権利である。そのため、抵当権設定者は、抵当権が実行されるまで抵当不動産の占有を移転する必要はなく、**抵当権者の承諾がなくても、自由にその不動産を使用・収益することができる。**

＜例＞抵当権の設定された家屋に住む

抵当権の設定された土地に建物を建築する

抵当権の設定されたアパートを賃貸する等

◆交換価値

抵当不動産を競売したらいくらで売れるかということ。

（2）抵当権設定者は、抵当不動産を処分することもできる。抵当権設定者から抵当不動産を譲り受けた者を、抵当不動産の「**第三取得者**」という。

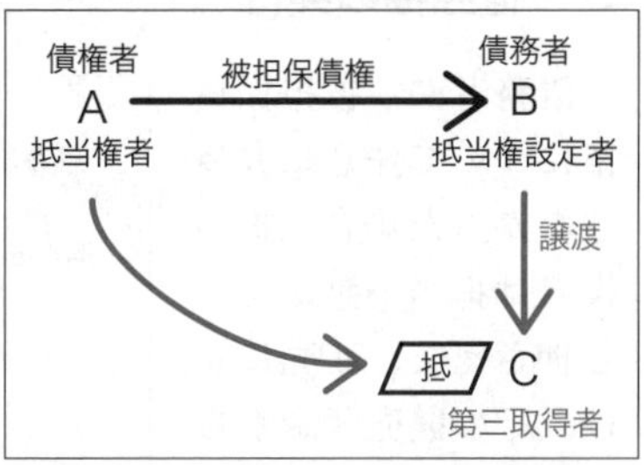

この場合、抵当権者は、抵当権設定登記をしていれば第三取得者に対しても抵当権を対抗できるから、**抵当不動産の処分について抵当権者の承諾は必要ない。**

4　後順位抵当権・順位上昇の原則

重要度A

条文・原則

1　同一の不動産の上に複数の抵当権を設定することができる。
2　抵当権の順位は、原則として、登記の前後によって決まる(373条)。
3　１番抵当権の被担保債権が弁済されて抵当権が消滅すれば(付従性)、２番抵当権が１番へ、３番抵当権が２番へと自動的に順位が上昇する。

出題履歴
H20. 4 - 3
H22. 5 - 1

(1) 同一不動産に数個の抵当権が設定されている場合、原則として、その順位は、抵当権設定登記の前後によって決する。先順位の抵当権者から優先的に弁済を受けることができ、後順位の抵当権者は、残余について優先弁済を受けることができるに過ぎない。

H22. 5 - 4

(2) 後順位抵当権は、抵当不動産の担保価値に余力があるか否かを問わず設定できる。

例えば、評価額5,000万円の建物に対して、被担保債権額5,000万円の１番抵当権を設定した後、同一の不動産の上に、被担保債権額1,000万円の２番抵当権を設定することもできる。

H26. 4 - 3

5　抵当権の実行

理解する

【抵当権の実行】
競売申立て
↓
差押え
↓
競売
↓
優先弁済
↓
抵当権消滅
↓
抵当権抹消登記

債務者が、被担保債権について任意に弁済しなかった場合、抵当権者は抵当不動産を差し押さえて、競売にかけ、その競売代金から優先弁済を受ける。これを**抵当権の実行**といい、競売手続きによって当該不動産を取得した者を「**買受人**」という。

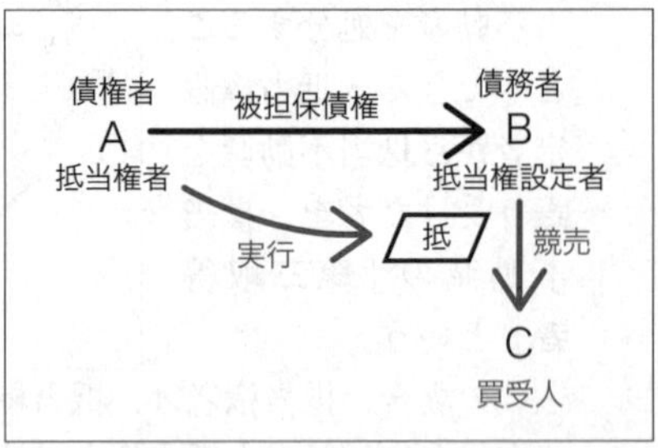

3 抵当権の性質

1　付従性

重要度A

条文・原則

1　債権（被担保債権）が存在しなければ、抵当権も成立しない。
2　債権（被担保債権）が消滅すれば、抵当権も自動的に消滅する。

（1）抵当権は、被担保債権を担保する権利であるから、被担保債権が存在しないところに抵当権の存在だけを認めても無意味である。したがって、**被担保債権の存在しないところに抵当権は存在しない**。このような性質を、**付従性**という。

①被担保債権がその発生原因となる契約の**無効**あるいは**取消し**により成立しなければ、抵当権も成立しない。

②被担保債権が**弁済**や消滅時効によって消滅すれば、抵当権も消滅する。

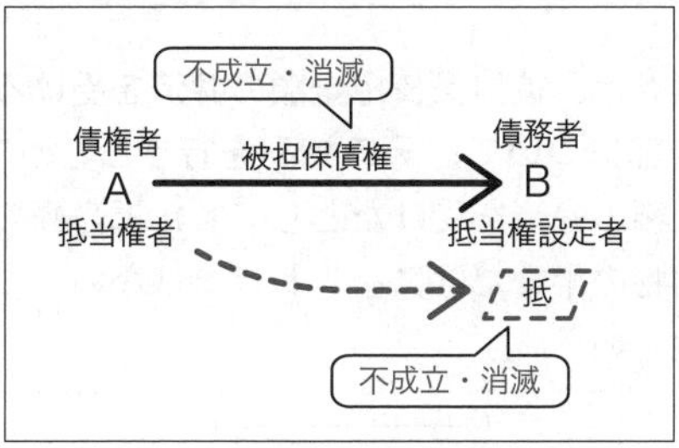

（2）ただし、実務上の要請から、付従性には例外が認められており、将来発生する期限付債権、条件付債権を被担保債権とする抵当権の設定は認められる。

講師からのアドバイス

「被担保債権のないところに抵当権はない」と理解しよう。

◆ 抵当権の時効消滅

抵当権は、債務者・抵当権設定者との関係では、被担保債権とは 別個独立に時効消滅しない。

2　随伴性

重要度B

条文・原則

被担保債権が譲渡されれば、これに伴って抵当権も移転する。

講師からのアドバイス
「債権者と抵当権者は常に一致する」と理解しよう。

抵当権は、債権担保が目的であるから、**被担保債権を譲り受けた者は、同時に抵当権も取得する**。つまり、単なる債権譲渡ではなく抵当権付債権の譲渡になる。このような性質を**随伴性**という。

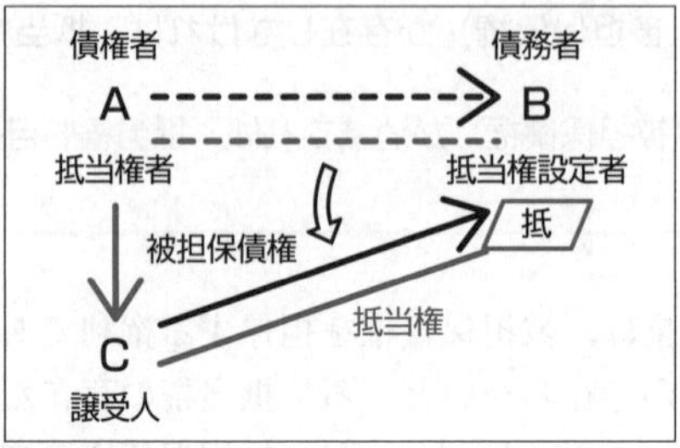

3　不可分性

重要度C

講師からのアドバイス
「被担保債権が1円でも残っていれば、抵当不動産全部に対して抵当権を行使できる」と理解しよう。

条文・原則

抵当権者は、その被担保債権全額の弁済を受けるまで、抵当不動産の全部に対して抵当権を行使することができる（372条、296条）。

抵当権者は、被担保債権**全額の弁済を受けるまでは、抵当不動産の全部について、その権利を行うことができる**。例えば、債権の半額の弁済を受けたとしても、抵当権の効力が及ぶ対象が、目的物の半分だけになるわけではない。このような性質を不可分性という。

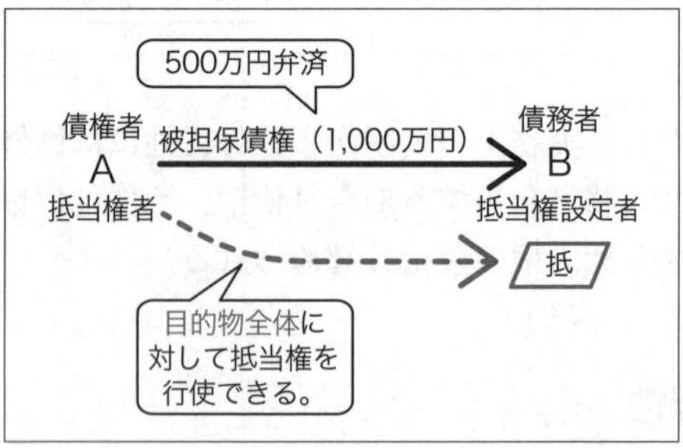

4　物上代位性

理解する

事例

Bは、自分の建物に抵当権を設定して、Aから金銭を借り入れたが、その後、建物が火事で全焼してしまった。Bは、建物に火災保険をかけていたので、保険会社から保険金を受け取れるが、抵当権者は、この保険金から優先弁済を受けることはできないのであろうか。

講師からのアドバイス
「抵当権者は、抵当不動産がお金に化けたものを分捕れる」と理解しよう。

条文・原則

1　抵当権者は、
　（1）目的物が滅失、損傷した場合に設定者が有する保険金請求権や損害賠償請求権
　（2）目的物を売却した場合の代金支払請求権
　（3）目的物を賃貸した場合の賃料支払請求権等
　に対して、権利を行使することができる。
2　ただし、抵当権者は、これらの金銭等が設定者に払い渡される前に、差押えをしなければならない（372条、304条）。

出題履歴
H20. 4 - 1
H20.10 - 4
H21. 5 - 1
H22. 5 - 2
H24. 7 - 2、3、4
H25. 5 - 1

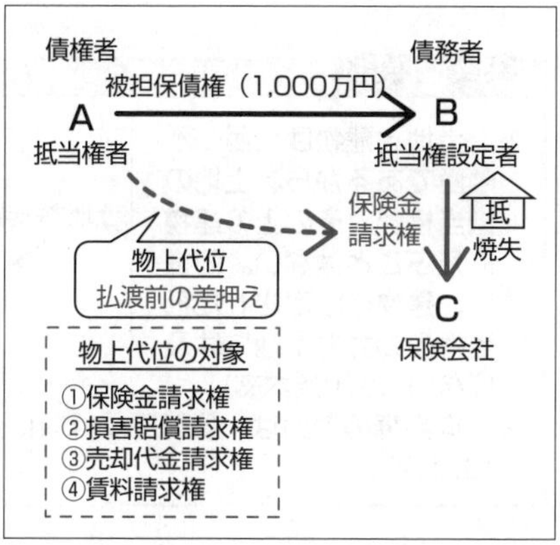

（1）抵当権者の関心は、抵当不動産そのものではなく、その抵当不動産の交換価値（金銭的評価）にある。ゆえに、売却、賃貸、滅失、損傷等により、**抵当不動産が金銭（請求権）に変化したもの**（価値代替物）**に対しても抵当権の効力が及び、抵当権者は、その金銭から優先弁済を受けることができる**。このような性質を物上代位性という。

（2）物上代位によって抵当権者が優先弁済を受けるためには、これらの金銭等が**抵当権設定者に払い渡される前に、抵当権者自身が差し押さえる必要がある**。

（3）抵当権者は、物上代位の目的である賃料債権が譲渡され、第三者に対する対抗要件が備えられた後においても、自らその債権を差し押さえて、物上代位権を行使できる（判例）。

また、債権について、一般債権者の差押えと抵当権者の物上代位権に基づく差押えが競合した場合には、両者の優劣は、一般債権者の申立てによる差押命令の第三債務者（賃借人）への送達と抵当権設定登記の先後によって決まる（判例）。

出題履歴
H24. 7- 1

4 抵当権の効力が及ぶ範囲

1　抵当権の効力が及ばない場合

理解する

事例

Bは、自分の土地に抵当権を設定して、Aから金銭を借り入れたが、Bが弁済しないため、Aが抵当権を実行する場合、土地に抵当権が設定された当時からその土地に建っていた建物も一緒に競売できるのであろうか。

条文・原則

1　土地と建物は別個の不動産であるから、土地の抵当権が、その上の建物に及ぶことはない。同様に、建物に設定された抵当権の効力も土地には及ばない（370条本文）。

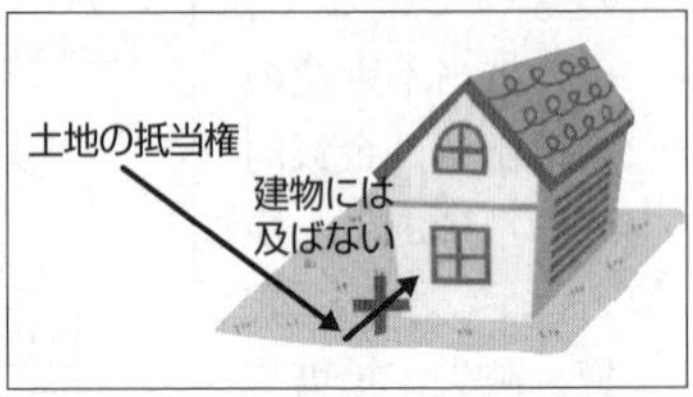

2　抵当権の効力は、債務不履行前に生じた果実には及ばない（371条）。

出題履歴
H28. 4- 2

◆果実（かじつ）
ある物から産み出される利益や価値のこと。
例えば、土地に育つ稲のように、自然に収取される産出物を天然果実という。
これに対して、物を賃貸した場合の賃料のように、法律上の原因によって生じる物の使用の対価を法定果実という。
H25. 5- 1

抵当権は、使用・収益を設定者に委ねたまま交換価値を把握する権利であるから、目的物の使用・収益から生じる利益（**果実**）については、**抵当権の効力が及ばない**のが原則である。

ただし、被担保債権につき**不履行があったときは、その後に生じた果実に抵当権の効力が及ぶ**。この果実には、天然果実と法定果実が含まれる。

なお、目的物の賃料等の法定果実については、物上代位の対象にもなる。

2　抵当権の効力が及ぶ場合

重要度B

事例

Bは、自分の土地と建物に抵当権を設定して、Aから金銭を借り入れた。その後、Bが借金を弁済しないため、Aが抵当権を実行する場合、土地に植えられている庭木や庭石、雨戸や畳等も一緒に競売することができるのだろうか。

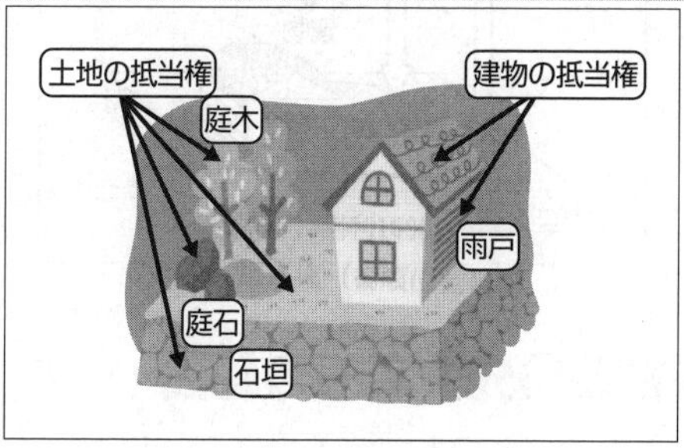

条文・原則

抵当権の効力は、原則として、その目的である不動産に付加して一体となっている物（付加一体物）に及ぶ（370条本文、87条2項、判例）。

具体的には、以下のものをいう。

1　付合物
2　抵当権設定当時の従物
3　従たる権利

（1）付合物とは、抵当不動産の構成部分となって独立性を失い、分離すると経済的に不適当といえる程度まで結合している物である（242条）。

<例>雨戸等の建物の内外を遮断する建具
　　　立木　石垣　取り外し困難な庭石等

（2）従物とは、一応独立性はあるが、土地や建物等の主物に附属することによって本来の効用を発揮しうる物である。

<例>畳　建具　エアコン等

出題履歴
H25. 5- 2
H27. 6- 1

抵当権が設定された時点で、既に土地・建物に存した従物には抵当権の効力が及ぶ（判例）。

（3）従たる権利とは、例えば、**借地上の建物について抵当権を設定した場合の借地権**（土地賃借権、地上権）である。抵当権の設定された建物が存在する前提となっているため、抵当権の効力が及ぶ（判例）。

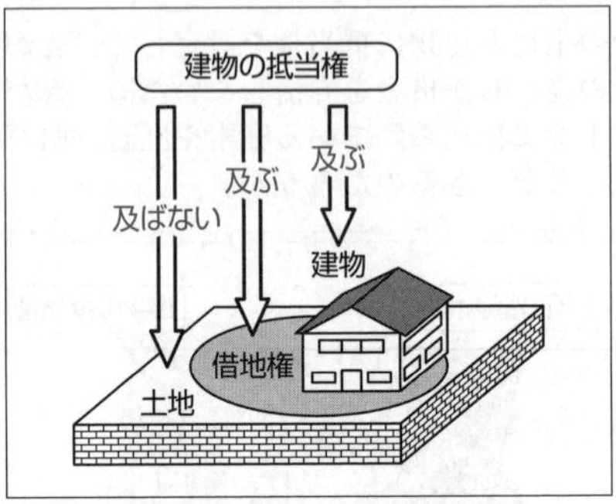

5 抵当権の優先弁済権の範囲

重要度A

出題履歴
H29.10- 1

条文・原則

1　抵当権者は、利息その他の定期金や債務不履行による遅延損害金等を請求する権利を有するときは、通算して満期となった最後の2年分についてのみ、抵当権を行使することができる(375条)。

2　ただし、利害関係人（後順位抵当権者、一般債権者等）が存在しないときは、このような制限はなく、利息等を含む全額について抵当権を行使できる。

利息や遅延損害金が無制限に抵当権によって担保されると、後順位抵当権者や一般債権者は、被担保債権が総額でいくらになるのかが予測できないため、このような制限がある。

抵当権２

重要ポイント

1．法定地上権・一括競売

Point 法定地上権

●成立要件
①抵当権設定当時、土地の上に建物が存在すること
②抵当権設定当時、土地と建物の所有者が同一であること
③競売の結果、土地と建物の所有者が異なるに至ったこと

Point 一括競売

●要件
更地に抵当権を設定
↓
設定者又は第三者が抵当地上に建物を築造
↓
土地とともに建物を競売することができる。
（優先弁済：土地の代価のみ）

2．抵当権と賃借権の関係

Point 抵当権と賃借権の優劣（原則）

●賃貸借の期間の長短にかかわらず、抵当権設定登記と賃借権の対抗要件の先後により決する。

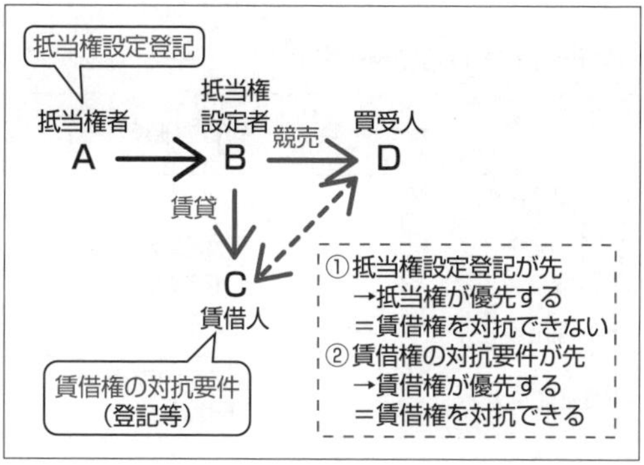

Point 抵当権者の同意の登記をした賃貸借

●要件
①登記をした賃貸借であること。
②登記をした抵当権者のすべての同意があること。
③同意の登記があること。
↓
賃借権者は、その同意をした抵当権者に対抗できる。

Point 建物明渡猶予制度

●抵当権設定登記後に設定された建物賃借人に、建物の明渡を競売による買受けから６か月間猶予する制度

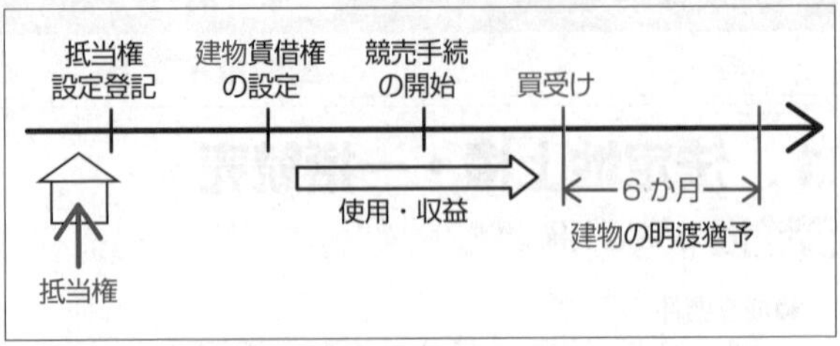

3. 根抵当権

普通抵当権と元本確定前の根抵当権の主な相違点

	普通抵当権	元本確定前の根抵当権
対抗要件	登記	登記
被担保債権	特定した債権	一定の範囲に属する不特定の債権
将来発生する債権を被担保債権とすることができるか	できる（判例）	できる
付従性・随伴性	あり	なし
優先弁済権の範囲	満期となった最後の２年分	極度額の範囲（年分制限なし）
抵当権の処分	転抵当 譲渡 放棄 順位の譲渡・放棄	転抵当 全部譲渡 分割譲渡 一部譲渡

根抵当権における変更一覧

	可能な時期	利害関係者の承諾の要否
被担保債権の範囲	元本確定前に限る	不 要
債務者		
元本確定期日		
極度額	元本確定の前後を問わない	利害関係人全員の承諾が必要

1 法定地上権

1　法定地上権とは

理解する

条文・原則

土地及びその上に存する建物が同一の所有者に属する場合において、その土地又は建物につき抵当権が設定され、その実行により所有者を異にするに至ったときは、その建物について、地上権が設定されたものとみなす（388条）。

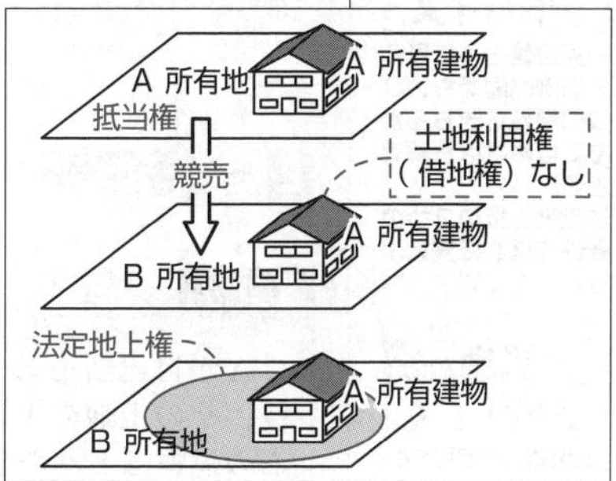

抵当権が設定された時点で、土地所有者と地上建物の所有者が同じであれば、借地権を設定することはない。しかし、その後、抵当権が実行され、土地所有者と地上建物の所有者が別の者になると、借地権が設定されていないため地上建物が土地を不法に占拠する状態になり、収去せざるを得ない。このような事態を回避し、地上建物を存続させるために、**法律の規定によって自動的に地上権の成立を認める**のが**法定地上権**である。

2　法定地上権の成立要件

重要度A

条文・原則

法定地上権が成立するためには、以下の要件を満たすことが必要である（388条）。
1　抵当権設定当時、土地の上に建物が存在すること
2　抵当権設定当時、土地と建物の所有者が同一であること
3　競売の結果、土地と建物の所有者が異なるに至ったこと

出題履歴
H21. 7-1、-4
H30. 6
H21. 7-3

（1）上記1の要件について

建物は、**抵当権が設定された時点**で、土地の上に**建物が存在している**ことが必要であり、かつそれで十分である。したがって、

H21. 7-2

①更地に抵当権が設定された場合には、たとえその後抵当権者の承認のもと建物が築造されたとして、法定地上権

◆更地（さらち）

建物が建っていないだけでなく、地上権や賃借権のような使用収益を制約する権利も設定されていない土地のこと。

出題履歴

H28. 4-1

講師からのアドバイス

一見複雑そうに見える事例問題でも、3つの要件をきちんとあてはめれば正解できる。
法定地上権の3つの要件を確実に覚えよう。

講師からのアドバイス

抵当権の設定については、土地のみ、建物のみ、土地・建物の両方、どのパターンでも、法定地上権は成立する。

出題履歴

H27. 6-4

講師からのアドバイス

「更地に抵当権を設定」といった記述があれば、法定地上権は成立しない。一括競売の問題として考えよう。

講師からのアドバイス

一括競売は、「することができる」のであって、「しなければならない」わけではない。つまり、一括競売をするかどうかは任意であり、義務ではない。

は成立しない（判例）。

②抵当権設定後に建物が滅失・再築されても、共同抵当の場合を除き、原則として、法定地上権は成立する（判例）。

（2）上記2の要件について

抵当権が設定された時点で、**土地と建物の所有者が同一**であればよい。したがって、抵当権設定後、実行までの間に土地・建物の所有者が別の者になっても、法定地上権は成立する（判例）。

2 一括競売

重要度A

事例

Aが自己所有の土地（更地）にXのために抵当権を設定した後、その土地の上に建物を建てた。Xが抵当権を実行した場合、この建物はどうなるのだろうか。

条文・原則

1　更地に抵当権を設定した後、その設定者又は第三者が抵当地上に建物を築造したときは、抵当権者は、原則として、土地とともに建物を競売することができる（389条1項本文）。
2　ただし、優先弁済を受けることができるのは、土地の代価についてのみである（同項ただし書）。

一括競売できるとしても、抵当権はあくまで土地に設定したものであり、建物にまでその効力が及ぶものではないから、**優先弁済**を受けることができるのは、**土地の代価についてのみ**であり、建物の代価からは、他の債権者と平等に弁済を受けるにとどまる。

3 抵当権と賃借権の関係

1　抵当権と賃借権の優劣（原則）

重要度 B

事例

Bは、Aから金銭を借り入れ、B所有の建物に抵当権を設定し、登記をした。

1　Bは、抵当権設定登記の後で、その建物をCに期間3年間で賃貸し、その登記をした。Aの抵当権が実行され、Dが建物を買い受けたとすると、Cの賃借権はどうなるのだろうか。

2　Bは、抵当権を設定する前から、Cにその建物を賃貸し、賃借権の登記もしていた。この場合、Aの抵当権が実行され、Dが建物を買い受けたとすると、Cの賃借権はどうなるのだろうか。

条文・原則

抵当権と賃借権の優劣は、賃貸借の期間の長短にかかわらず、抵当権設定登記と賃借権の対抗要件の先後により決する（177条、605条）。

出題履歴
H20. 4 - 2

（1）**抵当権設定登記がされた後で賃借権が設定された場合**（設例1）、抵当権者は、賃借権が存在しないことを前提に抵当権を取得しているから、**抵当権者が優先する**。よって、抵当権の実行により土地が競売されると、**賃借人Cは賃借権を買受人Dに主張できない**。

（2）**抵当権設定登記よりも前に賃借権が設定され、対抗要件が具備されていた場合**（設例2）には、抵当権者は、賃借権の存在を前提に抵当権を取得しているから、**賃借人が優先する**。よって、その後抵当権の実行により土地が競売されても、**賃借人Cは、賃借権を買受人Dに主張できる**。

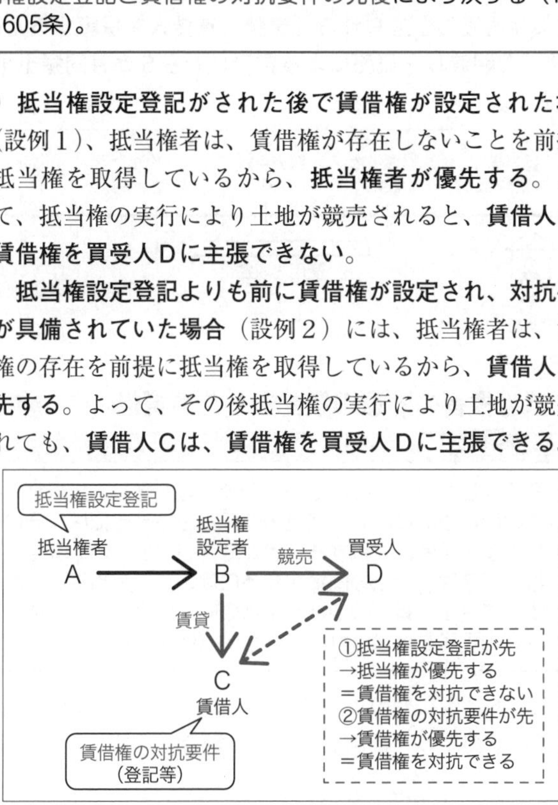

2　建物明渡猶予制度

重要度 B

条文・原則

1　抵当権者に対抗できない賃貸借により抵当権の目的である建物の使用又は収益をする者で、以下に掲げるもの（抵当建物使用者）は、その建物の競売における買受人の買受けの時から6か月を経過するまでは、その建物を買受人に引き渡さなくてもよい（395条1項）。
（1）競売手続の開始前から使用又は収益をしていた者
（2）強制管理又は担保不動産収益執行の管理人が競売手続の開始後にした賃貸借により使用又は収益をする者
2　この場合、買受人の買受け以後、当該建物の使用をしたことの対価につき、買受人が、抵当建物使用者に対して、相当の期間を定めてその1カ月分以上の支払を催告し、その相当の期間内に履行がないときには、適用しない（同条2項）。

◆強制管理と担保不動産収益執行

債権者が債権回収を図るための方法として、不動産を売却して代金を得る方法の他に不動産を管理してその収益を得る方法がある。

強制執行としてなされる場合を強制管理といい、担保執行としてなされる場合を担保不動産収益執行という。

出題履歴

H22. 5- 3

抵当権設定登記後に設定された賃貸借であるため抵当権の実行により明渡しを迫られる**「建物」賃借人を保護するために、「建物」の明渡しを競売による買受けから6か月間猶予**する制度である。

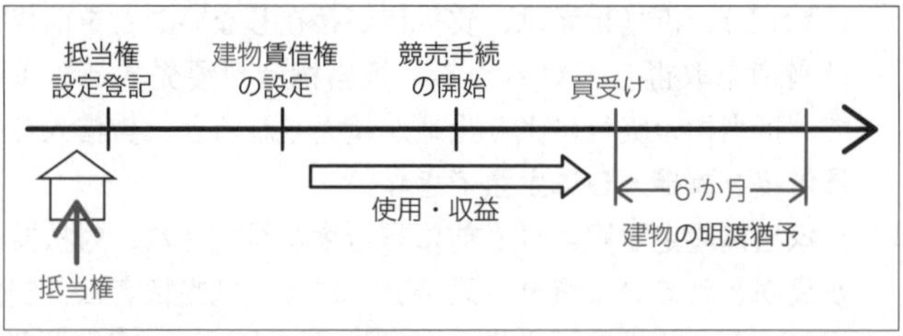

3　抵当権者の同意の登記をした賃貸借

重要度 B

条文・原則

1　登記をした賃貸借は、その登記前に登記をした抵当権者のすべての同意があり、その同意の登記があるときには、その同意をした抵当権者に対抗することができる（387条1項）。
2　抵当権者は、上記の同意をするには、その抵当権を目的とする権利を有する者その他抵当権者の同意により不利益を受けるべき者の承諾を得なければならない（同条2項）。

テナントビルなどのように、賃借人が入居していることによって抵当不動産の交換価値が高まる場合もある。そのような場合に、抵当権者の同意を得てその登記をした賃貸借に、対抗力を付与する制度である。

4 第三取得者の保護

1 抵当権消滅請求（第三取得者からの請求） 重要度B

条文・原則

1　抵当不動産について、所有権を取得した第三取得者は、自分が適当と思う金額を抵当権者に支払って、抵当権の消滅を請求することができる（379条）。
2　第三取得者は、抵当権の実行としての競売による差押えの効力発生前に、抵当権消滅請求をしなければならない（382条）。
3　第三取得者は、登記をしたすべての債権者に対して、以下の書面を送付しなければならない（383条）。
①抵当不動産の代価その他第三取得者の負担等を記載した書面
②抵当不動産に関する登記事項証明書
③債権者が2か月以内に抵当権を実行して競売を申立てないときは、第三取得者が①の代価または特に指定した金額を、債権の順位に従って弁済または供託する旨を記載した書面
4　第三取得者から上記書面を受け取った債権者が2か月以内に競売の申立てをしないときは、第三取得者の提供した代価または金額を承諾したものとみなされる（384条）。

主たる債務者、保証人等は、全額を弁済する義務を負う者であるから、目的物を取得したとしても、抵当権消滅請求をすることができない（380条）。

5 抵当権の順位の変更 重要度B

条文・原則

抵当権の順位は、各抵当権者の合意によって、これを変更することができるが、登記をしなければ、その効力を生じない（374条）。

（1）**債務者や抵当権設定者の合意は不要**である。
（2）**抵当権の順位の変更は、登記をしなければ効力を生じない**（効力発生要件）。

◆抵当権消滅請求

第三取得者が抵当権を消滅させるのに適当であると考える額を抵当権者に支払うことにより、抵当権を消滅させる制度である。第三取得者が申し出た額に納得できない場合には、競売の申立てができる。

出題履歴

H21. 6- 2
H28. 4- 4

H21. 6- 3、- 4

◆登記をしたすべての債権者

登記をしている抵当権者、先取特権者、質権者がこれにあたる。
①②は支払おうとする額及びその額が妥当かを判断するのに必要な情報が記載された書面である。
③は、2か月以内に態度決定すべきことを記載した書面である。

H21. 6- 1
H27. 6- 2

出題履歴

H25. 5- 4
H28. 4- 3

6 根抵当権

1　根抵当権とは

重要度A

出題履歴
H26. 4-2、4

事例

事業主であるBは、A銀行から事業資金等の融資を継続的に受けたいが、融資・返済の度に抵当権の設定・抹消を繰り返すのでは、手続に手間がかかるうえに、登記費用等のコストもかさむ。このような取引に適した抵当権はないだろうか。

条文・原則

根抵当権とは、継続的取引契約によって生じる債権等、一定の範囲に属する不特定の債権を、極度額を限度に担保する抵当権である（398条の2）。

講師からのアドバイス
普通抵当権が、住宅ローン債権5,000万円という特定の債権を担保するのに対して、根抵当権は、5,000万円という枠（極度額）を担保するのである。

（1）根抵当権は、**「具体的な内容・額」**が**変動**する被担保債権（不特定の債権）を担保する抵当権である。根抵当権の被担保債権の**「範囲」**は、以下のように**一定範囲に限定**されていなければならない（一定の範囲に属する債権）。

①Aメーカーと B小売店との間で○年○月○日から×年×月×日までの間に締結される商品供給契約から発生する売掛代金債権

②A銀行とBとの間の銀行取引による債権
A信用金庫とBとの間の信用金庫取引による債権　等

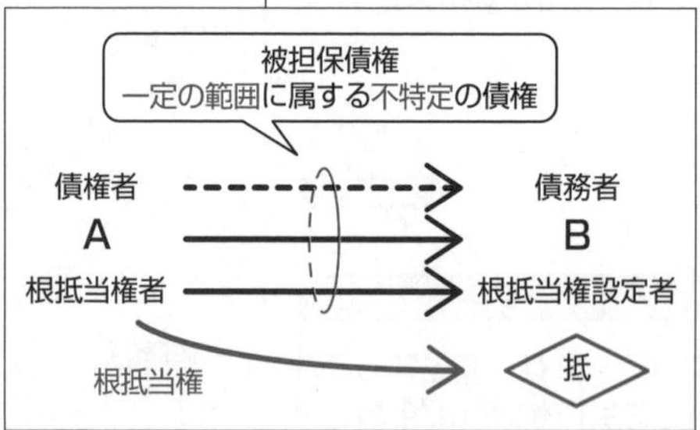

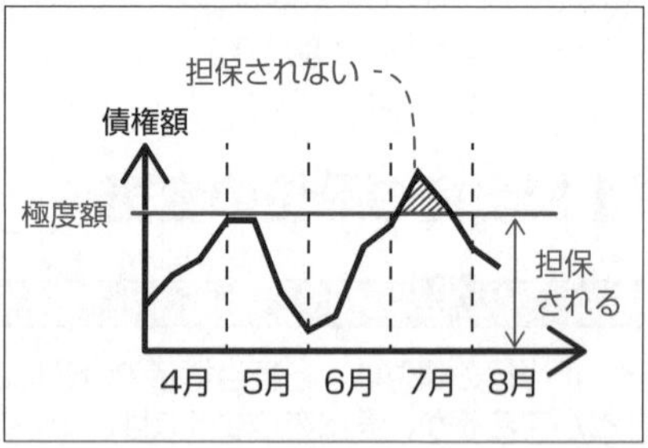

出題履歴
H26. 4-1

（2）　被担保債権は、上記①②のように「一定の範囲に属する」ものでなければならない。したがって、**「現在及び将来発生する一切の債権を担保する」**と定める**包括根抵当は**

認められない。

(3) **元本の確定前**の根抵当権は、個々の被担保債権の発生・移転・消滅から切り離されているため、**付従性・随伴性はない**(398条の7)。

①根抵当権の被担保債権は、**将来発生する債権**でもよい。

②元本確定前に根抵当権者から**個々の被担保債権の譲渡を受けた者は、根抵当権を取得しないため、根抵当権を実行することはできない。**

講師からのアドバイス

債権には、電子記録債権(銀行等の電子債権記録機関に登録することによって発生・管理される債権)も含まれる。一般の債権とは、債権譲渡の対抗要件として通知が要求されていない(電子上の譲渡記録で足りる。)等の違いがある。

出題履歴

H23. 4- 2

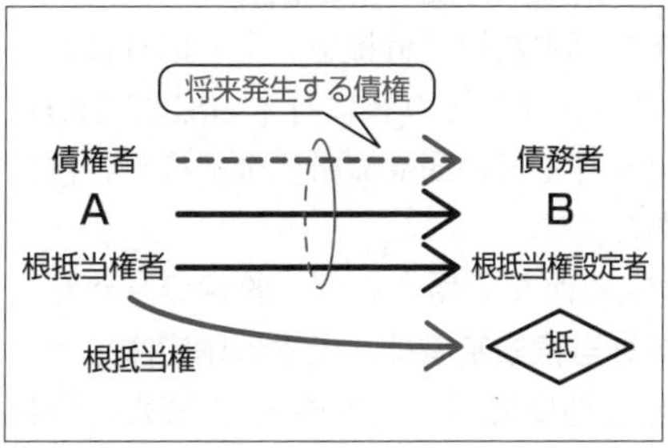

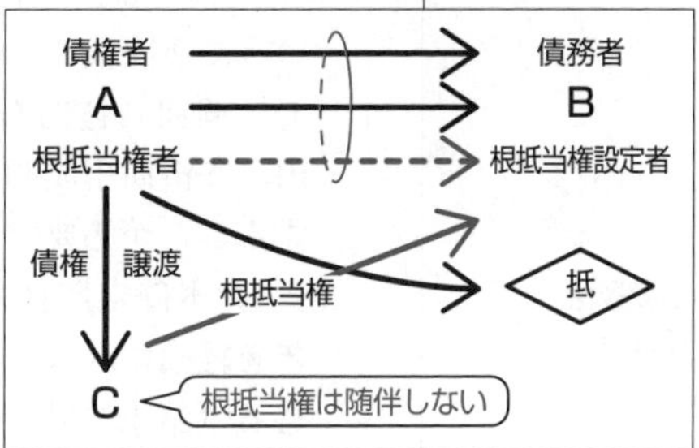

2 極度額

出題履歴

H23. 4- 1

条文・原則

1 極度額とは、根抵当権者が優先弁済を受ける限度額をいう。

2 根抵当権は、極度額まで利息や遅延損害金等を担保し、普通抵当権のような最後の2年分といった制限はない(398条の3)。

根抵当権においては、被担保債権が新陳代謝を繰り返して増減し、弁済期や利息等も債権ごとに様々である。そこで、優先弁済の限度額を設け、利害関係者に対して、不動産の残余価値を知らせる必要がある(極度額は登記事項である。)。

利息・遅延損害金も、**年分と関わりなく極度額に達するまで**担保される。

講師からのアドバイス
元本が確定した根抵当権(確定根抵当権)は、被担保債権が特定するため、普通抵当権と同じく付従性や随伴性が認められるが、利息、遅延損害金について極度額までは優先弁済が受けられる点で普通抵当権とは異なる。

3 元本確定期日

重要度B

条文・原則

1 元本確定期日とは、根抵当権によって優先弁済を受けることができる元本及びそこから生じる利息、遅延損害金を確定する期日をいう。
2 元本確定期日を定めるか否かは自由であるが、約定した場合(変更の場合も同様)には、約定の日から5年以内でなければならない(398条の6)。

(1) 根抵当権が、現実に優先弁済的効力を発揮するにあたっては、発生→弁済→消滅(遅延→遅延損害金の発生)といった新陳代謝を繰り返す被担保債権を一定の期日において、個別具体的な債権(例:AのBに対する8,327万5,416円、弁済期平成30年8月1日の商品売掛代金債権)に確定することが必要である。

出題履歴
H23. 4-3

(2) 元本確定期日の定めがない場合には、**設定の時から3年を経過**すれば、**根抵当権設定者は、元本の確定請求ができる**(請求の時から2週間経過で元本確定)。また、根抵当権者は、いつでも、元本の確定請求ができる(398条の19)。

4 根抵当権に関する変更

重要度B

条文・原則

1 元本の確定前の根抵当権においては、被担保債権の範囲及び債務者を、根抵当権者と設定者の合意によって変更することができる(398条の4)。
2 元本確定期日を設定契約において定めた場合、確定前はいつでも根抵当権者と設定者の合意により元本確定期日を変更することができる(398条の6)。
3 根抵当権の極度額の変更は、元本確定の前後を問わず可能であるが、利害関係を有する者の承諾を得なければならない(398条の5)。

出題履歴
H23. 4-4

(1) **被担保債権の範囲の変更、債務者の変更、元本確定期日の変更**については、後順位抵当権者その他の**利害関係者の承諾は必要ない**。

(2)　極度額の変更は、極度額によって根抵当不動産の残余価値を予測する利害関係者に重大な影響を及ぼす。したがって、**極度額の変更**については、**利害関係者の承諾**が必要である。

また、元本確定後も極度額の変更が認められるのは、極度額は元本確定後の被担保債権額とは関係がないためである。

講師からのアドバイス

極度額の変更について承諾が必要な「利害関係者」とは、増額変更する場合は、後順位抵当権者や差押え債権者などをいい、減額変更する場合は、転抵当権者などをいう。

債務不履行と解除

重要ポイント

1．債務不履行

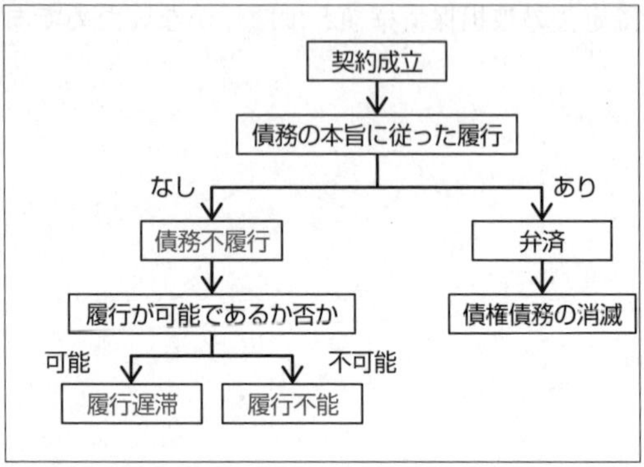

2．履行遅滞の時期

Point 履行遅滞の時期

債権の種類	履行遅滞の時期 （履行期）
確定期限付債権	期限到来時
不確定期限付債権	次のうち、早い方の時 ・期限到来後の請求時 ・債務者が期限到来を知った時
期限の定めのない債権	請求時
債務不履行に基づく損害賠償請求権	請求時
不法行為に基づく損害賠償請求権	不法行為時（損害発生時）

3. 解除

Point 催告による解除と催告によらない解除

●催告による解除の要件
①履行遅滞があること
②相当の期間を定めて履行の催告をしたこと
③その相当期間内に履行が行われなかったこと
④債務不履行がその契約及び取引上の社会通念に照らして軽微でないこと

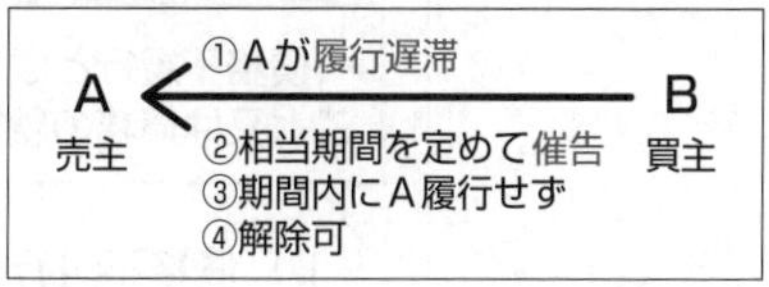

●催告によらないで直ちに解除ができるもの
・債務の全部の履行不能
・債務者が全部の履行を拒絶する意思を明確に表示
・一部履行不能や一部履行拒絶の場合で、残存する部分のみでは契約をした目的を達することができないとき
・定期行為の履行遅滞
・催告をしても契約をした目的を達するのに足りる履行がされる見込みがないことが明らかであるとき

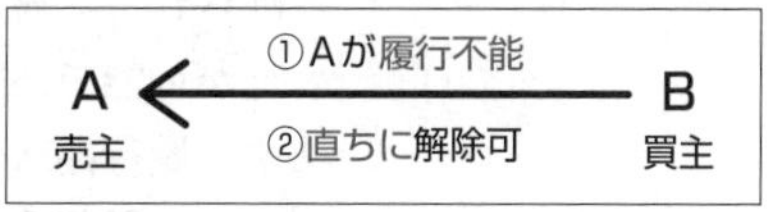

4. 同時履行の抗弁権

Point 同時履行の関係に立つか否か

同時履行の関係に立つ	同時履行の関係に立たない
①解除による双方の原状回復義務 ②取消しによる双方の原状回復義務 ③委任事務の履行により得られる成果の引渡債務と報酬支払債務 ④請負人の目的物引渡債務と報酬支払債務 ⑤請負目的物に契約不適合があった場合の損害賠償債務と報酬支払債務 ⑥建物買取請求権の行使による建物代金支払いと土地の明渡し	⑦賃借家屋の明渡しと敷金返還 ⑧造作買取請求権の行使による造作買取代金支払いと建物の明渡し ⑨金銭消費貸借契約における弁済義務と抵当権設定登記の抹消登記手続の履行義務

1 債務不履行

1　債務不履行とは

理解する

条文・原則

債務不履行とは、債務者が、債務の本旨に従った履行をしないこと又は債務の履行が不能であることをいう。

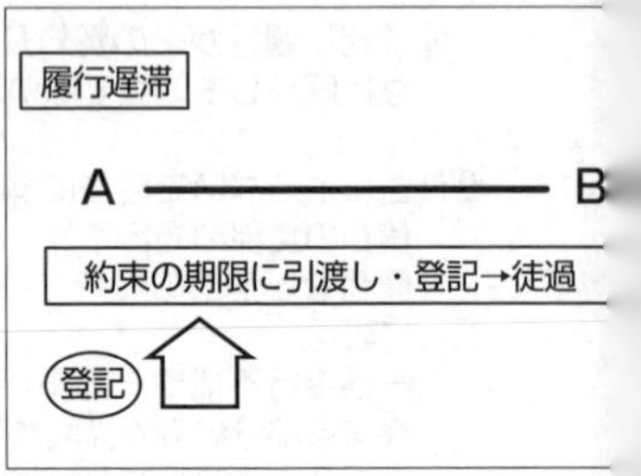

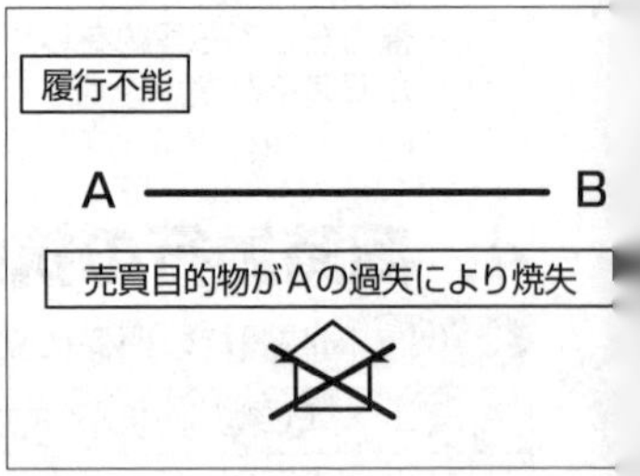

（1）**債務不履行**には、主に**履行遅滞**と**履行不能**の２種類に分けられる。**履行遅滞**とは、履行が可能であるにもかかわらず、**履行期限に遅れる場合**をいい、**履行不能**とは、**履行することが不可能になった場合**をいう。例えば、ＡＢ間で建物の売買契約が締結された後、売主Ａがわざと履行期に建物の引渡し・登記をしない場合が履行遅滞であり、自己の失火で建物を焼失させてしまった場合が履行不能である。

（2）債務不履行が成立すると、債権者は、債務者に対して、主に、**損害賠償請求**、**契約の解除**をすることができる。また、**履行遅滞**の場合は、履行が可能なので、**本来の給付請求**をすることもできる。

出題履歴
H22. 6‐1、‐2
H26. 1‐4

2　損害賠償の範囲

重要度 B

条文・原則

損害賠償請求は、①債務不履行によって通常生ずべき損害のほか、②特別の事情によって生じた損害であっても、債務者がその事情を予見すべきであったときは、することができる（416条）。

2 履行遅滞による損害賠償請求

1 履行遅滞による損害賠償請求の要件

重要度B

事例

ＡＢ間でＡ所有の建物の売買契約が締結され、１か月後に建物の引渡しと代金の支払いが行われる約束だったが、期限が過ぎてしまった。Ｂは、Ａに対して、債務不履行責任を追及してきたが、実は、Ｂの方も代金を全然支払っていなかった。

こういう場合でも、Ａは、期限に遅れた以上、債務不履行になるのだろうか。

条文・原則

次の要件を満たす場合に、履行遅滞による債務不履行を理由に損害賠償請求をすることができる。

1　履行が可能なのに、履行期に遅れたこと
2　契約その他の債務の発生原因及び取引上の社会通念に照らして債務者の責めに帰することができる事由が存在すること（原則）
3　履行しないことが違法であること
4　損害の発生

（１）履行期は、期限や債権の種類に応じて、重要ポイント２の表のように異なる（412条）。

（２）不可抗力により履行期に遅れた場合のように、債務者の責めに帰することができない事由によるものであるときは、原則として、履行遅滞に基づき、損害賠償請求をすることはできない（415条１項）。

（３）双務契約の当事者の一方は、相手方がその債務の履行を提供するまでは、自己の**債務の履行を拒むことができる**（533条）。これを**同時履行の抗弁権**という。同時履行の抗弁権を理由に履行し

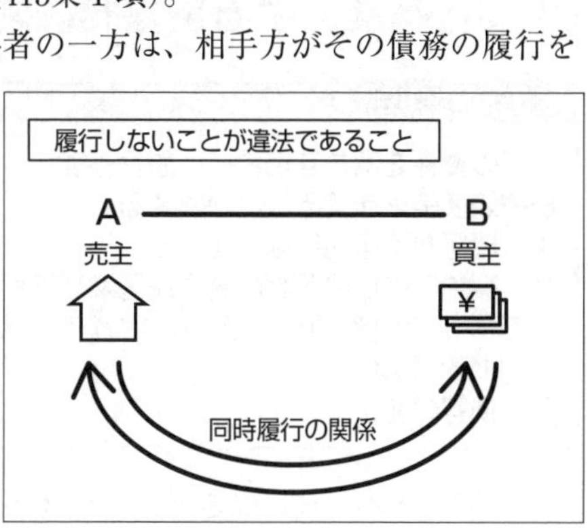

講師からのアドバイス
債権者が履行を受けることを拒んだり、受けることができない場合は、**受領遅滞**となり、債務者の目的物の保存義務が軽減され、履行の費用の増加分を債権者に請求できる(413条)。
R２(12).４-１

講師からのアドバイス
相手方の債務不履行責任を追及するためには、**自己の債務につき弁済の提供をして**、相手方の同時履行の抗弁権を封じておかなければならない。

ない場合は、「履行しないことが違法」とは言えない。

（4）要件を満たす場合、債権者は、履行の遅延によって生じた損害の賠償（遅延賠償）を債務者に請求できる。

2 金銭債務の特則

重要度 B

条文・原則

出題履歴
H24. 8-4
H24. 8-2
H28. 1-1
R2(12). 7-3

1　金銭債務においては、債務者は不可抗力を理由として債務不履行の責任を免れることはできない（419条3項）。
2　金銭債務の不履行による損害賠償額については、債権者は、損害の証明をする必要がなく、法定利率（年3％）によって請求できる。ただし、約定利率が法定利率を超えているときは、約定利率による（同条1・2項）。

講師からのアドバイス
法定利率が年3％のとき、約定利率が年2％であれば、損害賠償額は法定利率の年3％で計算される。一方、約定利率が年6％であれば、約定利率の年6％で計算される。

（1）**金銭債務**とは、例えば、売買契約における買主の代金支払債務等である。金銭は容易に調達することができるので、**不可抗力による免責は認められていない**。また、履行不能も観念できないため、金銭債務の不履行には、履行遅滞しかない。

（2）金銭債務の不履行による損害賠償額は、一律に算定される。

（3）**法定利率**は、**年3％**である（404条2項）。これに対し、**約定利率**は、当事者が**契約で定めた利率である**。なお、法定利率は、3年毎に変動するものとされている（同条3項）。

3 履行不能による損害賠償請求

重要度 A

条文・原則

R2(12). 7-2

次の要件を満たす場合に、履行不能による債務不履行を理由に損害賠償請求をすることができる。
1　履行が不可能になったこと
2　契約その他の債務の発生原因及び取引上の社会通念に照らして債務者の責めに帰することができる事由が存在すること（415条1項）
3　損害の発生

H23. 2-4

（1）履行が不可能になるとは、建物が全焼した場合のように

物理的に履行が不可能になるものだけでなく、売主が買主以外の者にも建物を売ってしまい（**二重譲渡**）、その者に**移転登記**した場合のように、**法律的に履行が不可能**になるものも含まれる。 H24. 8- 3

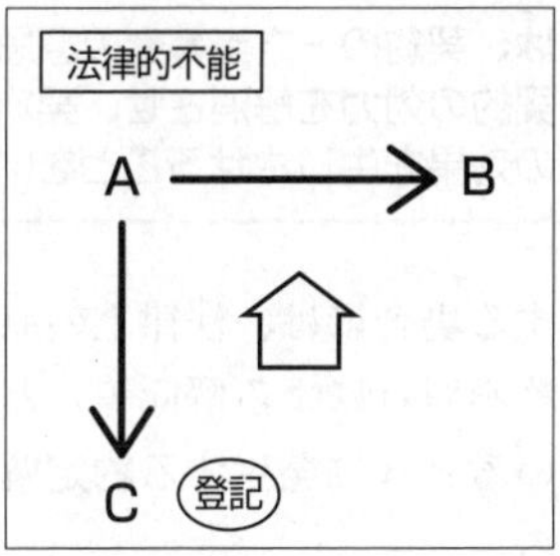

（2）契約に基づく債務の履行がその契約の**成立の時に不能**であったときでも、履行不能による損害賠償請求ができる（412条の2第2項）。 R 2 (12). 4- 4

（3）債務者の責めに帰することができる事由とは、履行遅滞の場合と同じであり、例えば、落雷等の**不可抗力**によって建物が全焼した場合は、債務者の責めに帰することができる事由がないので、履行不能の責任は生じない。 H26. 1- 3

ただし、**既に債務者が履行遅滞に陥っているとき**に、落雷があって全焼したとき等は（この点に限っていえば、不可抗力）、債務者の責めに帰すべき事由によるものとみなされる（413条の2第1項）。 R 2 (12). 4- 3

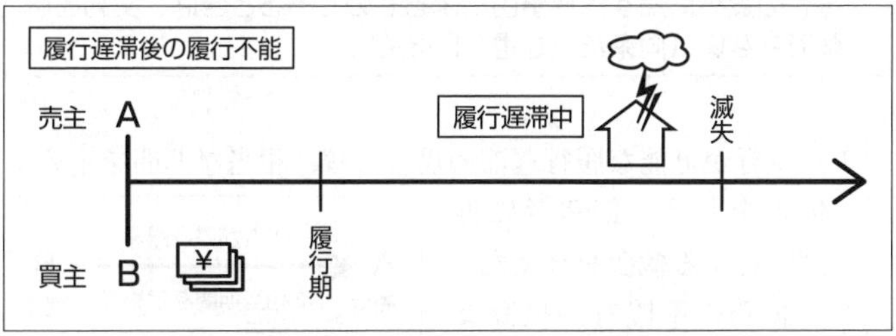

（4）要件を満たす場合、債権者は、債務の履行に代わる損害賠償（填補賠償）を請求できる（415条2項）。例えば、売買の目的物である建物が債務者の過失により焼失した場合、填補賠償として、建物の価格相当額の支払いを請求できる。

講師からのアドバイス
填補賠償は、履行不能の場合の他に、「債務者がその債務の履行を拒絶する意思を明確に表示したとき」及び「契約によって生じた債務である場合、その契約が解除され、又は債務不履行による契約解除権が発生したとき」に請求できる。

4 契約の解除

1　契約の解除とは

理解する

条文・原則

契約の解除とは、契約の一方当事者の意思表示によって、既に有効に成立した契約の効力を解消させ、契約が当初から存在しなかったのと同様の効果を生じさせることをいう。

解除権が発生する場合には、法律上の原因に基づいて発生する**法定解除**（債務不履行による解除等）と、当事者が解除できる場合を定めているときに発生する**約定解除**（解約手付による解除等）とがある。

以下は、基本的に法定解除についての説明である。

2　催告による解除

重要度A

出題履歴
R 1. 3- 2
R 2 (10). 3- 4

講師からのアドバイス
債務者の責めに帰することができない履行遅滞や履行不能であっても、解除はできる。損害賠償請求には債務者の帰責事由が必要だったことと比較しよう。
R 2. 3- 2

条文・原則

1　以下の要件を満たせば、原則として、債権者は契約を解除することができる（541条本文）。
① 履行遅滞があること
② 相当の期間を定めて、履行の催告をしたこと
③ その相当期間内に履行が行われなかったこと
2　1を満たす場合であっても、債務不履行がその契約及び取引上の社会通念に照らして軽微であるとき、又は債務不履行が債権者の責めに帰すべき事由によるものであるときは、契約を解除できない（同条ただし書、543条）。

出題履歴
R 2 (10). 3- 3

（1）履行が可能な履行遅滞の場合には、相当な期間を定めて催告をさせ、債務者に再度履行する機会を与えた。

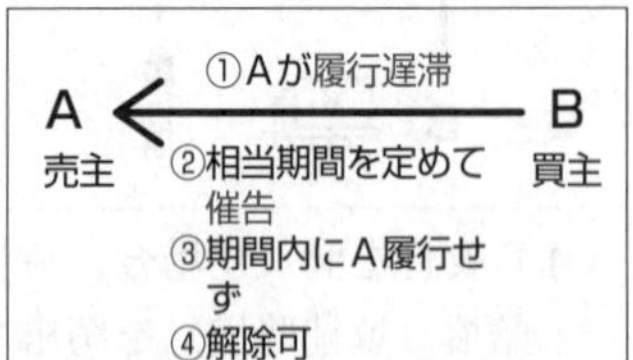

（2）債務の不履行が軽微なものにとどまる場合には解除できず、損害賠償請求などをするしかない。

（3）同時履行の抗弁権が付着した債務について解除のための催告を行う場合には、**弁済の提供**も必要である（判例）。

3　催告によらない解除

重要度A

条文・原則

1　次の場合、原則として、債権者は、催告をすることなく、直ちに契約を解除することができる（542条1項）。
① 債務の全部の履行が不能であるとき
② 債務者が債務の全部の履行を拒絶する意思を明確に表示したとき
③ 債務の一部の履行が不能である場合又は債務者がその債務の一部の履行を拒絶する意思を明確に表示した場合において、残存する部分のみでは契約をした目的を達することができないとき
④ 契約の性質又は当事者の意思表示により、特定の日時又は一定の期間内に履行をしなければ契約をした目的を達することができない場合（定期行為の場合）において、債務者が履行をしないでその時期を経過したとき
⑤ 債務者がその債務の履行をせず、債権者が催告をしても契約をした目的を達するのに足りる履行がされる見込みがないことが明らかなとき
2　債務不履行が債権者の責めに帰すべき事由によるものであるときは、上記契約の解除はできない（543条）。

出題履歴
R 2 (10). 3- 4
R 3 (10). 7- 3

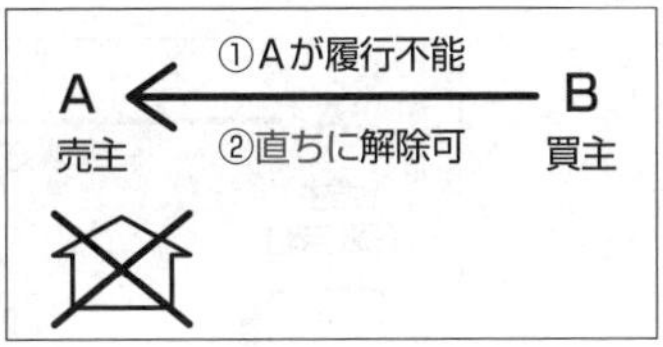

（1）履行不能の場合は、もはや履行が不可能なのだから、催告をしても仕方がない。よって、直ちに解除することができる（**無催告解除**）。同様に、履行を拒絶している場合や、一部不能で残った部分では契約の目的を達成できない等の場合にも、無催告解除できる。

（2）一部が不能であるときや一部の履行を拒絶するときは、契約の一部について無催告解除できる（542条2項）。

4　解除の効果

重要度A

条文・原則

1　契約が解除されると契約ははじめからなかったことになり、当事者双方は、契約成立前の状態に戻す義務（原状回復義務）を負う（545条1項本文）。
2　原状回復につき金銭を返還すべき場合は、その受領の時からの利息を付けなければならず、金銭以外の物を返還する場合は、その受領の時以後に生じた果実をも返還しなければならない（同条2・3項）。
R 1. 3- 3　3　解除をしても、損害賠償の請求はできる（同条4項）。

出題履歴
H21. 8- 2、- 4

（1）解除により**契約の効果はさかのぼって失われる**ので、解除前に受領していた目的物や金銭等を相手方に返還する必要がある（**原状回復義務**）。
（2）金銭を返還する場合、「**解除の時**」からではなく、「**受領の時**」からの利息を付ける。はじめから受け取ってはならなかったことになるからである。
（3）解除をしたからといって、債権者の損害が消えるわけではない。したがって、**解除とは別に損害賠償の請求**もできる。

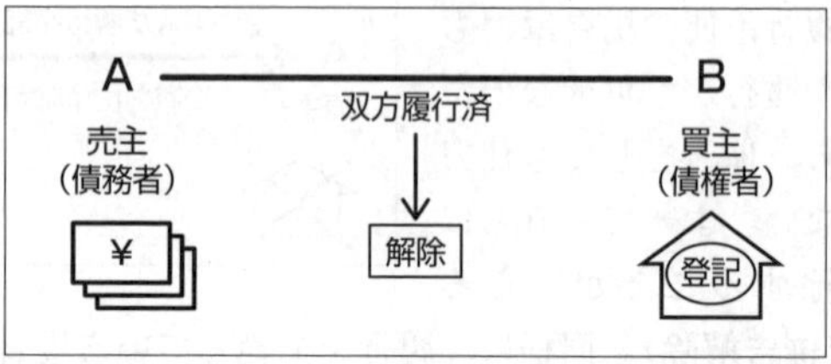

H27. 8-イ、-ウ　（4）契約が解除された場合、各当事者は原状回復義務を負うが、この原状回復義務は同時履行の関係に立つ（民法546条、533条）。

5 過失相殺と損害賠償額の予定

1 過失相殺

重要度B

出題履歴
H22. 6 - 4
H27. 1 - 4

条文・原則

債務不履行又はこれによる損害の発生若しくは拡大に関して、債権者にも過失があるときは、裁判所は、損害賠償の責任及びその金額を定めるにあたり、必ず考慮しなければならない（418条）。

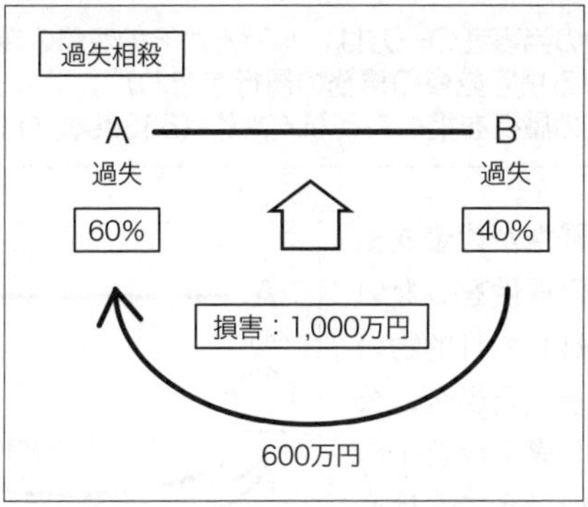

2 損害賠償額の予定とは

重要度A

出題履歴
H26. 1 - 2

条文・原則

1　当事者は、債務不履行に基づく損害賠償につき、あらかじめ損害賠償の額を予定することができる（420条１項）。違約金の定めも損害賠償額の予定と推定される（同条３項）。
2　損害賠償額の予定がなされると、相手方の債務不履行の事実さえ証明すれば、予定した損害賠償額を請求することができる（損害の立証は不要）。

（１）債務不履行に基づく損害賠償請求権に関する特約

損害賠償額の予定は、「債務不履行に基づく損害賠償請求権」に関する特約である。したがって、①債務者が、**帰責事由の不存在を証明**すれば、損害賠償**予定額を請求されることはない**し、②本来の**履行の請求**や**契約の解除**ができなくなってしまうわけではない。また、③**過失相殺**も適用される。

講師からのアドバイス
損害賠償額の予定は、債権者としては、損害額についての立証の困難さを解消できるし、債務者としても、多額になりがちな損害を予め少額にして、リスク計算を容易にするメリットがある。

（2）その他

損害賠償額の予定（違約金）は、契約と同時にしなくてもよい。

6 同時履行の抗弁権

1　同時履行の抗弁権とは

理解する

条文・原則

双務契約の当事者の一方は、相手方がその債務の履行（債務の履行に代わる損害賠償の債務の履行を含む）を提供するまでは、自己の債務の履行を拒むことができる（533条本文）。

出題履歴
H27. 8-ウ
H29. 5-1

例えば、**買主が代金支払債務の履行の提供をしない**で、売主に対して目的物の引渡しを請求した場合、公平の見地より**売主**は買主の**代金支払と引換えでなければ目的物を引き渡さないと拒むこと**ができる。

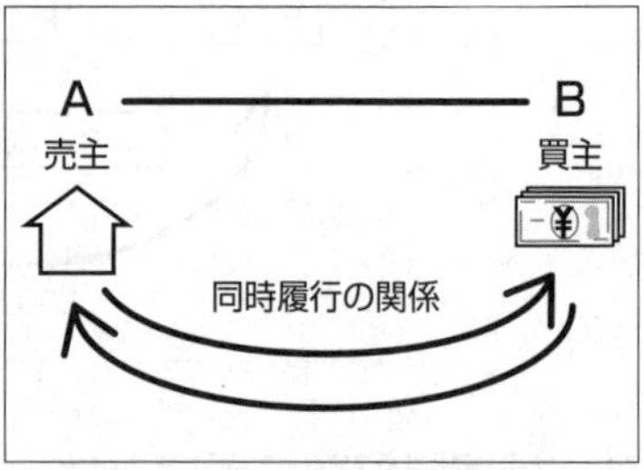

2　同時履行の抗弁権の要件

重要度 B

条文・原則

1　双務契約上の債務であること
2　相手方の債務が弁済期にあること
3　相手方が自己の債務の履行又はその提供をしないで請求してきたこと

◆双務契約
売買・賃貸借・請負のように、双方の当事者が対価的な意味を持つ債務を負担しあう契約。

R 1. 7-4

H21. 8-3
H27. 8-イ

（1）同時履行の抗弁権が成立するためには、原則として**両当事者間の債務が1つの双務契約から生じたもの**でなければならないが、双務契約でなくても**解除後**（546条）、**取消後**（判例）の原状回復義務の履行は、**公平の見地**から同時履行の関係に立つ。

（2）**相手方の債務が弁済期にない**ときは、同時履行の抗弁権は生じない（533条ただし書）。当事者の**一方が先履行義務を負っている**場合には、**先履行義務者**は原則として同時履行の抗弁権を主張できない。

（3）一度履行（弁済）の提供をした相手方が再度**履行を請求**してきた場合には、あらためてその履行の提供がされない限り、**他方はなお、同時履行の抗弁権を主張**できる（判例）。契約の目的達成のためには、自己の債務を履行しなければならない以上、この抗弁権を認めないと不公平となるからである。

（4）相手方が一度履行（弁済）の提供をしたが、他方が受領を拒んだ場合、その相手方が**契約を解除**するときには、催告にあたってあらためて履行の提供をする必要はなく、他方はもはや同時履行の抗弁権を主張できない。同時履行の抗弁権は、履行の請求をして契約関係を継続しようとする場合に行使されるものであるが、解除は契約関係を終了させようとするものだからである。

3　同時履行の抗弁権の効果

理解する

条文・原則

1　同時履行の抗弁権を行使すれば、遅滞の責任を免れる。
2　債権の消滅時効の進行は妨げられない。

出題履歴
H21. 8 - 3
H27. 8 - ア
H29. 7 - 3
H30. 1 - 1
R 2 (10). 4 - 3

4　同時履行の抗弁権の成否（同時履行の関係に立つか否か）

重要度 A

同時履行の関係に立つ	同時履行の関係に立たない
①解除による双方の原状回復義務 ②取消しによる双方の原状回復義務 ③委任事務の履行により得られる成果の引渡債務と報酬支払債務 ④請負人の目的物引渡債務と報酬支払債務 ⑤請負目的物に契約不適合があった場合の損害賠償債務と報酬支払債務 ⑥建物買取請求権の行使による建物代金支払いと土地の明渡し	⑦賃借家屋の明渡しと敷金返還 ⑧造作買取請求権の行使による造作買取代金支払いと建物の明渡し ⑨金銭消費貸借契約における弁済義務と抵当権設定登記の抹消登記手続の履行義務

7 危険負担

事例

ＡＢ間でＡ所有建物の売買契約が成立した後、地震により建物が滅失した。Ａに故意・過失はないので、建物の引渡債務を負うＡに対し、損害賠償請求はできない。この場合、ＢはＡに代金を支払わなければならないのだろうか。

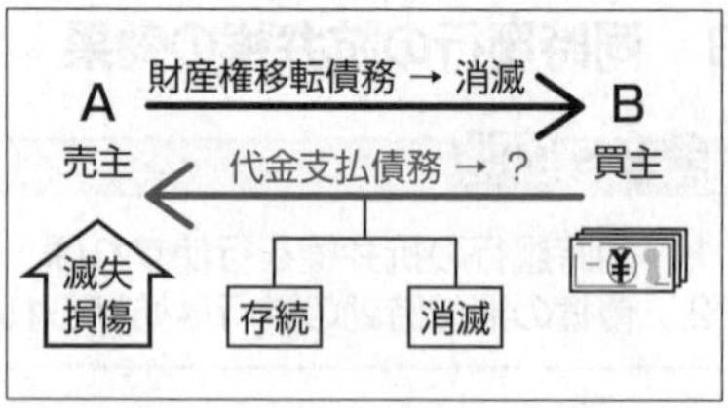

1　危険負担とは

理解する

条文・原則

危険負担とは、上記設例のように、双務契約成立後債務者の責任といえない原因で一方の債務の履行が不可能となった場合に、その分の損失をどちらが負担するかという問題である。

◆任意規定
法令の規定の中で、当事者の契約によって変更することが認められている規定。

◆強行規定
法令の規定の中で、その内容に反する当事者間の合意は認められない規定（無効となる）。

民法の危険負担の規定は任意規定であり、当事者間でこの規定とは別の内容を定めることができる（宅建業法37条１項10号参照）。

2　危険負担の効果

条文・原則

1　不可抗力で債務を履行することができなくなったときは、債権者は、反対給付の履行を拒むことができる（536条1項）。
2　債権者の責めに帰すべき事由によって債務を履行することができなくなったときは、債権者は、反対給付の履行を拒むことができないが、債務者は自己の債務を免れて得た利益を債権者に返還しなければならない（同条2項）。

（1）売買契約成立後、引渡前に目的物が滅失・損傷したのが、不可抗力であれば、買主は代金の支払いを拒むことができる。
（2）売買契約成立後、引渡前に目的物が滅失・損傷したのが、債権者の責任であれば、買主は代金の支払いを拒むことができない。この場合、売主は引渡しを免れたことで利益を得たときは、買主に返還しなければならない。

多数当事者の債務

重要ポイント

1．連帯債務

Point 対外関係

●債権者は、各連帯債務者に対して、同時に債権全額の履行を請求できる。債権者は、各連帯債務者に順次に、債権の一部の履行を請求することもできる。

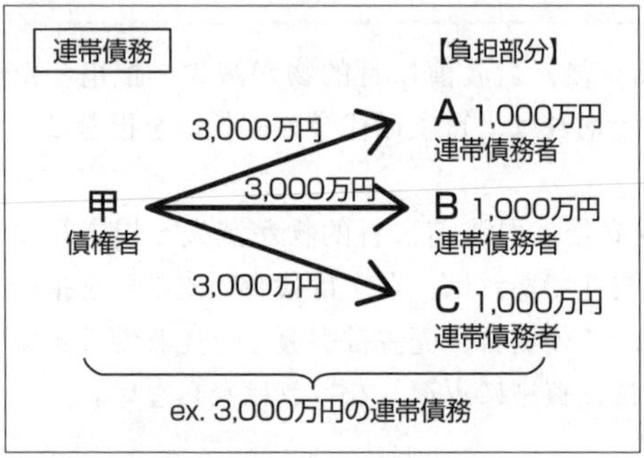

Point 連帯債務における影響関係

●原則：影響しない（請求、免除、期限の猶予、債務の承認等）
●例外：下記の①～④について影響する

①弁済	Aが甲に対して3,000万円を弁済すると、B・Cの債務は消滅する。
②相殺等	＜反対債権を有する者自身が相殺した場合≒弁済＞ Aが連帯債務につき3,000万円の反対債権をもって相殺すると、B・Cの債務は消滅する。 ＜反対債権を有する者自身が相殺しない場合＞ Aが甲に対して3,000万円の反対債権を有している場合、B・Cは、Aの負担部分である1,000万円の限度で、債務の履行を拒むことができる。
③更改	Aが3,000万円の金銭債務を建物引渡債務に更改すると、B・Cの債務は消滅する。
④混同	Aが甲を相続すると、B・Cの債務は消滅する。

2．保証債務

保証債務

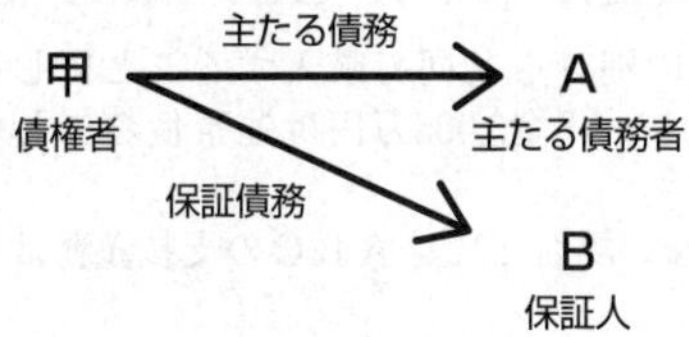

保証債務の補充性

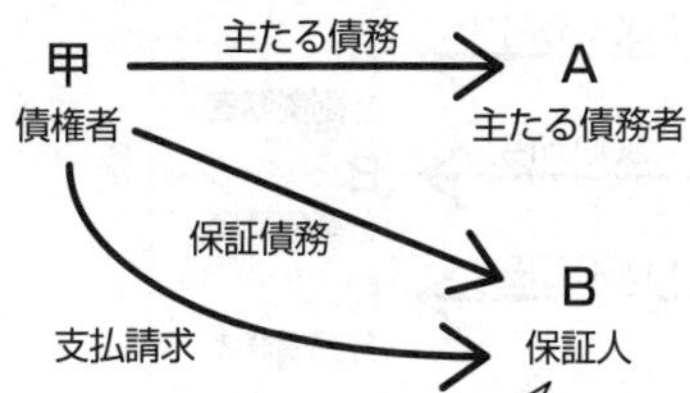

催告の抗弁権･･･ まず主たる債務者に請求せよとの抗弁権
検索の抗弁権･･･ まず主たる債務者の財産に執行せよとの抗弁権

⇩

連帯保証には、認められない。

保証債務の付従性

- **成立における付従性**
  主たる債務がなければ成立しない。
- **内容における付従性**
  主たる債務より重くてはいけない。
- **消滅における付従性**
  主たる債務が消滅すれば消滅する。

Aに生じた事由は、Bに影響する(付従性)。
Bに生じた事由は、債権者を満足させる債権消滅事由(弁済、代物弁済、供託等)を除いては、Aに影響しない。

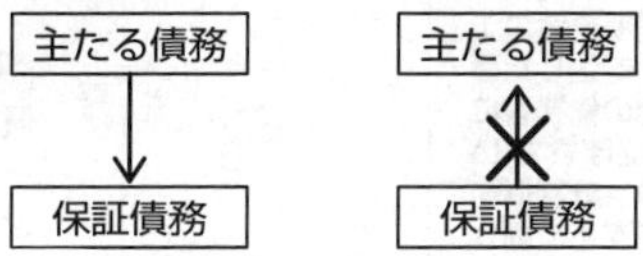

連帯保証

1 催告・検索の抗弁権がない

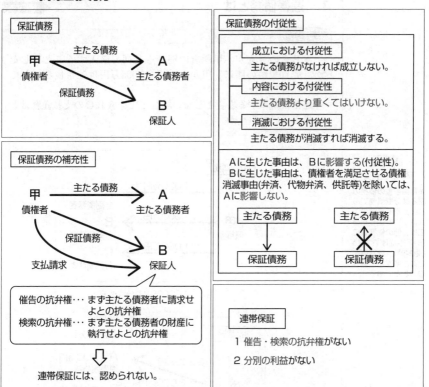

2 分別の利益がない

1 連帯債務

1　連帯債務とは

理解する

事例

ＡＢＣの３人が、甲所有の別荘を共同で購入することにしたが、売買契約の際に、甲から、代金3,000万円は連帯債務にしてくれと言われた。

連帯債務にする場合としない場合とで、ＡＢＣの支払義務はどう異なるのだろうか。

講師からのアドバイス

多数当事者の債務の基本は分割債務であり、分割債務者の１人について生じた事由は、他の債務者に影響を及ぼさない（相対効）。分割債務とは、要するに割り勘のことである。

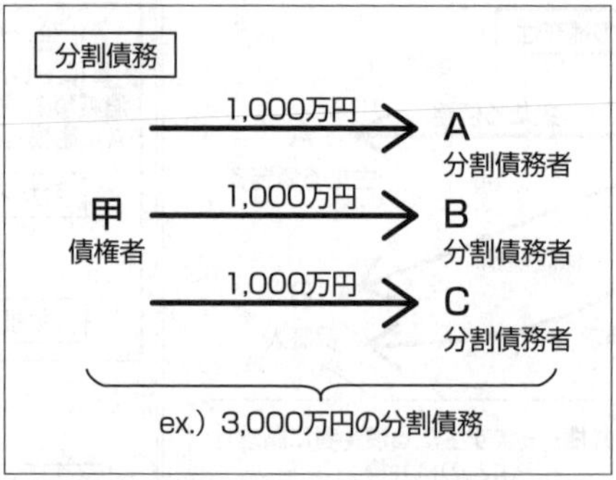

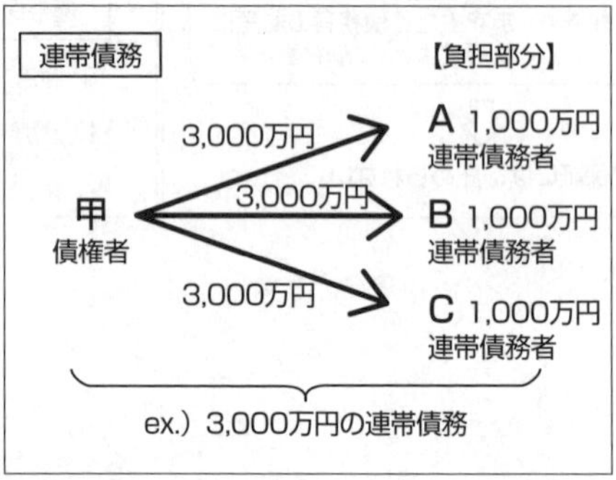

条文・原則

債権者は、連帯債務者の１人に対し、又は同時にもしくは順次にすべての連帯債務者に対し、全部又は一部の履行を請求できる（連帯債務　436条）。

（1）本来、債務者が数人いる場合、各債務者の債務額は平等に分割される（ＡＢＣは、1,000万円ずつの債務を負う。）

のが原則である（427条）。これを契約によって連帯債務にすると、債権者は、**連帯債務者全員に全額の支払を請求できることになる**（ＡＢＣは、それぞれ3,000万円全額の債務を負う）。これを債権者の立場からみると、**債権を確実に回収するための強力な手段（＝担保）**といえる。

（2）連帯債務の対外関係

全員が全額の弁済義務を負うからといって、債権者が、債権額を超える弁済を受けられるわけではない（3,000万円×３＝9,000万円の弁済を受けることを意味しない）。

（3）連帯債務者における求償関係

①負担部分と求償権

連帯債務者の内部では、原則として「**負担部分**」（債務の実質的な負担割合）が存在する。この割合は、内部関係によって決まり、頭割りとは限らない（**不明なときは均等となる**）。そして、連帯債務者の１人が債務を弁済し、その他自己の財産をもって**共同の免責を得た**ときには、その免責を得た額が自己の負担部分を超えるかどうかにかかわらず、他の連帯債務者に対して、各自の負担部分に応じた額の求償権が生じる（442条１項）。

例えば、ＡＢＣの負担部分の割合が均等だとすると、Ａが1,500万円を甲に支払った場合、Ａは、ＢＣに対して、各500万円ずつ求償できる。

②求償権の範囲

この求償は、弁済その他**免責があった日以後の法定利息**及び避けることができなかった費用その他の損害の賠償も**含む**（442条２項）。

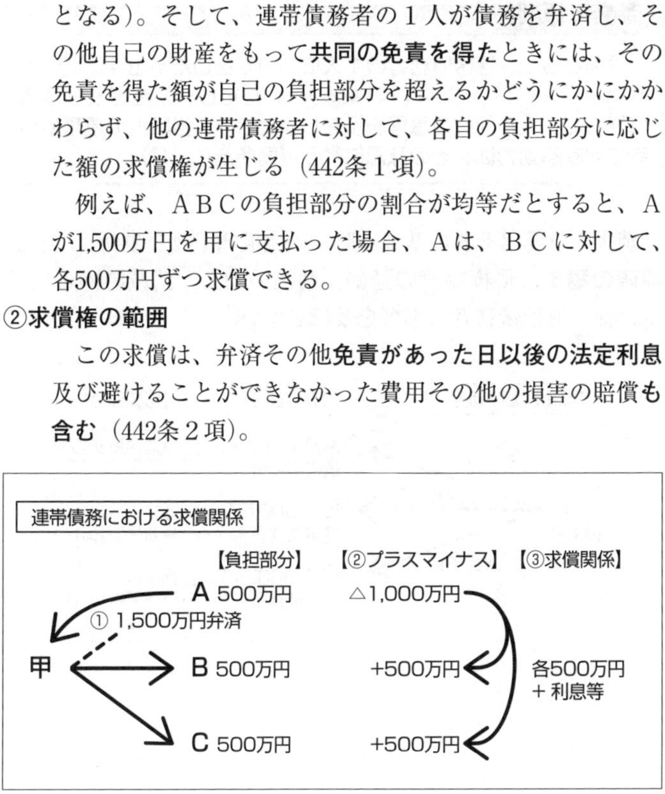

権利関係

講師からのアドバイス

多数当事者の債務関係は、**①対外関係→②求償関係→③影響関係**という順序で整理すると覚えやすい。

出題履歴

H29. 8-4

◆求償権

他人の債務を弁済した者が、その他人に対して持つ償還請求権のこと。

2　連帯債務の成立

参考

条文・原則

連帯債務は、法律の規定によっても成立するが、通常は契約によって成立する。

出題履歴
H20. 6 - 4

契約等の法律行為により連帯債務が成立した場合、**1人の連帯債務者について無効や取消しの原因**があっても、**他の連帯債務者には完全に有効な債務が成立**する（437条）。各自の債務は別個独立のものだからである。

講師からのアドバイス
他の連帯債務者にも影響を及ぼす効力を「**絶対効**」といい、反対に、他の連帯債務者に影響しない場合を「**相対効**」という。しかし、影響するかどうかが重要なのであって、相対効・絶対効の意味が重要なわけではない。

3　連帯債務における影響関係

重要度A

3－1　他の連帯債務者に影響しない事由

条文・原則

原則として、連帯債務者の１人について生じた事由は、他の連帯債務者に影響しない（441条本文）。ただし、債権者及び連帯債務者の一人が別段の意思表示をしたときは、当該他の連帯債務者に対する効力は、その意思に従う（同条ただし書）。

出題履歴
H20. 6 - 1、- 2、- 3
H29. 8 - 1、- 3
R 3 (10). 2 - 1、- 3

請求や**承認**（それに基づく時効の完成猶予及び更新）、免除、**期限の猶予**、債権譲渡の通知、判決の効力、消滅時効の完成は、他の連帯債務者に影響を及ぼさない。

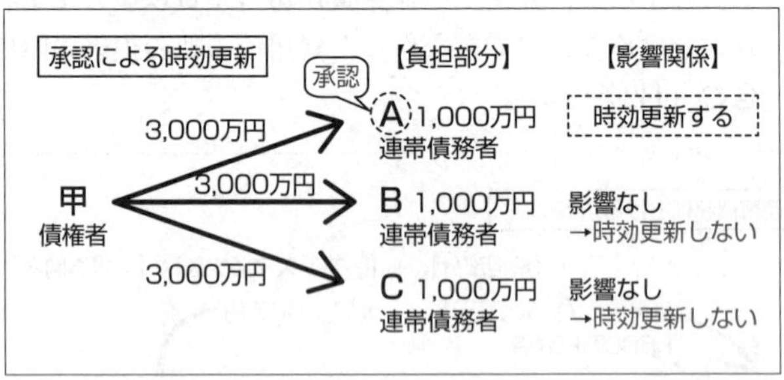

3－2　他の連帯債務者に影響する事由　重要度A

条文・原則

1弁済、2相殺等、3更改、4混同については、他の連帯債務者に影響する（2～4につき、438～440条）。

（1）**債権者が債権の満足を受ける事由は、他の連帯債務者にも影響する**。したがって、1の弁済には、代物弁済や供託等も含む。

（2）2の相殺については、以下の場合分けに注意。

① **反対債権を有する者自身が相殺した場合**

この場合は、相殺によって消滅した連帯債務額全額が、他の連帯債務者との関係でも消滅する。例えば、**2,000万円の反対債権を有するAが相殺**すると、3,000万円の債務のうち2,000万円は消滅し、ＡＢＣは1,000万円の連帯債務を負うことになる。相殺の援用は、**弁済があった場合とほぼ同じ**と考えてよいからである。

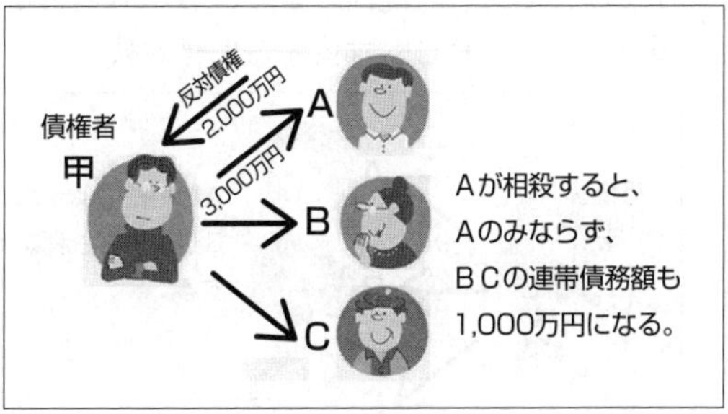

出題履歴
H29. 8-2

② **反対債権を有する者自身が相殺しない場合**

R 3(10). 2-2

この場合は、**反対債権を有する者の負担部分の限度**において、他の連帯債権者は、**債務の履行を拒むことができる**。例えば、Aが2,000万円の反対債権を有する場合に、Bが、Aの債権を使って履行を拒めるのは、**Aの負担部分1,000万円まで**に限られる。

したがって、Bは、1,000万円の限度で履行を拒むことができ、残り2,000万円を甲に弁済すればよいことになる。

Aは、どうせ負担部分の1,000万円については負担を免れることはできないのだから、その範囲内での履行拒絶を認めて、当事者間の決済を容易にしたのである。

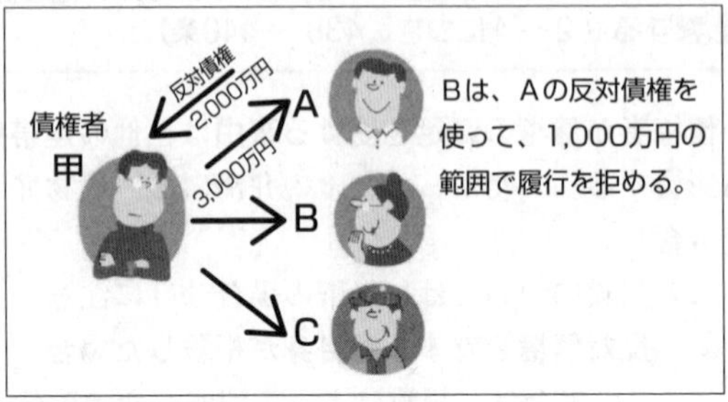

R 3 (10). 2- 4

（3） 3の**更改**は、例えば、3,000万円の金銭支払債務を消滅させて、そのかわりに特定の建物の所有権を移転させる債務を成立させるような場合である。この場合、他の連帯債務者との関係でも、従来の債務は全部消滅する。

（4） 4の**混同**は、例えば、甲が死亡して、Aがそれを相続したような場合である。混同により、BCも連帯債務が消滅し、後は、AからBCへ求償する関係が残る。

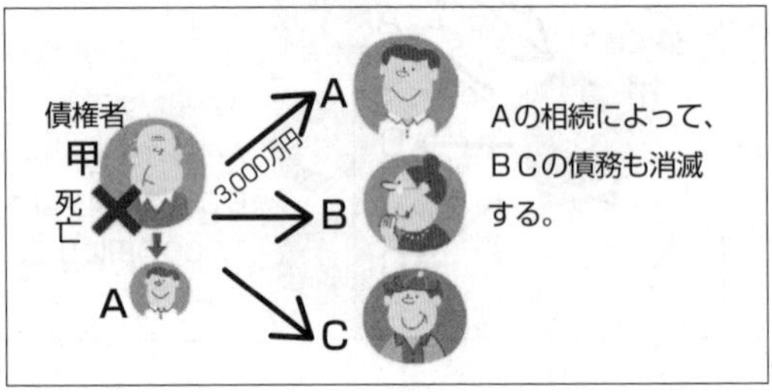

2 保証債務

1 保証とは

理解する

条文・原則

他人の債務を保証した者は、他人がその債務を履行しない場合に、その債務を他人に代わって履行する義務を負う（446条1項）。

この場合の保証してもらう債務者の債務を**主たる債務**といい、保証人の債務を**保証債務**（**従たる債務**）という。

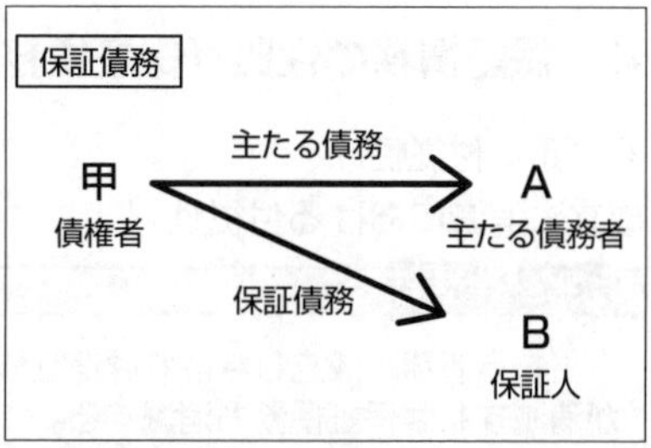

2　保証契約の成立（保証債務の対外関係①）　重要度A

条文・原則

保証債務は、債権者と保証人との契約によって成立するが、この保証契約は、書面でしなければ、効力を生じない（446条2項）。

出題履歴
H22. 8 - 2
H24. 3 - 3
H27. 1 - 2
R 2 (10). 2 - 1

（1）保証契約がその内容を記録した電磁的記録によってされたときは、その保証契約は、**書面**によってされたものとみなされる（同条3項）。

（2）主たる債務者から「保証人になってくれ」と頼まれて（委託契約により）、保証人になるのが通常であろうが、主たる債務者から依頼を受けなくても保証人になることができる。　H22. 8 - 1

（3）また、主たる債務者の意思に反しても、保証人になることができる。

3　保証債務と違約金・損害賠償額の約定　重要度C

条文・原則

保証人は、保証債務についてのみ、違約金又は損害賠償額の約定をすることができる（447条2項）。

主たる債務と保証債務とは、**別個の契約によって発生した債務**であり、その限りで、保証債務は独立性を有する。したがって、保証債務だけに違約金等を定めることもできる。

4　保証債務の性質（保証債務の対外関係②）

4－1　付従性

重要度A

出題履歴
H20. 6‐4

成立・消滅における付従性

条文・原則

主たる債務が成立しなければ保証債務も成立せず、主たる債務が消滅すれば保証債務も消滅する。

保証債務は、主たる債務をいわば肩代わりするための存在である。保証債務は、主たる債務の運命に付き従う。

内容における付従性

条文・原則

1　保証債務は、主たる債務に関する利息、違約金、損害賠償その他その債務に従たるすべてのものを含む（447条1項）。
2　保証債務の目的・態様が主たる債務より重いときは、主たる債務の限度に減縮される（448条1項）。また、主たる債務の目的又は態様が保証契約の締結後に加重されても、保証人の負担は加重されない（同条2項）。

例えば、主たる債務者が1,000万円の債務しか負担していないのに、保証人の債務が2,000万円あるというのはおかしい。この場合、2,000万円という契約であっても、1,000万円に減縮される。

反対に、主たる債務1,000万円、保証債務500万円というように、保証債務が**主たる債務より軽いことは構わない**。

抗弁における付従性

条文・原則

1　保証人は、主たる債務者が同時履行の抗弁権を主張できる場合などに、抗弁をもって債権者に対抗できる（457条2項）。
2　保証人は、主たる債務者が相殺できる反対債権（相殺権）、取消権又は解除権を有する場合に、これらの権利の行使によって債務を免れる限度で履行を拒むことができる（同条3項）。しかし、主たる債務者は、保証人の有する相殺権等を抗弁として対抗できない。

（1）主たる債務者が有する**同時履行の抗弁権**等については、保証人による主張が認められる。例えば、主たる債務が売買代金債務の場合で、主たる債務者が同時履行の抗弁権を有する場合、債権者は目的物を引き渡さないと代金をもらえない。それなのに、保証人が同時履行の抗弁権を主張できないとすると、債権者は、保証人に請求することで、事実上、目的物を引き渡さないで、代金だけ先に回収できるという**不公平な結果**になるからである。

（2）右図①の場合、**保証人Bは、主たる債務者Aの反対債権による相殺権によって履行を拒める**。保証人の保護と法律関係の簡易な決済のためである（連帯債務者の履行拒絶権と同じ）。

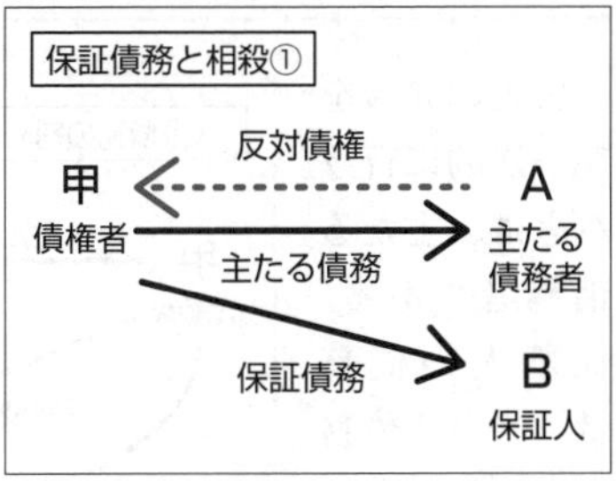

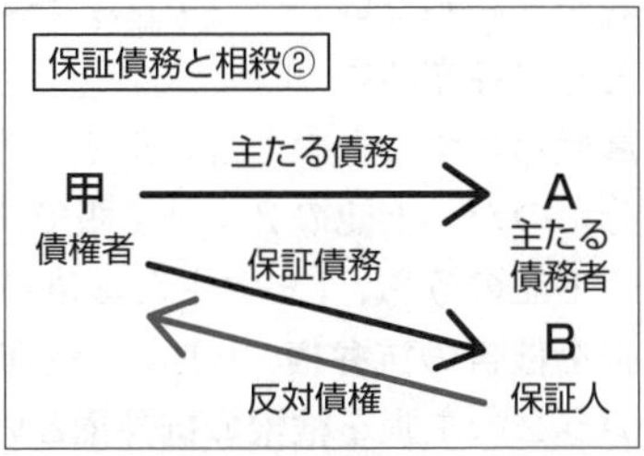

これに対し、右図②の場合、保証人Bが自分で相殺することは許されるが、**主たる債務者AがBの債権によって履行を拒むことは許されない**。事実上、保証人に弁済を強いることになるからである。

講師からのアドバイス
要するに、主たる債務者が、債権者に対して主張できることは、保証人も同じように主張できると理解すればよい。

4－2　随伴性

重要度B

条文・原則

主たる債務が債権譲渡等により他に移転した場合には、これに伴って保証債務も移転する。

例えば、債権者Aが、主たる債務者Bに対する債権をDに譲渡すると、保証人Cは、Dに対して保証債務を負うことになる。この場合、対抗要件（通知・承諾）は、**主たる債務者について備わることが必要**である。

◆債権譲渡
有体物（要するに形のある物）を人に譲渡できるように、形のない債権も他人に譲渡することができる。これを、債権譲渡という。

出題履歴
H22. 8- 3

4－3　補充性

重要度 B

条文・原則

1　債権者甲がいきなり保証人Bに履行の請求をしてきたときは、保証人Bは、まず主たる債務者Aに催告せよと言うことができる（452条本文）。
2　債権者甲が上記1の催告を主たる債務者Aにした後でも、保証人Bは、主たる債務者Aに弁済の資力があり、かつ、強制執行が容易にできることを証明して、まず主たる債務者Aの財産に強制執行せよと言うことができる（453条）。

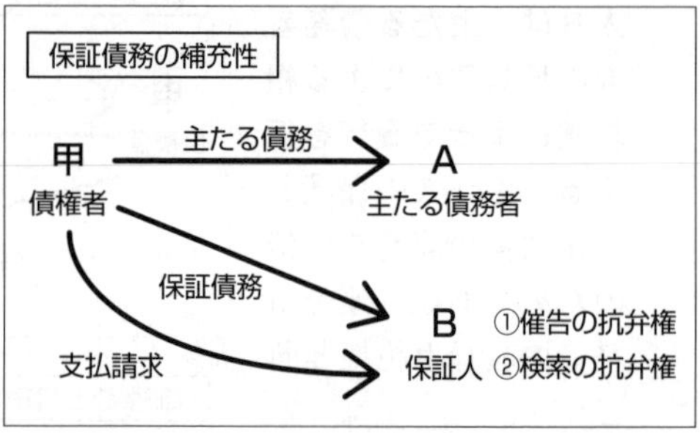

債務の弁済を**第一次的に行うべきは、主たる債務者**である。保証人の債務は、主たる債務者が支払わないときに**補充的に肩代わり**するものだといえる。その補充的な性質を具体的に示したのが、上記の２つの主張である。

上記のうち、「まず主たる債務者に催告せよ」という１の主張を**催告の抗弁権**、「主たる債務者の財産に強制執行せよ」という２の主張を**検索の抗弁権**という。

5　保証債務における求償関係

重要度 B

条文・原則

保証人は、主たる債務者の委託に基づくかどうかにかかわらず、主たる債務者に代わって弁済をしその他自己の財産をもって債務を消滅させたときは、主たる債務者に対して求償できる（459条1項・462条）。

（1）主たる債務者から保証人に対しては、求償できない。
（2）保証人が２人いるとき、そのうちの１人が保証債務を履行した場合、**各自の負担部分を超える範囲**について、**他の保証人に求償**しうる（465条）。

6　保証債務における影響関係　重要度A

条文・原則

主たる債務者に生じた事由の効力は、原則として、保証人にも及ぶ（457条1項）が、保証人に生じた事由の効力は、原則として、主たる債務者には及ばない。

（1）**付従性**というのは、主たる債務に保証債務が付き従うことであり、保証債務に主たる債務が付き従うことではない。したがって、**主たる債務に生じた事由は、保証債務に影響する**が、**保証債務に生じた事由は、主たる債務に影響しない**のが原則である。

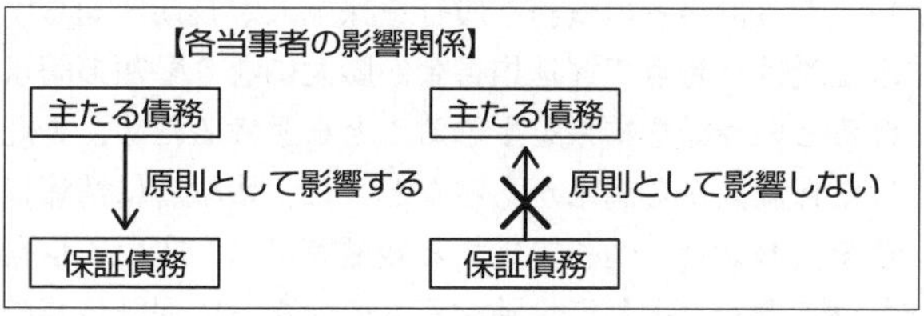

（2）例えば、主たる債務について、債務者からの**請求や承認**等の**時効の完成猶予及び更新事由**が生じれば、保証債務にもその効力が生じる。そのほか、主たる債務が一部免除されたり、期限の猶予が与えられれば、保証債務も一部免除され、期限が猶予される。ただし、例外として①主たる債務の目的又は態様が保証契約の締結後に加重されたときであっても、保証人の負担は加重されないので（448条2項）、保証契約**後に**、債権者と主たる債務者との間で、**主たる債務を重くした**場合は、保証人には影響しない。また、②主たる債務者が**時効の利益を放棄**しても、**保証人は時効を援用することができる**。

H30. 4-1
R2(10). 7-2

（3）反対に、保証債務に時効の完成猶予及び更新や期限猶予等があっても、主たる債務には影響しない。ただし、例外として、保証人が弁済するなどして、**債権を満足させたとき**は、それに応じて主たる債務も減少又は消滅する。

7　保証人に対する情報の提供義務

重要度B

条文・原則

1　保証人が委託を受けて保証をした場合、保証人の請求があったときは、債権者は、遅滞なく、元本や利息などすべての債務の不履行の有無や残額及び弁済期が到来したものの額に関する情報を提供しなければならない（458条の2）。
2　主たる債務者が期限の利益を喪失したときは、債権者は個人の保証人に対し、利益の喪失を知ったときから2か月以内に、その旨を通知しなければならず（458条の3第1項）、2か月内に通知をしなければ、期限の利益を喪失した時から通知が到達するまでの遅延損害金の履行を請求できない（同条2項）。

講師からのアドバイス

債務者の期限の利益の喪失の場合の債権者の通知義務は、保証人が法人の場合には、適用がない（458条の3第3項）。

（1）主たる債務者の債務不履行を保証人が長期間知らず、請求を受けた時点で遅延損害金が膨大になり多額の請求を受けるという酷な結果を生じることを避けるため、委託を受けた保証人から請求があったときに、債権者に情報提供義務を負わせた。情報提供する残額等には、主たる債務自体だけでなく、それに付随するものであって保証債務の対象となる違約金や損害賠償なども含む。
（2）保証が個人保証の場合に、期限の利益の喪失を知らず、請求を受けた時点で遅延損害金が膨大になり多額の請求を受けるという酷な結果を生じることを避けるため、債権者に通知義務を負わせた。

8　共同保証

理解する

条文・原則

共同保証とは、同一の主たる債務のために数人の保証人がいる場合をいう。共同保証の場合の各保証人は、債務額を保証人の頭数で割った部分についてのみ保証債務を負担する（456条）。このように保証債務額を頭数で割ることを「分別（ぶんべつ）の利益」という。

9　個人根保証契約

重要度 B

条文・原則

1　一定の範囲に属する不特定の債務を主たる債務とする保証契約（根保証契約）は、保証人が法人でないとき（個人根保証契約）は、主たる債務の元本や利息等について、極度額を限度として、その履行をする責任を負う（465条の2第1項）。
2　個人根保証契約は、極度額を定めなければ、その効力を生じない（同条2項）。
3　極度額の定めは書面（又は電磁的記録）でされなければ効力を生じない（同条3項）。

講師からのアドバイス
住宅の賃貸借契約の保証契約が根保証契約である。賃料や利息だけでなく違約金や損害賠償も極度額を限度として支払い義務を負う。

出題履歴
R 2 (10). 2- 2

（1）根保証契約は、保証人が負担する金額がいくらになるか、いつ終わるのか分からず、負担が大きいため、個人の根保証契約について、極度額を定め、書面でしなければ効力を生じないとして、個人の根保証人を保護している。

（2）①債権者が、**保証人の財産について、強制執行又は担保権の実行**を申し立て、実行手続の開始があったとき、②**保証人が破産手続開始の決定**を受けたとき、③**主たる債務者又は保証人が死亡**したときは、個人根保証契約の主たる債務の**元本は確定**する（465条の4第1項）。

10　事業に係る債務の特則

重要度 B

10－1　公正証書の作成と保証の効力

条文・原則

事業のために負担した貸金等の債務を主たる債務とする保証契約又は主たる債務の範囲に事業のために負担する貸金等が含まれる根保証契約は、原則として、その契約に先立ち、その締結の日前1か月以内に作成された公正証書で保証人（法人は除く）になろうとする者が保証債務を履行する意思を表示していなければ、効力を生じない（465条の6）。

出題履歴
R 2 (10). 2- 4

（1）事業のために借入れを行う場合、多額になることが多く、**個人**保証人がリスクをよく理解せずに保証契約を締結してしまうと、多額な保証債務を履行できず、保証人の生活が破綻するおそれがある。そこで、**公正証書**で保証債務を履行する意思を表示することを保証契約の効力発生要件とすることで、保証人となろうとする者に保証債務のリスクを認識する機会を与えた。

(2) 保証人となろうとする者が、主たる債務者の取締役等の経営者である場合や、主たる債務者が行う事業に現に従事している主たる債務者の配偶者等の場合は、保証債務のリスクの認識が不十分なまま保証契約を締結するおそれは低いと考えられるため、公正証書での意思確認は不要となる(465条の９)。

10－2　契約締結時の情報の提供義務

条文・原則

1　主たる債務者は、事業のために負担する債務を主たる債務とする保証又は主たる債務の範囲に事業のために負担する債務が含まれる根保証の委託をするときは、委託を受ける者（法人は除く）に対し、次の事項に関する情報を提供しなければならない（465条の10第１項)。

① 財産及び収支の状況

② 主たる債務以外に負担している債務の有無並びにその額及び履行状況

③ 主たる債務の担保として他に提供し、又は提供しようとするものがあるときは、その旨及びその内容

2　主たる債務者が保証人に１の情報を提供しなかったり事実と異なる情報提供をしたりした結果、誤って個人保証人が保証契約を締結してしまった場合、債権者が情報提供義務違反を知り(悪意)、又は知ることができた（善意有過失）ときは、個人保証人は保証契約を取り消すことができる（同条２項)。

事業のために負担する債務に関して保証をするにあたって、そのリスクを適切に把握する機会を与えるため、主たる債務者に情報提供義務を課したものである。

3 連帯保証

1　連帯保証とは

理解する

条文・原則

連帯保証とは、保証人が主たる債務者と連帯して保証債務を負担することをいう。

連帯保証人は全額弁済義務を負うという特約をしているため、その従たる性質が弱められ、独立性が強くなっている点が特徴である。

2　普通の保証との違い

重要度A

条文・原則

1　連帯保証人には、催告及び検索の抗弁権がない（454条）。
2　連帯保証人には、分別の利益がなく、共同保証の場合でも、全額を保証しなければならない（465条1項参照、判例）。
3　連帯保証人に生じた事由は、弁済（代物弁済・供託含む。）のほか、相殺・混同・更改についても、主たる債務者に影響が及ぶ（458条）。

出題履歴
R2(10). 2-3

出題履歴
H22. 8-4

（1）**連帯保証人には、補充性が認められず、催告・検索の抗弁権がない**ので、債権者は、**いきなり連帯保証人に請求**したり、**強制執行**したりできる。債権者からすると、主たる債務者と連帯保証人のうち、取りやすい方から取れるというメリットがある。

講師からのアドバイス
連帯保証もあくまで保証であるから、**枠内の3点以外**は、普通の保証と全く同じであることに注意。

（2）**分別の利益**によって、保証人の負担額が分割されてしまうと、債権を回収するときに不便・不利である。この点、連帯保証人であれば、最も資力がありそうなところから全額回収できる。

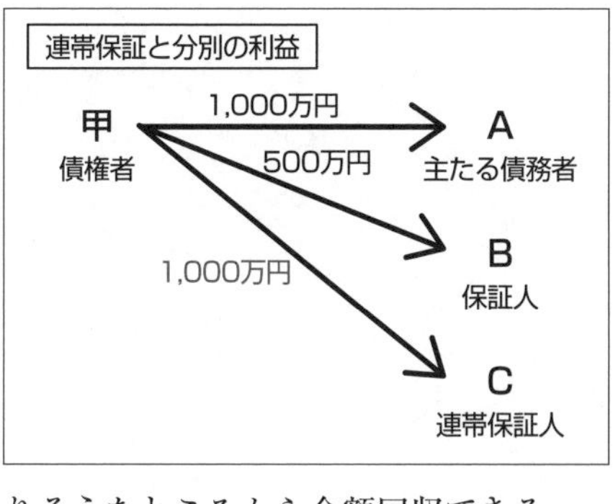

出題履歴
H20. 6-1、-2、-3

（3）**普通の保証人の場合**、保証人に生じた事由のうち、主たる債務者に影響するのは、**弁済をはじめとする債権を満足させる事由（更改・相殺）**のみであった。しかし、**連帯保証**なら、**混同**も主たる債務者に影響する。

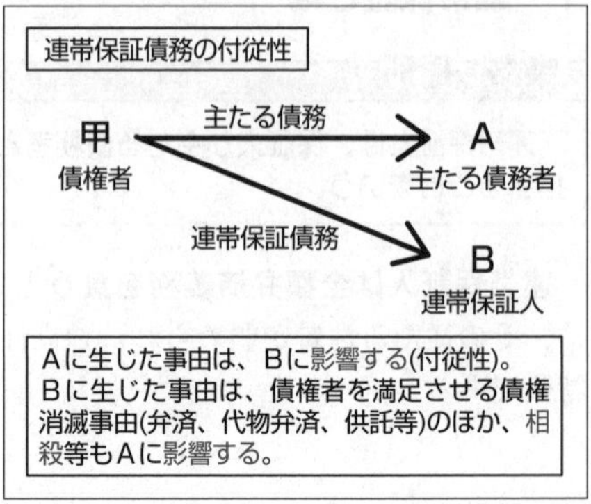

連帯保証債務の付従性
甲
債権者
主たる債務
A
主たる債務者
連帯保証債務
B
連帯保証人
Aに生じた事由は、Bに影響する(付従性)。
Bに生じた事由は、債権者を満足させる債権消滅事由(弁済、代物弁済、供託等)のほか、相殺等もAに影響する。

債権譲渡

重要ポイント

1. 債権譲渡

Point 譲渡制限特約違反の債権譲渡

●債権は原則として自由に譲渡できる。
↓
●当事者が譲渡制限特約をしたときでも、債権譲渡は有効。
ただし、譲受人が悪意又は善意有重過失の場合、債務者は債務の履行を拒むことができ、かつ、譲渡人に対する弁済等を対抗することができる。

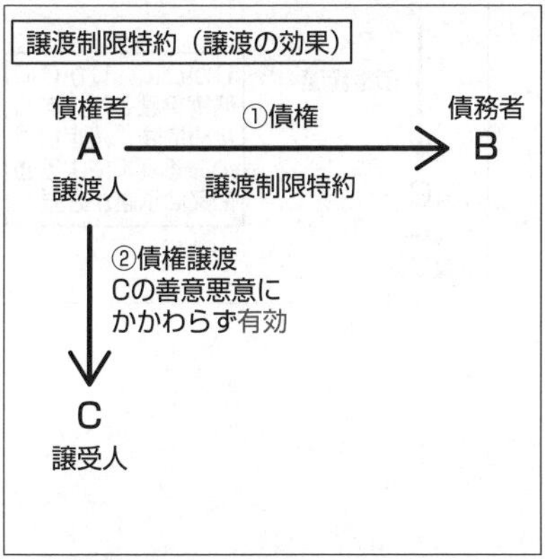

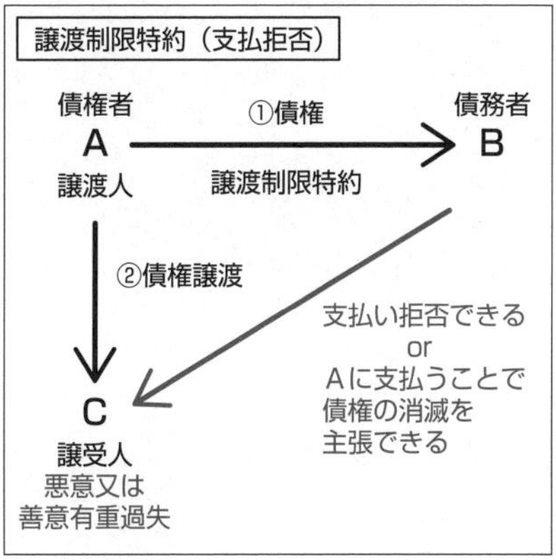

2. 債権譲渡の対抗要件

Point 債務者に対する対抗要件

①通知：譲渡人（旧債権者）→債務者
又は
②承諾：債務者→譲渡人又は譲受人

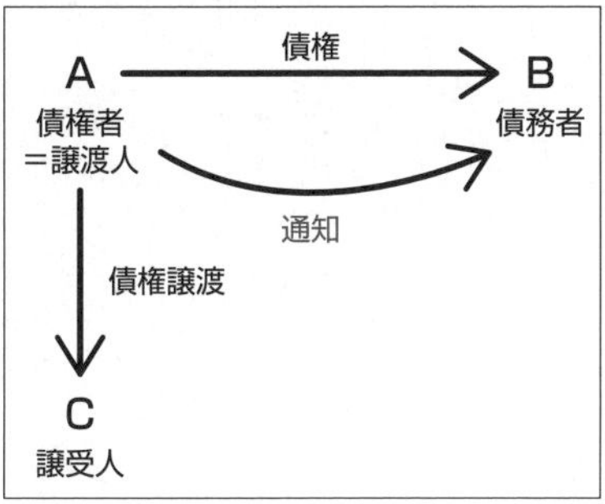

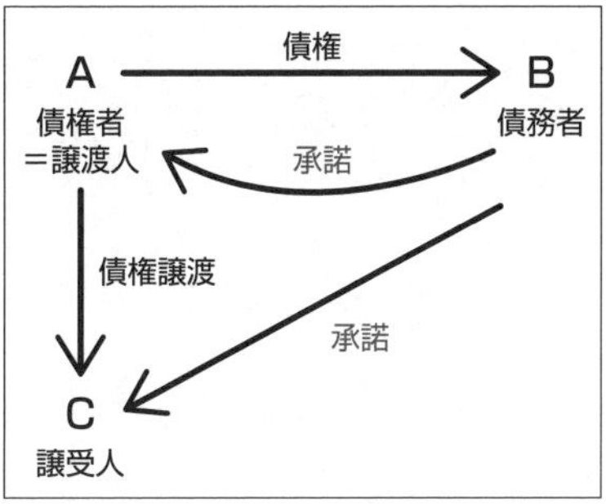

Point 第三者に対する対抗要件

● 確定日付のある証書による通知又は承諾

●二重譲受人のどちらについても確定日付がある場合

①確定日付のある通知が、債務者に到達した日時

又は

②確定日付のある債務者の承諾の日時

↓

その先後によって決する。

※確定日付の先後ではない。

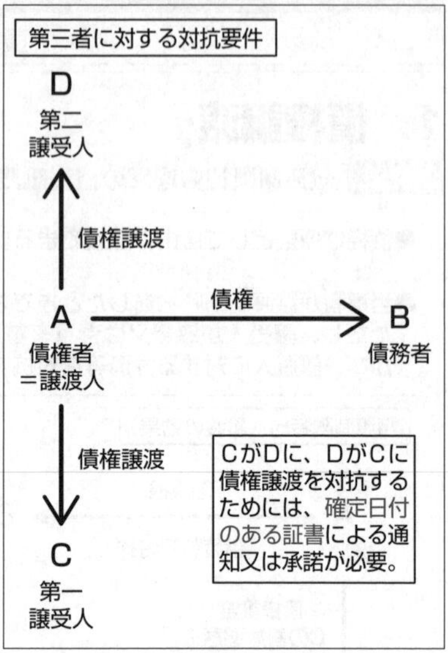

1 債権譲渡

1　債権譲渡とは

重要度A

条文・原則

1　債権は、性質上譲渡になじまないものを除き、債権者と債権譲受人との間の契約で自由に譲渡できるのが原則である（466条1項）。
2　当事者が譲渡制限の意思表示（譲渡制限特約）をしたときでも、原則として、債権譲渡は有効である（同条2項）。
3　債権譲渡の譲受人その他の第三者が譲渡制限の意思表示につき悪意又は善意有重過失の場合、債務者は、債務の履行を拒むことができ、譲渡人に対する弁済等によって債務が消滅したことを譲受人等に対抗することができる（同条3項）。

講師からのアドバイス

債権譲渡自由の原則は、私的自治の原則の当然の帰結である。「性質上譲渡になじまない」場合とは、例えば、自分の肖像画を描いてもらう債権のように、その人にだけ給付しなければ意味がないような債権である。

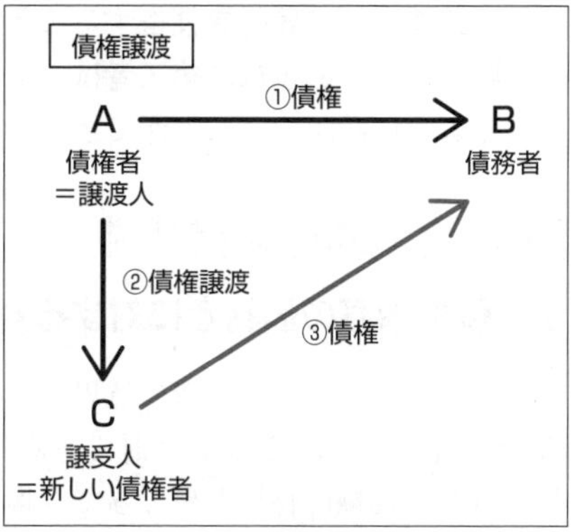

（1）債権の財産的性格を重視して、債権は**自由に譲渡できるのを原則**とした。

契約時点ではまだ発生していない将来債権でも、発生原因や金額などで目的債権を具体的に特定することができれば、譲渡することができ、譲渡時点でその債権発生の可能性が低かったことは譲渡の効力を直ちに否定するものではない（466条の6、判例）。

出題履歴
H28. 5 - 3
R 3 (10). 6 - 2

（2）**当事者が譲渡制限の意思表示をしたときでも、原則として債権譲渡は有効である。**

ただし、譲渡制限の意思表示の存在につき**悪意又は善意有重過失の第三者**（転得者を含む）が債権の譲受人となったときは、債務者は、当該第三者に対して債務の**履行を拒むこと**ができ、かつ、譲渡人に対する弁済その他の債務を消滅させる事由をもって当該**第三者に対抗することができる。**

出題履歴
H23. 5 - 1
H28. 5 - 1
H30. 7 - 1、- 2
R 3 (10). 6 - 1、- 3

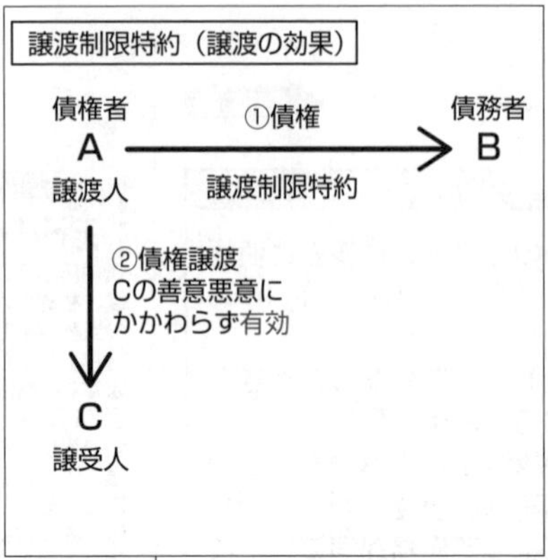

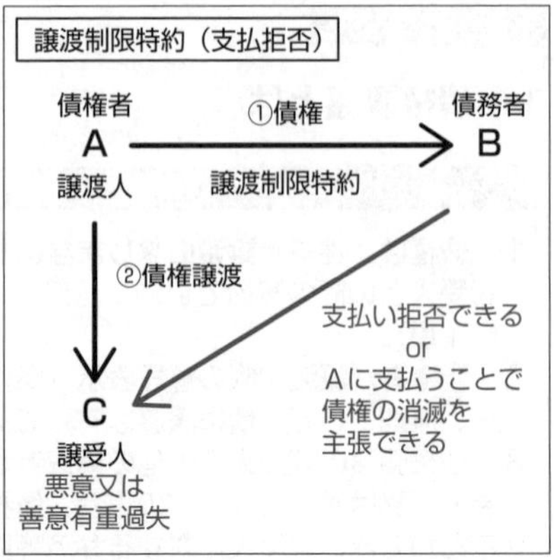

（3）譲渡制限の意思表示につき悪意又は善意有重過失の第三者は、債務者が債務を履行しない場合、相当の期間を定めて**譲渡人への履行を催告**することができる。その期間内に履行がないときは、第三者は、債務者に直接自己に履行するように請求することができる（466条４項）。

2 債権譲渡の対抗要件

1　債権譲渡の債務者に対する対抗要件

重要度A

債権譲渡は、その債務者の意思とは関係なく、譲渡人譲受人間で自由になされるのが原則である（**債権譲渡自由の原則**）。ところが、債権は物権と異なって、権利の実現には特定人に対する請求が必要である。そのため、何ら債務者に知らせることなく、債権譲渡を自由にしておくと、債務者に二重払いの危険を負担させることになる。この二重払いの危険を解消するために認められた制度が、債権譲渡における債務者に対する対抗要件である。

条文・原則

債権譲受人が新しい債権者となったことを債務者に主張するには、
1　債権譲渡人（旧債権者）から債務者に譲渡通知をするか
2　債務者が、債権譲渡人又は債権譲受人に承諾をすること
のいずれかが必要である（467条１項）。

出題履歴
H23. 5 - 2

（1）譲渡通知は、**「譲渡人」から**しなければならない。「譲受人」からの通知では、債務者への対抗要件とはならない。譲受人からの通知を認めれば、虚偽の通知が頻発する危険があるからである。同様に、譲受人が譲渡人に**代位**して通知をすることも**できない**（判例）。もっとも、**代理**人として通知することは**できる**。

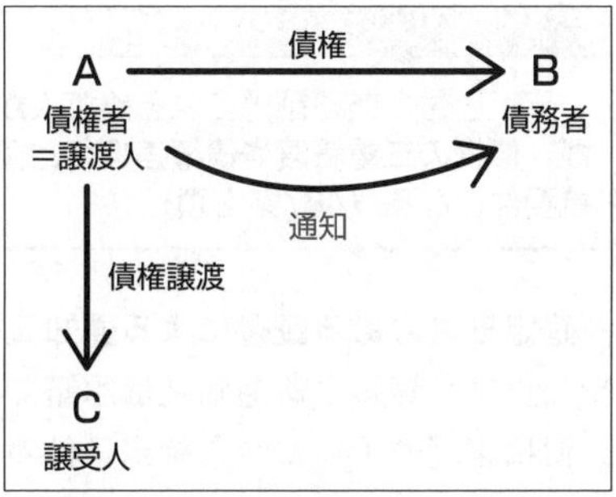

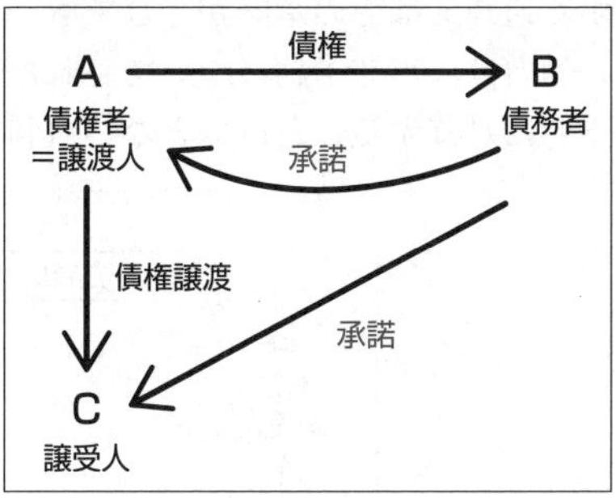

（2）債務者の承諾は、譲渡人にしても譲受人にしてもよい（判例）。債務者の承諾とは、債権譲渡が行われたことを債務者が既に知っている場合に（又は「これから譲渡するよ」と言われた場合に）、自ら「承知したよ」と言うことだから、**どちらに対してしてもよい**のである。

（3）債務者は、対抗要件具備時（譲渡通知又は承諾の時）等までに譲渡人に対して生じた事由をもって譲受人に対抗することができる（468条1項）。したがって、譲渡通知の時までに、譲渡人に弁済をしていたような場合には、譲受人に対して債権の消滅を主張（対抗）することができる。

出題履歴
H23. 5-3
H23. 6-4
H28. 5-2、-4

2　債権譲渡の第三者に対する対抗要件　重要度B

2－1　意義

債権者が債権を二重に譲渡したり、債権の差押えと債権譲渡が相前後したりすることがある。この場合、**二重譲受人**（又は差押債権者）のどちらが優先するのかを決める基準が必要となる。

R 3 (10). 6- 4

条文・原則

確定日付のある証書による譲渡人からの通知又は債務者の承諾が、債権の二重譲渡や債権差押えと債権譲渡が前後した場合の対抗要件となる（467条２項）。

確定日付のある証書による通知又は承諾とは、内容証明郵便や公正証書等による通知又は承諾である。

債権譲渡の予約につき確定日付のある証書により債務者に対する通知又はその承諾がされても、予約の完結による債権譲渡の効力は、当該予約についてされた通知又は承諾をもって、第三者に対抗することはできない（判例）。

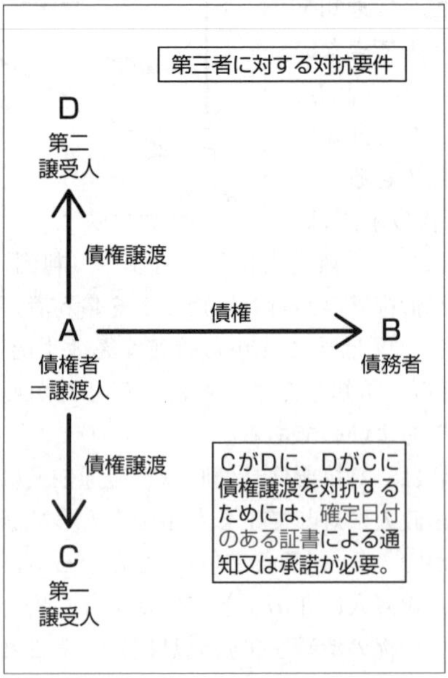

出題履歴
H23. 5- 4

2－2　どちらにも確定日付がある場合

条文・原則

二重譲受人のどちらについても確定日付がある場合は、その日付の先後ではなく、確定日付のある通知が債務者に到達した日時、又は確定日付のある債務者の承諾の日時の先後によって決せられる（判例）。

確定日付がある通知が、債務者に**同時に到達**したときには、各譲受人は、**債務者に全額請求**でき、債務者は、他の譲受人への弁済等の債権消滅事由がない限り、弁済の拒絶はできない（判例）。債務者が弁済**供託した場合**、各譲受人は**債権額に応じて供託金還付**請求をすることができる（判例）。

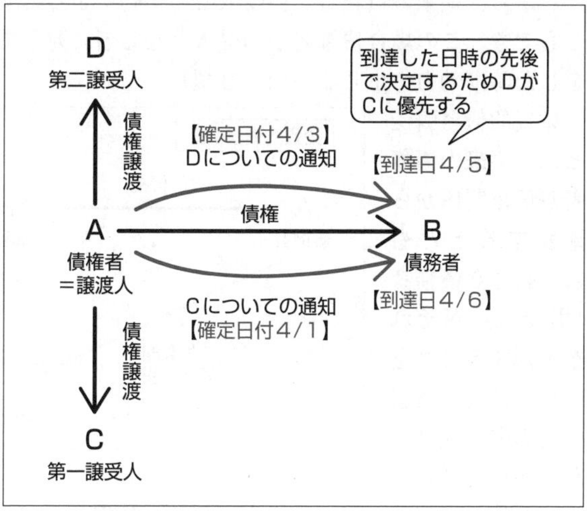

3 債務の引受け

債務の引受けとは　重要度C

条文・原則

債務の引受けとは、債務について、それが同一性を保ちながら、他の者が承継することをいう。これには、併存的債務引受と免責的債務引受とがある。

（1）併存的債務引受とは、**従来の債務者がそのまま残り、新たな債務者（引受人）が加わることを**いう。併存的債務引受の引受人は、債務者と

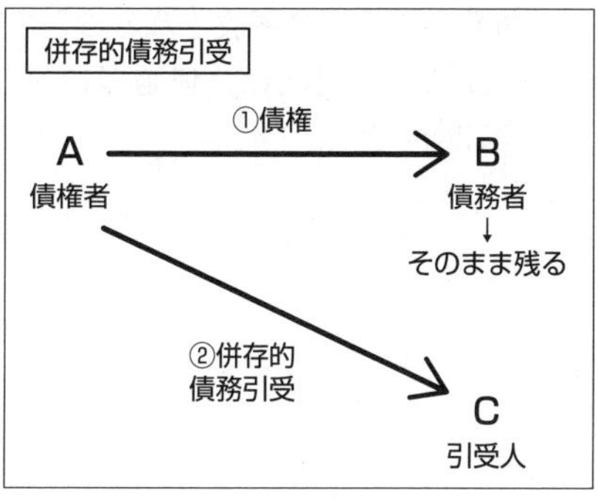

連帯して、債務者が債権者に対して負担する債務と同一の内容の債務を負担する（470条１項）。

出題履歴
H27. 1 - 3

併存的債務引受は、債権者、従来の債務者及び引受人の三面契約によるほか、債権者と引受人との契約によってすることができる（同条２項）。また、債権者に有利であることから、従来の債務者と引受人との契約によってすることもでき、この場合債権者が引受人となる者に対して承諾をした時に効力を生じる（同条３項）。

（２）免責的債務引受とは、**従来の債務者が債権関係から離脱するとともに、新たな債務者（引受人）がそれを承継する**ことをいう。免責的債務引受の引受人は債務者が債権者に対して負担する債務と同一の内容の債務を負担し、債務者は自己の債務を免れる（472条１項）。

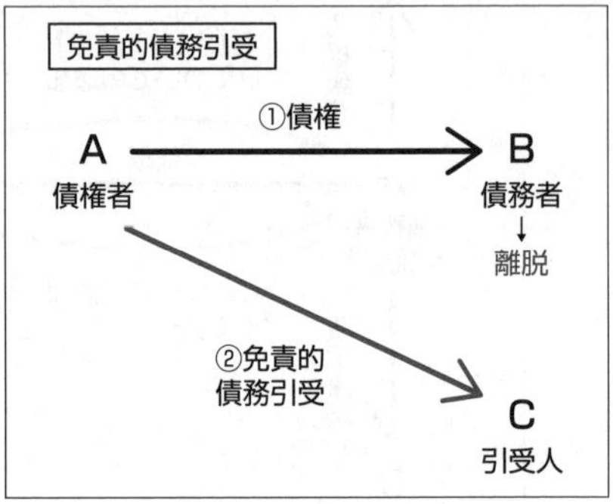

出題履歴
H28. 1 - 3

免責的債務引受は、債権者、従来の債務者及び引受人の三面契約によるほか、債権者と引受人との契約によってすることができ、この場合債権者が債務者に対して通知した時に効力を生じる（同条２項）。また、債務者と引受人との契約に加えて、債権者が引受人となる者に対して承諾をすることによって成立させることもできる（同条３項）。

なお、免責的債務引受がなされた場合、債務者は、債権債務から完全に解放されることを期待することが通常であるから、引受人は、債務者に対して求償権を取得しない（472条の３）。

4 契約上の地位の移転

契約上の地位の移転とは　重要度C

条文・原則

契約上の地位の移転とは、契約当事者間の一方当事者の契約上の地位（契約から生じる権利義務）を第三者に移転させることをいう。

契約当事者の一方と第三者が契約上の地位を譲渡する旨の合意をした場合、他方当事者が譲渡を承諾したときに、契約上の地位の移転の効果が生じる（539条の２）。

出題履歴
R２(10). 1-3

MEMO

債権の消滅

重要ポイント

1. 弁済

Point 弁済の全体像

	原則	例外	重要ポイント
誰が	債務者	第三者の弁済	弁済をするについて正当な利益を有しない第三者は①債務者の意思に反するとき（債権者が善意のときを除く）、②債権者の意思に反するとき（債務者の委託を受けて弁済をすることにつき債権者が悪意のときを除く）は弁済できない。
誰に	債権者	受領権者としての外観を有する者	弁済者が、善意無過失の場合に有効
いかに	現実の提供	口頭の提供	債権者の弁済不受領意思が明確な場合＝提供不要
何を	本来の給付	代物弁済	①代わりの給付をしたときに弁済と同一の効力（引渡し・登記必要） ②本来の給付との同価値性不要

2. 相殺の基本

Point 自働債権・受働債権

●相殺する側の債権を自働債権、相殺される側の債権を受働債権という。

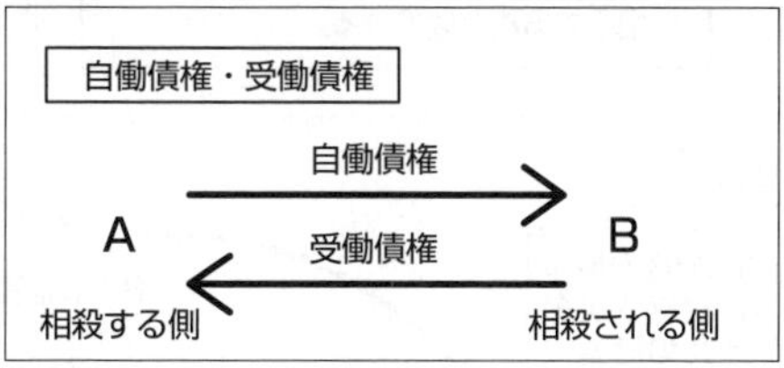

3．相殺適状

Point 相殺適状

●債権が対立していること

●双方の債権
- → 有効に存在していること
- → 同種の目的を有すること
- → 弁済期にあること

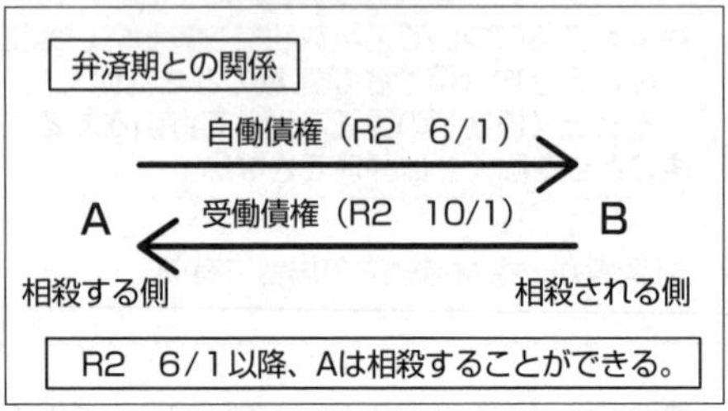

4．相殺の禁止

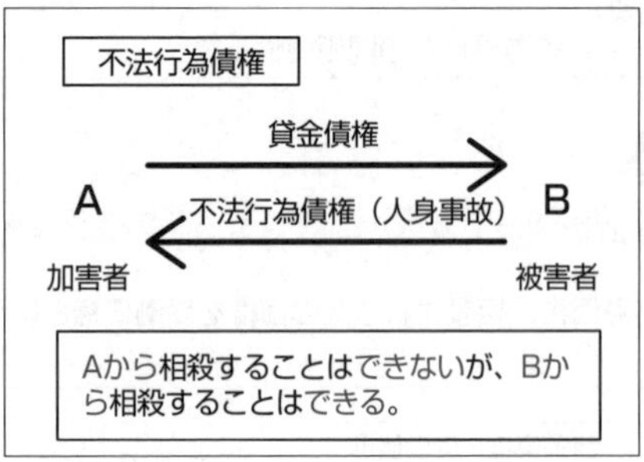

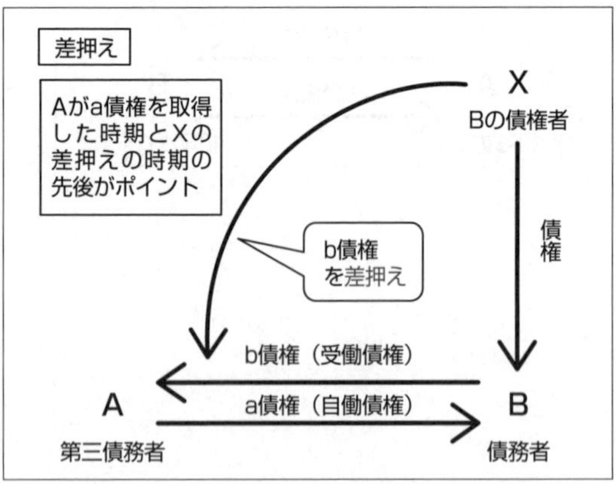

1 弁済

1　弁済

理解する

条文・原則

弁済とは、債務者が債務の内容である給付を実現し、債権を満足させる行為をいう。弁済がなされると債権は消滅する（473条）。

（1）具体的には、金銭債務であれば、その全額を払うことであり、物の引渡債務であれば、その物を引き渡すことである。弁済により、債権（債務）は目的を達して消滅する。

（2）このようにみると、弁済は最も正常な債権の消滅原因といえる。ただ、だからといって弁済をめぐる法律関係が単純というわけではない。

ここでは「誰が」（弁済者、すなわち誰が債権を弁済するのか)、「誰に」（弁済の相手方、すなわち誰に対して債権を弁済するのか)、「何を」（何を弁済するのか)、「いかに」（どのように弁済をするのか）といった点に着目して整理しておこう。

2　弁済者

2－1　債務者の弁済

理解する

通常は、債権は債務者が弁済をすることによって消滅する。債務の内容にもよるが、債務者の代理人や履行補助者も弁済をすることができる場合もある。

2－2　第三者の弁済

重要度A

事例

Bは、Aから100万円の借金をしていたが、返済に苦しんでいた。そこで、Bの兄のCが、Bをかわいそうに思い、自分が返済してやると言い出した。しかし、Bは、「お兄さんには迷惑をかけたくない、何とかして自分で返済する」と言い張っている。こういう場合でも、CはBの債務を弁済できるのだろうか。

条文・原則

1　第三者は、原則として、他人の債務を弁済することができる。ただし、債務の性質が第三者の弁済を許さないとき、又は当事者が第三者の弁済を禁止・制限する旨の意思表示をしたときは、できない（474条1・4項）。

2　弁済をするについて正当な利益を有しない第三者は、

①　債務者の意思に反して弁済することはできない。ただし、債務者の意思に反することを債権者が知らなかったときは、弁済できる（同条2項）。

②　債権者の意思に反して弁済することはできない。ただし、その第三者が債務者の委託を受けて弁済をする場合において、そのことを債権者が知っていたときは、弁済できる（同条3項）。

講師からのアドバイス

「第三者弁済排除特約」がある場合には、弁済をするについて正当な利益を有する第三者でも弁済できないことに注意。

（1）債権者が債権の目的を達成しうるならば、弁済者を債務者に限定する必要はない。そこで、法は、原則として、第三者による弁済を認めた。

（2）ただし、①債務の性質上許されないとき、②当事者が**第三者弁済を排除する特約**を結んだときは、第三者による弁済は、認められない。

（3）また、弁済をするについて正当な利益を**有しない**第三者は、債務者の意思や債権者の意思に反して弁済をしても、その弁済は原則として**無効**となる。

正当な利益を「有しない」第三者の具体例は、親子・兄弟・友人などの親族的・個人的な利害関係しか有しない者である。一方、**物上保証人**・抵当不動産の**第三取得者**・**土地の賃料の支払債務に関する借地上の建物の賃借人**等、**弁済につき法律上の利害関係**を有する者が、正当な利益を「有する」第三者である（判例）。

【第三者の弁済が認められない場合】

①債務の性質上許されないとき
②当事者が禁止・制限する旨の意思表示したとき（第三者弁済排除特約）
③**正当な利益のない第三者**については、その弁済が**債務者の意思に反するとき**
（債務者の意思に反することにつき債権者が善意のときを除く）
④**正当な利益のない第三者**については、その弁済が**債権者の意思に反するとき**
（債務者の委託を受けて弁済をすることにつき債権者が悪意のときを除く）

3　弁済の相手方

3－1　債権者への弁済

理解する

弁済は、受領権限を有する者に対してしなければならない。債権者は、原則として受領権限を有する。

3－2　受領権者としての外観を有する者（債権者らしく見える者）に対する弁済

重要度B

条文・原則

債権の受領権者としての外観を有する者への弁済は、弁済者が善意・無過失のときには有効となる（478条）。

債権の受領権者以外の者へ弁済しても、**原則**として**無効**である。

しかし、例えば、銀行に預金通帳と届出印を持参してきた者や受取証書を持参してきた者のように、取引上の社会通念に照らして**外観上いかにも債権者らしく見える者**が現れた場合、これを正当な債権者と過失なく信じた（善意・無過失の）債務者を保護すべきである。そこで、このような場合は、弁済を有効とした。この点、債権者の**代理人と称した者への弁済の場合も同様**である（478条）。 R1.7-2

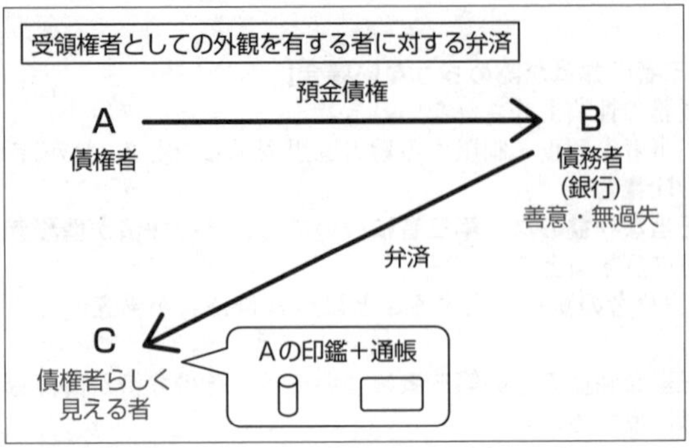

4　弁済の提供

重要度 B

4－1　弁済の提供の効果

条文・原則

債務者は、弁済の提供の時から、債務を履行しないことによって生ずべき責任を免れる（492条）。

◆弁済の提供

債務者がやるべきことをすべてやり、後は債権者が弁済に協力して受け取るだけという状態にすること。「弁済」の一歩手前の段階である。

（1）弁済の提供があれば、**債務不履行責任は発生しない**。

（2）弁済の提供をしても、直ちに**債務者の債務が消滅するわけではない**。債権者が受領して「弁済」が完了したり、「供託」が行われたりすることで、債務者の債務は消滅する。

4－2　弁済の提供の方法

条文・原則

弁済の提供は、債務の本旨に従って、現実に行わなければならない。ただし、債権者があらかじめ受領を拒み、又は債務の履行につき債権者の行為が必要なときは、弁済の準備をしたことを通知して受領を催告すればよい（493条）。

講師からのアドバイス

銀行の自己宛振出小切手ではなく、個人振出の小切手を提供しても、債務の本旨に従った適法な弁済の提供とはならない。

（1）債務の本旨に従って、現実に提供する（**現実の提供**）とは、債権者の協力がないために履行を完了できないものの、債務者としてその事情の下でなしうる限りのことをしたことをいい、債権者のなすべき唯一の協力が受領である場合は、債権者が直ちに給付を受領できるようにしなければならないということである（判例）。

（2）弁済の提供は、本来、現実に行う必要があるが、債権者が受領を拒むなど、現実の提供をしても無駄になる可能性が高いときは、**弁済の準備**をしたことを通知して「受領しろ」と**催告**するだけでよい（**口頭の提供**）。

（3）さらに、債権者があらかじめ受領を拒むどころではなく、債権者が契約そのものを否定するなど、**弁済を受領しない意思が明確な場合には、口頭の提供もしなくても債務不履行責任を免れる**（判例）。しかし、弁済の準備ができない経済状態にあるため口頭の提供もできない債務者は、債権者が弁済を受領しない意思が明確な場合であっても、弁済の提供をしない限り、債務不履行の責めを免れない（判例）。

5　代物弁済

重要度B

条文・原則

弁済をすることができる者（弁済者）が、債権者との間で、債務者の負担した給付に代えて他の給付をすることにより債務を消滅させる旨の契約をした場合、その弁済者が他の給付をしたときに、弁済と同一の効力が生ずる（482条）。

（1）例えば、Aから1,000万円を借りているBが、金銭の代わりに土地を給付する場合である。

（2）代物弁済として給付される目的物の種類は問わず、目的物の価格は、必ずしも**本来の給付と同価値でなくともよい**。ただし、例えば1,000万円の債務に対して1億円相当の不動産で代物弁済がなされたような場合には、暴利行為として公序良俗違反により無効とされる可能性がある。

（3）代物弁済は、契約自体は合意のみで成立する（諾成契約）が、**実際に代わりの給付をして**はじめて債務消滅の効力が生じる。不動産所有権を代物弁済の目的とする場合は、**所有権移転登記を終えた時に債務消滅の効果が生じる**（判例）。

2 相殺

1 相殺とは

理解する

事例

AはBから借金して、1, 000万円の債務を負っていた。一方でAは、最近Bに建物を売却し1, 500万円の代金債権を有することとなった。

Aは、借金は借金として1,000万円の弁済をし、代金1, 500万円を回収しなければならないのだろうか。

条文・原則

二人が相互に同種の債務を負担する場合において、各債務者は、相殺して、その債務を対当額において消滅させることができる（505条1項）。

講師からのアドバイス

どちらの債権が自働債権か受働債権かの区別はややこしい。問題を解くときには、**必ず図を書いて自働債権と受働債権を取り違えないようにする**ことを心掛けよう。

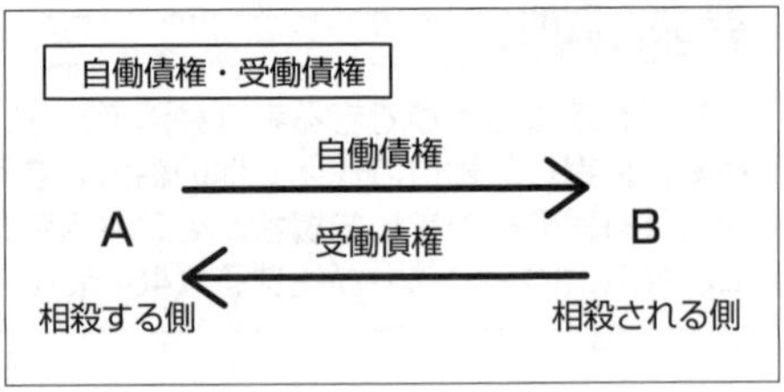

お互いに同種の債務を負担する場合に、両者を切り離して、それぞれ現実の履行をするのは迅速な決済を損なう。そこで、**一方的意思表示**をすることによって、互いの債務を消滅させる相殺という制度を認めた。

ただし、消滅するのは、対当額においてであるから、上記設例でいえば、1,000万円の範囲であり、500万円の債権は残ることになる。

相殺する側から見て、債権にあたるものを**自働債権**といい、債務にあたるものを**受働債権**という。なお、Bから相殺するときは。自働債権と受働債権が**入れ替わる**。

2　相殺の要件（相殺適状）

理解する

条文・原則

以下の要件が備わっている場合でなければ、相殺できない（505条１項）。
相殺の要件が備わっている状態を相殺適状という。
1　当事者間に対立する債権が存在すること
2　双方の債権が同種の目的をもっていること
（例えば、物の引渡債権と金銭債権を相殺することはできない）
3　双方の債務が弁済期にあること
4　債務の性質が、相殺を許さないものでないこと

◆相殺の方法と効果

1　相殺は、相手方に対する一方的意思表示によって行う。この意思表示には、条件又は期限をつけることはできない（506条１項）。
2　相殺は、双方の債務が相殺適状を生じた時にさかのぼって効力を生じる（506条２項）。

目的が同種であればよいから、**原因、債権額、履行期や履行地が異なっていてもよい**（507条前段）。この場合、履行地が異なることによって損害が生じたときは、損害賠償請求ができる（同条後段）。

2－1　受働債権が弁済期未到来の場合の相殺

重要度Ｂ

出題履歴
H30. 9－1

条文・原則

自働債権の弁済期が到来すれば、受働債権の弁済期が到来していなくても、相殺できる（判例）。

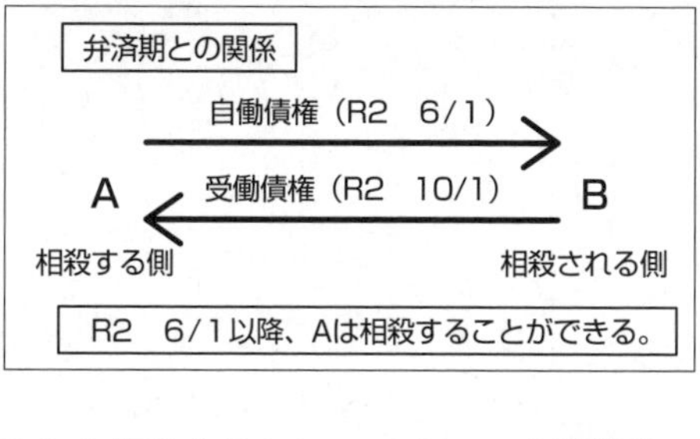

右図の場合に、Ａは**期限の利益を放棄**して、債務を弁済できるから、６月１日にＡから相殺しても問題ない。

しかし、同じ日にＢから相殺するケースでは、Ａは期限前に債務を弁済させられるに等しく、Ａの期限の利益が害される。そこで、**自働債権の弁済期は到来している必要はあるが、受働債権については必要ない**のである。

６月１日現在、Ａの債権の弁済期は到来しているが、Ｂの債権の弁済期は到来していないので、Ａの方からしか相殺できな

い。

2－2　時効消滅した債権による相殺

重要度 B

出題履歴
H30. 9－4

条文・原則

自働債権が消滅時効にかかった後でも、それ以前に相殺適状にあれば、相殺できる（508条）。

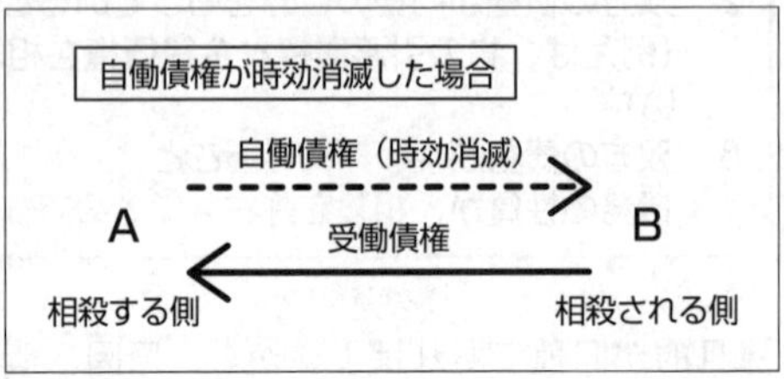

自働債権が時効で消滅してしまうと、当事者間に対立する債権が存在しないことになるから、相殺適状の要件を満たさず、相殺できないはずである。しかし、**時効消滅前にいったん相殺適状**になってさえいれば、その時点で決済されたと考え、わざわざ相殺の意思表示をしないことが多い。

この点を考慮して、時効消滅後も相殺できるとしたのである。

3　例外的に相殺ができない場合

3－1　受働債権が不法行為等によって生じた場合の相殺

重要度A

条文・原則

①悪意による不法行為に基づく損害賠償債務、又は②人の生命又は身体の侵害による損害賠償債務の債務者は、同債務の債権を受働債権として相殺をすることができない（509条本文）。ただし、債権者がその債務に係る債権を他人から譲り受けたときは、相殺をすることができる（同条ただし書）。

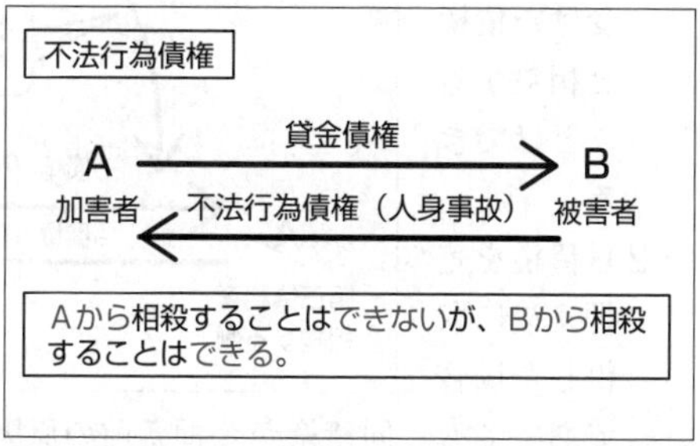

受働債権が**人身事故**によって生じた場合に相殺を許すことは、**加害者**が、損害賠償金を現実に払う代わりに、相殺で済ませてしまうことを意味する。これでは、現実に損害を賠償してもらえない被害者の保護に欠けるので、悪意による不法行為や人の生命身体の侵害に基づく損害賠償は、現実に金銭を渡すようにしようということである。

「悪意」とは、「損害を与える意図」という意味であり、単に知っていた・知らないという意味の善意・悪意とは若干異なる。

なお、不法行為による債権を**自動債権**として、**被害者**から相殺することはできる（判例）。

◆不法行為

交通事故で人にケガをさせた場合のように、故意・過失により、違法に他人に損害を与えた場合をいう。（→不法行為）

出題履歴

H28. 9 - 3
H30. 9 - 3

講師からのアドバイス

「加害者側からの相殺はできない場合がある」と覚えておくとよい。

権利関係

3－2　受働債権が支払の差止めを受けた場合の相殺

重要度 B

出題履歴
H23. 6 − 2
H30. 9 − 2

条文・原則

差押えを受けた第三債務者は、その後に取得した債権（自働債権）により相殺しても差押債権者に対抗できない（511条1項）。

H23. 6 − 1

（1）債権を差押前に取得した場合なら、支払の差止めを受けた債権と相殺することはできる。

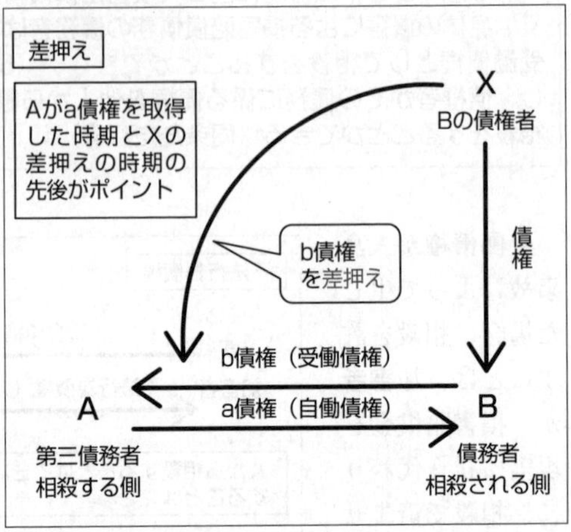

（2）債権を差押え後に取得した場合であっても、同債権が差押え前の原因に基づいて発生した場合には相殺をすることができる（511条2項）。例えば、委託を受けた保証人が差押え後に保証債務を履行したことにより取得した求償権を自働債権として相殺を行うような場合である。

売買

重要ポイント

1．手付

Point 手付の額

●手付の額が売買代金の額に比べて僅少であっても、解約手付であることの妨げにならない。

Point 手付による解除の制限

●手付による解除は、相手方が履行に着手するまで可能（解除しようとする者が履行に着手していてもよい）。

Point 手付による解除と損害賠償

●手付による解除では、損害賠償の請求をすることはできない。

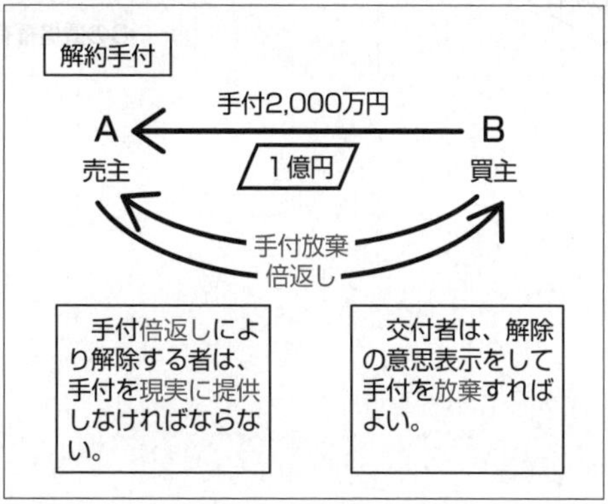

2．売主の契約不適合責任

Point 売主の契約不適合責任

●以下の例のように、目的物が種類、品質、数量、権利内容等に関して契約の内容に適合しないものであった場合は、買主は、以下の権利を行使できる。

① 追完請求
② 代金減額請求（催告又は無催告の要件満たす必要）
③ 契約解除（催告又は無催告の要件満たす必要）
④ 債務不履行に基づく損害賠償請求

例１：種類・品質についての契約不適合
（不適合を知った時から１年以内に買主に
通知する必要）

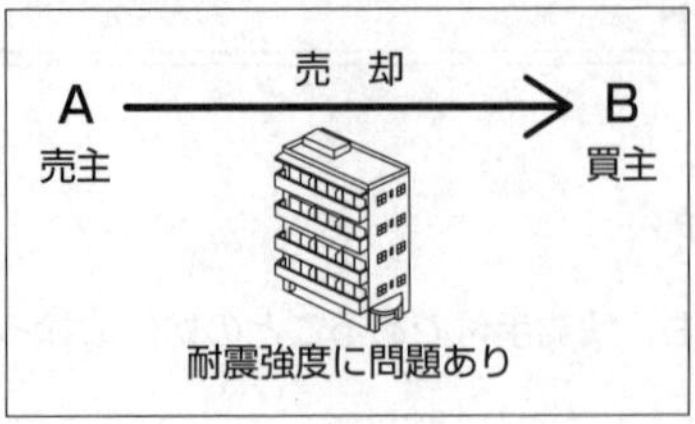

例２：数量不足

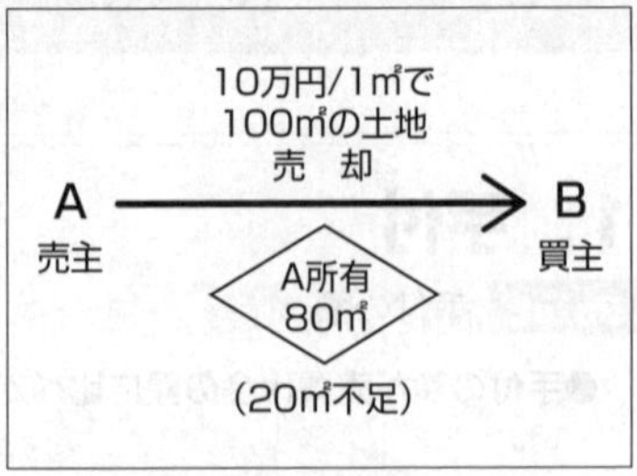

例３：一部他人物

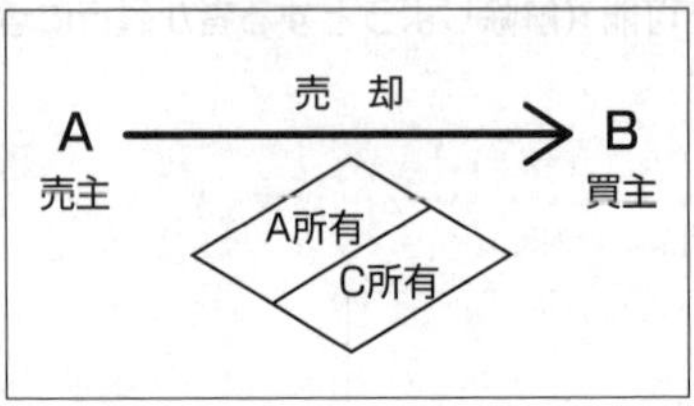

例４：他人の賃借権等による制限

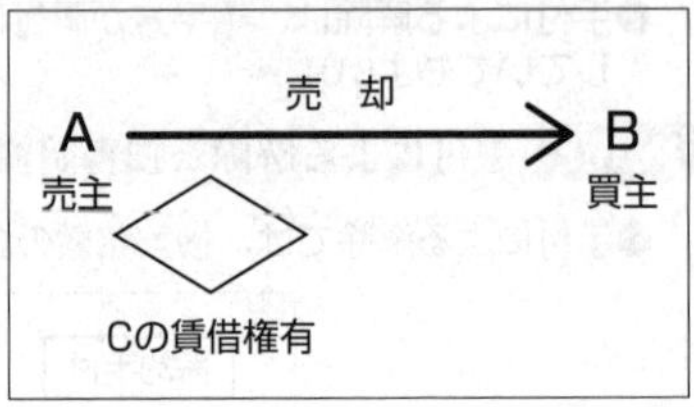

<table>
<tr><th></th><th>追完請求</th><th>代金減額請求</th><th>解除</th><th>債務不履行に基づく損害賠償請求</th><th>不適合を認識した後の不通知による失権</th></tr>
<tr><td>種類・品質に関する契約不適合</td><td rowspan="3">○</td><td rowspan="3">○
（催告又は無催告の要件を満たす場合）</td><td rowspan="3">○
（催告解除又は無催告解除が認められる場合）</td><td rowspan="3">○
（売主に帰責事由がある場合）</td><td>あり</td></tr>
<tr><td>数量に関する契約不適合</td><td rowspan="2">なし</td></tr>
<tr><td>権利移転面での契約不適合（一部他人物、他人の賃借権の存在等）</td></tr>
<tr><td>・全部他人物で権利移転ができなかった場合
・抵当権が実行された場合</td><td>×
（履行不能）</td><td>×
（履行不能）</td><td>○
（履行不能による無催告解除）</td><td>○
（売主に帰責事由がある場合）</td><td>なし</td></tr>
</table>

●売主・買主の善意又は悪意は、当事者が、ある事実を契約内容としたかどうか（契約内容の確定）に関する判断に取り込む。

（例）買主が土地の欠陥に気づいたあるいは気づき得た場合は、その欠陥は、契約内容に取り込まれる。したがって、その欠陥があっても契約不適合ということはできない。

●買主に不適合に関する帰責事由がある場合は買主は追完請求、代金減額請求及び解除権の行使はできない。

1 売買契約の成立

1　売買契約とは

理解する

条文・原則

売買契約とは、当事者の一方がある財産権を相手方に移転することを約束し、相手方がこれに代金を払うことを約束することによって効力を生ずる諾成・双務・有償契約である（555条）。

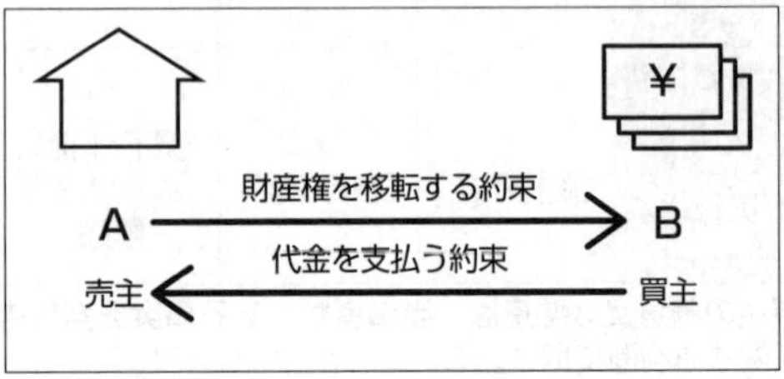

2　売買の予約

参考

講師からのアドバイス
売買の予約は、直ちに契約の効力を発生させたくない場合に行われる。

条文・原則

売買の一方の予約は、相手方が売買を完結する意思を表示した時から、売買の効力を生ずる（556条1項）。

民法における予約は、本契約締結権を有する者が、後に相手方に本契約を締結するという意思表示をするのみで、相手方の承諾なしで契約が成立するというものである。これを**売買の一方の予約**という。

2 手付

1　手付とは

理解する

条文・原則

契約締結の際に、当事者の一方から他方に対して交付する金銭等をいう（要物契約）。

手付金額についての**具体的な制限はなく**、たとえ売買金額と比較して**僅少であったとしても**、それによって効果を否定されることはない（判例）。

2　解約手付

重要度A

2－1　解約手付の推定

条文・原則

手付には、①証約手付、②違約手付、③解約手付がある。どの手付にあたるかは契約により定まるが、明らかでない場合は③の解約手付と推定される（判例）。

（1）**解約手付**とは、実質的には手付の額だけの損失を覚悟すれば、相手方に**債務不履行がなくても**、契約を解除できる手付である。
（2）手付を違約手付と定めても解約手付の規定の適用を排除する合意がない限り、解約手付を兼ねることはできる（判例）。

◆推定

推定とは、一応そう扱うということである。そうでないことが**証明され**ればそのようには扱わないということである。

◆証約手付と違約手付

証約手付とは、手付に契約を締結したという証拠の意味をもたせるものであり、どのような手付でも、この意味はある。違約手付とは、債務不履行があった場合に、手付を違約金として没収するという手付である。

2－2　行使方法

条文・原則

解約手付が交付されると、相手方が契約の履行に着手するまで、
1　買主は、手付を放棄することによって、契約を解除することができる。
2　売主は、手付の倍額を現実に返還することによって、契約を解除することができる（557条1項）。

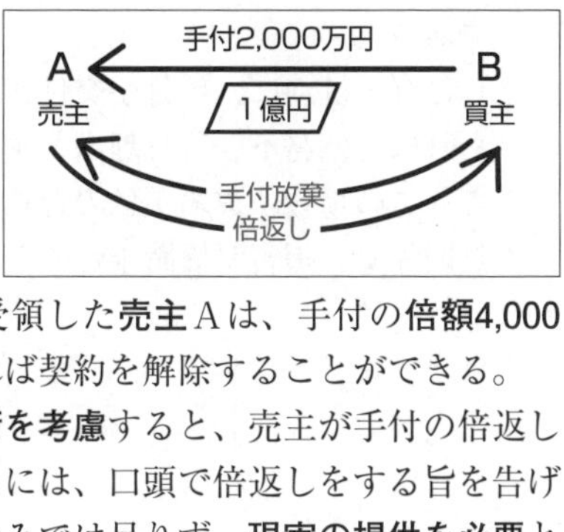

（1）具体的には、手付金2,000万円を交付した**買主**Bは、**その額を放棄**すれば契約を解除することができる。他方、手付を受領した**売主**Aは、手付の**倍額4,000万円を現実に返還**すれば契約を解除することができる。
（2）**買主の放棄との均衡を考慮**すると、売主が手付の倍返しをして契約を解除するには、口頭で倍返しをする旨を告げその受領を催告するのみでは足りず、**現実の提供を必要**と

する。

2－3　履行の着手とは

条文・原則

1　相手方が履行に着手してしまうと、解約手付による解除はできない。
2　自己が履行に着手していても、相手方が履行に着手していなければ、解除はできる（557条1項）。

出題履歴
H29. 5 - 3
R 2 (10). 9 - 1

H21.10 - 2

講師からのアドバイス
解約手付による解除は、**相手方に何の落ち度がなくても**一方的に行われるものであるから、必要以上に相手方に迷惑をかけるものであってはならないからである。

相手方が契約の履行に着手した後は、解除できなくなる(557条1項ただし書)。例えば、買主が手付以外に代金に充てる金銭を交付したり、売主が建物の引渡しの準備をした後は、その相手方は、解除できなくなる。

これに対して、自分が行った履行の着手を自分で無駄にすることは構わないことから、**自分の方が履行に着手していても相手方が履行に着手していなければ解除はできる**。

2－4　効果

条文・原則

解約手付による解除は、別個に損害賠償を請求できない（557条2項）。

（1）手付による解除は、**債務不履行を理由とする解除**ではないからである。したがって、この解除に伴って何らかの損害が生じても、手付額（又はその倍額）で填補されるのみである。
（2）これとは別に、手付が交付されていても、債務不履行があれば、債務不履行を理由とする解除ができる。したがって、この場合、違約手付の合意がなければ、手付の額とは無関係に、損害賠償請求ができる。

3 対抗要件を備えさせる義務

重要度A

条文・原則

売主は、買主に対し登記、登録その他の売買の目的である権利の移転についての対抗要件を備えさせる義務を負う（560条）。

4 他人の権利の売主の責任（全部他人物の場合）

事 例

ＡがＢに対して土地を売却したが、実はその土地全部がＣの所有物だったため、買主Ｂは、Ｃから土地の返還を請求された。Ｂは、Ａに対して、どのような責任を追及できるのだろうか。

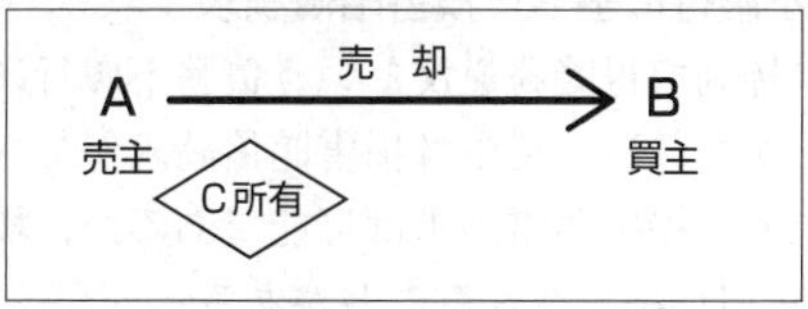

1　全部他人物の売買契約の効力

重要度A

条文・原則

他人の物を売ること自体は、有効である。

出題履歴
H21.10- 3
H29. 5- 4

（１）当初から真の所有者に売却の意思がない場合でも、他人物売買契約は有効に成立する（判例）。この場合は、売主は所有者からその権利を取得して、買主に引き渡す義務がある（561条）。

（２）特段の約定がない限り、**売主が真の所有者から目的物を取得した時に、買主に所有権が移転**する。他人物売買契約の成立時に移転するわけではない。 H29. 2- 2

2　全部他人物売買の売主の責任内容　重要度A

出題履歴
H28. 6-1、-2

条文・原則

売主が買主に権利を移転することができない場合は、買主は、
1　売買契約の解除
2　債務不履行に基づく損害賠償請求
ができる。

（1）売買契約の解除

買主は、売主に対して権利を取得して自分に移転するように催告し、相当期間が経過しても履行がない場合は売買契約を解除できる（541条)。また、設例のように履行不能が確定したような場合は、催告なしに直ちに売買契約を解除できる（542条1項1号)。なお、悪意の買主でも解除は可能である。

（2）債務不履行に基づく損害賠償請求

売主の権利取得義務違反という債務不履行により、売主に帰責事由があれば、買主は損害賠償請求ができる。なお、悪意の買主でも損害賠償請求は可能であるが、場合によっては過失相殺（418条）されることがある。

5 売主の契約不適合責任（担保責任）

1　目的物が種類・品質又は数量に関して契約不適合であった場合　重要度A

事例①

AがBに対して建物を売却したが、実はその建物の耐震強度が偽装されていて、震度5の揺れで倒壊する危険があることが明らかになった。Bは、Aに対してどのような責任を追及できるのだろうか。

事例②

AがBに対して、1㎡当たり10万円で100㎡の土地を売るという契約をしたが、買った土地を実際に調べてみると、80㎡しかなかった。Bは、Aに対してどのような責任を追及できるだろうか。

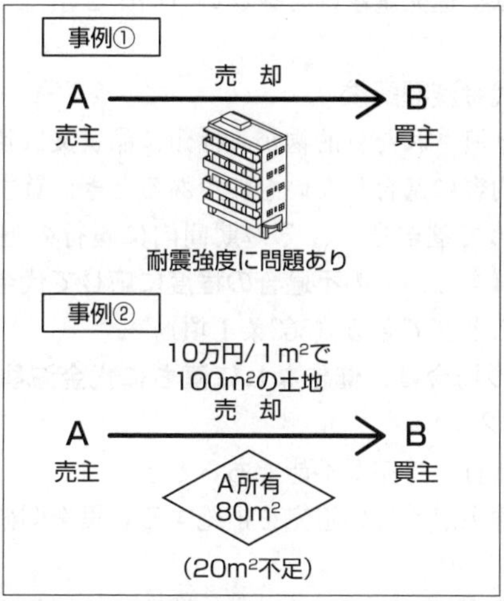

条文・原則

1　売買の目的物が種類・品質又は数量に関して契約不適合であった場合、買主は売主に対し、債務不履行による損害賠償請求や売買契約の解除の他、以下の手段をとることができる（562条、563条、564条）。
① 追完請求（修補、代替物の引渡し、不足分の引渡し）
② 代金減額請求
2　ただし、種類又は品質に関する不適合の場合は、売主が不適合につき悪意又は善意有重過失のときを除き、知った時から１年以内に売主に通知する必要がある（566条）。

出題履歴
H23. 9 - 2
H25. 1 - 3
H26. 6 - 1
R 1 . 3 - 2、- 3
R 2 (12). 7 - 1

講師からのアドバイス
ここでの契約不適合責任は、**売主**の責任であり、売主以外の者（例えば**媒介業者**）が負う責任ではない。
H29. 5 - 2
R 1 . 3 - 4
R 3 (10). 7 - 1、- 2

1－1　追完請求

（1）引き渡された目的物が、種類、品質又は数量に関して契約の内容に適合しないものであるとき、買主は売主に対して、**目的物の修補、代替物の引渡し又は不足分の引渡し**による履行の追完を請求することができる（562条１項本文）。事例①では、耐震強度に関する修補を請求できる。

（2）追完方法の選択権は原則として買主にあるが、売主は、買主に不相当な負担を課するものでないときは、買主が請求した方法と異なる方法による履行の追完をすることができる（同項ただし書）。

講師からのアドバイス
品質の不適合については、事例①のような物理的な瑕疵だけでなく、心理的瑕疵（建物で自殺があった場合など）や、土地を買ったところ都市計画法上の制限のため建築できなかったといった、法律的な瑕疵も含まれる（判例）。

H24. 3 - 4

（3）不適合が**買主の責めに帰すべき事由**によるものである場

合には、**追完請求はできない**（同条２項）。

１－２　代金減額請求

（１）引き渡された目的物が、種類、品質又は数量に関して契約の内容に適合しないものであるとき、買主は相当の期間を定めて**催告**をし、その期間内に履行の追完がないときは、買主は、その**不適合の程度に応じて代金の減額を請求することができる**（563条１項）。

（２）次の場合は、**催告なしに直ちに代金減額請求ができる**（同条２項）。

①　履行の追完が不能であるとき

②　売主が履行の追完を拒絶する意思を明確に表示したとき

③　特定の日時または一定の期間内に履行をしなければ契約をした目的を達することができないときで、その時期を経過したとき

④　その他催告をしても追完の見込みがないとき

講師からのアドバイス
事例②は、一般に右記①により催告なしに代金減額請求できると考えられる。

（３）不適合が買主の責めに帰すべき事由によるものである場合には、代金減額請求はできない（同条３項）。

１－３　期間制限

出題履歴
H20. 9-3、-4
R1. 3-1

（１）**種類**又は**品質**に関して契約の内容に適合しない目的物が引き渡された場合、買主は不適合を**知った時から１年以内**にその旨を売主に**通知**しないと、追完請求、代金減額請求、損害賠償請求及び解除をすることができない（566条本文）。

講師からのアドバイス
"数量"や、後述する"権利"の不適合は、「１年」という期間制限がない点に注意。

（２）売主が引渡しの時にその不適合について悪意又は善意有重過失であったときは、（１）の期間制限は発生しない（566条ただし書）。

なお、買主が不適合を知った時から５年、目的物の引渡し時から10年でこれらの権利は時効消滅する（166条１項）。

2　移転した権利が契約不適合であった場合　重要度B

事例①

AがBに対して土地を売却したが、その土地の一部がCの所有（Cの持分）に属していた。結局、Cが手放さなかったため、Bはその部分を取得できなかった。Bは、Aに対してどのような責任を追及できるのだろうか。

事例②

Bは、家を建てる目的でAから土地を購入したが、実はその土地に登記済みのCの賃借権がついていたため、Bは家を建てられなかった。Bは、Aに対してどのような内容の責任を追及できるのだろうか。

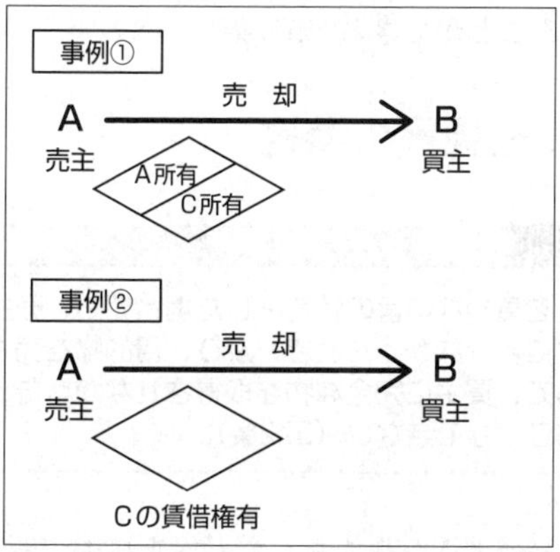

条文・原則

売買の目的物の権利が一部他人物でその権利の一部を移転しない場合や、目的物に地上権、永小作権、地役権、留置権、質権、登記した賃借権、抵当権がついていた場合、あるいは、土地についているとされていた地上権や賃借権が存在しなかった場合等、売主が買主に移転した権利が契約不適合であった場合、買主は売主に対し、債務不履行による損害賠償請求や売買契約の解除の他、追完請求、代金減額請求ができる（565条、562～564条）。

（1）買主は、前述した追完請求、代金減額請求ができる。事例①では、基本的に代金減額請求をすることが考えられる。

（2）買主の権利行使につき、善意か悪意かは関係ない。ただし、不適合が買主の責めに帰すべき事由によるものである場合には、これらの請求はできない。

（3）買主が費用を支出して、**契約不適合の抵当権等を消滅させた**ときは、買主は売主に対し、その**費用の償還を請求できる**。

出題履歴
H28. 6- 3、- 4

なお、契約不適合の抵当権等の実行により所有権を失った場合は、履行不能により、契約の解除、損害賠償請求ができる。

H21.10- 4

（4）買い受けた不動産について抵当権等の登記があるときは、買主は、**抵当権等消滅請求の手続が終わるまで、その代金の支払を拒むことができる**。この場合において、売主は、買主に対し、遅滞なく抵当権等消滅請求をすべき旨を請求することができる（577条）。

6 担保責任免責の特約

重要度B

条文・原則

R 1. 3- 1

担保責任を負わない旨の特約をした場合でも、売主が知っていながら買主に告げなかったとき、及び、目的物を売主自ら第三者に譲渡等して、買主に完全な物を取得させなかったときには、責任を免れることができない（572条）。

当事者でどのような契約をしても本来自由である（私的自治の原則）から、契約不適合責任（担保責任）を負わないという特約も、**原則として有効**である。しかし、契約が自由だといっても、相手を裏切るような契約をする自由までは認めるべきでない。そこで、上記のような定めがある。

MEMO

賃貸借

重要ポイント

1．賃貸借の基本

Point 賃貸人・賃借人の権利義務

- 賃貸借契約は、合意によって成立する。
- 賃貸人は、使用収益させる義務等を負い、賃借人は、賃料支払義務等を負う。

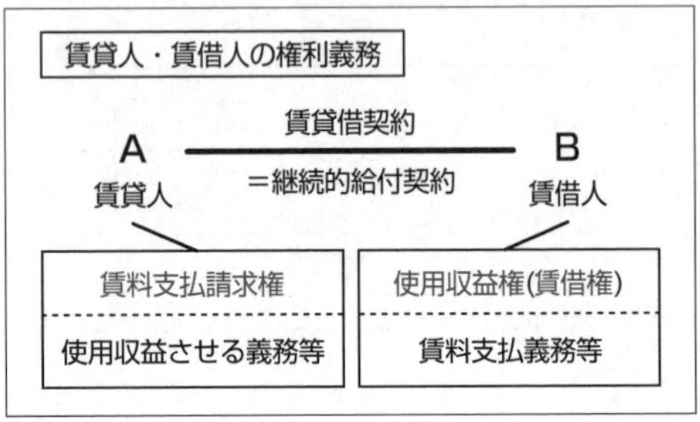

2．賃貸人の費用償還義務

Point 賃貸人の修繕義務・費用償還義務

- 賃貸人は、目的物を修繕する義務を負う。
- 賃貸人は、賃借人が目的物にかけた費用（必要費・有益費）を償還する義務を負うが、必要費と有益費ではその扱いが異なる。

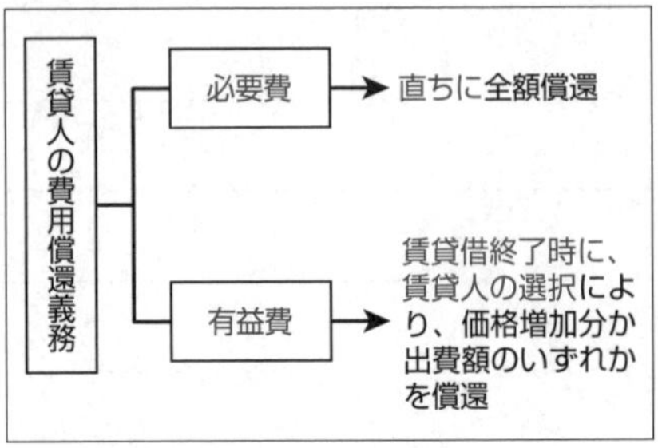

3. 転貸借

Point 転貸借

賃貸人の承諾ある転貸借 → 転借人は賃貸人に対して直接義務を負う

賃貸人の承諾なき転貸借
↓
賃貸人は、原則として原賃貸借契約を解除することができる。
↓
無断転貸が、賃貸人に対する背信的行為と認めるに足らない特段の事情がある場合には、解除することができない。

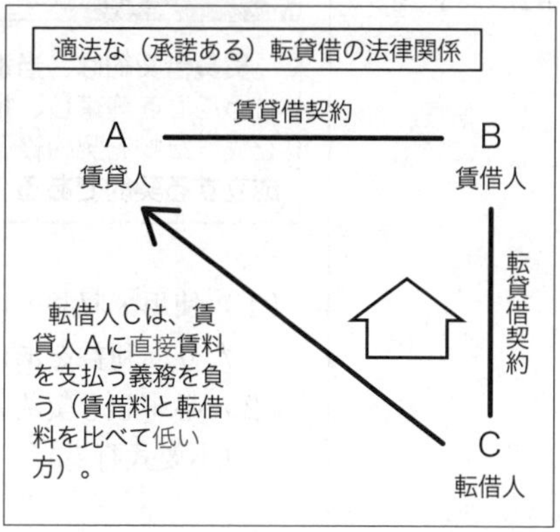

4. 敷金

Point 敷金

- 返還敷金額は、支払われた敷金額から返還までに生じた賃借人の債務額を差し引いた額。
- 賃借人は、賃借物を明渡してはじめて敷金の返還を請求できる（賃借物の明渡しと敷金返還とは、同時履行の関係に立たない）。
- 賃借人の債権者が、敷金返還請求権を差し押さえたとしても、賃貸人は賃借人の債務につき、敷金から優先弁済を受けることができる。
- 賃貸借契約期間中、賃貸人の返済能力に客観的な不安が生じた場合でも、賃借人は、賃料支払債務と敷金返還請求権とを対当額にて相殺することはできない。
- 契約中に賃貸物が譲渡されて、賃貸人の地位が移転したときは、新賃貸人が敷金返還義務を負う。
- 賃借人が賃借権を譲渡しても、新賃借人に敷金返還請求権は承継されない。

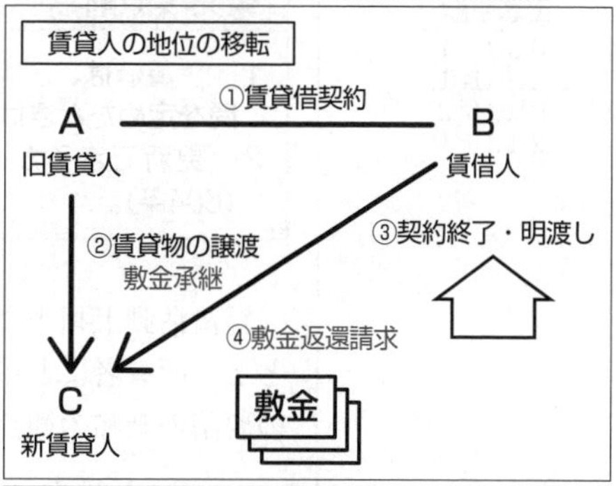

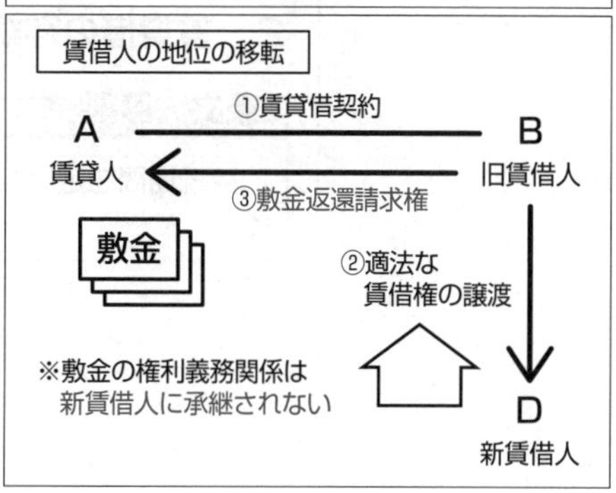

1 賃貸借契約

1　賃貸借契約とは

理解する

出題履歴
H27. 3- 3

条文・原則

賃貸借契約は、当事者の一方が相手方にある物を使用・収益させることを約束し、相手方がこれに賃料を支払うこと及び引渡しを受けた物を契約終了時に返還することを約束することによって成立する契約である（601条）。

（1）使用・収益とは、目的物の用法に従い、目的物を使用したり、利益をあげたりすることをいう。
（2）必ずしも契約書等の書面によることが要求されていない（不要式行為）。

2 賃貸借の存続期間

1　賃貸借の存続期間を定めた場合

重要度B

出題履歴
H20.13- 1
H26.11- 1
H29.11- 2
R 1.11- 1

条文・原則

1　賃貸借は、50年を超えることができない。これより長い期間を定めたときは、50年に短縮される。
2　更新できるが、更新期間も50年を超えることはできない（604条）。

経済活動上相当な期間の賃貸借を存続させるニーズがあることと、所有者にとって過度な負担にならないようにということの要請の調和の観点から存続期間が設けられた。

2　賃貸借の存続期間を定めない場合

条文・原則

存続期間を定めなかったときは、期間の定めのない賃貸借となる。

3 賃貸借の効力

1 賃借人の権利と義務

1－1 賃借権と賃料支払義務

理解する

出題履歴
H25. 8- 2

条文・原則

1 賃借人は、目的物を使用・収益する権利（これを賃借権という）を有する。
2 賃借人は、賃料を支払う義務を負う。

賃料は、支払時期について特約がなければ、後払いである（614条）。 H26. 7- 4

1－2 用法遵守義務と収去・返還義務、原状回復義務

重要度B

条文・原則

1 賃借人は、契約や目的物の性質によって定まった用法に従って、使用収益しなければならない（616条、594条1項）。
2 賃借人は、賃借物を受け取った後にこれに附属させた物がある場合に、賃貸借が終了した時には、その物を収去する義務を負う（622条、599条1項）。また収去する権利も有する（同条2項）。
3 賃借人は、賃借物を受け取った後にこれに生じた損傷（通常の使用収益によって生じた賃借物の損耗並びに賃借物の経年変化を除く）がある場合において、賃貸借が終了したときは、その損傷を原状に復する義務を負う。ただし、その損傷が賃借人の責めに帰することができない事由によるものであるときは、この限りでない（621条）。
4 賃借人が契約の本旨に反する使用収益を行った場合の賃貸人の損害賠償請求権は、賃貸人が賃貸目的物の返還を受けたときから1年を経過するまでの間は、時効消滅しない（622条、600条2項）。

出題履歴
R 2 (10). 4- 1

出題履歴
R 2 (10). 4- 2

（1）賃借人は、返還するまで**善管注意義務をもって保存**し、借りた物自体を返還しなければならない（400条）。

出題履歴
H20. 7- 1

（2）建物の賃貸借において、通常の使用収益によって生じた賃借物の損耗（**通常損耗・経年変化**）の原状回復義務は、原則として**賃貸人が負う**のであって（621条本文）、特約により賃借人に負わせる（補修費用を負担させる）ために

H20.10- 1
H30. 8

は、賃借人が費用負担をすべき通常損耗の範囲が賃貸借契約書の条項自体に具体的に明記されているなど、その旨の特約が**明確に合意されていることが必要**である（判例）。建物の賃借人に通常損耗についての原状回復義務を負わせるのは、賃借人に予期しない特別の負担を課すことになるからである。

また、賃借物を受け取った後に生じた損傷が賃借人の責めに帰することができない事由によるときも、賃借人は原状回復義務を負わない（同条ただし書）。

1－3　賃借人による修繕

条文・原則

R 2 (12).12- 1

賃借物の修繕が必要である場合において、次の場合は、賃借人は修繕をすることができる。

1　賃借人が賃貸人に修繕が必要である旨を通知し、または賃貸人がその旨を知ったにもかかわらず、賃貸人が相当の期間内に必要な修繕をしないとき

2　急迫の事情があるとき（607条の２）

本来修繕は処分権限を有する賃借物の所有者のみが実施できるところ、例外的に賃借人が修繕を実施できる場合を定めたものである。

2　賃貸人の権利と義務

2－1　賃料請求権と使用収益させる義務　理解する

条文・原則

1　賃貸人は、賃料請求権を有する。

2　賃貸人は、賃借人に対して目的物を使用・収益させる義務を負う。

2－2　修繕義務と費用償還義務　重要度A

条文・原則

賃貸人は使用収益させる義務を負うことから
1　賃貸人は、目的物を修繕する義務を負う。ただし、賃借人の責めに帰すべき事由によってその修繕が必要となったときは、この限りでない（606条１項）。
2　賃貸人は、賃借人が目的物にかけた費用を償還する義務を負う。
（1）必要費の場合には、直ちに全額償還しなければならない。
（2）有益費の場合には、賃貸借終了のときに価格増加分が現存する限りにおいて、賃貸人の選択により、価格増加分か出費額のいずれかを償還すればよい（608条）。

出題履歴
H27. 3‐2

（1）**必要費とは**、使用収益するため必要な費用である。例えば、賃借建物の雨漏り部分や壊れたトイレの修繕費がこれに当たる。
（2）**有益費とは**、使用収益のため必ずしも必要ないが、目的物の価値を高めた費用である。例えば、くみ取り式トイレを水洗式トイレに改良した費用等が、有益費に当たる。
（3）賃貸人が不測の損害を被ることのないよう、賃借物が修繕を必要とするときや、賃借物について権利を主張する者があるとき、原則として**賃借人は遅滞なく賃貸人に通知**しなければならない（615条）。
（4）必要費償還請求権、有益費償還請求権、いずれも、賃貸人が目的物の**返還を受けた時から１年以内**に行使しなければならない（622条、600条）。

3　賃貸人の保存行為と賃借人の受忍義務　重要度B

条文・原則

1　賃貸人が賃貸物の修繕など保存行為をしようとするときは、賃借人は、これを拒むことができない（606条２項）。
2　賃貸人が賃借人の意思に反して保存行為をしようとする場合、これにより賃借人が賃借をした目的を達することができなくなるときは、賃借人は、契約を解除できる（607条）。

出題履歴
H25. 8‐4

（1）修繕は賃貸人の義務であると同時に賃貸人の権利でもある。保存行為の必要性を考慮し、**賃借人はこれを拒めない**とした。

（2）しかし、賃借人にしてみれば修繕によって目的物を利用できなくなる場合もあるので、賃借人保護の見地から**解除権**を認めたのである。

4　賃借物の一部滅失による賃料減額請求等　重要度 B

出題履歴
H25. 8-3
H28. 7-ア
H28. 7-イ

条文・原則

1　賃借物の一部が滅失その他の事由により使用及び収益することができなくなった場合において、それが賃借人の責めに帰することができない事由によるものであるときは、賃料は、その使用及び収益をすることができなくなった部分の割合に応じて、減額される（611条1項）。
2　賃借物の一部が滅失その他の事由により使用及び収益することができなくなった場合において、残存する部分のみでは賃借人が賃借をした目的を達することができないときは、賃借人は、契約を解除できる（同条2項）。

（1）賃借人からの請求を待つまでもなく、当然に賃料が減額される点に注意が必要である。賃借人に帰責事由がある場合は減額されない。

（2）解除の場合には、賃借人の帰責事由に関係なく、目的不達成の場合は解除ができる点に注意が必要である。

4 賃貸借の終了

1　期間満了・解約申入れによる賃貸借の終了　重要度 B

出題履歴
H20.13-3
H26.11-3

条文・原則

1　存続期間の定めのある賃貸借は、存続期間満了により終了する。
2　存続期間の定めのないときは、各当事者はいつでも解約申入れができ、解約申入れ後、
土地については1年
建物については3か月
動産については1日、で終了する（617条）。

(1) 存続期間の定めがある場合

存続期間の定めがある場合には、原則として中途解約はできない（賃借人には、期間満了まで借りる義務がある）。ただし、**存続期間中**であっても、各当事者は、**解約をする権利を留保する特約**をすれば、617条の規定により**解約の申入れをすることができる**（618条）。

H23.12- 4
H24.12- 4
H26.11- 4

期間満了後も契約を続けたい場合、賃貸借契約を更新することができる。賃貸借契約の更新は、合意によってなされるのが原則であるが、①賃借人が賃借物の**使用収益を続ける場合**に、②**賃貸人がこれを知りながら異議を述べなかった**ときは、**同一条件で賃貸借契約を更新したものと推定**され、その更新後の賃貸借は、**期間の定めのないものとみなされる**。その結果、各当事者は、いつでも解約の申入れをすることができる（619条1項後段）。また、敷金以外の担保は、期間満了によって消滅する（619条2項）。

H20.13- 2

(2) 存続期間の定めがない場合

解約申入れは、各当事者からいつでもできるが、賃借物の種類によって、契約の終了時期が異なる。

◆解約申入れ

当事者の一方が契約を将来に向かって消滅させる意思表示をいう。

2 解除権の行使による賃貸借の終了

理解する

条文・原則

1 賃貸借契約は、賃貸人又は賃借人による解除権の行使によって、終了する。
2 賃貸借契約の解除は、将来に向かってのみ効力を生ずる（620条）。

(1) 重要なものは、賃貸人の解除権の行使（無断転貸・譲渡、賃借人の賃料不払いなどを理由とする解除）による賃貸借の終了である。

(2) 法定解除のみならず、約定解除である**合意解除**によっても、**賃貸借は終了**する。

(3) 当事者の一方に、義務に違反し信頼関係を裏切って、賃貸借関係の継続を**著しく困難ならしめるような不信行為のあった場合**には、相手方は民法541条所定の**催告**を**要しな**

出題履歴

H22.12- 2
H26. 1 - 1
H27. 9 - 3

いで賃貸借を将来に向かって解除できる（判例）。

3　その他の原因による賃貸借の終了　重要度B

条文・原則

賃借物の全部が滅失その他の事由により使用及び収益をすることができなくなった場合には、賃貸借契約は終了する（616条の2）。

5 賃借権の譲渡・転貸

1　賃貸人に無断で行うことの禁止　重要度A

条文・原則

賃借人は、賃貸人の承諾がなければ、賃借権を譲渡したり、目的物を転貸してはならない（612条1項）。

◆賃借権の譲渡
賃借人の地位をそっくり第三者に譲ってしまうことをいう。賃借権の譲渡があれば、以後、賃借権を譲り受けた第三者が賃借人となる。

◆賃借物の転貸
いわゆる「又貸し」のことで、賃借人が、今度は賃貸人となって第三者との間で賃貸借契約をすることをいう。

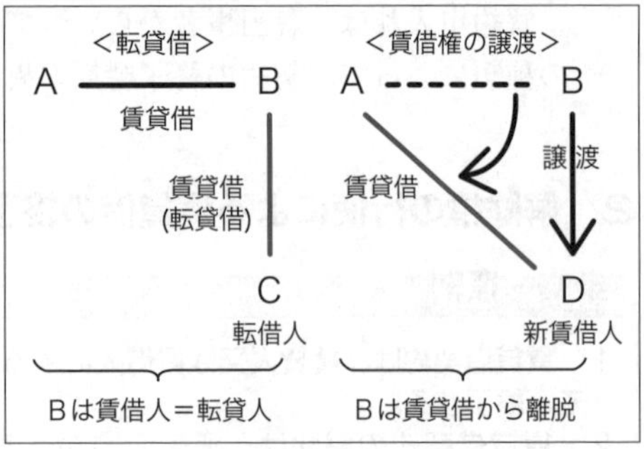

(1) **賃借権の譲渡**や**賃借物の転貸**のいずれも、第三者が目的物を使用収益することになるから、無断で行われると、賃貸人の信頼が裏切られることになる。

そこで、賃借権の譲渡や賃借物の転貸借は、**賃貸人の承諾（譲渡人・譲受人、転貸人・転借人のどちらに対しても可）がなければできない**ことにした。

2　無断譲渡・転貸による賃貸人の解除権

重要度A

条文・原則

1　賃借人が賃貸人に無断で、目的物を第三者に使用収益させたときは、賃貸人は契約を解除できる（612条2項）。
2　ただし、背信的行為と認めるに足らない特段の事情があるときは解除できない（判例）。

出題履歴
H21.12- 1
H25.11- 1
H27. 9- 1、3
R 2 (12).12- 2

（1）もし、賃借人が無断で第三者に実際に目的物を使用収益させたら（単に契約があるだけでは足りない）、それは信頼関係を裏切ったことになるから、**賃貸人は契約を解除できることにした**。
（2）しかし、上記の理論を形式的に貫くと、ささいな第三者の無断使用までも解除事由とされ賃借人に酷な場合が生ずる。そこで、判例は、**背信行為**（裏切り行為）とまではいえない特別の事情がある場合には、例外として第三者の無断使用は解除事由にあたらないとした。

3　適法な賃借権譲渡

理解する

条文・原則

賃貸人の承諾を得て賃借権の譲渡があった場合などには、いままでの賃借人は、契約関係から抜けて、賃貸人と譲受人との間に新しく賃貸借関係が生ずる。

4　適法な賃借物の転貸借

重要度A

条文・原則

1　「賃貸人Aと賃借人B」との間では、今までどおりの賃貸借関係が続く。
2　「賃借人Bと転借人C」との間に、賃貸借関係が新しく生ずる。
3　「賃貸人Aと転借人C」との間では、転借人Cは、賃貸人Aに対して、Bの債務の範囲を限度として、直接に義務を負う（613条）。

出題履歴
H23. 7- 1
H28. 8- 2
R 2 (12). 6- 4

（1）転借人Cの賃貸人Aに対する直接義務発生の結果、Aから賃料請求があれば、Cは直接Aに対して賃料を支払わなければならない。その際に、Cは賃料を転貸人Bに**前払い**したことを対抗できない（613条1項）。

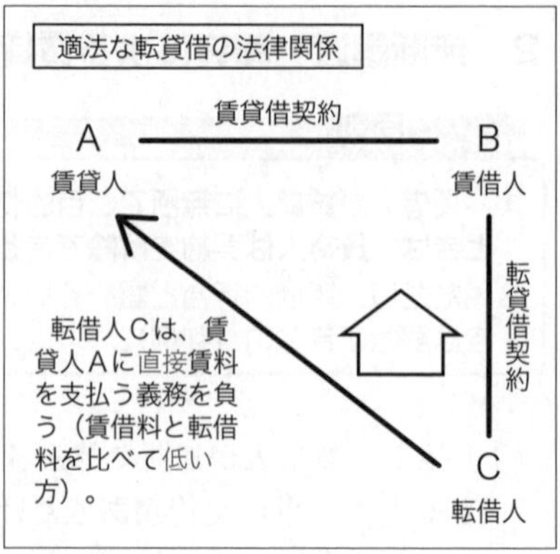

（2）なお、CがAに支払う義務を負うのは、AB間の賃借料とBC間の転借料を比較して低い方の額である。

6 不動産賃借権の対抗力（登記）

重要度B

条文・原則

不動産の賃貸借は、登記をすると、以後その不動産について物権を取得した者その他の第三者に対してもその効力を生ずる（605条）。

出題履歴
H20.13- 4
H26.11- 2
H29.11- 1

（1）右図において、賃借人Bは賃借権の登記をしていないと、賃貸人Aが第三者Cに当該土地を売却した場合、賃借権をCに対抗することができない。

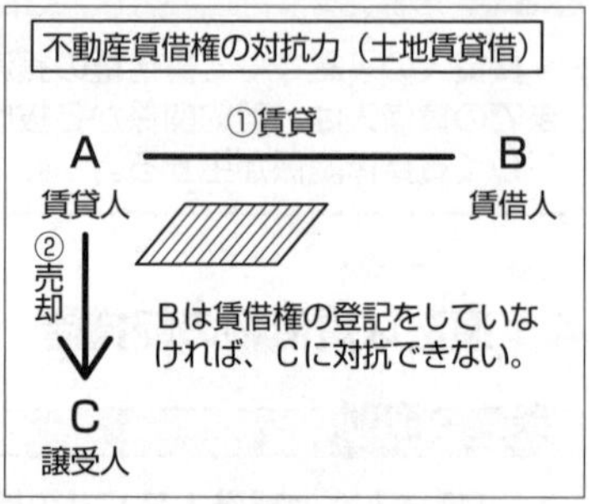

（2）「その他の第三者」とは、例えば、土地をAから二重に賃借を受けたDなどである。Bが賃借権の登記を設定していれば、Dに対しても自己が土地の賃借人であると対抗できる。

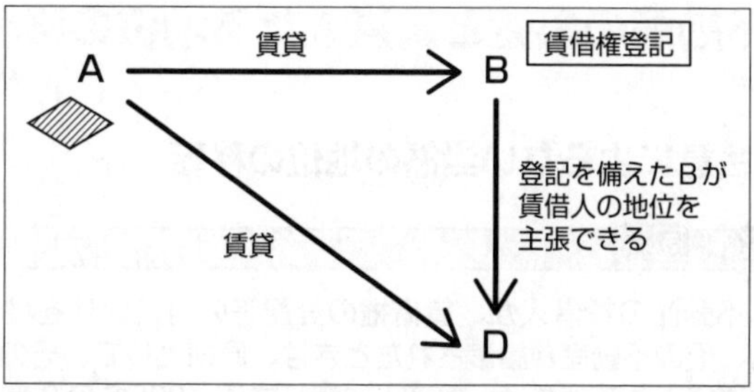

7 不動産の賃借人による妨害の停止の請求等

重要度 B

条文・原則

不動産の賃借人は、賃借権の登記等の対抗要件を備えた場合、

1　その不動産の占有を第三者が妨害しているときは、妨害の停止を請求できる。

2　その不動産を第三者が占有しているときは、返還を請求できる（605条の4）。

賃貸不動産について第三者の占有等により使用収益が妨げられている場合に、賃貸人に対して、第三者の占有を排除するように請求するだけでなく、賃借人が直接、妨害排除や返還の請求をすることができる。

R 2 (12).6 - 3

出題履歴
H24. 6 - 2

8 不動産の譲渡と賃貸人たる地位の移転

重要度 A

1　合意によらない当然の地位の移転

条文・原則

1　不動産の賃借人が、賃借権の登記等の対抗要件を備えた場合、その不動産が譲渡されたときは、原則として、その不動産の賃貸人たる地位は、譲受人に移転する（605条の2第1項）。
2　不動産の譲渡人と譲受人の間で、①賃貸人の地位を譲渡人に留保し、②譲受人がその不動産を譲渡人に賃貸する旨の合意をした場合は、賃貸人たる地位は、譲渡人に留保される。この場合、譲渡人と譲受人の賃貸借が終了したときは、譲渡人に留保されていた賃貸人の地位は、譲受人に移転する（同条2項）。
3　賃貸人たる地位の移転を賃借人に対抗するには、不動産の所有権移転登記が必要となる（同条3項）。
4　賃貸人たる地位が移転したときは、賃貸人の費用償還の債務及び敷金返還債務は、譲受人に移転する（同条4項）。

（1）不動産の賃借人が賃貸借の対抗要件を備えた場合は、その不動産が譲渡されても、譲受人（新所有者）に賃借権を対抗できるため、賃貸人たる地位は、譲渡人と譲受人の間で賃貸人の地位を移転させる**合意がなくても、当然に譲受人に移転**する。

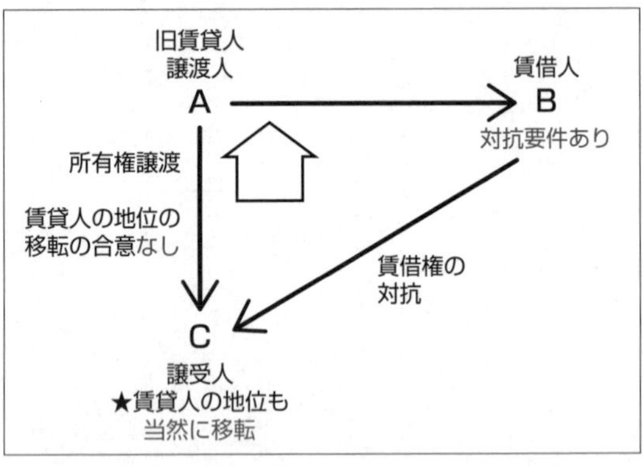

（2）譲渡人と譲受人との間で、**①賃貸人の地位を留保し、②譲受人から譲渡人への賃貸借**がなされれば、賃貸人の地位は移転せず、**譲渡人に留保**される。ただし、この②の賃貸

借が終了すれば、譲受人に賃貸人の地位は移転する（転貸借類似の関係）。

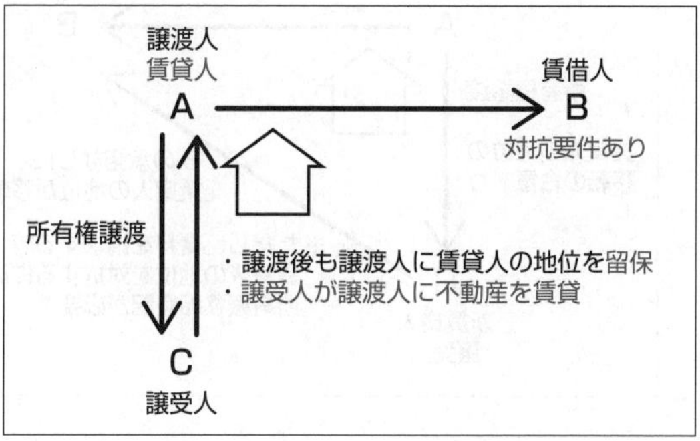

（3）譲受人が、賃借人に対して賃料を請求したりするなどの**賃貸人たる地位を対抗するには、不動産の所有権移転登記が必要**となる。

2　合意による賃貸人の地位の移転

重要度 B

条文・原則

賃貸不動産の譲渡人と譲受人の合意により、賃貸人たる地位は、賃借人の承諾を要しないで、譲受人に移転させることができる（605条の3）。

1は、賃借人が賃借権の対抗要件を備えている前提で、譲渡人と譲受人の間で賃貸人の地位の移転をさせる合意がない場合の規定であるが、両者間で賃貸人の地位を移転させる合意がある場合も、賃借人の承諾なしに賃貸人の地位を移転させることができる。賃貸人が代わっても賃借人にはあまり不利益はないからである。

なお、賃貸人の地位を対抗する場合に所有権移転登記が必要なことや、義務の承継は、1の場合と同様である。

講師からのアドバイス
賃借人が賃借権の対抗要件を備えていない場合でも、賃貸人の地位を移転させることができる点がポイントである。

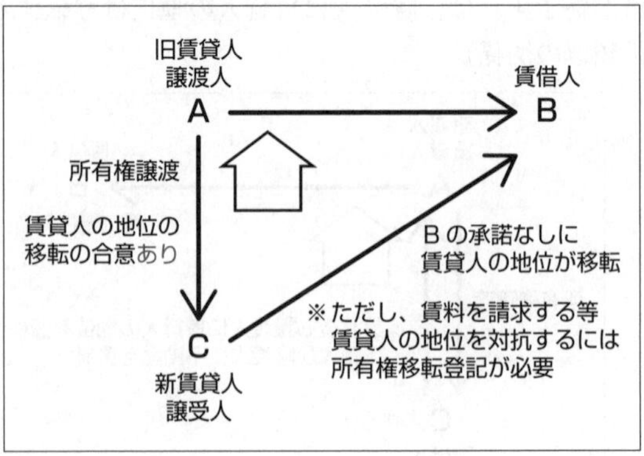

9 敷金

1　敷金とは

重要度A

条文・原則

1　敷金とは、賃借人が、賃料債務その他賃貸借関係より生じた一切の債務を担保するため賃貸人に交付する金銭のことである(622条の2第1項)。

2　賃貸借が終了し、かつ、賃貸人が賃貸物の返還を受けたとき、それまで生じた賃借人の未払賃料や賃借物損壊の弁償金などを控除した残額につき、賃借人に敷金返還請求権が生ずる(同項1号)。

出題履歴
R 2(10). 4-3
R 3(10). 1-3

賃借人に敷金返還請求権が生じるのは、賃貸人が「返還を受けたとき」であるから、賃貸借契約終了の際、賃借人は、「敷金を返還してもらうまで建物を明け渡さない」(同時履行の抗弁)と主張することはできない。契約終了後明渡しまでの弁償金等も担保するから、明渡前には敷金返還請求権は現実化せず、返還する金額が確定しないのである。

2　賃料への充当

重要度A

条文・原則

賃貸借の継続中に賃借人に賃料の不払いがあっても、敷金をもってこれに当てるか否かは、賃貸人の自由であり、賃借人の方から賃貸人に対して敷金からの充当を主張することができない(622条の２第２項)。

出題履歴
H28. 1 - 2
R 2 (10). 4 - 4

3　賃貸人の地位の移転と敷金

重要度B

条文・原則

賃貸物の譲渡により賃貸人たる地位が移転したとき、賃借人が差し入れていた敷金の返還義務は、新賃貸人に承継される（605条の２第４項)。

出題履歴
H20.10- 2
R 3 (10).12- 2

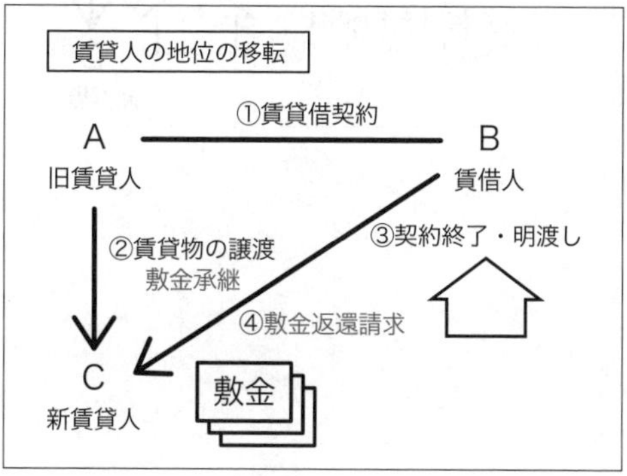

賃借人Bは、賃貸借が終了して明け渡した後、新賃貸人Cに未払賃料等の債務を控除した敷金の返還請求ができる。

4　賃借人の地位の移転と敷金

重要度A

出題履歴
H20.10- 3

条文・原則

賃借権が賃貸人の承諾を得て移転し賃借人が交替するとき、敷金に関する権利義務関係は、新賃借人に承継されない。この場合、賃貸人は、それまで生じた旧賃借人の債務の額を控除した残額を旧賃借人に返還しなければならない（622条の２第１項２号）。

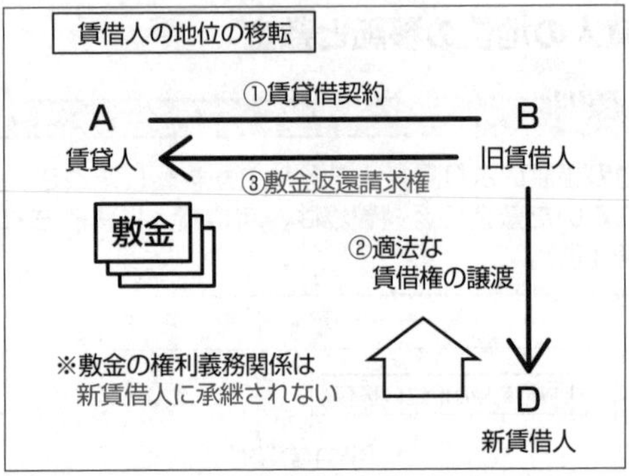

借地

重要ポイント

1．借地権の存続期間

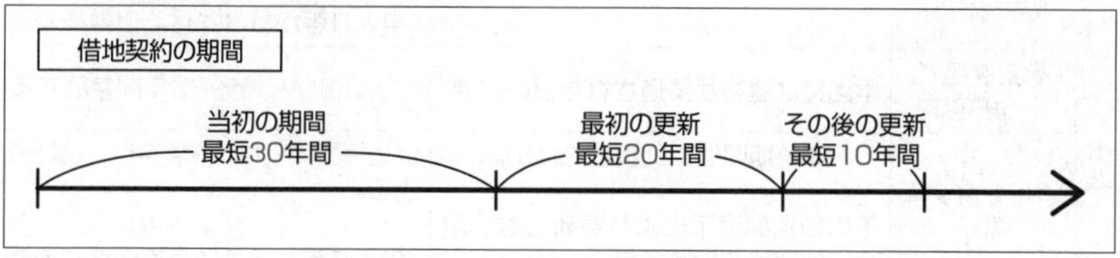

2．更新

Point 借地権の更新

●合意による更新…建物の存否にかかわらず更新可
●法定更新（建物が存在している場合）
①更新請求による更新…借地権者の一方的な更新請求により更新される。
②土地使用継続による更新…借地権者が満了後も土地の使用継続をすることにより更新される。
ただし、上記①②については、借地権設定者が遅滞なく異議を述べ、しかも、その異議に正当の事由があると認められる場合には更新されない。
●期間が満了した場合において、契約の更新がないときは、借地権者は建物買取請求権を行使できる。

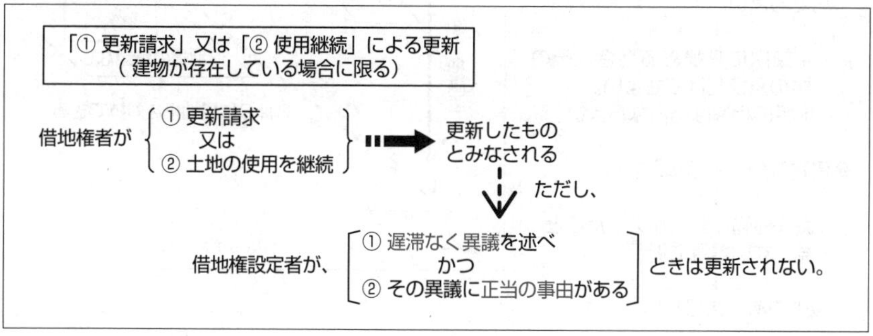

3. 建物滅失と借地権

		当初の借地権存続中の建物滅失	更新後の建物滅失
借地権者の解約の申入れ等の可否		滅失による解約申入れ等はできない	借地権者は、解約申入れ等ができる。 ↓ 申入れ等から3か月で借地権消滅
再築	承諾を得て再築	承諾又は建物が築造された日のいずれか早い日から最短20年間存続する	
再築	承諾を得ずに再築	存続期間は、延長されない。 ↓ その後期間満了により更新しない場合には建物買取請求可	借地権設定者は、解約申入れ等ができる。 ↓ 申入れ等から3か月で借地権消滅
その他		「みなし承諾」制度あり	承諾に代わる「裁判所の許可」制度あり

4. 借地権の対抗力

Point 借地権の対抗力

●借地権に対抗力を与える建物登記は、借地権者名義であることが必要だが、権利に関する登記だけではなく、表示に関する登記でもよい。

↓

・1筆内に2棟ある場合、その中の1棟だけでもよい。
・地番の相違は軽微ならよい。

●建物滅失による掲示方法

↓

・滅失建物に登記があったこと
・見やすい場所に掲示

↓

滅失のあった日から2年間

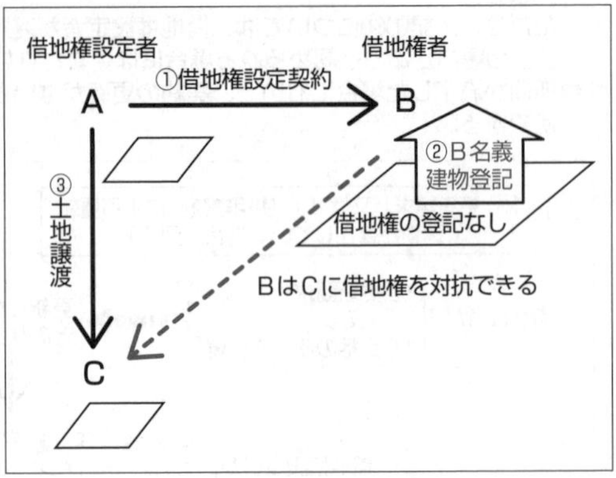

5．借地上の建物の譲渡

Point 借地上の建物の譲渡

●借地権が賃借権の場合において、借地上の建物の譲渡の際、土地賃借権の譲渡等につき借地権設定者の承諾が得られない

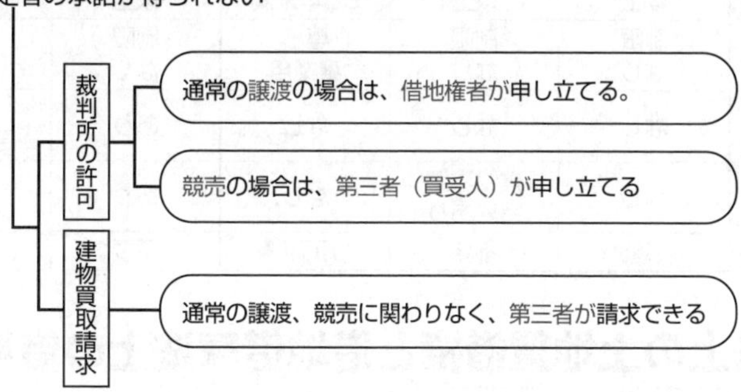

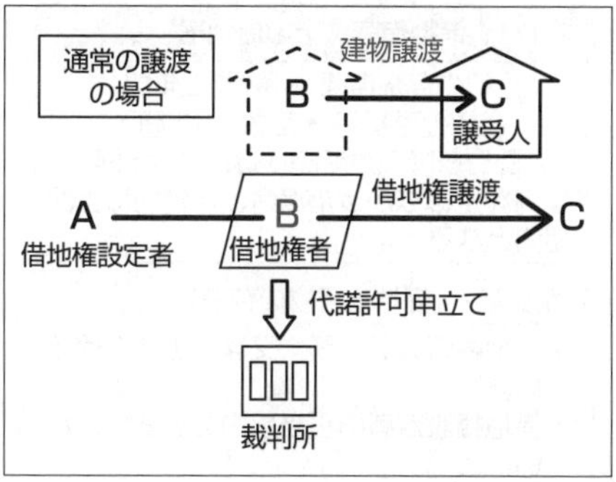

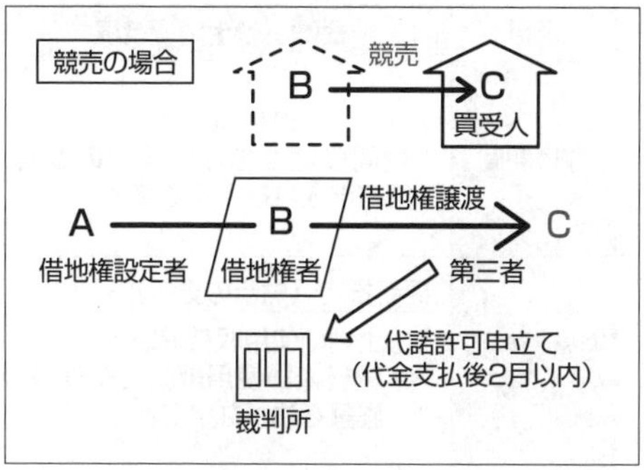

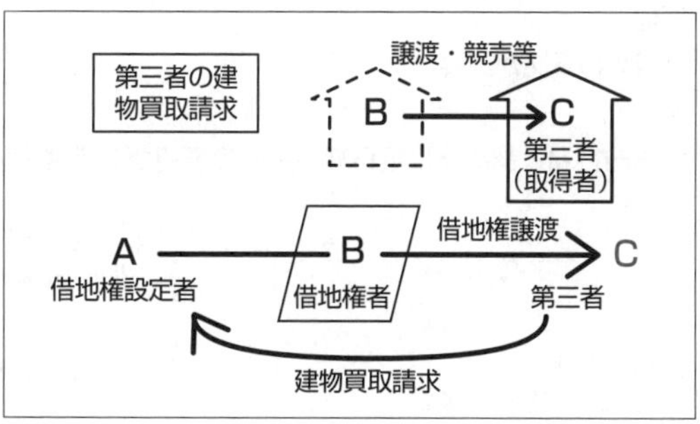

6．定期借地権等

	定期 借地権	建物譲渡特 約付借地権	事業用 定期借地権	普通 借地権	民法上の 賃貸借
存続 期間	50年 以上	30年 以上	10年以上 50年未満	30年 以上	50年 以下
契約 の目的	制限 なし	制限 なし	専ら 事業用	制限 なし	制限 なし
法定 更新	なし	なし	なし	あり	なし ※更新推定有
建物買 取請求	なし	建物譲渡 特約あり	なし	あり	なし
書面	必要	不要	公正証書	不要	不要

7．民法上の土地賃借権と借地借家法上の借地権

民法上の土地賃借権と借地借家法上の借地権

項目	民法上の土地賃借権	借地借家法上の借地権
存続期間	最長50年間 ※期間の定めのない契約の場合、解約申入れ後１年で終了	当初の存続期間→ 最短30年間 最初の更新時→ 最短20年間 ２回目以降の更新時→ 最短10年間 ※期間を定めなかった場合、自動的に上記期間となる
合意更新以外の更新	更新推定（黙示の更新） ①土地の使用収益継続 ②賃貸人が使用継続を知りつつ異議を述べないこと	法定更新（借地上建物の存在） ①借地権者の更新請求又は②土地の使用継続 ③借地権設定者の正当事由ある異議がないこと
土地賃借権の譲渡・転貸	原則 賃貸人の承諾が必要 例外 背信的行為と認めるに足らない特段の事情がある場合には賃貸人は解除できない。	
	――――	裁判所の代諾許可制度あり （借地上の建物譲渡の際）
期間満了により契約が終了する場合	原状回復義務 →借地上建物取り壊し	建物買取請求可
対抗力	不動産賃借権の登記	①借地上建物の借地権者名義による登記 ②建物が滅失した場合の掲示による方法
その他	――――	地代増減額請求権

1 借地権

1　借地権とは

重要度A

条文・原則

借地権とは、建物所有を目的とする地上権又は土地の賃借権をいう（借地借家法2条1号）。

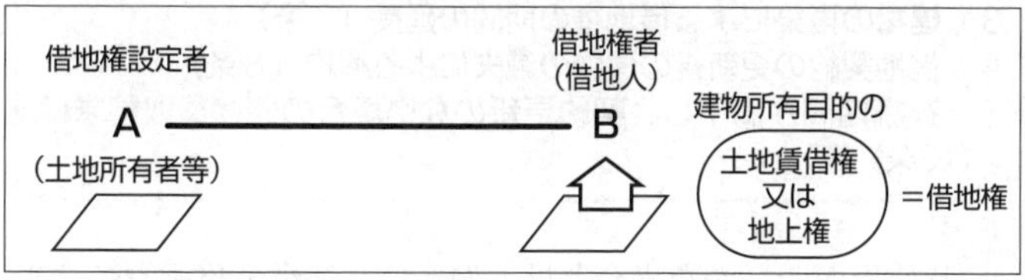

（1）借地借家法は、借地権者等の保護を目的として民法を修正しており、一部の規定を除き、借地借家法の規定に反する特約で借地権者に不利な特約は、無効である。

（2）すべての地上権、土地賃借権ではなく、**建物所有を目的とするものだけ**を借地権という。建物は、**住宅に限らず**事務所、倉庫等を含む。

（3）借地権者が設定した建物の所有を目的とする土地の賃借権を**転借地権**といい、転借地権を有する者を**転借地権者**という。

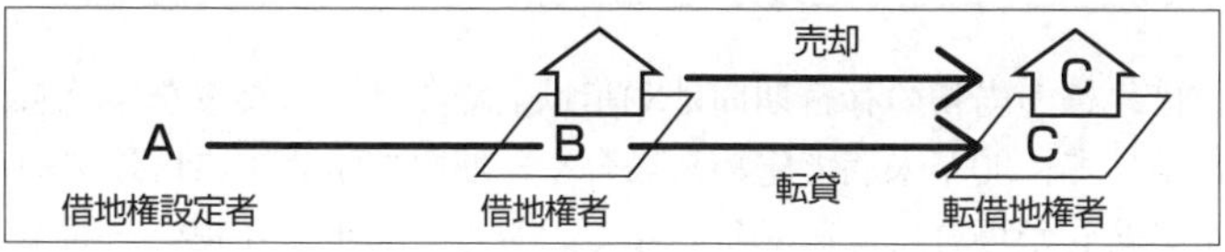

出題履歴
H25.12- 1
H29.11- 1、2

2　一時使用の借地権とは

重要度 B

出題履歴
H24.11- 4
R 3 (10).11- 4

講師からのアドバイス
借地権の保護が必要な理由は、借地権者が借地上に「長期間」存続する建物を建てて資本を投下しているからである。したがって、一時使用の場合には、投下する資本の額も僅少であることから、全く同様に保護する必要性はないのである。

条文・原則

臨時設備の設置その他一時使用のために借地権を設定したことが明らかな場合には、一定の規定は適用しない（25条）。
1　存続期間（3条、4条）
2　借地契約の更新（5条、6条）
3　建物の再築による借地権の期間の延長（7条）
4　借地契約の更新後の建物の滅失による解約（8条）
5　存続期間が満了し、契約更新のない場合の建物買取請求権（13条）等

一時使用が明らかな場合とは、例えば、選挙事務所やモデルルームなどのために借地権が設定された場合である。

2 借地権の存続期間

1　借地権の当初の存続期間

重要度 A

出題履歴
H20.13- 1
H26.11- 1
H30.11- 2、- 3
R 1.11- 2

条文・原則

1　借地権の存続期間は30年とする（3条本文）。
2　ただし、契約で30年より長い期間を定めた場合は、その期間とする（3条ただし書）。

H20.13- 3
H26.11- 3
H29.11- 2
R 1.11- 2

借地権の当初の存続期間は30年以上でなければならない。したがって、30年未満で定めた場合や、期間を定めずに借地契約を締結した場合には、30年となる。一方、30年より長い期間を定めた場合には、その期間となる。

◆民法上の土地賃借権の存続期間

民法上の賃貸借では、存続期間は50年を超えることができず、これより長い期間を定めたときは、50年に短縮される。
借地借家法では、借地権者及び建物の保護のため、存続期間が30年以上とされている。

20年と定めた場合　→　30年
期間を定めなかった場合　→　30年
40年と定めた場合　→　40年

2　借地権の更新後の存続期間

2－1　最初の更新の場合

重要度B

条文・原則

1　最初の更新にあっては、20年とする（4条本文）。
2　ただし、当事者がこれより長い期間を定めたときは、その期間とする（4条ただし書）。

出題履歴
H21.11- 4
R 2 (10).11- 4

最初の更新の場合における期間は20年以上でなければならない。したがって、20年未満で定めた場合や、期間を定めずに借地契約を締結した場合には、20年となる。一方、20年より長い期間を定めた場合には、その期間となる。

10年と定めた場合　→　20年
期間を定めなかった場合　→　20年
30年と定めた場合　→　30年

2－2　2回目以降の更新の場合

重要度B

条文・原則

1　2回目以降の更新にあっては10年とする（4条本文）。
2　ただし、当事者がこれより長い期間を定めたときは、その期間とする（4条ただし書）。

2回目以降の更新の場合における期間は10年以上でなければならない。したがって、10年未満で定めた場合や、期間を定めずに借地契約を締結した場合には、10年となる。一方、10年より長い期間を定めた場合には、その期間となる。

5年と定めた場合　→　10年
期間を定めなかった場合　→　10年
20年と定めた場合　→　20年

3 借地権の更新

1　合意更新

理解する

条文・原則

合意による更新は、建物の存否にかかわらずできる。

◆更新とは

借地権は期間の定めをするかどうかにかかわりなく、少なくとも30年で、期間満了のときが到来する。そのときに、契約を継続させるのが更新の制度である。

当事者による借地契約の更新の合意がある場合、更新されるのは、私的自治の原則から当然である。

2　法定更新（「①更新請求」又は「②土地使用継続」による更新）

重要度A

条文・原則

1　建物がある場合に限り、以下のいずれかにより、従前の契約と同一条件（同じ地代等）で契約を更新したものとみなされる。
①更新請求による更新
存続期間満了の際、借地権者が更新を請求したとき（5条1項本文）
②土地使用継続による更新
存続期間満了後、借地権者が土地使用を継続するとき（同条2項）
2　ただし、借地権設定者が、遅滞なく異議を述べ、しかも、その異議に正当の事由があると認められる場合には更新されない（同条1項ただし書、6条）。

出題履歴
H20.13- 2
H21.11- 2
H25.12- 2

（1）存続期間**満了時に建物がある**場合は、**更新の合意がなくとも**、「借地権者の一方的請求」又は「借地の使用継続という事実」で契約は更新される。

借地借家法は、**借地上に建物がある限り**は、建物が建っていられるよう、期間が満了しても借地契約が更新されるのを原則としているのである。

（2）転借地権がある場合にも、**転借地権者の土地使用継続**で更新が成立する（5条3項）。

（3）前記「①更新請求」や「②土地使用継続」による更新の場合であっても、地主が遅滞なく異議を述べれば更新を阻止できる。ただし、この異議は「正当の事由がある」と認められる場合でなければ述べることができない。

「**正当の事由**がある」かどうかは、当事者（転借地権者を含む）の土地使用を**必要とする事情**、借地に関する**従前の経過**、土地の**利用状況**、借地権設定者の**立退料等の申出**を考慮して判断される（6条）。

◆民法の黙示の更新

民法においても、期間満了後も賃借人が賃借物の使用・収益を続ける場合に、賃貸人がこれを知りながら異議を述べなかったときは、更新したものと推定される（黙示の更新）が、この場合の賃貸人の異議には、正当の事由は要求されていない。

3　更新されなかった場合の建物買取請求権　重要度B

条文・原則

1　借地権の存続期間が満了した場合において、契約の更新がないときは、借地権者は借地権設定者に対し、建物等を時価で買い取るべきことを請求できる（13条1項）。
2　転借地権が設定されている場合、借地権の存続期間が満了したときは、転借地権者が、借地権設定者に直接建物の買取請求ができる（同条3項）。

◆時価

建物の時価相当額で、場所的な要素は加味されるが、借地権価格そのものは含まれない。

（1）借地人の投下資本の回収を図るために、**契約更新がない場合**は、借地権者から借地権設定者に対する**建物買取請求権**を認めた。

（2）この請求権が行使されると、**当然に建物売買契約が成立**したものとされ（形成権）、「建物明渡し」と「建物代金支払い」は**同時履行の関係**となる。また、土地の明渡しも拒むことができる（判例）。

ただし、請求権行使後は、土地を不法占拠しているわけではないが、使用収益権を有することなく土地を現実に利用しているので、建物を引き渡すまでの間、**地代相当額を不当利得**として支払わなければならない（判例）。

（3）**債務不履行による**土地賃貸借**契約解除**の場合には、借地人は**建物買取請求権を有しない**（判例）。

出題履歴

H28.11- 4
R 2（10）.11- 3

4 建物滅失と借地権（当初の借地権存続中の滅失）

1　借地権者の解約の申入れ等の可否

重要度 B

H21.11- 3

講師からのアドバイス

借地権の存続期間中に建物が滅失しても、借地権は当然には消滅しない。しかし、地主としては借地権存続期間満了時に建物があると契約更新が原則とされるので、建物再築を好まない。両者の利害を調整することが必要である。

条文・原則

当初の借地権存続中に建物が滅失した場合、借地権者は、解約申入れ等により借地権を消滅させることはできない。

後述する更新後の建物滅失の場合には、借地権者は解約申入れ等により借地権を消滅させることはできるが、当初の借地権存続期間中に建物が滅失した場合には、このような制度はない。

2　残存期間を超えて存続すべき建物の再築

2－1　承諾を得て再築した場合

重要度 B

条文・原則

建物が滅失し、借地権者が借地権設定者の承諾を得て、残存期間を超えて存続すべき建物を築造した場合、借地権は、承諾又は建物が築造された日のいずれか早い日から最短20年間存続する（7条1項）。

（1）残存期間が20年より長いとき、又は当事者が20年より長い期間を定めたときは、それによる（7条1項ただし書）。

（2）借地権者が、**再築の通知をした後**、借地権設定者が**2月以内**に異議を述べなかったときには、**承諾があったもの**とみなされる（7条2項）。更新後の建物滅失の場合には、このような「みなし承諾」の制度はない。

2－2　承諾を得ずに再築した場合

重要度B

条文・原則

当初の借地権存続中に建物が滅失し、借地権者が借地権設定者の承諾を得ずに、残存期間を超えて存続すべき建物を築造した場合、借地権の存続期間は、延長されない。

（1）**借地権設定者の承諾がなく再築**したときは、存続期間はそのままである。この場合には、**存続期間満了時の**「更新請求」や「土地使用継続」による**更新**が成立する可能性がある。

ただし、借地権設定者の承諾なく再築したという事情は、地主側の更新拒絶の正当の事由を成り立たせる要素となってしまう可能性がある。

出題履歴
H25.12- 4

（2）当初の存続期間中に建物が滅失した場合には、借地権者が**借地権設定者の承諾を得ずに再築**しても、借地権設定者は解約の申入れ等はできない。この点は、更新後の建物滅失の場合と異なる部分である。

H21.11- 1

2－3　建物買取請求権

理解する

条文・原則

建物が借地権の存続期間満了前に借地権設定者の承諾を得ないで残存期間を超えて存続すべきものとして新たに築造されたが、その後存続期間が満了し、契約の更新がない場合には、借地権者は建物等を時価で買い取るべきことを請求することができる（13条1項）。

この場合、裁判所は、借地権設定者の請求により、代金の全部又は一部の支払につき**相当の期限を許与**することができる（13条2項）。

5 建物滅失と借地権（更新後の滅失）

1　借地権者の解約の申入れ等

重要度 C

条文・原則

1　契約の更新後に建物の滅失があった場合、「借地権者」は、地上権の放棄又は土地の賃貸借の解約の申入れをすることができる（8条1項）。
2　借地権は上記の放棄又は申入れがあった日から3月を経過することによって消滅する（同条3項）。

当初の存続期間中に建物が滅失した場合には、このような制度はない。

2　残存期間を超えて存続すべき建物の再築

2－1　再築について借地権設定者の承諾がある場合

重要度 C

条文・原則

建物が滅失し、借地権者が借地権設定者の承諾を得て、残存期間を超えて存続すべき建物を築造した場合、借地権は、承諾又は建物が築造された日のいずれか早い日から最短20年間存続する（7条1項）。

考え方は、当初の存続期間中の建物滅失の場合と同じであるが、「みなし承諾」の制度はない。

2－2　承諾を得ずに再築した場合（借地権設定者の解約の申入れ等）

重要度C

条文・原則

1　契約の更新後に建物が滅失し、借地権者が借地権設定者の承諾を得ないで残存期間を超えて存続すべき建物を築造したときは、「借地権設定者」は、地上権の消滅の請求又は土地の賃貸借の解約の申入れをすることができる（8条2項）。
2　借地権は上記の請求又は申入れがあった日から3月を経過することによって消滅する（同条3項）。

更新後の借地権は、あまり長期間存続すべきではないとの観点から、再築についての地主の承諾がないと、借地権者は事実上残存期間を超える建物を再築できないとされた。

2－3　承諾に代わる裁判所の許可

重要度C

条文・原則

契約の更新後に建物が滅失し、借地権者が残存期間を超えて存続すべき建物を新たに築造することにつきやむを得ない事情があるにもかかわらず、借地権設定者がその建物の築造を承諾しないときは、一定の場合を除き、裁判所は、借地権者の申立てにより、借地権設定者の承諾に代わる許可を与えることができる（18条1項）。

出題履歴
H23.11- 2

（1）この承諾に代わる裁判所の許可制度は、更新後の建物滅失の場合の制度であり、**当初の存続期間中の建物滅失の場合にはこのような制度はない**。
（2）上記の一定の場合とは、借地権設定者が地上権の消滅の請求又は土地の賃貸借の解約の申入れをすることができない旨を定めた場合である。
（3）裁判所が許可を与える場合において、当事者間の利益の衡平を図るため必要があるときは、延長すべき借地権の期間として前記5 2　2－1の期間と異なる期間を定め、他の借地条件を変更し、財産上の給付を命じ、その他相当の処分をすることができる。

6 借地権の対抗力

1　借地上の建物の登記による方法

重要度A

出題履歴
H20.13- 4
H24.11- 3
H26.11- 2
H29.11- 1
R 2 (10).11- 1

条文・原則

借地権は、その登記がなくても、土地の上に借地権者が登記されている建物を所有するときは、これをもって第三者に対抗できる（10条１項）。

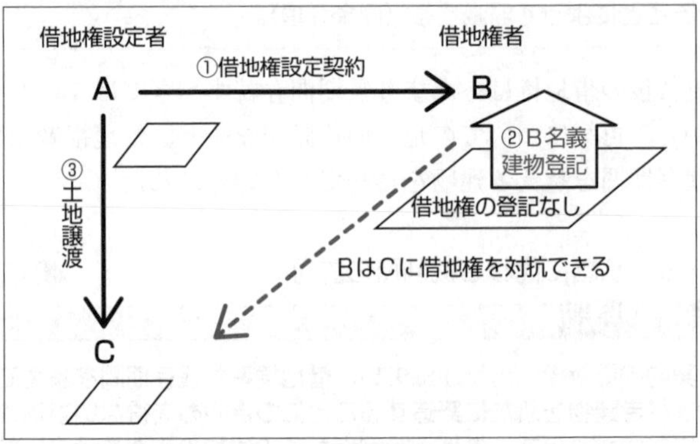

講師からのアドバイス
土地賃借権の登記は、土地賃借権者と借地権設定者の共同申請でしなければならないので、借地権設定者が登記申請に協力しない限り登記できない。
そこで、借地借家法は、借地人単独で（地主の協力なしで）対抗力を備えられる方法を認めた。

（１）借地上の建物の所有権保存登記は**建物を建てた借地権者の単独申請**となるので、**借地権設定者の協力なし**に対抗力を備えられる。なお、**現住していなくとも**、対抗力は認められる。

出題履歴
H24.11- 1
H28.11- 1
H30.11- 4
R 2 (12).11- 1

（２）もっとも、借地権の対抗力が認められるのは、建物所有者である借地人が**自己名義**でしたものに限る。表示の登記でもよいが、「息子名義」とか「配偶者名義」の登記では、実質上の権利と符合しないものであり無効の登記であって対抗力を生じない以上、借地権の対抗力も認められない（判例）。

R 2 (12).11- 4

（３）**対抗力の及ぶ土地の範囲**

土地上に甲・乙２棟の建物を所有する場合、**甲建物にのみ**所有権保存登記があれば、乙建物が未登記であっても、１筆の土地全体に借地権を対抗することができる（判例）。

H28.11- 2

建物の登記上の所在の地番が、その土地の実際の地番の表示と**多少相違していても**、建物の同一性が種類、構造、床面積等の記載によって認識できる程度の軽微な相違であれば、借地権を対抗することができる（判例）。

2　掲示による方法

重要度A

条文・原則

登記された建物を所有していれば、建物が滅失した場合でも、借地権者が、これまで建っていた建物を特定するために必要な事項等一定の掲示を土地上の見やすい場所にしたときには、建物滅失の日から２年間に限り、借地権の対抗力が持続する（10条２項）。

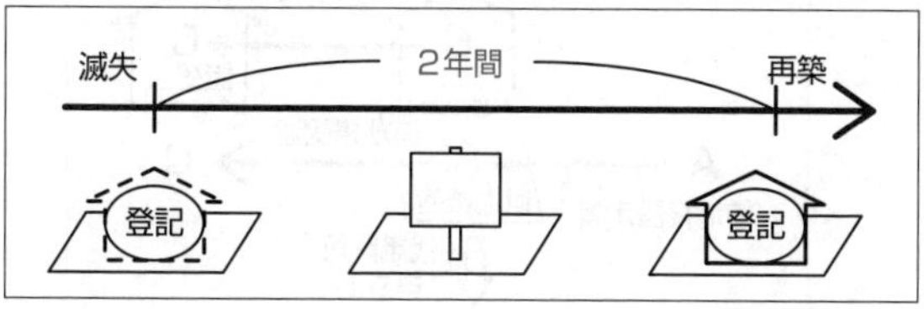

（1）この臨時の対抗力が認められる**前提**として、これまで土地の上に**借地権者が登記されている建物を所有していたこと**が必要である。建物が滅失すると、建物の登記は実体のないものとして無効となり、再築した建物の登記を備えるまで借地権の対抗力も失う。

（2）その後も対抗力を持続させようとするなら、この２年以内に建物を再築し、その登記をすることが必要となる（10条２項ただし書）。

出題履歴
H24.11- 2
R 2 (12).11- 2

7 借地上の建物の譲渡

1　借地上の建物を譲渡しようとするとき　重要度B

条文・原則

賃借権の目的である土地の上の建物を第三者に譲渡しようとする場合、その第三者が賃借権を取得し又は転借しても借地権設定者に不利となるおそれがないにもかかわらず、その承諾を得られないときは、借地権者の申立てにより、裁判所は、借地権設定者の承諾に代わる許可を与えることができる（19条1項前段）。

出題履歴
H23.11- 3

◆承諾に代わる許可
本来借地権者は、借地権設定者の承諾を得なければ、賃借権の譲渡又は転貸をしてはならないが、その者が承諾を拒むときでも、借地権者は、その者の承諾に代わる裁判所の許可を得て、これをできるようにした。

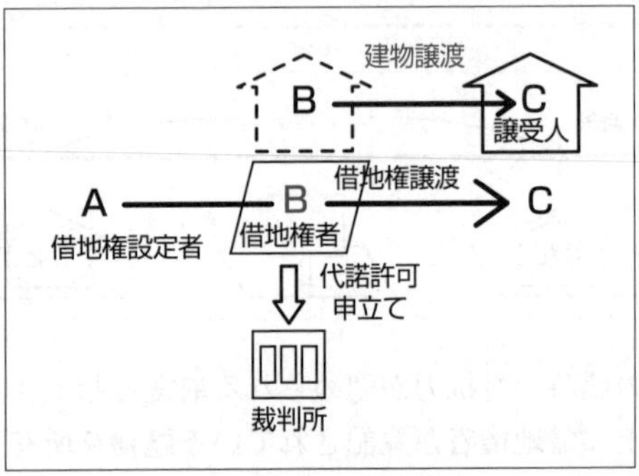

（1）**借地権が地上権の場合**、**自由に**借地権の譲渡又は賃貸ができる。

　これに対し、**借地権が賃借権の場合**には、自由にはできない。賃借権は、その譲渡又は転貸には賃貸人Aの**承諾が必要**だからである（民法612条）。譲渡できないとすると、借地人Bは建物に費やしたお金を回収できないことになり不都合となるので救済策が認められた。

H26. 7 - 1

（2）なお、借地上の建物自体の**賃貸**の場合は（**譲渡でない**点注意）、土地の転貸にあたらず地主の**承諾は不要**であるが、建物を**譲渡**すると借地権の譲渡（又は転貸）となりうるから、**承諾を要する**ことになるのである。

2　借地上の建物を競売で取得したとき　重要度B

条文・原則

第三者が借地上の建物を競売により取得した場合、その第三者が賃借権を取得しても借地権設定者に不利となるおそれがないにもかかわらず、借地権設定者が賃借権譲渡を承諾しないときは、建物取得者は、裁判所に対して、借地権設定者の承諾に代わる許可の裁判を申し立てることができる（20条１項前段）。

出題履歴
H23.11- 4

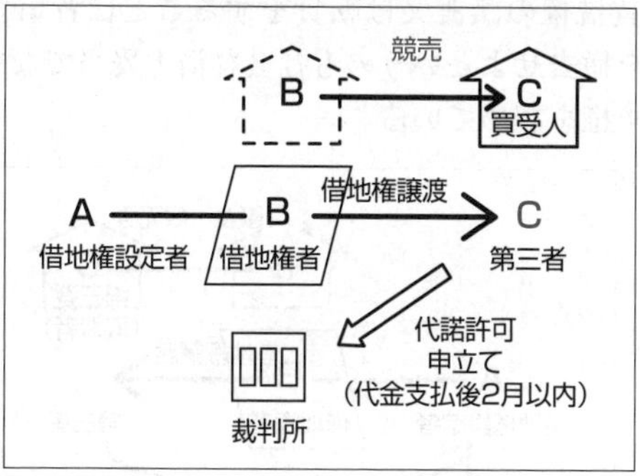

（1）借地権付き建物に抵当権が設定され、抵当権が実行されると建物所有者が変わる。借地権は、**従たる権利**として抵当権の効力が及び、建物買受人のものとなるが（判例)、賃借権たる借地権の場合には、買受人が借地権を取得したことを対抗するためには賃貸人の承諾が必要である。そこで、この場合も承諾がないときの救済が認められた。

（2）この申立ては、建物の**代金を支払った後２月以内**にしなければならない（20条３項)。

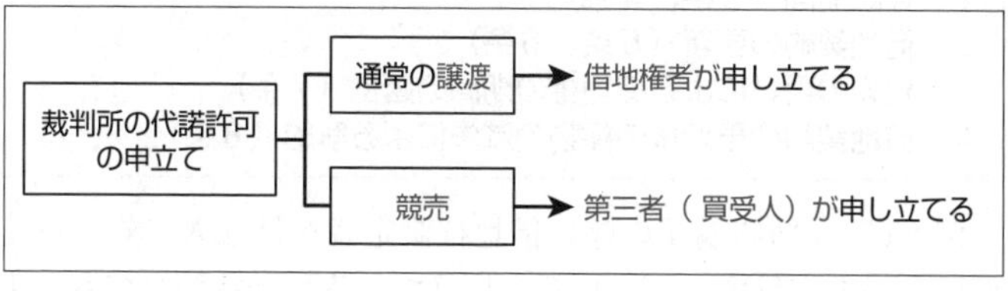

3　借地上の建物を取得した第三者の建物買取請求権　重要度C

条文・原則

第三者が賃借地上の建物等を取得した場合において、借地権設定者が賃借権の譲渡又は転貸を承諾しないときは、その第三者は、借地権設定者に、時価で建物等の買取を請求できる（14条）。

無断で賃借権の譲渡又は転貸をすることは背信行為であるが、建物を撤去せよというのも社会経済上妥当でないので、建物買取請求権を認めている。

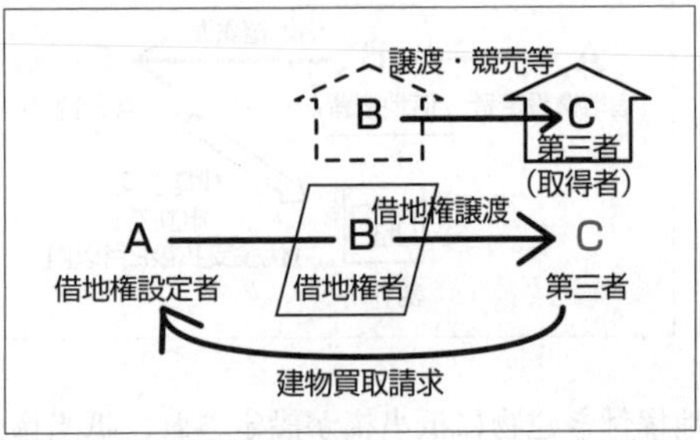

8 借地権者に不利な特約は無効

1　借地権者に不利な特約　理解する

条文・原則

以下の事項に関して、借地権者に不利な特約は無効となる（9条）。

1　存続期間（3条、4条）
2　借地契約の更新（5条、6条）
3　建物の再築による借地権の期間の延長（7条）
4　借地契約の更新後の建物の滅失による解約（8条）

例えば、「期間満了の際、借地権設定者が借地人に対し一定額の金銭を交付すれば、更新を拒絶できる」と特約しても、上記借地契約の更新の規定（6条）について借地権者に不利な特約となって無効となる（9条）。

2　借地権者又は転借地権者に不利な特約

理解する

条文・原則

以下の事項に関して、借地権者又は転借地権者に不利な特約は無効となる（16条、21条）。
1　借地権の対抗力（10条）
2　建物買取請求権（13条、14条）
3　借地条件の変更等（17条、18条、19条）

9 借地条件の変更の裁判

理解する

条文・原則

建物の種類、構造、規模又は用途を制限する旨の借地条件がある場合において、事情の変更により、その借地条件と異なる建物の所有を目的とすることが相当であるにもかかわらず、当事者間に協議が調わないときは、裁判所は、当事者の申立てにより、その借地条件を変更することができる（17条１項）。

出題履歴
H23.11- 1

（1）「当事者の申立て」とあるので、借地権者のみならず、借地権設定者も申立てをすることができる。

（2）その他、増改築を制限する旨の借地条件がある場合において、裁判所は、**借地権者の申立て**により、代諾許可を与えることができる（17条２項）。

（3）これらの裁判をする場合において、裁判所は、当事者間の利益の衡平を図るため必要があるときには、他の借地条件を変更し、**財産上の給付を命じ、その他相当の処分**をすることができる（17条３項）。

⑩ 地代等増減額請求権

1　地代等増減額請求権とは

重要度 B

出題履歴
H29.11- 3

条文・原則

地代又は土地の借賃（地代等）が、①土地に対する租税その他の公課の増減により、②土地の価格の上昇・低下その他の経済事情の変動により、又は、③近傍（きんぼう）類似の土地の地代等に比較して不相当になったときは、契約の条件にかかわらず、当事者は、将来に向かって地代等の額の増減を請求することができる（11条1項本文）。

地代等増減額請求の考え方や当事者の協議が調わない場合の扱いは、後述する借家契約における借賃増減額請求権と同様であるので、詳細はその項で学習する。

2　地代等不増額の特約がある場合

参考

条文・原則

一定の期間、地代等を増額しない特約がある場合は、その期間内は増額請求は認められない（11条1項ただし書）。

出題履歴
R 2 (10).11- 2

一定期間借賃を「増額」しない特約は認められているが、その反対解釈として、**減額しない特約は無効**となる。

⑪ 定期借地権等

普通の借地権では借地人に有利な更新制度が適用されるため、ひとたび借地権を設定すると、いつ土地が返ってくるのか予測困難である。

そのため、地主としては借地権を設定することを嫌い、設定する場合でも高い権利金を要求するに至る。

これでは今日**多様化した借地の需要**に応えられない。そこで、更新制度が適用されず、定められた契約期間で確定的に借地契約が終了するという定期借地権等の制度が導入された。

もっとも、法定更新や建物買取請求権が認められないことは、借地権者に不利であり、濫用されれば、**普通借地権につい**

て**厳格な規制**をした**借地借家法の趣旨**が損なわれてしまう。そこで、法はこれら定期借地権等については、原則として、**書面による契約を要求**し、そのバランスを図っている。

1　定期借地権

重要度A

条文・原則

存続期間を50年以上として借地権を設定する場合、
1　契約の更新（請求による更新、土地使用継続による更新を含む。）
2　建物築造による存続期間の延長
3　建物買取請求
を排除する旨の特約を定めることができる。
この特約は、書面によってしなければならない（22条）。

（1）上記特約は、普通の借地権の場合であれば、借地人に不利な特約として無効となるはずである（9条、16条）。しかし、例外的に、**存続期間を50年以上**とし、かつ、**書面**で行った場合に限り有効となるのである。

（2）なお、この特約は書面によりなされれば足り、公正証書による必要はない。

出題履歴
H29.11- 4
R 1.11- 3
R 3 (10).11- 1

講師からのアドバイス
公正証書で設定しなければならないのは、事業用定期借地権だけと覚える。

2　事業用定期借地権

重要度A

出題履歴
H28.11- 3
R 1.11- 4
R 3 (10).11- 2

講師からのアドバイス
事業用定期借地権は、存続期間の長さに応じて、2つの類型に分けられる。1の類型は、特約によって①～③の規定の適用が排除される。他方、2の類型は、法律上当然に(＝特約がなくても)①～③の規定の適用が排除される。

条文・原則

1　専ら事業の用に供する建物（居住の用に供するものを除く。）の所有を目的とし、かつ、存続期間を30年以上50年未満として借地権を設定する場合には、
① 契約の更新（請求による更新、土地使用継続による更新を含む。）
② 建物の築造による存続期間の延長
③ 建物買取請求
を排除する旨を定めることができる（23条1項）。

2　専ら事業の用に供する建物（居住の用に供するものを除く。）の所有を目的とし、かつ、存続期間を10年以上30年未満として借地権を設定する場合には、
① 存続期間・更新（3条から6条）
② 建物の築造による存続期間の延長（7条、8条、18条）
③ 建物買取請求（13条）
に関する規定は、適用しない（23条2項）。

3　上記1、2の契約は、公正証書によってしなければならない（23条3項）。

H22.11- 1
（1）事業の用に供する建物であっても、居住の用に供するものは除かれる。したがって、賃貸用マンションなどのためには設定できない。

H22.11- 2
（2）事業用定期借地権は、単なる書面ではなく、公正証書によらなければならない。

3　建物譲渡特約付き借地権

重要度A

R 3 (10).11- 3

条文・原則

借地権を設定する場合、第9条の規定（借地人に不利な特約は無効）にかかわらず、借地権を消滅させるため、その設定後30年以上を経過した日に借地上の建物を借地権設定者に相当の対価で譲渡する旨を特約することができる（24条1項）。

（1）この特約により借地権が消滅した場合に、なお、建物の使用を継続している借地権者又は建物賃借人が請求すれば、請求の時に**その建物**につき借地権設定者との間で**期間**

の定めのない賃貸借がされたものとみなされる（24条2項）。

この場合、借地権者又は建物の賃借人と借地権設定者との間で**定期建物賃貸借（38条）をしたとき**には、24条2項（期間の定めのない賃貸借がなされたものとみなす。）は適用されない（24条3項）。

（2）この建物譲渡特約は、必ずしも**書面でする必要はない**。

借家

重要ポイント

1．建物賃貸借の存続期間

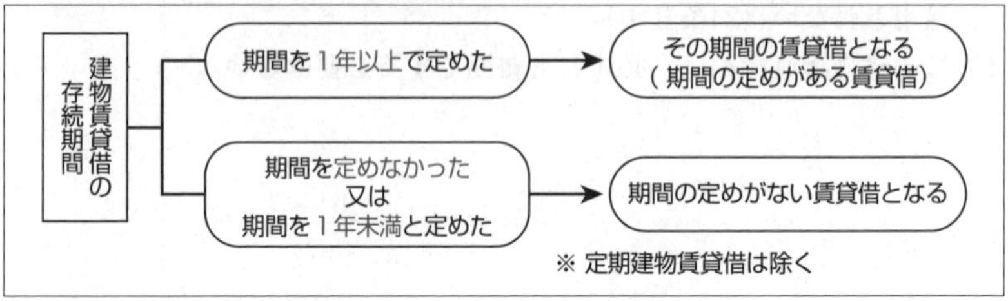

2．建物賃貸借の更新・解約申入れ

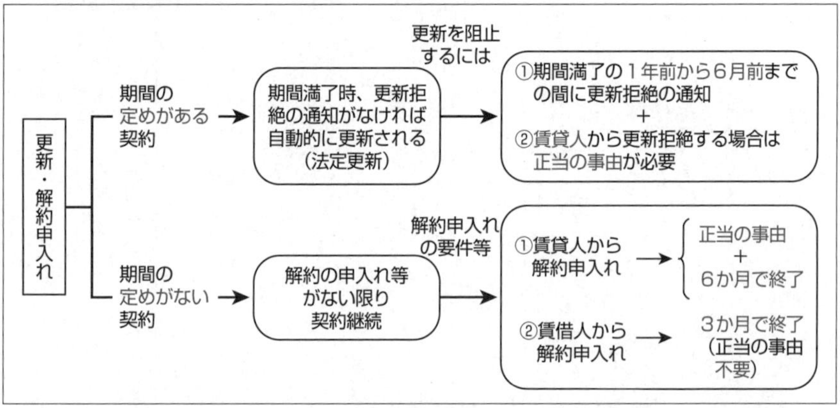

3．賃貸借が終了する場合における転借人への影響

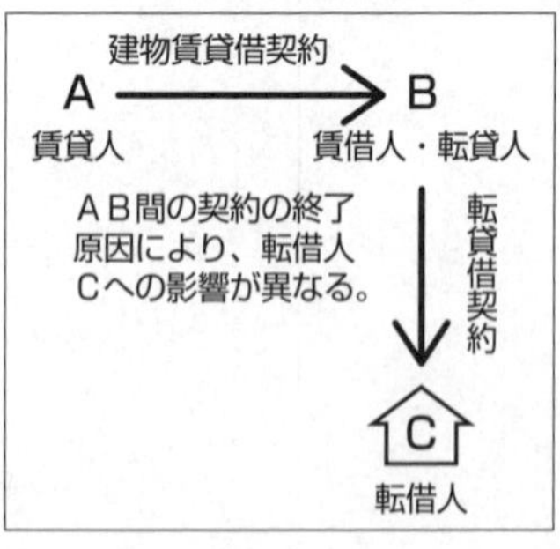

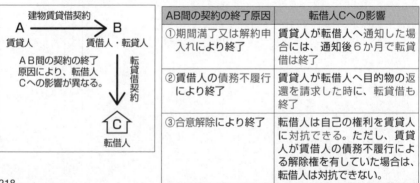

AB間の契約の終了原因	転借人Cへの影響
①期間満了又は解約申入れにより終了	賃貸人が転借人へ通知した場合には、通知後６か月で転貸借は終了
②賃借人の債務不履行により終了	賃貸人が転借人へ目的物の返還を請求した時に、転貸借も終了
③合意解除により終了	転借人は自己の権利を賃貸人に対抗できる。ただし、賃貸人が賃借人の債務不履行による解除権を有していた場合は、転借人は対抗できない。

4．借地上の建物の賃借人の保護

●借地権の存続期間の満了
↓
●借地上の建物の賃借人が借地権の存続期間が満了することをその１年前までに知らなかった場合
↓
●裁判所は、建物の賃借人の請求により、建物の賃借人がこれを知った日から１年を超えない範囲内において、土地の明渡しにつき相当の期限を許与できる。

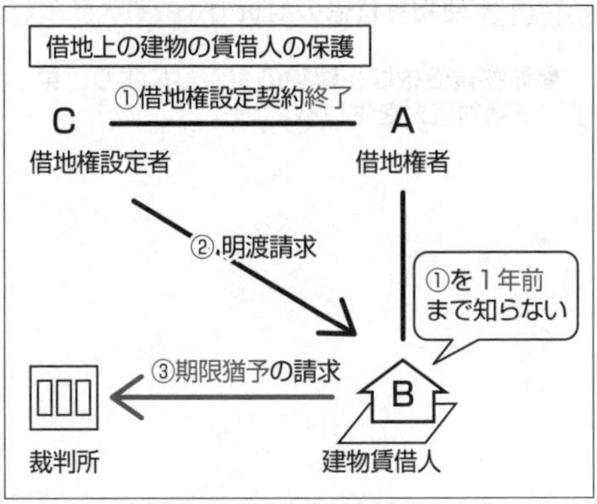

5．居住用建物賃貸借の承継と造作買取請求権

Point 居住用建物賃貸借の承継

●居住用建物の賃借人が相続人なしに死亡
↓
●同居していた内縁の妻等が賃借人の地位を承継
↓
●同居人が承継を望まない場合は、死亡を知った後１か月以内に反対の意思表示をすれば、借家権の承継を放棄できる。

●特約による排除可能。

Point 造作買取請求権

●賃貸人の同意を得て建物に付加した造作等は、期間の満了等により建物の賃貸借が終了するとき、賃借人は、賃貸人に対し買取請求できる。

●特約による排除可能。

6．建物賃貸借の対抗力

Point 建物賃貸借の対抗力

●建物賃借権は、建物の引渡しにより、第三者対抗力を生じる。

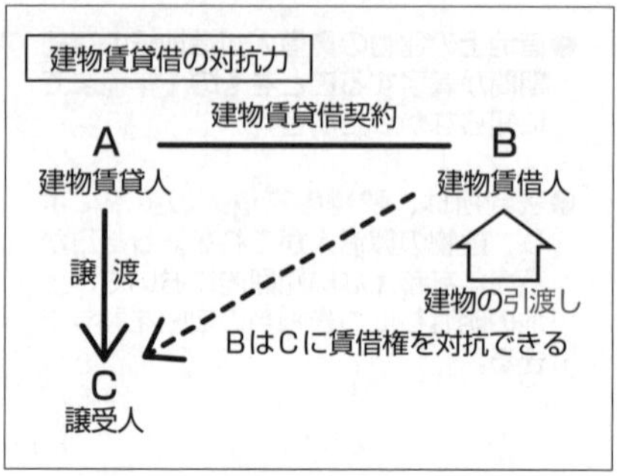

7．借賃増減額請求権

Point 借賃増減額請求権

●賃貸人又は賃借人は、借賃増減額請求権を将来に向かって行使できる。

●家賃を増額しない旨の特約は有効、減額しない特約は無効。

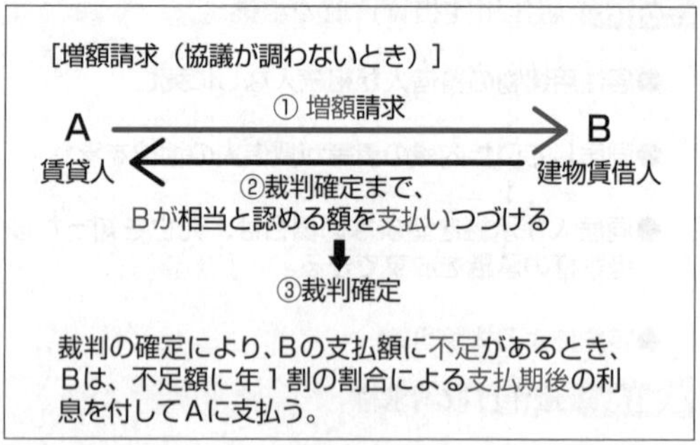

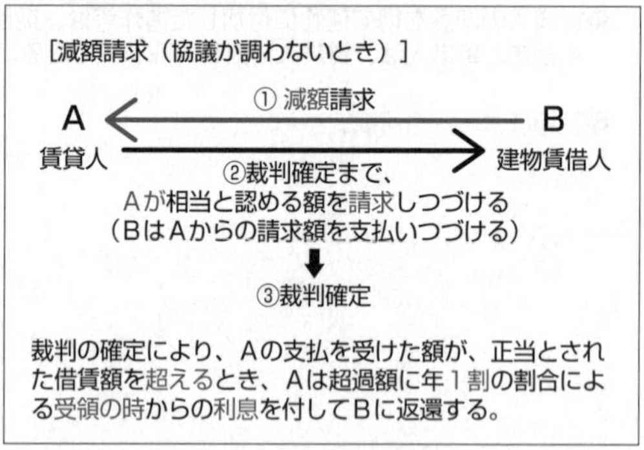

8．定期建物賃貸借

	定期建物賃貸借	普通建物賃貸借
契約締結方法	①書面による契約が必要 ②建物賃貸人が、契約前に更新がないこと及び期間満了により契約が終了することを①とは別の書面を交付して説明（書面の交付・説明省略不可）	口頭でも可
契約期間	必ず期間を定める（１年未満でも可）	１年未満の契約は、期間の定めのない契約とみなされる
契約の更新	更新されず、期間満了により終了	賃貸人に正当な事由がない限り更新
契約終了の要件	期間が１年以上である場合、期間満了の１年前から６月前までの間に期間満了により建物の賃貸借が終了する旨の通知が必要	
賃料増減額請求	借賃改定特約は賃借人に不利でも有効（例：減額しない旨の特約は有効）	借賃改定特約は賃借人に不利なら無効（減額しない旨の特約は無効）
中途解約	①居住用建物賃貸借 ②床面積200㎡未満 ③やむをえない事由による使用収益困難という要件を満たせば、中途解約の特約がない場合でも、建物賃借人の中途解約可	期間の定めがある場合、中途解約の特約がない限り、中途解約不可

9．借地と借家の比較

借地と借家のポイント比較

<table>
<tr><th>項目</th><th>借地</th><th>借家</th></tr>
<tr><td>存続期間</td><td>当初の存続期間　　→ 最短30年間
最初の更新時　　　→ 最短20年間
２回目以降の更新時 → 最短10年間
※期間を定めなかった場合、自動的に上記期間となる</td><td>１年以上で定めた → その期間
※期間を定めなかった場合又は１年未満で定めた場合には、期間の定めのない契約となる（定期建物賃貸借を除く）</td></tr>
<tr><td>合意更新以外の更新・解約申入れ</td><td>法定更新（借地上建物の存在）
①借地権者の更新請求又は
②土地の使用継続
③借地権設定者の正当事由ある異議がないこと</td><td>法定更新
① どちらからも１年前から６月前までの間に更新拒絶の通知がなかったとき
② 賃貸人が１年前から６月前までの間に更新拒絶の通知をしたが正当事由がなかったとき
③ 賃貸人が正当事由ある更新拒絶の通知をしたものの、満了後の賃借人の使用継続に対して遅滞なく異議を述べなかったとき
期間の定めなし
① 賃貸人からの解約申入れ
→正当の事由＋６か月
② 賃借人からの解約申入れ
→３か月（正当の事由不要）</td></tr>
<tr><td rowspan="2">賃借権の譲渡・転貸</td><td colspan="2">原則
賃貸人の承諾が必要
例外
背信的行為と認めるに足らない特段の事情がある場合には賃貸人は解除できない。</td></tr>
<tr><td>裁判所の代諾許可制度あり
（借地上の建物譲渡の際）</td><td>裁判所の代諾許可制度なし</td></tr>
<tr><td>期間満了により契約が終了する場合</td><td>建物買取請求可</td><td>造作買取請求可
（排除特約は有効）</td></tr>
<tr><td>対抗力</td><td>①借地上建物の借地権者名義による登記
②建物が滅失した場合の掲示による方法</td><td>建物の引渡し</td></tr>
</table>

1 借家権

1　借家権とは

理解する

条文・原則

借家権とは、借地借家法の借家規定が適用される建物賃借権をいう。

（1）借地借家法は、**建物賃借人の生活や営業の保護**を目的として民法を修正しており、一部の規定を除き、借地借家法の規定に反する特約で建物賃借人に不利な特約は、無効である。

（2）建物には、アパートの一室、貸ビルの一室のように**独立性がある建物の一部**も含まれる。建物は、**居住用に限らず**、事務所用等でもよい。

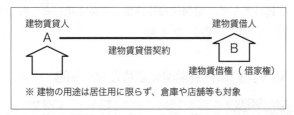

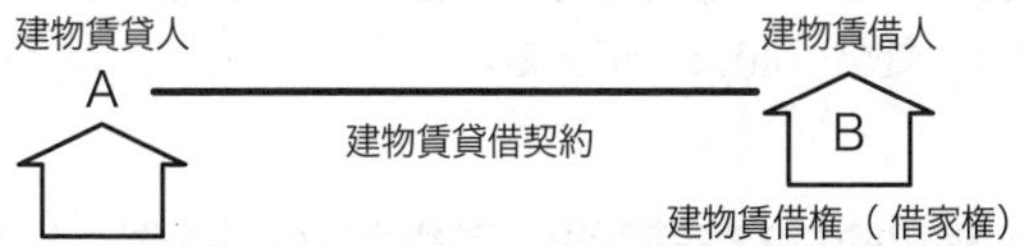

※ 建物の用途は居住用に限らず、倉庫や店舗等も対象

2　借家に関する規定の適用範囲

重要度A

条文・原則

一時使用のために建物賃貸借をしたことが明らかな場合は、借家に関する規定は適用されない（40条）。

出題履歴
H23.12- 4

（1）**明らかな一時使用の場合に適用しない**のは、居住の継続を考慮する必要がないからである。例として、貸別荘に一夏だけ滞在するような場合がある。

H21.12

（2）このほか、**動産の賃貸借**や建物の**使用貸借**にも借地借家法ではなく、**民法**が適用される。

2 借家権の存続期間

1　借家契約に存続期間の定めがある場合　重要度A

条文・原則

1　期間を1年以上と定めた場合は、その期間となる。
2　期間を1年未満と定めた場合は、期間を定めなかったものとみなされる（29条1項）。

（1）民法上、賃貸借の存続期間は50年を超えることはできないとされているが（民法604条）、建物賃貸借契約においては、存続期間が**50年を超えても有効**である（借地借家法29条2項）。

（2）1年未満の期間を定めても無効であり、次に述べる期間の定めのない賃貸借となる。

例外として、定期建物賃貸借（38条1項）と一時使用目的の賃貸借（40条）がある。

2　借家契約に存続期間の定めがない場合　重要度A

条文・原則

存続期間を定めなかったときは、期間の定めのない賃貸借となる。

3 借家権の更新（期間の定めがある契約の場合）

1　更新拒絶の通知がない場合の法定更新　重要度A

条文・原則

建物の賃貸借について期間の定めがある場合において、更新をしない旨の通知又は条件を変更しなければ更新をしない旨の通知（以下、「更新拒絶の通知」という。）をしなかったときは、
1　従前の契約と同一の条件で契約を更新したものとみなされる。
2　ただし、期間の定めのない契約となる（26条1項）。

講師からのアドバイス

借地借家法は、建物賃貸人からの契約終了をしにくくすることによって、建物賃借人の保護をはかっている。

出題履歴

H27.11- 1
H28.12- 1

（1）更新拒絶の**通知がなければ**、契約は**法定更新**される。ただし、当該契約は期間の定めのないものとなる。

H30.12- 3

（2）もちろん、合意による更新も認められる。この場合の契約の内容は、当事者間で更新時に取り決めた条件・期間になる。

2　更新拒絶の通知が認められるための要件　重要度A

出題履歴
H29.12- 1
R 1.12- 3

条文・原則

1　更新拒絶の通知は、期間の満了の１年前から６月前までの間に相手方に対してしなければならない（26条１項）。
2　賃貸人による更新拒絶は、正当の事由があると認められる場合でなければならない（28条）。

（1）**賃借人から**更新拒絶をするには、**正当の事由は不要**である（28条）。

（2）「**正当の事由の有無**」は、賃貸人及び賃借人（**転借人含む。**）が建物の使用を**必要とする事情**のほか、賃貸借に関する**従前の経過**、**建物の利用状況**及び**建物の現況**並びに賃貸人が建物の明渡しの条件として又は建物の明渡しと引換えに賃借人に対して**財産上の給付をする旨の申出**をした場合におけるその申出を考慮して判断する（28条）。

H28.12- 2

3　使用継続に対して遅滞なく異議を述べなかった場合の法定更新　重要度A

条文・原則

前記の更新拒絶の通知をした場合であっても、以下の要件すべてをみたす場合には、更新されたものとみなされる（26条２項）。
1　建物の賃貸借の期間が満了した後、建物の賃借人が使用継続する場合
2　建物の賃貸人が遅滞なく異議を述べなかった場合

建物が転貸借されている場合は、**転借人の使用継続**をもって賃借人の使用継続とみなされる（26条３項）。

4 解約申入れ（期間の定めがない契約の場合）

1　各当事者からの解約申入れ

重要度A

条文・原則

当事者が建物の賃貸借の期間を定めなかったときは、各当事者は、いつでも解約の申入れをすることができる（民法617条1項）。

期間の定めがないのであるから、更新ということは考えられない。各当事者はいつまでも契約を続けることもできるし、逆に、いつでも終了させることができる。

2　賃貸人からの解約申入れの制限

重要度A

出題履歴
H21.12- 2

H27.11- 2
R 3 (10).12- 1

条文・原則

1　賃貸人から解約申入れをするには正当の事由があることが必要である（28条）。
2　正当の事由のある解約申入れがなされた場合には、その日から6月経過後に賃貸借は終了する（27条1項）。

ただし、上記終了後、賃借人（又は転借人）が**使用を継続**しているのに**遅滞なく異議**を述べなかったときは、契約は**存続**することになる（27条2項）。

3　賃借人からの解約申入れ

重要度A

条文・原則

賃借人から解約申入れをするには、正当の事由は不要であり、解約申入れ後3月経過すれば、賃貸借は終了する（民法617条1項2号）。

5 建物賃貸借終了の場合における転借人の保護

1　借家権の譲渡・転貸とは

理解する

条文・原則

1　借家権の譲渡・転貸には、賃貸人の承諾を必要とする（民法612条）。
2　借地権のように賃貸人の承諾に代わる裁判所の許可の制度はない。

借地権の譲渡・転貸の場合には、賃貸人が承諾しないときの救済として裁判所へ代諾許可の申立てをすることができたが（19条、20条）、**借家権の場合はそういった制度はない。民法の原則どおり**となる。

2　賃貸借が終了する場合における転借人への影響

適法に建物の転貸借がなされている場合において、建物の賃貸借契約が終了したとき、転借人がどのような影響を受けるかは賃貸借の終了原因によって異なる。

2－1　期間満了又は解約申入れにより賃貸借が終了する場合

重要度A

条文・原則

1　建物賃貸借が期間の満了又は解約の申入れにより終了するとき、賃貸人Aは、転借人Cに対して賃貸借が終了する旨の通知をしなければ、その終了を転借人Cに対抗できない。
2　この通知をしたときには、通知後6月を経過した時に転貸借は終了する（34条）。

出題履歴
H25.11- 3
H29.12- 3
R 1.12- 4
R 3 (10).12- 3

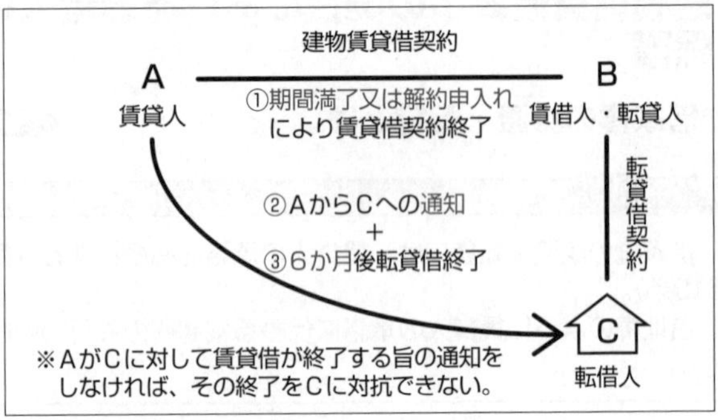

2－2　賃借人の債務不履行により賃貸借が終了する場合

重要度 A

出題履歴
H25.11 - 2
H26. 7 - 3
H28. 8 - 3

条文・原則

1　賃貸借が債務不履行により解除された場合、賃貸人が転借人に対して目的物の返還を請求した時に、転貸借も終了する（判例）。

H23. 7 - 4
H28. 8 - 1

2　賃貸人が賃料不払いを理由に解除するには、賃借人に催告すれば足り、転借人に通知等をして賃料の代払いの機会を与えなくともよい（判例）。

2－3　合意解除により賃貸借が終了する場合

重要度 A

出題履歴
H23. 7 - 3
H27. 9
H28. 8 - 4
R 2 (12). 6 - 1

条文・原則

賃貸借が合意解除されても、転借人は自己の権利を賃貸人に対抗できる（民法613条３項本文）。ただし、解除の当時、賃貸人が賃借人の債務不履行による解除権を有していたときは、合意解除により、転借人は自己の権利を賃貸人に対抗できない（同項ただし書）。

【賃貸借が終了する場合における転借人への影響】

終了原因	転借人への影響
①期間満了又は解約申入れにより終了	賃貸人が転借人へ通知した場合には、通知後６か月で転貸借は終了
②賃借人の債務不履行により終了	賃貸人が転借人へ目的物の返還を請求した時に、転貸借も終了
③合意解除により終了	転借人は自己の権利を賃貸人に対抗できる（ただし、合意解除時に、賃貸人が賃借人の債務不履行による解除権を有していたときは、転借人は対抗できない）

6 借地上の建物の賃借人の保護 重要度B

条文・原則

借地上の建物につき賃貸借がなされているとき
1　借地権の存続期間の満了によって建物の賃借人が土地を明け渡すべき場合に、
2　建物の賃借人がその満了することを1年前までに知らなかったときは、裁判所は、建物賃借人の請求により、このことを知った日から1年を超えない範囲内で、土地明渡しにつき相当の期限を許与することができる（35条1項）。

出題履歴
H22.11- 4

この制度の保護を受けるには、期間満了によって借地権が消滅する場合であり、債務不履行による場合には保護されない。

7 居住用建物の賃貸借の承継 重要度B

条文・原則

1　居住用建物の借家人Bが相続人なしに死亡した場合、その当時借家人Bと同居していた内縁の夫もしくは妻、又は事実上の養親子の関係にあった者は、借家人Bの権利・義務を承継する（36条1項本文）。
2　同居人Cが承継を望まないときは、死亡を知った後1か月以内に賃貸人Aに承継しない旨の意思表示をして、借家権の承継を放棄できる（同ただし書）。
3　居住用建物の賃貸借の承継を認めない特約は有効である（37条）。

R 2 (12).12- 4

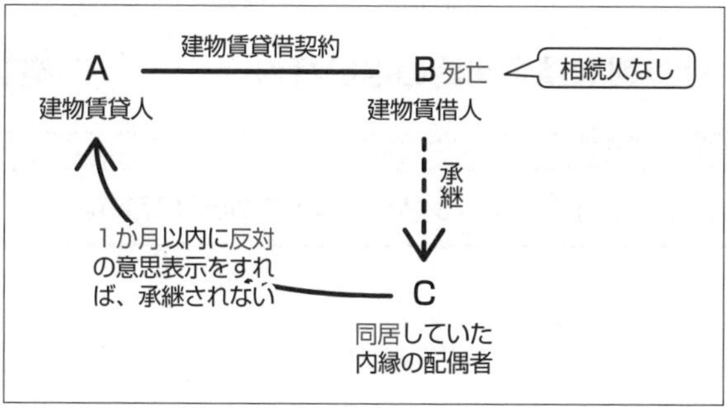

出題履歴
H21.12- 4
R 2 (12).12- 4

賃借人に相続人がいる場合には、同居者ではなく、**相続人が賃借権を承継**する。

なお、賃貸人が同居者に明渡しを求めた場合、同居者は、**相続人の有する賃借権を援用**して、賃貸人の明渡請求に対抗することができる（判例）。

また、相続人が被相続人と同居していた同居者に被相続人所有建物の明渡しを求めることは、**権利濫用**として許されない（判例）。

8 造作買取請求権

1 造作(ぞうさく)買取請求権とは

重要度 B

講師からのアドバイス
借家人が建物にエアコンなど造作を取り付けた場合、**借家契約終了のとき**どのような扱いになるのだろうかというのが造作買取請求権の問題である。

出題履歴
H22.12- 3
H28.12- 3
H30.12- 4
R 2 (10).12- 4
H27.11- 4

条文・原則

建物の賃借人が、賃貸人の同意を得て建物に付加した畳・建具その他の造作等については、賃貸借が期間の満了又は解約の申入れによって終了するときに、賃貸人に時価で買い取るべきことを請求することができる（33条1項）。

原賃貸借が期間の満了又は解約の申入れによって終了するときにおける**転借人と賃貸人**との間についても認められる（33条2項）。

建物賃貸借契約が債務不履行によって解除された場合は、賃借人は賃貸人に対して、造作買取請求権を行使することができない（判例）。

2 造作買取請求を認めない特約

重要度 B

出題履歴
H23.12- 1
H24.12- 1
H27.12- 3

条文・原則

造作買取請求を認めない特約は有効である（37条）。

9 建物賃貸借の対抗力

重要度A

条文・原則

1　借家権は、建物の賃貸借の登記があれば対抗力を有する（民法605条）。
2　登記がなくても、建物の引渡しがあれば、その後、建物を取得した第三者に対抗できる（31条）。

出題履歴
H20. 4 - 4
H21.12 - 3
H22.12 - 1
H27.11- 3

建物の引渡しとは、借家人が賃借家屋に入居するのが典型であるが、転借人を通しての間接占有も引渡しにあたる。

10 建物賃借人等に不利な特約は無効

理解する

条文・原則

1　契約の更新等（26条）、解約による終了（27条）、更新拒絶等の要件（28条）、建物賃貸借の期間（29条）の規定についての特約で賃借人に不利なものは、無効である（30条）。
2　対抗力（31条）、転借人の保護（34条）、借地上の建物の賃借人の保護（35条）の規定についての特約で賃借人又は転借人に不利なものは、無効である（37条）。

出題履歴
H24.12- 3
H27.12- 1
H29.12- 2

11 借賃増減額請求権

1　借賃増減額請求権

理解する

条文・原則

建物の借賃が、①租税等の負担の増減により、②経済事情の変動により、又は③近傍同種の建物の借賃に比較して不相当となったときは、契約の条件にかかわらず、当事者は、将来に向かってその額の増減を請求することができる（32条１項本文）。

出題履歴
H22.12- 4
H24.12- 2
R 2 (10).12- 2

講師からのアドバイス
この項で学習する借賃増減額請求権の考え方は借地契約における地代等増減額請求の場合も同様である。

（1）借家契約は、契約期間が長期にわたることを考慮し、合意によらず、当事者の**一方的意思表示**で賃料の増減額が可能な**借賃増減額請求権**（借家）を認めている。

（2）借賃増額（又は減額）請求がなされると、請求を受けた賃借人（又は賃貸人）が**承諾するか否かに関係なく**、その**意思表示が到達した時**に、**相当額**において増額（又は減額）したものとなる。

（3）相当額について当事者間で争いがある場合、最終的には調停又は裁判で決定していくことになるが、それまでの間、増額（又は減額）請求を受けた者がどのような行動をとり得るのかという点について、借地借家法は、以下のように定めている。

2　借賃増額請求がなされた場合

重要度B

条文・原則

建物の借賃の増額について当事者間に協議が調わないときは、その請求を受けた者は、増額を正当とする裁判が確定するまでは、相当と認める額を支払うことをもって足りる。

講師からのアドバイス
借賃の増減額を正当とする裁判が確定したとき、借賃の増減額の効果は、裁判の確定時点ではなく、増減額請求の意思表示が相手方に到達した時点にさかのぼって生ずる。

賃借人は、裁判が確定するまで、自分が相当と思う額を支払えばよいが、裁判が確定したら、**既に支払った額に不足があるときは**、その**不足額に年1割の割合**による支払期後の利息を付して支払わなければならない（32条2項）。

権利関係

3　借賃減額請求がなされた場合

重要度B

条文・原則

建物の借賃の減額について当事者間に協議が調わないときは、その請求を受けた者は、減額を正当とする裁判が確定するまでは、相当と認める額の支払いを請求できる。

賃貸人は、裁判が確定するまで、自分が相当と思う額の支払いを請求できるが、裁判が確定したら、**既に支払いを受けた額が超過するときは**、その**超過額に年1割の割合**による受領時からの利息を付して返還しなければならない（32条3項）。

4　増額しない旨の特約がある場合

重要度B

条文・原則

一定の期間、建物の借賃を増額しない旨の特約がある場合には、その期間内は増額請求は認められない（32条1項）。

出題履歴
H27.12- 2

借賃の**減額を禁止する特約**は、増額を禁止する特約とは異なり、**無効**である。よって、建物賃借人は、なお借賃の減額を請求することができる。

12 定期建物賃貸借等

1　定期建物賃貸借

1－1　定期建物賃貸借とは

重要度A

条文・原則

1　期間の定めがある建物の賃貸借をする場合においては、契約の更新がないこととする旨を定めることができる（38条1項前段）。
2　事業用建物であるか居住用建物であるかを問わない。

R 1.12- 2

出題履歴
H26.12- 2
H20.14- 1

（1）この場合には、29条1項の規定（1年未満の期間を定めた場合）は適用されない（38条1項後段）。

（2）どのような場合に利用できるかについて限定がない。

1－2　定期建物賃貸借の成立要件と事前説明　重要度A

条文・原則

H26.12- 1
H20.14- 2
R 1.12- 1
R 2(12).12- 3

定期建物賃貸借には、以下の要件が必要である。
1　公正証書による等書面によって契約をすること（38条1項）
2　あらかじめ賃借人に対して、契約の更新がなく期間の満了により契約が終了する旨を記載した書面を交付して説明すること（同条2項）

H26.12- 3

（1）事前説明の書面は、賃借人が、契約の更新がなく、期間の満了により終了することを認識しているか否かにかかわらず、**賃貸借契約書とは別個独立の書面**であることを要する（判例）。

H24.12- 3
H26.12- 4
H29.12- 4

（2）事前説明をしなかったときには、契約の更新がないこととする旨の特約は**無効**となる（38条3項）。

1－3　期間が1年以上である場合の終了の通知　重要度A

条文・原則

出題履歴
H20.14- 3
H23.12- 2
H28.12- 4
H30.12- 1
R 3(10).12- 4

期間が1年以上である場合には、建物の賃貸人は、期間の満了の1年前から6月前までの間（通知期間）に建物の賃借人に対し期間の満了により建物の賃貸借が終了する旨の通知をしなければ、その終了を建物の賃借人に対抗することができない（38条4項本文）。

ただし、建物の賃貸人が通知期間の経過後建物の賃借人に対しその旨の通知をした場合においては、その**通知の日から6月を経過**した後は、その終了を対抗できる（38条4項ただし書）。

1－4　賃借人からの中途解約

重要度A

条文・原則

居住用建物の賃貸借において、賃借人は、以下の要件をすべてみたせば、中途解約の特約を定めていなくとも解約の申入れをすることができる（38条5項前段）。

1　床面積が200㎡未満であること
　＊建物の一部分を賃貸借の目的とする場合にあっては、当該一部分の床面積

2　転勤、療養、親族の介護その他のやむを得ない事情により、建物の賃借人が建物を自己の生活の本拠として使用することが困難となったこと

出題履歴
H24.12- 4
H30.12- 2
R 2 (10).12- 3

H20.14- 4

（1）この場合においては、建物の賃貸借は、解約の申入れの日から1月を経過することによって終了する（38条5項後段）。

（2）38条4項、5項の規定に反する特約で建物の賃借人に不利なものは、無効となる（同条6項）。

講師からのアドバイス

期間の定めのある賃貸借であっても、その一方又は双方がその期間内に解約をする権利を留保することができる（民法618条）。中途解約の特約である。定期建物賃貸借は、このような特約がなくても、借家人保護の観点から中途解約ができる。
H27.12- 4

1－5　借賃増減額請求

条文・原則

「借賃増減額請求権の規定」は、定期建物賃貸借においても原則として適用されるが、借賃の改定に係る特約がある場合には適用されない（38条7項）。

出題履歴
H22.12- 4
H24.12- 2
H25.11- 4
H27.12- 2
R 2 (10).12- 2

2　取壊し予定建物の期限付き借家権

重要度B

条文・原則

法令又は契約により、一定期間経過後に建物を取り壊すべきことが明らかな場合においては、建物を取り壊すこととなる時に、借家契約が終了する旨の特約を定めることができる。

この特約は、書面によってしなければならない（39条）。

出題履歴
H22.11- 3
H23.12- 3

建物取壊しのとき、スムースに明渡しが行えるようにするものである。

不法行為

重要ポイント

1.（一般）不法行為

Point 不法行為

●他人（加害者）から権利又は法律上保護される利益を侵害され、損害を被った場合、被害者に金銭による賠償請求を認める制度。

一般不法行為の加害者は、故意又は過失がなければ損害賠償責任を負わない。

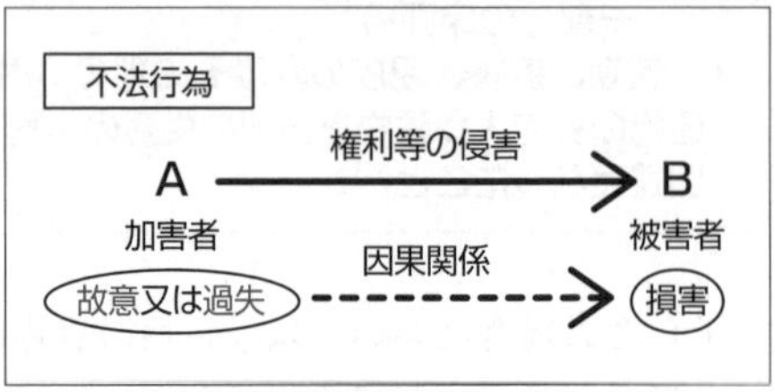

	不法行為に基づく損害賠償債権	債務不履行に基づく損害賠償債権
消滅時効（原則）	知った時から3年間 不法行為時から20年間	知った時から5年間 権利行使可能時から10年間
(人の生命身体の侵害)	知った時から5年間 不法行為時から20年間	知った時から5年間 権利行使可能時から20年間
履行遅滞の時期	不法行為時（損害発生時）	請求時 (期限の定めのない債務)
過失相殺	過失の考慮：任意的（裁判官の裁量） 全部免責：不可	過失の考慮：必要的 全部免責：可
受働債権として相殺することの可否	①悪意による不法行為、②人の生命身体の侵害による場合、相殺不可	人の生命身体の侵害による場合、相殺不可
慰謝料請求　※	あり	あり
生命侵害の場合の近親者の慰謝料請求　※	あり	なし

※精神上の苦痛に対する損害賠償金のことを、「慰謝料」という。

2．使用者責任

Point 使用者責任

- 被用者の行為が職務行為に該当するか否かについては、外形から判断する（相手方が悪意又は重過失である場合を除く）。
- 被用者に対する損害賠償請求権が消滅時効にかかったときでも、そのことにより使用者に対する損害賠償請求権が時効消滅することはない。
- 使用者の被用者に対する求償権は、信義則上相当と認められる限度に限られる。

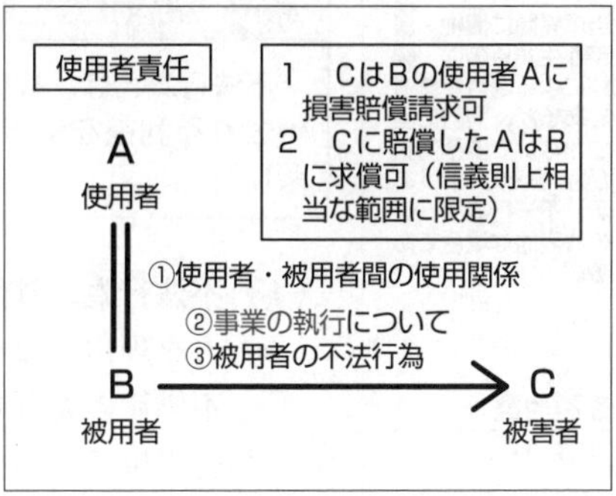

3．土地工作物責任

Point 土地工作物責任

- 占有者に損害発生防止義務違反

あり → 占有者

なし → 所有者（免責なし）

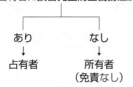

- 占有者又は所有者は、損害の原因についてほかにその責任を負う者に対して求償権を行使できる。

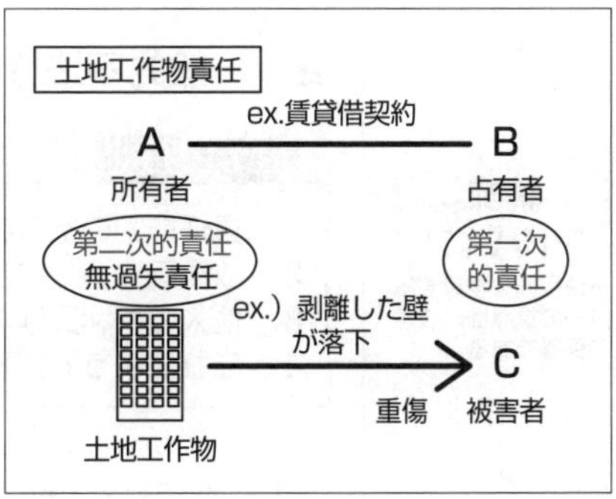

1 一般的不法行為

1　不法行為とは

理解する

講師からのアドバイス
当事者間に債権・債務が生ずるのは、契約による場合が普通であるが、契約に基づかないで債権債務が生ずることがある。不法行為は、その代表的な場合である。

条文・原則

不法行為とは、故意又は過失により、他人の権利又は法律上保護される利益を侵害し、他人に損害を与えることをいう（709条）。

出題履歴
H23. 8- 1

（1）不法行為の具体例

人を理由もなく殴ってけがをさせれば不法行為となる。

不動産の売買の仲介（媒介）に入った者が、嘘を言って契約当事者に損害を与えれば不法行為となる。

無権代理人の代理行為につき表見代理が成立してしまい、本人が損害を被ったら、無権代理人は不法行為をしたことになる。

2　一般的不法行為の成立要件

重要度A

講師からのアドバイス
不法行為を学習する第一の視点は、被害者保護である。

条文・原則

1　責任能力のある者が
2　故意又は過失によって
3　他人の権利又は法律上保護される利益を侵害し
4　これによって損害が発生したこと

出題履歴
H26. 6- 2

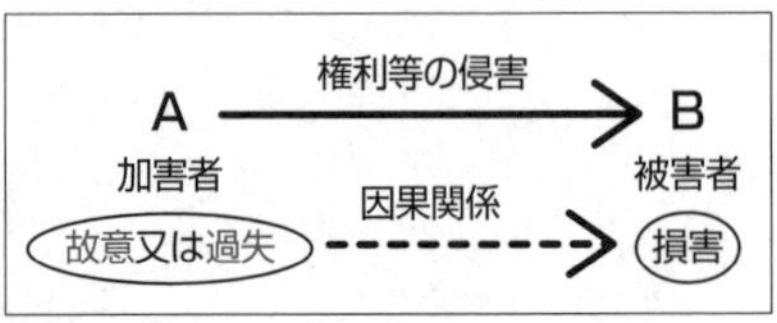

（1）不法行為が成立するためには、故意又は過失に基づかなければならないのが原則である（**過失責任の原則**）。さらに、自己の行為についてのみ責任を負うのが原則である（**自己責任の原則**）。

（2）損害には、**財産的損害**のみならず、**非財産的損害**も含まれる（710条）。

非財産的損害の例として精神上の苦痛があるが、それのみにとどまらず、金銭評価が可能な**無形の損害**も含まれる。

出題履歴
H20.11- 4
R 1．4- 4

したがって、法人の名誉権が侵害された場合、法人には精神的苦痛は発生しないとしても、金銭評価が可能な無形の損害が発生した場合には、当該法人は不法行為に基づく損害賠償請求をすることができる（判例）。

2 不法行為の効果

1 損害賠償請求権の発生

重要度A

条文・原則

1 被害者は、加害者に対して、損害賠償を請求することができる（709条）。
2 不法行為による損害賠償の債務は、その成立と同時に履行遅滞となる。

H23. 9- 1

（1）損害賠償の方法には、**金銭賠償**と**原状回復**の２つがある。このうち、金銭賠償が原則である（722条１項）。

金銭賠償とは、受けた損害を金銭的に評価して、これによって支払う方法をいう。

これに対して、原状回復とは、現在の状態を、それを生じさせた原因以前の状態に戻すことをいう。その例として、名誉が毀損された場合における謝罪広告が挙げられる（723条参照）。

H20.11- 4

（2）不法行為による損害賠償債務は、**期限の定めのない債務**である。この**期限の定めのない債務**は、原則として「請求を受けた時」から履行遅滞となる（412条３項）。しかし、不法行為による損害賠償債務は、被害者を厚く保護するため、**債務成立と同時に履行遅滞**となる（判例）。

2　損害賠償請求をすることができる者

2－1　被害者

重要度 B

条文・原則

被害者本人のほか、その者の相続人も損害賠償請求することができる。

出題履歴
H20.11- 1
H24. 9- 2

被害者の損害賠償請求権は相続人に承継される。このことは、被害者が即死の場合であっても同様である（判例）。

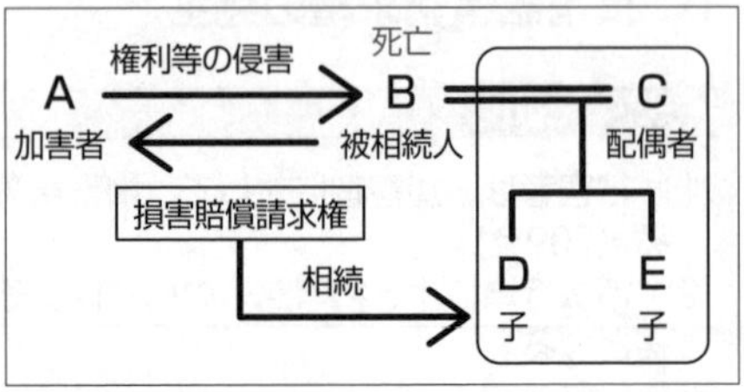

H20.11 - 1
H24. 9 - 2

不法行為による慰謝料請求権は、被害者が生前に請求の意思を表明しなくても、**相続の対象**となる（判例）。

2－2　近親者

条文・原則

他人の生命を侵害した者は、被害者の父母、配偶者及び子に対しても、損害の賠償をしなければならない（711条）。

一定の近親者（父母・配偶者・子）は、**被害者の死**によって生じたその者**固有の損害**を、加害者に対して請求することができる。

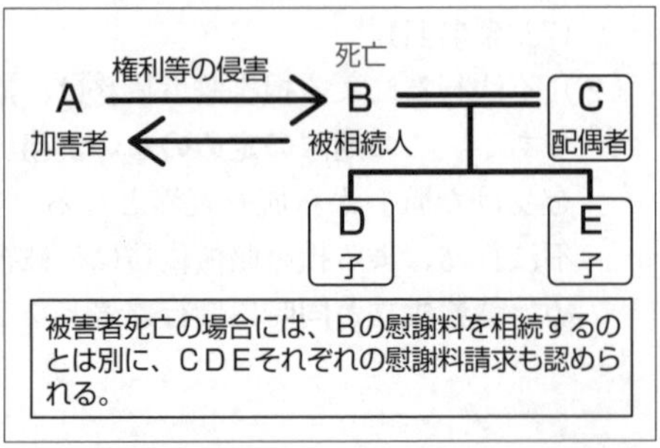

ここでいう損害には、財産的損害のほかに非財産的損害も含まれる（711条）。その例として、精神上の苦痛に対する慰謝料請求権がある。

なお、**傷害の場合**については、死亡したときにも比肩すべき精神上の苦痛を受けた場合に限定して慰謝料請求権が認められる（判例）。

3　過失相殺

重要度B

条文・原則

被害者及びその者と一定の関係にある者に過失があったときは、裁判所は、これを考慮して、損害賠償の額を定めることができる（722条２項）。

（1）不法行為において、**被害者側にも過失**があった場合には、これを考慮するのが公平である。そこで、過失相殺が認められている。
　被害者以外の者の過失を考慮するには、被害者と身分上、生活関係上、一体をなすとみられる関係にないといけない（判例）。

（2）不法行為における過失相殺の特徴は、**額について考慮することができるのみ**で、責任については考慮することができない点、考慮するか否かは**裁判所の裁量**となっている点である。

（3）**被害者側にも過失**があった場合には、**加害者から主張がなくとも過失相殺**により損害賠償の額を減らされることがある（判例）。

出題履歴
H24. 9 - 4

4　損害賠償請求権の消滅

重要度A

条文・原則

不法行為による損害賠償請求権は、被害者又はその法定代理人が損害及び加害者を知った時から３年間（人の生命・身体を害する不法行為による損害賠償請求権については５年間）、または不法行為の時から20年間行使しないときは、時効によって消滅する（724条、724条の２）。

（1）不法行為の証拠は時間と共に散逸することから**早期の法律関係の安定**を図るため、「損害及び加害者を知った時から３年」としている。一方、不法行為は加害者や損害発生の事実が判明するのに時間がかかる場合があるため、20年と長い期間を設定して**被害者保護**を図っている。
　そして、特に**人の生命身体を害する不法行為**については

出題履歴
H26. 6 - 3
H26. 8 - 2、- 4
H28. 9 - 1、- 2
R 2 (12). 1 - 4
R 3 (10). 8 - 3、- 4

保護の必要性が高いため、損害及び加害者を知った時から５年と期間が伸長されている。

（２）債権一般の消滅時効は、権利を行使することができることを知った時から５年、権利を行使することができる時から10年とされており、不法行為と比較すると短期は長く、長期は短い。

ただし、**人の生命身体の侵害による損害賠償請求権**の場合の消滅時効は、権利を行使することができる時から20年と期間が伸長されている。

不法行為	生命身体侵害の場合 ※不法行為・債務不履行共通	債務不履行
（損害及び加害者を）知った時から３年 不法行為時から20年	知った時から５年 権利行使可能時（不法行為時）から20年	知った時から５年 権利行使可能時から10年

3 特殊的不法行為

1　使用者責任

重要度Ａ

1－1　使用者責任とは

条文・原則

使用者は、被用者（使用人）が事業の執行について第三者に不法行為を行った場合、第三者に損害を賠償する責任がある（715条１項本文）。

出題履歴
H23. 8 - 1

（１）例えば、宅地建物取引業者Ａの被用者Ｂが、虚偽の説明をして、客であるＣに損害を与えた場合、Ｂが不法行為責任を負うのはもちろんであるが、Ａも不法行為責任を負う。

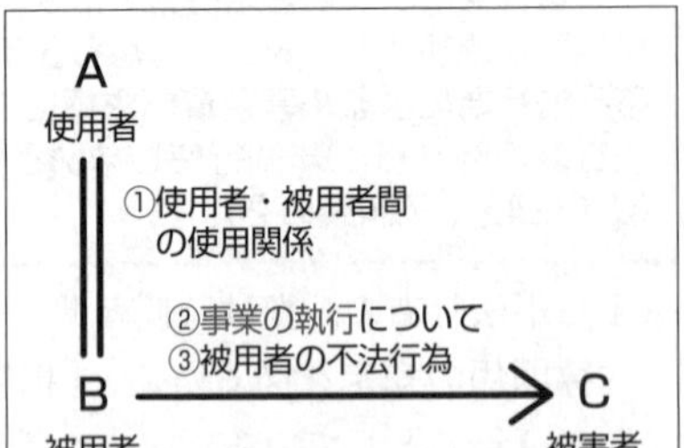

（２）不法行為を行ったのは被用者であるから、本来であれ

ば、その者のみに責任を負わせればよいはずである（**自己責任の原則**）。しかし、被用者を使って利益を得るのは使用者であるから、第三者に損害を与えた場合も使用者が責任を負うべきである（**利益の帰するところに損失も帰する**）。そこで、被用者のみならず、使用者に対しても第三者に対して損害賠償責任を負わせたのである。

（3）使用者が、被用者の行為につき第三者に使用者責任を負う場合は、第三者の被用者に対する損害賠償請求権が消滅時効にかかったときでも、そのことによって使用者の第三者に対する損害賠償の義務が消滅することはない（判例）。

出題履歴
H25. 9- 4
H24. 9- 1

1－2　成立要件

条文・原則

1　ある事業のために他人を使用していること
2　被用者が事業の執行について第三者に損害を加えたこと
3　被用者に一般的不法行為の要件が備わっていること

（1）**事業の執行について**とは、職務の範囲内の行為においてという意味であるが、その**行為の外形から判断**して職務の範囲内に属すると認められればよい。

もっとも、行為の外形から判断して、職務の範囲内と認められる場合であっても、相手方において被用者の職務行為にあたらないことを**知っていた場合**や**重過失により知らなかった場合**は、使用者は、使用者責任を負わない（判例）。

（2）第三者は、被用者の不法行為責任が成立しなければ、使用者に対して損害の賠償を求めることはできない。

1－3　免責要件

条文・原則

1　被用者の選任及びその事業の監督について相当の注意を払っていた場合
2　損害が不可避であった場合

使用者は、上記のいずれか１つを証明することができれば、使用者責任を負わない（715条１項ただし書）。

講師からのアドバイス

不法行為を学習する第二の視点は、損害賠償の公平な分担である。

出題履歴

H20.11‐3
H25. 9‐2

H24. 9‐3
H28. 7‐ウ

1－4　求償関係

条文・原則

被害者に損害を賠償した使用者は、被用者に求償することができる（715条３項）。

使用者が被害者に損害の賠償をした場合、本来不法行為をしたのは被用者であるから、被用者に求償することができる。

ただし、損害の公平な分担という見地から**信義則上相当と認められる限度に制限**されることがある（判例）。

2　土地工作物責任

重要度B

2－1　成立要件

条文・原則

1　土地の工作物であること
2　その設置又は保存に瑕疵があること
3　これにより他人に損害が生じたこと

設置保存の瑕疵とは、工作物がその種類に応じて通常備えているべき安全性・設備を欠いていることであり、瑕疵が工作物の築造時から存在するときは「設置」に瑕疵があるときで、その後に生じたものであるときは「保存」に瑕疵があることになる。

2－2　賠償責任の負担者

R３(10). 8‐1、‐2

条文・原則

1　工作物の占有者は、被害者に対して損害賠償をする責任がある。
2　ただし、占有者が損害の発生を防止するため必要な注意をしていたときは、その損害は所有者が賠償しなければならない（717条１項）。

（1）例えば、借家の壁が剥離して落下し、通行人Ｃに大怪我をさせた場合、まず占有者である借家人Ｂが賠償責任を負うが、借家人Bが必要な注意を怠っていなかった場合には、所有者である大家Aが責任を負わなければならないということである。

このように、第1次的には占有者が責任を負い、この者が責任を負わない場合にはじめて所有者が責任を負う（第2次的責任）。

（2）占有者が責任を負わない場合の所有者の責任は、**無過失責任**であり、所有者に**全く過失が無くとも**責任を負わされる。危険な物から損害が生じているのに誰も責任を負わないという事態を防止するためには、所有者に責任を負ってもらうほかないからである。

（3）これらの場合に、ほかに損害の原因につき責任を負う者がいれば、**求償権を行使**できることになっている（717条3項）。

3　共同不法行為

重要度B

条文・原則

数人が共同の不法行為によって他人に損害を加えたときは、過失割合が異なっていても、各自連帯してその全額について損害賠償をする責任がある（719条1項前段）。

出題履歴
H25. 9-3

（1）例えば、不動産の仲介において、A及びBが共謀してCに虚偽の説明をしてCが損害を被った場合のように、客観的に権利侵害行為を共同して行ったときは、Cに生じた損害の全額をAB各自連帯して賠償する責任を負う。

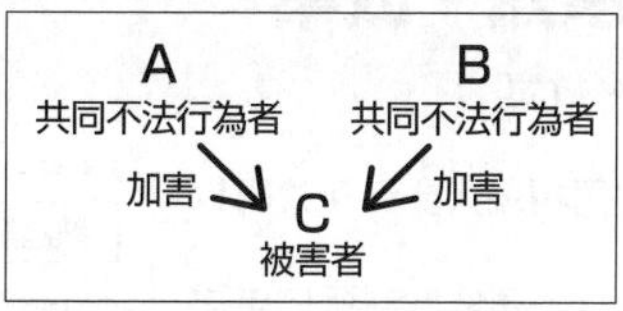

（2）共同不法行為者が負担する損害賠償債務は、**連帯債務と同様**の関係になる。したがって、被害者は、加害者全員に対して損害全額を賠償請求できる一方、加害者の1人に対する履行の請求は、他の加害者に対してはその効力を有しない。

（3）共同不法行為者の1人が損害を賠償したときは、他の共同不法行為者に対し、その者の過失割合による負担部分の限度で、求償できる。

相続 1

重要ポイント

1．相続人

Point 相続人

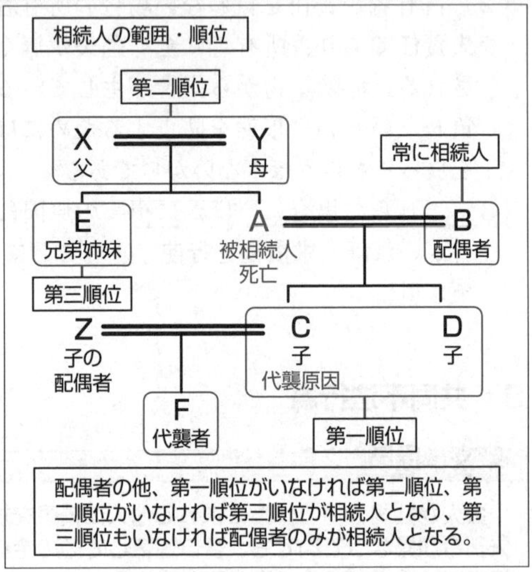

●配偶者（現配偶者に限る）は常に相続人になり、血族は①子②親③兄弟姉妹の順で相続人になる。

●子には、養子・非嫡出子も入る。

●被相続人の子の①相続開始時以前の死亡、②欠格（遺言書の偽造など）③廃除により、その者の子が代襲相続する。

●相続人がいない場合、特別縁故者（内縁の妻など）の請求により、その者に相続財産の全部又は一部を与えることができる。

2．相続の承認・放棄

Point 限定承認・放棄

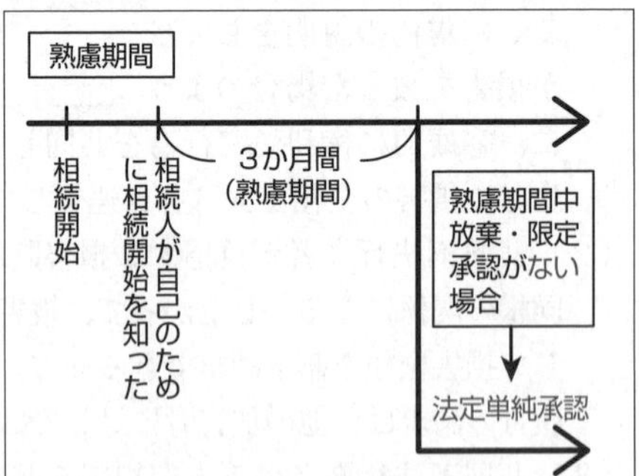

●限定承認は、共同相続人全員が共同して行う。
●放棄・限定承認は、家庭裁判所に申述する。

1 相続

理解する

1 相続の開始

条文・原則

相続は、死亡によって開始する（882条）。

（1）死亡した者が「**被相続人**」で、権利義務をまとめて引き継ぐ者が「**相続人**」である。

（2）死亡した数人中、**誰が先に死亡したか分からないとき**は、**同時に死亡**したものと**推定**される（32条の2）。

同時に死亡した場合は相続は起こらない。しかし、代襲相続（後述）がある。相続開始以前の相続人の死亡は代襲原因となる。**「以前」とは同時を含む**からである。

（3）**相続人の存在が不明**のときは、相続人捜索の公告をして（958条）、公告期間内になお相続人が不明のときは、**相続人はいないもの**と扱われる（958条の2）。

相続人がいないことが確定した場合には、家庭裁判所は、被相続人と生計を同じくしていた者、療養看護に努めた者その他**特別な縁故があった者（特別縁故者）の請求**により、相続財産の全部又は一部を与えることが**できる**（958条の3）。

なお、残る財産があるときは、**最終的に国庫に帰属**する（959条）。

2 相続の効力

条文・原則

1　相続人は、相続開始の時から、被相続人の財産に属した一切の権利義務を承継する（896条本文）。
2　相続人が数人あるときは、相続財産は、相続人全員の共有に属する（898条）。
3　各共同相続人は、その相続分に応じて被相続人の権利義務を承継する（899条）。

（1）相続の効力として、被相続人の財産に属した一切の権利義務が承継される（包括承継）のが原則であるが、年金受

R 1 . 6 - 3

給権のような**一身専属的**な権利や義務は承継の対象とはならない（896条ただし書）。

（2）現金などの相続財産は原則共有となるが、金銭債権（**可分債権**）は、**当然に分割**され、相続分に応じてそれぞれが承継する（判例）。ただし、普通預金債権などは、分割されることなく、遺産分割の対象となる（判例）。

可分債権以外の相続財産（現金、不動産など）	相続人全員の共有（遺産分割の対象）
普通預金債権、通常貯金債権、定期貯金債権	遺産分割の対象
通常の金銭債権（貸金返還請求権など）	当然分割

そうなると、預貯金債権は共同相続人全員の同意がないと各相続人が個別には引き出せないことになるため、相続人の当面の生活費や葬儀費用等について、不都合が生じるおそれがある。そこで、相続開始後の資金需要のために、**預貯金債権の３分の１×法定相続分**（金融機関ごとに**上限150万円**）は単独で取得できる制度が設けられた（909条の2）。

出題履歴
H23.10- 3

なお、**金銭債務**も、**当然に分割**され、相続分に応じてそれぞれが承継する（判例）。

2 相続人

重要度A

1　相続人の範囲・順位①

出題履歴
H26.10- 1

条文・原則

被相続人の配偶者は、常に相続人となる（890条前段）。

（1）血族相続人がいなければ、配偶者だけが相続人となる。
配偶者とは、法律上婚姻した者のみをいい、内縁者は含まない。

（2）配偶者がいなければ、血族のうち上位の順位に該当する者だけが相続人となる。

講師からのアドバイス
人が死亡したとき、誰が相続人となるかは法律が定めている。法律で定めた人以外は、相続人とはならない。法律は、死者と縁の深い順に、ある一定の範囲内の人を相続人に指定している。

2　相続人の範囲・順位②

条文・原則

下記の血族が、配偶者とともに、下記の順位で相続人となる（887条、889条、890条後段）。
第一順位　子又はその代襲者（子の直系卑属）
第二順位　第一順位に該当する者がいないときは、直系尊属（被相続人の父母、祖父母）
第三順位　第一順位及び第二順位に該当する者がいないときは、兄弟姉妹又はその代襲者（兄弟姉妹の子）

（1）**子**には、法律上の婚姻関係にある夫婦から生まれた**嫡出子**のほか、法律上の婚姻関係にない男女から生まれ認知された**非嫡出子**を含む。

また、**養子**もすべて含む。**養子**は、嫡出子たる身分を取得する（809条）。

さらに、**胎児**（妊娠中でまだ生まれていない子）も含む。相続・遺贈を受けることについては、胎児は既に生まれたものとみなされる（886条、965条）。

（2）第二順位の直系尊属とは、被相続人の父母や祖父母である。系図を書いた場合、死者の上に位置するのが**尊属**、下に位置するのが**卑属**である。

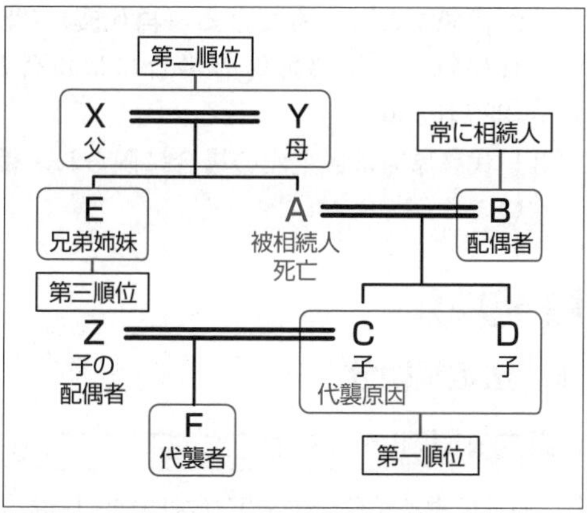

系図を真っすぐ上に昇る関係が**直系**、横に行くのが**傍系**である。

直系尊属は、第一順位の者が、その代襲者も含め誰もいないときにのみ相続人となる。そして、親等の異なる直系尊属がいるときは**親等の近い者だけ**が相続人となる（889

出題履歴
H24.10- 1
H24.10- 3
H25.10- 1
H26.10

◆親等
親族間の遠近度を計る単位。**世数を数えて**計り、母は1親等、祖父母は2親等になる。

条1項1号)。たとえば、母と祖父母がいるときは、母だけが相続人となる。

3　代襲相続

条文・原則

被相続人の子及び兄弟姉妹が、以下の事由に該当する場合、これらの者の直系卑属は、これらの者に代わって、これらの者の受けるはずであった相続分を相続する（887条2項、889条2項）。

1　相続の開始以前に死亡したとき
2　相続欠格事由に該当するとき
3　廃除されたとき

◆相続欠格

故意に被相続人を殺し刑に処せられた、遺言書を偽・変造したなど、**法律が定めた一定の重大な非行**があった場合に、**当然に相続権を失う**こと（891条）。
H29. 9

H25.10- 1
H26.10
H29. 6- 2
R 2 (10). 8- 2～4
R 2 (12). 8

◆廃除

相続欠格事由にはあてはまらないものの、日頃から被相続人を虐待・侮辱したり、**著しい非行**があった場合に、被相続人が生前又は遺言により**家庭裁判所に請求して**、遺留分を有する推定相続人の**相続権を奪う**こと（892条）。

出題履歴

H29. 9

（1）代襲相続は、相続権を失った者が相続していたら自らもそれを承継していたであろうという直系卑属の期待を保護する制度である。

（2）代襲相続は被相続人の子及び兄弟姉妹に限られる。直系尊属や配偶者には代襲相続は認められない。

なお、代襲者にも代襲原因があれば、さらに代襲者の子が代襲することもできる（**再代襲**）（887条2・3項）。これに対し、兄弟姉妹の場合には再代襲は認められない(889条2項)。

（3）代襲原因は、上記の場合に限られ、**相続放棄は含まれない**。

3 相続分

重要度A

1　法定相続分

条文・原則

遺言による相続分の指定がない場合には、各相続人の相続分は、以下の法定相続分による（900条）。

組み合せ	配偶者	血族相続人
配偶者＋子（代襲含む）	1/2	1/2
配偶者＋直系尊属（親等近い者）	2/3	1/3
配偶者＋兄弟姉妹（代襲含む）	3/4	1/4

講師からのアドバイス

相続人が1人の場合（**単独相続**）は、相続分は問題にならないが、複数の場合（**共同相続**）は、相続人各自が相続財産にどれだけの持分を有するかという相続分が問題となる。

被相続人は、遺言で、共同相続人の相続分を定め、又はこれを定めることを第三者に委託することができる（902条１項）。しかし、このような指定がない場合は、法定相続分によるのである。

出題履歴
H25.10-1
H26.10
H29.6-1

2　均分相続の原則

条文・原則

子、直系尊属又は兄弟姉妹が数人あるときは、各自の相続分は、相等しいものとするのが原則である（900条４号本文）。

講師からのアドバイス
父母の一方のみを同じくする兄弟姉妹の相続分は、父母の双方を同じくする兄弟姉妹の相続分の１/２である（民法900条４号ただし書）。

血族相続人が**複数のときは、均分**する。

また、代襲者が被代襲者につき複数いる場合は、**被代襲者に本来配分される割合を均分**する（901条）。

出題履歴
H26.10
H29.6-1
H29.9

4 遺産分割

1　遺産分割とは

理解する

条文・原則

遺産分割とは、相続財産が共同相続人の共有となっている場合に、これを各相続人に分割し、各相続人の単独財産とすることをいう。

講師からのアドバイス
相続財産は、土地・建物・自動車・株式・預金債権等多岐に渡る。これをどのように各相続人に帰属させていくのかが、遺産分割の問題である。

相続の開始によって共同相続人の共有となった相続財産は、遺産分割手続を通して個別具体的に各相続人に帰属し、各相続人の財産関係に解消する。相続開始後の遺産共有は、遺産分割が行われるまでの暫定的なものである。

2　遺産分割の実行

重要度A

条文・原則

1　被相続人は、遺言で、遺産の分割の方法を定め、又はこれを定めることを第三者に委託することができる（指定分割　908条前段）。

2　共同相続人は、被相続人が遺言で分割を禁じた場合を除き、いつでもその協議（全員一致）で、遺産の全部又は一部の分割をすることができる（協議分割907条1項）。

3　遺産の分割について共同相続人間に協議が調わないときは、各共同相続人は、その全部又は一部の分割を家庭裁判所に請求することができる。ただし、遺産の一部を分割することにより他の共同相続人の利益を害するおそれがある場合は、一部の分割はできない（審判分割　同条2項）。

出題履歴
H29. 6- 2
R 1. 6- 1

R 1. 6- 4
（1）以上によって、遺産の分割をしたときには、その効力は、第三者の権利を害しない範囲で、**相続開始の時にさかのぼって**生ずる（909条）。

H25.10- 2
（2）**特定の遺産を特定の相続人に「相続させる」旨の遺言**があった場合は、特段の事情のない限り、①**当該遺産を当該相続人に単独で相続させる遺産分割の方法が指定されたもの**とされ、②何らの行為を要せずに、被相続人の死亡時（＝遺言の効力発生時）**に直ちに当該遺産が当該相続人に相続により承継**される（判例）。ただし、その承継により**自己の法定相続分を超える部分**を取得した場合は、その超える部分につき**登記を備えなければ第三者に対抗できない**（899条の2）。

H25.10- 3
（3）**「相続させる」旨の遺言**は、その遺言により遺産を相続させるものとされた推定相続人が**遺言者の死亡以前に死亡した場合**には、遺言者が当該推定相続人の代襲者その他の者に相続させる旨の意思を有していたとみるべき特段の事情がない限り、その**効力を生じない**（判例）。

R 1. 6- 2
（4）共同相続人は、**すでに成立している遺産分割協議**について、その全部または一部を**全員の合意により解除**した上で、**改めて遺産分割協議を成立**させることができる（判例）。

H29. 6- 3
（5）相続開始から遺産分割までの間に遺産である賃貸不動産

から生じた賃料債権は、各共同相続人がその相続分に応じて確定的に取得し、後にされた遺産分割の影響を受けない（判例）。

3　遺言による遺産分割の禁止　重要度B

条文・原則

被相続人は、遺言で、相続開始の時から5年を超えない期間内で遺産の分割を禁ずることもできる（908条後段）。

出題履歴
R1.6-1

5 相続の承認・放棄　重要度A

1　相続の承認・放棄をすべき期間

条文・原則

相続人は、自己のために相続の開始があったことを知った時から3か月以内に、単純若しくは限定の承認又は放棄をしなければならない（915条1項本文）。

出題履歴
H28.10-4

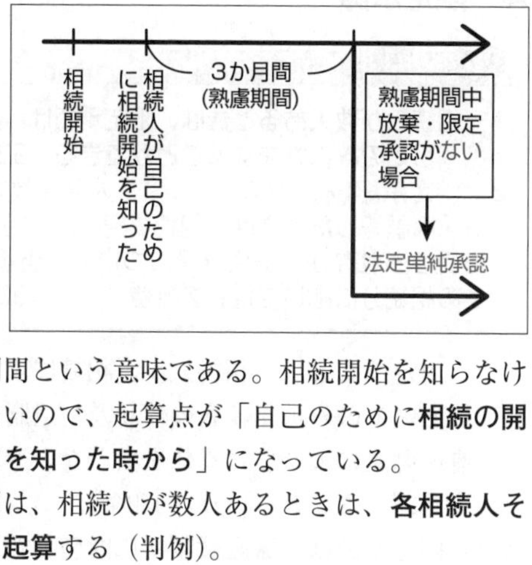

（1）承認、放棄を選択できる3か月の期間を**熟慮期間**という。承認した方がよいのか、放棄をした方がよいのかよく考える期間という意味である。相続開始を知らなければ熟慮できないので、起算点が「自己のために**相続の開始があったことを知った時から**」になっている。

（2）この熟慮期間は、相続人が数人あるときは、**各相続人それぞれについて起算**する（判例）。

講師からのアドバイス
相続では、権利のほか義務も承継するので、被相続人に借金がたくさんある場合には、相続により損をすることにもなりかねない。
そこで、相続人に相続の効果を承認するか放棄するかの選択ができるようにしてある。

2　相続財産の管理

条文・原則

出題履歴
H20. 7-4

相続人は、その固有財産におけると同一の注意をもって、相続財産を管理しなければならない（918条1項本文）。

相続人が単純承認等をしてからでないと相続財産が誰に行くのかがわからない。しかし、それでは相続財産が散逸するおそれがあるので、相続人に自分の財産管理と同一の管理義務を負わせた。

3　単純承認

条文・原則

出題履歴
H28.10-1、-2

単純承認は、積極的な意思表示をしなくとも、熟慮期間内に何もしないか、又は、相続財産を処分するなどの行為をすれば、これがあったとみなされる（921条）。

4　限定承認

条文・原則

出題履歴
H28.10-3
H29. 6-4

1　相続人が数人あるときは、限定承認は、共同相続人の全員が共同してのみこれをすることができる（923条）。
2　限定承認した共同相続人の1人又は数人が、相続財産を処分・隠匿等したときは、相続債権者は、相続財産をもって弁済を受けられなかった債権額について、当該共同相続人に対し、その相続分に応じて権利を行使できる（937条）。

（1）限定承認とは、相続人が、**相続によって得た財産の限度においてのみ**被相続人の債務及び遺贈を弁済し、自己の固有の財産によっては責任を負わないという留保付きで相続を承認することをいう（922条）。

（2）限定承認は、**家庭裁判所に財産目録を提出**し、申述して行う（924条）。

5　相続の放棄

条文・原則

相続の放棄は、家庭裁判所に申述して行う（938条）。

（1）相続の放棄とは、**相続開始後**に相続人がする相続拒否の意思表示をいう。**相続放棄**をした者は、その相続に関しては、**初めから相続人とならなかったもの**とみなされる（939条）。

（2）**相続放棄**は、**相続開始前**（＝被相続人の**死亡前**）**にはできない**（915条１項）。これを許すと、被相続人や他の共同相続人が相続放棄を強制するおそれがあるからである。

講師からのアドバイス

初めから相続人とならないのだから、共同相続の場合、相続分を配分し直し、他の相続人の相続分が増えることになる。

6　相続放棄者による管理

条文・原則

相続放棄者は、その放棄によって相続人となった者が相続財産の管理を始めることができるまで、自己の財産におけると同一の注意をもって、その財産の管理を継続しなければならない（940条１項）。

出題履歴

H20. 7 - 4

7　相続の承認及び放棄の撤回及び取消し

条文・原則

1　相続の承認・放棄はいったん行った以上、３か月の熟慮期間内でも撤回することはできないのが原則である（919条１項）。

2　ただし、錯誤によるときや詐欺・強迫を受けたときなどは、総則の規定により取消しができるが、家庭裁判所に取消しの申述をしなければならない（同条２・４項）。

相続２

重要ポイント

1．遺言

Point 遺言

- 遺言は、15歳から単独で可能。
- 自筆証書遺言に証人の立会いは不要。
- 検認なくても、遺言は有効。
- 共同遺言の禁止。

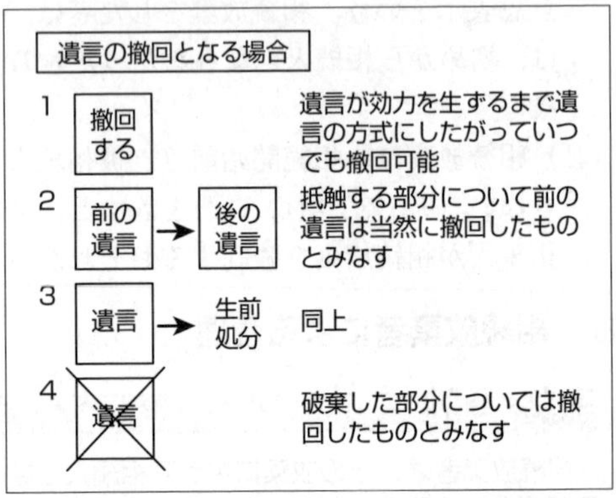

遺言の撤回となる場合
1
撤回する
遺言が効力を生ずるまで遺言の方式にしたがっていつでも撤回可能
2
前の遺言
後の遺言
抵触する部分について前の遺言は当然に撤回したものとみなす
3
遺言
生前処分
同上
4
遺言
破棄した部分については撤回したものとみなす

2．遺留分

遺留分権利者

相続人たる資格を有する者	遺留分権利者
配偶者	○
子	○
直系尊属	○
兄弟姉妹	×

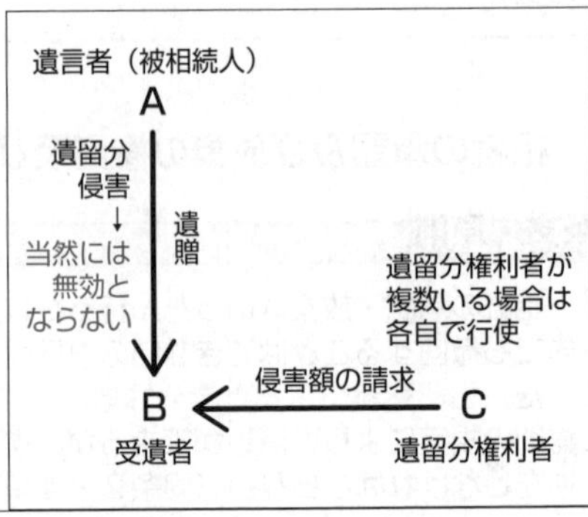

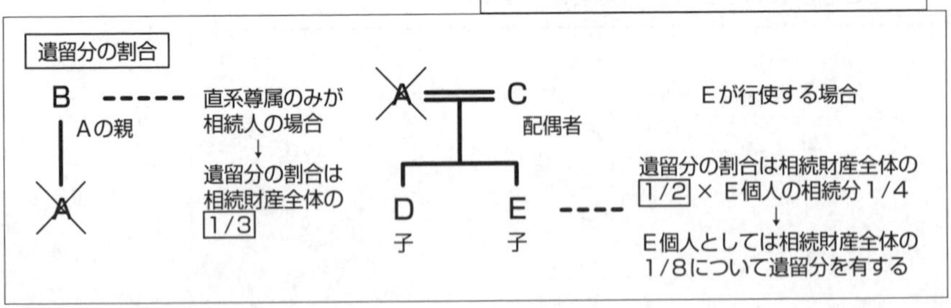

遺言者（被相続人）

当然には無効とならない

遺留分の割合は相続財産全体の1/3

Eが行使する場合
遺留分の割合は相続財産全体の1/2 × E個人の相続分1/4
E個人としては相続財産全体の1/8について遺留分を有する

1 遺言

1　遺言とは

理解する

条文・原則

遺言とは、被相続人が、相続分の指定、遺贈などの法的効果を死後発生させる目的で行う単独の意思表示である。

遺言は、**被相続人の最終の意思表示である**から、最大限尊重すべきである。しかし、遺言の効力が生じる時には、既に被相続人はいないから、それが偽造・変造されないよう**厳格な要式行為**とされ（**書面**が必要）、その意思の実現を法的に保証しているのが、遺言制度である。

2　遺言能力

重要度 B

条文・原則

1　遺言には、制限行為能力者制度の適用はない（962条）。
2　15歳に達した者は、遺言をすることができる（961条）。

出題履歴
H22.10 - 3

（1）**遺言**は、その人の最後の意思表示だからなるべく**その人の意思を尊重すべき**で、同意や代理になじまない。そこで、遺言には制限行為能力者制度の適用はないものとした。

（2）制限行為能力者制度の適用がないため、遺言を有効にできる基準を独自に定める必要がある。そこで、民法は、**15歳以上**であれば、未成年者や被保佐人、被補助人でも単独で有効に遺言できるものとした。

さらに、成年被後見人も、**事理を弁識する能力を一時回復**していれば、医師２名の立会いのもとに遺言できる（973条）。

3　共同遺言の禁止

重要度B

出題履歴
H22.10- 4

条文・原則

遺言は、２人以上の者が同一の証書ですることはできない(975条)。

共同で遺言できるとすると、一方が他方の思いに引きずられてしまうおそれがあるので、**共同遺言は禁止**される。

4　遺言の方式

重要度B

H22.10- 1

講師からのアドバイス
これら３つの遺言は、普通方式といわれるものである。その他に死亡が危急に迫っている者ができる特別方式がある。

◆目録
遺言の末尾につけて、相続財産を整理して書き並べたもの。通帳や全部事項証明書でも署名押印していれば有効である。

条文・原則

1　自筆証書遺言とは、遺言者が、遺言の全文、日付及び氏名を自書し、これに押印することによって成立する遺言をいう(968条１項)。添付する目録については、自書することを要しないが、各頁に署名し押印しなければならない（同条２項)。
2　公正証書遺言とは、公証人が所定の方式に従って作成された旨を付記して署名押印することによって成立する遺言をいう(969条)。
3　秘密証書遺言とは、遺言者が、遺言書に署名押印のうえ封印し、その封紙に公証人が所定の記載をし、さらに、それに遺言者・２人以上の証人・公証人が署名押印することによって成立する遺言をいう（970条)。

（1）遺言は、民法の定める方式に従わなければ、することができない（960条)。遺言者は、どの方式を採るかは自由である。

H22.10- 2

（2）自筆証書遺言は、**遺言者１人で遺言を作成でき**、公正証書遺言のように、証人２人以上の立会い等が必要といったことがない。

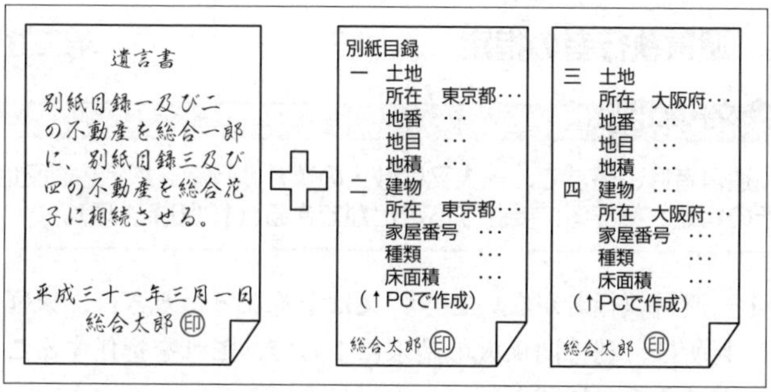

（３）目録を含め自筆証書遺言の加除修正は、遺言者が変更の場所を指示し、これを変更した旨を付記して特にこれを署名し、かつ、変更の場所に印を押さなければ、加除訂正としての効力は生じない（968条３項）。したがって、例えば、遺言者が遺言書の内容を一部削除する場合、遺言者が変更する箇所に二重線を引いて、その箇所に押印するだけでは、一部削除の効力は生じない。 H27.10- 1

5　遺言の検認

重要度C

条文・原則

遺言書の保管者は、相続の開始を知った後、遅滞なく、これを家庭裁判所に提出して、その検認を請求しなければならない（1004条１項）。

◆遺言の執行
遺言の内容を実現するために必要な行為をいう。

（１）遺言の執行を円滑に実施するために、最初に、遺言書の保管者にこれを提出させ、遺言書の現状を確認したり明らかにする必要がある。このうち遺言書の偽造等を防止し、その保存を確実にするためにあるのが、検認である。この検認は、公正証書遺言以外の遺言に義務づけられている（1004条２項）。なお、法務局に保管された自筆証書遺言については検認が不要となる制度がある。

（２）この検認は、遺言の執行前において、遺言書の形式その他の状態を調査・確認するためのもので、**検認手続を経ないからといって、遺言書の効力が左右されるわけではない**（判例）。

6　遺言執行者の指定

重要度C

◆遺言執行者
遺言者に代わって、遺言の内容実現に向けて必要な一切の事務を行う者をいう。

条文・原則

遺言者は、遺言で、一人又は数人の遺言執行者を指定し、又はその指定を第三者に委託することができる（1006条1項）。

（1）遺言執行者がないとき、又はなくなったときは、家庭裁判所は、利害関係人の請求によって、これを選任することができる（1010条）。

H27.10- 3

（2）遺言執行者がある場合は、相続人は相続財産の処分その他遺言の執行を妨げるべき行為をすることができない（1013条1項）。これに違反してした行為は、無効となるが、善意の第三者には無効を対抗することができない（1013条2項）。

7　遺言撤回自由の原則

重要度A

条文・原則

1　遺言は、効力を生ずるまで、遺言の方式に従っていつでも撤回することができる（1022条）。
2　前の遺言と抵触する遺言や法律行為をしたときなどは、その抵触する部分については、前の遺言は当然に撤回したものとみなされる（1023条～1024条）。

講師からのアドバイス
遺言撤回の自由とは、遺言は死ぬまで何回でもやり直せるということである。

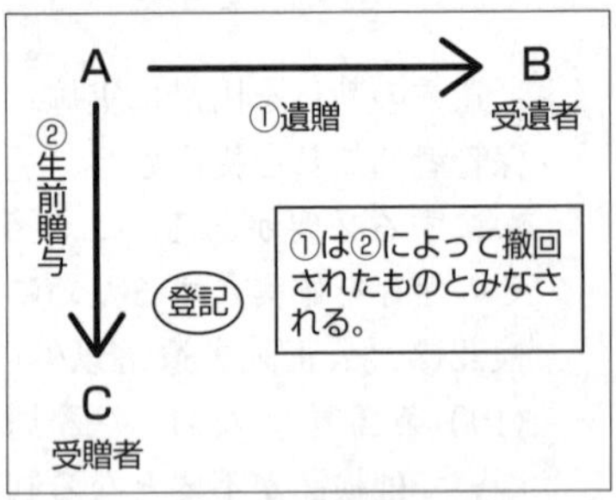

（1）遺言に**停止条件**が付されており、死後に条件が成就したときは、**条件が成就した時から**効力を生ずる（985条2項）。

（2）遺言は、遺言者の死亡の時から効力を生ずるのであるし（985条1項）、また、**遺言者の最終意思は尊重**すべきだから遺言は何度でもやり直してよいはずである。そこで上記1、2のような扱いをすることにした。これを、**遺言撤回自由の原則**という。

例えば、ＡがＢへの遺贈目的物を、自分が死ぬ前にＣに売ってしまえば、**遺贈と抵触する法律行為**をしたことになるので、その遺贈は撤回したものとされる。

（３）さらに、遺言撤回自由の原則を貫くために、遺言者は、遺言を撤回する権利を放棄できない（1026条）。

８　遺贈

重要度Ｂ

条文・原則

遺贈とは、遺言で財産の無償譲与の意思表示をすることであり、遺言者は、包括又は特定の名義で、その財産の全部又は一部を処分することができる。

（１）特定遺贈の受遺者は遺言者の死亡後、**いつでも遺贈の放棄**をすることができる（986条１項）。しかし、いったん承認又は放棄をすれば、これを撤回できない（989条１項）。

また、**遺贈は遺言者の死亡以前に受遺者が死亡**したときは、その効力は生じない（994条１項）。受遺者が受けるはずであったものは、遺言に別段の意思が表示されていない限り、遺言者の相続人に帰属する（995条）。

（２）遺言者は、財産を自由に処分でき、特定の財産を特定の相続人に相続させる趣旨のものであっても認められる（判例）。

◆特定遺贈

特定の具体的な財産を無償譲与する場合をいう。

出題履歴

H25.10- 3

◆包括遺贈

相続財産の全部又は一部の一定割合を譲与することを**包括遺贈**という。

H25.10- 2

２ 配偶者の居住の権利

１　２種類の居住権

理解する

条文・原則

被相続人の配偶者は、相続開始時に被相続人の財産である建物に居住していたときは、その建物に無償で居住し続けることができる。この権利には、①原則として終身の間居住を認める配偶者居住権と、②遺産分割が終了するまで等の間のみ居住を認める配偶者短期居住権の２種類がある。

相続の際に、相続人である配偶者が住み慣れた居住建物に住み続けられるように、配偶者の居住権を保護する目的で定められた制度である。

2　配偶者居住権

重要度 B

条文・原則

1　被相続人の配偶者は、相続開始時に被相続人の財産である建物に居住していた場合、①遺産分割によって、又は②遺贈の目的とされることを条件に、その居住建物の全部を無償で使用収益できる（1028条１項本文）。

R３(10).４-１

2　配偶者居住権の存続期間は、別段の定めがあるときを除き、終身の間である（1030条）。

（１）例えば、Ａが妻Ｂと子Ｃを残して死亡し、相続財産が、Ｂと同居していた2,000万円の住宅と預貯金3,000万円の場合において、ＢとＣが法定相続分に従って２分の１ずつ遺産分割をするとき、Ｂが住宅の所有権を取得すると、預貯金は500万円のみ受け取ることになり、生活費が不足する不安がある。

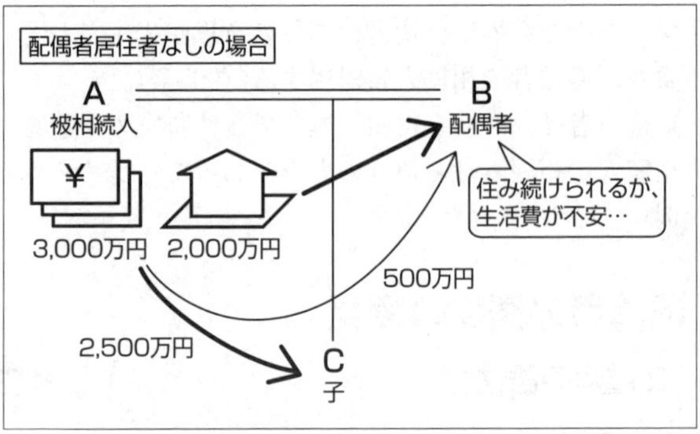

（２）このようなとき、配偶者居住権を用いるメリットがある。配偶者居住権の価値が仮に1,000万円である場合、Ｂが配偶者居住権と預貯金1,500万円を取得し、Ｃが住宅の所有権（配偶者居住権の価値を引いた1,000万円分）と預貯金1,500万円を取得することで、Ｂは住み慣れた住宅に住み続けられ、しかも生活費が不足する不安も緩和される。

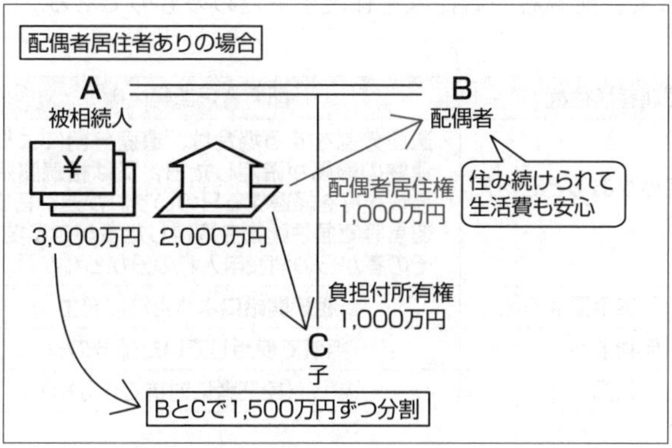

講師からのアドバイス

建物所有権の価値を「配偶者居住権」と「居住不可の負担付所有権」の2つに分け、別々の者が相続するイメージである。左図の場合、住宅の所有者はCだが、CはBに建物を使用収益させなければならない。

3　配偶者短期居住権

重要度B

3－1　配偶者短期居住権とは

条文・原則

被相続人の配偶者は、相続開始時に被相続人の財産である建物に無償で居住していた場合、以下の期間、居住していた部分について、無償で使用できる（1037条1項本文）。

1　遺産分割をする場合…遺産分割により居住建物の帰属が確定した日、又は相続開始時から6か月を経過する日のいずれか遅い日まで

2　遺言等がある場合…遺言等で居住建物を取得した者が配偶者短期居住権の消滅の申入れをした日から6か月を経過する日まで

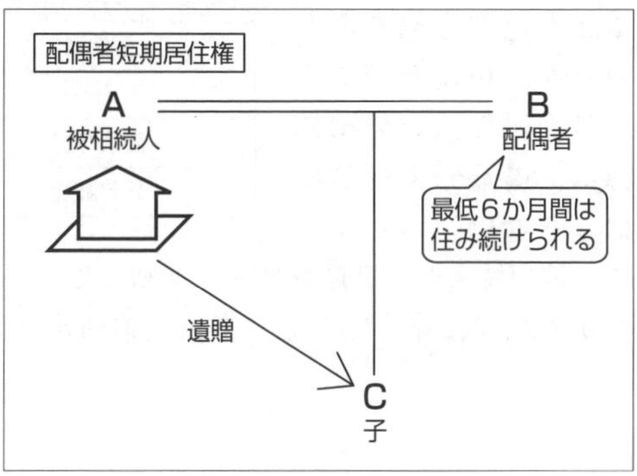

配偶者短期居住権は、配偶者居住権のように長期的・確定的なものではなく、遺産分割等によって居住建物取得者が確定するまでなどの一定の短期間に

限って、配偶者の居住権を保護するためのものである。

R 3 (10). 4- 4

	配偶者居住権	配偶者短期居住権
存続期間	別段の定めがあるときを除き、終身	・遺産分割をする場合は、遺産分割により居住建物の帰属が確定した日、又は相続開始時から6か月を経過する日のいずれか遅い日まで ・遺言等で居住建物を取得した者がある場合は、その者からの消滅申入れの日から6か月
成立	遺産分割協議又は遺贈	相続開始により当然に発生
居住権の範囲	建物全部	無償で使用していた部分のみ
対抗要件	登記	なし（第三者に対抗できない）
居住権の譲渡	不可	
使用・収益	両方可能	使用のみ（収益はできない）
用法遵守義務違反の場合	催告をして是正されなかった場合、建物所有者の意思表示により消滅	居住建物取得者の意思表示により消滅（催告不要）
費用負担	通常の必要費を負担	

出題履歴
R 2 (10).14- 4

3 遺留分

1 遺留分とは

重要度A

講師からのアドバイス
被相続人が、**全財産を他人に遺贈**してしまった場合、相続人はこれを取り返せるだろうか。遺言者の**最終意思は尊重**しなければならないが、残された妻子など相続人の生活もある。この両者の調和をはかる制度が**遺留分**である。

出題履歴
H24.10- 4

条文・原則

遺留分とは、兄弟姉妹以外の相続人に確保しておかなければならない遺産の額であり、遺留分を算定するための財産の価額に遺留分の割合を乗じて計算される（1042条1項）。

相続人たる資格を有する者	遺留分権利者
配偶者	○
子	○
直系尊属	○
兄弟姉妹	×

遺留分を有する者のことを遺留分権利者というが、相続人のなかで最も縁の遠い**兄弟姉妹は、遺留分権利者にはならない**。したがって、被相続人が全財産を他人に遺贈してしまった場合、兄弟姉妹が相続人になったとしても、兄弟姉妹は何ら文句を言えない。

２　遺留分の割合

重要度Ａ

条文・原則

遺留分は、直系尊属のみが相続人のときは相続財産の１／３であり、それ以外の相続人のときは相続財産の１／２である(1042条１項)。

３　遺留分侵害額の請求

条文・原則

遺留分権利者及びその承継人は、受遺者又は受贈者に対し、遺留分侵害額に相当する金銭の支払を請求することができる(1046条１項)。

（１）遺留分侵害額の請求権は、金銭的請求権であり、例えば遺留分を侵害する遺贈もしくは贈与の対象が不動産の所有権であった場合でも、遺留分として所有権や共有持分権を主張することはできない。

（２）この侵害額の請求は、遺留分権利者が複数いるとき、行使するか否かは各自の自由である（共同行使の必要はない)。また、必ずしも裁判上の請求による必要はない。 H20.12- 3

（３）遺留分侵害額の請求権は、遺留分権利者が、相続の開始及び遺留分を侵害する贈与又は遺贈があったことを**知った時から１年間**行使しないときは、時効によって消滅する。**相続開始の時から10年**を経過したときも、同様とする(1048条)。

４　遺留分を侵害する行為の効果

重要度Ｂ

条文・原則

遺留分を侵害する遺贈等の行為も当然には無効とはならない。

出題履歴
H20.12- 1

（１）遺留分を侵害する遺贈は**無効になるわけではなく**、侵害された額の限度で遺留分権利者が侵害額を請求できるだけである（1046条１項)。

（2）また、遺言により、遺留分権利者の遺留分侵害額の請求権を排除することはできない。

5　遺留分の放棄

重要度B

条文・原則

1　相続の開始前における遺留分の放棄は、家庭裁判所の許可を受けたときに限り、その効力を生ずる（1049条1項）。
2　共同相続人の一人のした遺留分の放棄は、他の各共同相続人の遺留分に影響を及ぼさない（同条2項）。

講師からのアドバイス
遺留分の放棄は相続の放棄と異なる点に注意。相続の放棄は、相続の開始前はすることはできないし、他の共同相続人の相続分に影響を及ぼす。

H20.12- 2

（1）**相続開始前の遺留分の放棄**は、その濫用を防止するために、**家庭裁判所の許可**が必要とされている。
（2）遺留分の放棄があっても、他の共同相続人の遺留分が増加するわけではなく、単に被相続人の自由に処分することができる財産が増加するにすぎない。
（3）被相続人の生前に、相続人が家庭裁判所の許可を得て遺留分の放棄をし場合でも、その遺産を相続する権利を失うものではない。

権利関係

不動産登記法 1

重要ポイント

1．不動産登記の内容

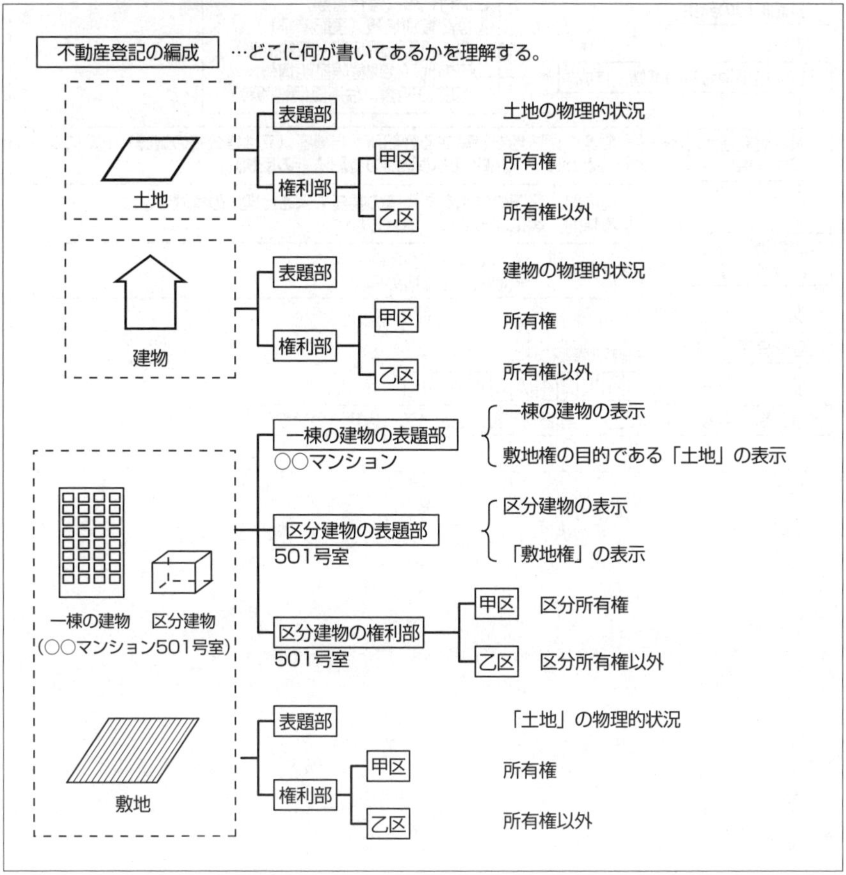

2．不動産登記の手続き

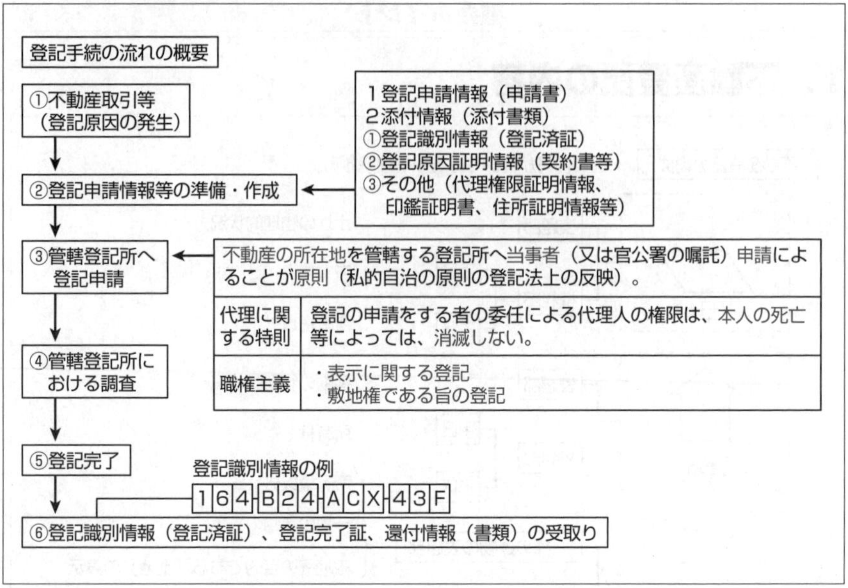
登記手続の流れの概要
①不動産取引等
（登記原因の発生）
②登記申請情報等の準備・作成
1登記申請情報（申請書）
2添付情報（添付書類）
①登記識別情報（登記済証）
②登記原因証明情報（契約書等）
③その他（代理権限証明情報、
印鑑証明書、住所証明情報等）
③管轄登記所へ
登記申請
不動産の所在地を管轄する登記所へ当事者（又は官公署の嘱託）申請によることが原則（私的自治の原則の登記法上の反映）。
代理に関する特則
登記の申請をする者の委任による代理人の権限は、本人の死亡等によっては、消滅しない。
職権主義
・表示に関する登記
・敷地権である旨の登記
④管轄登記所における調査
⑤登記完了
登記識別情報の例
164-B24-ACX-43F
⑥登記識別情報（登記済証）、登記完了証、還付情報（書類）の受取り

1 登記記録等

1　登記記録等

重要度A

条文・原則

1　登記は、登記官が登記簿に登記事項を記録することによって行う（11条）。
2　登記記録は、表題部及び権利部に区分して作成する（12条）。
3　登記記録は、一筆の土地又は一個の建物ごとに作成される（一不動産一登記記録主義、2条5号）。

（1）**登記記録**とは、表示に関する登記又は権利に関する登記について、一筆の土地又は一個の建物ごとに作成される**電磁的記録**（電子的方式、磁気的方式その他、人の知覚によっては認識することができない方式で作られる記録であって、電子計算機による情報処理の用に供されるもの）をいう（2条5号）。
（2）次頁に、土地及び建物の登記事項証明書のサンプルを載せておく。登記事項証明書には、用語を吹き出しで挿入してあることに注意。

◆一筆の土地

土地は切れ目なく続くので、所有者の意思に基づき適当に区分して個数が決められる。このように**区分された一単位の土地**を「一筆の土地」という。

講師からのアドバイス

登記記録が記録される帳簿であって、磁気ディスク(これに準ずる方法により一定の事項を確実に記録することができる物を含む)をもって調製するものを登記簿という(2条9号)。

2　登記事項証明書等の交付

重要度B

条文・原則

何人も、登記官に対し、手数料を納付して、登記記録に記録されている事項の全部又は一部を証明した書面（登記事項証明書）の交付を請求することができる（119条1項）。
電磁的記録をもって作成された登記事項証明書の交付は請求できない。

出題履歴
H22.14- 1

（1）請求するときは、**利害関係を有するかどうか**まで明らかにする必要はない。　H22.14- 2 H27.14- 1
（2）登記事項証明書のうち、**現に効力を有するものを証明した書面**の交付を請求することができる。　H22.14- 3
（3）送付の方法による交付を請求する場合は、**電子情報処理組織**を使用して請求することができる。　H22.14- 4 H27.14- 3

登記事項証明書（土地）サンプル

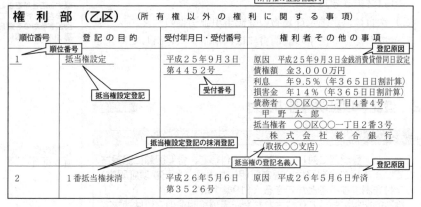

表　題　部（土地の表示）		調製	余　白	不動産番号	000000000000
地図番号	余　白	筆界特定	余　白		不動産の物理的状況
所　在	○○区○○一丁目				余　白
①地　番	②地　目（地目：土地の主たる用途）	③　地　　　積　　　㎡		原因及びその日付〔登記の日付〕	
29番	宅地	246：79		公有水面埋立〔平成18年4月1日〕	
所有者	○○区○○一丁目3番2号　株式会社総合商事（表題部所有者）				

権　利　部　（甲区）　（所有権に関する事項）			
順位番号	登記の目的	受付年月日・受付番号	権利者その他の事項
1（順位番号）	所有権保存（所有権保存登記）	平成18年4月9日 第963号（受付番号）	所有者　○○区○○一丁目3番2号 株式会社総合商事
2	所有権移転（所有権移転登記）	平成25年9月3日 第4451号	（登記原因） 原因　平成25年9月3日売買 所有者　○○区○○二丁目4番4号 甲野太郎（所有権の登記名義人）

権　利　部　（乙区）　（所有権以外の権利に関する事項）			
順位番号	登記の目的	受付年月日・受付番号	権利者その他の事項
1（順位番号）	抵当権設定（抵当権設定登記）	平成25年9月3日 第4452号（受付番号）	（登記原因） 原因　平成25年9月3日金銭消費貸借同日設定 債権額　金3,000万円 利息　年9.5％（年365日日割計算） 損害金　年14％（年365日日割計算） 債務者　○○区○○二丁目4番4号 甲野太郎 抵当権者　○○区○○一丁目2番3号 株式会社総合銀行 （取扱○○支店）（抵当権の登記名義人）
2	1番抵当権抹消（抵当権設定登記の抹消登記）	平成26年5月6日 第3526号	（登記原因） 原因　平成26年5月6日弁済

これは登記記録に記録されている事項の全部を証明した書面である。

令和○○年○月○日

○○法務局○○出張所　　　　登記官　　○○○○　　　　印

＊下線のあるものは抹消事項であることを示す。　整理番号D123456（1／1）

講師からのアドバイス

表題部所有者は、権利部がない登記記録も存在することから、登記事項とされる。したがって、権利部を設けた場合（所有権保存登記がなされた場合）は、表題部所有者は、抹消される。

登記事項証明書（区分建物以外の建物）サンプル

表　題　部（主である建物の表示）			調製	余 白	不動産番号	000000000000
所在図番号	余 白					
所　在	○○区○○一丁目５番地１６				余 白	
家屋番号	５番１６				余 白	
① 種 類	② 構 造	③ 床 面 積 ㎡			原因及びその日付〔登記の日付〕	
居宅	木造スレートぶき ２階建	１階　１３５ 76 ２階　９８ 05			平成１９年３月６日新築 〔平成１９年４月１日〕	

（注：「① 種類」に「種類：建物の主たる用途」の説明）

表　題　部（附属建物の表示）				
符号	①種類	②構造	③ 床 面 積 ㎡	原因及びその日付〔登記の日付〕
１	車庫	木造スレート ぶき平屋建	２０ 55	〔平成１９年４月１日〕
所 有 者	○○区○○一丁目５番１６号　乙 野 次 郎			

権 利 部（甲区）（所 有 権 に 関 す る 事 項）			
順位番号	登 記 の 目 的	受付年月日・受付番号	権 利 者 そ の 他 の 事 項
１	所有権保存	平成１９年４月２８日 第３１７０号	所有者　○○区○○一丁目５番１６号 乙 野 次 郎
付記１号	１番登記名義人住所変更	平成２５年９月８日 第６５３１号	原因　平成２５年７月５日住所移転 住所　○○区○○五丁目３番１０号

（注：「付記１号」に「付記登記」、「１番登記名義人住所変更」に「登記名義人の住所の変更の登記」の説明）

権 利 部（乙区）（所 有 権 以 外 の 権 利 に 関 す る 事 項）			
順位番号	登 記 の 目 的	受付年月日・受付番号	権 利 者 そ の 他 の 事 項
１	根抵当権設定	平成２５年９月８日 第６５３２号	原因　平成２５年９月８日設定 極度額　金1,５００万円 債権の範囲　金銭消費貸借取引 手形債権　小切手債権 債務者　○○区○○一丁目５番１６号 株 式 会 社 乙 野 商 会 根抵当権者　○○区○○一丁目１番１号 株式会社　Ｂ　銀　行 （取扱○○支店）

これは登記記録に記録されている事項の全部を証明した書面である。

令和○○年○月○日

○○法務局○○出張所　　　　登記官　　○○○○　　　　印

＊下線のあるものは抹消事項であることを示す。　　整理番号Ｄ５８４６３１３（1／1）　　1／1

2 登記の手続

1　登記手続の開始　重要度A

1－1　申請主義の原則

条文・原則

登記は、当事者の申請又は官公署の嘱託によってなされるのが原則である（16条1項）。
1　表示に関する登記の申請は原則として義務である。
2　権利に関する登記の申請は任意である。

出題履歴
H30.14-1

◆官公署の嘱託
官公署が登記の申請に相当する行為を行うすべての場合をいう。不動産登記法上、原則として、申請による登記に関する規定が準用される。

H28.14-1

（1）**「権利に関する登記」**は、これをすることによって自分の権利を守ることができるというものであるから、登記をするかどうかは**当事者の意思にゆだね**、当事者の申請をまって登記をする。したがって、権利に関する登記の申請は、任意ということになる。

（2）これに対し、**「表示に関する登記」**は、不動産の物理的な状況を明らかにすることが目的であり、登記すること自体に**公益性**があるため、当事者に申請義務が課されている。

講師からのアドバイス
登記手続については、まず申請が原則なのか職権が原則なのかが問題となる。申請主義が原則ということになってはじめて共同申請か単独申請かという話になる。

1－2　申請主義の例外

条文・原則

例外として、登記官の職権で登記がなされる場合がある。
・不動産の表示に関する登記（28条）
・敷地権である旨の登記（46条）
・職権による登記の抹消（71条4項）
・地役権設定登記をした場合の要役地となった旨の登記（80条4項）
等

H30.14-2
H24.14-2

2　登記申請における代理権の不消滅　重要度B

条文・原則

登記の申請をする者の委任による代理人の権限は、本人の死亡等によっては、消滅しない（17条）。

出題履歴
H24.14-1
R1.14-4
R3(10).14-2

登記申請における任意代理人の権限は、本人の死亡の他、本人である法人の合併による消滅、本人である受託者の信託の任務の終了、法定代理人の死亡又はその代理権の消滅・変更、という事由が生じても消滅しない（17条）。存続させても代理権の濫用などの不都合も小さいし、逆に消滅してしまうと共同申請の相手方は相続人から改めて登記への協力を取りつけねばならず、手続が遅延するという不都合が生ずるからである。

3　申請方法

重要度C

条文・原則

登記の申請は、以下に掲げる方法のいずれかにより、申請情報を登記所に提供してしなければならない（18条）。

1　電子申請

法務省令で定めるところにより電子情報処理組織（登記所の使用に係る電子計算機（入出力装置を含む）と申請人又はその代理人の使用に係る電子計算機とを電気通信回線で接続した電子情報処理組織をいう）を使用する方法

2　書面申請

申請情報を記載した書面（法務省令で定めるところにより申請情報の全部又は一部を記録した磁気ディスクを含む）を提出する方法

（１）書面申請においては、申請人等の出頭のほか、**郵送等でもすることができる**。

（２）申請情報は、登記の目的及び登記原因に応じ、**一の不動産ごとに作成して提供**しなければならない。ただし、同一の登記所の管轄区域内にある数個の不動産に関する登記を申請する場合、**登記の目的並びに登記原因及びその日付が同一であるときその他法務省令で定めるときは**、同一の申請情報で登記を申請することができる（登記令４条）。

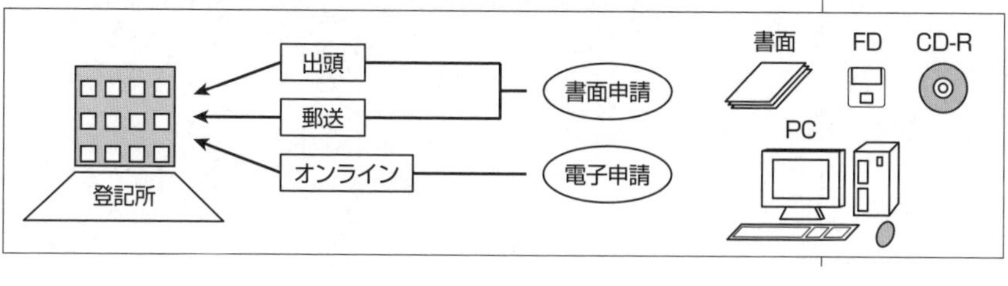

4　登記申請の受付・順序

重要度C

条文・原則

1　登記官は、上記3の規定により申請情報が登記所に提供されたときは、法務省令で定めるところにより、当該申請情報に係る登記の申請の受付をしなければならない（19条1項）。
2　登記官は、同一の不動産に関し権利に関する登記の申請が2以上あったときは、これらの登記を受付番号の順序に従ってしなければならない（20条）。

不動産登記法２

重要ポイント

1. 表示に関する登記と権利に関する登記の比較

表示に関する登記と権利に関する登記の主要な相違点

	表示に関する登記	権利に関する登記
目的	公益のため	私権保護のため
登記事項	不動産の物理的状況	甲区･･･所有権 乙区･･･所有権以外
対抗力	なし	あり
申請義務	あり	なし
手続開始原因	申請主義 原則的に職権主義も可	申請主義 一部例外的に職権主義も可

2. 表示に関する登記の申請手続

表示に関する登記の申請手続のまとめ

（1）土地

表題登記	①新たに生じた土地の所有権を取得した者（原始取得者） ②表題登記がない土地の所有権を取得した者（転得者）	取得日から１か月以内
地目・地積の変更の登記	表題部所有者　所有権の登記名義人	変更があった日から１か月以内
分筆登記 合筆登記	表題部所有者　所有権の登記名義人	――
滅失登記	表題部所有者　所有権の登記名義人	滅失の日から１か月以内

（2）建物（区分建物以外）

表題登記	①新築建物の所有権を取得した者（原始取得者） ②表題登記がない建物の所有権を取得した者（転得者）	取得日から１か月以内
建物の表題部の変更の登記	表題部所有者　所有権の登記名義人	変更があった日から１か月以内
分割登記 合併登記	表題部所有者　所有権の登記名義人（職権不可）	――
合体登記	①表題登記がない建物の所有者 ②表題登記がある建物の表題部所有者 ③所有権の登記がある建物の所有権の登記名義人（職権不可）	合体の日から１か月以内
滅失登記	表題部所有者　所有権の登記名義人	滅失の日から１か月以内

3．権利に関する登記の申請手続・所有権に関する登記

Point 共同申請の原則

●共同申請の原則
原則：登記権利者と登記義務者が共同申請

●単独申請（例外）

- 確定判決による登記
- 相続又は法人の合併による権利移転の登記
- 登記名義人の氏名等の変更・更正登記
- 仮登記（登記義務者の承諾・仮登記を命ずる処分がある場合）
- 所有権保存登記

等

Point 所有権に関する登記

●所有権保存登記は、原則として、登記原因証明情報の提供は不要。
●権利に関する登記の抹消

↓

登記上の利害関係を有する第三者がある場合

↓

第三者の承諾必要

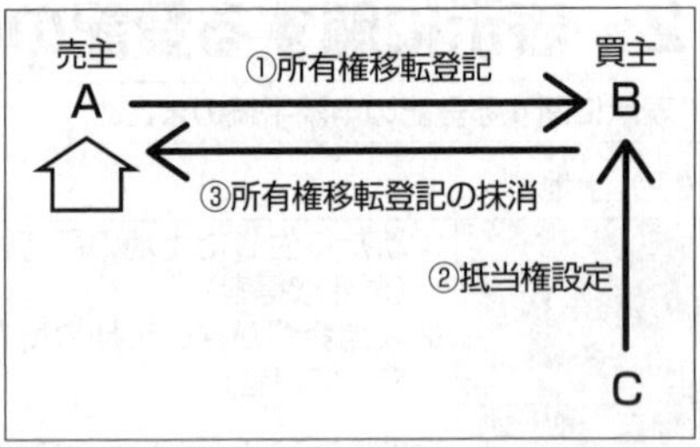

4．仮登記

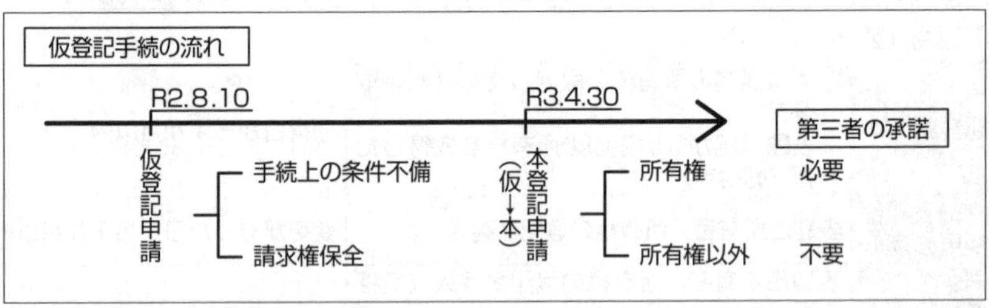

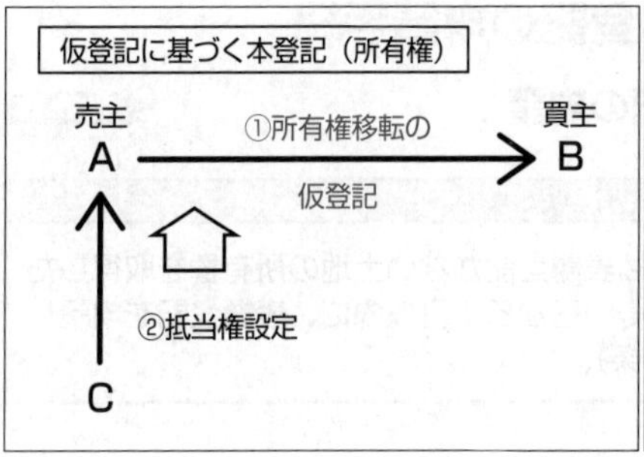
仮登記に基づく本登記（所有権）
売主
A
①所有権移転の
仮登記
買主
B
②抵当権設定
C

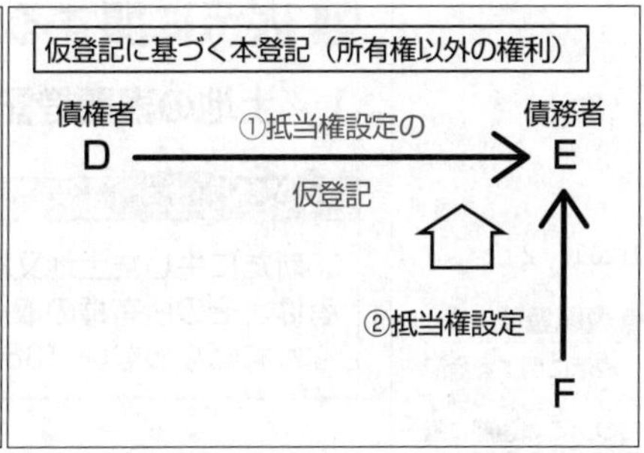
仮登記に基づく本登記（所有権以外の権利）
債権者
D
①抵当権設定の
仮登記
債務者
E
②抵当権設定
F

1 表示に関する登記の申請手続

1　土地の表題登記の申請　重要度A

H26.14- 2

◆表題登記

表示に関する登記のうち、当該不動産について**表題部に最初にされる登記**をいう（2条20号）。

◆変更登記

登記事項に事後的に変更があった場合に当該登記事項を変更する登記をいう。

◆更正登記

既になされた登記事項にそもそも錯誤又は遺漏があった場合に当該登記事項を訂正・補充する登記をいう。

条文・原則

新たに生じた土地又は表題登記がない土地の所有権を取得した者は、その所有権の取得の日から１月以内に、表題登記を申請しなければならない（36条）。

申請義務を負う者は、①新たに生じた土地の所有権を取得した者、又は②表題登記のない土地の所有権を取得した者である。ここで「新たに生じた土地」は常に「表題登記がない土地」ともいえるが、①は原始取得者の意味で用いられており、②はその後の転得者をいう。

2　土地の地目又は地積の変更の登記の申請　重要度B

出題履歴

H21.14- 1

条文・原則

地目又は地積について変更があったときは、表題部所有者又は所有権の登記名義人は、その変更があった日から１月以内に、当該地目又は地積に関する変更の登記を申請しなければならない（37条１項）。

共有名義の土地の地目が変更した場合、この申請は共有物の**保存行為に該当し、共有者の１人が単独**ですることができる。

3　土地の分筆・合筆の登記　重要度A

条文・原則

分筆又は合筆の登記は、表題部所有者又は所有権の登記名義人以外の者は、申請することができない（39条１項）。

◆表題部所有者

所有権の登記がない不動産の登記記録の表題部に、所有者として記録されている者をいう（２条10号）。

（1）土地の分筆又は合筆は、その性質上、当該土地の**所有者の意思によってする**のが相当であるので、申請者を表題部所有者又は所有権の登記名義人に限定している。

（2）**分筆の登記**とは、１筆の土地を数筆の土地とする登記をいい、**合筆の登記**とは、数筆の土地を１筆の土地にする登記をいう。

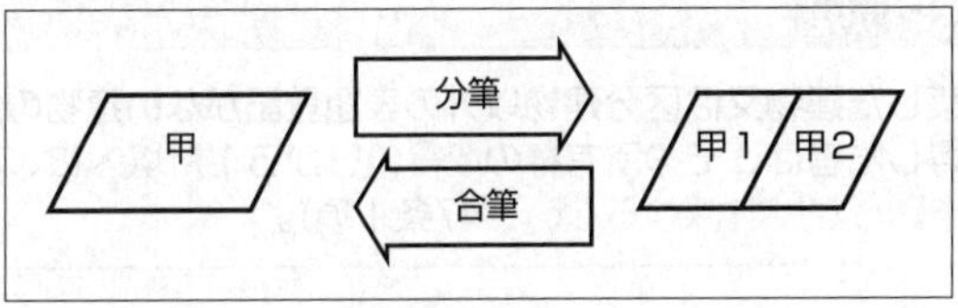

（３）以下の場合には、合筆の登記は、することができない(41条)。

① **相互に接続していない**土地の合筆の登記
② **地目又は地番区域が相互に異なる**土地の合筆の登記 H20.16- 4 R 1.14- 2
③ 表題部所有者又は所有権の登記名義人が相互に異なる土地の合筆の登記
④ 表題部所有者又は所有権の登記名義人が**相互に持分を異にする**土地の合筆の登記 H20.16- 3
⑤ 所有権の登記がない土地と所有権の登記がある土地との合筆の登記 H23.14- 1
⑥ 所有権の登記以外の権利に関する登記がある土地（承役地についてする地役権の登記がある土地等を除く）の合筆の登記

4 建物の表題登記の申請

重要度A

出題履歴
H21.14- 3

条文・原則

新築した建物又は区分建物以外の表題登記がない建物の所有権を取得した者は、その所有権の取得の日から1月以内に、表題登記を申請しなければならない（47条1項）。

申請義務を負う者は、①新築した建物の所有権を取得した者、②**区分建物以外**の表題登記がない建物の所有権を取得した者である。①は新築した建物の所有権の原始取得者であり、②は未登記の非区分建物の所有権の**転得者**をいう。

新築建物が区分建物である場合は、申請義務を負うのは、①の**原始取得者に限られる**。

5 建物の表題部の変更の登記

重要度B

条文・原則

建物の表示に関する登記の一定の登記事項（家屋番号等を除く）について変更があったときは、表題部所有者又は所有権の登記名義人（共用部分である旨の登記又は団地共用部分である旨の登記がある建物の場合にあっては、所有者）は、当該変更があった日から1月以内に、当該登記事項に関する変更の登記を申請しなければならない（51条1項）。

6 土地又は建物の滅失の登記

重要度A

出題履歴
H21.14- 4
H28.14- 3

条文・原則

土地又は建物が滅失したときは、表題部所有者又は所有権の登記名義人は、その滅失の日から1月以内に、当該土地又は建物の滅失の登記を申請しなければならない（42条、57条）。

建物の滅失の登記は、抵当権の設定登記があっても、抵当権の登記を抹消しないで申請することができる。

２ 権利に関する登記の申請手続

１　共同申請の原則

重要度A

条文・原則

権利に関する登記の申請は、登記権利者（買主等）と登記義務者（売主等）が共同して行うのが原則である（60条）。

（１）「**登記権利者**」とは、権利に関する登記をすることにより、**登記上、直接に利益を受ける者**のことをいう（２条12号）。ＡからＢに売買による所有権移転登記をする場合であれば**買主Ｂ**であり、ＣとＤの間でＤを抵当権者とする抵当権設定登記をする場合であれば**抵当権者Ｄ**である。

これに対して、「**登記義務者**」とは、権利に関する登記をすることにより、**登記上、直接に不利益を受ける者**のことをいう（同条13号）。上記の売買の場合であれば売主Ａであり、抵当権設定の場合であれば**抵当権設定者**（債務者又は物上保証人）Ｃである。

（２）**共同申請の例外（単独申請）**

・**確定判決**による登記
・**相続**又は法人の合併による権利移転の登記
・**登記名義人**の氏名等の**変更・更正**登記
・仮登記（仮登記**義務者の承諾**・仮登記を命ずる裁判所の**処分**がある場合）
・所有権**保存**登記　等

講師からのアドバイス
登記権利者と登記義務者とが共同して登記申請を行うことを**共同申請**という。このような原則が採られたのは、登記手続に登記義務者も加えることにより、**虚偽の登記を防止**するためである。

出題履歴
H23.14-4
R3(10).14-3

３ 所有権に関する登記

１　所有権の保存の登記

重要度A

条文・原則

所有権の保存の登記は、次に掲げる者以外の者は、申請することができない（74条）。

1　表題部所有者又はその相続人その他の一般承継人
2　所有権を有することが確定判決によって確認された者
3　収用によって所有権を取得した者
4　区分建物にあっては、表題部所有者から所有権を取得した者

出題履歴
H28.14-4
R2(10).14-1

（1）**所有権保存登記**とは、権利に関する登記のうち、当該不動産について、初めてする所有権の登記をいう。

（2）申請人が真正の所有権者であることを手続上確保するために、所有権保存登記の申請人は、**上記に列挙された者に限られ、当然に単独申請**となる。

（3）表題部に記録された**所有者又はその相続人**は、表題登記の際に所有権を証する情報を提供しており所有者であるといえることから申請することができる。

しかし、**買主は**、相続人の承諾を証する情報を提供しても**自己名義の所有権保存登記を申請することはできない**。

2　所有権の移転の登記

重要度A

条文・原則

所有権の移転の登記は、原則として、登記権利者（買主など）と登記義務者（売主など）が共同してしなければならない（60条）。

所有権移転登記とは、土地や建物の所有権が現在の登記名義人から別の者に移転したことによりなされる登記をいう。

3　所有権の登記の抹消

重要度B

条文・原則

1　所有権保存登記の抹消は、所有権の登記名義人が単独で申請する（77条）。
2　所有権移転登記の抹消は、共同申請によってする。

（1）所有権保存登記の抹消については、不動産登記法は、所有権の登記の抹消は、**所有権の移転の登記がない場合に限り**、所有権の登記名義人が単独で申請することができる、と規定している（77条）。

つまり、所有権保存登記の抹消は、単独申請ということである。

（2）これに対して、所有権移転登記の抹消は、従前の所有権の登記名義人を登記権利者、現在の所有権の登記名義人を登記義務者として、これらの者の共同申請によってなされる。

（3）いずれも、登記上の利害関係を有する第三者がある場合には、その**第三者の承諾が必要**である（68条）。

なお、添付情報として、登記上の利害関係を有する第三者があるときは、当該第三者の承諾を証する当該第三者が作成した情報又は当該第三者に対抗することができる裁判があったことを証する情報を申請時に提供しなければならない（登記令別表26項）。

4 仮登記

1 仮登記とは

理解する

条文・原則

仮登記とは、直ちに本登記ができないとき、とりあえず本登記の順位を保全（確保）しておく登記のことをいう。

登記できる権利（相当区事項欄）であれば、すべて仮登記ができる。

2 仮登記ができる場合

重要度B

条文・原則

仮登記は、２種類ある。

1 登記すべき権利の変動は生じているが、登記申請に必要な手続上の条件が備わっていないとき（105条１号）。－１号仮登記

2 登記すべき権利の変動は生じていないが、将来、権利変動が生ずる予定で、その請求権を保全するとき（同条２号）。－２号仮登記

（1）**１号仮登記**は、登記の申請をするために登記所に提供しなければならない登記識別情報や第三者の許可を証する情報などを提供することができないときである。

この場合、いずれ登記できるのであるが、それまで相当

時間がかかる。そこで、仮に登記をして、後でする本登記の順位だけを確保できるようにしたのである。

（2）**2号仮登記**は、売買の予約や停止条件付き売買あるいは始期付きの売買が行われた場合に所有権移転請求権等を保全するために行う。

所有権移転が生ずるのは将来のことであるが、その場合の登記順位を今のうちから確保できるように仮登記が認められる。

3　仮登記の申請方法（原則）

重要度 B

条文・原則

仮登記は、原則として共同申請である（60条）。

（1）仮登記も権利に関する登記であることに変わりないので、共同申請が原則となる。

（2）仮登記の場合には、登記識別情報の提供は不要とされている（107条2項）。

4　仮登記の申請方法（例外）

重要度 A

出題履歴
H20.16- 2
H26.14- 4

条文・原則

以下の場合は、例外として、仮登記権利者が単独で申請することができる（107条1項）。

1　仮登記義務者の承諾があるとき
2　仮登記を命ずる裁判所の処分があるとき

（1）仮登記は、それだけでは対抗力のない予備的な登記であることから、共同申請という方法を採るまでもなく、仮登記権利者の単独申請が認められている。

（2）仮登記義務者が共同申請に協力しなかったり、単独申請のための承諾を拒否する場合に、仮登記を命ずる裁判所の処分という方法が認められている。

5　仮登記の効力

理解する

条文・原則

1　仮登記は、仮の登記だから、そのままでは権利取得の対抗力はない。
2　仮登記には、順位保全の効力があり、仮登記をした後それを本登記に改めると、仮登記に基づく本登記の順位は、仮登記の順位による（106条）。

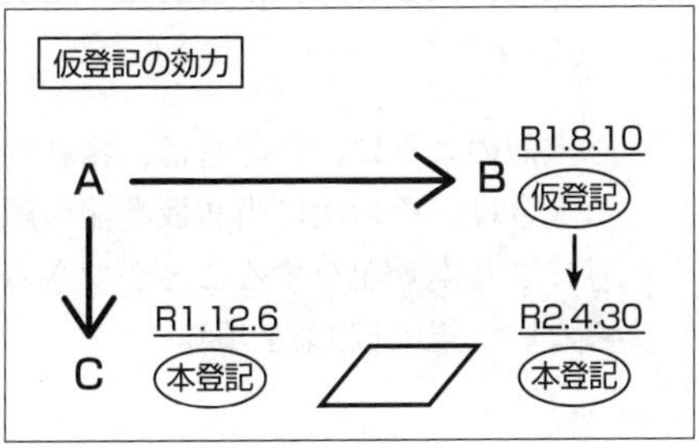

例えば、土地の売買が行われたが、登記義務者である売主が登記に協力しなかったので、買主が裁判所の仮登記を命ずる処分により仮登記（所有権移転の仮登記）をしておく。このままでは、売買により所有権を取得したことを対抗できない。

しかし、後に正式の判決をもらって仮登記を本登記に改めると、仮登記後同じ土地に抵当権や地上権の登記がされても、**本登記の順位は仮登記の順位による**から、抵当権や地上権の登記に優先する。

なお、**所有権移転の仮登記**がされた後でも、**登記名義人**（売主）は、所有者として他の者に対し**抵当権設定登記、所有権移転登記**などをすることができる。ただ、仮登記が本登記に改められると、仮登記後になされた登記は、仮登記に基づく本登記に劣後することになるのである。

権　利　部（甲区）（所 有 権 に 関 す る 事 項）			
	登記の目的	受付年月日・受付番号	権 利 者 そ の 他 の 事 項
1	所有権保存	平成２０年９月１０日 第６２１号	所有者　○○区○○四丁目４番４号 Ａ　野　四　郎
2	所有権移転請求権仮登記	平成２９年８月１０日 第５６３号	原因　平成２９年８月１０日売買予約 権利者　○○区○○五丁目５番５号 Ｂ　野　五　郎
	余　白	余　白	余　白
3	所有権移転	平成２９年１２月６日 第７２１号	原因　平成２９年１２月６日売買 所有者　○○区○○六丁目６番６号 Ｃ　野　六　郎

上記のように、登記官は、権利部の相当区に仮登記をしたときは、その次に当該仮登記の順位番号と同一の順位番号により本登記をすることができる余白を設けなければならない（規則179条１項）。

6　所有権に関する仮登記に基づく本登記の申請

重要度Ｂ

条文・原則

所有権に関する仮登記に基づいて本登記を申請する場合に、登記上の利害関係を有する第三者があるときは、その者の承諾があるときに限り、申請することができる（109条１項）。

（１）**登記上の利害関係を有する第三者**とは、当該仮登記に対して登記記録上形式的に劣後する権利の名義人をいう。例えば、所有権移転の仮登記をした後の抵当権者や地上権者である。

所有権に関する仮登記に基づいて本登記をする場合の登記上の利害関係を有する第三者の登記は、仮登記に基づく**本登記に劣後する結果、抹消されること**になるのであるが（無権利者から権利の設定を受けたことになる）、知らないうちに抹消してしまうのもかわいそうなので、**承諾を必要**としたのである。

出題履歴
H20.16- 1
H25.14- 4
R 2 (10).14- 2

講師からのアドバイス
仮登記後に、手続上の条件が具備されたり、仮登記上の請求権が行使されて物権変動が生じた場合に、仮登記に基づく本登記の申請がなされる。

（2）登記官は、本登記をするときは、職権で、その第三者の権利に関する登記を抹消しなければならない（109条2項）。

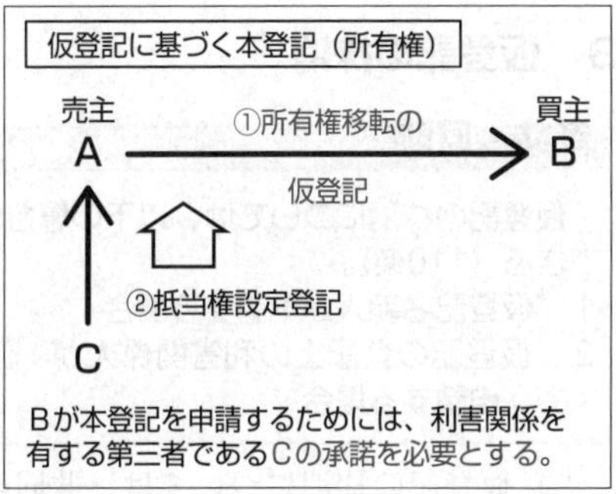

7　所有権以外の権利に関する仮登記に基づく本登記の申請

重要度C

条文・原則

抵当権など所有権以外の権利に関する仮登記に基づいて本登記を申請する場合は、登記上の利害関係を有する第三者の承諾は必要ない。

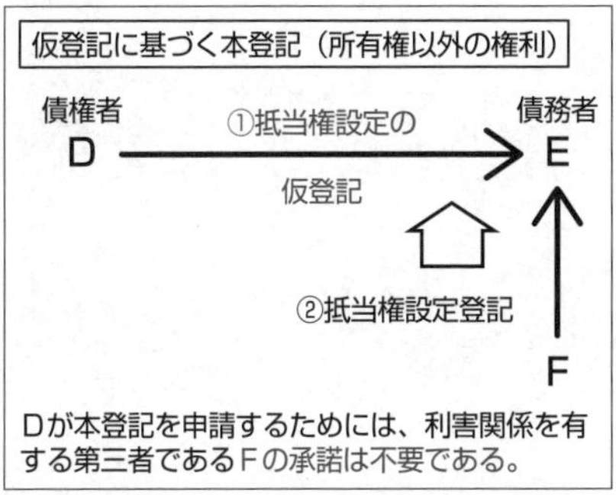

所有権以外の権利に関する仮登記に基づいて本登記をする場合の登記上の利害関係を有する第三者の登記は、仮登記に基づく**本登記に劣後しても抹消はされない**ので（例えば、順位番号1番が抵当権設定の仮登記で2番が抵当権設定登記の場合、1番仮登記を本登記にしても、2番抵当権は、順位が確保されればそれで目的は達成されるので、両抵当権は両立する）、**承諾は必要ない**のである。

8　仮登記の抹消

重要度B

条文・原則

仮登記の抹消については、以下の場合に単独で申請することができる（110条）。

1　仮登記名義人が申請する場合

2　仮登記の登記上の利害関係人が、仮登記名義人の承諾を得て、申請する場合

出題履歴
H23.14- 4

（1）仮登記の抹消については、共同申請の原則の例外が認められている。

（2）ここでいう「登記上の利害関係人」には、第三者ばかりでなく、直接の当事者である仮登記をした際の登記義務者（仮登記義務者）も含まれる。

区分所有法１

重要ポイント

1. 総則

Point 総則

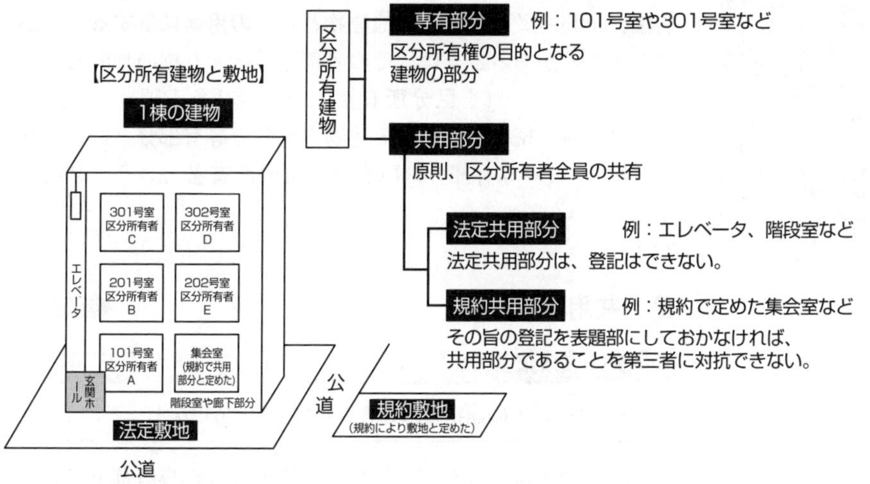

2. 共用部分

共用部分の分類

法定共用部分と規約共用部分

法定共用部分	性質上当然に共用部分
規約共用部分	規約により専有部分を共用部分とすることができる

●各共有者の持分は、専有部分の床面積の割合による。ただし、規約で別段の定めも可。

床面積の計算方法

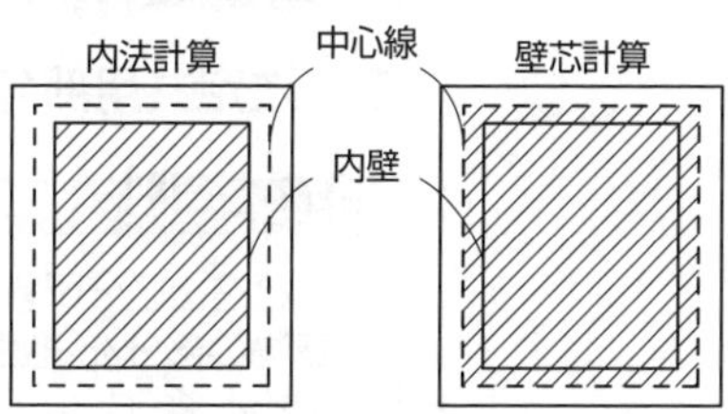

●専有部分の床面積は内法計算

1 専有部分と共用部分

1　専有部分とは

理解する

> ◆独立性
> 専有部分は、独立して使用したり売ったりするわけであるから、独立して使用・処分できるだけの構造上・利用上の独立性が必要である。「構造上の独立性」とは**壁などによって他の部分から明確に遮断**されていることをいい、「利用上の独立性」とは、**独立して住居、店舗、事務所等の用途に使えること**をいう。

条文・原則

区分所有権の目的となる建物の部分を専有部分という。

1棟の建物に**構造上**区分された数個の部分で**独立**して住居、店舗、事務所又は倉庫その他**建物としての用途に供する**ことができるものがあるときは、その各部分は、所有権の目的とすることができ、これを**区分所有権**という（2条1項）。そして、この区分所有権の目的となる建物の部分を**専有部分**といい（2条3項）、この専有部分の所有者を**区分所有者**という（2条2項）。

2　共用部分とは

理解する

条文・原則

専有部分以外の建物の部分等を共用部分という。

共用部分とは、専有部分以外の建物の部分、専有部分に属しない建物の付属物及び規約により共用部分とされた付属の建物をいう（2条4項）。

2 法定共用部分と規約共用部分

1　法定共用部分とは

重要度A

条文・原則

1　構造上区分所有者の全員又はその一部の共用に供されるべき建物の部分を法定共用部分といい（4条1項）、区分所有権の目的とならない。
2　法定共用部分は、登記はできない。

（1）共用部分のうち、階段室、エレベーター、廊下など、**はじめから**共同使用することが決まっていた部分は、**法定**共用部分といわれる。

したがって、**法定**共用部分は、およそ登記になじまない。

（2）法定共用部分は、規約で特定の区分所有者の専有部分とすることができない。

2 規約共用部分とは

重要度A

条文・原則

1 規約で共用部分とすることを決めた建物の部分等を規約共用部分という。

2 規約共用部分は、その旨の登記をしておかなければ、共用部分であることを第三者に対抗できない（4条2項）。

この登記は、当該区分建物の登記記録の表題部にされる。

（1）法定共用部分に対し、構造上・利用上の独立性がありながら（したがって、専有部分とすることもできるのに）、**規約で共用部分**とした部分を、**規約共用部分**という。ある専有部分を集会室や管理人室として共同使用することを定めた場合などである。

（2）**規約**共用部分は、構造上・利用上の独立性があるので専有部分と間違えて買ってしまう人もあらわれる可能性がある。そこで、**登記をしなければ、規約共用部分であることを第三者に対抗できない**とした。

なお、ガレージ、物置、集会所など**付属の建物**も規約で共用部分とすることができる。この場合も、規約で共用部分とした旨を登記しておかないと共用部分であることを第三者に対抗できない。

◆規約

区分所有者の集会で決める**建物・敷地の管理等**に関するルール。

3 共用部分の権利関係

1　共用部分の共有関係

重要度B

条文・原則

1　共用部分は、区分所有者全員の共有に属する（11条1項）。
2　上記の規定は、規約で別段の定めをすることができる。ただし、管理者が共用部分の所有者となる場合を除いて、区分所有者以外の者を共用部分の所有者と定めることはできない（同2項）。

（1）共有とはいっても、民法上の共有とは異なり、共有持分の分割を請求したり、共有持分を専有部分と分離して処分したりすることはできない。

出題履歴
H25.13- 4
R 2 (10).13- 4

（2）共用部分は区分所有者全員の共有に属するのが原則だが、**一部共用部分は、これを共用すべき区分所有者の共有に属する**。一部共用部分とは、一部の区分所有者のみの共用に供されるべきことが明らかな共用部分をいう。たとえば、1～2階部分が店舗用で3階以上が居住用である複合用途型マンションにおける店舗専用の玄関ホールや居住者専用のエレベーターがこれにあたる。

（3）共用部分であっても、規約で定めることにより、特定の区分所有者の所有とすることができる。管理を円滑に進めるためである。

H28.13- 2
R 2 (12).13- 2

また、規約に定めがあるときは、管理者の所有とすることもできる（管理所有　27条1項）。管理所有者となるには、区分所有者であるか、又は管理者であることが必要である。

2　共用部分の持分

重要度A

条文・原則

出題履歴
H28.13- 4

各共有者の持分は、「規約により別段の定めをしない限り」、専有部分の床面積の割合による（14条1項・4項）。

H23.13- 2
R 3 (10).13- 4

「床面積」は、壁その他の区画の内側線で囲まれた部分の水平投影面積による（同3項）。

（１）**各共有者の持分の割合**は、たとえば専有部分の面積の合計が4,000㎡の場合に50㎡の専有部分をもっている人の持分は50/4,000となる。

一方、**規約**で、たとえば一律の持分を定めることもできる。

（２）専有部分の面積計算を**内法計算**（うちのり）という。登記記録上の表示も内法計算によったものとなる。これに対し、一戸建ての床面積は、**壁の中心線で囲まれた面積**（**壁芯計算**（かべしん）という）で登記記録上表示される。

４ 敷地と敷地利用権

１　敷地

重要度Ｂ

条文・原則

１　敷地とは、建物が所在する土地及び規約により建物の敷地とされた土地をいう（２条５項）。
２　区分所有者が建物及び建物が所在する土地と一体として管理又は使用をする庭、通路その他の土地は、規約により建物の敷地とすることができる（５条１項）。

（１）直接建物が建っている土地は無条件に敷地となる。これを**法定敷地**という。

（２）直接建物が建っていなくとも、建物及び建物が建っている土地と一体的に管理・使用する庭、通路等であれば、規約により敷地とすることができる。**法定敷地**のみでは実情に適しないことがあるからである。これを**規約敷地**という。

区分所有者の共有に属さない敷地であっても、規約で定めることにより、区分所有者の団体の管理の対象とすることができる。

2　敷地利用権

重要度A

出題履歴

H22.13- 3
R 3 (10).13- 3

条文・原則

1　敷地利用権が数人で有する所有権その他の権利である場合には、区分所有者は、その専有部分と敷地利用権を分離して処分することができない。
2　ただし、規約で別段の定めをすることができる（22条1項）。

（1）専有部分を所有するための建物の敷地に関する権利を**敷地利用権**という（2条6項）。敷地の**所有権**又は敷地に設定された**地上権、賃借権**などが**敷地利用権**となる。

敷地利用権を区分所有者以外の者が持つことになると、権利関係が複雑になってしまうので、専有部分と敷地利用権を**原則として一体不可分**のものと扱うことにしたのである。

（2）広い1筆の土地に2棟のマンションを建設する場合、第1棟を第1期分譲してから第2棟を建設・分譲するときに、土地の全部が、第1棟を建設した段階で第1棟の法定敷地になると、第2棟購入者に共有持分を与えることができなくなってしまう。そこで、**規約で分離して処分できる旨を定めることもできる**とした。

（3）建物の専有部分の全部を所有する者の敷地利用権が、単独で有する所有権その他の権利である場合も同様とする(22条3項)。

「建物の専有部分の全部を所有する者の敷地利用権が、単独で有する所有権の場合」とは、マンションを新築した**分譲業者が単独で利用権を有している場合**である。

区分所有法２

重要ポイント

1．管理組合・普通決議と特別決議

●区分所有者は、全員で建物等の管理を行うための団体（管理組合）を構成する。
●管理組合は、集会を開き、規約を定め及び管理者を置くことができる。

普通決議（規約で別段の定め可）	→ 区分所有者及び議決権の各過半数
特別決議（原則、規約で別段の定め不可）	→ 区分所有者及び議決権の各３／４以上（建替え決議は各４／５以上）

2．集会

集会の招集手続

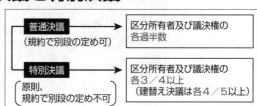

誰が（招集）	管理者あり	原則	管理者
		例外１	区分所有者の１/５以上かつ議決権の１/５以上を有する者（少数区分所有者）の集会招集請求
		例外２	少数区分所有者による集会招集
	管理者なし		少数区分所有者による集会招集
いつ（通知）	原則		会日の１週間前までに通知
	例外		①規約により伸縮可 ②全員の同意による招集手続の省略
誰に対して（通知）	単独所有		当該区分所有者
	共有		あらかじめ定められた議決権行使者
何を（通知）	原則		招集通知に会議の目的を示す
	例外		一定の特別決議事項については、議案の要領をも通知する

3．規約

Point 公正証書による規約

●最初に建物の専有部分の全部を所有する者

↓

公正証書により

↓

１．規約共用部分
２．規約敷地
３．専有部分と敷地利用権との分離処分を定める規約
４．敷地利用権の割合を定める規約を設定することができる。

規約の保管等

保管	管理者あり	管理者
	管理者なし	建物を使用している区分所有者又はその代理人で規約又は集会の決議で定めるもの
保管場所		建物内の見やすい場所に掲示

4．共用部分の管理

共用部分等の管理・方法

<table>
<tr><th colspan="2">管理の種別</th><th colspan="2">管理の方法</th><th>規約による別段の定め</th></tr>
<tr><td colspan="2">保存行為</td><td colspan="2">各自単独で可</td><td rowspan="3">可</td></tr>
<tr><td colspan="2">管理行為</td><td rowspan="2">普通決議</td><td rowspan="3">特定の専有部分の使用に特別な影響を及ぼすときはその専有部分の区分所有者の承諾</td></tr>
<tr><td rowspan="2">変更行為</td><td>軽微</td></tr>
<tr><td>重大</td><td>特別決議</td><td>区分所有者の数を過半数まで減ずることができる</td></tr>
</table>

5．減失の復旧・建替え

Point 復旧・建替え

<table>
<tr><td rowspan="3">復旧</td><td rowspan="2">小規模</td><td>各自単独で可</td><td rowspan="2">可</td></tr>
<tr><td>普通決議</td></tr>
<tr><td>大規模</td><td>特別決議</td><td rowspan="2">不可</td></tr>
<tr><td colspan="2">建替え</td><td>建替え決議
（各4／5以上）</td></tr>
</table>

●建物の価格の1／2以下（小規模）に相当する部分が滅失

↓

各区分所有者は、滅失した共用部分を復旧することができる。ただし、規約の別段の定め・復旧決議・建替え決議等があったときは、この限りでない。

●建物の価格の1／2を超える（大規模）部分が滅失

↓

区分所有者及び議決権の各3／4以上の多数で、滅失した共用部分を復旧する旨の決議をすることができる。

●建替え決議には、区分所有者及び議決権の各4／5以上の多数決が必要（規約による別段の定め不可）。

●建替え決議に賛成した各区分所有者等

↓

建替えに参加しない旨を回答した区分所有者に対し

↓

区分所有権及び敷地利用権の売渡請求

６．決議要件のまとめ

区分所有法における決議要件等のまとめ

	必要数	決議事項等（主要なもの）	規約による軽減
1	単独	①共用部分の保存行為 ②小規模滅失の単独復旧 ③裁判所への管理者の解任請求	
2	１／５以上	集会招集の請求	○
3	普通決議 （各過半数）	①共用部分の管理・軽微な変更 ②管理者の選任・解任 ③小規模（建物価格１／２以下）滅失の復旧　など	
4	特別決議 （各３／４以上）	①共用部分の重大な変更	△
		②管理組合法人の設立・解散 ③規約の設定・変更・廃止 ④義務違反者に対する措置（行為停止等請求を除く） ⑤大規模（建物価格１／２超）滅失の復旧	
5	特別決議 （各４／５以上）	建替え	×
6	全員	書面又は電磁的方法による決議 集会招集手続の省略	

△ 区分所有者の定数のみ、規約によって過半数まで軽減することができる。

1 区分所有者の団体（管理組合）等

1　区分所有者の団体（管理組合）

理解する

条文・原則

区分所有者は、全員で、建物並びにその敷地及び附属施設の管理を行うための団体を構成する（３条前段）。

（1）管理組合の構成員となるか否かは、各区分所有者の意思にゆだねられず、**区分所有者であれば当然に管理組合の構成員になる。**

（2）管理組合は、**集会を開き、規約を定め**及び**管理者を置く**ことができる。

2　普通決議と特別決議

重要度A

条文・原則

R 1.13- 4

集会の議事は、区分所有法又は規約に別段の定めがない限り、区分所有者及び議決権の各過半数で決する（39条１項）。いわゆる普通決議である。

集会の決議には、区分所有者及び議決権の各過半数で決する**普通決議**と、区分所有法の定めで要件がより厳しくされている**特別決議**がある。**特別決議**は、**区分所有者及び議決権の各３/４以上（建替え決議は各４/５以上）**の多数で決する。集会の招集手続や議決権等については後述する。

3　管理者

3－1　選任・解任

重要度A

条文・原則

1　管理者の選任及び解任は、規約に別段の定めがない限り、集会の決議（普通決議）によって行う。
2　管理者に不正な行為等があるときは、各区分所有者は、管理者の解任を裁判所に請求できる（25条）。

出題履歴
H20.15- 3
H22.13- 4
H27.13- 4
H28.13- 3
R 2 (12).13- 4

管理組合において、全員が管理にあたるのは能率的でないこともあるので、管理者を置くこともできる。

管理者は、区分所有者以外の者からも選任することができる。また、個人であると法人であるとを問わない。 H28.13- 3

3－2　権限

重要度B

条文・原則

1　管理者は、共用部分、建物の敷地、附属施設を保存し、集会の決議を実行し、並びに規約で定めた行為をする権利を有し、義務を負う（26条1項）。
2　管理者は、規約又は集会の決議により、その職務に関し、区分所有者のために、原告又は被告となることができる（同条4項）。

（1）管理者の職務権限として、共用部分の保存行為、集会の決議・規約で定めた行為の実行等がある。

管理者は、以上の職務に関し、区分所有者を**代理する権限**を有する（26条2項前段）。そして、この代理権に加えた制限は、善意の第三者に対抗することができない（同条3項）。 H24.13- 3

（2）区分所有者全員で訴訟を提起することは煩雑であるため、管理者は、区分所有者のために、原告又は被告となることができる。ただ、管理者は当然にその職務に関し訴訟を提起することができるわけではなく、**規約又は集会決議による授権**が必要である。

4　管理組合の法人化

重要度C

条文・原則

1　区分所有者全員からなる管理の団体で、区分所有者及び議決権の各3/4以上の多数による集会の決議で法人となる旨並びに名称・事務所を定め、かつ、主たる事務所の所在地で登記をすれば法人となる（47条1項）。同様に、集会の決議により解散することができる（55条1項3号）。 H26.13- 1
2　この管理組合法人には、必ず理事と監事を置かなければならない（49条1項、50条1項）。

2 集会

1　集会の招集

重要度A

出題履歴
H20.15- 1
H29.13- 1
H29.13- 2

条文・原則

1　集会は、少なくとも年1回、管理者が招集しなければならない（34条1項・2項）。
2　区分所有者の1／5以上で議決権の1／5以上を有しているものは、管理者に対して、会議の目的である事項を示して、集会の招集を請求することができる。ただし、この定数は、規約で減らすことができる（同条3項）。

「管理者がいないとき」や「管理者がいても管理者が集会を招集しないため、前記2の手続をとったにもかかわらず、一定期間内に集会を招集しないとき」は、区分所有者の**1／5以上で議決権の1／5以上を有する者**は、集会を招集することができる。ただし、この定数は、**規約で減らす**ことができる（34条5項・4項・3項ただし書）。

2　集会の招集手続

重要度A

出題履歴
H21.13- 1
H27.13- 2
H20.15- 2
H29.13- 4

条文・原則

1　集会の招集の通知は、原則として集会の日より少なくとも1週間前に、会議の目的である事項（議題）を示して、各区分所有者に発しなければならない。
　ただし、この期間は、規約で伸縮することができる（35条1項）。
2　なお、区分所有者全員の同意があれば、招集の手続は省略できる（36条）。

規約の設定・変更又は廃止など一定の特別決議事項については、上記議題のほか議案の要領をも通知しなければならない（35条5項）。

３　集会の決議事項

重要度Ｂ

条文・原則

集会では、規約で別段の定めがない限り（特別決議事項は除く）、招集の通知によりあらかじめ示しておいた事項しか決議することができない（37条１項・２項）。

集会の決議事項については、原則として、招集の通知の際に通知した事項に限定している。区分所有者に不意打ちとならないようにするためである。

◆議長

集会においては、規約に別段の定めがある場合及び別段の決議をした場合を除いて、管理者又は集会を招集した区分所有者の１人が議長となる（41条）。

出題履歴

H25.13- 2、
H27.13- 1

４　議決権

重要度Ｂ

条文・原則

各区分所有者の議決権は、規約に別段の定めがない限り、共用部分の持分の割合、すなわち、原則として専有部分の床面積の割合による（38条・14条）。

（１）**議決権**とは、集会での決議に加われる権利のことである。

区分所有者	→	頭数
議決権	→	原則として、**専有部分の床面積の割合**

（２）議決権は、**書面**で、又は**代理人**によって行使することができる（39条２項）。区分所有者は規約又は集会の決議により、書面による議決権の行使に代えて、電磁的方法によって議決権を行使することができる（同条３項）。区分所有者に、できうる限り議決権行使の機会を保障しようというものである。

（３）建物の**専有部分が数人の共有に属する**ときは、**共有者は、議決権を行使すべき者１人を定めなければならない**（40条）。

出題履歴

H22.13- 1
H26.13- 2
R 1.13- 1

5　占有者の意見陳述権

重要度B

条文・原則

区分所有者の承諾を得て専有部分を占有する者は、会議の目的である事項について利害関係がある場合には、集会に出席して意見を述べることができる（44条１項）。

出題履歴
H25.13- 1
R 1.13- 2

区分所有者でない占有者は、**議決権はないが、出席・意見陳述権はある**ことを明らかにした。

6　議事録

重要度B

条文・原則

集会の議事は、議長が、書面（議長及び集会に出席した区分所有者の２人が署名押印すること）又は、電磁的記録（議長及び集会に出席した区分所有者の２人が署名押印に代わる措置を執ること）により、議事録を作成しなければならない。議事録には、議事の経過の要領及びその結果を記載し、又は記録しなければならない（42条１項・２項・３項・４項）。

出題履歴
H27.13- 3

議事録に議事の経過及び結果が正確に記載等される必要があるため、議事録には、議長の他に、集会に出席した区分所有者の２人が署名押印すべきものとされた。

◆署名押印
自署のうえ印を押すことである。

7　事務の報告

重要度B

条文・原則

管理者は、集会において、毎年１回一定の時期に、その事務に関する報告をしなければならない（43条）。

出題履歴
H25.13- 3
H28.13- 1

8　書面又は電磁的方法による決議

重要度B

条文・原則

1　集会において決議をすべき場合において、区分所有者全員の承諾があるときは、書面又は電磁的方法による決議をすることができる（45条１項）。
2　集会において決議すべき事項について、区分所有者全員の書面又は電磁的方法による合意があったときは、書面又は電磁的方法による決議があったものとみなされ、集会の決議と同一の効力を有する（同条２項・３項）。

出題履歴
H21.13- 2
R 3 (10).13- 1

H23.13- 4

実際には**集会が開かれていない**ことに注意してほしい。たとえば、上記１では投資用マンション等での利用、２では小規模マンションにおいて回覧板に全員署名したような場合などである。

9　決議の効力

重要度B

条文・原則

1　集会の決議は、区分所有者の特定承継人に対しても、その効力が及ぶ（46条１項）。
2　占有者は、建物又はその敷地もしくは附属施設の使用方法について、区分所有者が集会の決議に基づいて負う義務と同じ義務を負う（同条２項）。

出題履歴
H22.13- 2
R 2 (12).13- 3

3 規約

1　規約事項

理解する

条文・原則

1　建物又はその敷地若しくは附属施設の管理又は使用に関する区分所有者相互間の事項は、この法律に定めるもののほか、規約で定めることができる（30条１項）。
2　規約は、書面又は電磁的記録により、作成しなければならない（同条５項）。

講師からのアドバイス
規約を作成すること自体は、義務ではないことに注意しよう。

区分所有建物は、その構造上必然的に建物等を共同で管理しなければならず、その使用をめぐって区分所有者間の利害も調整しなければならない。そこで、区分所有者すべてが従うべきルールが必要になる。これが規約である。

2　規約の設定、変更及び廃止　重要度A

出題履歴
H30.13- 1

条文・原則

規約の設定、変更又は廃止は、区分所有者及び議決権の各3/4以上の多数による集会の決議で行う（31条1項前段）。

3　分譲業者等の公正証書による規約設定　重要度A

出題履歴
H21.13- 4

条文・原則

最初に専有部分の全部を所有する者は、公正証書により、以下の定めにつき規約を設定することができる（32条）。
① 規約共用部分に関する定め
② 規約敷地に関する定め
③ 専有部分と敷地利用権との分離処分に関する定め
④ 敷地利用権の割合に関する定め

最初に専有部分の全部を所有する者（例えば分譲業者など）が分譲前に、様々な規約を勝手に設定することを制限するため、公正証書により4つの規約のみ設定可能とした。したがって、これら以外、例えば共用部分の持分割合についての規約を定めることはできない。

4　規約の保管及び閲覧

重要度A

条文・原則

1　規約は、管理者が保管しなければならない。ただし、管理者がないときは、建物を使用している区分所有者又はその代理人で規約又は集会決議で定めるものが保管しなければならない（33条1項）。

2　規約の保管場所は、建物内の見やすい場所に掲示しなければならない（同条3項）。

3　規約を保管する者は、利害関係人の請求があったときは、正当な理由がある場合を除いて、規約（電磁的記録で作成されているときは、その情報の内容）の閲覧を拒むことはできない（同条2項）。

出題履歴
H20.15- 4
H30.13- 3
R 2 (12).13- 1
H23.13- 1
H26.13- 4
H30.13- 2

5　規約の効力

重要度B

条文・原則

1　規約は、区分所有者の特定承継人に対しても、その効力が及ぶ（46条1項）。

2　占有者は、建物又はその敷地もしくは附属施設の使用方法について、区分所有者が規約に基づいて負う義務と同じ義務を負う（同条2項）。

出題履歴
H22.13- 2
R 2 (12).13- 3
H30.13- 4

4 共用部分の変更・管理・保存

1　共用部分の重大変更

重要度B

条文・原則

1　共用部分の変更（その形状又は効用の著しい変更を伴わないものを除く。）は、区分所有者及び議決権の各3／4以上の多数による集会の決議で決する（17条1項本文）。

2　ただし、この区分所有者の定数は、規約でその過半数まで減ずることができる（同条同項ただし書）。

3　なお、共用部分の変更が、専有部分の使用に特別の影響を及ぼすときは、その専有部分の所有者の承諾を要する（同条2項）。

出題履歴
H24.13- 2
R 2 (10).13- 1
R 3 (10).13- 2

（1）**共用部分の変更**は、その形状又は効用の著しい変更を伴わないものを除く変更（**重大変更**）とそうではない**軽微変更に分けられ、重大変更は特別決議で決する。一方、軽微変更は普通決議で決する。**

（2）特別決議は、**規約で別段の定めはできないのが原則**だが、この共用部分の重大変更における特別決議は、**区分所有者の定数のみ、規約で過半数まで減ずることができる。**

◆重大変更と軽微変更

状況にもよるが、例えばバリアフリー化の工事に関し、エレベータを新設することは重大変更に該当する。一方、基本的構造部分の加工を伴わずに、段差部分にスロープを併設したり、手すりを追加する工事は一般的に軽微変更に該当すると考えられる。

2　共用部分の管理及び保存

重要度 B

条文・原則

1　共用部分の管理については、前記共用部分の重大変更を除いて、集会の決議（普通決議）で決する。ただし、保存行為は、各共有者が単独ですることができる（18条1項）。
2　上記の規定は、規約で別段の定めができる（同条2項）。
3　なお、専有部分の使用に特別の影響を及ぼすときは、その専有部分の所有者の承諾を要する（同条3項）。

出題履歴

H24.13- 1
R 2 (10).13- 3

◆保存行為と管理行為

状況にもよるが、一般的に、例えば共用部分の小修繕や点検等は保存行為に該当し、一方、共用部分の清掃を外注すること等は管理行為と考えられる。

5 滅失の復旧及び建替え

1　小規模滅失（建物価格の1/2以下に相当する部分の滅失）の復旧

重要度 B

条文・原則

1　建物価格の1/2以下に相当する部分が滅失したときは、各区分所有者は、滅失した共用部分及び自己の専有部分を復旧することができる（61条1項本文）。
2　ただし、共用部分については、復旧の工事に着手するまでに、滅失した共用部分を復旧することについて集会の決議（普通決議）又は建替え決議があったときは、その決議に従う（同条1項但書・3項）。
3　以上の内容について、規約で別段の定めをすることができる（同条4項）。

出題履歴

H26.13- 3

共用部分を復旧した者は、他の区分所有者に対して、復旧にかかった金額をそれぞれの共用部分の持分に応じて償還するよう請求できる（61条2項）。

2　大規模滅失

重要度B

（建物価格の1/2超に相当する部分の滅失）の復旧

条文・原則

前記小規模滅失の場合を除いて、建物の一部が滅失したときは、集会において、区分所有者及び議決権の各3/4以上の多数で、滅失した共用部分を復旧する旨の決議をすることができる（61条5項）。

前記1と異なり、規約によって議決要件を緩和することは許されない。

3　建替え決議

重要度B

条文・原則

1　集会において、区分所有者及び議決権の各4/5以上の多数で、建物を取り壊し、かつ当該建物の敷地もしくはその一部の土地又は当該建物の敷地の全部もしくは一部を含む土地に新たに建物を建築する旨の決議（建替え決議）をすることができる（62条1項）。

2　建替え決議を目的とする集会を招集するときは、招集通知は、当該集会の会日より少なくとも2月前に発しなければならない。ただし、この期間は、規約で伸長することができる（同条4項）。

3　この集会を招集した者は、当該集会の会日より少なくとも1月前までに、当該招集の際に通知すべき事項について区分所有者に対し説明を行うための説明会を開催しなければならない（同条6項）。

出題履歴
H21.13- 3

（1）**各4/5以上**の多数による決議は、建替えの場合にしか要求されていない。

この要件の「**4/5**」という議決要件を規約その他の合意で、**緩和することはできない**。

（2）建替えに参加する区分所有者又はこれらの者の全員の合意により指定された者（買受指定者）は、**建替えに参加しない区分所有者に対して**、建物と敷地の権利を時価で**売り渡すよう請求**できる（63条4項）。

なぜなら、反対者が1人でもいれば、工事に着手することができないので、建替えの参加者にこのような請求権を認めているのである。

必勝合格

宅建士テキスト

宅建業法

総則

重要ポイント

1. 宅地建物取引業の定義

＜取引とは？＞

	売買	交換	貸借
自ら	○	○	×
代理	○	○	○
媒介	○	○	○

※○が 取引に該当する

＜業とは？＞「業」とは、①不特定多数の者を相手に、②反復継続して取引を行うことをいう。

	事　例	免許の要不要
①不特定多数	例1　従業員のみに販売する場合	不要
	例2　多数の知人友人に売却する場合	必要
	例3　多数の公益法人に売却する場合	必要
②反復継続	例1　売主が一括して売却する場合	不要
	例2　区画割りして、分譲する場合	必要
	例3　区画割りした後、一括して分譲の代理・媒介を依頼する場合	必要

2. 宅地建物取引業者

Point 宅地建物取引業者とは

●免許を受けて宅地建物取引業を営むものをいう。

例外的に免許が不要な場合
① 国・地方公共団体・独立行政法人都市再生機構・地方住宅供給公社等
(宅建業法自体が適用されない。)
② 信託銀行・信託会社
(届出するだけでよい。一定の免許に関する規定以外は宅建業法の適用がある。)
③ 廃業の届出・免許取消処分・合併・相続があった場合の残務整理
(取引を結了する目的の範囲内で業者とみなされる。)

3．免許の種類

Point 免許の種類

●都道府県知事免許
1つの都道府県の区域内にのみ事務所を設置

●国土交通大臣免許
2つ以上の都道府県の区域内に事務所を設置

4．有効期間と更新

Point 有効期間と更新

●免許の有効期間は5年である。
●有効期間の満了後も引き続き営業する者は、有効期間の満了の日の「90日前から30日前まで」に免許の更新を申請しなければならない。

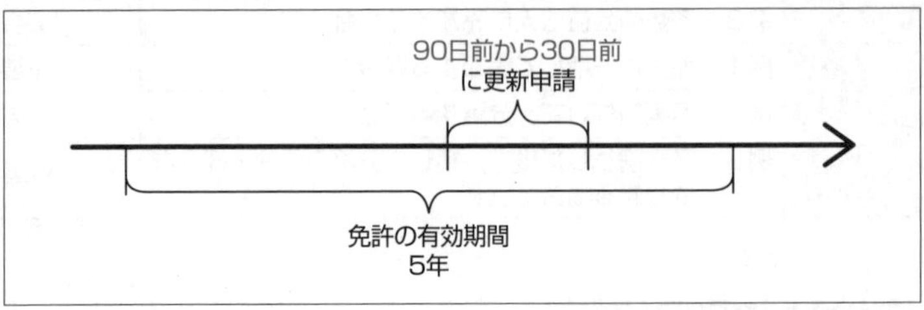

5．事務所

Point 事務所とは

●本店（主たる事務所） （宅建業を営むか否かを問わない。）
●宅地建物取引業を営む支店（従たる事務所） （宅建業を営まない支店は事務所ではない。）
●継続的に業務を行うことができる施設を有する場所で、かつ、宅地建物取引業に係る契約締結権限を有する使用人が置かれている場所

1 宅地建物取引業法の目的

理解する

法の目的の中で最も重要なのは、**「購入者等の利益の保護」**である。この目的達成のために、**免許制度と業務の規制**という手段を設けているのである。

2 宅地

重要度A

条文・原則

宅地建物取引業法では、次の2つの土地を宅地という（2条1号）。
1　建物の敷地に供せられる土地
2　用途地域（ようとちいき）内の土地（現況が、道路・公園・河川・広場・水路である場合を除く。）

R 1.42- 1

R 1.42- 2、3
R 2(12).44
R 3(10).32- 1、- 2

出題履歴
H27.26- ウ

（1）1の「建物の敷地に供せられる土地」には、**「現に建物が存在する土地」**だけでなく、**「建物を建てる目的**で取引される土地」も含まれる。また、ここで言う「建物」は、住宅に限らない。したがって、**倉庫・マンションの一室等**も建物であり、その敷地は宅地である。

H27.26- ア
R 1.42- 4

（2）2の「用途地域」は、建物を建てることを前提に、建物の用途（住宅、店舗等の建物の種類）を制限する地域（法令上の制限参照）だから、**現に道路等の公共施設用地でない限り**、用途地域内の土地はすべて宅地となる。

したがって、現況が道路等の公共施設用地でなければ、道路等の公共施設用地にする目的で取引しても、用途地域内の土地は宅地である。

用途地域には、以下の13種類がある。

住居系	①第一種低層住居専用地域　②第二種低層住居専用地域 ③田園住居地域 ④第一種中高層住居専用地域　⑤第二種中高層住居専用地域 ⑥第一種住居地域　⑦第二種住居地域　⑧準住居地域
商業系	⑨近隣商業地域　⑩商業地域
工業系	⑪準工業地域　⑫工業地域　⑬工業専用地域

3 宅地建物取引業

1　宅地建物「取引」とは

重要度A

出題履歴

H22.26- 3

H22.26- 2
H23.26- 2、- 3
H24.27- 2、- 3
H24.28- ア
H25.31- ア
H26.26- ア、- ウ
H27.26- エ
H27.38- ウ
H28.26- 4
H29.35- 1
H30.41
R 1.26- 2
R 1.36- イ
R 2 (10).26- 3
R 3 (10).37- 4

◆代理と媒介

代理とは、本人から代理権を与えられた者（代理人）が、本人の代わりに**本人のために契約**をし、**その効果を本人に帰属させる**ことである。
媒介とは、いわゆる仲介で契約当事者の紹介をすることである。

条文・原則

宅地建物「取引」とは、１宅地又は建物を、２次の８つの取引態様のどれかで行うことである（２条２号）。
８つの取引態様とは以下をいう。
①自ら（当事者として）売買、②自ら（当事者として）交換
③売買の代理、④交換の代理、⑤貸借の代理
⑥売買の媒介（ばいかい）、⑦交換の媒介、⑧貸借の媒介

（1）上記１により、「宅地以外の土地」を取引する行為は、宅地建物取引には該当しない。たとえば、都市計画区域及び準都市計画区域外（当然、用途地域外の場合）の山林を山林として売買する場合である。

（2）上記２により、**自ら（当事者として）貸借（転貸借も含む）**を行っても、宅地建物取引には該当しない。なお、建築の請負、宅地の造成、マンションの管理を行うことも宅地建物取引ではない。また、自ら貸借を行う場合でも、宅地建物取引には該当しないため、宅地建物取引業法は適用されない。

2 「業」とは

重要度A

条文・原則

「業」とは、不特定多数の者を相手に反復継続して取引を行うことをいう。

出題履歴
H26.26- エ

（1）**不特定多数の者を相手にすること**

特定の者を相手とする取引は、宅地建物取引業ではない。したがって、**従業員のみを相手に売却**する場合には、**免許は不要**である。また、営利目的の有無を問わない。

なお、**多数の知人友人に対して売却**する場合や**多数の公益法人に対して売却**する場合は、不特定多数といえるため、**免許が必要**である。

（2）**反復継続すること**

① 一回限りの取引は宅地建物取引業ではない。したがって、売主が**一括して売却**する場合は**免許は不要**である。

なお、**区画割りして分譲**する場合や**区画割り後に一括して分譲の代理・媒介を依頼**する場合には、反復継続性があるといえるため、**免許が必要**である。

出題履歴
H26.26- イ

② 破産管財人が破産財団の換価のために自らの名において任意売却により宅地又は建物の取引を反復継続的に行う行為は、裁判所の監督の下に行われるものであるため、業として行うものには該当せず、当該行為を行う**破産管財人は免許を受ける必要がない**（解釈・運用）。

講師からのアドバイス

左記破産管財人から代理媒介の依頼を受ける者は免許が必要である。

宅建業法

4 宅地建物取引業者

1　宅地建物取引業者とは

理解する

条文・原則

宅地建物取引業者とは、免許を受けて宅地建物取引業を営む者をいう（2条3号）。

2　営業するには免許が必要

理解する

条文・原則

宅地建物取引業を営もうとする者は、免許を受けなければならない（3条1項）。

（1）宅地建物取引業は取引金額が高額であり、自由に誰でもできることにすると、業界の体質が悪くなりやすい。そこで、業者として**不適格な者を排除**するために免許制にしたのである。

出題履歴
H22.26- 1
H22.26- 4
H27.26- イ

（2）しかし、以下の者は**例外的に**、免許がなくても宅地建物取引業を営める。

重要度A

① **国**及び**地方公共団体**又は**これらに準ずる**もの（独立行政法人都市再生機構、地方住宅供給公社等）

② **信託会社**及び**信託銀行**（**国土交通大臣に届出**をすることによって**国土交通大臣の免許**を受けた業者とみなされる。）

ただし、①②いずれも免許が不要という点では共通しているが、宅建業法の適用については異なる。

①の国・地方公共団体等は、宅建業法上、宅地建物取引業者ではないので、全面的に宅建業法の適用がない。

出題履歴
H21.45- 1
H25.27- 2
R 2 (10).26- 2

②の信託会社・信託銀行は、国土交通大臣の免許を受けた業者とみなされるので、**一定の免許に関する規定以外**は、宅建業法の適用がある。

3　残務整理は免許不要

重要度 B

条文・原則

1　宅地建物取引業者が廃業の届出をしたり、免許取消処分を受けたり、免許の有効期間が満了した場合には、免許は失効する。しかし、業者であった者は、免許失効前に締結した契約に基づく取引を終了させる範囲内では、なお宅地建物取引業者とみなされる。
2　宅地建物取引業者の死亡や合併により免許が失効した場合には、その一般承継人（相続人や合併会社）は、業者がすでに締結した契約に基づく取引を終了させる範囲内では、宅地建物取引業者とみなされる（76条）。

（1）業者であった者や一般承継人に業者としての宅建業法上の義務を負わせ、取引の相手方を保護する趣旨である。
（2）**免許は一身専属権**（いっしんせんぞくけん）なので、譲渡できないのはもちろん、相続や合併によっても取得できない。したがって、相続人が残務整理ではなく、新たな取引を行うには、相続人自身の新たな免許が必要となる。

4　無免許事業等の禁止

理解する

条文・原則

免許を受けていない者は、宅地建物取引業を営んではならない。また、宅地建物取引業を営む旨の表示や、営む目的をもってする広告も禁止される（12条）。

（1）無免許営業をすると、宅建業法違反の中で**最も重い罰則**（3年以下の懲役（ちょうえき）若しくは300万円以下の罰金、又はこれらの併科（へいか））の適用がある（法人の罰金1億円以下）。

出題履歴
H23.36- 4
H28.37- イ
H29.36- 4

H28.35- 4
R 2 (10).43- 2

講師からのアドバイス
個人業者が会社を設立して営業する場合には、新たに会社として免許を取得しなければならない。
H-29.44- 2

出題履歴
H22.28- 1、- 2
H29.44- 1
R 2 (10).26- 1

◆一身専属権
特定の権利主体だけが享有できるものとされている権利

出題履歴
H20.32- 1
H22.28- 4
H26.27- 4
H29.36- 2
R 1.26- 1、- 3、- 4

◆懲役
刑事施設に拘置して所定の作業を行わせる刑

宅建業法

5　名義貸し等の禁止

理解する

条文・原則

宅地建物取引業者は、自己の名義を他人に貸して宅地建物取引業を営ませてはならない。また、名義を貸して、宅地建物取引業を営む旨の表示や、営む目的の広告をさせてはならない（13条）。

出題履歴
H22.28- 3

（1）免許保有者への名義貸しも禁止される。

（2）名義を貸して営業させた者にも、前記４と同様の**罰則**の適用がある。

5 免許の種類

重要度A

1　都道府県知事免許

条文・原則

１つの都道府県の区域内にのみ事務所を設置して宅地建物取引業を営もうとする者は、その事務所の所在地を管轄する都道府県知事の免許を受けなければならない（3条1項）。

2　国土交通大臣免許

条文・原則

出題履歴
H23.26- 1

２つ以上の都道府県の区域内に事務所を設置して宅地建物取引業を営もうとする者は、国土交通大臣の免許を受けなければならない（3条1項）。

（1）誰の免許を受けなければならないかは、**事務所の所在地**で決まる。

（2）国土交通大臣免許も、都道府県知事免許も、免許の効力には変わりはなく、**全国どこでも宅地建物取引業を営む**ことができる。 H30.36- 2

6 免許の申請手続

重要度B

条文・原則

1　都道府県知事免許を受ける場合は、事務所の所在地を管轄する都道府県知事に免許申請書を提出しなければならない（4条1項）。
2　国土交通大臣免許を受ける場合は、主たる事務所の所在地を管轄する都道府県知事を経由して、国土交通大臣に免許申請書を提出しなければならない（78条の3第1項）。

（1）国土交通大臣免許の申請は、直接、国土交通大臣にするのではない。

7 有効期間と更新

重要度A

条文・原則

出題履歴

1　免許の有効期間は5年である（3条2項）。 H23.26- 4
2　免許の有効期間の満了後引き続き宅地建物取引業を営もうとする者は、免許の更新を受けなければならない（3条3項）。
3　免許の更新を受けようとする者は、免許の有効期間の満了の日の「90日前から30日前まで」の間に、免許申請書を提出しなければならない（規則3条）。 H21.26- 2
4　旧免許の有効期間の満了の日までに、更新申請にかかる処分がなされないときは、処分がなされるまで旧免許は有効である（3条4項）。その後、新免許が交付されると、その有効期間は、旧免許の有効期間の満了の日の翌日から起算される（同条5項）。 H21.26- 3 H29.36- 1 H30.36- 1

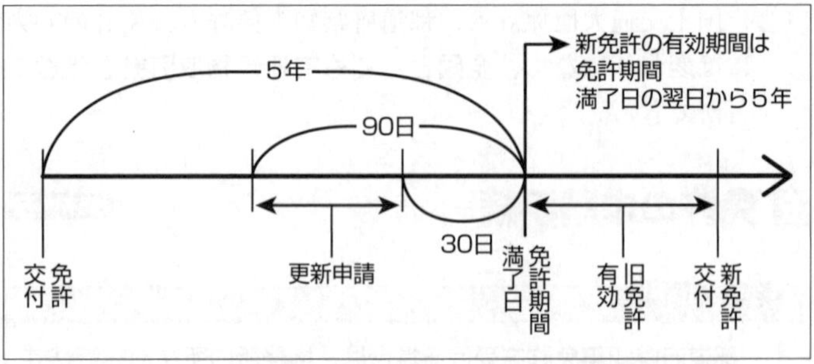

（1）上記4は、業者が期日までに更新申請をしたにもかかわらず、新免許の交付が遅れた場合、無免許状態になることを救済するための規定である。なお、この場合の新免許の有効期間は、「新免許の交付時」からでなく、「**旧免許**の有効期間の満了の日の翌日」から起算されることに注意。

H28.35- 2
（2）**業務停止処分の期間内においても、**業務はできないが免許の更新の申請を行って、免許の更新を受けることはできる。

8 事務所

重要度A

条文・原則

宅地建物取引業法では、次の3つを事務所という（施行令1条の2）。
1　本店（主たる事務所）
2　宅地建物取引業を営む支店（従たる事務所）
3　継続的に業務を行うことができる施設を有する場所で、かつ、宅地建物取引業に係る契約締結権限を有する使用人が置かれている場所

（1）上記2において、宅地建物取引業を営まない支店は、宅地建物取引業法上の事務所ではない。

出題履歴
H21.26- 1
しかし、本店は、宅地建物取引業を営まなくても、支店の1つが宅地建物取引業を営んでいれば、事務所である。本店は、支店を統括する立場にあり、間接的には宅地建物取引業に関与することになるからである。

H26.27- 1
（2）上記3の具体例は、**支配人**が置かれている営業所等である。

免許１

重要ポイント

1．免許の基準（欠格事由）

1 取引能力に欠ける者

①破産手続開始の決定を受けて復権を得ない者
②心身の故障により宅地建物取引業を適正に営むことができない者として国土交通省で定めるもの

左記①は復権を得れば直ちに免許が受けられる。

2 一定の理由で免許取消処分を受けた者等

1　基本型

①不正手段による免許取得
②業務停止処分事由に該当し、情状が特に重い
③業務停止処分違反

①～③の行為を理由として免許取消処分を受け、取消しの日から５年を経過しない者は免許を受けることができない。

（1→3：左記取消処分前に廃業等）

3　偽装廃業等

左記１の３つの理由に該当し、免許取消処分の聴聞の期日及び場所が公示された日から、処分等の決定の日までの間に、合併及び破産手続開始決定以外の理由で解散の届出又は廃業の届出をした者（相当の理由がある者を除く。）で、届出の日から５年を経過しないものは免許を受けることができない。

（上記１が法人であるとき→2）

2　その役員

上記１が法人であるとき、聴聞の期日及び場所の公示の日前60日以内に、その法人の役員であった者で、取消しの日から５年を経過しないものは免許を受けることができない。

（上記３が法人であるとき→4）

4　その役員

偽装廃業等をした者が法人であるとき（相当の理由がある場合を除く。）、聴聞の期日及び場所の公示の日前60日以内に、その法人の役員であった者で、消滅・届出の日から５年を経過しないものは免許を受けることができない。

3 一定の刑罰を受けた者等

1　禁錮以上の刑に処せられた者

犯罪の種類を問わず禁錮以上の刑に処せられ、その「刑の執行を終わり」又は「刑の執行を受けることがなくなった日」から5年を経過しない者は免許を受けることができない。

①刑の全部の執行猶予が付された場合、執行猶予期間中は免許を受けられない。しかし、執行猶予期間を無事満了した場合には、直ちに免許を取得することができる。

②刑の一部の執行猶予が付された場合、その期間の満了により、猶予されなかった部分の期間を刑期とする刑に減刑され、当該減刑された刑の執行を終わり、又は執行を受けることがなくなった日から5年を経過しなければ免許を受けることができない。

2　下記の罪で罰金刑に処せられた者

宅建業法違反、暴力的犯罪、背任罪で罰金刑に処せられ、その「刑の執行を終わり」又は「刑の執行を受けることがなくなった日」から5年を経過しない者は免許を受けることができない。

4 暴力団員等

暴対法に規定する暴力団員又は暴力団員でなくなった日から5年を経過しない者

5 補充的規定

①免許の申請前5年以内に、宅建業に関し、不正又は著しく不当な行為をした者
②宅建業に関し、不正又は不誠実な行為をするおそれが明らかな者
③心身の故障により宅地建物取引業を適正に行うことができない者として国土交通省令で定めるもの

6 一定の未成年者

営業に関し成年者と同一の行為能力を有しない未成年者は、その法定代理人（法人である場合、その役員を含む。）が1～5の欠格事由に該当している場合には、免許を受けることができない。
※成年者と同一の行為能力を有する未成年者は本人が欠格事由に該当しなければ免許取得できる。

		宅建業者免許
営業に関し成年者と同一の行為能力を	有する未成年者 （＝営業許可を受けた）	○
	有しない未成年者 （＝未婚で営業許可を受けていない）	○ （※）

（※）法定代理人（法人である場合、その役員を含む。）にも欠格事由がなければ、免許の取得ができる。

7 役員・政令で定める使用人が欠格事由に該当する場合

①法人は、その役員又は政令で定める使用人が1～5の欠格事由に該当するときは、免許を受けられない。
②個人は、その採用している政令で定める使用人が1～5の欠格事由に該当するときは、免許を受けられない。

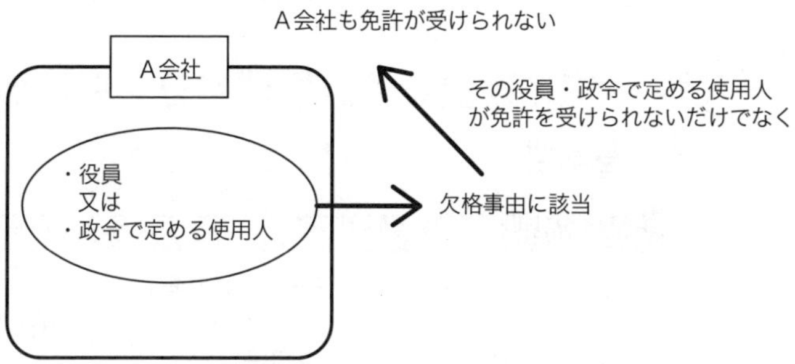

8 暴力団員等による事業支配者

暴力団員等がその事業活動を支配する者

宅建業法

免許の基準（欠格事由）

免許を受けようとする者が、次の欠格事由の１つに該当する場合には免許を受けることができない（５条１項）。宅地建物取引業者に**ふさわしくない者を排除**する趣旨である。

1 取引能力が欠ける者

重要度A

条文・原則

①破産手続開始の決定を受けて復権を得ない者（５条１項１号）。

②心身の故障により宅地建物取引業を適正に営むことができない者として国土交通省令で定めるもの（同条同項10号）

出題履歴
H20.31- 2
H21.27- ア
H22.27- 1
R 2 (10).43- 4
R 2 (12).31- 2
R 3 (10).27- 2

（1）破産者も復権を得れば、**直ちに**免許を受けられる。なお、**未成年者の場合**、未成年であることを理由として、免許が拒否されることはない。成年被後見人、被保佐人及び被補助人の場合も同様である。

2 一定の理由で免許取消処分を受けた者等

1　基本型

重要度A

R 3 (10).27- 1

条文・原則

①不正手段による免許取得（66条１項８号）
②業務停止処分事由に該当し、情状が特に重い（同条同項９号）
③業務停止処分違反（同条同項同号）
のうちの１つに該当したことを理由に、「免許取消処分」を受け、取消しの日から５年を経過しない者（５条１項２号）。

（1）①～③**以外の理由**で免許取消処分を受けた場合は、免許欠格事由とならない。また、免許取消処分より軽い処分である業務停止処分を受けたにすぎないときも、免許欠格事由にあたらない。

2　法人の役員

重要度A

条文・原則

前記「1基本型①～③」の3つの理由で免許取消処分を受けた者が法人であるとき、その取消しに係る聴聞（ちょうもん）の期日及び場所の公示の日前60日以内に、その法人の役員であった者で、その取消しの日から5年を経過しないもの（5条1項2号かっこ書）。

（1）法人を実際に動かしているのは役員なので、法人とともに役員も5年間は免許を受けられないことにしたのである。

（2）ここで言う「**役員**」とは、業務を執行する社員、取締役、執行役又はこれらに準ずる者をいい、相談役、顧問、その他いかなる名称を有する者であるかを問わず、法人に対し業務を執行する社員、取締役、執行役又はこれらに準ずる者と同等以上の支配力を有するものと認められる者を含む（5条1項2号かっこ書）。

なお、監査役は、取締役等と同等以上の支配力を有しない限り、「役員」には含まれない。

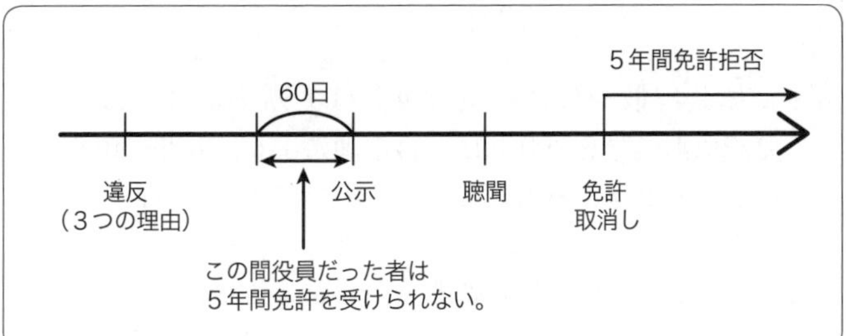

◆**聴聞**

行政機関が処分に先立って、相手方その他の関係人に意見陳述権、質問権、書類閲覧権を保障する手続。

宅建業法

講師からのアドバイス

5年間免許を受けられないのは、法人の免許取消理由が前記「1基本型①～③」の「3つの理由」の場合に限られる。この場合、法人と同様の扱いとなるのは、「役員」だけであり、「政令で定める使用人」は欠格事由に該当しない。

【例】

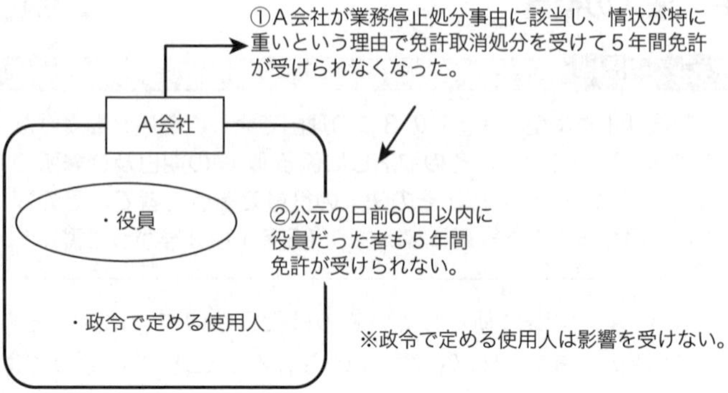

①A会社が業務停止処分事由に該当し、情状が特に重いという理由で免許取消処分を受けて５年間免許が受けられなくなった。
A会社
・役員
②公示の日前60日以内に役員だった者も５年間免許が受けられない。
・政令で定める使用人
※政令で定める使用人は影響を受けない。

３　偽装廃業等

重要度B

条文・原則

前記「１基本型①～③」の３つの理由に該当し、「免許取消処分」の聴聞の期日及び場所が公示された日から、その処分をする日又はその処分をしないことを決定する日までの間に、合併及び破産手続開始の決定以外の理由で解散の届出又は廃業の届出をした者（相当の理由がある者を除く。）で、届出の日から５年を経過しないもの（５条１項３号）。

出題履歴
H21.27- ウ

講師からのアドバイス
まず、「免許取消処分の聴聞の公示」かどうかを確かめること。次に、免許取消理由が、前記「１基本型①～③」の「３つの理由」かどうかを確かめること。

（１）偽装解散や偽装廃業（免許は失効する。）によって、免許取消処分を免れれば、再申請により、直ちに免許を受けられると考える者がでてくるので、それを防止する趣旨である。

（２）「業務停止処分」の聴聞の公示後、廃業等の届出をし、免許の再申請をした場合には、５年を経過していなくても、免許を受けられる。

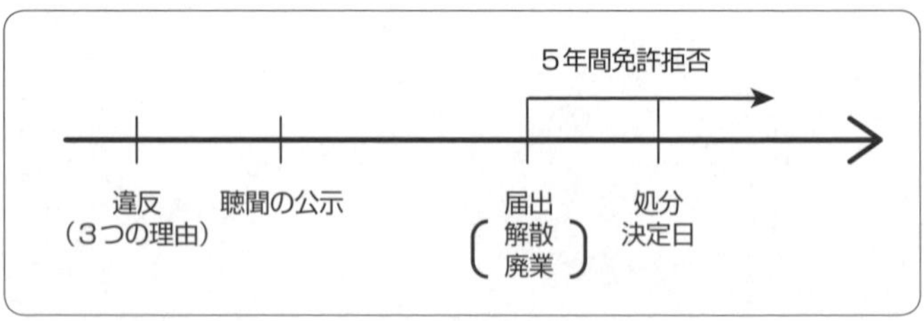

５年間免許拒否
違反
（３つの理由）
聴聞の公示
届出
解散
廃業
処分
決定日

4　偽装廃業等をした法人の役員

重要度Ｂ

条文・原則

前記「１基本型①～③」の３つの理由に該当し、免許取消処分の聴聞の期日及び場所の公示の日から、その処分をする日又は処分をしないことを決定する日までの間に、合併による消滅、解散の届出、廃業の届出（相当の理由がある場合を除く。）をした法人の当該公示の日前60日以内に役員であった者で当該消滅（合併の場合）又は届出（解散・廃業の場合）の日から５年を経過しないもの（５条１項４号）。

（１）偽装廃業等により、免許取消処分を免れようとした法人の役員も５年間免許を受けられなくしたのである。いわば、２と３が合体した規定である。

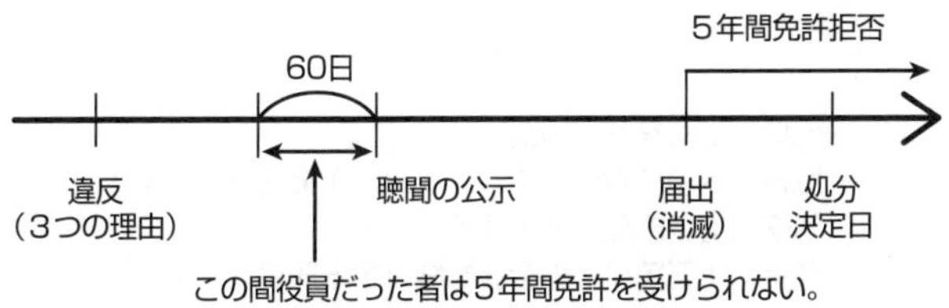

3　一定の刑罰を受けた者等

1　禁錮（きんこ）以上の刑に処せられた者

重要度Ａ

条文・原則

禁錮以上の刑に処せられ、その「刑の執行を終わり」又は「刑の執行を受けることがなくなった日」から５年を経過しない者（５条１項５号）。

（１）禁錮以上の刑とは、死刑・懲役・禁錮である。したがって、罰金刑であれば、後記２の場合を除き、免許を受けることができる。

重要度Ａ

（２）刑の全部の執行猶予が付された場合、禁錮以上の刑に処せられていることに変わりはないので、**執行猶予期間中**は免許を受けられない。しかし、**執行猶予期間を無事に満了**

出題履歴

H27.27- 1

講師からのアドバイス

３には、「合併による消滅」がないが、４にはある。
そして、「合併による消滅」の場合は、「届出の日」ではなく、「消滅の日」から５年を数える。

◆禁錮

刑事施設に拘置されるが、懲役と異なり所定の作業がない。
しかし、申出により作業に従事することが許される。

出題履歴

H30.36- 3
R 1.43- 1

◆執行猶予制度

刑の言渡しはするが、情状によって刑の執行を一定期間猶予し、猶予期間を無事経過したときは、刑の言渡しの効力を失わせる。

宅建業法

すると、刑の言渡しの効力が失われるので（つまり禁錮以上の刑を受けなかったことになるので）、**直ちに**免許を受けられる。一方、刑の一部の執行猶予が付された（３年以下の懲役又は禁錮の言渡しを受けた場合に限る。）場合、その期間の満了により、猶予されなかった部分の期間を刑期とする刑に減軽され、当該減刑された刑の執行を終わり、又は執行を受けることがなくなった日から**５年を経過しなければ**免許を受けることができない。

（３）裁判が確定するまでは免許を受けられる。したがって、禁錮以上の刑の言渡しを受けても、控訴・上告中の者は、免許を受けられる。控訴審や上告審で、無罪になったり、もっと軽い刑になるかもしれないからである。しかし、最終的に禁錮以上の刑で判決が確定したときは、免許が取り消される。

出題履歴
H20.31- 1、- 4
H22.27- 3
H24.26- 1
H25.26- 4
H27.27- 2
R 1.43- 2
R 2 (10).43- 1
R 3 (10).27- 3

◆控訴
第一審の判決に対する上訴。

◆上告
高等裁判所がした判決に対する上訴。

刑罰の種類

死刑	生命を奪う刑罰
懲役	刑事施設に拘置して所定の作業を行わせる
禁錮	刑事施設に拘置する
罰金	１万円以上の金銭を納付する刑罰
拘留	短期（30日未満）の拘置
科料	１万円未満の金銭を納付する刑罰

2　一定の犯罪により罰金刑に処せられた者　重要度A

出題履歴
H22.27- 2
H21.27- イ
H20.31- 3
H24.26- 2
R 3 (10).27- 4

条文・原則

下記の犯罪を犯し、罰金刑に処せられ、その「刑の執行を終わり」又は「刑の執行を受けることがなくなった日」から５年を経過しない者（５条１項６号）。

1　宅地建物取引業法違反
2　暴力団員による不当な行為の防止等に関する法律（暴対法）違反
3　傷害罪
4　現場助勢（じょせい）罪
5　暴行罪（H25.26- 3）
6　凶器準備集合・結集罪
7　脅迫罪（H25.26- 2）
8　暴力行為等処罰に関する法律の罪（H27.27- 3）
9　背任罪

（１）罰金刑でも免許を受けられないのは、上記の犯罪（宅建業法違反、暴力的犯罪、背任罪）の場合だけである。

背任罪は他人の信頼を裏切る犯罪であり、顧客からの信頼を受けて業務を行う宅建業者の立場とは相容れない犯罪である。

（２）上記の犯罪でも、「罰金」ではなく、「科料」や「過料」であれば、免許を受けられる。また、「拘留」も罰金より軽い刑罰なので、免許を受けられる。

（３）執行猶予、控訴・上告の場合については、**3**1と同様である。

講師からのアドバイス

業務上過失致傷罪・業務妨害罪・道路交通法違反の場合などは、罰金刑でも免許を受けられる。
H25.26- 1

出題履歴

H22.27- 4
H23.27- 2
H24.26- 3、- 4
R 1.43- 4

◆科料

主刑の一つで罰金と共に財産刑の一種である。

◆過料

刑罰としての罰金及び科料と区別され、特に過料という名称をもって科せられる金銭罰。

4 暴力団員等

重要度A

条文・原則

暴対法に規定する暴力団員又は暴力団員でなくなった日から５年を経過しない者（暴力団員等という。５条１項７号）。

出題履歴

H23.27- 3
H27.27- 4

5 補充的規定

重要度C

条文・原則

1　免許の申請前５年以内に、宅地建物取引業に関し、不正又は著しく不当な行為をした者（５条１項８号）。
2　宅地建物取引業に関し、不正又は不誠実な行為をするおそれが明らかな者（同条同項９号）。
3　心身の故障により宅地建物取引業を適正に行うことができない者として国土交通省令で定めるもの（同条同項10号）。

出題履歴

H28.37-ウ

H25.43- 4

（１）たとえば、免許申請の２年前に無免許営業をしていた者は、１に該当する。

（２）無免許営業者に資金を提供している黒幕等が、２に該当する。

6 一定の未成年者

重要度A

出題履歴
H27.27- 3

条文・原則

営業に関し成年者と同一の行為能力を有しない未成年者は、その法定代理人（法人である場合、その役員を含む。）が前記1から5までの欠格事由に当たる場合は、免許を受けられない（5条1項11号）。

講師からのアドバイス

未成年者は（自分は欠格事由に該当していないことを前提に）
①「営業に関し成年者と同一の行為能力を有する」
→免許を受けられる。
②「営業に関し成年者と同一の行為能力を有しない」
→法定代理人が欠格事由に該当しなければ免許を受けられる。

（1）営業に関し成年者と**同一の行為能力を有しない**未成年者とは、法定代理人（親権者・未成年後見人）の同意を得なければ、契約をすることができない**通常の未成年者**を指す。

これに対し、法定代理人から宅建業の営業の許可を受けているため、**単独で完全に有効な契約をすることができる未成年者**を「営業に関し成年者と**同一の行為能力を有する**未成年者」という。

営業に関し成年者と同一の行為能力を有しない未成年者は、宅建業者になって取引をする際に、法定代理人の同意又は代理が必要になる。したがって、未成年者本人のほか法定代理人のチェックも必要なのである。

出題履歴
H21.27-エ

これに対し、営業に関し成年者と同一の行為能力を有する未成年者は取引を単独で完全に有効に行うことができるので、法定代理人のチェックを行う必要はない。

7 役員・政令で定める使用人が欠格事由に該当する場合

重要度A

出題履歴
H20.31- 3、- 4
H21.27- イ
H22.27
H23.27- 1、- 2、- 3
H24.26
H25.43- 3
H27.27- 2、- 4
R 1.43
R 2 (10).43- 1、- 4
R 2 (12).31- 2
R 3 (10).27- 3、- 4

条文・原則

1　法人は、その役員又は政令で定める使用人が前記1から5までの欠格事由に該当するときは、免許を受けられない（5条1項12号）。
2　個人は、その採用している政令で定める使用人が前記1から5までの欠格事由に該当するときは、免許を受けられない（同13号）。

（1）免許を申請する法人又は個人自体には免許欠格事由がな

くても、その役員等に免許欠格者がいる場合は、免許を与えるべきでないからである。

なお、１は、「役員」だけでなく、「政令で定める使用人」も審査されることに注意すること。

◆政令で定める使用人

事務所を代表して**契約を締結**できる**支配人、支店長**のことである。

8 暴力団員等による事業支配者

重要度A

条文・原則

暴力団員等がその事業活動を支配する者（５条１項14号）。

9 その他の欠格事由

重要度C

条文・原則

１　事務所について専任の宅地建物取引士の設置要件を欠く者（５条１項15号）。

２　免許申請書、添付（てんぷ）書類中の重要な事項に虚偽の記載があり、又は重要な事実の記載が欠けている場合（５条１項本文）。

10 免許の条件等

重要度C

条文・原則

１　国土交通大臣又は都道府県知事は、免許（免許の更新を含む。）に条件を付し、及びこれを変更することができる。

なお、その条件は、宅地建物取引業の適正な運営や、宅地・建物の取引の公正を確保するため必要な最小限度のものに限り、かつ、免許を受ける者に、不当な義務を課するものであってはならない（３条の２）。

２　国土交通大臣又は都道府県知事は、免許をしない場合においては、その理由を付した書面をもって、申請者にその旨を通知しなければならない（５条２項）。

出題履歴

H26.27- 2

免許2

重要ポイント

1．免許換え

Point 免許換えが必要なパターン

1　大臣免許→知事免許
　国土交通大臣免許の業者が１つの都道府県内にのみ事務所を有することとなったとき。

2　知事免許→知事免許
　都道府県知事免許の業者が、その都道府県内の事務所を廃止して他の１つの都道府県内に事務所を設置したとき。

3　知事免許→大臣免許
　都道府県知事免許の業者が、２つ以上の都道府県内に事務所を有することとなったとき。

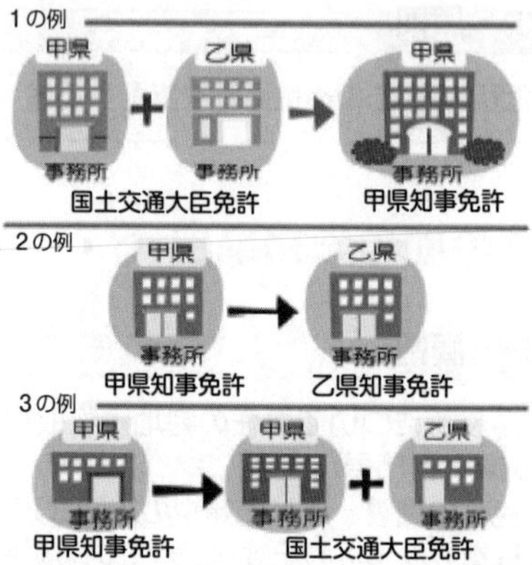

免許換えの申請手続

免許換えの申請は、新しい免許権者に直接申請する。

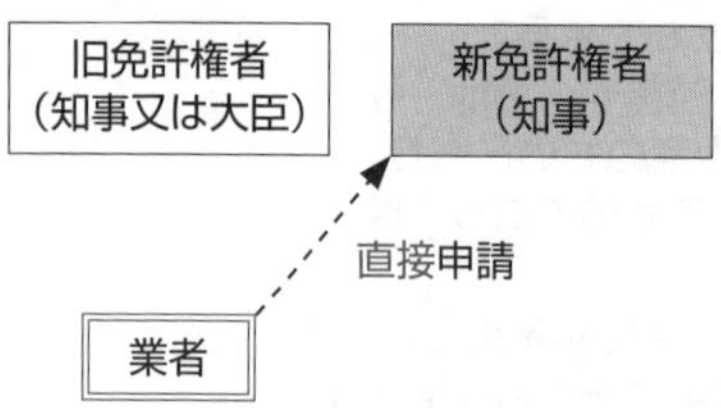

ただし、国土交通大臣に提出すべき申請書その他の書類は、その主たる事務所の所在地を管轄する都道府県知事を経由しなければならない。

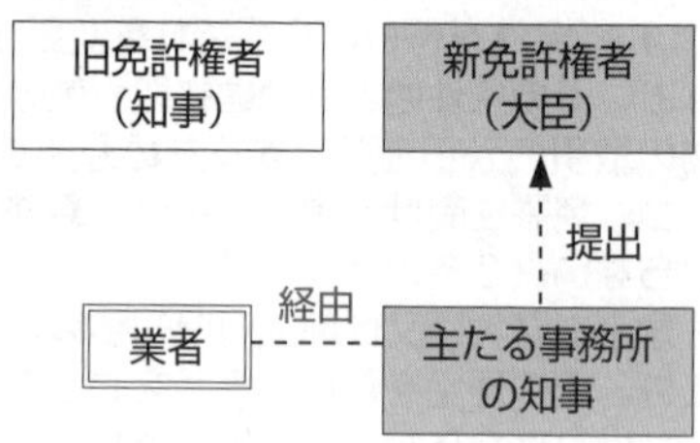

Point 免許換えの効果

①免許換えにより新たな免許を受けたときは、従前の免許は失効する。
②新免許の有効期間は、新免許の効力発生日から５年である。
（従前免許の有効期間満了日の翌日からではない。）

2．宅地建物取引業者名簿と変更の届出

Point 業者名簿の登載事項と変更の届出

<table>
<tr><th>登載事項</th><th colspan="2">変更の届出の要否</th></tr>
<tr><td>①免許証番号・免許年月日</td><td colspan="2">不要</td></tr>
<tr><td>②商号又は名称</td><td>必要</td><td rowspan="4">30日以内</td></tr>
<tr><td>③役員の氏名・政令で定める使用人の氏名
（個人の場合は、個人の氏名・政令で定める使用人の氏名）</td><td>必要</td></tr>
<tr><td>④事務所の名称及び所在地</td><td>必要</td></tr>
<tr><td>⑤事務所ごとに置かれる専任の宅地建物取引士の氏名</td><td>必要</td></tr>
<tr><td>⑥指示又は業務停止の処分を受けたときは、その年月日及び内容</td><td colspan="2">不要</td></tr>
<tr><td>⑦兼業の種類</td><td colspan="2">不要</td></tr>
</table>

3．廃業等の届出

Point 廃業等の届出事由と届出者

<table>
<tr><th>届出事由</th><th>届出者</th><th></th></tr>
<tr><td>①死亡</td><td>相続人</td><td rowspan="5">30日以内
（死亡の場合は、その事実を知った日から30日以内）</td></tr>
<tr><td>②合併</td><td>消滅した法人の代表役員であった者</td></tr>
<tr><td>③破産手続開始の決定</td><td>破産管財人</td></tr>
<tr><td>④解散</td><td>清算人</td></tr>
<tr><td>⑤廃業</td><td>業者であった個人、法人の代表役員</td></tr>
</table>

1 免許換え

1　免許換えとは

重要度 A

出題履歴
H21.26- 4
H25.43- 1
H30.36- 2
R 2 (10).26- 4
R 2 (12).29- 4

講師からのアドバイス
免許換えは、義務づけられるのであり、これを怠ると、免許取消処分事由に該当する。

条文・原則

免許換えとは、事務所を変更したことにより免許権者に変更を生じ、新たな免許を受ける必要がある場合をいう（7条）。以下の場合がある。

1　国土交通大臣免許の業者が、1つの都道府県内にのみ事務所を有することとなったとき
2　都道府県知事免許の業者が、その都道府県内の事務所を廃止して他の1つの都道府県内に事務所を設置したとき
3　都道府県知事免許の業者が、2つ以上の都道府県内に事務所を有することとなったとき

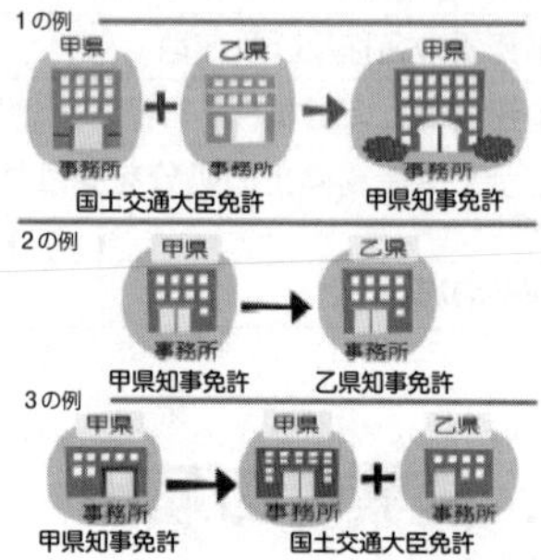

2　申請手続

重要度 A

出題履歴
H20.30- 3
H20.30- 4

条文・原則

1　免許換えの申請は、新しい免許権者に直接申請する。ただし、国土交通大臣に提出すべき申請書その他の書類は、その主たる事務所の所在地を管轄する都道府県知事を経由しなければならない（78条の3第1項）。
2　国土交通大臣又は都道府県知事は、免許をしたときは、遅滞なく、その旨を従前の免許権者に通知するものとする（規則4条の5）。

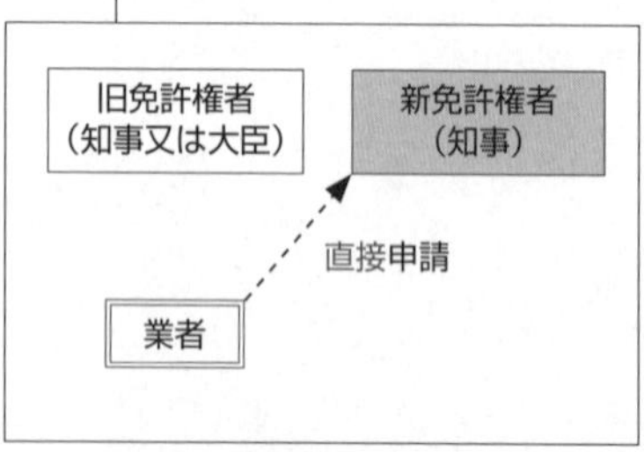

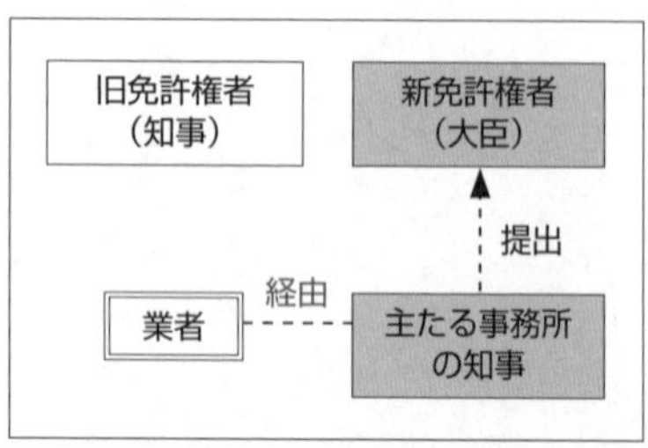

3　免許換えの効果

重要度B

条文・原則

免許換えにより新たな免許を受けたときは、従前の免許は失効する（7条1項）。

（1）免許換えにより取得する新免許の**有効期間は、5年**である。

（2）免許換えの申請をした場合に、従前免許の有効期間の満了日までに申請にかかる処分がなされないときは、処分がなされるまで従前免許は有効である。

そして、新免許がなされた場合その有効期間は「新免許の効力発生日」から起算する。「従前免許の有効期間の満了の日の翌日」からではない。

免許換えによる新免許は、更新の場合のように従前免許と継続性を有するものではなく、**全くの新規免許**と考えるべきだからである。

出題履歴
H28.37- エ
R 2 (12).29- 1

2 宅地建物取引業者名簿

1　名簿の閲覧

理解する

（1）**名簿等の閲覧**

国土交通大臣又は都道府県知事は、法第10条の規定により宅地建物取引業者**名簿**並びに**免許の申請**及び法第９条の規定による**変更の届出に係る書類**を一般の閲覧に供するため、**宅地建物取引業者名簿閲覧所**（閲覧所）を設けなければならない（規則５条の２第１項）。

さらに、国土交通大臣又は都道府県知事は、かかる閲覧所を設けたときは、当該閲覧所の閲覧規則を定めるとともに、当該閲覧所の場所及び閲覧規則を告示しなければならない（同条２項）。

出題履歴
H28.38- エ

宅建業法

2　業者名簿の登載事項

重要度A

条文・原則

業者名簿には、以下の事項等が記載される（8条2項、規則5条）。

1　免許証番号・免許年月日
2　商号又は名称
3　役員の氏名・政令で定める使用人の氏名（法人の場合）（個人の場合は、個人の氏名・政令で定める使用人の氏名）
4　事務所の名称及び所在地
5　事務所ごとに置かれる専任の宅地建物取引士の氏名
6　指示又は業務停止の処分を受けたときは、その年月日及び内容
7　兼業の種類

出題履歴
H24.46- 3
H28.38- エ
H22.44- 3
H24.44- 3
H30.36- 4
H21.28- 1
R 2 (12).31- 4

（1）役員は常勤、非常勤を問わない。なお、ここでは監査役も役員である。
（2）役員の**住所**・政令で定める使用人の**住所**・専任の宅地建物取引士の**住所**は、登載事項ではない。
（3）**専任でない**宅地建物取引士の氏名は、登載事項ではない。

3　業者名簿の変更の届出

重要度A

条文・原則

宅地建物取引業者は、業者名簿の登載事項のうち、前記2の2～5に変更があったときは、30日以内に、その旨を免許を受けた国土交通大臣又は都道府県知事に届け出なければならない（9条）。

出題履歴
H24.36- 3
H21.28- 4
H29.36- 3

（1）**兼業の種類が変更**しても、届出は不要である。
（2）国土交通大臣に変更の届出をする場合には、主たる事務所の所在地を管轄する都道府県**知事を経由**しなければならない（78条の3第1項）。
（3）**名簿の訂正**
　国土交通大臣又は都道府県知事は、上記の規定による届出があったときは、宅地建物取引業者名簿につき、**当該変更に係る事項を訂正**しなければならない（規則5条の4）。

３ 廃業等の届出

重要度Ａ

条文・原則

宅地建物取引業者が次の１から５に該当することとなった場合は、１から５に掲げる者は、その日（死亡の場合は、その事実を知った日）から30日以内に、その旨を免許を受けた国土交通大臣又は都道府県知事に届け出なければならない（11条）。

１　死亡→相続人
２　合併→消滅した法人の代表役員であった者
３　破産手続開始の決定→破産管財人
４　解散→清算人
５　廃業→業者であった個人、又は業者であった法人の代表役員

出題履歴
H24.27- 1
H21.28- 2
H22.28- 1、- 2
H24.27- 4
H29.30- 4
H28.35- 3
R 2 (10).43- 3
H26.27- 3
H29.44- 4

H29.44- 3

（1）１から５は**免許の失効事由**である。３から５の場合は**届出時に免許が失効**するのに対し、１・２の場合は届出を待たずして、**死亡時・合併時に失効**する。１・２の場合は、死亡・合併時に、その業者の人格自体が消滅するからである。

（2）甲県知事免許から乙県知事免許に免許換えをする場合、乙県知事に対して免許換えをすればよく、甲県知事に対して廃業の届出をする必要はない。

出題履歴
H20.30- 4

講師からのアドバイス

廃業等の届出の場合など、国土交通大臣に提出すべき申請書等の書類は、主たる事務所の所在地を管轄する都道府県知事を経由しなければならない（78条の３第１項）。

宅建業法

宅地建物取引士１

重要ポイント

１．宅地建物取引士とは

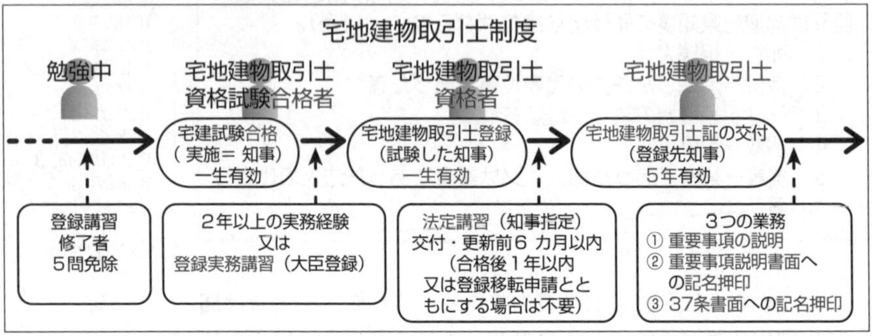

２．専任の宅地建物取引士の設置

Point 専任の宅地建物取引士の設置要件

事務所	宅建業者の業務に従事する者の１／５以上		
事務所以外の国土交通省令で定める場所	①継続的業務場所で、事務所以外の場所	左記の場所で、契約を締結し、又は申込みを受ける場所	１人以上
	②10区画（10戸）以上の一団の宅地・建物の分譲を行う案内所		
	③他の宅建業者が行う一団の宅地建物の分譲の代理又は媒介を行う案内所		
	④業務に関し、展示会その他これに類する催しを実施する場合のその催しを実施する場所		

３．登録の基準（免許の基準と異なるもの）

Point A　一定の未成年者

●営業に関し成年者と同一の行為能力を有しない未成年者は、登録を受けることができない。

●未成年者のまとめ

<table>
<tr><th colspan="2"></th><th>宅建業者
免許</th><th>宅地建物
取引士
登録</th><th>成年者である
専任の宅地建物取引士</th></tr>
<tr><td rowspan="3">営業に関し成年者と同一の行為能力を</td><td rowspan="2">有する未成年者（＝営業許可を受けた）</td><td rowspan="2">○</td><td rowspan="2">○</td><td>業者自身又は法人業者の役員であれば成年者である専任とみなされる</td></tr>
<tr><td>上記以外×</td></tr>
<tr><td>有しない未成年者（＝未婚で営業許可を受けていない）</td><td>○
（※）</td><td>×</td><td>×</td></tr>
</table>

※法定代理人（法人である場合、その役員を含む。）にも欠格事由がなければ、免許の取得ができる。

Point B　一定の理由で登録消除処分を受けた宅地建物取引士

●宅地建物取引士が、
①不正登録
②不正手段による宅地建物取引士証の取得
③指示処分事由に該当し、情状が特に重い
④事務禁止処分違反
上記①～④を理由に登録消除処分を受け、処分の日から５年を経過しない者は、登録することはできない。

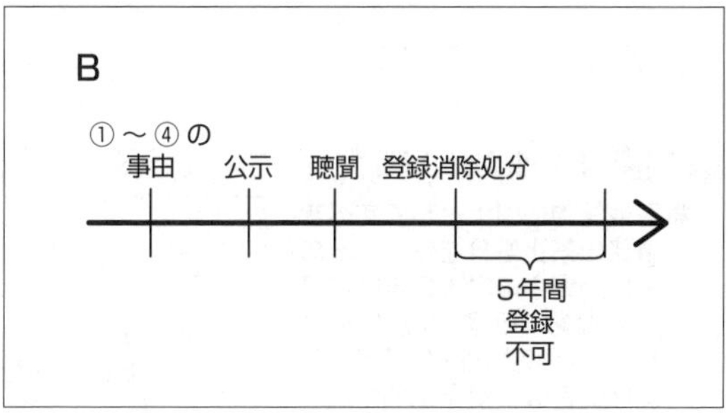

Point C　一定の理由で登録消除処分を受けた宅地建物取引士資格者

●宅地建物取引士資格者が、
①不正登録
②宅地建物取引士としてすべき事務を行い、情状が特に重い
上記①②を理由に登録消除処分を受け、処分の日から５年を経過しない者は、登録することはできない。

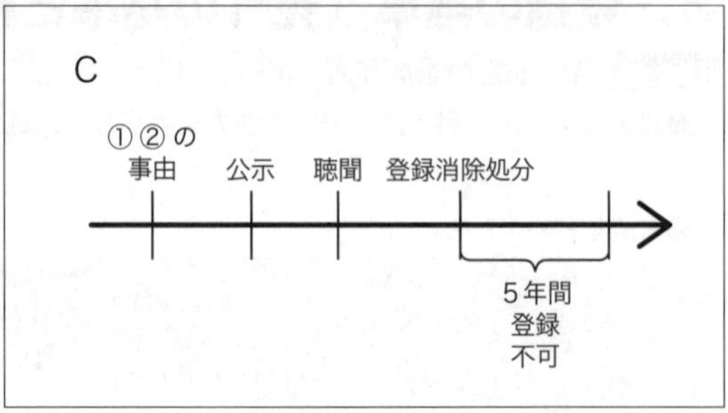

Point D　聴聞公示後の登録消除

●前記Ｂ、Ｃの理由による、登録消除処分の聴聞の期日等が公示された後、相当の理由なく登録の消除を申請した者で、消除された日から５年を経過しないものは、登録することはできない。

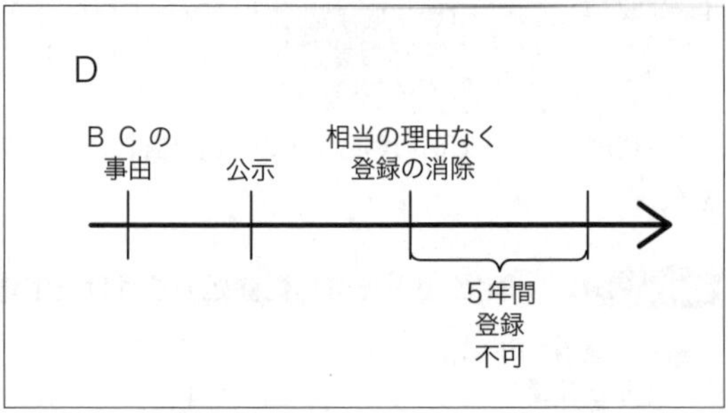

Point E　事務禁止期間中

●宅地建物取引士としてすべき事務の禁止処分を受け、その禁止期間中に本人の申請に基づく登録の消除処分がなされ、まだ禁止期間が満了していない者は、禁止期間が満了するまで登録できない。

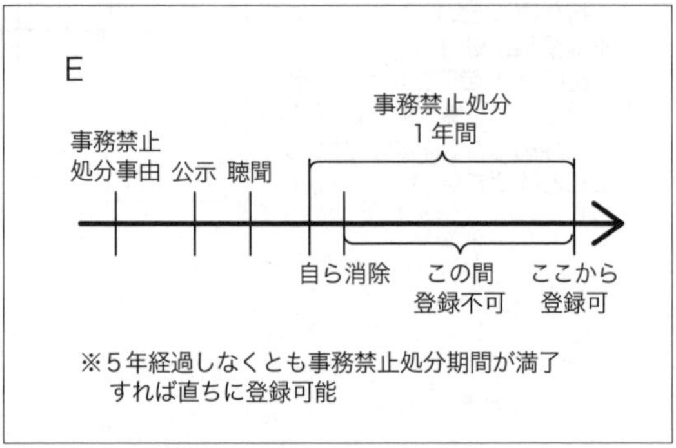

Point F　事務能力に欠ける者

●心身の故障により宅地建物取引士の事務を適正に行うことができない者として国土交通省令で定めるものは、登録することはできない。

1 宅地建物取引士

1　宅地建物取引士とは

重要度 B

条文・原則

宅地建物取引士とは、1都道府県知事の行う資格試験に合格し、2その知事の登録を受け、3その知事から宅地建物取引士証の交付を受けた者をいう（2条4号、16条1項、18条1項、22条の2第1項）。

（1）下記③の宅地建物取引士証の交付まで受けないと、宅地建物取引士としての業務を行うことはできない。

①の試験に合格した段階の者を「宅地建物取引士資格試験合格者」、②の登録までした者を「宅地建物取引士資格者」という。

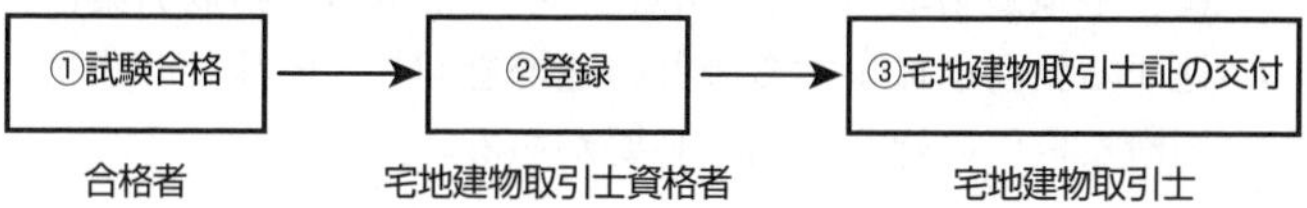

（2）高価な宅地建物の取引を安全に行い、消費者を保護するため、宅地建物の取引に関する専門家（宅地建物取引士）を設け、経営者である宅建業者は、一定数以上の宅地建物取引士の設置を義務づけられるのである。

（3）宅地建物取引士には、「事務所等」ごとに**専任の状態**で設置される**成年者**の宅地建物取引士（**専任の宅地建物取引士**）と、それ以外の宅地建物取引士（**一般の宅地建物取引士**）がある。

（4）しかし、職務内容は、**専任と一般で異ならず**、宅地建物取引士でなければできない職務は、次の3つである。

① **重要事項の説明（35条）**
② **重要事項説明書への記名押印（おういん）（35条）**
③ **契約成立後交付する書面（37条書面）への記名押印**

出題履歴
H22.30- 3
H26.35- 3

講師からのアドバイス
あらたに宅地建物取引士証の交付を受ける場合だけでなく、宅地建物取引士証を滅失した場合についても、再交付を受けるまでは宅地建物取引士としての事務を行うことはできない。H22.30- 3

H27.29- 4

宅建業法

2　宅地建物取引士の業務処理の原則

重要度A

出題履歴
H27.35- 1

条文・原則

宅地建物取引士は、宅地建物取引業の業務に従事するときは、宅地又は建物の取引の専門家として、購入者等の利益の保護及び円滑な宅地又は建物の流通に資するよう、公正かつ誠実にこの法律に定める事務を行うとともに、宅地建物取引業に関連する業務に従事する者との連携に努めなければならない（15条）。

（1）宅地建物取引士は、宅地建物取引の専門家として、専門的知識をもって適切な助言や重要事項の説明等を行い、消費者が安心して取引を行うことができる環境を整備することが必要である。そのため、常に公正な立場を保持して、業務に誠実に従事することで、紛争等を防止するとともに、宅地建物取引士が中心となって、宅地建物取引業に関連する業務に従事する者との連携を図り、宅地及び建物の円滑な取引の遂行を図る必要がある。

3　信用失墜行為の禁止

重要度A

H27.35- 2

条文・原則

宅地建物取引士は、宅地建物取引士の信用又は品位を害するような行為をしてはならない（15条の2）。

（1）宅地建物取引士としての職業倫理に反するような行為であるが、当該行為には、職務として行われるものに限らず、職務に必ずしも直接関係しない行為や私的な行為も含まれる。

4　知識及び能力の維持向上

重要度A

H27.35- 4

条文・原則

宅地建物取引士は、宅地又は建物の取引に係る事務に必要な知識及び能力の維持向上に努めなければならない（15条の3）。

5　宅地建物取引士資格試験

重要度B

条文・原則

1　都道府県知事は、宅地建物取引業に関して必要な知識について、試験を行う（16条）。
2　都道府県知事は、不正の手段によって試験を受け、又は受けようとした者に対して、合格の決定を取り消し、又はその試験を受けることを禁止することができる。さらに、これらの処分を受けた者に対して、３年以内の期間を定めて受験を禁止することもできる（17条）。

出題履歴
H21.29- 1

（1）宅地建物取引士資格試験は、宅地建物取引業に関する実用的な知識を有するかどうかを判定することに基準を置く（規則７条）。

（2）**試験の一部免除**

登録講習修了者については、修了試験に合格した日から３年以内に行われる試験について、一定の科目（例年５問）を免除される（規則10条の14）。

2 成年者である専任の宅地建物取引士の設置

1　設置要件

重要度A

条文・原則

宅地建物取引業者は、事務所及び事務所以外の国土交通省令で定める場所（これを「事務所等」という。）ごとに、一定数以上の成年者である専任の宅地建物取引士を置かなければならない(31条の３第１項、規則15条の５の３)。

講師からのアドバイス
専任の宅地建物取引士は、事務所がある都道府県の知事の登録を受けた宅地建物取引士である必要はない。

（1）「**専任**」といえるためには、その「事務所等」に常勤(ITの活用等により適切な業務ができる体制を確保した上で、宅建業者の事務所以外において通常の勤務時間を勤務する場合を含む。）し、専ら宅地建物取引業者の業務に従事する必要がある。そのため、兼業は原則として禁止される。また、２つの事務所の専任の宅地建物取引士を兼任できない。

（2）**未成年者は**、原則として、専任の宅地建物取引士になれない。

（3）監査役を専任の宅地建物取引士に選任することはできない。宅地建物取引士として自ら業務を行ったのでは、会社の業務を監査するという監査役の職務が適正に行われないおそれがあるからである。

（4）**「事務所」**

事務所には、業務に従事する者の人数に対し、1／5以上の数の専任の宅地建物取引士を置かなければならない。したがって、全業務従事者が6名の事務所では、少なくとも、そのうちの2人が専任の宅地建物取引士でなければならないことになる。

なお、ここでいう「業務に従事する者」とは、宅地建物取引業を行っている者の他、事務員、専業運転手等も含むが、非常勤の役員や宅地建物取引に直接的な関係が乏しい業務に臨時的に従事する者は除く。

出題履歴
H21.42- 3、- 4
H23.28- 1
H24.36- 2
H26.28- 3
R 3 (10).29- 4

（5）**「事務所以外の国土交通省令で定める場所」**

次の1から4の場所で、宅地建物取引業に関する**契約(予約を含む。)を締結し、又は申込みを受ける場所**には、**1人以上**の専任の宅地建物取引士を置かなければならない(規則15条の5の2・15条の5の3)。なお、契約（予約を含む）を締結せず、かつ、その申込みを受けない場合、当該場所に専任の宅地建物取引士を置く必要はない。

条文・原則

１　継続的に業務を行うことができる施設を有する場所で、事務所以外のもの
　出張所のように事務所同様の物的施設を有するものをさす。
２　10区画以上の一団の宅地又は10戸以上の一団の建物の分譲を行う案内所
　案内所とは、モデルルーム・駅前案内所等を含み、継続的に業務を行うことは予定していないが、一定期間にわたって業務が行われる施設をいう。
３　他の宅建業者が行う一団の宅地建物の分譲の代理又は媒介を行う案内所
４　業務に関し、展示会その他これに類する催しを実施する場合のその催しを実施する場所
　名称のいかんを問わず、展示会、説明会、不動産フェスティバル、不動産フェアー等の各会場等をさす。

H24.42- ウ
H27.44- 3
R 1.40- 4

（１）同一物件について、売主である宅建業者及び媒介又は代理を行う宅建業者が同一の場所において業務を行う場合には、いずれかの宅建業者が専任の宅地建物取引士を１人以上置けばよい。

H26.28- 4

２　業者又は役員が宅地建物取引士である場合の特例

重要度 B

条文・原則

「個人業者が宅地建物取引士であるとき」又は「法人業者の役員が宅地建物取引士であるとき」は、その者は、自ら主として業務に従事する「事務所等」における成年者である専任の宅地建物取引士とみなされる（31条の３第２項）。

出題履歴
H26.44- イ
R 2 (12).38- イ

宅建業法

（1）上記規定が未成年者に適用されるときは、未成年者でも専任の宅地建物取引士になれる。

3　適合措置

重要度B

条文・原則

宅地建物取引業者は、前記1の設置要件に違反する「事務所等」を開設してはならず、既存の「事務所等」が設置要件に違反するに至ったときは、2週間以内に、法の規定に適合させる措置をとらなければならない（31条の3第3項）。

出題履歴
H22.29- 4
H24.36- 1
R 1.35- 2
R 2 (12).38- ア

（1）**2週間以内**に適合措置（新しい専任の宅地建物取引士の設置等）をとらないと、業務停止処分事由に該当する。
（2）事務所について適合措置として、業者名簿の登載事項である「事務所ごとに置かれる専任の宅地建物取引士の氏名」を変更した場合は、30日以内に名簿変更の届出が必要となる。

3 登録の基準

1　登録

理解する

条文・原則

試験に合格し、2年以上の実務経験を有する者（又はその者と同等以上の能力を有すると国土交通大臣が認めた者）は、以下の欠格事由に該当しなければその試験を行った都道府県知事の登録を受けることができる（18条1項）。

出題履歴
H20.30- 1
H20.33- 2
H29.37- 3
R 1.44- 4
R 2 (10).28- 1

（1）登録は**義務ではない**。また、試験合格後直ちに登録しなくともよい。
（2）2年以上の実務経験がない場合、これと同等以上の能力を有すると国土交通大臣が認めた者であれば登録できるが、具体的には、**国土交通大臣の登録を受けた講習（登録実務講習）**を受講して修了すればよい。

宅地建物取引士の登録を受けることができる者が、その登録を受けようとするときは、登録申請書を**試験を受けた**都道府県知事に提出しなければならない（19条１項）。二以上の都道府県において試験に合格した者は、当該試験を行った都道府県知事のうち**いずれか一の都道府県知事の登録のみ**を受けることができる（規則14条）。

（３）そして、都道府県知事は、登録申請書の提出があったときは、遅滞なく、登録をしなければならない（19条２項）。都道府県知事は、登録をしたときは、遅滞なく、その旨を当該登録に係る者に**通知**しなければならないし、その登録を拒否したときには、遅滞なく、**その理由を示して**、その旨をその者に通知しなければならない（規則14条の４）。

2　免許の基準と共通のもの

重要度A

条文・原則

1　①破産手続開始の決定を受けて復権を得ない者（18条1項2号）。

2「不正手段による免許取得」「業務停止処分事由に該当し、情状が特に重い」「業務停止処分違反」を理由に免許取消処分を受け、取消しの日から5年を経過しない者（同3号）。

R 1.44- 1
R 2 (12).43- 4

3　上記2の者が法人である場合において、当該取消しに係る聴聞の期日及び場所の公示の日前60日以内にその法人の役員であった者で取消しの日から5年を経過しないもの（同3号かっこ書）。

4　上記2の理由に該当し、免許取消処分の聴聞の期日及び場所の公示の日から処分の日までの間に、廃業の届出をした者（相当の理由がある者を除く。）で、届出の日から5年を経過しないもの（同4号）。

講師からのアドバイス
2～8は、いつから5年か、確認しておこう。H20.33- 1

5　上記2の理由に該当し、聴聞の期日及び場所の公示後、合併による消滅・解散の届出・廃業の届出をした法人（相当の理由がある場合を除く。）の公示の日前60日以内に役員であった者で、消滅又は届出の日から5年を経過しないもの（同5号）。

H20.33- 1

6　禁錮以上の刑に処せられ、その刑の執行を終わり、又は刑の執行を受けることがなくなった日から5年を経過しない者（同6号）。

H23.29- 2

7　宅建業法違反・暴対法違反・傷害罪・現場助勢罪・暴行罪・凶器準備集合結集罪・脅迫罪・暴力行為等処罰に関する法律の罪・背任罪を犯し罰金刑に処せられ、その刑の執行を終わり又は刑の執行を受けることがなくなった日から5年を経過しない者（同7号）。

講師からのアドバイス
2～3について、宅建業者が営業保証金を供託せず、免許を取り消されても、当該宅建業者の役員である宅地建物取引士は欠格事由に該当せず、登録が消除されることはない。

8　暴対法に規定する暴力団員又は暴力団員でなくなった日から5年を経過しない者（同8号）。

（1）上記の事由に該当する者は、免許を取得できず、かつ、登録も受けられない。

３　免許の基準と異なるもの

重要度Ａ

条文・原則

１　宅地建物取引業に係る営業に関し成年者と同一の行為能力を有しない未成年者（18条１項１号）。
２　宅地建物取引士が、「不正登録」「不正手段による宅地建物取引士証の取得」「指示処分事由に該当し、情状が特に重い」「事務禁止処分違反」を理由に登録消除処分を受け、処分の日から５年を経過しない者（同９号）。
３　宅地建物取引士資格者が、「不正登録」「宅地建物取引士としてすべき事務を行い、情状が特に重い」ことを理由に、登録消除処分を受け、処分の日から５年を経過しない者（同９号）。
４　上記２、３の理由による、登録消除処分の聴聞の期日及び場所が公示された後、相当の理由なく登録の消除を申請した者で、消除された日から５年を経過しないもの（同10号）。
５　宅地建物取引士としてすべき事務の禁止処分を受け、その禁止期間中に本人の申請に基づく登録の消除処分がなされ、まだ禁止期間が満了していない者（同11号）。
６　心身の故障により宅地建物取引士の事務を適正に行うことができない者として国土交通省令で定めるもの（同12号）。

出題履歴
H22.30- 1
R 3 (10).28- 2
H22.30- 4
R 3 (10).35- イ

（１）１について

「営業に関し成年者と同一の行為能力を**有しない**未成年者」は、登録自体を受けられない。宅建業の免許は、法定代理人（法人である場合、その役員を含む。）が欠格事由に該当していなければ取得できるのと異なる。

営業に関し成年者と同一の行為能力を**有する**未成年者（法定代理人から営業許可のあった未成年者）は登録を受けられる。そして、この者に**2**の２の規定（業者又は役員が宅地建物取引士である場合の特例）が適用されるときは、専任の宅地建物取引士にもなれる。

H23.28- 2

（２）５について

事務禁止処分期間が**満了すれば**、処分期間中に**自らの申請**により登録を消除された者も、**直ちに**再登録できる。

（３）６について

国土交通省令で定める者は、精神の機能の障害により宅地建物取引士の事務を適正に行うに当たって必要な認知、判断及び意思疎通を適切に行うことができない者をいう。

宅地建物取引士２

重要ポイント

1．宅地建物取引士資格登録簿と変更の登録

Point 登録簿の登載事項

登載事項	変更の登録の要不要	
①　氏名・生年月日・住所	要	遅滞なく
②　本籍（日本の国籍を有しない者はその者の国籍）及び性別	要	
③　宅地建物取引業者の業務に従事する者にあっては、業者の商号又は名称・免許証番号	要	

※氏名又は住所を変更したときは、変更の登録と併せて、宅地建物取引士証の書換え交付を申請する。

2．死亡等の届出

Point 届出事由と届出者

届出事由	届出者	
①死亡	相続人	30日以内 （死亡の場合は、その事実を知った日から30日以内）
②心身の故障により宅地建物取引士の事務を適正に行うことができない者として国土交通省令で定めるもの	本人又はその法定代理人若しくは同居の親族	
③ 上記以外の登録欠格事由（破産手続開始の決定を受けて復権を得ない者等）	本人	

3．宅地建物取引士証の有効期間と更新

Point 有効期間と更新

- ●宅地建物取引士証の有効期間は５年である。
- ●更新を受けようとする者は、申請前６カ月以内に行われる知事指定講習を受けなければならない。
- ●登録が消除されると、宅地建物取引士証も失効する。宅地建物取引士証が失効しても、登録は失効しない。

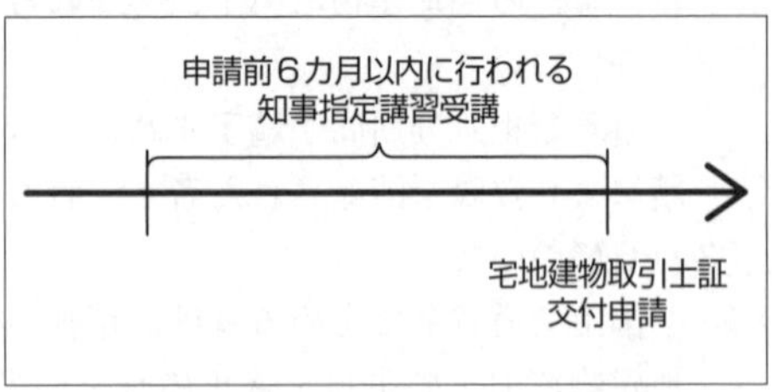

4．宅地建物取引士証の返納義務・提出義務

どのような場合に	誰に対して	いつまでに	何をするか
登録を消除されたとき	交付を受けた知事	速やかに	返納
事務禁止処分を受けたとき			提出

5．宅地建物取引士証の提示義務

重要事項の説明をするとき	請求がなくても、提示
上記以外	請求があったときは、提示

6．登録の移転

Point 登録の移転

- 登録を受けている者が、登録をしている知事の管轄する都道府県以外の都道府県に所在する業者の事務所の業務に従事し、又は従事しようとするときに、移転先の知事に登録を移すことができる（任意）。
- 事務禁止処分を受け、その禁止の期間が満了していないときは、登録の移転をすることができない。

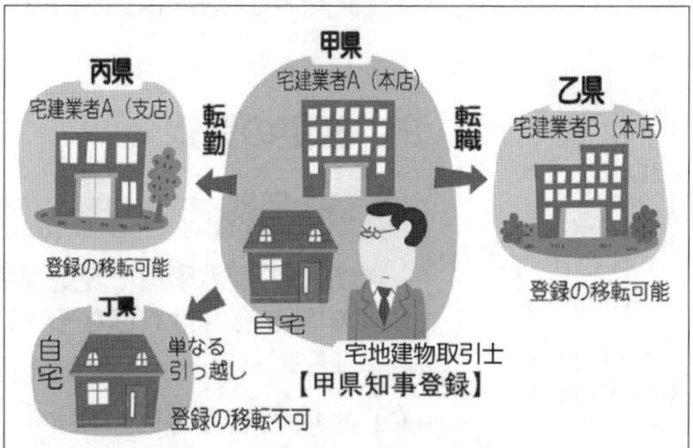

Point 登録の移転の申請と宅地建物取引士証

- 現に登録をしている知事を経由して申請
- 登録の移転をすると従前の宅地建物取引士証は失効する。
- 新たな宅地建物取引士証は、従前の宅地建物取引士証と引き換えに交付され、有効期間は、従前の宅地建物取引士証の残存期間である。

【登録の移転の申請（乙県知事へ登録の移転をする場合）】
●現に登録している知事を経由して申請

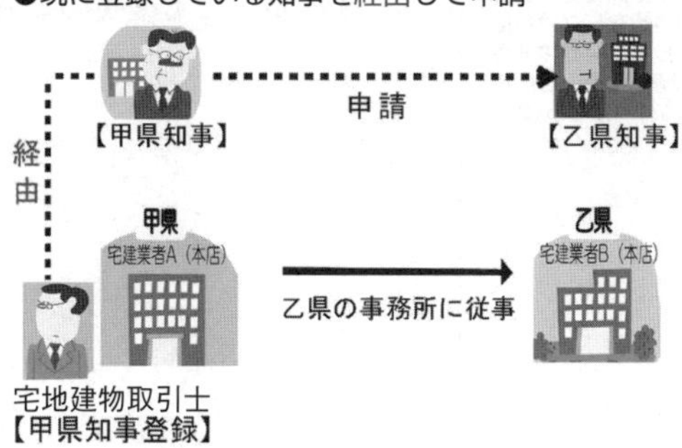

1 宅地建物取引士資格登録簿

1　登載事項

重要度A

条文・原則

試験に合格し登録を受けようとする者は、試験を実施した都道府県知事に対し、登録申請書を提出しなければならず、登録は当該知事が以下の事項等を登録簿に登載してする（19条、18条2項、規則14条の2の2）。

1　氏名・生年月日・住所
2　本籍（日本の国籍を有しない者はその者の国籍）及び性別
3　宅地建物取引業者の業務に従事する者にあっては、業者の商号又は名称・免許証番号

（1）登録には**有効期間の定めはなく**、一度登録を受けると、消除されない限り、**一生有効**である。さらに、業者名簿と異なり登録簿は公開されていない。

講師からのアドバイス
3について、宅地建物取引士は、宅建業者の業務に従事すれば、専任か否かにかかわらず、変更の登録をしなければならない。
H16.34- 2

出題履歴
H20.33- 3
H21.29- 2
R 3 (10).28- 4

出題履歴
R 2 (10).34- 1

H28.38- エ

2　変更の登録

重要度A

条文・原則

登録簿の登載事項に変更が生じたときは、遅滞なく、変更の登録の申請をしなければならない（20条）。

（1）氏名の変更、住所・本籍の変更、勤務先の業者の商号・免許証番号の変更などの場合である。

なお、登録簿に登載される勤務先業者名とは、**宅建業者のみ**をいうから、他の業種に勤務する場合で、その商号等が変更しても変更の登録は不要である。

出題履歴
H20.33- 3
H21.29- 2
H22.30- 2
H25.44- ア
R 1.44- 2、- 3
R 2 (10).34- 2、- 3
R 3 (10).28- 3
R 3 (10).35- エ

講師からのアドバイス
勤務先の商号が変更した場合、宅地建物取引士は変更の登録の申請をしなければならず、業者は業者名簿の変更の届出をしなければならない。

2 死亡等の届出

重要度A

条文・原則

登録を受けている者が次の１から３に該当することとなった場合は、１から３に定める者は、その日（死亡の場合は、その事実を知った日）から30日以内に、その旨を登録をしている都道府県知事に届け出なければならない（21条）。

1　死亡　→相続人

2　心身の故障により宅地建物取引士の事務を適正に行うことができない者として国土交通省令で定めるもの　→本人又はその法定代理人若しくは同居の親族

3　上記以外の登録欠格事由

（破産手続開始の決定を受けて復権を得ない者等）に該当したとき　→本人

出題履歴

H21.29- 3
H20.33- 4
H28.38- ウ
H30.42- 1

H25.44- ア
R 2 (12).43- 1

3 宅地建物取引士証

1　宅地建物取引士証とは

重要度A

条文・原則

宅地建物取引士証とは、宅地建物取引士であることを証明する証明書であり、登録をしている都道府県知事に対し、交付を申請することができる。宅地建物取引士証には、以下の事項が記載される（22条の2、規則14条の11）。

1　氏名・生年月日・住所

2　登録番号・登録年月日

3　宅地建物取引士証の交付年月日

4　宅地建物取引士証の有効期間の満了日

（1）勤務先の業者の商号・名称は、記載事項ではない。

（2）宅地建物取引士証の交付申請も義務ではない。また、登録後直ちに交付申請しなくともよい。交付を受ける際に条件をつけることはできない。

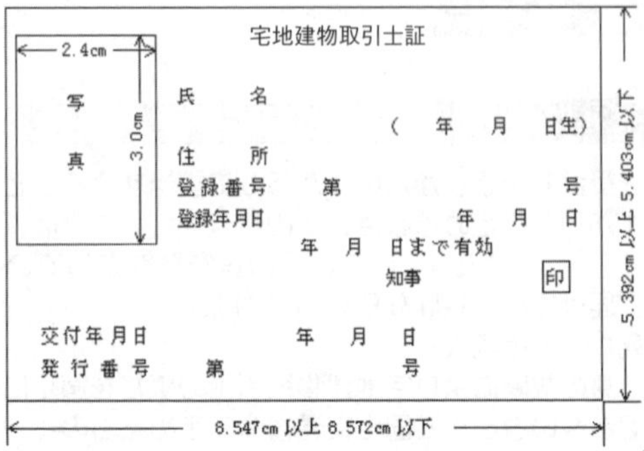

宅地建物取引士証
2.4cm
写
真
3.0cm
氏　　名
（　年　月　日生）
住　　所
登録番号　第　　号
登録年月日　　年　月　日
年　月　日まで有効
知事　印
交付年月日　　年　月　日
発行番号　第　　号
5.392cm 以上 5.403cm 以下
8.547cm 以上 8.572cm 以下

出題履歴
H20.33- 3

重要度A

（3）宅地建物取引士は、**その氏名又は住所**を変更したときは、資格登録簿に関する変更の登録の申請とあわせて、宅地建物取引士証の**書換え交付を申請**しなければならない（規則14条の13）。

（4）氏名について、旧姓使用を希望する者に対しては、宅地建物取引士証に旧姓を併記することができる。

講師からのアドバイス
宅地建物取引士が勤務する業者の商号又は名称が変更した場合、変更の登録の申請は必要であるが、宅地建物取引士証の書換えは不要である。

2　法定講習

重要度A

出題履歴
H25.44- イ
H29.30- 3

H23.28- 4
R 2 (10).28- 4

条文・原則

宅地建物取引士証の交付を受けようとする者は、登録をしている都道府県知事が国土交通省令の定めるところにより指定する講習で、交付の申請前6カ月以内に行われるものを受講しなければならない。

ただし、試験に合格した日から1年以内に交付の申請をする者又は登録の移転申請とともに新宅地建物取引士証の交付を受けようとする者は、受講義務はない（22条の2第2項）。

（1）講習を受講させるのは、常に最新の知識を持って、事務に従事してもらうためである。

３　有効期間と更新

重要度Ａ

条文・原則

１　宅地建物取引士証の有効期間は、５年である（22条の２第３項）。
２　宅地建物取引士証の有効期間は申請により更新できる。更新を受けようとする者は、申請前６カ月以内に行われる知事指定講習を受けなければならない。
３　更新により交付される宅地建物取引士証の有効期間も５年である（22条の３）。

出題履歴
R２(10).28-２

（1）登録が消除されると宅地建物取引士証も失効する。一方、宅地建物取引士証が失効しても登録は失効しない。
（2）更新前に講習を受けなければならないということは、宅地建物取引士は５年に１度は講習を受けなければならないということである。法改正等の新たな知識を吸収するためである。

４　再交付

重要度Ｂ

条文・原則

１　宅地建物取引士は、宅地建物取引士証の亡失、滅失、汚損又は破損その他の事由を理由として、その交付を受けた知事に宅地建物取引士証の再交付を申請できる（規則14条の15第１項）。
２　宅地建物取引士は、宅地建物取引士証の亡失によりその再交付を受けた後に、亡失した宅地建物取引士証を発見したときは、速やかに、発見した宅地建物取引士証を、その交付を受けた都道府県知事に返納しなければならない（同５項）。

5　返納義務・提出義務

重要度A

条文・原則

1　宅地建物取引士は、登録が消除されたとき、又は宅地建物取引士証が効力を失ったときは、速やかに、宅地建物取引士証をその交付を受けた都道府県知事に返納しなければならない(22条の2第6項)。
2　宅地建物取引士は、事務禁止処分を受けたときは、速やかに、宅地建物取引士証をその交付を受けた都道府県知事に提出しなければならない（同7項)。
3　2の規定により宅地建物取引士証の提出を受けた都道府県知事は、事務禁止処分の期間が満了した場合においてその提出者から返還の請求があったときは、直ちに、当該宅地建物取引士証を返還しなければならない（同8項)。

出題履歴
H30.42- 3
H30.32- 4
H30.42- 3
R 2 (12).29- 3
H25.44- エ

（1）事務禁止処分を受けた場合の宅地建物取引士証の提出先は、処分をした知事ではなく、**交付をした知事**である。
（2）事務禁止処分の期間が経過しても、**請求しなければ**、宅地建物取引士証の返還を受けられない。
（3）**返納義務・提出義務に違反**した場合は、罰則（**10万円以下の過料**）がある。

講師からのアドバイス
たとえば、甲県知事の登録を受けている（甲県知事から宅地建物取引士証の交付を受けている）宅地建物取引士Aが、乙県知事から事務禁止処分を受けた場合、Aは、甲県知事に宅地建物取引士証を提出しなければならない。

6　提示義務

重要度A

条文・原則

1　重要事項の説明をするときは、請求がなくても、宅地建物取引士証を提示しなければならない（35条4項)。
2　宅地建物取引士は、取引の関係者から請求があったときは、必ず宅地建物取引士証を提示しなければならない（22条の4)。

出題履歴
H22.30- 3
H23.28- 3
H28.30- 2
H29.37- 1
R 1.40- 1
H28.38- イ
H29.37- 1
H29.40- 3
H30.42- 4
R 2 (10).28- 3
H25.30- 2

（1）重要事項の説明の際に提示義務に違反すると罰則（**10万円以下の過料**）があるが、関係者からの請求の際に提示義務に違反しても罰則はない。

4 登録の移転

1 登録の移転とは

重要度A

条文・原則

宅地建物取引士の登録を受けている者は、当該登録をしている都道府県知事の管轄する都道府県以外の都道府県に所在する宅地建物取引業者の事務所の業務に従事し、又は従事しようとするときは、当該事務所の所在地を管轄する都道府県知事に対し、当該登録をしている都道府県知事を経由して、登録の移転の申請をすることができる（19条の2本文）。

（1）宅地建物取引士証の更新を受けようとするときに、移転前の知事の登録のままだと、移転前の知事に更新申請をしなければならなくなる。

　そこで、移転先の知事に登録を移すことを認めたのである。こうすれば、移転先で更新できることになる。

（2）登録の移転をするかどうかは、**本人の自由**である。

（3）登録の移転の申請は、**現に登録をしている知事を経由**して、移転先の知事にする。

出題履歴
H21.29- 4
H23.29- 3
H29.30- 1
H29.37- 2
H30.42- 2
R 3 (10).28- 1
R 3 (10).35- ウ

講師からのアドバイス
単なる住所変更では、登録の移転はできない。
免許換えは義務であるが、登録の移転は任意である。

2 登録の移転ができない場合

重要度B

条文・原則

登録の移転をしようとする者が事務禁止処分を受け、その禁止の期間が満了していないときは、登録の移転をすることができない（19条の2ただし書）。

（1）**事務禁止処分期間中の**登録の移転は、禁止されている。

3　登録の移転と宅地建物取引士証

重要度 B

条文・原則

1　宅地建物取引士証が交付された後、登録の移転があったときは、当該宅地建物取引士証は、その効力を失う（22条の２第４項）。
2　１に規定する場合において、登録の移転の申請とともに宅地建物取引士証の交付の申請があったときは、移転後の都道府県知事は、１の宅地建物取引士証の有効期間が経過するまでの期間（残存期間）を有効期間とする宅地建物取引士証を交付しなければならない（22条の２第５項）。
3　登録の移転の申請とともに宅地建物取引士証の交付の申請があった場合における宅地建物取引士証の交付は、当該宅地建物取引士が現に有する宅地建物取引士証と引換えに新たな宅地建物取引士証を交付して行うものとする（規則14条の14）。

出題履歴
H20.30- 2
H23.29- 4
H28.38- ア
R 2 (10).34- 4
R 2 (12).29- 2
R 2 (12).43- 2

（1）登録の移転があったときは、従前の宅地建物取引士証は失効する。そこで、登録の移転手続の際に、宅地建物取引士証の交付申請もできることとされている。
（2）登録の移転により交付された宅地建物取引士証の有効期間は、従前の宅地建物取引士証の有効期間の残存期間となるのであり、新たに５年の期間となるのではない。そのため、法定講習の受講は必要ない。
（3）登録の移転により交付される宅地建物取引士証を従前の宅地建物取引士証と引換えに交付することにより、同一人が二重に宅地建物取引士証の交付を受けることを防止している。

講師からのアドバイス
免許換えによる交付免許は、新免許なので有効期間は５年であるが、登録の移転は登録を移すだけなので、交付される宅地建物取引士証の有効期間は、従前の宅地建物取引士証の有効期間の残存期間である。

5 申請等に基づく登録の消除

参考

条文・原則

都道府県知事は、以下の場合には、登録を消除しなければならない（22条）。
1　本人からの登録の消除の申請があったとき
2　死亡等の届出があったとき
3　死亡の届出がなくても、死亡の事実が判明したとき
4　不正手段によって試験を受け又は受けようとして、合格の決定を取り消されたとき

講師からのアドバイス
（1）登録の消除とは、宅地建物取引士の資格登録を抹消することである。右記以外にも、宅地建物取引士が違法行為等を行った場合に監督処分として行われる登録消除処分もある（監督処分参照）。
（2）この場合、都道府県知事は、登録を消除したときは、その理由を示して、その登録の消除に係る者（本人）、相続人、成年後見人又は保佐人に通知しなければならない（規則14条の８）。

営業保証金

重要ポイント

1. 営業保証金

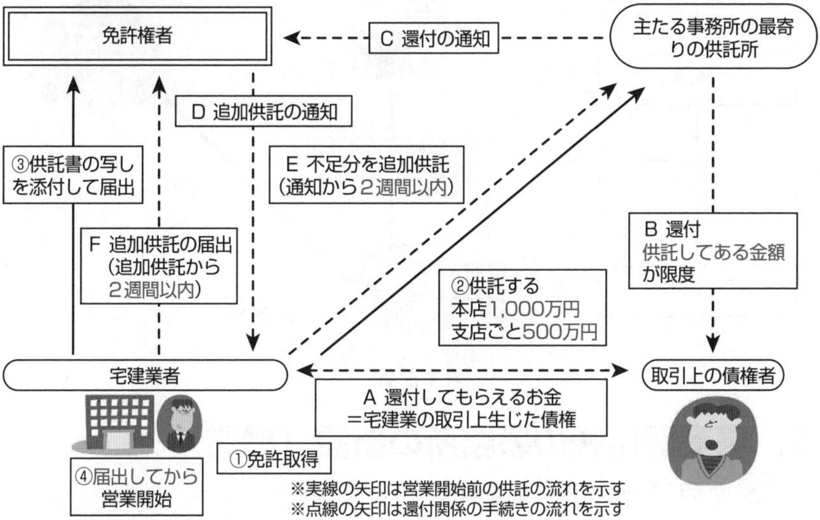

2. 営業保証金の供託

誰が	宅建業者が
どこに	主たる事務所の最寄りの供託所に
いくら	①主たる事務所　1,000万円 ②その他の事務所　500万円（事務所ごとに）
どのように	①　金銭のみ ②　有価証券のみ｛国債：100%／地方債等：90%／その他：80%｝ ③　①金銭＋②有価証券
供託しない場合の措置	①供託したことを免許権者に届け出なければ、すべての事務所（事務所増設のときは当該事務所）において業務を開始できない。 ②免許権者は、免許をした日から3か月以内に、業者が届出をしないときは、催告をしなければならない（必要的）。 ③催告到達の日から、1か月以内に届出をしないときは、免許権者は、免許を取り消すことができる（任意的）。

3．供託の届出・営業の開始

Point 営業が開始できるまでの流れ

①免許取得

↓

②供託

↓

③届出

↓

④営業開始

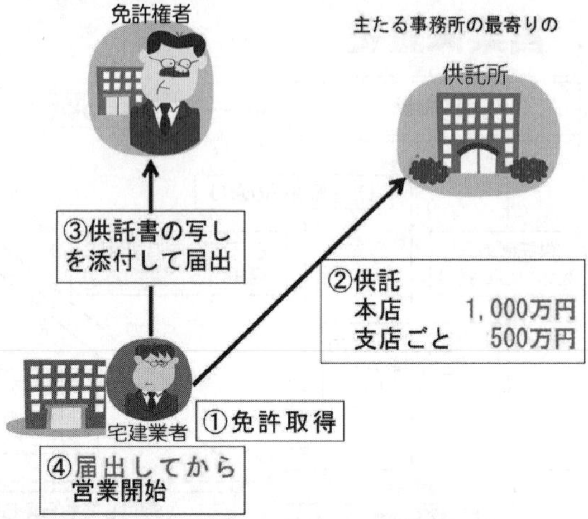

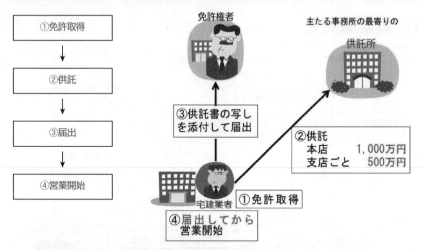

4．事業開始後の事務所の新設（増設）

Point 新たに事務所を設置した場合の流れ

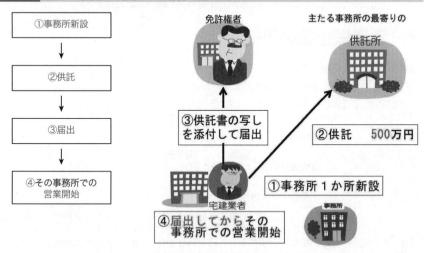

①事務所新設

↓

②供託

↓

③届出

↓

④その事務所での営業開始

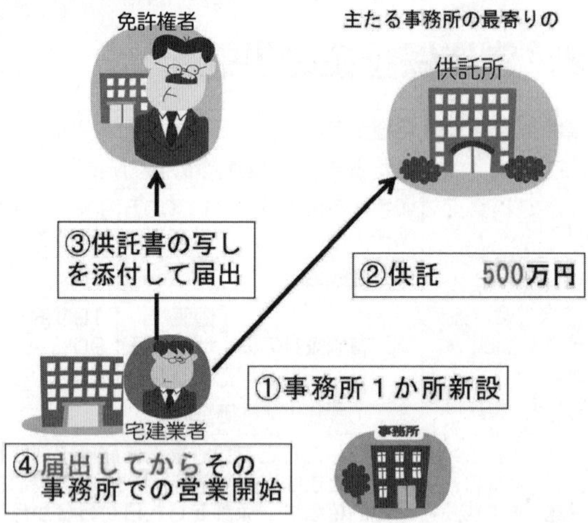

5．還付・追加供託

Point 還付・追加供託

●宅建業者と取引をした者は、その
①取引により生じた債権（損害）に関し、当該宅建業者が供託した
②営業保証金から還付が受けられる。
●還付後、宅建業者は、
④通知書の送付を受けた日から、
⑤２週間以内に不足額の供託をし、その後
⑥２週間以内に届出をする。
※還付を受けることができるのは、「宅建業に関する取引により生じた債権」に限られるため、広告業者が有する広告代金債権等は対象にならない。
※宅建業者は、還付を受けることができない。

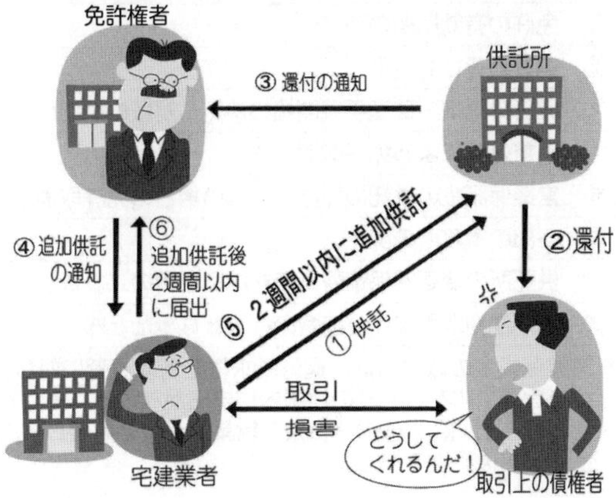

6．営業保証金の保管替え等

Point 保管替えの請求の可否

●主たる事務所（本店）の移転により、最寄りの供託所が変更したとき
a．金銭のみで供託→　保管替えの請求
b．金銭と有価証券で供託又は有価証券のみで供託　→　新たに供託（二重供託）
※保管替えの請求ができるのは、金銭のみで供託している場合

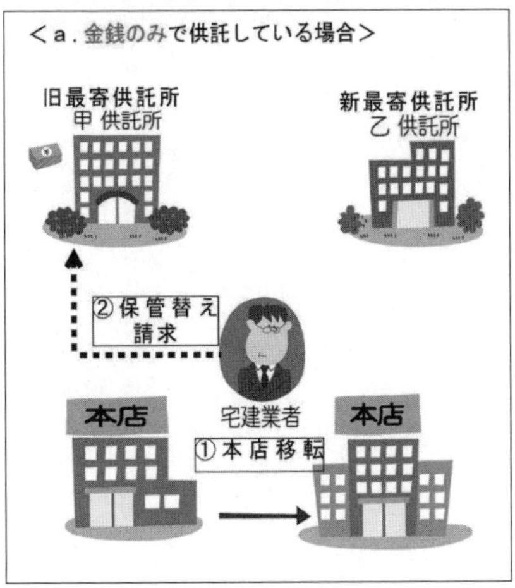

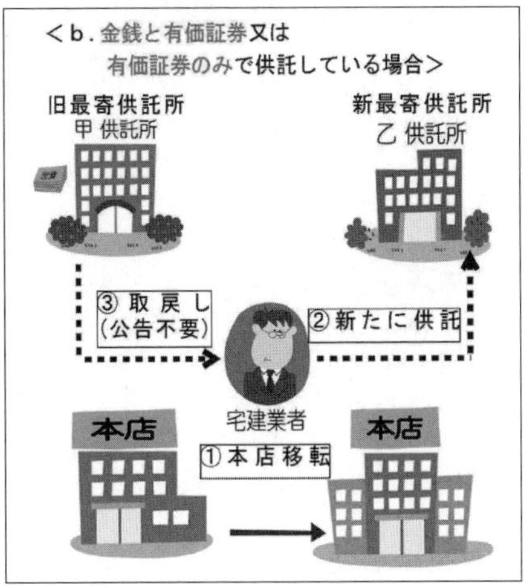

7．営業保証金の取戻し

取戻し事由	公告の要不要
①　免許の有効期間の満了	要
②　業者の死亡・合併	要
③　業者の廃業・破産手続開始の決定・解散の届出による免許の失効	要
④　監督処分による免許取消し	要
⑤　営業保証金の供託の届出をしない場合の免許取消し	要
⑥　一部の事務所の廃止	要
⑦　供託所の変更で保管替えできない場合の二重供託	不要
⑧　宅地建物取引業保証協会の社員となったとき	不要

※営業保証金の取戻しは、還付請求権を有する者に対し、６か月以上の一定期間内に申し出るべき旨の公告をし、その期間内に申出がなかった場合でなければできない。

※ただし、上記⑦、⑧の場合及び営業保証金の取戻し事由が発生した時から10年を経過した場合は公告は不要である。

1 営業保証金

理解する

条文・原則

営業保証金とは、営業上の取引から生じた損害の支払を担保し、取引の相手方の利益を保護するために、営業開始前に業者に供託が義務づけられる金銭等である。

2 供託場所・供託額・供託物

重要度A

条文・原則

1　宅地建物取引業者は、営業保証金を主たる事務所の最寄りの供託所に供託しなければならない（25条１項）。
2　供託額は、「主たる事務所について1,000万円」、「その他の事務所については、事務所ごとに500万円」である（同２項、施行令２条の４）。
3　営業保証金は、金銭のほか、国土交通省令で定める有価証券をもって、これに充てることができる（同３項）。
4　有価証券を営業保証金に充てる場合における当該有価証券の価額は、次に掲げる有価証券の区分に従い、それぞれ次に定めるところによる（規則15条、15条の２）。

国債　→　券面額通り100%
地方債・政府保証債　→　券面額の90%
その他　→　券面額の80%

（1）支店の分の営業保証金も、主たる事務所の最寄りの供託所に供託する。
（2）事務所を増設したときは、１つにつき500万円を供託する。
（3）営業保証金を手形や株券で供託することはできない。
（4）案内所等については、たとえ契約の締結等を行う場合であっても、供託する必要はない。

出題履歴
H21.30- 1
H24.33- 2
H24.33- 3
H27.42- 3
H27.42- 1
R 2 (10).35- 4

H20.34- 3
H24.33- 1

H26.29- 3
H29.39- ア

H30.43- 4
R 3 (10).34- 3、- 4

3 供託の届出・営業の開始・事業開始後の事務所の新設

1　供託の届出・営業の開始　重要度A

出題履歴
H20.32- 1
H21.30- 2
H26.29- 1
H30.43- 3
R 3 (10).34- 1

条文・原則

宅地建物取引業者は、営業保証金を供託したときは、供託書の写しを添付して、その旨を免許を受けた国土交通大臣又は都道府県知事に届け出なければならず、この届出の後でなければ、事業を開始してはならない（25条4・5項）。

講師からのアドバイス
供託の届出をするまでは、取引のみならず、広告もできない。
H5.46- 4

営業が開始できるまでの流れ

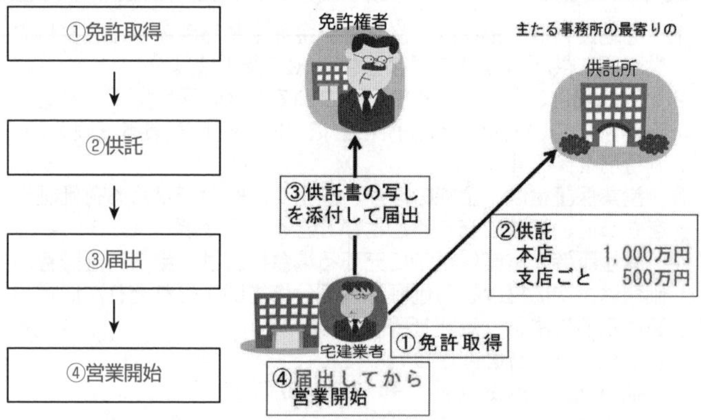

H21.30- 2

（1）上記の場合、国土交通大臣に届け出るときでも、直接届出が必要である（78条の3）。
（2）免許を受けてから供託・届出をするまでの期間に時間的な制限はない。ただし、免許を受けてから1年以内に事業を開始しないときは、免許取消処分となる。

2　事業開始後の事務所の新設（増設）　重要度A

出題履歴
H20.34- 1
H23.30- 1
H29.32- 2
R 2 (10).35- 2
R 2 (12).32- 1

条文・原則

宅地建物取引業者は、事業の開始後新たに事務所を設置したときも、当該事務所につき営業保証金を供託し、届出をした後でなければ、その事務所で事業を開始してはならない（26条2項）。

新たに事務所を設置した場合の流れ

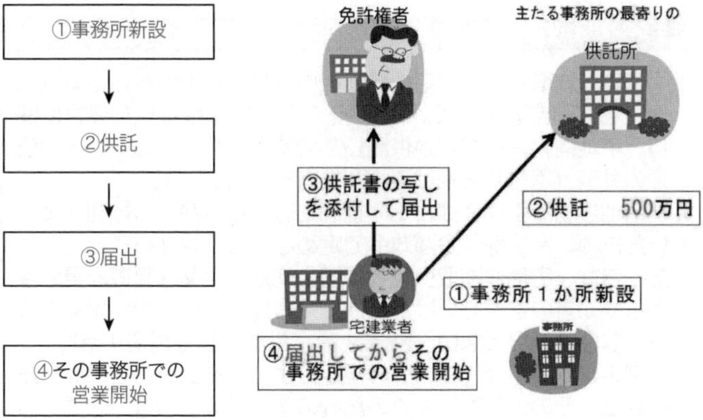

（1）上記の場合、国土交通大臣に届け出るときでも、直接届出が必要である（78条の３）。

4 供託をした旨の届出をしないときの措置

重要度B

条文・原則

1　国土交通大臣又は都道府県知事は、免許をした日から３か月以内に、宅地建物取引業者が営業保証金を供託した旨の届出をしないときは、その業者に対し、届出をすべき旨の催告をしなければならない（25条6項）。
2　その催告が到達した日から１か月以内に、業者が供託した旨の届出をしないときは、国土交通大臣又は都道府県知事は、免許を取り消すことができる（25条７項）。

講師からのアドバイス

事業開始後の事務所新設についても、新設後、供託・届出までの期間に制限はない。H12.44-２

出題履歴

H23.30-２
H30.43-１
R２(12).33-４

講師からのアドバイス

「３か月」「催告しなければならない」「１か月」「取り消すことができる」というキーワードをおさえること。

5 還付・追加供託

重要度A

条文・原則

1　宅地建物取引業者と宅地建物取引業に関し取引をした者（宅地建物取引業者を除く。）は、その取引により生じた債権に関し、宅地建物取引業者が供託した営業保証金について、その債権の弁済（還付）を受ける権利を有する（27条）。
2　宅地建物取引業者は、1の権利を有する者がその権利を実行したため、営業保証金が政令で定める額に不足することとなったときは、宅地建物取引業者が国土交通大臣又は都道府県知事から通知書の送付を受けた日から2週間以内にその不足額を供託しなければならない（28条1項、営業保証金規則4条）。
3　宅地建物取引業者は、2の規定により営業保証金を供託したときは、その供託物受入れの記載のある供託書の写しを添附して、2週間以内に、その旨をその免許を受けた国土交通大臣又は都道府県知事に届け出なければならない（28条2項）。

出題履歴
H27.42- 4
H20.34- 4
H21.30- 4
H25.27- 4
H29.32- 4
R 2 (10).35- 3
H28.40- 2

講師からのアドバイス
営業保証金について権利を実行するためには、一定の様式による書面の提出が必要となる。

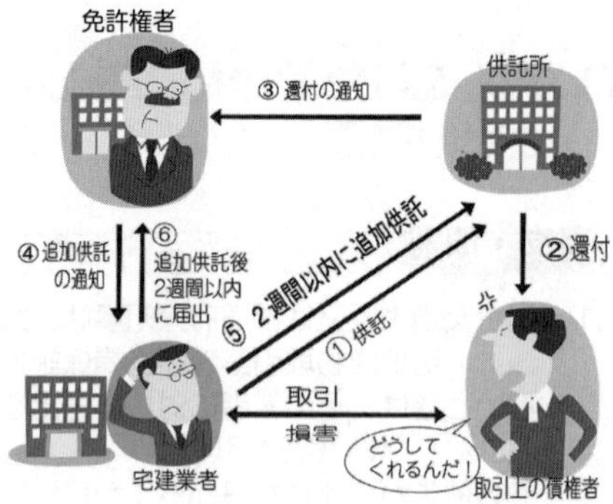

（1）「**取引により生じた債権**」とは、たとえば手付金返還請求権、代金返還請求権、取引に伴う損害賠償請求権などである。
（2）「宅地建物取引業に関する取引により生じた債権」を有する者でなければ、還付を受けられない。

H21.30- 3
H30.43- 2
R 2 (10).35- 1
R 3 (10).34- 2

したがって、「内装工事代金債権を有している内装業者」とか「業者に個人的に金銭を貸した者」や、「広告代金債権を有する広告業者」、「賃貸の管理受託業者が収受した家賃につき支払請求権を有する家主」などは、還付を受けられない。

講師からのアドバイス
追加供託も、金銭又は有価証券ですることができる。

（3）**宅地建物取引業者**は、営業保証金から**弁済（還付）を受けることができない**。
（4）**営業保証金の制度**は、取引の相手方の利益を保護するために、常時一定額を供託所に預けておく制度である。

還付があると、業者が供託すべき供託金の額が不足するので、業者は、還付された金額相当額をあらためて供託しなければならないのである。

（5）還付限度額は、本店で取引をした者も、支店で取引をした者も、同額である。たとえば、本店と一つの支店を設置して事業を営んでいる宅建業者と支店において取引をした者は、1,500万円を限度に還付を受けることができる。

出題履歴
H27.42- 4
H28.40- 3

講師からのアドバイス
還付限度額とは、あくまで、還付される金額の最高額であるため、取引により生じた債権がすべて回収できるとは限らない。

6 営業保証金の保管替え等

重要度A

条文・原則

宅地建物取引業者は、主たる事務所の移転により、その最寄りの供託所が変更したときは、

1 金銭のみで供託している場合は、遅滞なく費用を予納して、変更前の供託所に対し、新供託所への保管替えを請求しなければならない（29条1項）。

2 金銭と有価証券又は有価証券のみで供託している場合は、遅滞なく、新供託所に供託し、その後、旧供託所から営業保証金を取り戻すことができる（29条、30条1項）。

出題履歴
H29.32- 1

H20.34- 2
H25.27- 3
H26.29- 4
H28.40- 1
R 2 (12).38- 2

（1）保管替え等の届出

宅地建物取引業者は、営業保証金の保管替えがなされ、又は営業保証金を新たに供託したときは、遅滞なく、その旨を、供託書正本の写しを添付して、**その免許を受けている**国土交通大臣又は都道府県知事に届け出るものとする（規則15条の4）。

講師からのアドバイス
保管替えは、金銭のみで供託している場合にしかできない。その他の場合は、一時的に二重供託をしなければならなくなる。

（2）**変換の届出**

宅地建物取引業者は、営業保証金の変換のため新たに供託したときは、遅滞なく、その旨を、供託書正本の写しを添付して、その免許を受けている国土交通大臣又は都道府県知事に届け出るものとする（規則15条の4の2）。

H20.34- 3
H26.29- 2

7 営業保証金の取戻し

1　取戻し事由

理解する

条文・原則

下記の事由により、営業保証金を供託する必要がなくなったときは、宅地建物取引業者であった者又はその一般承継人は、営業保証金の取戻しができる（30条1項、64条の14）。

1　免許の有効期間（3条4項、76条によりなお効力を有する期間を含む。）の満了
2　業者の死亡・合併
3　業者の廃業・破産手続開始の決定・解散の届出による免許の失効
4　監督処分による免許取消し
5　営業保証金の供託の届出をしない場合の免許取消し
6　一部の事務所の廃止
7　供託所の変更で保管替えできない場合の二重供託
8　宅地建物取引業保証協会の社員となったとき

出題履歴
H22.31- 3

H22.31- 1
H25.27- 1

（1）宅地建物取引業者が、不正行為を理由に免許取消処分を受けた場合も、営業保証金の取戻しができる。
（2）免許が失効しても、業者であった者又は業者の一般承継人（相続人・合併による新会社）は、当該業者が**既に締結した契約に基づく取引を終了させるまでの間**は、営業保証金の取戻しはできない（30条1項かっこ書）。

2　取戻し手続

重要度B

条文・原則

出題履歴
H23.30- 3
H27.42- 2
H29.32- 3
R 2 (12).33- 3

H22.31- 2

営業保証金の取戻しは、還付請求権を有する者に対し、6か月以上の一定期間内に申し出るべき旨の公告をし、その期間内に申出がなかった場合でなければできない。

ただし、営業保証金の取戻し事由が発生した時から10年を経過したときは公告は不要である。また、1の7・8の場合（供託所の変更による二重供託の場合、及び保証協会の社員となった場合）も公告は不要である（30条2項、64条の14）。

（1）営業保証金の取戻しをした後に、還付を受けようとする者が現れると困るので、取戻しの前に、公告を義務づけた

のである。

この場合、遅滞なく、その旨を免許を受けている国土交通大臣又は都道府県知事に**届け出**なければならない（営業保証金規則８条３項）。

（２）取戻し事由が発生した時から10年を経過したときは、還付債権の消滅時効が完成していることが多いから、公告は不要である。 H23.30- 4

また、１の７・８の場合（供託所の変更による二重供託及び保証協会の社員となったとき）は、**別の供託所から還付を受けられるので**公告は不要である。 H28.40- 4 H22.31- 4 R 1.33- 2

宅地建物取引業保証協会

重要ポイント

1．宅地建物取引業保証協会

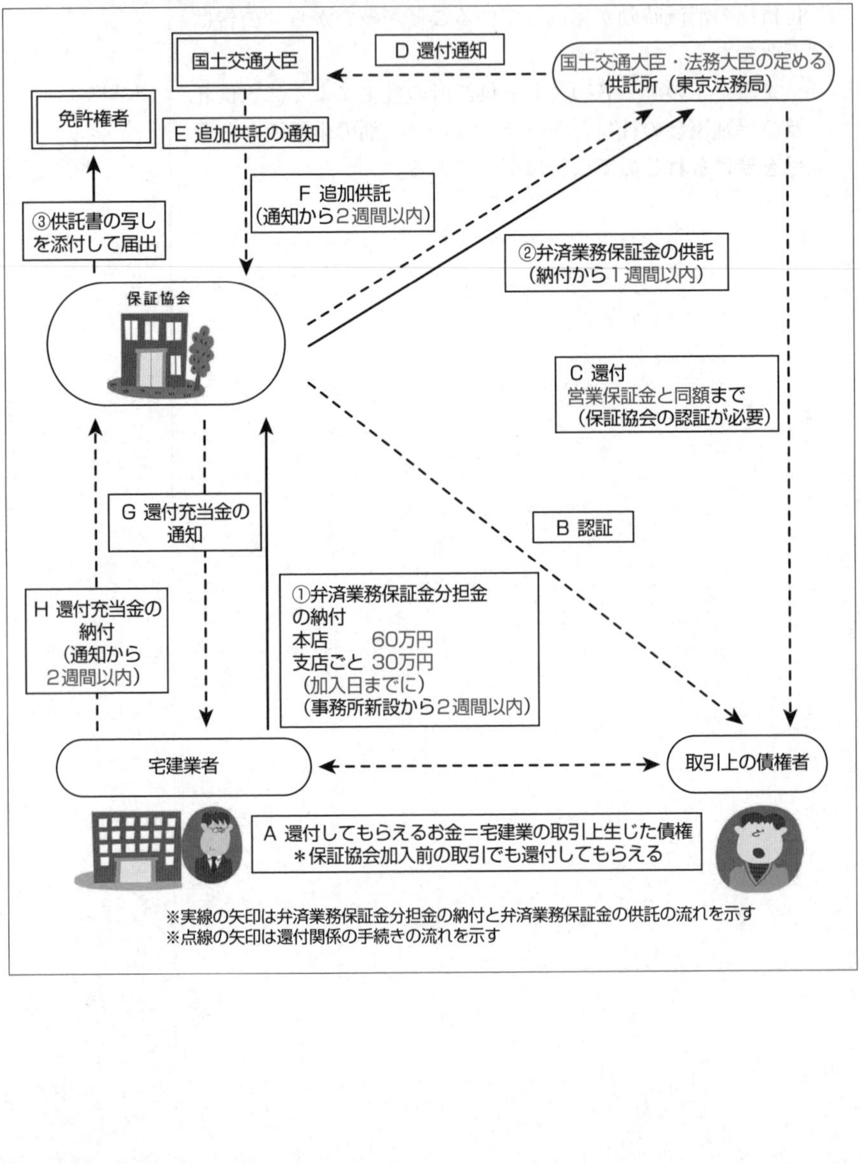

国土交通大臣
D 還付通知
国土交通大臣・法務大臣の定める供託所（東京法務局）
免許権者
E 追加供託の通知
F 追加供託（通知から２週間以内）
③供託書の写しを添付して届出
②弁済業務保証金の供託（納付から１週間以内）
保証協会
C 還付 営業保証金と同額まで（保証協会の認証が必要）
G 還付充当金の通知
B 認証
H 還付充当金の納付（通知から２週間以内）
①弁済業務保証金分担金の納付
本店 60万円
支店ごと 30万円
（加入日までに）
（事務所新設から２週間以内）
宅建業者
取引上の債権者
A 還付してもらえるお金＝宅建業の取引上生じた債権
＊保証協会加入前の取引でも還付してもらえる
※実線の矢印は弁済業務保証金分担金の納付と弁済業務保証金の供託の流れを示す
※点線の矢印は還付関係の手続きの流れを示す

2. 弁済業務保証金分担金の納付と弁済業務保証金の供託

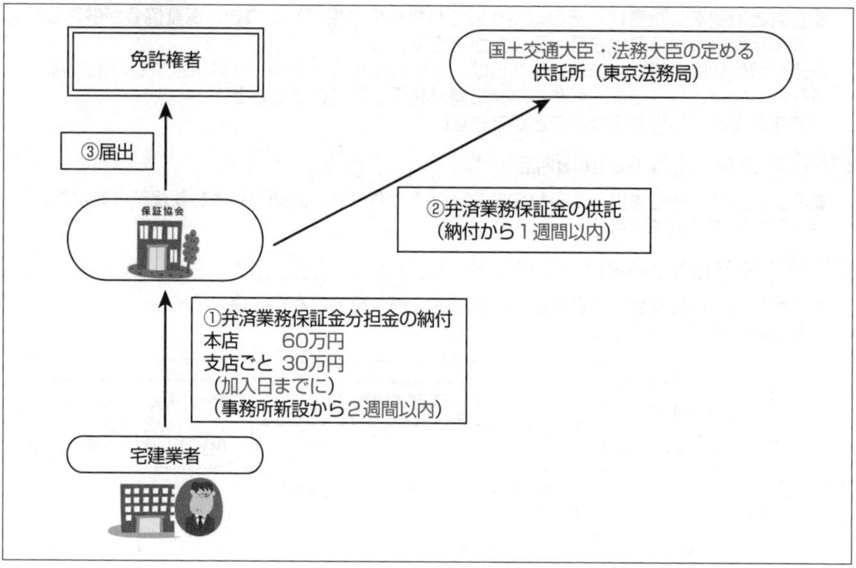

	弁済業務保証金分担金	弁済業務保証金
誰が	社員又は社員になろうとする宅建業者が	保証協会が
どこに	保証協会に	大臣の定める供託所に
いくら	①主たる事務所　60万円 ②その他の事務所 30万円（事務所ごとに） ③①＋②を納付	納付を受けた弁済業務保証金分担金に相当する額を供託
どのように	金銭のみ	①金銭 ②有価証券 国債：100%　地方債等：90%　その他：80% ③①＋②
いつまでに	保証協会に加入しようとする日までに	①納付があった日から１週間以内に供託 ②社員である業者の免許権者に届出
	事務所増設の日から２週間以内に	納付のあった日から１週間以内に供託（２週間ではない）

宅建業法

3. 還付による不足額の供託等

Point 弁済業務保証金の還付

●社員と取引をした者は、その取引から生じた債権（損害）につき、保証協会が供託した弁済業務保証金から還付を受けることができる。
※還付限度額は社員でないとしたならば、本来供託するべき額（営業保証金）の範囲内。
※社員が社員となる前に取引をした者も還付を受けることができる。
※宅建業者は、還付を受けることができない。

Point 還付による不足額の供託

●保証協会は、通知を受けた日から２週間以内に還付額と同額の弁済業務保証金を供託。
※有価証券での供託は可能

Point 還付充当金の納付

●社員等は、通知を受けた日から２週間以内に還付充当金を保証協会に納付。
※有価証券での納付は不可

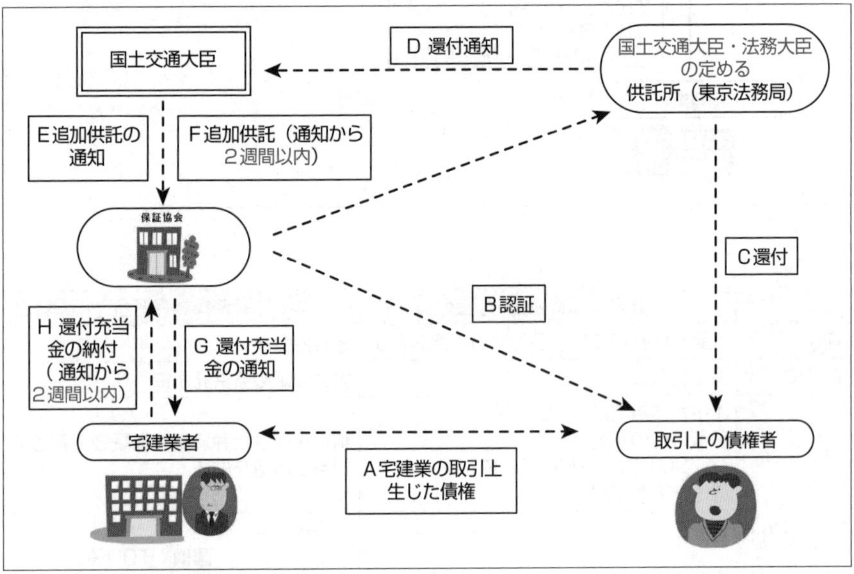

4. 弁済業務保証金の取戻し等

取戻し	公告の要不要
①宅建業者が社員の地位を失った場合	必要
②事務所の一部を廃止した場合	不要

※上記①②の場合、保証協会は、供託所から弁済業務保証金を取り戻し、宅建業者に弁済業務保証金分担金を返還する。
※①の場合、６か月以上の公告を要する。

1 宅地建物取引業保証協会

理解する

条文・原則

保証協会とは、弁済業務等を確実に実施するため、国土交通大臣の指定を受け、宅地建物取引業者のみを社員とする一般社団法人である（64条の2）。

（1）宅地建物取引業者は、保証協会に加入を強制されるものではないが、**一つの保証協会の社員になると、重ねて他の保証協会の社員にはなれない**（64条の4第1項）。

また、**保証協会**は、新たに社員が加入し、又は社員がその地位を失ったときは、直ちに、その旨を当該社員である宅地建物取引業者が免許を受けた国土交通大臣又は都道府県知事に報告しなければならない（同条2項）。

出題履歴
H28.31- 1
R 2 (12).30- 3

H21.44- 3
H22.43- 4
H25.39- 2
R 3 (10).31- 4

宅建業法

2 保証協会の業務

重要度B

1 保証協会が必ず行わなければならない業務（必須業務）

条文・原則

保証協会が必ず行わなければならない業務（必須業務）は、以下の通りである（64条の3第1項）。

1 社員の取り扱った取引に関する苦情の解決
2 宅地建物取引士等に対する研修
3 弁済業務

講師からのアドバイス
左記2の研修は、宅地建物取引士及び宅建業の業務に従事し、又は従事しようとする者に対して行われる（64条の6）。

出題履歴
H23.43- 2

2 保証協会が行うことのできる業務（任意業務）

条文・原則

保証協会の任意業務は、以下の通りである（64条の3第2項・3項）。

1 一般保証業務
2 手付金等保管事業
3 全国の宅地建物取引業者を直接又は間接の社員とする一般社団法人による宅地建物取引士等に対する研修の実施に要する費用の助成業務
4 宅地建物取引業の健全な発展を図るために必要な業務

※上記1・2・4は、国土交通大臣の承認を受ける必要がある。

出題履歴
H21.44- 4

3 弁済業務の流れ

理解する

条文・原則

弁済業務とは、保証協会が社員となろうとする宅建業者から分担金を集め、それを供託所に供託しておき、社員となった宅建業者と取引をして損害を被った者に対し、供託所の供託金で弁済をする業務である。

以下、手続を述べる。

1　社員となろうとする宅建業者が保証協会に、弁済業務保証金分担金を納付する。
2　保証協会が弁済業務保証金を供託所に供託する。
3　社員と取引をした者が、供託所から還付を受ける。
4　供託所は、還付したことを通知する。
5　国土交通大臣は、追加供託すべき旨を通知する。
6　２週間以内に保証協会が供託所に追加供託する。
7　還付に係る社員に対し保証協会が還付充当金納付を通知する。
8　２週間以内に社員が保証協会に還付充当金を納付する。

（1）弁済業務は、**営業保証金制度に代わる**ものである。そこで、業者が保証協会の社員になると、営業保証金の供託を免除され、営業保証金の取戻しができる。この場合は、還付請求権者に対する申出を行う旨の公告は不要である。

4 弁済業務保証金分担金の納付等

1　弁済業務保証金分担金の納付義務

重要度A

条文・原則

出題履歴
H25.39- 4
R 1.33- 1

1　保証協会に加入しようとする者は、加入しようとする日までに、弁済業務保証金に充てるため、一定額の弁済業務保証金分担金を当該保証協会に納付しなければならない（64条の９第１項）。

H27.42- 3
H30.44- 3

2　弁済業務保証金分担金の額は、主たる事務所につき60万円、その他の事務所は事務所ごとに30万円である（施行令７条）。

（1）弁済業務保証金分担金は、**有価証券で納付することはできない**。

出題履歴
H23.43- 1

2　事務所新設（増設）時の弁済業務保証金分担金の納付義務

重要度A

条文・原則

保証協会の社員は、弁済業務保証金分担金を納付した後に、新たに事務所を設置したときは、その日から２週間以内に、政令で定める額の弁済業務保証金分担金を当該保証協会に納付しなければならない（64条の９第２項）。

出題履歴
H23.43- 3
H28.31- 2

（1）弁済業務保証金分担金は、**有価証券で納付することはできない**。　H27.42- 1

（2）**弁済業務保証金分担金の額は、増設された事務所ごとに30万円である**。

（3）社員が事務所を増設してから**２週間以内**に分担金を納付しないと、社員の地位を失い、かつ、業務停止処分事由に該当する（64条の９第３項、65条２項２号）。　R 1.33- 3

3　弁済業務保証金の供託義務

重要度A

条文・原則

1　保証協会は、弁済業務保証金分担金の納付を受けたときは、その日から１週間以内に、その納付を受けた額に相当する額の弁済業務保証金を供託しなければならない（64条の７第１項）。

2　弁済業務保証金の供託は、法務大臣及び国土交通大臣の定める供託所にしなければならない（64条の７第２項）。

出題履歴
H24.43- 1
H26.39- 2

講師からのアドバイス
大臣の定める供託所は、東京法務局である。
H23.43- 1

（1）弁済業務保証金は、**有価証券でも供託**できる。有価証券の種類及び評価額については、**営業保証金の場合と同様**である（64条の７第３項）。

（2）保証協会は、弁済業務保証金を供託したときは、供託物受入れの記載のある供託書の写しを添えて、その旨を社員である業者の免許権者に届け出なければならない。

5 弁済業務保証金の還付等

1 弁済業務保証金の還付

重要度A

条文・原則

1 保証協会の社員である業者と取引をした者（その業者が社員となる前に取引をした相手方も含み、宅地建物取引業者を除く。）は、その取引から生じた債権につき、保証協会の供託した弁済業務保証金から還付を受けることができる。
2 還付額は、その業者が保証協会の社員でないとしたならば、供託しなければならない営業保証金の額に相当する額の範囲内である（64条の8第1項）。
3 還付請求権を行使しようとする者は、保証協会の認証を受けなければならない（同2項）。

出題履歴
H22.43- 1
H29.39- イ
H20.44- 1
H24.43- 3
H27.42- 4
H28.31- 4
R 2 (10).36- 1
H24.43- 4
H26.39- 4
R 2 (10).36- 2
R 2 (12).30- 4
R 3 (10).31- 1

（1）社員が社員となる前に取引をした相手方も、弁済業務保証金から還付を受けられる。

（2）**宅地建物取引業者**は、**還付を受けることができない。**

（3）保証協会は、社員が社員となる前に取引をした相手方が還付を受けることにより、弁済業務の円滑な運営に支障を生ずるおそれがあるときは、当該社員に対し、**担保の提供**を求めることができる（64条の4第3項）。

（4）**認証の申出**

保証協会は、認証の申出があったときは、当該申出に理由がないと認める場合を除き、当該認証の申出をした者と宅地建物取引業に関し取引をした社員に係る法第64条の8第1項に規定する**額の範囲内**において、当該申出に係る債権に関し認証をしなければならない（規則26条の6）。

さらに、保証協会は、認証に係る事務を処理する場合には、**認証申出書の受理の順序**にしたがってしなければならない。

講師からのアドバイス
還付請求は大臣の定める供託所に対してする。H22.43- 2

講師からのアドバイス
弁済業務保証金の還付についても、営業保証金の場合と同様、宅地建物取引業に関する取引により生じた債権を有することが必要である。

◆認証
認証とは、保証協会が弁済業務保証金の還付を受ける権利及びその額を確認し証明することをいう。

事例

120万円の分担金を納付して社員となった業者Aと取引をして、Bは、3,000万円の損害を被った。Bが弁済業務保証金から還付を受けられる額はいくらか。

Aの支店の数は、(120万円－60万円) ÷ 30万円＝2である。

したがって、Aが社員でないとしたら供託しなければならない営業保証金の額は、1,000万円＋500万円×2＝2,000万円である。

したがって、2,000万円がBの還付を受けられる額となる。

講師からのアドバイス
弁済業務の手続を覚えるときは、営業保証金制度と比較しながら覚えること(供託場所・供託額・手続期間・還付額・認証の有無等)。

2　還付による不足額の供託

重要度A

条文・原則

保証協会は、国土交通大臣から還付があった旨の通知を受けた日から2週間以内に、還付額と同額の弁済業務保証金を供託しなければならない(64条の8第3項)。

出題履歴
H24.43- 2
R 2 (10).36- 4
R 2 (12).30- 2

(1) 供託所の不足分を穴埋めするのは、保証協会である。その後、保証協会は社員から、その分を徴収するのである。

3　還付充当金の納付

重要度A

条文・原則

1　保証協会は、弁済業務保証金の還付があったときは、当該還付に係る社員又は社員であった者に対し、当該還付額に相当する額の還付充当金を保証協会に納付すべきことを通知しなければならない(64条の10第1項)。
2　通知を受けた社員又は社員であった者は、その通知を受けた日から2週間以内に、その通知された額の還付充当金を当該保証協会に納付しなければならない(64条の10第2項)。

出題履歴
H20.44- 2
H25.39- 3
H26.39- 3
R 2 (10).36- 3
H22.43- 3
H28.31- 3
H29.39- エ
R 3 (10).31- 3

(1) 業者が納付すべき還付充当金の額は、**還付額と同額**である。２週間以内に還付充当金を納付しないときは、業者は保証協会の社員たる地位を失う（同３項）。

6 弁済業務保証金準備金

1　弁済業務保証金準備金　重要度C

条文・原則

保証協会は、前記の還付充当金の納付がなかったときの弁済業務保証金の供託に充てるため、弁済業務保証金準備金を積み立てなければならない（64条の12第１項）。

2　弁済業務保証金準備金の繰り入れ　重要度C

条文・原則

1　保証協会は、弁済業務保証金から生ずる利息又は配当金を弁済業務保証金準備金に繰り入れなければならない（64条の12第２項）。
2　保証協会は、弁済業務保証金準備金を弁済業務保証金の供託に充てた後において、当該弁済業務保証金の供託に係る還付充当金の納付を受けたときは、その還付充当金を弁済業務保証金準備金に繰り入れなければならない（64条の12第６項）。

7 特別弁済業務保証金分担金　重要度B

条文・原則

保証協会から特別弁済業務保証金分担金を納付すべき旨の通知を受けた社員は、その通知を受けた日から１か月以内に、通知された額の特別弁済業務保証金分担金を保証協会に納付しなければならない（64条の12第４項）。

講師からのアドバイス

営業保証金と弁済業務に出てくる数字は、ほとんどが「２週間」である。
それ以外では「１週間」を２つおさえよう（保証協会が供託する場合、社員が地位を喪失した場合）。
なお、特別弁済業務保証金分担金は「１か月」である。

◆弁済業務保証金準備金

宅建業者の資金不足等により、還付充当金が納付されない場合に備えて、保証協会に積み立てを義務づけられている準備金である。

出題履歴

H23.43- 4

◆特別弁済業務保証金分担金

前記の弁済業務保証金準備金を充ててもなお不足するときに、保証協会から社員に通知され、それを受けて１か月以内に納付しなければならない分担金のことである。

出題履歴

H20.44- 3

8 社員の地位の喪失

重要度A

条文・原則

1　保証協会の社員は、一定の期日までに、弁済業務保証金分担金・還付充当金・特別弁済業務保証金分担金を納付しないときは、その地位を失う（64条の９第３項、64条の10第３項、64条の12第５項）。
2　宅地建物取引業者は、保証協会の社員の地位を失ったときは、当該地位を失った日から１週間以内に、営業保証金を供託しなければならない（64条の15）。この場合において、宅地建物取引業者は、営業保証金を供託したときは、その供託書の写しを添附して、その旨を免許を受けた国土交通大臣又は都道府県知事に届け出なければならない（64条の15、25条）。

出題履歴
H20.44- 3
H26.39- 1
H28.31- 2

H20.44- 4
H29.39- ウ
H30.44- 3
R 1.33- 4

（1）社員の地位を喪失した日から１週間以内に営業保証金の供託をしないと、業務停止処分事由に該当する。

9 弁済業務保証金の取戻し等

1　弁済業務保証金の取戻し等

重要度A

条文・原則

1　保証協会は、①社員が社員の地位を失ったときは当該社員であった者が納付した弁済業務保証金分担金の額に相当する額の弁済業務保証金を、②社員がその一部の事務所を廃止したため当該社員につき納付した弁済業務保証金分担金の額が政令で定める額を超えることになったときはその超過額に相当する額の弁済業務保証金を取り戻すことができる（64条の11第１項）。
2　保証協会は、１の規定により弁済業務保証金を取りもどしたときは、当該社員であった者又は社員に対し、その取りもどした額に相当する額の弁済業務保証金分担金を返還する（64条の11第２項）。

出題履歴
H21.44- 2

（1）保証協会は、社員に対して債権を有する場合は、当該社員が社員の地位を喪失したときでも、その債権に関し弁済が完了するまで弁済業務保証金分担金をその者に返還する必要はない（64条の11第３項）。社員に対する債権を確実に回収するためである。

2　公告

重要度A

講師からのアドバイス

「６か月を下らない一定の期間内」とは、「６か月以上の期間を定めて」ということである。

出題履歴

H30.44- 1

H27.42- 2
H30.44- 4

H21.44- 2

条文・原則

保証協会は、社員が社員の地位を失ったときは、当該社員であった者に係る宅地建物取引業に関する取引により生じた債権につき還付を受ける権利を有する者に対し、６か月を下らない一定の期間内に保証協会の認証を受けるため申し出るべき旨を公告しなければならない（64条の11第４項、64条の８）。

（1）事務所の一部を廃止したときの返還については、公告をする必要はない。なお、営業保証金の場合は、事務所の一部廃止による取戻しにおいても、６か月以上の期間を定めた公告が必要とされている。

（2）社員の地位を失った宅建業者が、営業保証金を供託した場合でも、保証協会は、宅建業者に対し、直ちに弁済業務保証金分担金を返還することはできず、公告をすることを要する。

一般的規制１（広告等の規制）

重要ポイント

1．業務上の規制の基本構造

Point 一般的規制と自ら売主規制

●一般的規制・・・
相手が宅建業者でも、宅建業者以外の人であっても適用される規制。

●自ら売主規制・・・
宅建業者が自ら物件を宅建業者以外の人に売る場合だけに適用される規制。

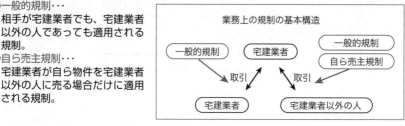

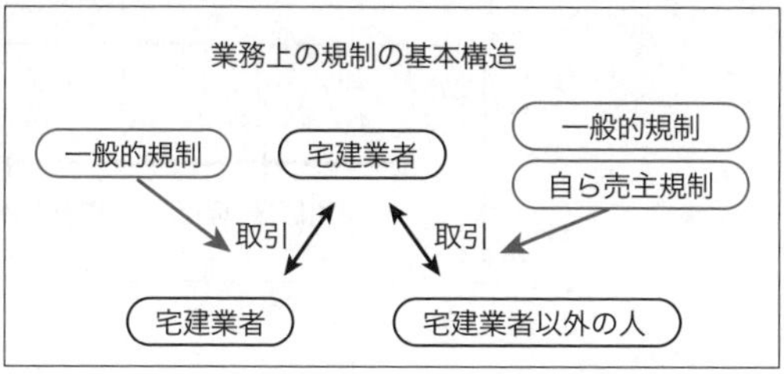

2．誇大広告等の禁止

Point

宅建業者の業務に関する広告時
↓
宅地・建物の「所在、規模、環境、交通」等について、
↓
著しく事実と違う、著しく有利であると誤認させる表示
↓
してはならない。

チラシ・新聞広告・DM・インターネット等の方法は問わない。

取引が不成立でも、損害が発生しなくても違反

存在しない物件や取引する意思のない物件についての表示等は、誇大広告等の禁止に違反する。

3．広告開始・契約締結等の時期の制限

Point 広告開始時期の制限

●工事完了前の物件は建築確認・開発許可等が下りるまで広告をしてはならない。

Point 契約締結等の時期の制限

●工事完了前の物件は建築確認・開発許可等が下りるまで「自ら売買、自ら交換、売買の代理、交換の代理、売買の媒介、交換の媒介」は禁止される。貸借の代理・媒介のみ制限されない。

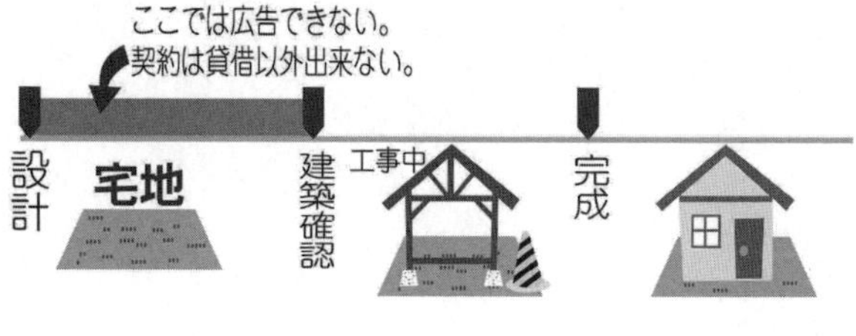

4．取引態様の明示義務

Point

●広告をするとき、顧客から注文を受けたときは、取引態様の別を明示しなければならない。取引態様とは、
①自ら売買・交換
②売買・交換・貸借の代理又は媒介

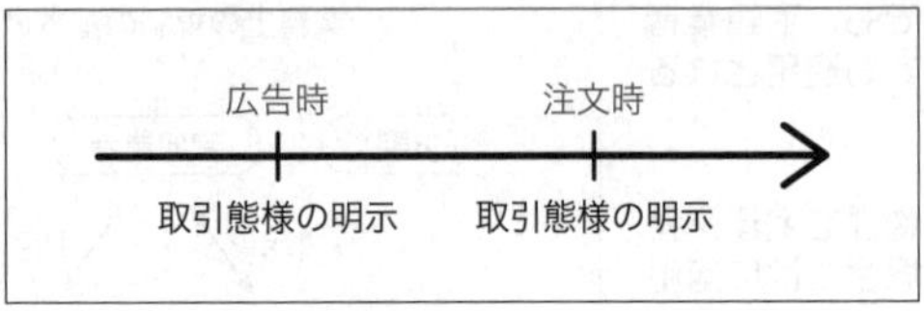

ここからは、宅地建物取引業者が行う業務についての規制である。

1 業務処理の原則 重要度B

条文・原則

宅地建物取引業者は、取引の関係者に対し、信義を旨とし、誠実にその業務を行わなければならない（31条１項）。

出題履歴
H27.35- 1

2 従業者の教育・業界団体による研修 重要度A

1　宅建業者による従業者の教育

H27.35- 4

条文・原則

宅地建物取引業者は、その従業者に対し、その業務を適正に実施させるため、必要な教育を行うよう努めなければならない（31条の２）。

2　業界団体による研修

条文・原則

宅地建物取引業者を直接又は間接の社員とする一般社団法人は、宅地建物取引士等がその職務に関し必要な知識及び能力を効果的かつ効率的に習得できるよう、法令、金融その他の多様な分野に係る体系的な研修を実施するよう努めなければならない（75条の２）。

（１）　宅地建物取引業者を直接又は間接の社員とする一般社団法人には、宅地建物取引業協会連合会や各都道府県の宅地建物取引業協会などがある。

（２）　研修の対象には、**宅地建物取引士のみならず、宅建業の業務に従事し、又は従事しようとする者を含む。**

3 誇大広告等の禁止

重要度A

条文・原則

宅地建物取引業者は、業務に関し広告をするときは、

⇩

宅地又は建物の「1所在、2規模、3形質、4利用の制限、5環境、6交通その他の利便、7代金・借賃等の対価の額と支払方法、8代金・交換差金に関する金銭の貸借のあっせん」について、

⇩

「著しく事実に相違する表示」「実際のものよりも著しく有利・優良であると誤認させるような表示」をしてはならない（32条）。

講師からのアドバイス

売買価格、借賃等の広告については、消費税額を含む総額表示とする。

講師からのアドバイス

広告中に、融資の利息の利率についてアド・オン方式で表示したときは、年利建ての実質金利を付記しなければならない。

（1）消費者は、広告を手がかりにして業者との取引に入っていくので、8つの事項の誇大広告等を禁止し、消費者の保護を図ったのである。これに違反すると、業務停止処分事由に該当し、**罰則（6月以下の懲役もしくは100万円以下の罰金、又はこれらの併科）**もある（81条1号）。

（2）3の形質とは、土地の地目、建物の構造等のことである。4の利用の制限とは、法令による建築制限や、賃借権による制限等のことである。

（3）4・5・6は、現在だけでなく、将来のことについて誇大広告等をした場合にも、違反となる。

（4）広告は、新聞・放送・ダイレクトメール・インターネット等、**すべての方法**によるものが規制の対象になる。

（5）誇大広告等をすれば、取引が不成立でも、**損害が発生しなくても**、違反となる。

（6）**おとり広告**（取引する意思のない不動産についての表示等）は、誇大広告等の禁止に違反する。

（7）他の者が作成した広告であっても、広告をした業者が責任を問われる。

出題履歴

H20.32- 4
H22.32- ウ
H29.42- イ
H30.26- 2、- 4
R 2 (10).27- イ
R 3 (10).30- ア

H22.32- ア
H29.42- ア

H22.32- イ
R 2 (12).27- 4

H26.30- 2
H29.42- ウ

H24.28- ウ

4 広告開始時期の制限

重要度A

条文・原則

宅地建物取引業者は、宅地の造成又は建築工事の完了前は、「開発行為の許可、建築確認その他法令に基づく許可等の処分で政令で定めるもの」があった後でなければ、その宅地建物の売買その他の業務に関する広告をしてはならない（33条）。

（１）開発行為の許可や建築確認がなければ、そもそも工事を開始できない。にもかかわらず、許可等が下りる前に広告をし、契約をした後に許可等を得られないと、購入者等が害される。そこで、広告開始時期を制限したのである。

（２）制限を受けるのは**未完成物件だけ**であり、完成物件はこの規定の制限を受けない。

（３）必要な行政手続は終了していなければならず、申請中・申請済だけの場合には広告をだすことはできない。

（４）許可等の処分にどのような種類があるかは、工事完成のために必要な処分かどうかという内容で判断すればよい。たとえば、建築協定の認可（にんか）は、建物の完成に直接関係しないので、建築協定の認可が下りる前でも広告をだせる。

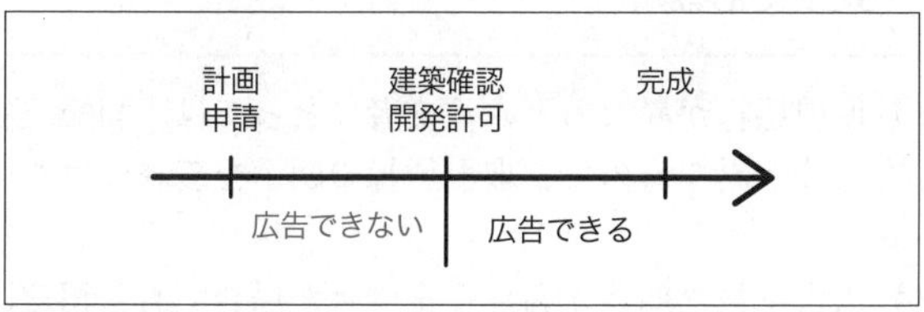

出題履歴

H20.32-２
H23.36-１
H24.28-イ、-エ
H25.32-ア、-エ
H26.30-１
H27.37-２、-３
H28.32-１、-２
H30.26-３
R１.30-ア、-エ
R２(10).27-エ
R２(12).27-１、-２、-３
R３(10).30-エ

講師からのアドバイス

建築確認の申請中や、開発行為の許可申請中は、申請中であることを断ったとしても広告をだせない。

5 契約締結等の時期の制限

重要度B

条文・原則

宅地建物取引業者は、宅地の造成又は建築工事の完了前は、「開発行為の許可、建築確認その他法令に基づく許可等の処分」があった後でなければ、その宅地建物の、「１自ら売買、２自ら交換、３売買の代理、４交換の代理、５売買の媒介、６交換の媒介」を禁止される（36条）。

出題履歴

H25.32-イ、ウ
H27.37-１、-４
H30.28-ア
R１.35-４
R２(12).26-３

（1）制限の目的は、広告開始時期の制限と同じなので、**未完成物件だけ**が規制の対象になる。

（2）**貸借の代理、貸借の媒介**は、制限されない。したがって、たとえば建築確認前の賃貸マンションについて賃貸借契約を結んでも、この規定に違反しない。

講師からのアドバイス
広告開始時期の制限は、８つの取引態様すべての広告を禁止するのに対し、契約締結等の時期の制限は、貸借の代理・貸借の媒介は許される。

講師からのアドバイス
許可等を受けていなければ、たとえ許可等を受けることを停止条件とする契約であっても禁止される。

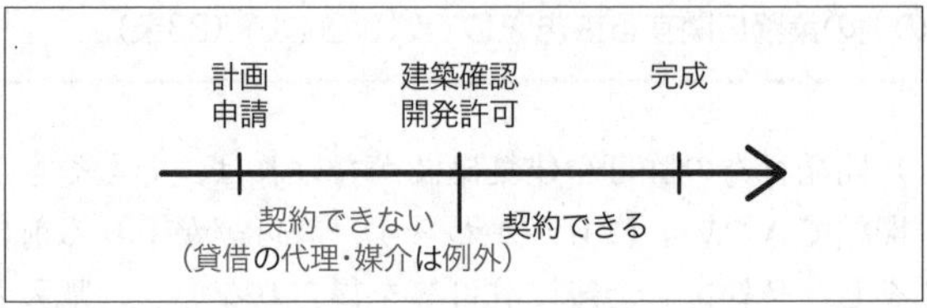

6 取引態様の明示義務

重要度A

出題履歴
H23.36- 2
H24.28- ア
H26.30- 4
H28.32- 3
H29.42- エ
R 1.35- 3
R 2 (10).27- ア
R 3 (10).30- ウ

条文・原則

宅地建物取引業者は、広告をするとき及び顧客から注文を受けたときは、取引態様の別を明示しなければならない（34条）。

取引態様の別とは、

1　宅地建物取引業者が自ら当事者となり売買・交換を成立させるのか

2　他人間の売買・交換・貸借の代理又は媒介を行うのかということである。

講師からのアドバイス
たとえ、取引の相手方に対し、取引態様の別が明らかである場合であっても、取引態様の別を明示しなければならない。

H20.32- 3
H26.30- 3
R 1.30- イ
R 2 (10).27- ウ

（1）取引態様が異なると、注文者にとっては、報酬支払いの有無等が異なるので、取引態様の明示を義務づけたのである。

（2）広告を見た顧客から注文を受けた場合でも、**再度、取引態様を明示**しなければならない。

（3）取引態様の明示義務違反は、業務停止処分事由である。

（4）虚偽の取引態様を明示した広告は、虚偽・誇大広告違反（32条）ではなく、本条違反（34条）となる。

（5）明示は、**口頭でも**良い。

一般的規制２（媒介契約書）

重要ポイント

1．媒介契約の規制

Point 媒介契約内容の書面化

●宅地建物の「売買の媒介（代理）又は交換の媒介（代理）」の契約を締結したときは、遅滞なく、一定事項を記載した書面を作成し、業者自ら記名押印し、依頼者に交付しなければならない。

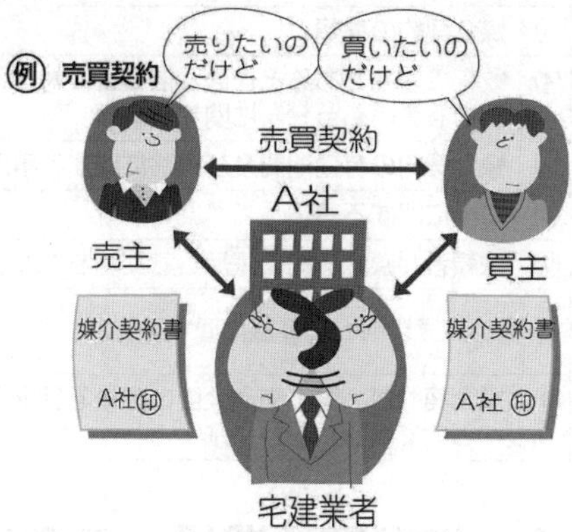

2．媒介契約の種類等

種類	区別基準	有効期間/更新	業務報告義務	指定流通機構
一般	他業者に重ねて依頼すること可 ①明示義務あり ②明示義務なし	任意	任意… 定期報告義務なし ※売買等の申込みがあったときは遅滞なく報告義務あり	任意… 登録義務なし
専任	他業者に重ねて依頼すること不可 ＋ 自己発見取引可	【有効・更新期間】 ①最長３か月… 超える部分は無効 【更新】 ②更新可… 依頼者の申出がある場合に限る。	定期報告義務あり ①２週間に１回以上 ②口頭可 ※売買等の申込みがあったときは遅滞なく報告義務あり	登録義務あり ７日以内に登録 （休業日を除く。）
専属専任	他業者に重ねて依頼すること不可 ＋ 自己発見取引禁止		定期報告義務あり ①１週間に１回以上 ②口頭可 ※売買等の申込みがあったときは遅滞なく報告義務あり	登録義務あり ５日以内に登録 （休業日を除く。）

3．媒介契約書の記載事項

記載事項	ポイント
①　宅地又は建物を特定するために必要な表示	
②　宅地又は建物の売買価額又は評価額	意見を述べるときは、請求がなくても、根拠を明らかにする。口頭可。
③　媒介契約の種類	
④　既存の建物であるときは、依頼者に対する建物状況調査を実施する者のあっせんに関する事項	
⑤　媒介契約の有効期間及び解除に関する事項	
⑥　報酬に関する事項	
⑦　依頼者が媒介契約に違反して契約を成立させた場合の措置	例　違約金を支払う等
⑧ 指定流通機構への登録に関する事項	一般媒介契約の場合でも記載する。
⑨　媒介契約が、国土交通大臣の定める標準媒介契約約款に基づくものであるか否かの別	標準媒介契約約款に基づかなくても、記載する。

4．指定流通機構への登録関係の流れ

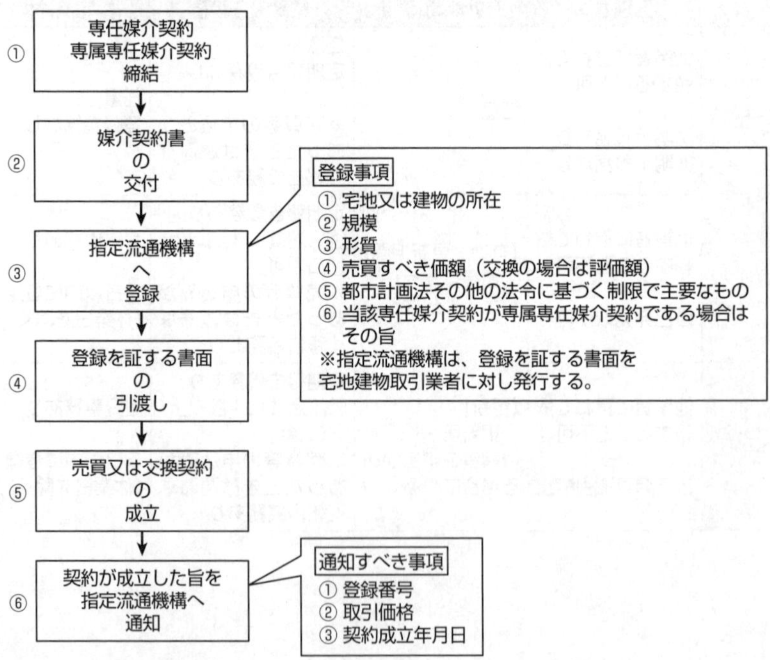

1 媒介契約の規制

業者に媒介の依頼をした場合に、報酬額等をめぐり、業者と依頼者との間にトラブルが発生しないように、一定事項の書面化を義務づける規制である。

1　媒介契約内容の書面化

重要度A

条文・原則

宅地建物取引業者は、宅地建物の「売買の媒介又は交換の媒介」の契約を締結したときは、遅滞なく、3に掲げる事項を記載した書面を作成し、業者自ら記名押印し、依頼者に交付しなければならない（34条の2第1項）。

（１）**貸借の媒介**の場合は、書面化は義務づけられていない。
（２）書面に記名押印するのは、宅地建物取引士ではなく業者である。
（３）一般媒介契約・専任媒介契約・専属専任媒介契約のいずれにおいても、交付義務がある。

出題履歴
H22.33- 1
H24.29- 3
H26.32- イ
H27.28- ア
H27.28- ウ
H27.30- ア
H28.27- 3
H28.41- 1
R 2（10）.38- 1

2　媒介契約の種類

理解する

媒介契約には以下の４種類がある。

1　**明示義務のない一般媒介契約** 依頼者が他の業者に重ねて売買又は交換の媒介（代理）を依頼でき、かつ重ねて他に依頼する者を当初依頼した業者に対し明示しなくてもよいもの
2　**明示義務のある一般媒介契約** １と同様、他の業者に重ねて売買又は交換の媒介（代理）を依頼できるが、重ねて他に依頼する者を当初依頼した業者に対し明示しなくてはならないもの

3　**専任媒介契約**

重ねて他の業者に売買又は交換の媒介（代理）を依頼できないが依頼者が自分で発見した相手と契約を成立させてもよいもの

4　**専属専任媒介契約**

重ねて他の業者に売買又は交換の媒介（代理）を依頼できず、かつ業者の探した相手とのみ契約を締結できるもの

<table>
<tr><th colspan="4">分類法</th><th>媒介契約の種類</th></tr>
<tr><td rowspan="4">他の業者に重ねて依頼できるか</td><td rowspan="2">YES</td><td rowspan="2">他の業者名を明示すべきか</td><td>YES</td><td>明示義務のある一般媒介</td></tr>
<tr><td>NO</td><td>明示義務のない一般媒介</td></tr>
<tr><td rowspan="2">NO</td><td rowspan="2">自己発見取引が許されるか</td><td>YES</td><td>専任媒介</td></tr>
<tr><td>NO</td><td>専属専任媒介</td></tr>
</table>

3　記載事項

重要度 A

条文・原則

出題履歴
H21.34- 2
H22.33- 4
H22.34- 4
H26.32- 4
H26.32- エ
H28.27- 1
H28.27- 4
H30.33- 1、- 4
R 2 (10).29- イ
R 2 (10).38- 4
R 2 (12).28- ウ

媒介契約書面には、以下の事項を記載しなければならない（34条の２第１項、規則15条の７）。

1　宅地又は建物を特定するために必要な表示
2　宅地又は建物の売買価額又は評価額
3　媒介契約の種類
4　既存の建物であるときは、依頼者に対する建物状況調査を実施する者のあっせんに関する事項
5　媒介契約の有効期間及び解除に関する事項
6　報酬に関する事項
7　依頼者が媒介契約に違反して契約を成立させた場合の措置
8　指定流通機構への登録に関する事項
9　媒介契約が、国土交通大臣の定める標準媒介契約約款（やっかん）に基づくものであるか否かの別

H24.29- 4

（1）２について

H25.28- イ
R 2 (10).38- 2
R 2 (12).28- エ

宅地建物取引業者は、**売買価額又は評価額**につき**意見を述べるとき**は、請求がなくても、その根拠を明らかにしなければならない（**口頭で可**）。意見を述べなければ、根拠を明らかにする必要はない（34条の２第２項）。

（2）4について

建物状況調査を実施する者のあっせんとは、建物状況調査を実施する者に関する単なる情報提供ではなく、売主又は購入希望者などと建物状況調査を実施する者との間で建物状況調査の実施に向けた具体的なやりとり（建物状況調査を実施する者が作成した建物状況調査費用の見積もりを媒介依頼者に伝達すること等）が行われるように手配することである。

建物状況調査を実施する者のあっせんは、宅地建物取引業者が媒介業務の一環として行うものであるため、媒介報酬とは別にあっせんに係る料金を受領することはできない。

（3）7について

たとえば、専任媒介契約を締結した後、依頼者が他の業者の媒介により契約を成立させたときの措置（違約金を支払う等）である。

（4）8について

一般媒介契約の場合、指定流通機構への登録義務はないが、任意に流通機構へ登録することはできるので、登録の有無を含めて記載する必要がある。

（5）一定期間中に媒介による売買契約が成立しない場合に、依頼者の希望により、媒介価額を下回る価額で、当該物件を業者が買い取る旨の特約は有効である。

◆建物状況調査

建物状況調査とは、既存住宅の基礎、外壁等の部位毎に生じているひび割れ、雨漏り等の劣化・不具合の有無の目視、計測等により調査するものである。この建物状況調査は、国の登録を受けた既存住宅状況調査技術者講習を修了した建築士が実施する。R 1.31- エ
R 1.32- 3

◆建物状況調査の対象となる建物

建物状況調査の対象となるのは既存の住宅（①人の居住の用に供した住宅、又は②建設工事の完了の日から１年を経過した住宅のいずれかに該当するもの）である。戸建て住宅、共同住宅（マンションやアパート等）、賃貸住宅が対象となる。なお、店舗や事務所は建物状況調査の対象ではない。

H 20.35- ア

宅建業法

4　専任媒介契約の特則

4－1　有効期間と更新

重要度A

条文・原則

1　専任媒介契約（専属専任媒介契約を含む。）の有効期間は、3か月を限度とし、これより長い期間を定めたときは、3か月に短縮する（34条の2第3項）。
2　有効期間は、依頼者の申出により、3か月を限度として、更新できる（同4項）。

出題履歴
H22.33- 2、- 3
R 1.31- イ

（1）依頼者の申出がなければ更新できないので、**自動更新**の特約部分は**無効**である。

H25.28- ウ
H26.32- ウ
H29.43- イ
R 2.29- ウ
R 3 (10).38- ア、エ

4－2　業務処理状況の報告

重要度A

条文・原則

宅地建物取引業者は、専任媒介契約においては、2週間に1回以上、専属専任媒介契約においては、1週間に1回以上、業務の処理状況を依頼者に報告しなければならない（34条の2第9項）。

講師からのアドバイス
一般媒介契約には、有効期間の上限の制限はないが、有効期間に関する事項は、書面に記載しなければならない点に注意すること。

H27.30- エ
H29.43- ア
R 1.31- ウ
R 2 (10).29- エ

（1）**一般媒介契約**の場合には、定期的な報告義務はない。この業務報告は、標準媒介契約約款により専任又は専属専任媒介契約を締結した場合を除き、口頭でも良い。

H24.29- 2
R 2 (12).28- イ
R 3 (10).38- イ

４－３　指定流通機構への物件登録義務　重要度Ａ

条文・原則

1　宅地建物取引業者は、専任媒介契約及び専属専任媒介契約を締結したときは、契約の相手方を探索（たんさく）するため、当該契約の目的物である宅地・建物につき、一定事項を指定流通機構に登録しなければならない（34条の２第５項）。

2　指定流通機構は、１の登録があったときは、当該登録をした宅地建物取引業者に対し、当該登録を証する書面を発行しなければならない（50条の６）。

3　登録をした宅地建物取引業者は、２の登録を証する書面を遅滞なく依頼者に引き渡さなければならない（34条の２第６項）。

4　業者は、登録に係る物件について、売買又は交換の契約が成立したときは、国土交通省令の定めるところにより、遅滞なく、指定流通機構に通知しなければならない（同７項）。

出題履歴

H23.31- 2、1
H26.32- ア
H20.35- イ
H27.30- イ、- ウ
H29.28- イ
R 3 (10).38- ウ

H21.32- 2
H23.31- 3
H29.43- ウ
R 2 (10).29- ア
H23.31- 4
H24.29- 1
H28.27- 2

◆指定流通機構

国土交通大臣が指定する公益法人で、その役割は、専任媒介契約等による売買物件等を登録し、宅建業者間で広く情報を交換することにより不動産流通の円滑化の促進をし、また、宅建業者から登録された個別の成約情報を活用した市場情報を提供することで、不動産流通市場の透明化をめざすことにある。

〈指定流通機構への登録関係の流れ〉

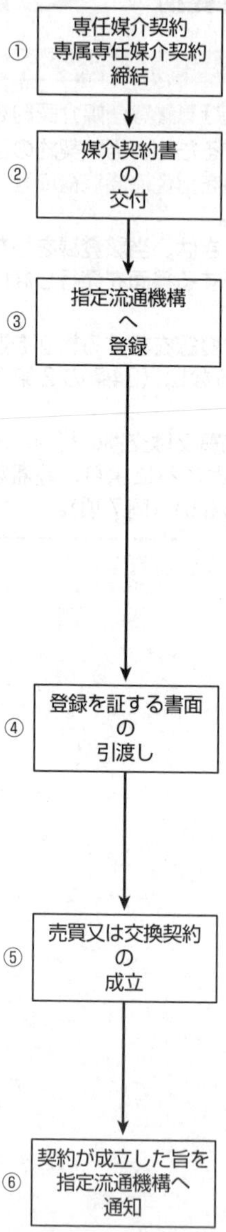

出題履歴
H28.41- 4
H29.43- ウ
H30.33- 2
R 1.31- ア
R 2 (12).28- ア

（1）媒介契約の締結の日から、**専任媒介の場合7日以内**、**専属専任媒介の場合5日以内**に登録しなければならない。この「5日又は7日」には、媒介契約締結の**当日**及び業者の**休業日は含まれない**（規則15条の8）。

（2）登録は、当該宅地又は建物の**所在地**を含む地域を対象として**登録業務を現に行っている**指定流通機構に対して行う（規則15条の10）。

H21.32- 1
H27.28- イ
R 2 (10).29- ア

（3）**登録事項**は、　**理解する**

1　宅地又は建物の所在
2　規模
3　形質
4　売買すべき価額（交換の場合は評価額）
5　都市計画法その他の法令に基づく制限で主要なもの
6　当該専任媒介契約が専属専任媒介契約である場合はその旨

H21.32- 4

（4）指定流通機構への通知は契約が成立すれば必要となり、媒介報酬の受領や目的物件の引渡しの有無は問わない。

H20.35- ウ
H25.28- ア

（5）契約が成立したときに、**指定流通機構に通知すべき事項**は、

1　**登録番号**
2　取引価格
3　契約成立年月日

である（規則15条の11）。

4－4　売買等の申込みがあったとき　重要度A

条文・原則

媒介契約を締結した宅地建物取引業者は、当該媒介契約の目的物である宅地又は建物の売買又は交換の申込みがあったときは、遅滞なく、その旨を依頼者に報告しなければならない（34条の2第8項）。

出題履歴
H29.43- ア
H30.28- エ

（1）**一般媒介契約・専任媒介契約を問わず**、売買等の申込みを受けた場合には、遅滞なく、報告をしなければならない。

4－5　特約の効力　重要度A

条文・原則

前記4－1から4－4に反する特約は、無効である（34条の2第10項）。

出題履歴
H21.32- 3
H27.30- エ

（1）たとえば、専属専任媒介契約において、２週間に１回以上、業務処理状況を報告するという特約は無効である。
（2）専任媒介契約に係る業務の処理状況の報告期間である２週間（14日）については、休業日を含んで計算しなければならない。したがって、この２週間（14日）について休業日を含まず計算するとする特約は無効である。

5　代理契約の規制　参考

条文・原則

宅地建物取引業者に、宅地又は建物の「売買の代理」又は「交換の代理」を依頼する契約についても、媒介契約の規定を準用する（34条の3）。

講師からのアドバイス
結局、「売買の媒介」「交換の媒介」「売買の代理」「交換の代理」の依頼を業者が受けたときに、「1媒介契約の規制」を受けることになる。
H28.41- 1

一般的規制３（重要事項の説明等）

重要ポイント

１．重要事項の説明の内容

（１）取引物件に関する事項

	売買		貸借	
	宅地	建物	宅地	建物
①　宅地又は建物の上に存する登記された権利の種類及び内容並びに登記名義人、又は、登記簿の表題部の所有者の氏名（法人の場合は名称）	○	○	○	○
②　都市計画法、建築基準法その他の法令に基づく制限で、契約内容の別に応じて政令で定めるものに関する事項の概要	○	○	○	○
③　当該契約が「建物の貸借の契約以外のもの」であるときは、私道負担に関する事項	○	○	○	×
④　飲用水・電気・ガスの供給施設、排水施設の整備状況。これらの施設が整備されていない場合は、整備の見通しと整備についての特別の負担に関する事項	○	○	○	○
⑤「未完成物件」の場合は、「完了時における形状・構造」その他国土交通省令・内閣府令で定める事項	○	○	○	○

（２）区分所有建物の場合

	売買	貸借
①　一棟の建物の敷地に関する権利の種類と内容	○	×
②　共用部分（きょうようぶぶん）に関する規約（きやく）の定め（その案を含む。）があるときは、その内容	○	×
③　専有部分（せんゆうぶぶん）の用途その他の利用の制限に関する規約の定め（その案を含む。）があるときは、その内容	○	○
④　一棟の建物又はその敷地の一部を特定の者にのみ使用を許す旨（専用使用権）の規約の定め（その案を含む。）があるときは、その内容	○	×
⑤　一棟の建物の計画的な維持修繕のための費用、通常の管理費用その他の当該建物の所有者が負担しなければならない費用を特定の者にのみ減免する旨の規約の定め（その案を含む。）があるときは、その内容	○	×
⑥　一棟の建物の計画的な維持修繕のための費用の積立てを行う旨（計画修繕積立金）の規約の定め（その案を含む。）があるときは、その内容及び既に積み立てられている額	○	×
⑦　通常の管理費用の額	○	×
⑧　一棟の建物及びその敷地の管理が委託されているときは、管理受託者の氏名・住所（法人の場合は商号又は名称・主たる事務所の所在地）	○	○
⑨　一棟の建物の維持修繕の実施状況が記録されているときは、その内容	○	×

（３）既存の建物の場合

	売買	貸借
①　建物状況調査（実施後１年を経過していないものに限る。）を実施しているかどうか、及びこれを実施している場合におけるその結果の概要	○	○
②　設計図書、点検記録その他の建物の建築及び維持保全の状況に関する書類で国土交通省令で定めるものの保存の状況	○	×

（4）取引条件に関する事項

	売買		貸借	
	宅地	建物	宅地	建物
①　代金、交換差金及び借賃以外に授受される金銭の「額」と「目的」	○	○	○	○
②　契約の解除に関する事項	○	○	○	○
③　損害賠償額の予定又は違約金に関する事項	○	○	○	○
④　種類・品質に関して契約内容に適合しない場合におけるその不適合を担保すべき責任の履行に関し保証保険契約の締結その他の措置を講ずるかどうか、及び講ずる場合の措置の概要	○	○	○	○
⑤　代金、交換差金に関する金銭の貸借のあっせんの内容と、あっせんに係る金銭の貸借が成立しないときの措置	○	○	×	×
⑥　手付金等の保全措置の概要	○	○	×	×
⑦　支払金又は預り金を受領する場合において、保全措置を講ずるかどうか、及び講ずる場合の措置の概要	○	○	○	○

（5）国土交通省令・内閣府令等で定める説明事項

	売買		貸借	
	宅地	建物	宅地	建物
①　当該宅地又は建物が宅地造成等規制法第20条第１項により指定された造成宅地防災区域内にあるときは、その旨	○	○	○	○
②　当該宅地又は建物が土砂災害警戒区域等における土砂災害防止対策の推進に関する法律第６条第１項により指定された土砂災害警戒区域内にあるときは、その旨	○	○	○	○
③　当該宅地又は建物が津波防災地域づくりに関する法律第53条第１項により指定された津波災害警戒区域内にあるときは、その旨	○	○	○	○
④　水防法に基づく水害ハザードマップにおける当該宅地建物の所在地	○	○	○	○
⑤　当該建物について、石綿の使用の有無の調査結果が記録されているときは、その内容	×	○	×	○
⑥　当該建物（昭和56年６月１日以降に新築の工事に着手したものを除く。）が建築物の耐震改修の促進に関する法律第４条第１項に基づく一定の者が行う耐震診断を受けたものであるときは、その内容	×	○	×	○
⑦　当該建物が住宅の品質確保の促進等に関する法律第５条第１項に規定する住宅性能評価を受けた新築住宅であるときは、その旨	×	○	×	×
⑧　台所、浴室、便所その他の当該建物の設備の整備の状況	×	×	×	○
⑨　契約期間及び契約の更新に関する事項	×	×	○	○
⑩　借地借家法に規定する定期借地権を設定しようとするとき、又は定期建物賃貸借を設定しようとするとき、もしくは高齢者の居住の安定確保に関する法律（いわゆる高齢者居住法）に基づく終身建物賃貸借であるときは、その旨	×	×	○	○
⑪　当該宅地又は建物の用途その他の利用の制限に関する事項（１－（２）の③を除く。）	×	×	○	○
⑫　敷金その他いかなる名義をもって授受されるかを問わず、契約終了時において精算することとされている金銭の精算に関する事項	×	×	○	○
⑬　当該宅地又は建物（区分所有建物を除く。）の管理が委託されているときは、管理受託者の氏名・住所（法人の場合は商号又は名称・主たる事務所の所在地）	×	×	○	○
⑭　契約終了時における当該宅地上の建物の取壊しに関する事項を定めようとするときは、その内容	×	×	○	×

（6）割賦販売の特例

	売買		貸借	
	宅地	建物	宅地	建物
①現金販売価格	○	○	×	×
②割賦販売価格	○	○	×	×
③引渡しまでの金銭と賦払金の額・支払時期・方法	○	○	×	×

2．重要事項の説明の方法

Point 説明の方法

説明時期	契約が成立するまでの間に
説明者	宅建業者が宅地建物取引士をして
説明場所	どこでもよい
説明の相手	買主・借主等に
説明の方法	宅地建物取引士証を提示し、宅地建物取引士の記名押印のある重要事項説明書を交付し説明

※相手方が宅建業者の場合は、交付のみで足り、説明は不要

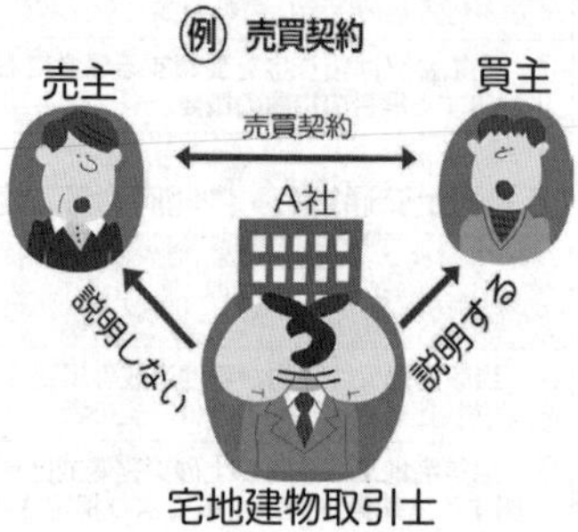

3．供託所等の説明

Point

●宅建業者は、宅建業者の相手方等に対して、契約が成立するまでの間に下記の事項の説明をするようにしなければならない。※相手方が宅建業者の場合は、説明不要。

①保証協会の社員でない場合	営業保証金を供託した主たる事務所の最寄りの供託所・所在地
②保証協会の社員である場合	社員である旨、一般社団法人の名称・住所・事務所の所在地、保証協会が弁済業務保証金を供託している供託所・所在地

1 重要事項の説明

取得物件や取引条件に関する重要事項を、契約締結前に事前に説明し、購入者等に対し、契約を締結するかどうかの**判断材料を与える**ためのものである。

1 概要

重要度A

条文・原則

宅地建物取引業者は、契約が成立するまでの間に、取引の相手方等（物件を取得し、又は、借りようとする者）に対し、宅地建物取引士をして、重要事項の説明を、重要事項説明書を交付して、させなければならない（35条１項）。

（1）説明を義務づけられているのは、業者である。すなわち、宅地建物取引士をして、**説明させる義務を業者が負う**のである。

（2）**説明の相手方**は、物件を**取得し**、又は**借りよう**とする者（買主、賃借人、交換契約の両当事者）である。よって、売主や賃貸人には説明する必要はない。

（3）**相手方が宅地建物取引業者の場合は、重要事項説明書の交付のみで足り、説明は不要である（35条６項）。**

（4）宅地建物取引士であれば、成年者である専任の宅地建物取引士でなくても、重要事項の説明はできる。一般か専任かの区別は、勤務形態の違いだけで、宅地建物取引士としての知識・能力には差異がないからである。

（5）**説明の時期**は、**契約が成立するまでの間**である。契約の判断材料を提供するために行うのだから、契約締結前に説明しなければ意味がないからである。

（6）**説明の場所**は、特に限定されていない。

（7）重要事項の説明は、重要事項説明書を**交付したうえ**で、しなければならない。そして、重要事項説明書には、**宅地建物取引士が記名押印**しなければならない。

（8）宅地建物取引士は、重要事項の説明をするときは、**相手方から請求がなくても、宅地建物取引士証を提示**しなければならない。なお、提示の方法について特に限定はな

出題履歴

H27.29- 3
H23.33
H26.36- 1 - 2、- 3
R 1.41- 2

講師からのアドバイス

たとえ、説明すべき相手方の了解が得られたとしても、重要事項の説明を契約締結後に後回しにしてはならない。

H27.29- 1、3
H29.33- 1
H25.29- 1

H30.39- 1

H25.44- ウ
H27.29- 4
R 2 (10).41- 2
R 3 (10).26- 1

H24.32- 2
H26.36- 4
H27.29- 2
H21.34- 4
H26.35- 1
R 2 (10).41- 4
H22.30- 3
R 2 (10).41- 1、- 3
H23.28- 3
H25.30- 2
H25.44- ウ
H26.35- 3
H28.30- 2
H29.37- 1
R 1.40- 1
R 2 (10).28- 3

く、たとえば胸に着用する方法でもよい。

(9) **複数の業者による共同媒介の場合**は、協力して一つの重要事項説明書を作成することができる。

この場合、一つの業者の宅地建物取引士に代表させて重要事項を説明させてもよいが、重要事項説明書には、**すべての業者の宅地建物取引士の記名押印が必要**である。また、一つの業者の記入ミスに対して、他の業者も責任を負う。

講師からのアドバイス
重要事項の説明は、相手が説明不要の申出をしても、省略できない。
H25.30-1

(10) 宅地又は建物の売買・交換又は売買・交換若しくは**貸借の代理又は媒介**の重要事項の説明において、以下に掲げるすべての事項を満たしている場合に限り、**テレビ会議等のＩＴを活用することができる**（解釈・運用）。

◆平成29年10月から運用開始
不動産取引業務の効率化のため、テレビ会議等のITを活用して行う重要事項説明が平成29年10月から賃貸取引において開始された。
さらに令和３年３月から売買取引においても開始された。

ア　宅地建物取引士及び重要事項の説明を受けようとする者が、図面等の書類及び説明の内容について十分に理解できる程度に映像を視認でき、かつ、双方が発する音声を十分に聞き取ることができるとともに、双方向でやりとりできる環境において実施していること。

イ　宅地建物取引士により記名押印された重要事項説明書及び添付書類を、重要事項説明を受けようとする者にあらかじめ送付していること。

ウ　重要事項の説明を受けようとする者が、重要事項説明書及び添付書類を確認しながら説明を受けることができる状態にあること並びに映像及び音声の状況について、宅地建物取引士が重要事項の説明を開始する前に確認していること。

H30.39-4

エ　宅地建物取引士が、宅地建物取引士証を提示し、重要事項の説明を受けようとする者が、当該宅地建物取引士証を画面上で視認できたことを確認していること。

2　説明事項

重要事項の説明事項は、下記の通りである。これらは取引上一般的に重要な事項をピックアップしたもので、個々の取引によっては他に説明すべき事項がありうる。

2－1　取引物件に関する事項

重要度A

条文・原則

1　宅地又は建物の上に存する登記された権利の種類及び内容並びに登記名義人、又は、登記簿の表題部（ひょうだいぶ）の所有者の氏名（法人の場合は名称）（35条１項１号）。
2　都市計画法、建築基準法その他の法令に基づく制限で、契約内容の別に応じて政令で定めるものに関する事項の概要（同２号）。
3　当該契約が「建物の貸借の契約以外のもの」であるときは、私道負担に関する事項（同３号）。
4　飲用水・電気・ガスの供給施設、排水施設の整備状況。これらの施設が整備されていない場合は、整備の見通しと整備についての特別の負担に関する事項（同４号）。
5　「未完成物件」の場合は、「完了時における形状・構造」その他国土交通省令・内閣府令で定める事項（同５号）。

出題履歴
H23.34- 1
H22.35- 4
H25.36- 1
H24.30- 2
H29.41- 3
H30.35- 2

（1）１について

登記された権利は、たとえば抹消予定のものであっても説明が必要である。

「登記申請の時期」は、37条書面（後述）の記載事項であるが、重要事項としての説明義務はない。

H26.35- 2
R 1.39- 2
H22.36- 4
H29.41- 2
R 3 (10).26- 3

（2）２について

法令に基づく制限で、政令で定めるものに関する事項は、契約内容の別（**目的物が宅地か建物かの別及び当該契約が売買か交換か貸借かの別**）に応じて定められる。
たとえば、建物の貸借以外の契約の場合は、都市計画法の開発許可、建築基準法の災害危険区域内の制限、土壌汚染対策法の届出等の説明が「必要」となる。

H27.31- ア
H28.36- イ
R 2 (12).32- ア、-ウ、-エ
R 2 (12).42- 1
R 3 (10).36- 1

一方、建物の貸借の契約の場合は、①**新住宅市街地開発法**、②**新都市基盤整備法**、③**流通業務市街地の整備に関す**

H22.35- 1
H25.33- 3

宅建業法

H26.34- 2 H27.31- イ、- ウ R 1.41- 3

る法律、以上３つの法令に基づく制限で当該建物に係るものについて説明が必要である（宅地建物取引業法施行令３条３項)。したがって、これら以外の法令に基づく制限、例えば、都市計画法の開発許可、建築基準法の建蔽率や容積率、用途制限の説明は「不要」である。

（３）３について

私道負担がある場合、位置、使用料などその内容を説明する。負担がなければ**「なし」と説明**する。説明そのものを省略してはならない。

H22.35- 4 H29.33- 3

なお、**建物の貸借**の契約の場合は、私道負担の説明は**不要**である。

H28.36- エ

（４）５について

未完成の宅地については、完了時における宅地に接する**道路の構造と幅員**を説明する。また、**未完成の建物**については、完了時における建物の**主要構造部・内装及び外装の構造又は仕上げ並びに設備の設置及び構造**を説明する。

H28.36- エ

未完成物件の説明に必要なときは、**図面を交付して**説明する。なお、図面を交付したときは、その図面に記載されている事項は、あらためて重要事項説明書に記載する必要はない。いずれも未完成の場合に必要で、**完成物件については説明不要**である。

２－２　区分所有建物の場合

重要度Ａ

条文・原則

区分所有建物については、以下の事項を説明しなければならない（貸借の場合は、３と８のみ説明すればよい）（35条１項６号・規則16条の２）。

1　一棟の建物の敷地に関する権利の種類と内容
2　共用部分に関する規約の定め（その案を含む。）があるときは、その内容
3　専有部分の用途その他の利用の制限に関する規約の定め（その案を含む。）があるときは、その内容
4　一棟の建物又はその敷地の一部を特定の者にのみ使用を許す旨（専用使用権）の規約の定め（その案を含む。）があるときは、その内容
5　一棟の建物の計画的な維持修繕のための費用、通常の管理費用その他の当該建物の所有者が負担しなければならない費用を特定の者にのみ減免する旨の規約の定め（その案を含む。）があるときは、その内容
6　一棟の建物の計画的な維持修繕のための費用の積立てを行う旨（計画修繕積立金）の規約の定め（その案を含む。）があるときは、その内容及び既に積み立てられている額
7　通常の管理費用の額
8　一棟の建物及びその敷地の管理が委託されているときは、管理受託者の氏名・住所（法人の場合は商号又は名称・主たる事務所の所在地）
9　一棟の建物の維持修繕の実施状況が記録されているときは、その内容

出題履歴

H28.36- ア
H20.37- 2
H25.33- 2

H26.34- 4
H28.39- 1
R 1.28- 4
R 2 (10).31- 4
H20.37- 1

H20.37- 4

H20.37- 3
H22.36- 1
H29.41- 4
R 2 (10).44- 4

H25.29- 2
H29.41- 1
R 1.41- 1

H22.36- 1
R 2 (12).42- 3

（１）１について

敷地利用権としては、所有権、地上権、賃借権等がある。地代、賃借料等について、区分所有者の負担する額も記載する。

（２）３について

ピアノ使用、ペットの飼育の制限などが含まれる。

（３）４について

専用使用できる範囲、使用料の有無、有料の場合のその帰属先などが含まれる。駐車場などの例が代表的である。また、専用使用している者の氏名・住所は説明する必要はない。

講師からのアドバイス

区分所有建物の貸借の場合は、前記３、８の他に、後述の❶２－４の１～５、７～９、11の説明も必要な点に注意すること。

宅建業法

H20.37- 4

（4）5について

買主が減免対象者でなかったとしても、説明しなければならない。

H25.29- 3

（5）6について

修繕積立金について滞納があるときは、その額を告げなければならない。

（6）7について

通常の管理費用とは、区分所有者が月々負担する経費をさし、修繕積立金などの金銭を含まない。

（7）8について

委託された業務の内容を説明する必要はない。

（8）築年数や建設業者の名称などは、説明事項に含まれない。

（9）共用部分、専有部分の用途、専用使用権、費用の減免、修繕積立金については、規約がなく、かつ、**その案もない**ときには、**説明不要**である。

2－3　既存の建物の場合

重要度A

条文・原則

出題履歴
H30.27- 3
R 2 (10).31- 3

既存の建物については、以下の事項を説明しなければならない（貸借の場合は１のみ説明すればよい）（35条１項６号の２、規則16条の２の２、16条の２の３）。

1　建物状況調査（実施後１年を経過していないものに限る。）を実施しているかどうか、及びこれを実施している場合におけるその結果の概要

R 1.28- 2

2　設計図書、点検記録その他の建物の建築及び維持保全の状況に関する書類で国土交通省令で定めるものの保存の状況

（1）1について

建物状況調査が過去１年以内に実施されている場合には、建物状況調査を実施した者が作成した「建物状況調査の結果の概要」に記載されている調査部位ごとの劣化事象等の有無などについて、重要事項として説明する。

本説明義務は、売主等に建物状況調査の実施の有無を照会し、必要に応じて管理組合及び管理業者にも問い合わせ

た上、実施の有無が判明しない場合は、その照会をもって調査義務を果たしたことになる。

貸借の場合にも、建物状況調査の結果の概要について説明する**必要**がある。 H30.39- 2

（2） 2について

書類の保存の状況に関する説明は、原則として、当該書類の有無を説明するものであり、当該書類に記載されている内容の説明まで、宅地建物取引業者に義務付けるものではない。 H30.27- 2

本説明義務は、売主等に当該書類の保存の状況について照会し、必要に応じて管理組合及び管理業者にも問い合わせた上、当該書類の有無が判明しない場合は、その照会をもって調査義務を果たしたことになる。

貸借の場合は、書類の保存の状況について説明は**不要**である。 R 1.39- 1

2－4 取引条件に関する事項

重要度A

条文・原則

1 代金、交換差金及び借賃以外に授受される金銭の「額」と「目的」（35条1項7号）。
2 契約の解除に関する事項（同8号）。
3 損害賠償額の予定又は違約金に関する事項（同9号）。
4 種類・品質に関して契約内容に適合しない場合におけるその不適合を担保すべき責任の履行に関し保証保険契約の締結その他の措置を講ずるかどうか、及び講ずる場合の措置の概要（同13号）。
5 代金、交換差金に関する金銭の貸借のあっせんの内容と、あっせんに係る金銭の貸借が成立しないときの措置（同12号）。
6 手付金等の保全措置の概要（同10号）。
7 支払金又は預り金を受領する場合において、保全措置を講ずるかどうか、及び講ずる場合の措置の概要（同11号）。

出題履歴
H22.34- 1
H23.32- 1
H25.33- 4
H28.36- ウ
R 3 (10).26- 2
H28.39- 2
R 2 (10).31- 1
H22.36- 2
H30.35- 3
H24.32- 3
H29.33- 2

（1） 1について

「代金等以外に授受される金銭」とは、手付金、敷金（しききん）、権利金、礼金、保証金等のことである。

敷金の保管方法を説明する必要はない。これらの授受の

講師からのアドバイス
引渡しの時期、登記の時期は、説明事項とされていない。このことは、代金・借賃自体が説明事項でないこととともに覚えておこう。
H23.32- 4

時期についての説明までは不要である。

また、**代金額、借賃自体**は、説明すべき重要事項とされていない。

（2）4について

「種類・品質に関する契約不適合責任の履行に関する措置」とは、具体的には、次の4つのいずれかを指す（規則16条の4の2）。

① 当該宅地又は建物の瑕疵を担保すべき責任の履行に関する**保証保険契約又は責任保険契約**の締結

② 当該宅地又は建物の瑕疵を担保すべき責任の履行に関する**保証保険又は責任保険を付保することを委託する契約**の締結

③ 当該宅地又は建物の瑕疵を担保すべき責任の履行に関する債務について銀行等が**連帯して保証することを委託する契約**の締結

④ 特定住宅瑕疵担保責任の履行の確保等に関する法律（以下「履行確保法」という。）に規定する**住宅販売瑕疵担保保証金の供託**

これらの措置を講ずるかどうか、及び講ずる場合にはその措置の概要を説明する。

「履行に関する措置を講ずるかどうか」と「措置の概要」を説明すればよいため、「種類・品質に関する契約不適合責任」自体についての内容（たとえば、種類・品質に関する契約不適合責任を負わないなど）は説明する必要はない。

（3）5について

たとえば、ローンが不成立のときには契約は当然に解除される、などの特約をいう。

（4）6について

実際に講ずる保全措置の概要のみ説明すれば足り、それ以外の保全措置の概要の説明は不要である。

（5）7について

受領額が**50万円未満の場合**や報酬は、ここでいう「支払金又は預り金」に該当しない。

出題履歴
H28.30- 1
H28.36- ウ
R 1.41- 4

◆契約不適合責任の履行に関する措置の目的

買主が瑕疵があることを発見し、売主に種類・品質に関する契約不適合責任を追及しようとしても、すでにその売主が倒産などによりその責任を履行できない場合があり得る。このような場合に備えて、損害賠償金等の支払いが確実に履行されるための資力確保が当該措置の目的である。
H26.34- 3

◆特定住宅瑕疵担保責任の履行の確保等に関する法律（履行確保法）

特に新築住宅の場合、売主等が十分な資力を有さず、種類・品質に関する契約不適合責任が履行されないと、住宅購入者等が極めて不安定な状態に置かれる。そこで、履行確保法では、新築住宅の売主である宅建業者等に、瑕疵担保責任の履行に関する措置を義務付けている。

H27.32- 1
H30.35- 4

講師からのアドバイス

天災その他不可抗力による損害の負担（危険負担）については、37条書面の記載事項（任意的）ではあるが、説明すべき重要事項とはされていない。
H29.33- 4

２－５　国土交通省令・内閣府令等で定める事項　重要度Ａ

条文・原則

宅地の売買又は交換の契約にあっては第１号から第３号の２までに掲げるもの、建物の売買又は交換の契約にあっては第１号から第６号までに掲げるもの、宅地の貸借の契約にあっては第１号から第３号の２まで及び第８号から第13号までに掲げるもの、建物の貸借の契約にあっては第１号から第５号まで及び第７号から第12号までに掲げるものを説明しなければならない（35条１項14号、規則16条の４の３）。

１　当該宅地又は建物が宅地造成等規制法第20条第１項により指定された造成宅地防災区域内にあるときは、その旨

２　当該宅地又は建物が土砂災害警戒区域等における土砂災害防止対策の推進に関する法律第６条第１項により指定された土砂災害警戒区域内にあるときは、その旨

３　当該宅地又は建物が津波防災地域づくりに関する法律第53条第１項により指定された津波災害警戒区域内にあるときは、その旨

４　水防法の規定により市町村長が提供する図面（水害ハザードマップ）における当該宅地建物の所在地

５　当該建物について、石綿の使用の有無の調査結果が記録されているときは、その内容

６　当該建物（昭和56年６月１日以降に新築の工事に着手したものを除く。）が建築物の耐震改修の促進に関する法律第４条第１項に基づく一定の者が行う耐震診断を受けたものであるときは、その内容

７　当該建物が住宅の品質確保の促進等に関する法律第５条第１項に規定する住宅性能評価を受けた新築住宅であるときは、その旨

８　台所、浴室、便所その他の当該建物の設備の整備の状況

９　契約期間及び契約の更新に関する事項

10　借地借家法に規定する定期借地権を設定しようとするとき、又は定期建物賃貸借を設定しようとするとき、もしくは高齢者の居住の安定確保に関する法律（いわゆる高齢者居住法）に基づく終身建物賃貸借であるときは、その旨

11　当該宅地又は建物の用途その他の利用の制限に関する事項（２－２の３を除く。）

12　敷金その他いかなる名義をもって授受されるかを問わず、契約終了時において精算することとされている金銭の精算に関する事項

13　当該宅地又は建物（区分所有建物を除く。）の管理が委託されているときは、管理受託者の氏名・住所（法人の場合は商号又は名称・主たる事務所の所在地）

14　契約終了時における当該宅地上の建物の取壊しに関する事項を定めようとするときは、その内容

出題履歴

H23.32- 3
H22.35- 2
R 2 (12).32- イ
H25.30- 4
H26.34- 2
R 1.39- 4
R 2.31- 2
H23.32- 2
H24.30- 4
H25.30- 3
H30.35- 1
R 2.44- 1
H22.35- 3
H24.30- 1
R 1.28- 1
R 3 (10).36- 3
H30.39- 3
H27.32- 4
H21.33- 3
H27.32- 2
H21.33- 4
R 2.44- 2
R 3 (10).36- 4
H25.29- 2
R 1.41- 1
R 1.39- 3

（1）定期借地権や事業用借地権では、建物買取請求権を特約で排除する結果、地上の建物を取り壊すことになるので、14の説明が必要となる。

H24.30- 3

（2）5について

記録されている調査結果が、石綿が使用されていない旨であったとしても、その内容を説明する。

H21.33- 2
H26.34- 1
R 1.28- 3
R 3 (10).36- 2

石綿の使用の有無の調査の結果が記録されていない場合でも、業者には当該調査をする義務はない。

（3）8について

建物の貸借であれば、居住用建物・事業用建物を問わず、説明する。

（4）12について

契約終了時において精算することとされている金銭の精算に関する事項が定まっていない場合には、その旨を説明しなければならない。

精算される金銭の保管方法は、説明する必要はない。

（5）4について

R 3 (10).33- 1、- 4

水害ハザードマップに記載されている内容の説明まで宅地建物取引業者に義務付けるものではないが、水害ハザードマップが地域の水害リスクと水害時の避難に関する情報を住民等に提供するものであることに鑑み、水害ハザードマップ上に記載された避難所について、併せてその位置を示すことが望ましい。

2 供託所等の説明

重要度B

条文・原則

宅地建物取引業者は、宅地建物取引業者の相手方等（宅地建物取引業者を除く。）に対して、当該売買、交換又は貸借の契約が成立するまでの間に、当該宅地建物取引業者が第64条の２第１項の規定により指定を受けた一般社団法人の社員でないときは第１号に掲げる事項について、当該宅地建物取引業者が同条同項の規定により指定を受けた一般社団法人の社員であるときは、第２号に掲げる事項について説明をするようにしなければならない（35条の２）。

１号－営業保証金を供託した主たる事務所の最寄りの供託所及びその所在地

２号－社員である旨、当該一般社団法人の名称、住所及び事務所の所在地並びに第64条の７第２項の供託所及びその所在地

出題履歴
H21.34- 3
H24.33- 4
H25.29- 4
H25.36- 2
H30.28- ウ

（1）取引の相手方が、営業保証金や弁済業務保証金の還付を受ける場合を考慮した規定である。したがって、**売主や貸主も還付を受ける可能性があるので、説明の相手方に含まれる**。「供託金」の額とか「書面の交付」や「宅地建物取引士による説明」は不要である。

R 2 (10).37- イ

一般的規制4（37条書面）

重要ポイント

1．37条書面の交付

Point 交付の方法

交付時期	契約が成立したときは、遅滞なく
交付者	宅建業者が
交付場所	どこでもよい
交付相手	売主・買主、貸主・借主等に
交付方法	宅地建物取引士の記名押印のある37条書面を交付

2．37条書面の内容

（1）必要的記載事項（必ず記載）

	売買		貸借	
	宅地	建物	宅地	建物
① 当事者の氏名（法人の場合は名称）及び住所	○	○	○	○
② 宅地・建物を特定するために必要な事項（所在等）	○	○	○	○
③ 既存の建物であるときは、建物の構造耐力上主要な部分等の状況について当事者の双方が確認した事項	×	○	×	×
④ 代金・交換差金・借賃の額、支払時期、支払方法	○	○	○	○
⑤ 宅地・建物の引渡し時期	○	○	○	○
⑥ 移転登記の申請時期	○	○	×	×

（2）任意的記載事項（定めがある場合にのみ記載）

	売買		貸借	
	宅地	建物	宅地	建物
①　代金・交換差金・借賃以外の金銭の授受に関する定めがあるときは、その額並びに当該金銭の授受の時期及び目的	○	○	○	○
②　契約の解除に関する定めがあるときは、その内容	○	○	○	○
③　損害賠償額の予定又は違約金に関する定めがあるときは、その内容	○	○	○	○
④　当該宅地又は建物の種類・品質に関して契約の内容に適合しない場合におけるその不適合を担保すべき責任又は当該責任の履行に関して講ずべき保証保険契約の締結その他の措置についての定めがあるときは、その内容	○	○	×	×
⑤　代金又は交換差金についての金銭の貸借のあっせんに関する定めがある場合においては、当該あっせんに係る金銭の貸借が成立しないときの措置	○	○	×	×
⑥　天災その他不可抗力による損害の負担に関する定めがあるときは、その内容	○	○	○	○
⑦　当該宅地又は建物に係る租税その他の公課の負担に関する定めがあるときは、その内容	○	○	×	×

1 37条書面の交付

重要度A

成立した契約内容を確認し、事後の争いを防止するために、一定の記載をした書面の交付を業者に義務づけている。

1　概要

条文・原則

宅地建物取引業者は、宅地又は建物の売買、交換、貸借に関する契約が成立したときは、遅滞なく、契約内容を記載した書面（37条書面）を契約の相手方又は契約の両当事者等に交付しなければならない（37条）。

（1）**交付時期**は、契約の成立後、遅滞なくである。

（2）**交付の相手方**は、①業者が契約当事者である場合は、**その相手方**、②業者が代理をした場合は、**依頼者（本人）**と**相手方**、③業者が媒介をした場合は、**契約の両当事者**である。

（3）**交付場所**は、特に限定されていない。

（4）37条書面と契約書とは本来別個のものであるが37条に掲げる事項（下記2の記載事項）が記載された契約書であれば、当該契約書をもって37条書面とすることができる。

2　記載事項

37条書面には、必ず記載をしなければならない必要的記載事項と、**定めがある場合（特約をした場合）にのみ**記載をしなければならない任意的記載事項がある。

H28.30- 3

講師からのアドバイス
複数業者による媒介の場合、一部の業者が37条書面を代表して作成したとしても、同書面の交付については、全ての業者が義務を負う。

出題履歴
H21.35- 2
H24.31- 1
H25.31- イ
H27.38- ア
H28.42- 4
H29.38- 1
H29.40- 4
H29.40- 2
H30.28- イ
R 2 (10).37- ア、- ウ
R 3 (10).41- ウ

講師からのアドバイス
重要事項説明書は、売主及び賃貸人に交付する必要はないが、37条書面は、売主及び賃貸人にも交付する必要がある。

講師からのアドバイス
たとえ当事者の同意があったとしても、37条書面の交付を省略してはならない。H21. 36- 4

2－1　必要的記載事項（必ず記載）　重要度A

出題履歴
H21.35- 3
H21.36- 3
H22.37- 3
H24.31- 3
H24.31- 4
H25.35- イ
H25.35- ウ
H26.40- ウ
H27.38- イ
H28.30- 1
H28.39- 3
H28.42- 2
H28.42- 1
H29.40- 1
H30.27- 4
H30.34- イ、- ウ
R 2 (10).33- 1、- 2
R 2 (10).37- エ

条文・原則

1　当事者の氏名（法人の場合は名称）及び住所（37条１項１号）
2　宅地又は建物を特定するために必要な事項（所在、地番等）（同２号）
3　既存の建物であるときは、建物の構造耐力上主要な部分等の状況について当事者の双方が確認した事項（同２号の２）
4　代金・交換差金・借賃の額、支払時期、支払方法（同３号）
5　宅地又は建物の引渡し時期（同４号）
6　移転登記の申請時期（同５号）

（1）これらの事項は必ず記載しなければならないので、例えば、未完成建物の売買契約で、建物の完成時期が確定していない場合でも、引渡し時期を記載する必要がある。
　ただし、賃貸借の場合、賃借権設定登記の申請時期の記載は不要である。

（2）２について
　宅地建物を特定するために必要な表示について書面で交付する際、工事完了前の建物については、重要事項の説明の時に使用した図書を交付することにより行うものとする。　R 1.36- ア

（3）３について
　「当事者」とは、既存住宅の売買又は交換を締結した当事者（売買の場合、売主と買主）をいう。
　「当事者の双方が確認した事項」とは、原則として、建物状況調査等、既存住宅について専門的な第三者による調査が行われ、その調査結果の概要を重要事項として宅地建物取引業者が説明した上で契約締結に至った場合の当該「調査結果の概要」のことである。これを、37条書面に記載する。
　当事者双方が確認した事項がない場合は、確認した事項がない旨を記載する。
　貸借の場合には、**記載は不要**である。　H30.34- エ

（4）４について　H28.42- 2

宅建業法

代金の額、借賃の額の記載にあたり、消費税等相当額を明記しなければならない。

2－2　任意的記載事項（定めがある場合にのみ記載）

重要度A

条文・原則

1　代金・交換差金・借賃以外の金銭の授受に関する定めがあるときは、その額並びに当該金銭の授受の時期及び目的（同6号）
2　契約の解除に関する定めがあるときは、その内容（同7号）
3　損害賠償額の予定又は違約金に関する定めがあるときは、その内容（同8号）
4　当該宅地又は建物の種類・品質に関して契約の内容に適合しない場合におけるその不適合を担保すべき責任又は当該責任の履行に関して講ずべき保証保険契約の締結その他の措置についての定めがあるときは、その内容（同11号）
5　代金又は交換差金についての金銭の貸借のあっせんに関する定めがある場合においては、当該あっせんに係る金銭の貸借が成立しないときの措置（同9号）
6　天災その他不可抗力による損害の負担に関する定めがあるときは、その内容（危険負担）（同10号）
7　当該宅地又は建物に係る租税その他の公課の負担に関する定めがあるときは、その内容（同12号）

（1）**任意的記載事項**は、契約による定めがない場合は、記載する必要がないが、定めがある場合は、必ず記載する必要がある。
（2）4・5・7は、**貸借の場合**には、記載は不要である。
（3）1から5は、重要事項説明書の記載事項と共通である。ただし、重要事項説明書では、1について「時期」が不要である点、4について責任の履行措置の有無と概要に限られる点、5について「あっせんの内容」が必要である点が異なる。

出題履歴
H21.35- 4
H22.34- 1
H22.34- 2
H22.34- 3
H23.34- 3
H24.32- 3
H25.31- ウ
H25.35- オ
H25.36- 4
H26.40- ア
H26.40- エ
H26.42- ウ
H27.38- ア
H27.38- エ
H28.39- 2
H28.39- 4
H29.38- 3
H29.38- 4
H30.34- ア
R 1.34- 1、- 2、- 3
R 1.36- ウ、- エ
R 2 (10).33- 4
R 2 (12).35- イ、- ウ
R 3 (10).37- 3
R 3 (10).41- イ

講師からのアドバイス
重要事項説明書と37条書面の共通の記載事項は、①金(代金・借賃以外)②解③損④瑕⑤ローンと覚えよう。

講師からのアドバイス
手付金等の保全措置の概要は、重要事項説明書の記載事項であるが、37条書面の記載事項ではない。H24.31- 2、H29.38- 2

３　宅地建物取引士の記名押印

重要度Ａ

条文・原則

宅地建物取引業者は、契約成立後遅滞なく交付すべき書面（37条書面）を作成したときは、宅地建物取引士をして記名押印させなければならない（37条３項）。

（１）37条書面の作成・交付義務に違反した場合は、罰則の適用があり、**50万円以下の罰金**に処せられることがある。
（２）37条書面の**作成及び交付**は、宅地建物取引士でない者が行ってもよい。

出題履歴
H21.35- 1
H22.37- 2
H26.42- ア、イ
H28.42- 3
H30.29- 1
R 1.34- 4
R 2 (10).33- 3
H21.36- 1
H22.37- 1
H23.34- 2
H25.36- 3
H28.30- 4
R 3 (10).41- ア

講師からのアドバイス
37条書面については、重要事項説明書とは異なり、その説明の必要はない。
H26. 40- イ
H28. 41- 2

講師からのアドバイス
37条書面への記名押印については、宅地建物取引士が行えばよく、専任でない宅地建物取引士であってもかまわない。
H25. 44- ウ

「宅地」の売買の場合における35条書面記載事項と37条書面記載事項の比較

35条書面（重要事項説明書）記載事項		37条書面記載事項
【取引物件に関する事項】 ① 宅地の上に存する登記された権利の種類及び内容並びに登記名義人、又は、登記簿の表題部の所有者の氏名（法人の場合は名称） ② 都市計画法、建築基準法その他の法令に基づく制限で、契約内容の別に応じて政令で定めるものに関する事項の概要 ③ 私道負担に関する事項 ④ 飲用水・電気・ガスの供給施設、排水施設の整備状況。未整備の場合は整備見通し・特別負担事項 ⑤ 「未完成物件」の場合は、「完了時における形状・構造」等		【必要的記載事項】 ① 当事者の氏名（法人の場合は名称）及び住所 ② 宅地を特定するために必要な事項（所在等） ③ 代金の額、支払時期、支払方法 ④ 宅地の引渡し時期 ⑤ 移転登記の申請時期
【取引条件に関する事項】 ① 代金以外に授受される金銭の「額」と「目的」 ② 契約の解除に関する事項 ③ 損害賠償額の予定又は違約金に関する事項 ④ 種類・品質に関して契約内容に適合しない場合におけるその不適合を担保すべき責任の履行に関し保証保険契約の締結その他の措置を講ずるかどうか、及び講ずる場合の措置の概要 ⑤ 代金に関する金銭の貸借のあっせんの内容と、あっせんに係る金銭の貸借が成立しないときの措置 ※波線部分は37条書面では記載事項ではない。	共通の記載事項	【任意的記載事項】 ① 代金以外の金銭の授受に関する定めがあるときは、その額並びに当該金銭の授受の時期及び目的 ② 契約の解除に関する定めがあるときは、その内容 ③ 損害賠償額の予定又は違約金に関する定めがあるときは、その内容 ④ 当該宅地の種類・品質に関して契約の内容に適合しない場合におけるその不適合を担保すべき責任又は当該責任の履行に関して講ずべき保証保険契約の締結その他の措置についての定めがあるときは、その内容 ⑤ 代金についての金銭の貸借のあっせんに関する定めがある場合においては、当該あっせんに係る金銭の貸借が成立しないときの措置 ※波線部分は35条書面では記載事項ではない。
⑥ 手付金等の保全措置の概要 ⑦ 支払金又は預り金を受領する場合において、保全措置を講ずるかどうか、及び講ずる場合の措置の概要 【省令・府令等で定める特有の説明事項】 ① 当該宅地が宅地造成等規制法第20条第１項により指定された造成宅地防災区域内にあるときは、その旨 ② 当該宅地が土砂災害警戒区域等における土砂災害防止対策の推進に関する法律第６条第１項により指定された土砂災害警戒区域内にあるときは、その旨 ③ 当該宅地又は建物が津波防災地域づくりに関する法律第53条第１項により指定された津波災害警戒区域内にあるときは、その旨 【割賦販売の特例】 ① 現金販売価格 ② 割賦販売価格 ③ 引渡しまでに支払う金銭の額と賦払金（ぶばらいきん）の額並びにその支払の時期及び方法		⑥ 天災その他不可抗力による損害の負担に関する定めがあるときは、その内容（危険負担） ⑦ 当該宅地に係る租税その他の公課の負担に関する定めがあるときは、その内容

自ら売主規制 1

重要ポイント

1. 自ら売主規制の対象取引

Point 自ら売主規制の対象取引

●宅建業者 VS 宅建業者以外の人 の取引のみ
（売主）　　（買主）

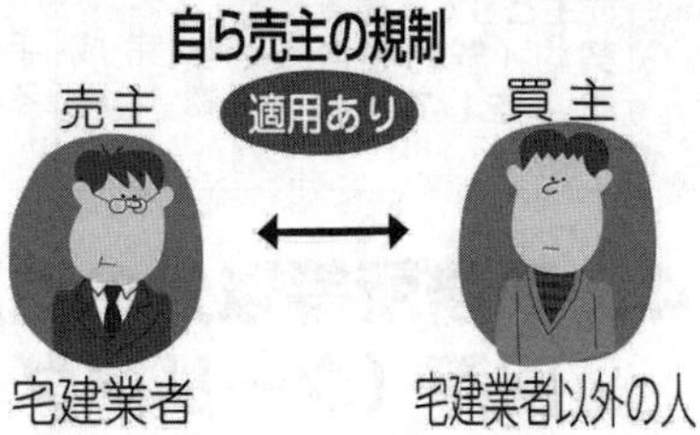

2. 概要

自ら売主　８つの規制

自己の所有に属しない物件の契約締結の制限	他人物の売買契約の禁止　他人が所有する物件の売買契約をしてはならない （仕入れが確実＝取得契約をしたら契約できる）
	未完成物件の売買契約の禁止　未完成の物件の売買契約をしてはならない （保全措置を講じたら契約できる）
クーリング・オフ	①宅建業者の事務所等 ②買主が申し出た自宅・勤務先 以外の場所で契約したら契約をキャンセルできる （解約書面を発信した時点でクーリング・オフ成立） ↓ 申込場所≠契約場所ならば 申込場所が基準 ↓ 業者が預かったお金（手付金等）は全額返還 業者からの損害賠償や違約金の請求不可
	タイムリミット　①クーリング・オフを書面で告知された日から起算して８日経過した ②引渡し かつ 代金全額支払 が終わった
損害賠償額の予定等の制限	損害賠償額の予定・違約金は　合わせて代金額の20%まで
手付額の制限等	手付の性質（解約手付）と額（代金額の20%まで）の制限
種類・品質に関する契約不適合責任の特約の制限	種類・品質に関する契約不適合責任について民法より不利な契約内容をしてはならない（「引渡しの日から２年以上」の責任追及期間だけは民法より不利でも許される）
手付金等の保全措置	未完成物件　代金額の５%または1,000万円 完成物件　代金額の10%または1,000万円 超えたら全額について保全措置 ↓ 保全措置後でないと手付金等を受け取ってはならない
割賦販売契約の解除等の制限	分割払い　支払いが遅れても必ず30日以上の期間を定めて書面で催告しなければならない（いきなり解除・残額請求はできない）
所有権留保等の禁止	分割払い 提携ローン 支払済額が30%を超えたら買主に移転登記しなければならない

3．自己の所有に属しない物件の売買契約締結の制限

Point 他人物売買等の禁止

<table>
<tr><td rowspan="3">原則</td><td rowspan="3">宅建業者は、自己の所有に属しない物件（宅地・建物）につき、自ら売主として、売買契約（予約を含む。）をしてはならない。</td><td rowspan="3">例外</td><td rowspan="2">他人所有物件</td><td>他人物につき、取得契約（予約を含む。停止条件付きは不可。）をしていれば契約できる。</td></tr>
<tr><td>国土交通省令・内閣府令で定める場合も契約できる。</td></tr>
<tr><td>未完成物件</td><td>手付金等の保全措置を講じる場合又は保全措置を講じる必要がない例外に該当する場合には契約できる。</td></tr>
</table>

4．事務所等以外の場所でした買受けの申込みの撤回等（クーリング・オフ）

Point クーリング・オフ　申込みと契約締結の場所が異なる場合

基準 買受けの申込場所	契約締結場所	クーリング・オフの可否
事務所等	事務所等以外	不可
事務所等以外	事務所等	可

<table>
<tr><td rowspan="3">事務所等</td><td>①当該宅建業者の事務所（本店・支店・営業所）
※ 売主業者から一団の宅地・建物の分譲の代理・媒介の依頼を受けた他の業者の施設を含む。</td></tr>
<tr><td>②一人以上の専任の宅地建物取引士の設置義務のある下記の場所（一部省略）
ア.事務所以外で継続的業務ができる施設
イ.一団の宅地・建物の分譲を行う案内所
ウ.業者が事務所等で説明後、展示会等の催しを実施する場所
※ 売主業者から一団の宅地・建物の分譲の代理・媒介の依頼を受けた他の業者の施設を含む。
※ イ・ウは土地に定着するものに限る。</td></tr>
<tr><td>③買主が自ら申し出た自宅又は勤務先</td></tr>
</table>

Point クーリング・オフ　その他のポイント

撤回等ができなくなるとき	① 書面で、申込みの撤回等ができる旨及びその方法を告知された日から起算して8日経過したとき ② 買主が、当該物件の「引渡し」を受け、かつ、「代金全額」を支払ったとき
撤回等の効力発生時期及び効果	書面により、撤回等の意思表示を発した時 → 撤回等の効力発生 ↓ ①業者 － 損害賠償・違約金の請求不可 ②業者 － 速やかに、既に受領した手付金等の返還が必要
特約	以上の点につき、申込者等に不利な特約は無効

「自ら売主の規制」は、業者が自ら売買する場合、しかも、**売主になる場合にのみ**、守らなければならない規制である。

よって、業者が代理や媒介を行う場合は、適用されない。

また、「自ら売主の規制」（**全部で８つ**ある。）は、買主も業者であるときは（**業者間の売買**には）、適用されない。

1 自己の所有に属しない物件の売買契約締結の制限

理解する

自己の所有に属しない物件の売買を許すと、契約をした後に目的物を買主に引き渡すことができず、買主が損害を被る危険性がある。そこで、これを禁止したのである。

1　他人物売買の禁止

重要度B

条文・原則

宅地建物取引業者は、他人の所有に属する宅地又は建物につき、自ら売主として、売買契約（予約を含む。）を締結してはならない。

ただし、当該宅地又は建物を取得する契約（予約を含み、契約の効力の発生が条件に係るものを除く。）を締結しているとき等は、例外として売買契約を締結できる（33条の２第１号）。

宅建業法

出題履歴
H21.31-ア
H26.31-イ
H27.34-１
R１.27-ア

（１）「取得する契約」の典型例は、売買契約である。そして、「取得する契約」は予約でもよいので、所有者と売買予約を締結した業者は、当該物件を自ら売主として売買できる。

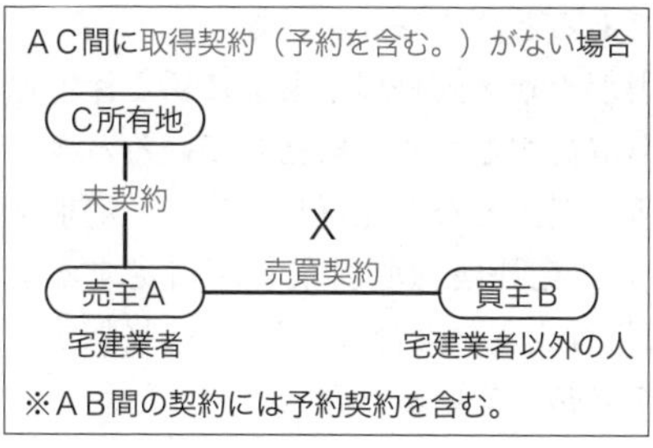

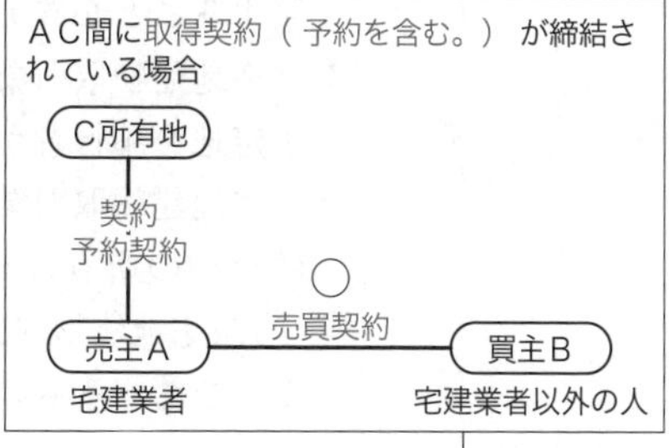

R 1.35- 1

（2）「契約の効力の発生が条件に係るもの」とは、いわゆる**停止条件付**契約のことである。したがって、所有者と停止条件付売買契約を締結した業者は、当該物件を売買できない。

たとえば、Cが、代替地の取得を条件に、自己所有の宅地を業者Aに売買する契約をした場合、Aは自ら売主として、当該宅地をBに売買できない（売買予約もできない。）。

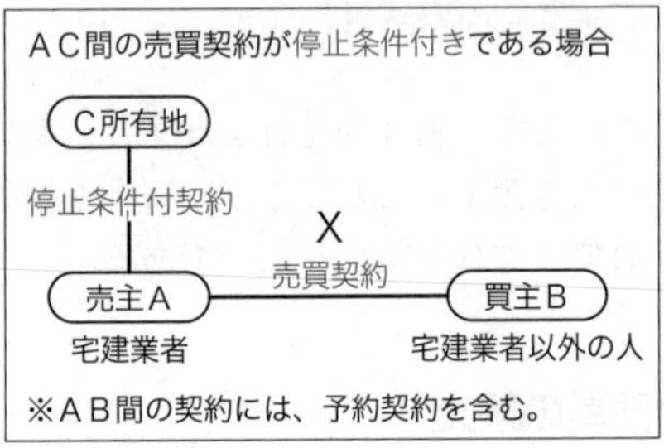

H21.31- イ
H22.40- 4

（3）「取得する契約」が締結されていれば、代金の支払、移転登記、引渡しがなされていなくても、また、予約完結権を行使するまでの間であっても、売買できる。

（4）「取得する契約」が締結されていなくても、「業者が所有者から当該宅地又は建物を取得できることが明らかな国土交通省令・内閣府令で定める一定の場合」は、売買できる。国土交通省令・内閣府令で定める一定の場合とは、以下のとおりである（規則15条の6）。

① 宅地建物取引業者が許可を受けた開発行為等又は宅地建物取引業者が施行する新住宅市街地開発事業の進捗状況からみて、国又は地方公共団体が所有する従前の公共施設用地が付け替えにより、当該宅地建物取引業者に帰属することが確実であると認められるとき。

② 宅地建物取引業者が土地区画整理事業等に係る保留地予定地を施行者から取得する契約を締結しているとき。

③ 宅地建物取引業者が買主となる売買契約等で、宅地又は建物の所有権を当該宅地建物取引業者が指定する者（当該宅地建物取引業者を含む場合に限る。）に移転することを約するものを締結しているとき。

2　未完成物件の売買の禁止

重要度B

条文・原則

宅地建物取引業者は、未完成物件につき、講ずべき手付金等の保全措置を講じなければ、自ら売主として、売買契約（予約を含む。）を締結してはならない（33条の2第2号）。

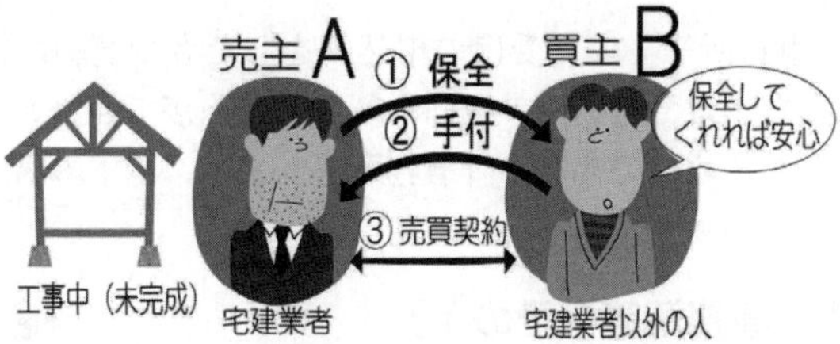

講師からのアドバイス
手付金等の保全措置とは、引渡し・登記前に支払われた代金充当金を保全する措置のこと。
H21.31-ウ

3　業者間の適用除外

重要度A

条文・原則

「自己の所有に属しない物件の売買契約締結の制限」は、業者間の売買契約には適用されない（78条2項）。

出題履歴
H28.41- 3

（1）所有者と「取得する契約」を締結していなくても、買主も業者であれば、業者は自ら売主として、当該物件を売買できる。

（2）しかし、買主が業者でない場合、所有者と「取得する契約」を締結していなければ、たとえ所有者が業者であっても、業者は自ら売主として当該物件を売買できない。

2 事務所等以外の場所でした買受けの申込みの撤回等

いわゆる**クーリング・オフ**のことである。購入意思が不安定なまま（冷静な判断ができない状態で）、申込みや契約締結をした消費者を保護するため、一定期間内に限り、白紙撤回や無条件解除を認める制度である。

宅建業法

1 概説

理解する

条文・原則

出題履歴
R 2 (10).40- イ

宅地建物取引業者が自ら売主となる宅地又は建物の売買契約において、「事務所等」以外の場所で、買受けの申込みをした者又は売買契約の締結をした買主は、申込みを撤回し又は契約を解除することができる（37条の2第1項）。

（1）「事務所等」で買受けの申込みをした者や契約の締結をした買主は、申込みの撤回や契約の解除ができない。**クーリング・オフできない「事務所等」**とは、以下の場所である。

1－1 事務所等（その1）

重要度A

条文・原則

出題履歴
H24.37- 4
H30.37- イ
H20.39- 1
H29.31- ア

以下の場所は、「事務所等」である。
1 当該宅建業者の事務所
2 相手方（購入者）が、その自宅又は勤務する場所において、宅地又は建物の売買契約に関する説明を受ける旨を申し出た場合にあっては、その自宅又は勤務する場所（規則16条の5第2号）

H22.38- 4
H25.34- 3
R 1.38- ウ

（1）事務所に関しては、売主業者から、宅地又は建物の売買の代理・媒介の依頼を受けた他の業者の事務所も含まれる。

H30.37- ウ

（2）業者の方から申し出た場合は、購入者の自宅又は勤務先であっても、事務所等ではない。

H23.35- ウ
H26.38- 2

（3）購入者から申し出た場合でも、自宅又は勤務先以外の場所（喫茶店等）は事務所等ではない。

１－２　事務所等（その２）

重要度Ａ

条文・原則

下記の場所で、１人以上の専任の宅地建物取引士の設置を義務づけられる場所は、事務所等である（規則16条の５第１号）。

１　事務所以外の場所で継続的に業務を行うことができる施設を有するもの
２　一団の宅地又は建物（10区画又は10戸以上を一団という。）の分譲を行う案内所（ただし、土地に定着する建物内に設けられるものに限る。）
３　売主業者（売主業者から売買の代理・媒介の依頼を受けた他の業者を含む。）が「事務所等（土地に定着する建物内のものに限る。）」で契約に関する説明をした後、展示会等の催しを実施する場所（ただし、土地に定着する建物内に設けられるものに限る。）
４　売主業者から一団の宅地又は建物の分譲の代理・媒介の依頼を受けた他の業者の案内所（ただし、土地に定着する建物内に設けられるものに限る。）
５　売主業者から宅地又は建物の売買の代理・媒介の依頼を受けた他の業者の事務所以外の場所で継続的に業務を行うことができる施設を有するもの

出題履歴
R２(10).40- エ
R２(12).39- ４

（１）分譲の場合のモデルルームやモデルハウスは、ここでいう案内所にあたり、クーリング・オフができない。しかし、テント張りの案内所や仮設の案内所（**土地に定着していない**）で契約した場合は、クーリング・オフができる。

出題履歴
H25.34- ４
R ２(12).39- １、- ３

（２）実際に専任の宅地建物取引士が設置されていなくても、標識（ひょうしき）を掲示していなくても、また、設置の届出をしていなくても、上記の場所で契約をするとクーリング・オフができない。

（３）買主が買受けの申込みをした場所と売買契約を締結した場所が**異なる場合**は、買受けの申込場所を基準にして、クーリング・オフの可否を考えればよい。

H22.38- １
H26.38- ３
R２(12).39- ２

宅建業法

まとめ

買受けの申込場所	契約締結場所	クーリング・オフの可否
事務所	テント張り案内所	できない
ホテル	事務所	できる
買主申出の勤務先	料亭	できない
売主申出の自宅	喫茶店	できる
テント張り案内所	事務所	できる

(例)

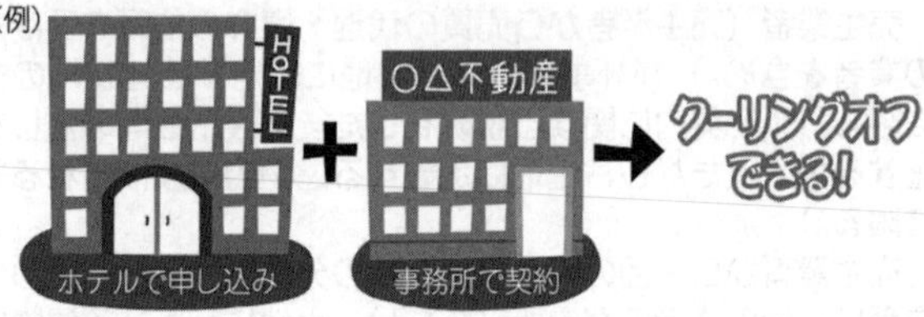

2　事務所等以外でも撤回・解除できない場合　重要度A

条文・原則

以下のいずれかの場合は、事務所等以外の場所で、買受けの申込み又は売買契約の締結をしても、申込みの撤回又は契約の解除はできない（37条の2第1項)。

1　申込者又は買主が、申込みの撤回又は契約の解除を行うことができる旨及びその方法を書面で告げられた日から起算して8日を経過したとき。

2　申込者又は買主が、宅地又は建物の引渡しを受け、かつ、代金の全額の支払をしたとき。

出題履歴
H20.39- 2
H25.34- 2
R 1 .38- イ
R 2 (10).40- ア
R 3 (10).39- 2
H20.39- 4
H21.37- 3
H22.38- 2
H24.37- 1、- 2
H25.34- 4
H26.38- 1
H27.34- 3
H28.44- 2

(1) 業者が告知をしなければ、前記1に該当することはない。しかし、その場合でも、前記2に該当すれば、クーリング・オフできない。

まとめ

事務所等で行われた申込み・契約締結 ― クーリング・オフできない

事務所等以外で行われたもの ┬ 原則クーリング・オフできる
└ 例外クーリング・オフできない
① クーリング・オフ書面告知後起算して８日経過
又は
② 引渡し＋代金全額支払

講師からのアドバイス
なお、業者に告知義務はない。告知しなければ、８日の起算が始まらず、業者が不利益を受けるだけだからである。

講師からのアドバイス
引渡しと代金全額支払の両方が行われた場合でないと、クーリング・オフが制限されないことに注意。登記の移転は関係ない。

３　申込みの撤回等の効力発生時期

重要度 A

条文・原則

申込みの撤回等は、書面で行わなければならず、書面を発した時にその効力が生ずる（37条の２第２項）。

（１）意思表示は、到達した時に効力を生ずるのが原則であるが、買主保護のために発信時に効力を生ずるとしたのである。告げられた日から起算して**８日以内に**書面で発信すれば、８日経過後に到達しても、クーリング・オフが認められる。なお、その書面の書式については特に定められていない。

出題履歴
H20.39- 3
H21.34- 1
H22.38- 3
H27.39- 1
H28.44- 3
H29.31- イ
H30.37- ア
R 3 (10).39- 3

４　撤回等の効果

重要度 A

条文・原則

1　申込みの撤回等が行われたときは、業者は申込者等に対し、受領した手付金その他の金銭を速やかに返還しなければならない（37条の２第３項）。
2　申込みの撤回等により損害を被っても、業者は損害賠償や違約金の請求はできない（同１項）。

出題履歴
H23.35- イ
H25.34- 1
H28.44- 4
R 2 (10).32- 2
H20.40- 3
H23.35- ア
H27.34- 4
H28.44- 4
R 1.38- ア
R 3 (10).39- 1

宅建業法

（1）クーリング・オフ制度は、買主保護が目的であるから、買主に損害賠償等の負担を一切させないのである。

（2）申込証拠金なども返還しなければならない。また、契約費用を手付金から控除（相殺）することも許されない。

5　特約の効力

重要度B

条文・原則

前記1から4に反する特約で、買受けの申込者又は買主に不利なものは、無効である（37条の2第4項）。

出題履歴
H24.37- 3
H26.38- 4
H27.34- 4
R 2 (10).40- ウ

（1）たとえば、申込みの撤回等の書面が到達した時に、その効力を生ずるという特約は無効である。これに対し、クーリング・オフ期間を10日に延長するなどの買主に有利な特約は、そのまま有効となる。

6　業者間の適用除外

重要度A

条文・原則

買主も業者である場合は、クーリング・オフ制度の適用はなく、業者である買主は、クーリング・オフができない（78条2項）。

自ら売主規制2

重要ポイント

1. 損害賠償額の予定等の制限

Point 損害賠償額の予定等の制限

●損害賠償額の予定をし、又は違約金を定めるときは、合算額は、代金額の2/10を超えてはならない。
●損害賠償額の予定と違約金の合算額が代金額の2/10を超える場合には、2/10を超える部分が無効となる。
※全額無効となるわけではない。

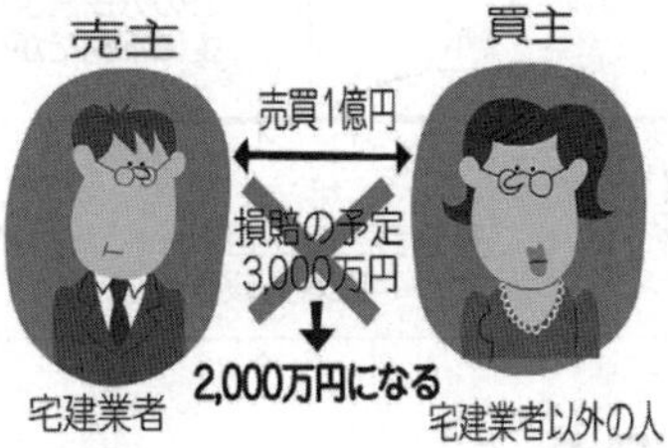

2. 手付の額の制限等

Point 手付の額の制限等

●代金額の2/10を超える額の手付を受領してはならない。
●買主から受領する手付は、すべて解約手付としての性質を有する。
解約手付は、相手方が契約の履行に着手するまでは、買主は手付放棄、売主は手付の倍額を現実に提供して契約を解除できる。

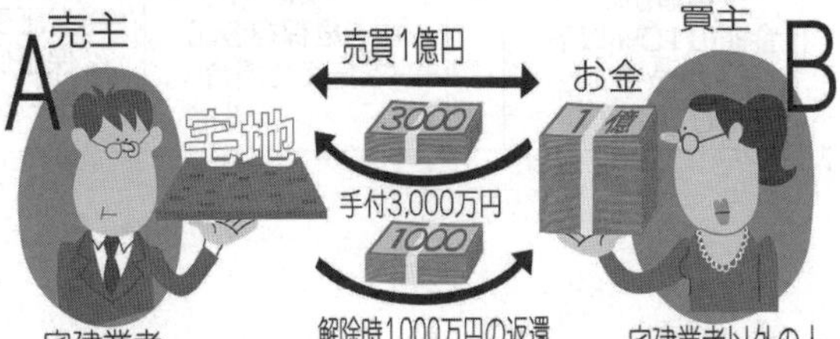

3．種類・品質に関する契約不適合責任の特約の制限

Point 種類・品質に関する契約不適合責任の特約の制限

●売主の種類・品質に関する契約不適合責任に関し、
①民法の規定より買主に不利な特約をしてはならない。

↓

②ただし、責任追及のための通知期間を「目的物の引渡しの日から２年以上」となる特約は有効。

↓

③上記②に反する特約（ｅｘ.引渡しから１年等）は、①の民法の規定通り（不適合を知った時から１年以内にその旨を売主に通知）になる。

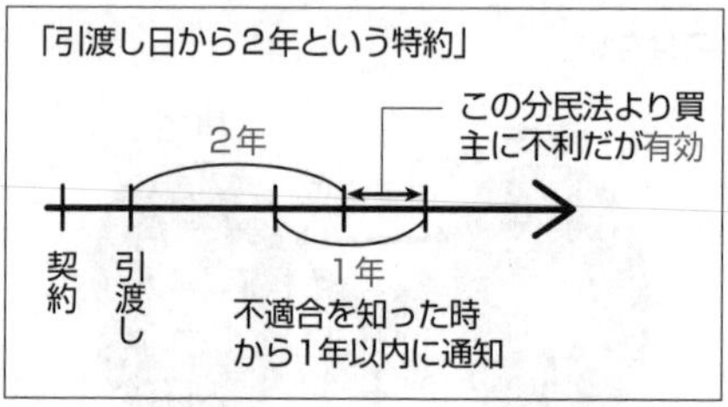

4．手付金等の保全

Point 手付金等の保全

	保全措置が不要な場合			保全措置の方法
未完成物件	受領額が、 代金額の５％以下 かつ 1,000万円以下	又は	買主が 所有権移転登記 又は 所有権保存登記 を備えた場合	①保証委託契約 ②保証保険契約
完成物件	受領額が、 代金額の10％以下 かつ 1,000万円以下	又は	買主が 所有権移転登記 又は 所有権保存登記 を備えた場合	①保証委託契約 ②保証保険契約 ③手付金等寄託契約等

５．割賦販売契約の解除等の制限

Point 割賦販売契約の解除等の制限

●賦払金の支払いがない場合には、30日以上の相当の期間を定めて書面で催告しなければ、「契約の解除」、「期限未到来分」の支払請求はできない。

６．所有権留保等の禁止

Point 所有権留保等の禁止

●割賦販売契約において、引き渡すまでに、登記その他引渡し以外の売主の義務を履行しなければならない。
●次の場合には、所有権留保（登記を売主名義にしておくこと）ができる。
　①売主が支払いを受けた額の合計額が、代金額の3/10を超えない場合。
　②買主が残代金債務を担保するため、「抵当権」や「不動産売買の先取特権」の登記を申請し、又は「保証人」を立てる見込みがないとき。

1 損害賠償額の予定等の制限

1　概要

重要度A

出題履歴
H20.40-2
H21.37-1
H22.39-1、-2
H22.40-2
H23.37-3
H25.38-イ
H28.28-エ
H29.31-ウ
R3(10).42-3、-4

条文・原則

宅地建物取引業者が、自ら売主となる宅地又は建物の売買契約において、当事者の債務不履行（さいむふりこう）による契約の解除に伴う損害賠償額の予定をし、又は違約金を定めるときは、その合算額は、代金額の2/10を超えてはならない（38条1項）。

（1）当事者間に、損害賠償額の予定又は違約金の**特約がない**ときは、民法の原則通り、損害額を立証して損害賠償請求が（代金の2/10を超えても）できる。

合算額によるから、代金1億円に対し、損害賠償額の予定2,000万円、違約金1,000万円とする特約は違反である。

2　特約の効力

重要度A

出題履歴
H24.38-イ
H27.36-ア

条文・原則

上記1に反する特約は、代金額の2/10を超える部分について無効となる（38条2項）。

（1）たとえば、代金1億円の契約において、3,000万円の損害賠償額の予定をした場合、予定賠償額は2,000万円となる。

講師からのアドバイス
全額無効となるわけではない。

3　業者間の適用除外

重要度A

出題履歴
H23.39-1
H24.38-ア
H27.39-3
H30.29-2

条文・原則

損害賠償額の予定等の制限は、業者間の売買契約には適用されない（78条2項）。

2 手付の額の制限等

1　手付額の制限

重要度A

条文・原則

宅地建物取引業者が、自ら売主となる宅地又は建物の売買契約の締結に際して、代金額の２/10を超える額の手付を受領してはならない（39条１項）。

（1）手付の額が高額になると、買主が手付による解除をしにくくなるので、制限を設けた。

（2）代金の２/10を超える額の手付を交付した買主は、代金の２/10だけ放棄すれば、手付による解除ができる。

出題履歴
H20.41- 3
H21.39- 4
H21.40- 3
H27.36- イ
H30.29- 3

講師からのアドバイス
手付金等保全措置を講じたからといって、代金額の20%を超える手付金を受け取ることができるというものではない。
H16.45- 3

事 例

業者Aが自己の宅地を１億円でBに売買するに際し、Bから3,000万円の手付金を受領した場合、Bは、2,000万円を放棄すれば、手付による解除ができ、代金の２/10を超える部分の1,000万円については、Aに対して、不当利得による返還請求をすることができる。

2　解約手付（かいやくてつけ）の性質

重要度A

条文・原則

宅地建物取引業者が、自ら売主となる宅地又は建物の売買契約の締結に際し、買主から受領する手付は、すべて解約手付としての性質を有する（39条２項）。

出題履歴
H22.39- 3、4
H23.37- 1
H29.28- エ
R 1.37- 2
R 2 (10).32- 1

（1）解約手付とは、**相手方が契約の履行に着手するまでは**、手付の交付者（買主）は手付を放棄し、手付の受領者（売主）は手付の倍額を現実に提供し、無条件で契約を解除できるものとして、交付する手付である。

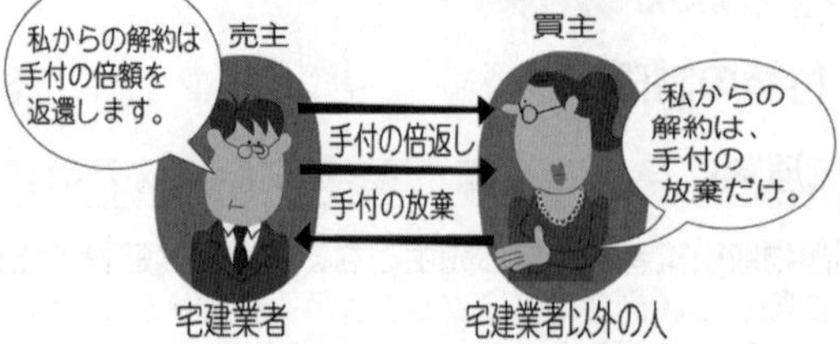

（2）手付解約を認めないとする特約を結んでも、無効であり、手付解約ができる。

3　特約の効力

重要度A

条文・原則

前記2に反する特約で、買主に不利なものは、無効である(39条3項)。

出題履歴
H25.38- ウ
H26.31- ウ
H27.40- ア

（1）売主業者は受領した手付を返還すれば、契約を解除することができるとする特約は、買主に不利であり無効である。

H21.37- 2

（2）買主の手付放棄による契約の解除ができる期限について、金融機関から買主の住宅ローンの承認が得られるまでとする旨の定めは、売主業者が契約の履行に着手していない場合においても、金融機関の承認が得られた時から、買主は手付解除ができなくなるため、買主に不利であり無効である。

H20.40- 1

（3）買主が手付の半額を放棄すれば、解除できるとする特約や売主業者が手付による解除をするには、手付の3倍にあたる額を買主に返還しなければならないとする特約は、買主に有利であるため有効である。

H22.40- 3

（4）売主業者が契約の履行に着手しても、履行を終了するまでは、買主は手付による解除ができるという特約も、買主に有利であるため有効である。

4　業者間の適用除外

重要度A

条文・原則

手付の額の制限等は、業者間の売買契約には適用しない（78条２項）。

出題履歴
H20.41- 4

3 種類・品質に関する契約不適合責任の特約の制限

1　概要

重要度A

条文・原則

1　宅地建物取引業者は、自ら売主となる宅地又は建物の売買契約において、売主の種類・品質に関する契約不適合責任に関し、「民法の規定よりも買主に不利な特約」をしてはならない。
2　ただし、種類・品質に関する契約不適合責任を追及するための通知期間について「目的物の引渡しの日から２年以上」となる特約は、買主に不利になる場合があるが有効である（40条１項）。

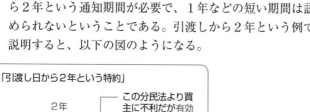

出題履歴
H21.40- 4
H23.37- 4
H24.39- 1、- 3
H26.31- ア
H29.27- ア
H30.29- 4
R 2（10）.42- 1、- 4
H23.37- 4

（1）種類・品質に関する契約不適合責任に関する**民法の規定**は以下の通りである。

請求できる権利	損害賠償請求・契約の解除 追完請求・代金減額請求
責任追及期間	契約不適合を知った時から１年以内に通知

講師からのアドバイス
民法の規定は、必ず、権利関係テキストで復習しておこう。

（2）「引渡しの日から２年以上」とは、最低でも引渡しから２年という通知期間が必要で、１年などの短い期間は認められないということである。引渡しから２年という例で説明すると、以下の図のようになる。

H22.40- 1

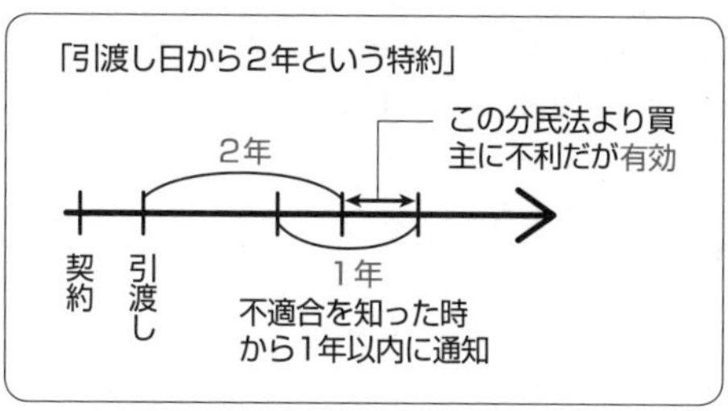

宅建業法

2 特約の効力

重要度A

条文・原則

前記1に反する特約は、無効である（40条2項）

出題履歴
H20.40- 4
H21.38- ア、-ウ
H25.38- ア
H27.34- 2
H27.39- 2、- 4
R 1.27- イ

H24.39- 4
H29.27- ウ

H29.27- イ

（1）買主は、損害賠償請求をすることができないとする特約や契約を解除することができないとする特約は、無効である。

（2）売主業者が契約締結前に、建物の種類・品質に関する契約不適合の存在について説明した場合、説明した不適合については、すでに、「契約の内容に適合していない」とはいえなくなっている。そのため、売買契約において説明した種類・品質に関する契約不適合について種類・品質に関する契約不適合責任を負わないとする特約は有効である。

（3）契約の解除をすることができるのは、種類・品質に関する契約不適合により契約をした目的が達成できないときに限るとする特約は、民法では催告による解除も認められるため、無効である。

3 業者間の適用除外

重要度A

条文・原則

種類・品質に関する契約不適合責任の特約の制限は、業者間の売買契約には適用しない（78条2項）。

出題履歴
H23.39- 4
H24.39- 2

４ 手付金等の保全

業者が倒産等により、契約を履行できなくなった場合に、買主が業者に支払った手付金等だけでも、確実に買主に返還するための配慮である。

１　原則

重要度A

条文・原則

宅地建物取引業者が、自ら売主となる宅地又は建物の売買契約において、業者は、保全措置を講じた後でなければ、手付金等を受領してはならない（41条１項本文、41条の２第１項本文）。

出題履歴
H20.41- 3
H21.39- 2、- 3
H22.41- エ
H24.34- ア
H25.40- 2
H26.33- 2
H28.28- ア
H28.43- イ
R 1.37- 1

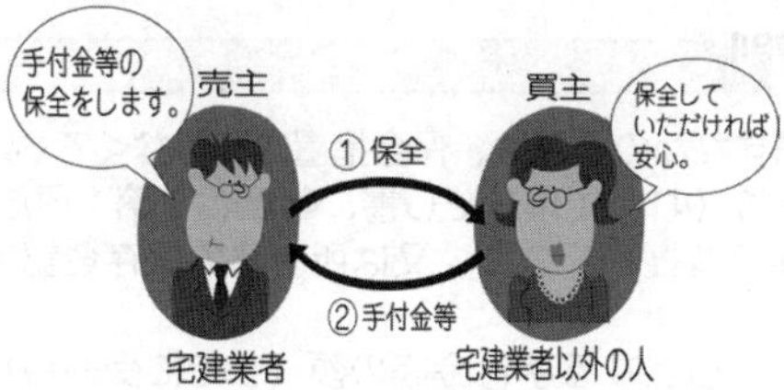

（１）**手付金等**とは、手付、内金、中間金等名義のいかんを問わず**代金**の全部又は一部に**充当される金銭**で、売買**契約の締結以後**、目的物の**引渡し前**までに支払われるものをいう。

したがって、引渡し以後に支払われる金銭については、保全不要となる。

H25.40- 4
R 1.37- 4
R 2 (10).42- 2

宅建業法

講師からのアドバイス
契約締結前に支払われる申込証拠金も、契約締結後に代金に充当すると、その時点で保全措置の対象となる。H23.38-3、H24.34-イ
引渡しと同時に支払われる金銭は、手付金等に含まれない。

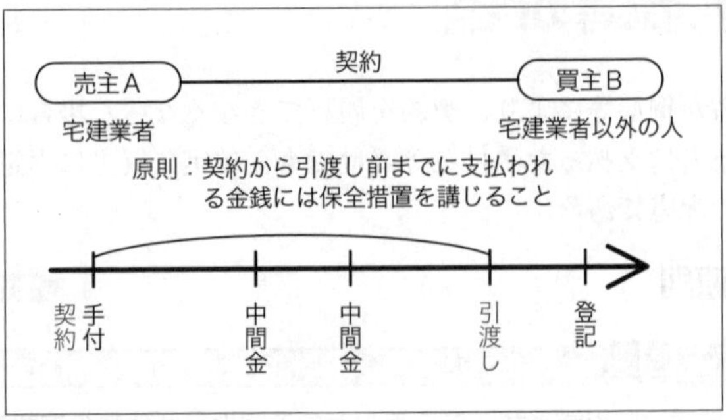

2　例外

重要度A

条文・原則

以下のいずれかの場合は、保全措置を講じなくても、手付金等を受領できる（41条1項ただし書、41条の2第1項ただし書）。
1　買主が所有権移転登記、又は所有権の保存登記を備えた場合。
2　受領しようとする手付金等の額（すでに受領した額も加える。）が、
「未完成物件の場合」は、代金額の5％以下かつ1,000万円以下
「完成物件の場合」は、代金額の10％以下かつ1,000万円以下
である場合。

出題履歴
H20.41-1
H20.41-2
H22.41-ウ
H23.37-2
H23.38-4
H24.38-ウ
H26.33-2
H26.33-3
H26.33-4
H27.36-ウ
H28.28-イ
H28.43-ウ
H30.38-1、-2
R1.37-3
R2(10).32-4
R3(10).42-2

（1）保全措置が必要な額かどうかは、**すでに受領した額も加えて判断**しなければならない。
（2）保全措置の対象となる額は、上記2の額を超える部分だけではなく、既に受け取った額や受け取ろうとする額の全額である。たとえば、完成物件を1億円で売買し、1,500万円の手付金を受領する場合は、500万円だけでなく、1,500万円全部について、保全措置を講じなければならない。
（3）「代金」及び「手付金等」において、不動産取引について課されるべき消費税に相当する額については一般に代金の一部に含まれるものとして取り扱われることから、いずれも消費税込みの金額で計算する。

事例

たとえば、**価格１億円**の**未完成物件**の場合
→保全措置なしに受け取れる手付金等は500万円（代金額の５％）まで

申込 ▽　契約締結 ▽　中間金 ☆　登記 ↓　引渡し ↓

申込証拠金を50万円支払い　手付、内金として300万円支払い、かつ、申込証拠金を代金充当扱いにした。

上記の場合、売主業者は、150万円（500万円－350万円）までなら☆の時点で中間金として、保全措置を講じないで受け取れる。

150万円を超える額を受け取ろうとするなら、保全措置が必要（この場合、保全措置は、超える額につきのみ必要なのではなく、既に受け取った額と受け取ろうとする額の全額につき必要である。）。

そして、保全措置を講じておかなければならない期間は、破線の部分。

講師からのアドバイス
宅地の造成又は建築に関する工事が完了しているか否かについては、売買契約時において判断する。H27.40-ウ、H28.43-エ

３　保全措置の方法

重要度B

条文・原則

未完成物件の場合は下記１、２のどちらかの、完成物件の場合は下記１から３までのどれか１つの保全措置を講じることができる（41条、41条の２）。

1. 業者と銀行、信用金庫その他政令で定める金融機関等との間における保証委託契約の締結
2. 業者と保険事業者との間における保証保険契約の締結
3. 業者と国土交通大臣が指定する指定保管機関との間における寄託契約等の締結

出題履歴
H27.40-イ

（１）保証委託契約は、**金融機関等としなければならず**、友人に保証人になってもらうことはできない。

保証委託契約では、金融機関等に連帯保証人になってもらう必要があり、通常の保証人ではだめである。

H22.41-イ

宅建業法

（2）**保証委託契約の方法**

銀行、信用金庫その他政令で定める**金融機関**又は**国土交通大臣が指定する者**（「銀行等」）との間において、宅地建物取引業者が受領した手付金等の返還債務を負うこととなった場合において当該銀行等がその債務を**連帯して保証**することを委託する契約（「保証委託契約」）を締結し、かつ、当該保証委託契約に基づいて当該銀行等が手付金等の返還債務を連帯して保証することを約する**書面を買主に交付**することが必要である。なお、この書面に代えて、買主の承諾を得た上で、磁気ディスクの交付等でもよい。

このとき、保証委託契約は、銀行等が次の各号に掲げる要件に適合する保証契約を買主との間において成立させることを内容とするものでなければならない。

講師からのアドバイス
保証保険契約の場合も、保険金額が宅建業者が受領しようとする手付金等の額に相当する金額であり、保険期間が、少なくとも保証保険契約が成立した時から宅建業者が受領した手付金等に係る宅地又は建物の引渡しまでの期間であることが要件となっている。H23.38- 2

H23.38- 1
H30.38- 4

1号	保証債務が、少なくとも宅地建物取引業者が受領した手付金等の返還債務の全部を保証するものであること。
2号	保証すべき手付金等の返還債務が、少なくとも宅地建物取引業者が受領した手付金等に係る宅地又は建物の引渡しまでに生じたものであること。

（3）**保証保険契約の方法**

保険事業者との間において、宅地建物取引業者が受領した手付金等の返還債務の不履行により買主に生じた損害のうち少なくとも当該返還債務の不履行に係る手付金等の額に相当する部分を当該保険事業者がうめることを約する保証保険契約を締結し、かつ、保険証券又はこれに代わるべき**書面を買主に交付**する。

（4）未完成物件の場合は、指定保管機関による保管措置の方法を採用できない。

出題履歴
H27.40- イ

H25.40- 1
H30.38- 3

4　保全措置を講じない場合

重要度 B

条文・原則

宅地建物取引業者が、必要な保全措置を講じない場合は、買主は手付金等の支払を拒むことができる（41条４項、41条の２第５項）。

出題履歴
H22.41- ア
H28.43- ア

5　業者間の適用除外

重要度 A

条文・原則

手付金等の保全措置の規定は、業者間の売買契約には適用しない（78条２項）。

出題履歴
H20.41- 4
H25.40- 3
H26.33- 1
R 2 (10).42- 3

5　割賦販売契約の解除等の制限

1　概要

重要度 B

条文・原則

宅地建物取引業者は、自ら売主となる宅地又は建物の割賦販売契約において、賦払金の支払義務が履行されない場合には、30日以上の相当の期間を定めて書面で支払を催告しなければ、「契約の解除」又は「期限未到来分」の支払請求はできない（42条１項）。

◆期限未到来分の支払請求
割賦販売契約は分割払いであるが、買主の債務不履行によって、未だ期限の到来していないはずの残債務（残代金）についても一括で支払えということ。

出題履歴
H23.39- 2
H28.29- エ
R 2 (10).32- 3

（１）民法上、履行遅滞（りこうちたい）による解除をするには、「相当の期間」を定めて「催告」（口頭でもよい。）をする必要がある。これを、**宅建業法**は、「相当の期間」を**30日以上**に、催告は**必ず書面**とすることに、それぞれ制限した。

講師からのアドバイス
催告には書面が要求されているが、契約の解除には書面が要求されているわけではない点に注意。

2　特約の効力

重要度 B

条文・原則

前記１に反する特約は、無効である（42条２項）。

3　業者間の適用除外

重要度A

条文・原則

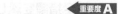

割賦販売契約の解除等の制限は、業者間の売買契約には適用しない（78条2項）。

6 所有権留保等の禁止

1　所有権留保の禁止

1－1　原則

理解する

条文・原則

宅地建物取引業者は、自ら売主となる宅地又は建物の割賦販売契約においては、当該宅地又は建物を買主に引き渡すまでに、登記その他引渡し以外の売主の義務を履行しなければならない（43条1項本文）。

（1）売買契約をすると、所有権が売主から買主へ移転するが、代金の全額支払前に所有権が買主に移転すると、売主は不安である。そこで、当事者間の特約で、一定の時期まで、売主に所有権を留保することがある（**登記を売主名義のままにしておく**。）。これを所有権留保という。しかし、これをされると、買主は、業者が倒産したような場合には、せっかく購入した宅地･建物を業者の債権者にもっていかれてしまう。そこで、宅建業法は、買主を保護するため、業者が自ら売主のときは、これを原則として禁止した。

１－２　例外

重要度Ａ

条文・原則

以下の場合は、所有権留保ができる（43条１項）。
1　売主である業者が支払を受けた金銭の合計額が、代金額の３/10を超えない場合。
2　買主が、残代金債務を担保するために、「抵当権」や「不動産売買の先取特権（さきどりとっけん）」の登記を申請し、又は「保証人」を立てる見込みがないとき。

出題履歴
H21.37- 4
H23.39- 3
R 3 (10).42- 1

（1）残代金の額が多額の場合や、残代金の支払に不安がある場合に、売主を保護するため、所有権留保を認めたのである。

２　業者間の適用除外

重要度Ａ

条文・原則

所有権留保等の禁止の制限は、業者間の売買契約には適用しない（78条２項）。

報酬

重要ポイント

1. 報酬に関する規制（売買・交換）

Point 売買・交換の報酬の限度額

① 400万円超	代金額×3%＋6万円	× 1.1（課税事業者の場合）
② 200万円超～400万円以下	代金額×4%＋2万円	
③ 200万円以下	代金額×5%	

※交換の場合は、評価額が高い方の物件の価額を基準に計算する。

上記の計算で算出された額の意味するところは…

イ　媒介の場合、媒介依頼者の一方から受領できる限度額である。
ロ　代理の場合、代理依頼者から2倍額まで受領できる。
ハ　1つの取引で受領できる総額は2倍額が限度である。
　　（複数業者の場合でも）

2. 報酬に関する規制（貸借）

Point 貸借の報酬の限度額

●媒介の場合	依頼者の双方から受領できる限度額の総額は、借賃の1.1か月分 ただし、居住用建物の場合は、依頼者の一方から受領できる限度は、原則として、借賃の1.1か月分の1/2となる。
●代理の場合	依頼者から受領できる限度額は、借賃の1.1か月分 ただし、相手方からも受領するときは、双方からの受領額の合計が、1.1か月分以内でなければならない。
●権利金の特例（宅地又は非居住用建物に限る。）	権利金（権利の設定の対価として、支払われる金銭で返還されないもの）の授受があったときは、権利金を売買代金とみなして、報酬額を計算できる。

1 報酬に関する規制

1　報酬額の規制

理解する

宅地建物取引業者が**媒介や代理を行った場合**には、依頼者から報酬を受領できるが、その額は、以下のように制限されている。

この場合、媒介・代理した**契約が成立**すれば、報酬を請求することができる。

よって、宅地建物取引業者が依頼を受け、契約を成立させて、その間に因果関係があれば、報酬を請求することができる。ただし、たとえ契約が不成立に終わったときでも、**特に依頼者から依頼**されて**特別の広告**を行った場合には、その広告の料金に相当する額を依頼者から受け取ることは認められる。

2 売買・交換における報酬の限度額

1　売買の媒介

重要度A

条文・原則

宅地建物取引業者（課税事業者）が売買の媒介をした場合に、「依頼者の一方」から受領できる報酬の限度額は、以下の計算により算出された金額に消費税（消費税＋地方消費税＝10％）を上乗せした額である。

1　代金額が400万円を超える場合は、「代金額×３％＋６万円」
2　代金額が200万円を超え400万円以下の場合は、「代金額×４％＋２万円」
3　代金額が200万円以下の場合は、「代金額×５％」

※なお、ここでの「代金額」は、消費税（消費税＋地方消費税）を含まない額である。

出題履歴

H21.41
H24.35
H25.37
H28.33- ア

◆免税事業者

報酬限度額計算における消費税の上乗せ額は、4%である。

事例

宅建業者C（課税事業者）がAから媒介の依頼を受け、A所有の価額1,000万円（消費税を含まない。）の建物について、Bを買主とする売買契約を成立させた場合のCが受領できる報酬の限度額は、以下のとおりである。

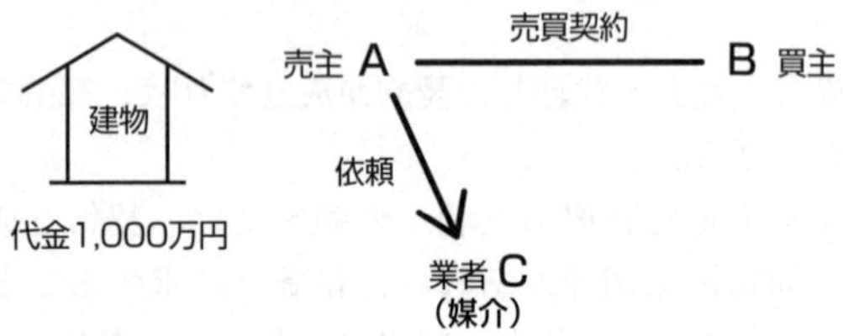

Cは、Aから、
(1,000万円×３%＋６万円) ×1.1＝39万6,000円を受領できる。

この場合において、CがBからも媒介の依頼を受けていた場合には、Bからも39万6,000円を限度に報酬を受領することができる。

（1）**正式な計算方法**は、代金額を３つの部分に分けて、

① ０円から200万円までの部分に**５%**

② 200万円を超え400万円までの部分に**４%**

③ 400万円を超える部分に**３%**

をそれぞれ乗じて、これらの**合計額**を算出し、その金額に消費税分を上乗せする。

事例

たとえば、売買代金が1,000万円であれば、依頼者の一方から受領できる限度額は、200万円×５%＋200万円×４%＋600万円×３%＝36万円となり、これに消費税（消費税＋地方消費税＝10%）分を上乗せして、39万6,000円となる。

2　交換の媒介

重要度B

条文・原則

宅地建物取引業者が交換の媒介をした場合に、「依頼者の一方」から受領できる報酬の限度額は、「評価額が高い方の物件の価額」を基準に、「売買の媒介の場合と同様の計算」をして求める。

講師からのアドバイス

交換の場合
当該交換に係る宅地建物の価額に差があるときは、いずれか多い価額

事例

たとえば、1,000万円の評価額の建物と、900万円の評価額の建物を交換する契約の媒介をした業者（課税事業者）が、依頼者の一方から受領できる限度額は、（1,000万円×３％＋６万円）×1.1＝39万6,000円となる。

3　売買の代理

重要度A

条文・原則

1　宅地建物取引業者が売買の代理をした場合、依頼者から受領できる報酬の限度額は、「売買の媒介の場合に、依頼者の一方から受領できる額」の「２倍以内」である。
2　ただし、相手方からも受領する場合は、依頼者と相手方の双方から受領する合計額が、上記１の限度となる。

出題履歴
H24.35
R 1.32- 1

事例１

事例

宅建業者Ｃ（課税事業者）がＡから代理の依頼を受け、Ａ所有の価額1,000万円（消費税を含まない。）の建物について、Ｂを買主とする売買契約を成立させた場合のＣが受領できる報酬の限度額は、以下のとおりである。

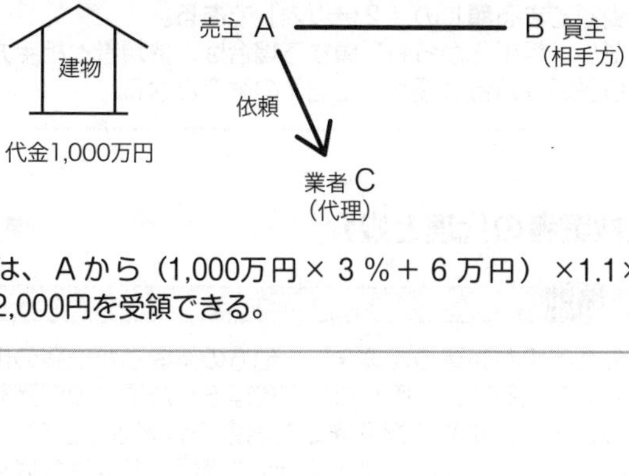

Ｃは、Ａから（1,000万円×３％＋６万円）×1.1×２＝79万2,000円を受領できる。

事例２

事 例

宅建業者Ｃ（課税事業者）がＡから代理の依頼を受け、Ｂから媒介の依頼を受け、Ａ所有の価額1,000万円（消費税を含まない。）の建物について、Ｂを買主とする売買契約を成立させた場合のＣが受領できる報酬の限度額は、以下の①～③の３つの条件をすべて満たしていなければならない。

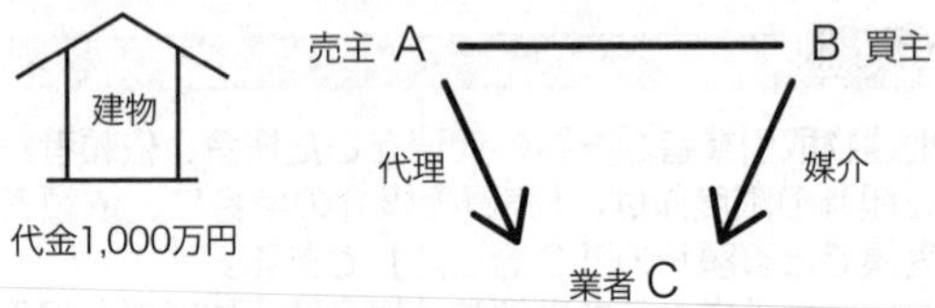

①Ｂから受領できる報酬額は、39万6,000円以内
②Ａから受領できる報酬額は、79万2,000円以内
③ＡＢ双方から受領できる報酬額の合計は、79万2,000円以内

4　交換の代理

参考

条文・原則

1　宅地建物取引業者が交換の代理をした場合、依頼者から受領できる報酬の限度額は、「交換の媒介の場合に、依頼者の一方から受領できる額」の「２倍以内」である。
2　ただし、相手方からも受領する場合は、依頼者と相手方の双方から受領する合計額が、上記１の限度となる。

5　複数業者の代理と媒介

重要度Ａ

条文・原則

一方の業者甲が売買の代理をし、他方の業者乙が売買の媒介をした場合の報酬額は、①甲が単独で代理をした場合の報酬額を守り、かつ、②乙が単独で媒介をした場合の報酬額を守り、かつ、③両者の受領額の合計が、代理報酬額の範囲内でなければならない。

出題履歴
H20.43- 4
H24.35- ア、- イ、- ウ
H25.37- ア、- イ
H26.37- イ
H27.33- ア
R 2 (10).30- 1
R 3 (10).44- 2

事例

宅建業者甲（課税事業者）がAから代理の依頼を受け、宅建業者乙（課税事業者）がBから媒介の依頼を受け、A所有の価額3,000万円（消費税を含まない。）の建物について、Bを買主とする売買契約を成立させた場合の甲及び乙が受領できる報酬の限度額は、以下の①～③の３つの条件をすべて満たしていなければならない。

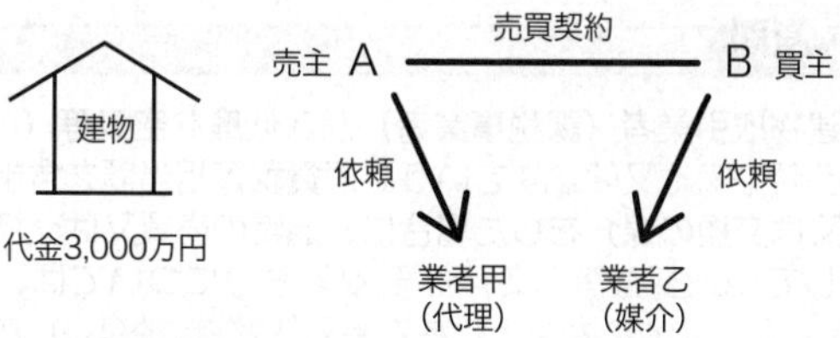

①甲がAから受領できる上限は、
（3,000万円×３％＋６万円）×1.1×２＝211万2,000円である。
②乙がBから受領できる上限は、
（3,000万円×３％＋６万円）×1.1＝105万6,000円である。
③甲と乙の受領額の合計は、
（3,000万円×３％＋６万円）×1.1×２＝211万2,000円以内である。
以上、①、②、③のすべてを守らなければならない。

3 低廉な空家等の売買・交換における報酬計算の特例

重要度A

R 1.32- 1

低廉な空家等について媒介をする場合、現地調査等の費用を要するものは、従来の報酬額の上限に加えて、当該費用を売主等から受領することができる。

◆平成30年法改正

空家の流通等を促進する観点から、現地調査費用について報酬額の特例を設けた。

条文・原則

宅地建物取引業者（課税事業者）が、低廉な空家等（400万円以下の金額の宅地又は建物をいう。消費税等相当額を含まない。）の売買又は交換の媒介をした場合に、通常の売買又は交換の媒介と比較して現地調査等の費用を要するものについては、依頼者（空家等の売主又は交換を行う者である依頼者に限る。）から受領できる報酬の限度額（消費税等相当額を含む。）は、「2 1売買の媒介又は2 2交換の媒介の規定により計算した金額」と「当該現地調査等に要する費用に相当する額」を合計した額である。ただし、当該依頼者から受ける報酬の限度額は18万円の1.1倍（19万8,000円）以内でなければならない。

H30.31
R 3 (10).44- 3

（1）「低廉な空家等」とは、**400万円（消費税等相当額を含まない。）以下の宅地又は建物のこと**であり、空家に限らない。

（2）上記規定に基づき宅地建物取引業者が受けることのできる報酬は、空家等の売主又は交換を行う者である依頼者から受けるものに限られ、当該空家等の買主又は交換の相手方から受ける報酬については、「売買又は交換の媒介に関する報酬額」を限度とする（解釈・運用）。

（3）当該現地調査等に要する費用に相当する額とは、**人件費等を含む**ものであり、宅地建物取引業者は、媒介契約の締結に際し、**あらかじめ**報酬額について、空家等の売主又は交換を行う者である依頼者に対して説明し、両者間で合意する必要がある（解釈・運用）。

事例

宅建業者C（課税事業者）がAから媒介の依頼を受け、A所有の価額200万円（消費税等を含まない。）の空家について、Bを買主とする売買契約を成立させた場合、CがAから受領できる報酬の限度額は、以下のとおりである。なお、現地調査費用は５万円（消費税等を含まない。）とする。

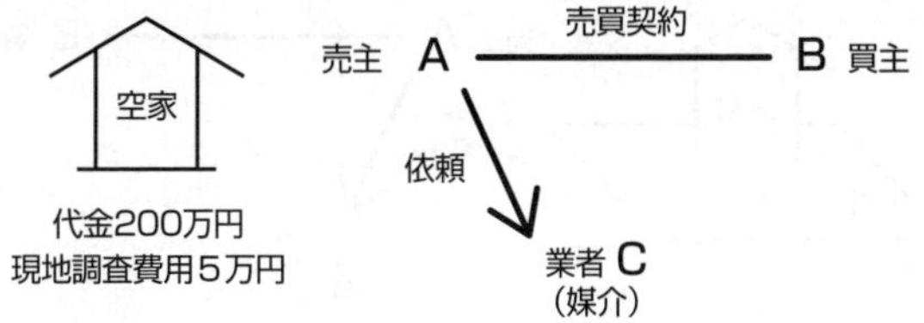

① （200万円×５％）×1.1＝11万円
② 現地調査費用５万円×1.1＝55,000円
③ ①＋②＝16万5,000円
④ ③ ≦ 18万円×1.1＝19万8,000円　　∴③16万5,000円

この場合、CがBからも媒介の依頼を受けていた場合は、Bは売主ではないため、Bからは、（200万円×５％）×1.1＝11万円を限度に報酬を受領することになる。

4 売買代金及び賃料における消費税の考え方

土地・建物の取引と消費税

	土地	建物	
		居住用	非居住用
売買	×	○	○
賃貸借	×	×	○

×…消費税がかからない。

◆納税義務者

事業者は、国内において行った課税資産の譲渡等につき、消費税を納める義務がある（消費税法５条１項）。

講師からのアドバイス

報酬の問題を解く際、土地の売買や賃貸及び居住用建物の賃貸の場合には、消費税を考慮する必要はないが、建物の売買や非居住用建物の賃貸の場合には、問題文に消費税に関する記載があれば、それを考慮して計算しなければならない。

宅建業法

出題履歴
H21.41

事　例

宅建業者C（課税事業者）が売主Aから媒介の依頼を受けて、A所有の土地付建物について、Bを買主とする売買契約を成立させた。この土地付建物の代金が6,200万円（うち、土地代金は4,000万円）で、消費税額及び地方消費税額を含んでいた場合、Cが受領できる報酬の限度額は、以下のとおりである。

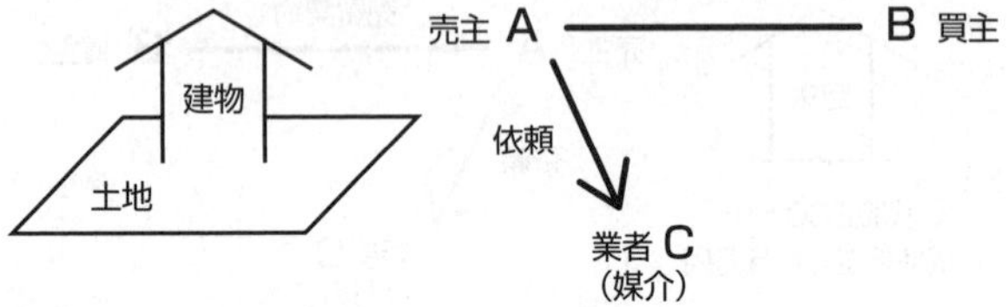

土地付建物代金6,200万円（うち、土地代金は4,000万円）

土地付建物の代金は6,200万円であり、そのうち土地代金は4,000万円であるから、建物の価額は、6,200万円－4,000万円＝2,200万円である。

建物の価額については消費税が含まれるので、消費税分を差し引いた建物本体価額は、2,200万円÷1.1＝2,000万円となる。

一方、土地代金は非課税であるので、報酬額の算定となる土地付建物代金は4,000万円＋2,000万円＝6,000万円である。

したがって、Cは、Aから（6,000万円×３％＋６万円）×1.1＝204万6,000円を受領できる。

5 貸借における報酬の限度額

1　貸借の媒介

重要度 A

出題履歴
H22.42- 3
H23.40- 1
H26.37- ウ
H27.33- ウ
H29.26- 4
H30.30- 1
R 2 (12).34- 3
R 2 (10).44- 4

条文・原則

1　宅地建物取引業者（課税事業者）が貸借の媒介をした場合に、依頼者の双方から受領する限度額の総額は、借賃の1.1か月分（借賃の１か月分に消費税10%を課した額）以内でなければならない。

2　ただし、居住用建物の貸借の場合は、依頼者の一方から受領できる報酬の限度額が、原則として、借賃の0.55か月分（借賃の1.1か月分の１／２）となる。

依頼者の承諾を媒介の依頼を受ける時にあらかじめ得ているときは、この限りではない。

※なお、ここでの「借賃」は、消費税（消費税＋地方消費税）を含まない額である。

（1）当該媒介が**使用貸借に係わるもの**であるときには、当該宅地又は建物の通常の借賃をいう（以下同じ。）。
（2）上記1においては、依頼者の双方から受領する報酬の合計額が借賃の1.1か月分以内であれば、依頼者の双方からどのような割合で報酬を受けてもよく、また、依頼者の一方のみから報酬を受けることもできる。
（3）上記2における依頼者の承諾とは、媒介の依頼を受けるに当たって得ておくことが必要であり、依頼後に承諾を得ても、ここにいう承諾とはならない。

H20.43- 2
R 1.32- 2
R 2 (10).30- 4
H20.43- 1
R 2 (10).30- 2

事例

たとえば、店舗の賃貸借の媒介をした業者（課税事業者）は、賃料が20万円（消費税を含まない。）の場合、依頼者の双方からの受領額の合計が22万円以内であればよい。よって、一方から13万円、他方から9万円を受領してもよい。
しかし、居住用建物の賃貸借の媒介をした業者（課税事業者）は、賃料が20万円の場合、原則として、依頼者の一方から11万円しか受領できない。

2　貸借の代理

重要度A

条文・原則

1　宅地建物取引業者が貸借の代理をした場合に、依頼者から受領できる報酬の限度額は、「借賃の1.1か月分」である。
2　ただし、相手方からも受領するときは、双方からの受領額の合計が「借賃の1.1か月分」以内でなければならない。

出題履歴
H23.40- 2

3　権利金の特例

重要度A

条文・原則

宅地又は建物（居住用建物を除く。）の賃貸借に際し、権利金（権利の設定の対価として支払われる金銭で返還されないもの）の授受があったときは、権利金を売買代金とみなして、報酬額を計算できる。

出題履歴
H20.43- 3
H22.42- 4
H23.40- 3
H27.33- イ
H28.33- ウ
H29.26- 1
H30.30- 2
R 2 (10).30- 3
R 3 (10).44- 1

事例

宅建業者C（課税事業者）が、賃貸人A及び賃借人Bから媒介の依頼を受けて、借賃月額20万円、権利金（権利設定の対価として支払われる金銭で返還されないもの）300万円で、A所有の店舗用建物の賃貸借契約を成立させた場合の報酬限度額は以下のとおりである。なお、借賃及び権利金には、消費税相当額を含まないものとする。

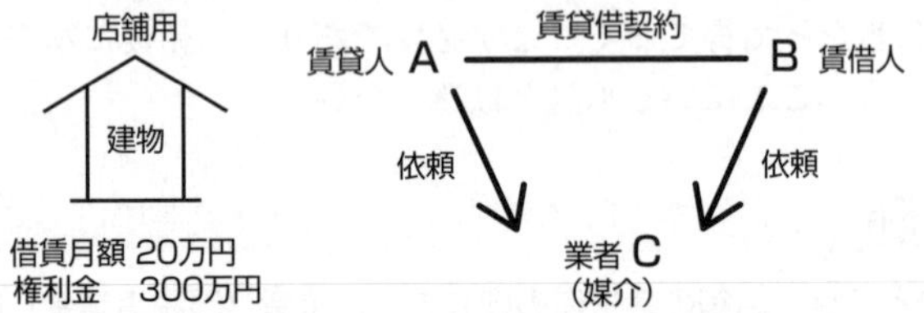

権利金の特例を使うと、300万円の建物の売買を媒介したと考えることができるので、Cは、A及びBから、それぞれ（300万円×４％＋２万円）×1.1＝15万4,000円、合計で30万8,000円を受領することができる。この額は、借賃の1.1か月分の22万円より高額であるから、この設例の場合のCが受領できる報酬限度額は、30万8,000円となる。

講師からのアドバイス

貸借の報酬問題がでたら、目的物が居住用建物かどうかチェックすること。居住用建物であれば、①借賃の１か月分の1/２ずつしか（媒介の場合）、原則として、受領できないし、②権利金の特例も使えないからである。

出題履歴
H28.33- ウ

（1）居住用建物の場合は、権利金の特例は使えない。

（2）契約終了時に返還される金銭（たとえば敷金）は、ここでの権利金にあたらない。

4　再契約の報酬

重要度B

出題履歴
H30.30- 4

定期建物賃貸借の再契約に関して宅地建物取引業者が受けることのできる報酬についても、新規の契約と同様に規制される。

6 報酬に関するその他の規制

1 前記以外の報酬受領の禁止 重要度A

条文・原則

宅地建物取引業者は、前記2及び4による以外の報酬を受領してはならない。ただし、依頼者の依頼に基づいて行う広告料金、及び限度額に上乗せされる消費税額は受領できる。

（1）**依頼者の特別の依頼**（遠隔地における現地調査等）により支出を要する特別の費用で、**事前に依頼者の承諾**があるものも受領できる。
この場合、**契約が成立しなかった場合も**受領できる。
（2）この限度額を超えて受領した場合は、**100万円以下の罰金**に処せられることがある。

出題履歴
H22.42- 2
H23.36- 3
H24.35- エ
H26.37- ア
H23.40- 4
H25.37- ウ
H28.33- ア、イ
H29.26- 2
H29.43- エ
H30.30- 3
R 1.30- ウ
R 1.32- 4
R 2(12).34- 1、- 4
R 3(10).30- イ

2 報酬額の掲示 重要度A

条文・原則

宅地建物取引業者は、その事務所ごとに、公衆の見やすい場所に国土交通大臣の定める報酬額を掲示しなければならない（46条4項）。
なお、ここに掲示する報酬額は、消費税を含む金額となる（総額表示）。

（1）この違反は、50万円以下の罰金である。

出題履歴
H21.42- 1
R 3(10).29- 3

3 報酬額を超える受領の禁止 重要度A

条文・原則

宅地又は建物の売買、交換又は貸借の代理又は媒介に関して、国土交通大臣の定める額を超えて報酬を受け取ることはできない（46条2項）。

（1）この違反は、100万円以下の罰金となる。

出題履歴
H29.26- 3

その他の規制

重要ポイント

1. その他の規制

Point その他の規制

不当な履行遅延の禁止･･･ 宅建業者は、宅地・建物の登記、引渡し、対価の支払を不当に遅延させてはならない。
守秘義務････････････････ 宅建業者やその従業者等は、正当な理由がなければ、業務上知った秘密を他に漏らしてはならない。
重要事項不告知の禁止･･･ 重要な事項について、故意に事実を告げず又は不実のことを告げる行為をしてはならない。
不当に高額な報酬要求の禁止･･･ 不当に高額の報酬を要求する行為はしてはならない。
手付貸与等の禁止････････ 手付について貸付けその他信用の供与を行い、契約の締結を誘引する行為はしてはならない。
断定的判断の提供等の禁止･･断定的判断の提供行為、威迫行為等をしてはならない。

2. 事務所・案内所に関する規制

Point 事務所・案内所に関する規制

		標識	報酬額の掲示	帳簿・従業者名簿	専任の宅地建物取引士	50条2項の届出
事務所	本店	○	○	○	5人に1人以上	×
	支店	○	○	○		×
案内所	申込・契約を行う案内所	○	×	×	1人以上	○ 業務開始10日前
	申込・契約を行わない案内所	○	×	×	×	×

※標識の記載事項　専任の宅地建物取引士の設置が必要な場所では、その専任の宅地建物取引士の氏名
代理・媒介を行う場合には、依頼者（売主等）の名称
クーリング･オフの適用のある場所においては、その旨

Point 従業者名簿と帳簿

	備置場所	保存期間	ポイント
従業者名簿	事務所ごと	最終の記載をした日から10年間	請求があれば、閲覧させる。 宅地建物取引士であるか否かの別も記載 非常勤役員、アルバイトも記載
帳簿	事務所ごと	各事業年度の末日に閉鎖し、その後５年間（自ら売主となる新築住宅に係るものは、10年間）	取引のあったつど、記載する。

※従業者証明書　従業者証明書を携帯させなければ、業務に従事させてはならない。
請求があったときは、従業者証明書を提示しなければならない。
（宅地建物取引士証をもって、これに代えることはできない）

1 不当な履行遅延の禁止

重要度B

出題履歴
H24.40- ア
H26.41- 3

条文・原則

宅地建物取引業者は、業務に関してなすべき宅地又は建物の登記、引渡し、取引に係る対価の支払を、不当に遅延させてはならない（44条）。

（1）正当な理由があるときは、遅延しても、違反にならない。

（2）この違反は、「**6月以下の懲役**もしくは100万円以下の罰金又はこれらの併科」である。

2 守秘義務

重要度A

出題履歴
H24.40- イ
R 1.27- ウ
R 2 (12).36
R 3 (10).40- 4

講師からのアドバイス
正当な理由には、右の他、裁判の証人として証言を求められたときや、依頼者本人の承諾があったときなどがある。

◆親告罪
公訴の提起に**告訴が必要**である犯罪をいう。

条文・原則

1　宅地建物取引業者は、正当な理由がなければ、業務上取り扱ったことについて知り得た秘密を他に漏らしてはならない。宅地建物取引業を営まなくなった後も同様である（45条）。

2　宅地建物取引業者の使用人その他の従業者は、正当な理由がなければ、宅地建物取引業の業務を補助したことについて知り得た秘密を他に漏らしてはならない。使用人その他の従業者でなくなった後も同様である（75条の2）。

（1）正当な理由（取引の相手方に対して、秘密事項について説明義務がある場合等）があれば、秘密を漏らしても違反にならない。

（2）守秘義務違反は**親告罪**（しんこくざい）である。

（3）この違反は、**50万円以下の罰金**である。

3 業務に関する禁止事項（その１） 重要度A

条文・原則

宅地建物取引業者は、その業務に関し、相手方等に対し、下記の行為をしてはならない（47条）。

1　宅地もしくは建物の売買、交換もしくは貸借の契約の締結について勧誘をするに際し、又はその契約の申込みの撤回もしくは解除もしくは宅地建物取引業に関する取引により生じた債権の行使を妨げるため一定の事項について、故意（こい）に事実を告げず、又は不実のことを告げる行為

2　不当に高額の報酬を要求する行為

3　手付について貸付けその他信用の供与をすることにより、契約の締結を誘引（ゆういん）する行為

出題履歴
H28.34- 1

H20.38- 4
H23.41- ア
H24.34- ウ
R 2 (12).40- 2、- 4

（1）1について

一定の事項とは、以下の事項をいう。

① 重要事項説明事項（35条）
② 供託所等に関する説明事項
③ 契約書面記載事項（37条）
④ ①～③の他、宅地もしくは建物の所在、規模、形質、現在もしくは将来の利用の制限、環境、交通等の利便、代金、借賃等の対価の額もしくは支払方法その他の取引条件又は当該宅地建物取引業者もしくは取引の関係者の資力もしくは信用に関する事項であって、宅地建物取引業者の相手方等の判断に重要な影響を及ぼすこととなるもの

この違反は、**２年以下の懲役**もしくは**300万円（法人１億円）以下の罰金**又はこれらの**併科**である。

講師からのアドバイス
故意に35条重要事項説明をしない場合、35条違反であるとともに、47条違反にもなる。過失で35条重要事項説明をしない場合、35条違反にはなるが、47条違反にはならない。

H20.38- 1
H30.40- ウ

（2）2について

不当に高額の報酬を**要求すれば**、たとえ受領しなくても、又はその後受領した額が受領限度額内でも違反となる。

この違反は、**１年以下の懲役**もしくは**100万円以下の罰金**又はこれらの**併科**である。

H23.41- エ
R 2 (12).34- 2

宅建業法

H21.40- 1
H26.43- 1
H28.29- イ
H29.34- 3
H30.40- ア

H29.34- 4

H24.41- ウ
H27.41- ウ
H29.34- 1
H30.40- イ
R 3 (10).43- ア

（3）3について

手付金を分割払いにしたり、**約束手形で手付金を受領する行為も信用の供与にあたる。**

また、手付につき信用を供与して契約締結の誘引行為を行えば、たとえ契約が成立しなくても違反となる。相手方が業者でも違反となる。

この違反は、**6月以下の懲役**もしくは**100万円以下の罰金**又はこれらの**併科**である。

なお、手付に関し銀行との間の金銭の貸借のあっせんをすることや、当初提示した手付金額より減額することを条件として契約の締結を誘引しても、当該規定には違反しない。

4 業務に関する禁止事項（その2）

1 断定的判断の提供行為の禁止

重要度 B

条文・原則

宅地建物取引業者又はその代理人、使用人その他の従業者（宅地建物取引業者等）は、契約の締結の勧誘をするに際し、相手方等に対し、利益を生ずることが確実であると誤解させるべき断定的判断を提供する行為をしてはならない（47条の2第1項）。

出題履歴

H26.43- 4
H27.41- イ
R 1.27- エ

講師からのアドバイス

実際に契約成立に至らなくても違反となる。

2 威迫行為の禁止

重要度 B

条文・原則

H27.43- 3

宅地建物取引業者等は、契約を締結させ、又は契約の申込みの撤回もしくは解除を妨げるため、相手方等を威迫（いはく）してはならない（47条の2第2項）。

3　その他の行為の禁止

重要度 B

条文・原則

宅地建物取引業者等は、前記１・２に定めるもののほか、宅地建物取引業に係る契約の締結に関する行為又は申込みの撤回もしくは解除の妨げに関する行為であって、国土交通省令・内閣府令等で定めるものをしてはならない（47条の２第３項、規則16条の12）。

具体的には、以下の行為が禁止されている。

1　宅地建物取引業に係る契約の締結の勧誘をするに際し、宅地建物取引業者の相手方等に対し、次に掲げる行為をすること。

（1）当該契約の目的物である宅地又は建物の将来の環境又は交通その他の利便について誤解させるべき断定的判断を提供すること。

（2）正当な理由なく、当該契約を締結するかどうかを判断するために必要な時間を与えることを拒むこと。

（3）当該勧誘に先立って宅地建物取引業者の商号又は名称及び当該勧誘を行う者の氏名並びに当該契約の締結について勧誘をする目的である旨を告げずに、勧誘を行うこと。

（4）宅地建物取引業者の相手方等が当該契約を締結しない旨の意思（当該勧誘を引き続き受けることを希望しない旨の意思を含む。）を表示したにもかかわらず、当該勧誘を継続すること。

（5）迷惑を覚えさせるような時間に電話し、又は訪問すること。

（6）深夜又は長時間の勧誘その他の私生活又は業務の平穏を害するような方法によりその者を困惑させること。

2　宅地建物取引業者の相手方等が契約の申込みの撤回を行うに際し、既に受領した預り金を返還することを拒むこと。

3　宅地建物取引業者の相手方等が手付を放棄して契約の解除を行うに際し、正当な理由なく、当該契約の解除を拒み、又は妨げること。

（1）３について

買主から手付放棄による契約解除の申出を受けた際、違約金の支払いを要求してはならない。

出題履歴

H20.38- 3
H24.32- 4
H24.41- イ
H27.41- ア
H28.34- 2
H24.41- ア
H26.43- 2
H29.28- ウ
H29.34- 2

H26.41- 2
H26.43- 3
H30.40- エ

H24.41- エ
H23.41- イ

H20.38- 2
H21.40- 2
H24.32- 1
H27.41- エ
H21.39- 1
H23.41- ウ
H28.34- 3
R 2 (12).40- 1、- 3
R 3 (10).43- イ・ウ・エ

5 宅地建物取引業の業務に関し行った行為の取消しの制限

重要度B

出題履歴
R 3 (10).40- 2

条文・原則

宅地建物取引業者（個人に限り、未成年者を除く。）が宅地建物取引業の業務に関し行った行為は、行為能力の制限によっては取り消すことができない（47条の3）。

6 従業者証明書（携帯・提示）

重要度A

出題履歴
R 1.40- 1

条文・原則

1 宅地建物取引業者は、従業者に対し、従業者証明書を携帯させなければ、業務に従事させてはならない（48条1項）。
2 従業者は、取引の関係者の請求があったときは、従業者証明書を提示しなければならない（同2項）。

H20.42- 4
H28.38- イ
R 2 (10).39- 4

（1）**従業者の範囲**について、代表者や非常勤の役員、アルバイトとして単に一時的に事務の補助をする者も含む。よって、これらの者も従業者名簿に記載する必要がある。

H21.43- 1
H25.41- 4
H29.37- 4
R 2 (10).39- 2

（2）宅地建物取引士証の提示をもって、従業者証明書の提示に代えることはできない。

（3）従業者証明書を携帯させることなく従業者を業務に従事させた場合、**50万円以下の罰金**に処せられる。

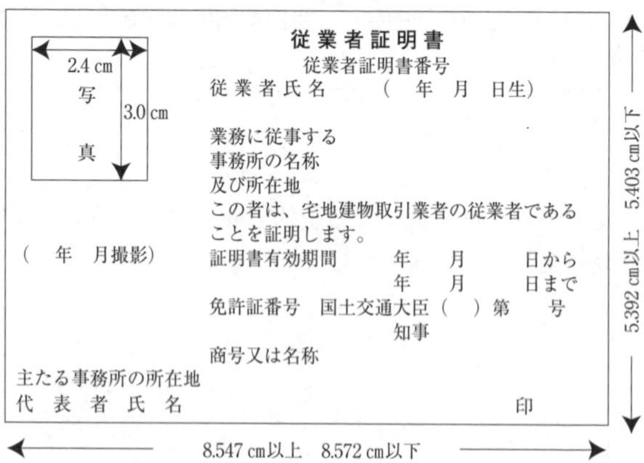

7 従業者名簿（備置・保存・閲覧） 重要度A

条文・原則

1　宅地建物取引業者は、事務所ごとに従業者名簿を備え、従業者の氏名、従業者証明書番号等を記載しなければならない（48条３項）。
2　宅地建物取引業者は、従業者名簿（電子計算機に備えられたファイル又は磁気ディスクを含む。）を、最終の記載をした日から、10年間保存しなければならない（規則17条の２第４項）。
3　宅地建物取引業者は、取引の関係者から請求があったときは、従業者名簿をその者に閲覧させなければならない（48条４項）。

出題履歴
H20.42- 3
H21.43- 2
H26.41- 4
R 2 (10).39- 3
H24.40- ウ
R 3 (10).29- 1
R 2 (10).39- 1

（１）**「宅地建物取引士であるか否かの別」**は、従業者名簿の記載事項である。
（２）事務所ごとに従業者名簿を備え付けず、又は規定の事項を記載せず、もしくは虚偽の記載をした場合は、**50万円以下の罰金**に処せられる。　H22.29- 2
（３）非常勤役員、一時的なアルバイトもここでは従業者に含まれる。　H29.35- 4

従業者名簿

氏名	性別	生年月日	従業者証明書番号	主たる職務内容	宅地建物取引士であるか否かの別	この事務所の従業者となった年月日	この事務所の従業者でなくなった年月日

講師からのアドバイス
左記の従業者名簿の記載事項を確認しておこう。

宅建業法

出題履歴
H21.43- 4
H22.29- 3
H29.35- 2
H25.41- 1
H24.40- エ
H25.41- 3
H29.28- ア
R 1.40- 2
R 2 (12).26- 4
R 2 (12).41
R 3 (10).40- 1

講師からのアドバイス
各事務所の帳簿を主たる事務所に一括して備える義務はない。

8 帳簿（備置・保存）

重要度A

条文・原則

1　宅地建物取引業者は、事務所ごとに業務に関する帳簿を備え、取引のあったつど、その年月日、物件の所在及び面積等を記載しなければならない（49条）。
2　宅地建物取引業者は、業務に関する帳簿（電子計算機に備えられたファイル又は磁気ディスクを含む。）を各事業年度の末日に閉鎖し、その後5年間（当該宅地建物取引業者が自ら売主となる新築住宅に係るものにあっては、10年間）保存しなければならない（規則18条3項）。

H29.35- 3

（1）帳簿を備え付けず、又は規定の事項を記載せず、もしくは虚偽の記載をした場合は、**50万円以下の罰金**に処せられる。

H20.42- 2
H28.29- ウ

（2）帳簿には、従業者名簿のような閲覧に供する義務はない。

9 標識の掲示義務

重要度A

条文・原則

出題履歴
H22.29- 1
H25.41- 2
H27.44- 2
R 1.40- 3
H27.44- 1
H26.28- 2
H24.42- ア
R 3 (10).29- 2
R 3 (10).40- 3

宅地建物取引業者は、下記の場所ごとに、公衆の見やすい場所に、国土交通省令で定める標識を掲示しなければならない（50条1項、規則19条）。
1　事務所
2　継続的に業務を行うことができる施設を有する場所で、事務所以外のもの
3　一団の宅地又は一団の建物の分譲を行う案内所
4　一団の宅地又は一団の建物の分譲の代理・媒介を行う案内所
5　業務に関し、展示会その他これらに類する催しを実施する場所
6　一団の宅地又は一団の建物を分譲する際の、当該物件の所在場所

H28.29- ア

（1）2～5は、**専任の宅地建物取引士の設置義務の如何を問わず**（宅地建物取引業に係る契約の申込みを受けるか又は

契約の締結をするか否かを問わず)、標識の掲示義務がある。

複数の業者が展示会を共同で実施するときは、**すべての業者が標識を掲示**しなければならない。

（2）専任の宅地建物取引士を設置すべき場所である場合には、標識に専任の宅地建物取引士の氏名を表示しなければならない。

（3）他の宅建業者が行う一団の土地建物の分譲の代理・媒介を行うため、案内所を設置する宅建業者は、当該案内所に売主の商号又は名称、免許証番号等を記載した標識を掲示しなければならない。

（4）掲示すべき標識を掲示しなかった場合は、**50万円以下の罰金**に処せられる。

出題履歴
H20.42- 1
H21.42- 3
H23.42- 1

H21.42- 2
H24.42- エ

標識の例

宅地建物取引業者票	
免許証番号	国土交通大臣 知事 （ ）第 号
免許有効期間	年 月 日から 年 月 日まで
商号又は名称	
代表者氏名	
この事務所に置かれている専任の宅地建物取引士の氏名	
主たる事務所の所在地	電話番号（ ）

30㎝以上
35㎝以上

＊上記例は、事務所の標識である。

宅建業法

出題履歴
H21.43- 3
H23.42- ア、ウ
H26.28- 1
H27.44- 4
H29.30- 2

講師からのアドバイス
販売代理業者が現地案内所を設置して契約の申込みを受ける場合、届出義務は代理業者にあり売主業者にはないことに注意。H24.42- イ H27.44- 3

10 業務を行う場所の届出義務

重要度A

条文・原則

宅地建物取引業者は、「専任の宅地建物取引士を１人以上設置すべき場所」について、一定事項を、「免許を受けた国土交通大臣又は都道府県知事」及び「その所在地を管轄する都道府県知事」に対し、業務を開始する日の10日前までに、届け出なければならない（50条２項、規則19条３項）。

（１）前記8の２～５の場所であっても、専任の宅地建物取引士の設置義務がなければ、届出義務はない。

（２）国土交通大臣に届出をするときは、その届出に係る**業務を行う場所の所在地を管轄する都道府県知事を経由**しなければならない。

H21.28- 3

講師からのアドバイス
分譲物件の所在場所に案内所を設けない場合は、届出は不要である。

（３）届出事項は、①所在地、②業務内容、③業務を行う期間、④専任の宅地建物取引士の氏名であり、専任の宅地建物取引士の住所は、届出事項ではない。

（４）必要な届出をせず、又は虚偽の届出をした場合、**50万円以下の罰金**に処せられる。

講師からのアドバイス
案内所は、専任の宅地建物取引士の設置義務がなければ、届出は不要であるが、標識の掲示は必要である。この場合の標識には、その場所で行った契約等は「クーリング・オフできる」旨の表示をすることになっている。H26.41- 1

監督処分・罰則

重要ポイント

1. 宅建業者に対する監督処分の種類

Point 処分権者のまとめ

	免許権者（大臣・知事）	業務地を管轄する都道府県知事
指示処分	○	○
業務停止処分	○	○※1
免許取消処分	○	×

※1営業保証金・保証協会に関する事項等については、免許権者のみ業務停止処分ができる。

●指示処分事由（抜粋）
①宅建業法の規定に違反したとき
②業務に関し他の法令に違反し、宅建業者として不適当であると認められるとき
③宅地建物取引士が監督処分を受けた場合において、宅建業者の責めに帰すべき理由があるとき

●業務停止処分事由（抜粋）
①指示処分に従わない
②専任の宅地建物取引士の設置義務違反
③重要事項の説明義務違反

●免許取消処分事由（抜粋）
①免許換えをしなければならない事由に該当しながら、新たな免許を受けていないことが判明したとき
②免許を受けてから1年以内に事業を開始せず、又は引き続いて1年以上事業を休止したとき
③届出がなく、破産手続開始の決定・解散・廃業の事実が判明したとき

宅建業法

2. 宅地建物取引士に対する監督処分の種類

Point 処分権者のまとめ

	登録権者（知事）	事務地を管轄する都道府県知事
指示処分	○	○
事務禁止処分	○	○
登録消除処分	○	×

●指示処分事由（抜粋）
①他人に自分の名義の使用を許し、当該他人がその名義を使用して宅地建物取引士である旨を表示したとき
②宅地建物取引士として行う事務に関し、不正又は著しく不当な行為をしたとき

●事務禁止処分事由（抜粋）
①指示処分に該当する場合、又は指示処分に従わないとき

●登録消除処分事由（抜粋）
①登録の基準の一つに該当するに至ったとき
②不正の手段により登録を受けたとき
③不正の手段により宅地建物取引士証の交付を受けたとき

3. 宅建業者と宅建建物取引士に対する罰則

宅建業者に対する罰則	
不正手段による免許取得 無免許営業 名義貸しによる営業 業務停止処分違反	3年以下の懲役 300万円（法人1億円） 以下の罰金
事実不告知等禁止違反	2年以下の懲役 300万円以下の罰金 （法人1億円）
不当高額報酬の要求	1年以下の懲役 100万円以下の罰金
営業開始時期の制限違反 誇大広告等の禁止 不当な履行遅延の禁止 手付貸与による契約誘引	6月以下の懲役 100万円以下の罰金
無免許・名義貸しによる広告 虚偽記載した免許申請書等の提出 宅地建物取引士の設置義務違反 報酬限度額を超える報酬の受領など	100万円以下の罰金
変更の届出・案内所等の届出義務違反 37条書面交付義務違反 標識・報酬額掲示義務違反 守秘義務違反 従業者名簿・帳簿の不備・虚偽記載 従業者証明書の携帯義務違反など	50万円以下の罰金

宅地建物取引士に対する罰則
宅地建物取引士証の返納義務違反（登録消除・宅地建物取引士証失効） 宅地建物取引士証の提出義務違反（事務禁止処分） 宅地建物取引士証の提示義務違反（重要事項の説明時） （重要事項の説明時以外は罰則なし） 上記3つの違反のとき、10万円以下の過料

監督処分の種類　理解する

業者に対する処分	宅地建物取引士に対する処分
1　指示処分 2　業務停止処分 3　免許取消処分	1　指示処分 2　事務禁止処分 3　登録消除処分

＊登録消除処分は、宅地建物取引士資格者に対してもできる。

宅地建物取引業法は、監督処分の他に、付随手続である聴聞等や、行政指導である指導等を規定している。

1 業者に対する指示処分

1　概要　重要度A

条文・原則

1　国土交通大臣又は都道府県知事は、その免許を受けた業者が一定の事由に該当するときは、当該業者に対し、必要な指示をすることができる（65条１項）。
2　都道府県知事は、その都道府県の区域内で業務を行う業者が一定の事由に該当するときは、当該業者に対し、必要な指示をすることができる（同３項）。

出題履歴
H22.44- 3
H26.44- イ
H27.43- 1

（1）**免許権者**と業者が業務を行う区域を**管轄する知事**が処分できる。
（2）指示処分は、**任意的処分**である。

2　指示処分事由　重要度B

条文・原則

指示処分事由は、下記の通りである。
1　宅地建物取引業法の規定に違反したとき（65条１項本文）
2　履行確保法のうち一定の規定に違反したとき（65条１項本文）
3　業務に関し他の法令（履行確保法及びこれに基づく命令を除く。）に違反し、宅地建物取引業者として不適当であると認められるとき（65条１項３号）
4　宅地建物取引士が監督処分を受けた場合において、宅地建物取引業者の責めに帰すべき理由があるとき（同４号）等

出題履歴
H21.32- 2
H23.44- 4

H23.44- 3
H29.29- 1

H20.45- 1
H30.32- 1

宅建業法

（1）自己の所有地の売却に伴う譲渡所得について脱税し、所得税法に違反しても、「業務に関し」とはいえないので、前記3には該当しない。

（2）宅地造成等の許認可の便宜を図ってもらうため、賄賂（わいろ）を贈り、贈賄（ぞうわい）罪を犯した場合は、「業務に関し」といえるので、前記3に該当する可能性がある。

（3）前記以外の指示処分事由としては、

> ①　業務に関し取引の関係者に損害を与えたとき、又は損害を与えるおそれが大であるとき
> ②　業務に関し取引の公正を害する行為をしたとき、又は取引の公正を害するおそれが大であるとき

がある。

2 業務停止処分

1　概要

重要度A

条文・原則

出題履歴
H28.26- 3

1　国土交通大臣又は都道府県知事は、その免許を受けた業者が一定の事由に該当するときは、当該業者に対し、1年以内の期間を定め、業務の全部又は一部の停止を命ずることができる(65条2項)。

H26.44- ア
H27.43- 2
H28.26- 2

2　都道府県知事は、その都道府県の区域内で業務を行う業者が、一定の事由に該当するときは、当該業者に対し、1年以内の期間を定め、業務の全部又は一部の停止を命ずることができる（同4項）。

講師からのアドバイス
たとえば、マンション分譲業務のみを停止させたり、一部の支店のみを業務停止させることもできる。
H28.32- 4

（1）**免許権者**と業者が業務を行う区域を**管轄する知事**が処分できる。

（2）業務停止処分は、**任意的処分**である。

（3）処分期間の**上限は1年**であり、業務の一部の停止も認められる。もちろん、その間は、広告をすることもできない。

2 業務停止処分事由（その１）

重要度 B

条文・原則

業務停止処分事由は、下記の通りである。
1　業務に関し他の法令（履行確保法及びこれに基づく命令を除く。）に違反し、宅地建物取引業者として不適当であると認められるとき（65条２項１号の２）
2　宅地建物取引士が監督処分を受けた場合において、宅地建物取引業者の責めに帰すべき理由があるとき（同１号の２）
3　指示処分に従わないとき（同３号）等

出題履歴
H23.44- 3
H20.45- 3

（1）１、２は、指示処分事由でもある。
（2）指示処分に従わないと、次に重い処分である、業務停止処分事由に該当する。

3 業務停止処分事由（その２）

重要度 B

条文・原則

宅地建物取引業法の次の規定に違反すると、業務停止処分事由に該当する（65条２項２号）。
1　専任の宅地建物取引士の設置（15条３項）
2　営業保証金の不足額の供託（28条１項）
3　誇大広告等の禁止（32条）
4　取引態様の明示（34条）
5　価格根拠の明示（34条の２第２項）
6　重要事項の説明（35条）
7　37条書面の交付（37条）
8　手付金等の保全（41条、41条の２）
9　事務所増設に伴う分担金の納付義務（64条の９第２項）
10　保証協会の社員の地位喪失による営業保証金の供託（64条の15）
11　履行確保法のうち一定の規定に違反したとき

出題履歴
H20.34- 4
H23.44- 4
H28.26- 1
H24.44- 4

講師からのアドバイス
指示処分ではすべての業法違反が対象になっていたが、業務停止処分では一定の規定に限られていることは知っておくとともに、出題された項目についてはできるだけ覚えるようにしよう。

（1）上記以外に、他人物売買等の禁止、所有権留保等の禁止、守秘義務等の規定に違反した場合等も、業務停止処分事由に該当する。

宅建業法

（2）その他の業務停止処分事由として、

① 宅地建物取引業法の規定に基づく国土交通大臣又は都道府県知事の処分に違反したとき
② 宅地建物取引業に関し不正又は著しく不当な行為をしたとき

等がある。

（3）営業保証金の供託をした旨の届出をした後でなければその事業を開始してはならない旨の規定（25条５項）や宅建業者が保証協会に還付充当金を納付しなければならない旨の規定（64条の10第２項）に違反した場合等、営業保証金・保証協会に関する事項等については、**免許権者のみが**業務停止処分をなしうる。

3 免許取消処分

1 免許の必要的取消し

1－1 概要

重要度 A

講師からのアドバイス
国土交通大臣であっても、免許権者でなければ、取消処分はできない。

出題履歴
H26.44- エ

条文・原則

国土交通大臣又は都道府県知事は、その免許を受けた宅地建物取引業者が一定の事由に該当する場合は、その免許を取り消さなければならない（66条１項）。

（1）処分権者は、**免許権者のみ**である。

1－2　免許取消事由（免許の基準と共通のもの）

重要度A

条文・原則

下記の場合は、免許を取り消さなければならない（66条1項）。
1　①破産手続開始の決定を受けて復権を得ない者となったとき（1号）
2　禁錮以上の刑に処せられたとき（1号）
3　宅地建物取引業法違反、暴対法違反、傷害罪等により、罰金刑に処せられたとき（1号）
4　暴対法に規定する暴力団員となったとき（1号）
5　心身の故障により宅地建物取引業を適正に行うことができない者として国土交通省令で定めるものに該当するに至ったとき
6　暴対法に規定する暴力団員等がその事業活動を支配する者となったとき（1号）
7　不正の手段により免許を受けたとき（8号）
8　業務停止処分事由に該当し、情状が特に重いとき、又は業務停止処分に違反したとき（9号）等

講師からのアドバイス
業者の従業者で、役員又は政令で定める使用人でない者が免許の基準に該当しても、その業者の免許が取り消されることはない。その従業者がたとえ専任の宅地建物取引士でも同様。

H20.31- 1
H20.34- 4
H27.27- 4
H27.43- 3

（1）上記以外で、**免許の基準と共通の免許取消事由**は、以下の通りである。

① 営業に関し成年者と同一の行為能力を有しない未成年者である業者の法定代理人（法人である場合、その役員を含む。）が、免許の基準に該当するに至ったとき
② 法人業者の役員又は政令で定める使用人のうちに、免許の基準に該当する者があるに至ったとき
③ 個人業者の政令で定める使用人のうちに、免許の基準に該当する者があるに至ったとき

講師からのアドバイス
指示処分に従わないと、業務停止処分事由となり、業務停止処分違反は、免許取消処分事由となる。
H25.26

（2）法人である宅建業者に、かつて破産宣告を受け、既に復権を得ている者が役員として就任しても、当該業者の免許が取り消されることはない。

H20.31- 2

（3）業務停止処分に違反した場合は免許取消事由となるが、指示処分に従わなかった場合でも直ちに免許取消事由とはならない。

H20.45- 3

宅建業法

1－3　その他の免許取消事由

重要度A

条文・原則

下記の場合は、免許を取り消さなければならない（66条１項）。
1　免許換えをしなければならない事由に該当しながら、新たな免許を受けていないことが判明したとき（５号）
2　免許を受けてから１年以内に事業を開始せず、又は引き続いて１年以上事業を休止したとき（６号）
3　届出がなく、破産手続開始の決定・解散・廃業の事実が判明したとき（７号）

H28.37- ア

H23.27- 4
R 1.29- ウ

（1）２は、事業の不開始又は休止について、**正当事由があっても**、免許を取り消される。

2　免許の任意的取消し

重要度B

2－1　免許の条件違反

条文・原則

国土交通大臣又は都道府県知事は、その免許を受けた宅地建物取引業者が免許の条件に違反したときは、その免許を取り消すことができる（66条２項）。

2－2　所在不明の場合

条文・原則

国土交通大臣又は都道府県知事は、その免許を受けた業者の事務所の所在地を確知できないとき、又は業者の（法人であるときは役員の）所在を確知できないときは、官報又は公報でその事実を公告し、公告の日から30日を経過しても業者から申出がないときは、免許を取り消すことができる（67条）。

出題履歴
H20.45- 2
H26.44- ウ
H29.29- 2

講師からのアドバイス
事務所の所在地を確知できない場合でも、直ちに取り消すことはできない。H20.45- 2

（1）処分権者は、**免許権者のみ**である。
（2）**任意的処分**であることに注意すること。
（3）他の免許の任意的取消しとして、**営業保証金の供託の届出がない場合**がある。

4 宅地建物取引士に対する指示処分

1 概要

重要度A

条文・原則

1 都道府県知事は、その登録を受けている宅地建物取引士が一定の事由に該当するときは、その者に必要な指示をすることができる（68条1項）。
2 都道府県知事は、その都道府県の区域内で事務を行う宅地建物取引士が一定の事由に該当するときは、その者に必要な指示をすることができる（同3項）。

（1）**登録権者**と宅地建物取引士が事務を行う区域を**管轄する知事**が処分できる。
（2）指示処分は、**任意的処分**である。

出題履歴
H22.44- 2
H25.42- 4

2 指示処分事由

重要度B

条文・原則

指示処分事由は、下記の通りである（68条1項）。
1 宅建業者に対し、自己が専任の宅地建物取引士として従事している事務所以外の事務所の専任の宅地建物取引士である旨の表示を許し、その業者がその旨を表示したとき（1号）
2 他人に自分の名義の使用を許し、当該他人がその名義を使用して宅地建物取引士である旨を表示したとき（2号）
3 宅地建物取引士として行う事務に関し、不正又は著しく不当な行為をしたとき（3号）

（1）1は、2つ以上の事務所の専任の宅地建物取引士になった場合である。
（2）2は、名義貸しをした場合である。
（3）3は、重要事項の説明に際し、虚偽の説明をした場合等である。

5 事務禁止処分

重要度A

条文・原則

1　都道府県知事は、その登録を受けている宅地建物取引士が、指示処分事由に該当する場合、又は指示処分（他の知事の指示処分を含む。）に従わない場合は、1年以内の期間を定めて、宅地建物取引士としてすべき事務を行うことを禁止できる（68条2項）。
2　都道府県知事は、その都道府県の区域内で事務を行う宅地建物取引士が指示処分事由に該当する場合、又は指示処分（他の知事の指示処分を含む。）に従わない場合は、1年以内の期間を定めて、宅地建物取引士としてすべき事務を行うことを禁止できる（同4項）。

出題履歴
H24.36- 4
H25.42- 1

（1）処分権者は、**登録権者**と宅地建物取引士が事務を行う区域を**管轄する知事**である。
（2）事務禁止処分は、**任意的処分**である。
（3）指示処分事由は、事務禁止処分事由にもなっている。

6 登録消除処分

1 宅地建物取引士に対する登録消除処分

重要度A

条文・原則

都道府県知事は、その登録を受けている宅地建物取引士が、下記の事由に該当するときは、その登録を消除しなければならない（68条の2第1項）。
1　登録の基準（18条1項1号から8号まで又は12号）の1つに該当するに至ったとき（1号）
2　不正の手段により登録を受けたとき（2号）
3　不正の手段により宅地建物取引士証の交付を受けたとき（3号）
4　指示処分事由に該当し情状が特に重いとき、又は事務禁止処分に違反したとき（4号）

出題履歴
H25.42- 2
H25.42- 3
H30.32- 2

講師からのアドバイス
指示処分に従わないと、事務禁止処分事由になり、事務禁止処分違反は、登録消除処分事由になる。

（1）処分権者は、**登録権者のみ**である。
（2）登録消除処分は、**必要的処分**である。
（3）1の具体例は、禁錮以上の刑に処せられた場合等である。

2　宅地建物取引士資格者に対する登録消除処分

重要度C

条文・原則

都道府県知事は、その登録を受けている宅地建物取引士資格者が下記の事由に該当するときは、その登録を消除しなければならない（68条の2第2項）。

1　登録の基準（18条1項1号から8号まで又は12号）の1つに該当するに至ったとき（1号）
2　不正手段により登録を受けたとき（2号）
3　宅地建物取引士として行うべき事務を行い、情状が特に重いとき（3号）

（1）3の具体例は、宅地建物取引士資格者が、宅地建物取引士でなければできない重要事項の説明や重要事項説明書の記名押印をする等により、その結果重大なトラブルを招く等の場合である。

7 聴聞

1　概要

理解する

条文・原則

国土交通大臣又は都道府県知事は、監督処分を行うときは、事前に、その処分の名あて人である宅地建物取引業者（法人の場合はその役員）、宅地建物取引士、宅地建物取引士資格者について、公開の聴聞を行わなければならない（69条1項）。

（1）免許取消処分、認可取消処分、登録消除処分だけでなく、指示処分、業務停止処分、事務禁止処分を行う場合も、**公開の聴聞を行わなければならず**、単に弁明の機会を付与するだけでは足りない。
（2）業者の所在不明による免許の**任意的取消しの場合**は、**聴聞は不要**である。
（3）**自ら登録の消除を申請**した場合も、**聴聞は不要**である。

出題履歴
H23.44- 2

◆弁明の機会の付与
原則として、文書により処分の原因となった事実についての事情を説明させること（行政手続法29条）。

H21.45- 2
H24.44- 1
R 1.29- イ

◆聴聞手続
国土交通大臣又は都道府県知事は、聴聞期日の1週間前までに、不利益処分の相手に一定事項を書面により通知し、かつ、聴聞の期日及び場所を公示しなければならない（69条2項）。

宅建業法

◆監督処分の公告の方法

監督処分の公告は、国土交通大臣の処分に係るものにあっては官報により、都道府県知事の処分に係るものにあっては当該都道府県の公報又はウェブサイトへの掲載その他の適切な方法により行うものとする。

出題履歴

H25.43- 2

8 監督処分の公告等

重要度B

条文・原則

1　国土交通大臣又は都道府県知事は、業務停止処分・免許取消処分・認可取消処分をしたときは、国土交通省令の定めるところにより、その旨を公告しなければならない（70条1項）。
2　国土交通大臣は、都道府県知事免許を受けた認可宅地建物取引業者に対して、業務停止処分等をしたときは、遅滞なく、その旨を免許権者である都道府県知事に通知しなければならない（同2項）。
3　都道府県知事は、指示処分又は業務停止処分をしたときは、遅滞なく、その旨を、当該宅地建物取引業者が国土交通大臣の免許を受けたものであるときは国土交通大臣に報告し、当該宅地建物取引業者が他の都道府県知事の免許を受けたものであるときは当該他の都道府県知事に通知しなければならない（同3項）。
4　他の都道府県知事は、指示処分又は事務禁止処分をしたときは、遅滞なく、その旨を当該取引士の登録をしている都道府県知事に通知しなければならない（同4項）。

H20.45- 4
H21.45- 4
H22.44- 4
H24.44- 2

（1）国土交通大臣又は都道府県知事は、指示処分をした場合には、公告をする必要はない。

9 指導・助言・勧告

重要度B

条文・原則

国土交通大臣は、すべての宅地建物取引業者に対し、都道府県知事は、その都道府県内で業務を行う宅地建物取引業者に対し、必要な指導、助言及び勧告をすることができる（71条）。

出題履歴

H21.45- 3
H22.44- 1
H23.44- 1
H27.43- 4
H30.32- 3

10 報告及び検査

1　宅地建物取引業を営む者に対する報告聴取等

重要度C

条文・原則

1　国土交通大臣は、宅地建物取引業を営むすべての者に対し、都道府県知事は、その都道府県内で宅地建物取引業を営む者に対し、その業務について必要な報告を求めることができる。
2　また、その職員に、事務所その他その業務を行う場所に立ち入り、帳簿、書類その他業務に関係のある物件を検査させることができる（72条1項）。

（1）立入検査をする職員は、**身分証明書を携帯**しなければならず、関係人の**請求**があったときは、これを**提示**しなければならない。
　この立入検査は、一般の犯罪捜査のために認められたものではない。

出題履歴
H27.43- 4
R 1.29- エ

◆宅地建物取引士に対する報告聴取
　国土交通大臣は、すべての宅地建物取引士に対し、都道府県知事は、その登録を受けている宅地建物取引士及びその都道府県内で事務を行う宅地建物取引士に対し、その事務について必要な報告を求めることができる（72条3項）。

11 内閣総理大臣との協議等

参考

条文・原則

1　国土交通大臣は、その免許を受けた宅地建物取引業者が一定の規定に違反した場合（当該宅地建物取引業者が、第35条第1項第14号イに規定する宅地建物取引業者の相手方等と契約を締結する場合に限る。）において、業務に関し取引の関係者に損害を与えたとき等一定の事由に該当するとして、指示処分もしくは業務停止処分又は免許取消処分をしようとするときは、あらかじめ、内閣総理大臣に協議しなければならない（71条の2第1項）。
2　内閣総理大臣は、国土交通大臣の免許を受けた宅地建物取引業者の第35条第1項第14号イに規定する宅地建物取引業者の相手方等の利益の保護を図るため必要があると認めるときは、国土交通大臣に対し、1の場合による処分に関し、必要な意見を述べることができる（71条の2第2項）。

（1）上記2の場合において、内閣総理大臣は、意見を述べるため特に必要があると認めるときは、当該宅地建物取引業

出題履歴
H24.44- 4
H29.29- 3
R 1.29- ア

講師からのアドバイス
左記は、消費者庁が設置されたことに伴う改正である。
消費者庁と国土交通省が共管する部分について、国土交通大臣が一定の処分をする場合には、内閣総理大臣に協議することを義務づけ、また、内閣総理大臣は、当該処分に関し、意見を述べることができることとした。

◆ **第35条第1項第14号イに規定する宅地建物取引業者の相手方等**

事業を営む場合以外の場合において宅地又は建物を買い、又は借りようとする個人である宅建業者の相手方等のことである。

者に対して、その業務について必要な報告を求め、又はその職員に事務所その他その業務を行う場所に立ち入り、帳簿、書類その他業務に関係のある物件を検査させることができる（72条2項）。

⑫ 罰則

Point 宅建業者に対する罰則

違反事由	罰則
・不正手段による免許取得 ・無免許営業 ・名義貸しによる営業 ・業務停止処分違反	3年以下の懲役 300万円（法人1億円）以下の罰金
・事実不告知等禁止違反	2年以下の懲役 300万円（法人1億円）以下の罰金
・不当高額報酬の要求	1年以下の懲役 100万円以下の罰金
・営業開始時期の制限違反 ・誇大広告等の禁止 ・不当な履行遅延の禁止 ・手付貸与による契約誘引	6月以下の懲役 100万円以下の罰金
・無免許・名義貸しによる広告 ・虚偽記載した免許申請書等の提出 ・宅地建物取引士の設置義務違反 ・報酬限度額を超える報酬の受領	100万円以下の罰金
・変更の届出・案内所等の届出義務違反 ・37条書面交付義務違反 ・標識・報酬額掲示義務違反 ・守秘義務違反 ・従業者名簿・帳簿の不備・虚偽記載 ・従業者証明書の携帯義務違反 ・報告義務違反等・立入検査拒否等	50万円以下の罰金

Point 宅地建物取引士に対する罰則

違反事由	罰則
・宅建士証の返納義務違反 ・宅建士証の提出義務違反 ・宅建士証の提示義務違反（重要事項の説明時） （重要事項の説明時以外は罰則なし）	10万円以下の過料

履行確保法

重要ポイント

1. 品確法及び履行確保法

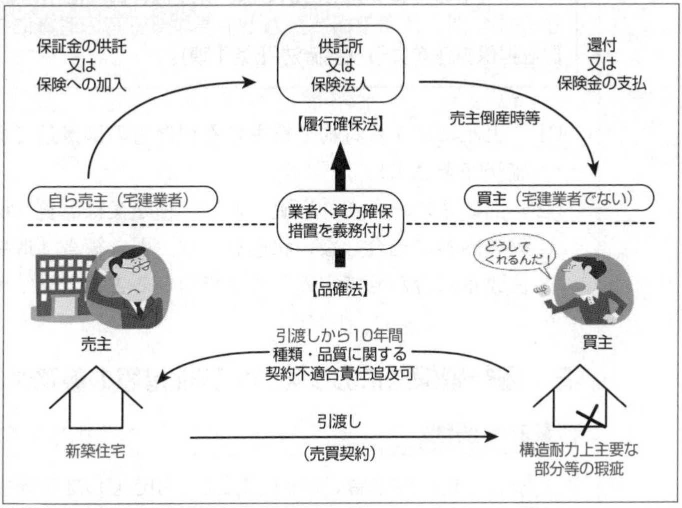

2. 用語の定義

新築住宅	工事完了日から起算して1年を経過していない新たに建設された住宅で、まだ人の居住の用に供したことのないもの
構造耐力上主要な部分等	構造耐力上主要な部分又は雨水の浸入を防止する部分

3. 保証金の供託等のポイント

供託額	基準日前10年間に引き渡した新築住宅の戸数を基礎とする金額
供託場所	主たる事務所の最寄りの供託所
供託物	一定の有価証券でも可
供託等の届出	基準日ごとに、基準日から3週間以内
供託等をしていない又は届出をしていない場合の措置	基準日翌日から起算して50日経過後、自ら売主となる新築住宅の売買契約禁止
供託所の所在地等の説明	売買契約を締結するまでに、書面を交付して説明
不足額の追加供託	通知書の送付を受けた日から2週間以内
超過額の取戻し	免許権者の承認が必要

宅建業法

■ 品確法と履行確保法

1　品確法における瑕疵担保責任の特例

理解する

条文・原則

新築住宅の売買契約においては、売主は、買主に引き渡した時から10年間、住宅の構造耐力上主要な部分等の瑕疵について、瑕疵担保責任を負う（品確法95条１項）。

出題履歴
R３(10).45-４

（１）上記に反する特約で**買主に不利なものは無効**である（品確法95条２項）。

（２）品確法において「瑕疵」とは、種類又は品質に関して契約の内容に適合しない状態をいう。引き続き「瑕疵」を民法改正に合わせて定義した上で用いることとしている。

2　履行確保法における資力確保措置の義務付け

条文・原則

宅地建物取引業者は、自ら売主として引き渡した新築住宅について、品確法により定められた瑕疵担保責任の履行を確保するため、保証金の供託又は保険への加入が義務付けられている。

（１）履行確保法は、平成19年５月30日に公布され、**平成21年10月１日以降に引き渡される新築住宅**について保証金の供託等が義務付けられている。

3　履行確保法が適用される主体

重要度 A

条文・原則

資力確保措置が義務付けられるのは、自ら売主として買主に新築住宅を引き渡す宅地建物取引業者である。ただし、買主が宅地建物取引業者であるときは、資力確保措置の義務付けの対象とはならない（２条６項２号ロ、11条）。

出題履歴
H22.45-１
H22.45-３
H23.45-１
H25.45-１
H26.45-２
H27.45-１
R２(10).45-１、-４
R３(10).45-１

（１）品確法では、売主や買主についてこのような限定はない。

（2）**買主が宅地建物取引業者**である場合は、不動産取引について専門知識を有するのが一般的であるため、資力確保措置を売主に義務付けていない。

（3）宅地建物取引業者は、自ら売主として新築住宅を販売するのではなく、新築住宅の売買の代理や媒介をするにすぎない場合には、資力確保措置を講ずる義務を負わない。 H30.45- 1 R 1.45- 1

2 定義

1 新築住宅とは

重要度A

条文・原則

新築住宅とは、工事完了日から起算して1年を経過していない新たに建設された住宅で、まだ人の居住の用に供したことのないものである（2条1項、品確法2条2項）。

2 住宅の構造耐力上主要な部分等とは

重要度A

条文・原則

住宅の構造耐力上主要な部分等とは、住宅のうち構造耐力上主要な部分又は雨水の浸入を防止する部分として政令で定めるものをいう（2条4項、品確法94条1項、95条1項）。

（1）構造耐力上主要な部分として政令で定めるものとは、例えば、住宅の基礎、基礎ぐい、壁などで、当該住宅の自重、積載荷重などを支えるもののことである（品確法施行令5条1項）。

（2）雨水の浸入を防止する部分として政令で定めるものとは、例えば、住宅の屋根や外壁、もしくは雨水を排除するため住宅に設ける排水管のうち、当該住宅の屋根や外壁の内部にある部分などのことである（品確法施行令5条2項）。

（3）履行確保法において保護の対象となる瑕疵は、品確法と同様に**住宅の構造耐力上主要な部分等の瑕疵**（構造耐力又は雨水の浸入に影響のないものを除く。）である（2条4項、品確法94条1項、95条1項）。品確法と同様に「瑕疵」

出題履歴
H27.45- 4
H29.45- 4
H30.45- 4

を民法改正に合わせて用いることとしている。

3 保証金の供託等

1　供託の義務

重要度A

条文・原則

宅地建物取引業者は、基準日から３週間を経過する日までの間において、当該基準日前10年間に自ら売主となる売買契約に基づき買主に引き渡した新築住宅について、当該買主に対する特定住宅販売瑕疵担保責任の履行を確保するため、住宅販売瑕疵担保保証金の供託をしていなければならない（11条１項）。

（１）特定住宅販売瑕疵担保責任とは、前出の2の１「品確法における瑕疵担保責任の特例」によって定められた担保責任のことである。

（２）基準日は**年１回**で毎年３月31日である（３条１項）。

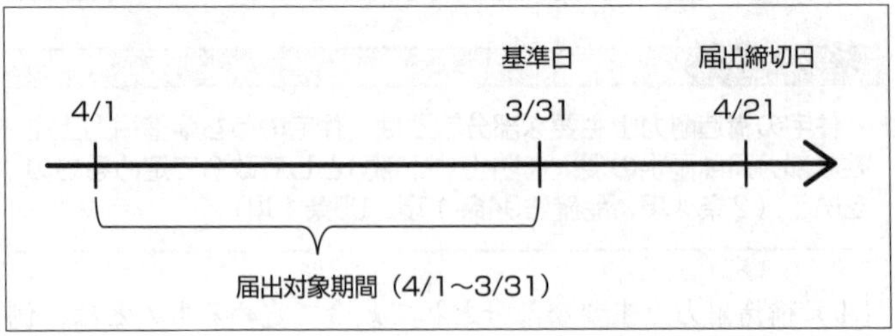

2　供託額

重要度A

条文・原則

1　住宅販売瑕疵担保保証金の額は、基準日における販売新築住宅の合計戸数を基礎として、法律及び政令で定めた額である(11条2項)。

2　ただし、住宅販売瑕疵担保責任保険契約を締結し、買主に、保険証券又はこれに代わるべき書面を交付し、又はこれらに記載すべき事項を記録した電磁的記録を提供した場合における当該保険契約に係る新築住宅は上記販売新築住宅の合計戸数の算定対象とはならない（11条2項かっこ書）。

供託額の算定方法

販売戸数	基準額	上限
1戸以下	2,000万円	2,000万円
1超10戸以下	200万円×戸数＋1,800万円	3,800万円
10超50戸以下	80万円×戸数＋3,000万円	7,000万円
	※省略	
20万超30万戸以下	1万3,000円×戸数＋6億9,000万円	45億9,000万円
30万戸超	1万2,000円×戸数＋9億9,000万円	120億円

講師からのアドバイス

床面積の合計が55㎡以下のものは、その2戸をもって1戸とする。
H25.45-4、
H28.45-1
H29.45-2
R2(12).45-1

3　供託場所・供託物

重要度A

条文・原則

1　住宅販売瑕疵担保保証金の供託は、当該宅地建物取引業者の主たる事務所の最寄りの供託所にする（11条6項）。

2　住宅販売瑕疵担保保証金は、国債証券、地方債証券その他の国土交通省令で定める有価証券により、供託することもできる(同条5項)。

（1）支店で販売したとしても、**主たる事務所の最寄りの供託所**に供託する。

（2）住宅販売瑕疵担保保証金に充てうる有価証券の価額は、国債証券については額面金額100％、地方債・政府保証債90％、それ以外80％（規則15条1項）。

宅建業法

4　保険への加入

条文・原則

保険への加入とは、宅地建物取引業者が国土交通大臣の指定した住宅瑕疵担保責任保険法人との間で、瑕疵担保責任の履行等に対して保険金を支払うとする住宅販売瑕疵担保責任保険契約を締結することであり、この保険契約は以下の要件に適合する保険契約をいう（2条6項）。

1　宅地建物取引業者が保険料を支払うものであること
2　宅地建物取引業者の瑕疵担保責任の履行による損害をてん補すること
3　宅地建物取引業者が相当の期間を経過しても瑕疵担保責任を履行しない場合には、買主の請求に基づき損害をてん補すること
4　損害をてん補するための保険金額が2,000万円以上であること
5　新築住宅の買主が当該新築住宅の売主である宅地建物取引業者から当該新築住宅の引渡しを受けた時から10年以上の期間にわたって有効であること。
6　国土交通大臣の承認を受けた場合を除き、変更又は解除をすることができないこと。　等

出題履歴
H23.45- 4
H26.45- 3
R 1.45- 4
H27.45- 4
R 2 (12).45- 4
R 3 (10).45- 2

◆保険金額
支払われる保険金の上限

H24.45- 3
H28.45- 4

講師からのアドバイス
買主が保険金の支払いを直接請求できるのは、売主が倒産等して瑕疵担保責任を履行しない場合であり、当該保険契約は、原則的には、瑕疵担保責任の履行によって生じた売主の損害をてん補するものである。

（1）住宅販売瑕疵担保責任保険契約を付した住宅は販売新築住宅の合計戸数の算定対象とならないため、全てについて供託し又は保険に加入することも可能だが、一部は供託で他は保険という供託と保険の併用も可能である。

4 供託等の届出

重要度A

条文・原則

1　新築住宅を引き渡した宅地建物取引業者は、基準日ごとに、当該基準日に係る住宅販売瑕疵担保保証金の供託及び住宅販売瑕疵担保責任保険契約の締結状況について免許権者に届け出なければならない（12条1項）。
2　新築住宅を引き渡した宅地建物取引業者は、原則として、保証金の供託等の資力確保措置を講じていない場合や届出をしていない場合、基準日の翌日から起算して50日を経過した日以後においては、新たに自ら売主となる新築住宅の売買契約を締結してはならない（13条）。

出題履歴
H22.45- 4

H23.45- 2
H24.45- 2
H25.45- 2
H26.45- 1
H27.45- 3
H29.45- 3
H30.45- 3

(1) 上記の届出は、基準日から**3週間以内に**、所定の様式による届出書により行うものとする(規則16条)。
(2) 上記の届出をせず又は虚偽の届出をした者は、50万円以下の罰金に処する(41条)。
(3) 13条の規定に違反して自ら売主となる新築住宅の売買契約を締結した者は、1年以下の懲役もしくは100万円以下の罰金に処し、又はこれを併科する(39条)。

H24.45- 1
H28.45- 2
H30.45- 2
R 1.45- 3
R 2 (10).45- 3

5 保証金の還付・追加供託・取戻し

1 保証金の還付請求

重要度B

条文・原則

1 住宅販売瑕疵担保保証金の供託をしている宅地建物取引業者(以下、「供託宅地建物取引業者」という。)が特定住宅販売瑕疵担保責任を負う期間内に、品確法95条1項に規定する瑕疵によって生じた損害を受けた当該特定住宅販売瑕疵担保責任に係る新築住宅の買主は、その瑕疵を理由とする代金返還請求権又は損害賠償請求権(以下「代金返還請求権等」という。)に関し、当該供託宅地建物取引業者が供託をしている住宅販売瑕疵担保保証金について、他の債権者に先立って弁済を受ける権利を有する(14条1項)。
2 上記の権利を有する者は、一定の場合に限り、上記の権利の実行のため住宅販売瑕疵担保保証金の還付を請求することができる(同条2項)。

(1) 還付を請求することができる一定の場合とは、瑕疵担保責任に基づく代金返還請求権等について債務名義を取得又は公正証書等を作成した場合、供託宅地建物取引業者が死亡や倒産等して代金返還義務又は損害賠償義務の履行が困難と認められる場合である(14条2項各号)。

◆債務名義
裁判における**確定判決**など、強制執行によって実現されるべき債権の存在及び範囲を公的に証明した文書をいう。

◆公正証書
公証人が法律の規定に従って作成した文書である。

宅建業法

2　不足額の追加供託

重要度 B

条文・原則

供託宅地建物取引業者は、買主からの還付請求により、住宅販売瑕疵担保保証金の額が基準額に不足することとなったときは、法務省令・国土交通省令で定める日（国土交通大臣から還付があった旨の通知書の送付を受けた日）から２週間以内に、その不足額を供託しなければならない（16条、７条１項、保証金に関する規則28条、12条）。

3　超過額の取戻し

重要度 B

出題履歴
R２(10).45-２

条文・原則

供託宅地建物取引業者は、基準日において、住宅販売瑕疵担保保証金の額が基準日に係る基準額を超えることとなったときは、その超過額を取り戻すことができるが、この取戻しは、免許権者の承認を受けなければ、することができない（16条、９条）。

6 供託所の所在地等についての書面の交付・説明

重要度 A

出題履歴
H22.45-２
H23.45-３
H24.45-４
H25.45-３
H26.45-４
H27.45-２
H28.45-３
H29.45-１
R１.45-２

条文・原則

供託宅地建物取引業者は、自ら売主となる新築住宅の売買契約を締結するまでに、住宅販売瑕疵担保保証金の供託をしている供託所の所在地等について、これらの事項を記載した書面を交付（電磁的方法により提供）して説明しなければならない（15条）。

講師からのアドバイス
「住宅紛争処理支援センター」が、紛争処理に必要な費用の助成・あっせん等に関する情報及び資料の収集等により、指定住宅紛争処理機関が行う業務を支援している。

7 紛争処理体制

重要度 B

出題履歴
R３(10).45-３

条文・原則

指定住宅紛争処理機関は、住宅瑕疵担保責任保険契約に係る新築住宅の売買契約に関する紛争の当事者の双方又は一方からの申請により、当該紛争のあっせん、調停及び仲裁の業務を行うことができる（33条１項）。

必勝合格
宅建士テキスト
法令上の制限

都市計画法１（都市計画区域・準都市計画区域）

重要ポイント

1．都市計画区域

Point 都市計画区域

●一体の都市として総合的に整備し、開発し、及び保全する必要がある区域

<table>
<tr><td rowspan="2">指定権者</td><td colspan="2" rowspan="2">２以上の都府県に</td><td>またがらない場合──都道府県が指定する</td></tr>
<tr><td>またがる場合──国土交通大臣が指定する</td></tr>
<tr><td rowspan="2">都市計画を定めることができる区域</td><td>原則</td><td colspan="2">都市計画区域内の土地について定められる。</td></tr>
<tr><td>例外</td><td>都市施設に関する都市計画</td><td>必要があるときは、都市計画区域外でも定めることができる</td></tr>
</table>

2．準都市計画区域

Point 準都市計画区域

指定権者	都道府県が指定する
指定できる区域	都市計画区域外の区域のうち、 ①相当数の建築物その他の工作物の建築若しくは建設又はこれらの敷地の造成が現に行われ、又は行われると見込まれる区域を含み… ②放置すれば、将来における一体の都市としての整備、開発及び保全に支障が生じるおそれがある一定の区域
指定の効果	①開発許可制度、建築確認制度 ②都市計画に定めることができる地域地区は、下記８種類のみ ア 用途地域　イ 特別用途地区 ウ 特定用途制限地域 エ 高度地区（最高限度の定め可、最低限度の定め不可） オ 景観地区　カ 風致地区 キ 緑地保全地域　ク 伝統的建造物群保存地区 ※ 積極的土地利用・開発を図る、高度利用地区、市街地開発事業の定め不可 ③大規模集客施設の立地規制

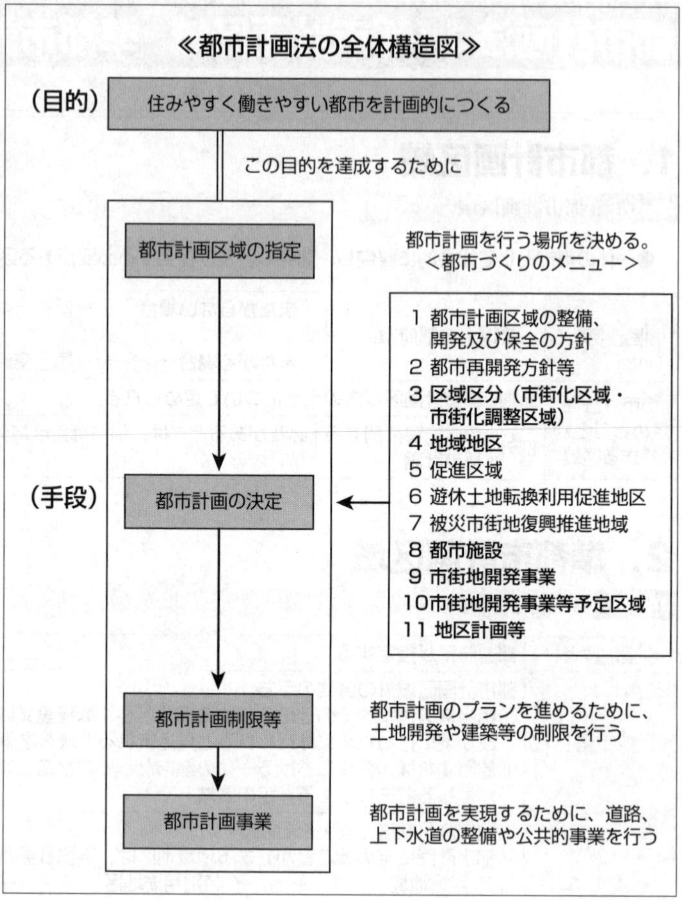

≪都市計画法の全体構造図≫
(目的)
住みやすく働きやすい都市を計画的につくる
この目的を達成するために
都市計画区域の指定
都市計画を行う場所を決める。
<都市づくりのメニュー>
1 都市計画区域の整備、開発及び保全の方針
2 都市再開発方針等
3 区域区分(市街化区域・市街化調整区域)
4 地域地区
5 促進区域
6 遊休土地転換利用促進地区
7 被災市街地復興推進地域
8 都市施設
9 市街地開発事業
10市街地開発事業等予定区域
11 地区計画等
(手段)
都市計画の決定
都市計画制限等
都市計画のプランを進めるために、土地開発や建築等の制限を行う
都市計画事業
都市計画を実現するために、道路、上下水道の整備や公共的事業を行う

■ 都市計画区域の指定

１　都市計画区域とは

重要度Ａ

条文・原則

「都市計画区域」とは、一体の都市として総合的に整備し、開発し、及び保全する必要がある区域のことである（５条１項）。

２　都市計画区域と行政区域

重要度Ａ

都市計画区域は、都市としての一体性等の観点から指定されるため、必ずしも行政区域と一致する必要はない。そのため、市町村の行政区域で指定されることもあれば、数個の市町村にわたって指定されることも、市町村の一部に指定されることもある。また、**複数の都府県にまたがって指定することもできる**。

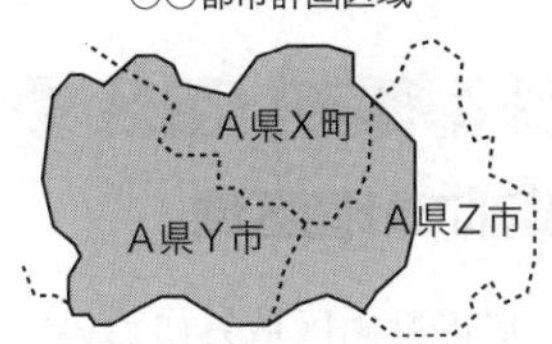

※行政区域にこだわらず指定できる。

出題履歴

H23.16- 1

◆都道府県都市計画審議会

都道府県に設置され、都道府県知事の諮問に応じ、都市計画に関する事項を調査審議する専門機関

３　都市計画区域の指定権者

重要度Ｃ

条文・原則

都市計画区域を指定するのは、都道府県又は国土交通大臣である（５条１項、４項前段）。

（１）**原則**

都市計画区域を指定するのは、原則として**都道府県**である。

都道府県は、あらかじめ関係市町村及び都道府県都市計画審議会の意見を聴くとともに、国土交通大臣に協議し同意を得なければならない。

（２）**例外**

国土交通大臣が指定できるのは、**２以上の都府県の区域**にわたる場合である。国土交通大臣は、あらかじめ関係都

◆都市計画に関する基礎調査

都道府県は、都市計画区域について、おおむね５年ごとに、都市計画に関する基礎調査として、一定の事項に関する現況及び将来の見通しについての調査を行う。この場合において、都道府県は、関係市町村に対し、資料の提出その他必要な協力を求めることができる（６条１・３項）。都道府県は、準都市計画区域について、必要があると認めるときは、都市計画に関する基礎調査として、一定の事項に関する現況及び将来の見通しについての調査を行う（６条２項）。

R ２(12).15- 3

法令上の制限

府県の意見を聴く。

2 都市計画区域と都市計画

都市計画区域と都市計画

重要度A

条文・原則

都市計画は、原則として、都市計画区域内の土地について定められる（7条、8条）。

例外として、都市施設に関する都市計画は、特に必要があるときは、都市計画区域外でも定めることができる（11条1項後段）。

講師からのアドバイス

「都市施設」に関する詳細は<都市計画法6>で学習する。

3 準都市計画区域

準都市計画区域

重要度A

都市計画区域外においても、用途の混在や農地に対する開発圧力によって農地が不適切に侵食されるおそれのある区域がある。また、高速道路のインターチェンジ周辺や幹線道路の沿道等では、散発的な都市的土地利用が発生するおそれのある区域もある。このような区域について、土地利用の整序や環境保全のために必要な都市計画を定められるようにするのが準都市計画区域である（5条の2）。

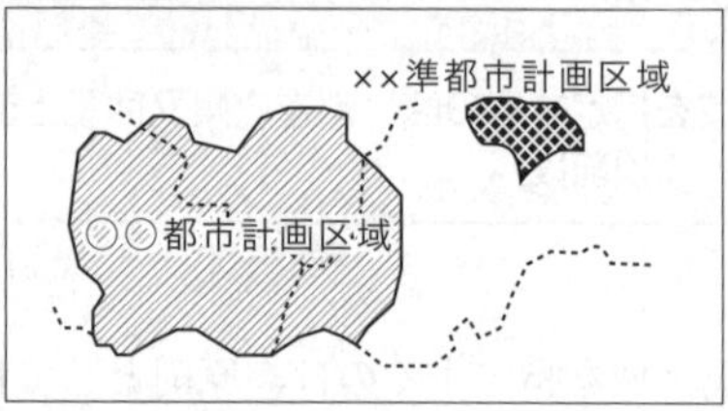

条文・原則

指定権者

都道府県は、都市計画区域外の区域のうち、相当数の建築物その他の工作物の建築若しくは建設又はこれらの敷地の造成が現に行われ、又は行われると見込まれる区域を含み、かつ、自然的及び社会的条件並びに農業振興地域の整備に関する法律その他の法令による土地利用の規制の状況その他国土交通省令で定める事項に関する現況及び推移を勘案(かんあん)して、そのまま土地利用を整序し、又は環境を保全するための措置を講ずることなく放置すれば、将来における一体の都市としての整備、開発及び保全に支障が生じるおそれがあると認められる一定の区域を、準都市計画区域として指定（変更又は廃止）することができる（５条の２第１・４項）。

出題履歴
H22.16- 2

講師からのアドバイス
準都市計画区域の指定権者は、H18年改正によって、市町村から都道府県に変更された。また、準都市計画区域の定義は、キーワードだけ把握すれば十分である。

準都市計画区域では、土地利用の整序・保全のために必要な都市計画が定められる。

① 開発許可制度や建築確認制度も基本的に都市計画区域と同様に適用される（29条１項、建築基準法６条１項４号）。

② 都市計画に地域地区（用途地域、特別用途地区、特定用途制限地域、高度地区、景観地区、風致地区、緑地保全地域及び伝統的建造物群保存地区）を定めることができる（８条２項）。

③ 準都市計画区域内の用途地域の指定のない区域においては、大規模集客施設の立地が規制される（建築基準法48条13項）。

講師からのアドバイス
都市計画区域と異なり、積極的に「整備」を進める都市計画ではないから、土地利用の「保全」に必要なレベルの都市計画にとどまることを理解しておこう。
H28.16- 2

出題履歴
H23.16- 2
H26.15- 3
H27.16- 2
R２(12).15- 4

法令上の制限

都市計画法２（区域区分・地域地区）

重要ポイント

1．区域区分

Point 区域区分

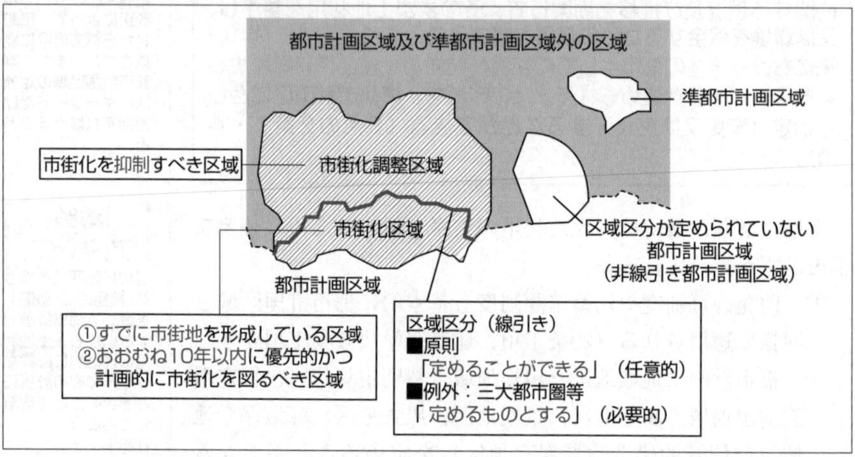

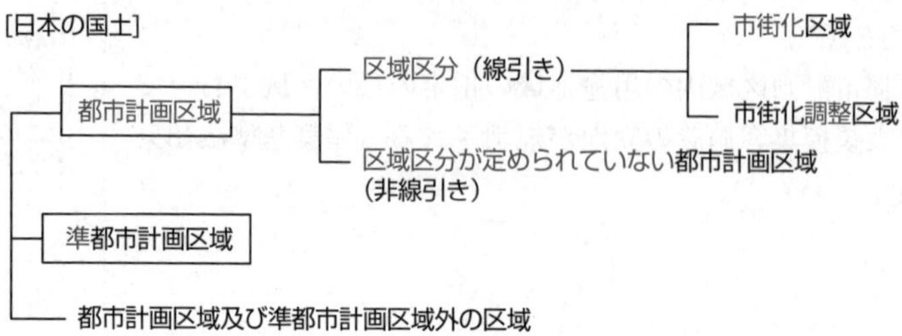

2．用途地域

Point 用途地域の種類

	用途地域	キーワード
住居系	1　第一種「低層」住居専用地域	低層住宅に係る良好な住居の環境を保護するため定める地域
	2　第二種「低層」住居専用地域	主として低層住宅に係る良好な住居のため定める地域
	3　田園住居地域	農業の利便の増進を図りつつ、これと調和した低層住宅に係る良好な住居の環境を保護するため定める地域
	4　第一種「中高層」住居専用地域	中高層住宅に係る良好な住居の環境を保護するため定める地域
	5　第二種「中高層」住居専用地域	主として中高層住宅に係る良好な住居の環境を保護するため定める地域
	6　第一種住居地域	住居の環境を保護するため定める地域
	7　第二種住居地域	主として住居の環境を保護するため定める地域
	8　準住居地域	道路の沿道としての地域の特性にふさわしい業務の利便の増進を図りつつ、これと調和した住居の環境を保護するため定める地域
商業系	9　近隣商業地域	近隣の住宅地の住民に対する日用品の供給を行うことを主たる内容とする商業その他の業務の利便を増進するため定める地域
	10　商業地域	主として商業その他の業務の利便を増進するため定める地域
工業系	11　準工業地域	主として環境の悪化をもたらすおそれのない工業の利便を増進するため定める地域
	12　工業地域	主として工業の利便を増進するため定める地域
	13　工業専用地域	工業の利便を増進するため定める地域

① 低層住居専用地域（1、2）

※ 一戸建の住宅地

②田園住居地域（3）

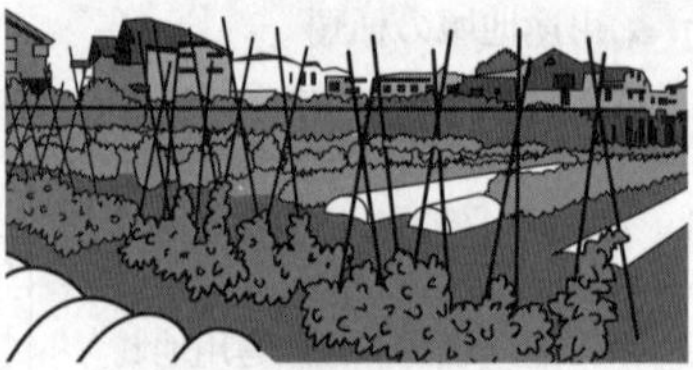

※ 農地と調和した低層住宅

③ 中高層住居専用地域（4、5）

※ マンション街、団地

④ 住居地域（6、7）

※ 戸建＋ マンション

⑤ 準住居地域（ 8 ）

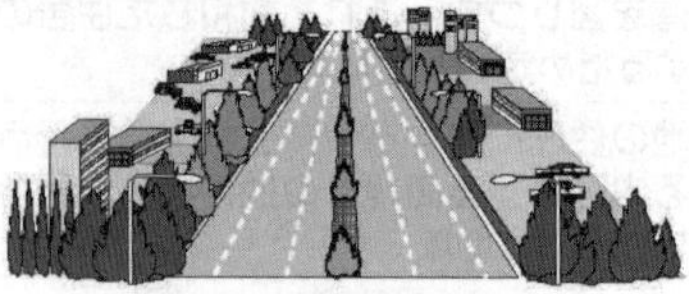

※ 住居＋ 自動車関連施設
（カーディーラー等）

⑥ 近隣商業地域（ 9 ）

※ 日々の買い物をする小規模な商店街

⑦ 商業地域（10）

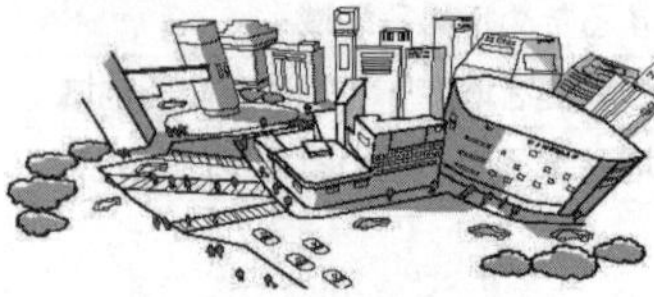

※ ターミナル周辺の繁華街

⑧ 準工業地域（11）

※ 軽工業の町工場と住居が混在する下町

⑨ 工業地域（12）

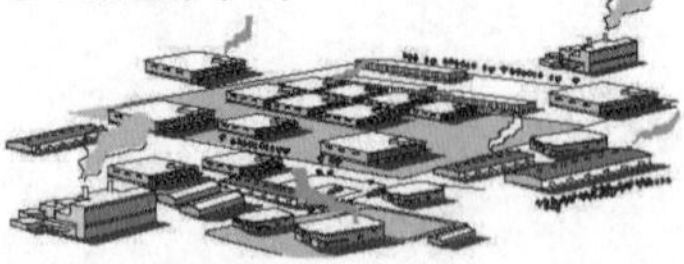

※ 工業団地

⑩ 工業専用地域（13）

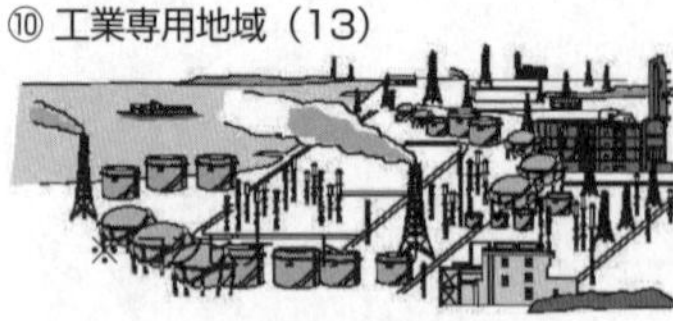

※ コンビナート

（　）内の数字は前記用途地域の種類の表中の番号に対応。

Point 地域地区に関して都市計画で定める事項

全ての用途地域	①建築物の容積率 ②建築物の敷地面積の最低限度 （市街地の環境を確保するために必要な場合に限る。）
商業地域以外の用途地域	③建築物の建蔽率
低層住居専用地域 田園住居地域	④建築物の高さの限度 ⑤外壁の後退距離の限度（低層住宅に係る良好な住居の環境を保護するため必要な場合に限る。）

Point 用途地域が定められる区域

市街化区域	少なくとも（必ず）用途地域を定める
市街化調整区域	原則として用途地域を定めない
・区域区分が定められていない（非線引き）都市計画区域 ・準都市計画区域	用途地域を定めることができる

3．補助的地域地区

Point 主要な補助的地域地区

1　用途地域内にだけ定めることができるもの

地域地区	定義	制限の内容
特別用途地区	用途地域内の一定の地区における当該地区の特性にふさわしい土地利用の増進、環境の保護等の特別の目的の実現を図るため、当該用途地域の指定を補完して定める地区	条例で用途制限を定める 用途制限の強化：条例 用途制限の緩和：条例＋国土交通大臣の承認
高度地区	用途地域内において市街地の環境を維持し、又は土地利用の増進を図るため、建築物の高さの最高限度又は最低限度を定める地区	都市計画で定める
高度利用地区	用途地域内の市街地における土地の合理的かつ健全な高度利用と都市機能の更新とを図るため、次の事項を定める地区 1．建築物の容積率の最高限度及び最低限度 2．建築物の建蔽率の最高限度 3．建築物の建築面積の最低限度 4．壁面の位置の制限	都市計画で定める

2　一定の用途地域内にだけ定めることができるもの

地域地区	定義	制限の内容
高層住居誘導地区	住居と住居以外の用途とを適正に配分し、利便性の高い高層住宅の建設を誘導するため、第一種住居地域、第二種住居地域及び準住居地域、近隣商業地域、準工業地域のうちで、容積率40/10又は50/10の区域内において、容積率及び建蔽率の最高限度、敷地面積の最低限度を定める地区	都市計画等で定める
特例容積率適用地区	第一種中高層住居専用地域、第二種中高層住居専用地域、第一種住居地域、第二種住居地域、準住居地域、近隣商業地域、商業地域、準工業地域又は工業地域内の適正な配置及び規模の公共施設を備えた土地の区域において、建築基準法の規定による建築物の容積率の限度からみて未利用となっている建築物の容積の活用を促進して土地の高度利用を図るため定める地区	都市計画等で定める

3　用途地域外（市街化調整区域を除く）にだけ定めることができるもの

地域地区	定義	制限の内容
特定用途制限地域	用途地域が定められていない土地の区域（市街化調整区域を除く）内において、その良好な環境の形成又は保持のため当該地域の特性に応じて合理的な土地利用が行われるよう、制限すべき特定の建築物等の用途の概要を定める地域	条例で用途制限を定める

4　用途地域の内外どちらでも定めることができるもの

地域地区	定義	制限の内容
特定街区	市街地の整備改善を図るため街区の整備又は造成が行われる地区について、その街区内における容積率、建築物の高さの最高限度、壁面の位置の制限を定める街区	都市計画で定める
防火地域・準防火地域	市街地における火災の危険を防除（ぼうじょ）するため定める地域	建築基準法で定める
特定用途誘導地区	都市機能増進施設の立地を誘導するため、建築物等の誘導すべき用途、容積率の最高限度の他、必要な場合は高さの最高限度、容積率の最低限度、建築面積の最低限度を定める地区	都市計画で定める 用途制限の緩和：条例＋国土交通大臣の承認
景観地区	市街地の良好な景観の形成を図るため定める地区	都市計画で定める
風致地区	都市の風致を維持するため定める地区	条例で規制を定める

1 区域区分

1　区域区分（市街化区域と市街化調整区域との区分）に関する都市計画

重要度A

講師からのアドバイス
都市計画区域を、市街化区域と市街化調整区域に区分することを、便宜的に「線引き」とよぶ。

出題履歴
H22.16- 3
H23.16- 4
H30.16- 4

都市の過密化や郊外への無秩序な拡散を防ぎ、健全で秩序のある都市の発展を図るために、都市計画区域を、積極的に市街化を図る区域と、当分の間市街化を抑制する区域に区分するのが区域区分である。

条文・原則

都市計画区域について、無秩序な市街化を防止し、計画的な市街化を図るため必要があるときは、都市計画に、市街化区域と市街化調整区域との区分（「区域区分」という。）を定めることができる（任意的）。ただし、以下に掲げる都市計画区域については、区域区分を定めるものとする（必要的）（7条1項、施行令3条）。

1　次に掲げる土地の区域の全部又は一部を含む都市計画区域
（1）首都圏整備法に規定する既成市街地又は近郊整備地帯
（2）近畿圏整備法に規定する既成都市区域又は近郊整備区域
（3）中部圏開発整備法に規定する都市整備区域

2　1以外の大都市に係る都市計画区域として政令で定めるもの
指定都市の区域の全部又は一部を含む都市計画区域（指定都市の区域の一部を含む都市計画区域にあっては、その区域内の人口が50万未満であるものを除く。）

講師からのアドバイス
「非線引き都市計画区域」は、本試験では、「区域区分が定められていない都市計画区域」という表現で出題されている。
・「非線引き都市計画区域」
=「市街化区域及び市街化調整区域に関する都市計画が定められていない都市計画区域」
=「区域区分が定められていない都市計画区域」

都市への人口と機能の集中が沈静化した現在では、すべての都市計画区域において区域区分を行う必要はない。そこで、区域区分をするか否かは、都市計画区域を指定する都道府県が、都市計画のマスタープランの中で判断する仕組みが原則とされている。

したがって、都市計画によって市街化区域にも市街化調整区域にも区分されていない区域もあり、このような区域は、便宜上、非線引き都市計画区域とよばれる。

ただし、現在でも開発圧力の強い三大都市圏の既成市街地等については、区域区分が義務付けられている。

2　市街化区域と市街化調整区域

重要度Ａ

条文・原則

「市街化区域」は、すでに市街地を形成している区域及びおおむね10年以内に優先的かつ計画的に市街化を図るべき区域とする。

「市街化調整区域」は、市街化を抑制すべき区域とする（７条２・３項）。

講師からのアドバイス
「おおむね10年以内に…」がどちらの定義に入るのかに注意しよう。

2 地域地区

1　地域地区

理解する

地域地区に関する都市計画は、区域区分（線引き）と同じく土地利用に関する計画であるが、**区域区分よりも更に細かく**土地の使い方を定め、適正な都市環境を保持しようとするものである。地域地区が都市計画で定められると、その区域内における建築等が**建築基準法その他の法律若しくは条例により規制**される。

講師からのアドバイス
「基本的地域地区＝用途地域」は地域の基本的な役割分担、「補助的地域地区」は、地域あるいは地区の「特別任務」といったイメージを持つだけでよい。

2　地域地区の種類

理解する

基本的地域地区	補助的地域地区
(1) 用途地域 1　第一種低層住居専用地域 2　第二種低層住居専用地域 3　田園住居地域 4　第一種中高層住居専用地域 5　第二種中高層住居専用地域 6　第一種住居地域 7　第二種住居地域 8　準住居地域 9　近隣商業地域 10　商業地域 11　準工業地域 12　工業地域 13　工業専用地域	(2)　特別用途地区 (3)　特定用途制限地域 (4)　特例容積率適用地区 (5)　高層住居誘導地区 (6)　高度地区 (7)　高度利用地区 (8)　特定街区 (9)　都市再生特別地区・居住調整地域・居住環境向上用途誘導地区・特定用途誘導地区 (10)　防火地域・準防火地域 (11)　特定防災街区整備地区 (12)　景観地区 (13)　風致地区　等

講師からのアドバイス

ゴシック(太字)の地域地区だけを学習すれば十分。

3 基本的地域地区－用途地域

1　意義

理解する

条文・原則

用途地域に関する都市計画は、もっとも基本的な区分であって、建築物の用途に着目して地域の区分を定め、建築基準法により、それぞれの地域に応じた建築物の用途・容積率・建蔽率・高さ等の制限を行うものである。

◆「第一種」住居系と「第二種」住居系の相違

「第二種」は、地域の特性に応じた規模の店舗等の立地が認められるため、「第一種」に比べて用途の純度が低い。

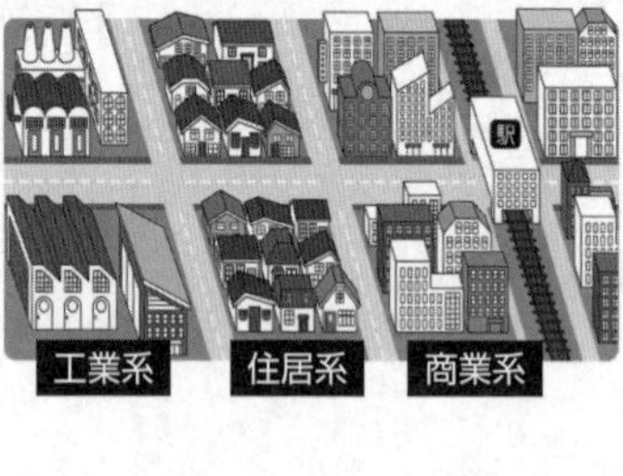

２　用途地域の種類・定義

重要度A

住居系８種類・商業系２種類・工業系３種類の合計13種類である。

		用途地域	定　義
住居系	1	第一種「低層」住居専用地域	低層住宅に係る良好な住居の環境を保護するため定める地域
住居系	2	**第二種**「低層」住居専用地域	**主として**低層住宅に係る良好な住居のため定める地域
住居系	3	田園住居地域	**農業の利便の増進**を図りつつ、これと**調和した**低層住宅に係る良好な住居の環境を保護するため定める地域
住居系	4	第一種「中高層」住居専用地域	中高層住宅に係る良好な住居の環境を保護するため定める地域
住居系	5	**第二種**「中高層」住居専用地域	**主として**中高層住宅に係る良好な住居の環境を保護するため定める地域
住居系	6	第一種住居地域	住居の環境を保護するため定める地域
住居系	7	**第二種**住居地域	**主として**住居の環境を保護するため定める地域
住居系	8	準住居地域	**道路の沿道**としての地域の特性にふさわしい業務の利便の増進を図りつつ、これと調和した住居の環境を保護するため定める地域
商業系	9	近隣商業地域	**近隣**の住宅地の住民に対する**日用品の供給**を行うことを主たる内容とする商業その他の業務の利便を増進するため定める地域
商業系	10	商業地域	**主として**商業その他の業務の利便を増進するため定める地域
工業系	11	準工業地域	**主として環境の悪化をもたらすおそれのない工業**の利便を増進するため定める地域
工業系	12	工業地域	**主として**工業の利便を増進するため定める地域
工業系	13	工業専用地域	工業の利便を増進するため定める地域

講師からのアドバイス

定義中に「主として」が含まれる用途地域をまとめて覚えておくとよい。

「第二種」住居系
＋
商業・準工業・工業

講師からのアドバイス

次のようなイメージを持つと良い。

低層
一戸建の住宅街
田園住居
農地と調和した低層住宅
中高層
マンション街
住居
戸建＋マンション
準住居
住居＋自動車関連施設（カーディーラー等）
近隣商業
日々の買い物をする小規模な商店街
商業
ターミナル周辺の繁華街
準工業
軽工業の町工場と住居が混在する下町
工業
工業団地
工専
コンビナート

出題履歴

H27.16- 3
R 1.15- 3
R 2 (10).15- 3

3　用途地域に関して都市計画で定める事項　重要度B

条文・原則

「用途地域」には、以下の事項を定める。
1　「全ての用途地域」…建築物の容積率、市街地の環境を確保するため必要な場合は、建築物の敷地面積の最低限度
2　「商業地域以外の用途地域」…建築物の建蔽率
3　「低層住居専用地域、田園住居地域」…建築物の高さの限度、良好な住環境確保するため必要な場合は、外壁の後退距離の限度（8条3項　抜粋）

全ての用途地域	①建築物の容積率 ②建築物の敷地面積の最低限度（市街地の環境を確保するために必要な場合に限る。）
商業地域以外の用途地域	③建築物の建蔽率
低層住居専用地域 田園住居地域	④建築物の高さの限度 ⑤外壁の後退距離の限度（低層住宅に係る良好な住居の環境を保護するため必要な場合に限る。）

出題履歴
H22.16- 1
H23.16- 3
H30.16- 3
R 2 (12).15- 1

4　用途地域が定められる区域　重要度A

条文・原則

市街化区域については、少なくとも用途地域を定め、市街化調整区域については、原則として用途地域を定めない（13条1項7号後段）。

市街化調整区域内でも、特別の事情があれば、用途地域を定めることができる。

講師からのアドバイス
市街化区域、市街化調整区域と用途地域の関係は、「補助的地域地区」や「開発許可に関連する建築制限」「地区計画」といった論点の問題を解く際の前提知識にもなるので、必ず覚えておこう。

4 補助的地域地区①－特別用途地区

1　特別用途地区

重要度B

用途地域による用途制限だけでは、地方の産業や地域環境の特殊性に十分に対応できない場合がある。そのような場合に、用途地域による用途制限を強化したり、緩和したりすることにより、地域の特性に応じたよりキメの細かい用途制限を行うものである。

R 1.15- 4

◆特別用途地区

「この近辺は、学校が集まっているので、特に静かな環境を保ちたい。」といった、用途地域の指定だけでは対応しきれない地区特有の事情にあわせて、用途制限を厳しくしたり、緩くしたりするものである。

条文・原則

1　特別用途地区は、用途地域内の一定の地区における当該地区の特性にふさわしい土地利用の増進、環境の保護等の特別の目的の実現を図るため、当該用途地域の指定を補完して定める地区である（9条13項）。

2　特別用途地区内においては、その地区の指定の目的のためにする建築物の用途制限で必要なものは、地方公共団体の条例で定める。必要と認める場合においては、国土交通大臣の承認を得て、条例で、用途制限を緩和することができる（建築基準法49条）。

①用途制限を強化する場合：地方公共団体の条例

②用途制限を緩和する場合：地方公共団体の条例＋国土交通大臣の承認

出題履歴

H21.19- 4
H26.18- 3
R 2 (12).18- 2

講師からのアドバイス

用途地域の指定を「補完」するものであるから、**用途地域内**にのみ定めることができる。したがって、特別用途地区は、用途地域の上に重ねて定められる。

2　特別用途地区の種類

理解する

かつては、都市計画法が定めた11の類型（パターン）の中から選ぶものとされていたが、都市計画法の改正によってこれが廃止され、自由に用途制限の内容を定めて、柔軟な規制ができるようになった。

条文・原則

特別用途地区の種類は、その指定により実現を図るべき特別の目的を明らかにして、都市計画で定める（8条3項1号）。

特別用途地区の例として、次のようなものがある。

1	特別工業地区	住宅地において地場(じば)産業の保護・育成をしたり、既成市街地の準工業地域等で公害の防止を図る地区
2	文教地区	学校などが集団的に立地している地区で教育文化施設の環境保護を図る地区
3	厚生地区	医療施設等の環境を保持する地区
4	観光地区	旅館・ホテル等の集中立地を図る地区
5	研究開発地区	研究開発施設等の集中立地を図る地区

5 補助的地域地区②－高度地区

高度地区

重要度 B

用途地域内において、市街地環境の維持又は土地利用の増進を目的として、市町村が建築物の「高さ」の最高限度又は最低限度を定める地域地区である。

条文・原則

1　高度地区は、用途地域内において市街地の環境を維持し、又は土地利用の増進を図るため、建築物の高さの最高限度又は最低限度を定める地区とする（９条17項）。

2　高度地区内においては、建築物の高さは、高度地区に関する都市計画において定められた内容に適合するものでなければならない（建築基準法58条）。

出題履歴
H21.19- 1
R 1.15- 1

講師からのアドバイス
市街化区域の95％以上が高度地区に指定されている京都市の「31m 高度地区」等の実例がある。

6 補助的地域地区③－高度利用地区

高度利用地区

重要度C

敷地が細分化され、住宅が密集した市街地等を一体的に再開発して、土地の「高度な利用」を誘導する手法である。

条文・原則

1　高度利用地区は、用途地域内の市街地における土地の合理的かつ健全な高度利用と都市機能の更新とを図るため、建築物の容積率の最高限度及び最低限度、建築物の建蔽率の最高限度、建築物の建築面積の最低限度並びに壁面の位置の制限を定める地区とする（９条18項)。
2　高度利用地区内においては、建築物の容積率及び建蔽率並びに建築物の建築面積は、一定の例外に該当する場合を除き、高度利用地区に関する都市計画において定められた内容に適合するものでなければならない（建築基準法59条１項)。

7 補助的地域地区④－特例容積率適用地区

特例容積率適用地区

重要度C

火災の際の延焼防止等の機能を有する屋敷林や市民緑地等の未利用容積を移転することにより、これらの防災空間を確保しつつ、建築物の共同化や老朽マンションの建て替え等を円滑に進める制度である。

条文・原則

第一種中高層住居専用地域、第二種中高層住居専用地域、第一種住居地域、第二種住居地域、準住居地域、近隣商業地域、商業地域、準工業地域又は工業地域内の適正な配置及び規模の公共施設を備えた土地の区域において、建築基準法の規定による建築物の容積率の限度からみて未利用となっている建築物の容積の活用を促進して土地の高度利用を図るため定める地区である（９条15項)。

出題履歴
H26.15- 2
H28.16- 3

講師からのアドバイス
高度地区は建物の「高さ」について制限する地区、高度利用地区は、土地を「高度に利用する」地区である。違いを意識しておくこと。

講師からのアドバイス
住宅密集地において、小規模な建築物の建築を抑えて、超高層マンションの建築を誘導する手法として用いられることが多い。

講師からのアドバイス
出題実績のない制度であるが、「容積のトレードができる地区」というイメージと「未利用となっている建築物の容積の活用」というキーワードだけは押えておくとよい。

講師からのアドバイス
特例容積率適用地区の実例として、東京の大手町・丸の内・有楽町地区がある。東京駅赤レンガ駅舎の復元的保全後の未利用容積率を他の敷地に移転することによって、超高層ビルを建設、あわせて駅舎保全の資金調達を図った。

法令上の制限

8 補助的地域地区⑤－高層住居誘導地区

高層住居誘導地区

重要度B

講師からのアドバイス
東京・豊洲等の実例がある。

主として既成市街地に高層マンションの立地を誘導し、都心地域等における職住接近の都市構造を実現するために導入された制度である。

出題履歴
H26.15- 4

条文・原則

住居と住居以外の用途とを適正に配分し、利便性の高い高層住宅の建設を誘導するため、第一種住居地域、第二種住居地域及び準住居地域、近隣商業地域、準工業地域のうちで、容積率40/10又は50/10の区域内において、容積率及び建蔽率の最高限度、敷地面積の最低限度を定める地区である（9条16項）。

建築物の建築にあたって、現実的に利用可能な容積率は、斜線制限や日影規制によって目減りする。そこで、建築基準法に基づく容積率や斜線制限を緩和し、日影規制の適用を除外して、高層住居の建設を誘導する（建築基準法52条）。

9 補助的地域地区⑥－特定用途制限地域

特定用途制限地域

重要度C

非線引き区域や準都市計画区域では、用途地域が定められないこともあるため、危険性の高い工場や大規模な店舗が無秩序に立地する可能性がある。そこで、このような区域内における環境の維持や合理的な土地利用を目的として、特定の用途の建築物等の立地を制限するのが特定用途制限地域である。

講師からのアドバイス
特定用途制限地域は、市街化区域のように用途地域が定められている土地の区域には定めることができない。

条文・原則

1 用途地域が定められていない土地の区域（市街化調整区域を除く）内において、その良好な環境の形成又は保持のため当該地域の特性に応じて合理的な土地利用が行われるよう、制限すべき特定の建築物等の用途の概要を定める地域である（9条14項、8条3項2号ニ）。
2 特定用途制限地域内における建築物の用途の制限は、当該特定用途制限地域に関する都市計画に即し、政令で定める基準に従い、地方公共団体の条例で定める（建築基準法49条の2）。

出題履歴
H22.16- 4
H25.15- 2

10 補助的地域地区⑦－特定街区

特定街区

重要度C

特定街区は、都市機能の更新や優良な都市空間の形成や保全を目的とした比較的大規模なプロジェクトを誘導する制度である。

R 1.15- 2

条文・原則

1　市街地の整備改善を図るため街区の整備又は造成が行われる地区について、その街区内における容積率、建築物の高さの最高限度、壁面の位置の制限を定める街区とする（９条19項）。
2　特定街区内の建築物については、建築基準法の容積率、建蔽率、斜線制限等の規定は適用されない（建築基準法60条３項）。

特定街区に指定された街区内の建築物については、容積率や建蔽率、高さ制限等の建築基準法の規制を適用せず、周辺環境に配慮しつつ、その街区に適した建築物の容積率、高さの最高限度、壁面の位置等の建築物の形態等についての制限の計画を都市計画で定める。また、有効な空地の確保や、優良な都市空間形成に対する寄与度等に応じて容積率等の割増しが認められる。さらに、隣接する複数の街区を一体的に計画する場合には、街区間で容積率を移転することも認められる。

講師からのアドバイス

特定街区は、ある程度都市基盤の整った街区で、超高層のオフィスビルや商業ビルを建築するプロジェクトに用いられることが多い。
特定街区の実例として、東京・西新宿の高層ビル群（新宿副都心）がある。

都市計画法３（地区計画等）

重要ポイント

1．地区計画等

Point 地区計画等の種類

- 地区計画
- 防災街区整備地区計画
- 歴史的風致維持向上地区計画
- 沿道地区計画
- 集落地区計画

2．地区計画

Point 地区計画

<table>
<tr><td>地区計画</td><td colspan="2">建築物の建築形態、公共施設の配置等からみて、一体としてそれぞれの区域の特性にふさわしい態様を備えた良好な環境の各街区を整備し、開発し、及び保全するための計画</td></tr>
<tr><td>地区計画を定めることができる区域</td><td colspan="2">①用途地域が定められている土地の区域
②用途地域が定められていない土地の区域のうち、一定の要件を満たす土地の区域</td></tr>
<tr><td rowspan="3">地区計画の区域内における建築等の規制</td><td>地区計画の区域内</td><td>道路・公園等の施設の配置及び規模が定められている再開発等促進区若しくは開発整備促進区又は地区整備計画が定められている区域に限る</td></tr>
<tr><td colspan="2">1）土地の区画形質の変更
2）建築物の建築
3）工作物の建設その他</td></tr>
<tr><td colspan="2">原則として行為着手の30日前までに、一定の事項を市町村長に届出</td></tr>
</table>

1 地区計画等

地区計画等

理解する

条文・原則

地区計画等は、地区レベルから都市を捉え、地域住民の要望に応えたキメの細かい街づくりをするための都市計画である。

地区計画等には、次の５種類がある（12条の４第１項）。

- 地区計画
  ……区域の特性に応じた合理的な土地利用
- 防災街区整備地区計画
  ……火事・地震時の延焼防止と避難機能の確保
- 歴史的風致維持向上地区計画
  ……歴史的風致の維持・向上
- 沿道地区計画
  ……道路交通騒音による障害の防止
- 集落地区計画
  ……営農条件と調和した良好な居住環境の確保

講師からのアドバイス
地区住民と市町村が連携して地区の街づくりを進める「小さなまちづくり」というイメージで捉えるとよい。

講師からのアドバイス
「地区計画等」の５つの種類を覚えておこう。

2 地区計画

1　地区計画

理解する

地区計画は、いわゆる「ミニ開発」や敷地の細分化による環境悪化を防止するために建築物の敷地面積の最低限度を定めたりする計画で、この計画に基づいて開発行為・建築行為を規制・誘導し、良好な市街地の形成・保全を図ろうとするものである（13条１項14号前段）。

条文・原則

地区計画とは、建築物の建築形態、公共施設の配置等からみて、一体としてそれぞれの区域の特性にふさわしい態様を備えた良好な環境の各街区を整備し、開発し、及び保全するための計画である（12条の５第１項）。

具体的には、主として街区内の居住者等の利用に供される比較的幅の狭い道路や小さな公園等（これらを「**地区施設**」という）の配置・規模に関する事項を定めたり、当該地区の土地利用の現況等からみて、当該地区にふさわしい建築物の用途、形態等について定める。

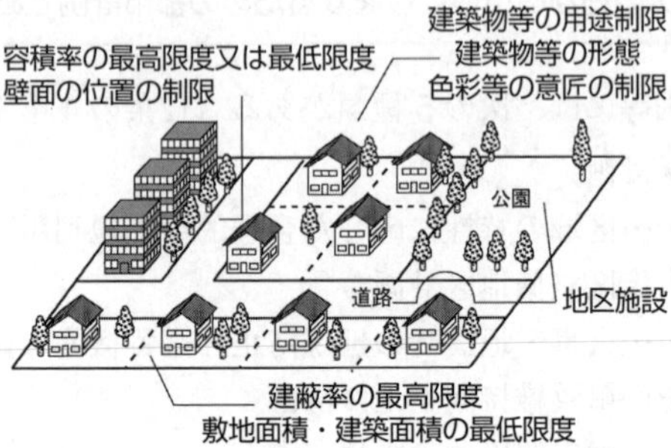

2　地区計画で定める事項

理解する

地区計画については、次の事項が都市計画に定められる（12条の4第2項、12条の5第2項）。

出題履歴
H28.16- 4
R 2 (10).15- 1

条文・原則

1　地区計画等の種類、名称、位置及び区域
2　地区計画と地区整備計画
主として街区内の居住者等の利用に供される道路、公園その他の政令で定める施設（「地区施設」）及び建築物等の整備並びに土地の利用に関する計画（「地区整備計画」）

R 3 (10).15- 1

（1）このほか、地区計画については、都市計画に、地区計画の目標、当該区域の整備・開発・保全の方針を定めるよう努めるものとされる。

３　地区整備計画

理解する

　地区計画の目標、方針に従って、具体的なプランを定めるのが地区整備計画である。

R 3 (10).15- 4

条文・原則

　地区整備計画は、地区計画の目的を達成するための具体的な計画で、次の事項を定めることができる（12条の５第７項）。

1　地区施設（主として街区内の居住者等が利用する道路・公園等）の配置及び規模

2　建築物等の用途の制限、容積率の最高限度又は最低限度、建蔽率の最高限度、建築物の敷地面積又は建築面積の最低限度、壁面の位置の制限、壁面後退区域（壁面の位置の制限として定められた限度の線と敷地境界線との間の土地の区域をいう。）における工作物の設置の制限、建築物等の高さの最高限度又は最低限度、建築物等の形態又は色彩その他の意匠（いしょう）の制限、建築物の緑化率の最低限度その他

3　現に存する樹林地、草地等で良好な居住環境を確保するため必要なものの保全に関する事項

4　現に存する農地（耕作の目的に供される土地をいう。）で農業の利便の増進と良好な居住環境を確保するため必要なものにおける土地の形質の変更その他の行為の制限に関する事項　等

（1）なお、**市街化調整区域内**において定められる地区整備計画については、**建築物の容積率の最低限度**、**建築物の建築面積の最低限度**、及び**建築物等の高さの最低限度**については**定めることはできない**（同項かっこ書）。

（2）地区計画を都市計画に定める際、当該地区計画の区域の全部又は一部について地区整備計画を定めることができない特別の事情があるときは、当該区域の全部又は一部について地区整備計画を定めることを要しない。この場合において、地区計画の区域の一部について地区整備計画を定めるときは、当該地区計画については、地区整備計画の区域をも都市計画に定めなければならない（同条８項）。

講師からのアドバイス

市街化調整区域では、大規模な建築物等の建築等を誘導しないため、「最低限度」を定めることはできない。

4　地区計画を定めることができる区域

重要度 B

条文・原則

地区計画は、建築物の建築形態、公共施設その他の施設の配置等からみて、一体としてそれぞれの区域の特性にふさわしい態様を備えた良好な環境の各街区を整備し、開発し、及び保全するための計画とし、次の各号のいずれかに該当する土地の区域について定めるものとする（12条の５第１項）。

1　用途地域が定められている土地の区域

2　用途地域が定められていない土地の区域のうち次のいずれかに該当するもの

（1）住宅市街地の開発その他建築物もしくはその敷地の整備に関する事業が行われる、又は行われた土地の区域

（2）建築物の建築又はその敷地の造成が無秩序に行われ、又は行われると見込まれる一定の土地の区域で、公共施設の整備の状況、土地利用の動向等からみて不良な街区の環境が形成されるおそれがあるもの

（3）健全な住宅市街地における良好な居住環境その他優れた街区の環境が形成されている土地の区域

地区計画は、市街化区域においても、**市街化調整区域内**においても定めることができる。また、**区域区分が定められていない都市計画区域**においても定めることができる。

出題履歴

H26.15- 1

講師からのアドバイス

2については、用途地域が定められていない区域でも、一定の要件を満たせば定めることができるという程度の理解で十分。

5　建築等の規制

重要度A

条文・原則

1　建築等の届出

地区計画の区域内（道路・公園等の施設の配置及び規模が定められている再開発等促進区若しくは開発整備促進区又は地区整備計画が定められている区域に限る）において次の行為を行おうとする者は、原則として行為着手の30日前までに、行為の種類・場所・設計又は施行方法・着手予定日その他一定の事項を、市町村長に届け出なければならない（58条の２第１項、施行令38条の４）。届け出た事項のうち一定の事項を変更しようとする場合も同様である（58条の２第２項）。

（１）土地の区画形質の変更
（２）建築物の建築
（３）工作物の建設その他

2　市町村長の勧告等

市町村長は、前記の届出に係る行為が地区計画に適合しないと認めるときは、設計の変更その他の必要な措置をとることを勧告することができる（同条３項）。この勧告をした場合において、市町村長は必要があると認めるときは、その勧告を受けた者に対し、土地に関する権利の処分についてのあっせんその他の必要な措置を講ずるよう努めなければならない（同条４項）。

3　建築等の許可

地区整備計画においては、現に存する農地で農業の利便の増進と調和した良好な居住環境を確保するため必要なものにおける土地の形質の変更その他の行為の制限に関する事項を定めることができることになった。この場合、条例で、地区計画の区域内の農地の区域内における土地の形質の変更等について、市町村長の許可を受けなければならないこととすることができる（58条の３）。

講師からのアドバイス
「行為着手30日前」「市町村長」「届け出」は必ず覚えておく。

出題履歴
H21.16- 3
H29.16- イ

講師からのアドバイス
地区計画が出題される場合は、地区計画区域内における建築規制が問われることが多い。
建築行為等の届出は、**30日前（事前）**であることに注意しよう。H24.16- 4

出題履歴
H20.18- 4

3　再開発等促進区・開発整備促進区

1　再開発等促進区を定める地区計画

重要度C

工場跡地や鉄道の操車場跡地等の土地の利用転換に際して、地区内の公共施設の整備と併せて、建築物の用途、容積率等の制限を緩和することにより、良好なプロジェクトを誘導するための手法である。

条文・原則

以下に掲げる条件に該当する土地の区域における地区計画については、土地の合理的かつ健全な高度利用と都市機能の増進とを図るため、一体的かつ総合的な市街地の再開発又は開発整備を実施すべき区域（「再開発等促進区（さいかいはつとうそくしんく）」）を都市計画に定めることができる（12条の5第3項）。

1　現に土地の利用状況が著しく変化しつつあり、又は著しく変化することが確実であると見込まれる土地の区域であること。
2　土地の合理的かつ健全な高度利用を図るため、適正な配置及び規模の公共施設を整備する必要がある土地の区域であること。
3　当該区域内の土地の高度利用を図ることが、当該都市の機能の増進に貢献することとなる土地の区域であること。
4　用途地域が定められている土地の区域であること。

（1）再開発等促進区を定める地区計画は、すでに**用途地域が定められている土地の区域**にしか定めることができない。

（2）再開発等促進区を定める地区計画において定める事項
「地区計画に定める事項」に掲げるもののほか、道路、公園その他の政令で定める施設（都市計画施設及び地区施設を除く。）の配置及び規模に関する事項を都市計画に定めるものとするとともに、土地利用に関する基本方針を定めるよう努めるものとする（同条5項）。

講師からのアドバイス
都心部における高い容積率の再開発プロジェクトをイメージするとよい。
再開発等促進区を活用したプロジェクトの代表的な例として六本木ヒルズや東京ミッドタウン等がある。

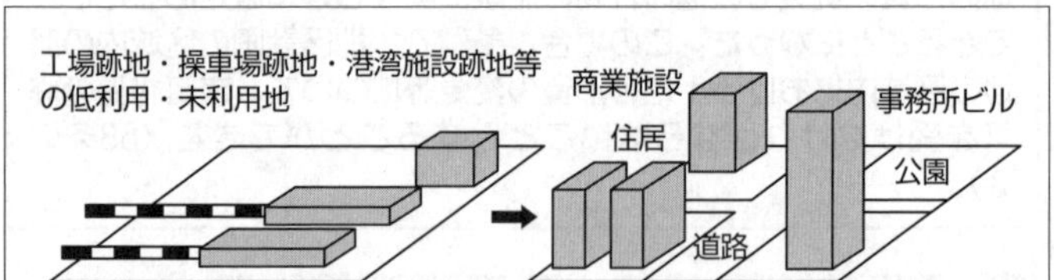

2　開発整備促進区を定める地区計画　重要度C

第二種住居地域、準住居地域、工業地域、用途地域の指定のない区域（市街化調整区域を除く）では、その立地を想定していなかった大規模な集客施設の立地事例が目立ち、周辺環境に大きな影響を与えるようになった。そこで、大規模な集客施設の立地を、都市計画法及び建築基準法により制限するとともに、地区計画という手法を通じて地域の判断を反映させつつ適切にコントロールしようとするのが開発整備促進区を定める地区計画である。

条文・原則

以下に掲げる条件に該当する土地の区域における地区計画については、劇場、店舗、飲食店その他これらに類する用途に供する大規模な建築物（「特定大規模建築物」）の整備による商業その他の業務の利便の増進を図るため、一体的かつ総合的な市街地の開発整備を実施すべき区域（「開発整備促進区」）を都市計画に定めることができる（12条の５第４項）。

1　現に土地の利用状況が著しく変化しつつあり、又は著しく変化することが確実であると見込まれる土地の区域であること。

2　特定大規模建築物の整備による商業その他の業務の利便の増進を図るため、適正な配置及び規模の公共施設を整備する必要がある土地の区域であること。

3　当該区域内において特定大規模建築物の整備による商業その他の業務の利便の増進を図ることが、当該都市の機能の増進に貢献することとなる土地の区域であること。

4　第二種住居地域、準住居地域若しくは工業地域が定められている土地の区域又は用途地域が定められていない土地の区域（市街化調整区域を除く。）であること。

（1）開発整備促進区を定める地区計画は、**第二種住居地域、準住居地域、工業地域、用途地域の指定のない区域（市街化調整区域を除く）**にしか定めることができない。

（2）開発整備促進区を定める地区計画において定める事項

「地区計画に定める事項」に掲げるもののほか、道路、公園その他の政令で定める施設（都市計画施設及び地区施設を除く。）の配置及び規模に関する事項を都市計画に定めるものとするとともに、土地利用に関する基本方針を定めるよう努めるものとする（同条５項）。

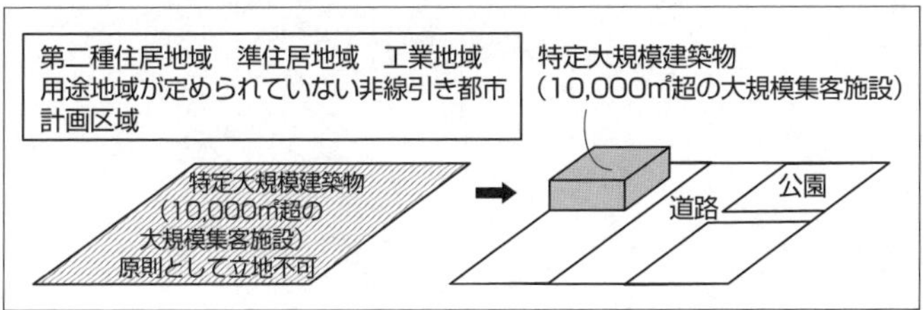

講師からのアドバイス

郊外型のショッピングモールや大型アミューズメント施設等の広い敷地・低い容積率の施設の立地を、適切なコントロールの下で認める方法であるというイメージを持つと良い。

◆特定大規模建築物

用途に供する部分の床面積合計が10,000㎡を超えるショッピングモールや映画館、パチンコ店、カラオケボックスなどの大規模な集客施設のこと

出題履歴

H25.15- 4
H27.16- 1

都市計画法４（都市計画の決定手続等）

重要ポイント

1．都市計画の決定権者

Point 都市計画の決定権者

●原則：都道府県又は市町村
●例外：国土交通大臣及び市町村（２以上の都府県にわたる都市計画区域に係る都市計画）

都道府県が定める都市計画	市町村が定める都市計画
区域区分	
大規模･広域的な地域地区 ①10ha以上の風致地区 （２以上の市町村の区域にわたるものに限る。） 等	小規模な地域地区 ①用途地域・高層住居誘導地区 ②特別用途地区 ③高度地区 ④高度利用地区 ⑤特定街区 ⑥防火地域･準防火地域 ⑦小規模な風致地区 ⑧景観地区 等
一定の大規模な市街地開発事業等	左記以外の市街地開発事業
	地区計画等

●市町村が定める都市計画
①議会の議決を経て定められた当該市町村の建設に関する基本構想に即し、
②かつ、都道府県が定めた都市計画に適合したものでなければならない。
●市町村が定めた都市計画が、都道府県が定めた都市計画と抵触するとき
→抵触する限りにおいて、都道府県が定めた都市計画が優先する。

1 都市計画の決定権者

都市計画の決定権者

理解する

条文・原則

1　都市計画は、原則として都道府県又は市町村が定める（15条1項）。
2　2以上の都府県の区域にわたる都市計画区域に係る都市計画は、国土交通大臣及び市町村が定める（22条1項前段）。

講師からのアドバイス
太字のものだけ覚えておけば十分である。

＜都道府県が定める都市計画・市町村が定める都市計画＞

都道府県が定める都市計画	市町村が定める都市計画
区域区分	
大規模・広域的な地域地区 ① 都市再生特別地区 ② 重要港湾に係る臨港地区 ③ 歴史的風土特別保存地区 ④ 流通業務地区 ⑤ 航空機騒音障害防止地区 ⑥ 緑地保全地域（2以上の市町村の区域にわたるものに限る。） ⑦ 10ha以上の特別緑地保全地区（2以上の市町村の区域にわたるものに限る。） ⑧ 10ha以上の風致地区（2以上の市町村の区域にわたるものに限る。）等	小規模な地域地区 ① 用途地域・高層住居誘導地区 ② 特別用途地区 ③ 特定用途制限地域 ④ 高度地区 ⑤ 高度利用地区 ⑥ 特定街区 ⑦ 防火地域・準防火地域 ⑧ 特定防災街区整備地区 ⑨ 小規模な風致地区 ⑩ 景観地区 ⑪ 駐車場整備地区 ⑫ 生産緑地地区 ⑬ 伝統的建造物群保存地区 等
広域的・根幹的都市施設 （国道・都道府県道、空港等）	左記以外の都市施設
	促進区域
右記以外の市街地開発事業等予定区域	区域の面積が20ha以上の一団地の住宅施設の予定区域
	被災市街地復興推進地域
	遊休土地転換利用促進地区
一定の大規模な市街地開発事業等	左記以外の市街地開発事業
	地区計画等

※市町村が定めた都市計画が、都道府県が定めた都市計画と抵触するときは、その限りにおいて、**都道府県が定めた都市計画が優先**する。

出題履歴
H27.16- 4

※指定都市の区域内における区域区分、都市再開発方針等、地域地区、都市施設、市街地開発事業等の都市計画は、一の指定都市の区域を超えて特に広域の見地から決定すべき都市施設として政令で定めるものを除き、**指定都市**が定める。

◆**都市計画の提案制度**

土地所有者等だけでなく、一定のNPO法人、一般社団法人、一般財団法人等も提案できる。
H24.16- 2

2 都道府県の都市計画決定手続

1 都道府県の都市計画決定手続の流れ

参考

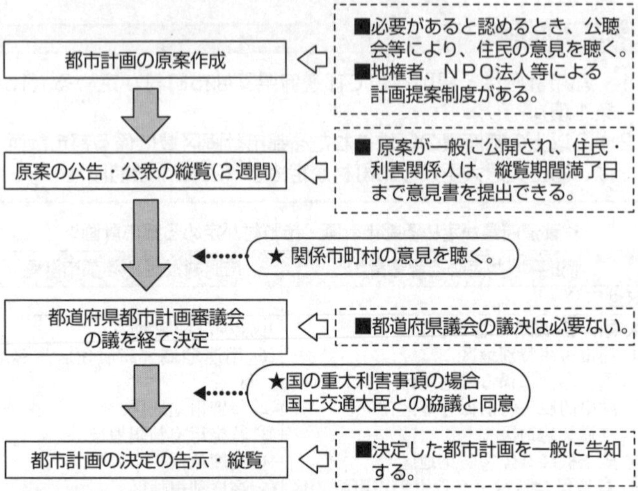
都市計画の原案作成
■必要があると認めるとき、公聴会等により、住民の意見を聴く。
■地権者、ＮＰＯ法人等による計画提案制度がある。
原案の公告・公衆の縦覧(２週間)
■ 原案が一般に公開され、住民・利害関係人は、縦覧期間満了日まで意見書を提出できる。
★ 関係市町村の意見を聴く。
都道府県都市計画審議会の議を経て決定
■都道府県議会の議決は必要ない。
★国の重大利害事項の場合
国土交通大臣との協議と同意
都市計画の決定の告示・縦覧
■決定した都市計画を一般に告知する。

3 市町村の都市計画決定手続

1 市町村の都市計画決定手続の流れ

参考

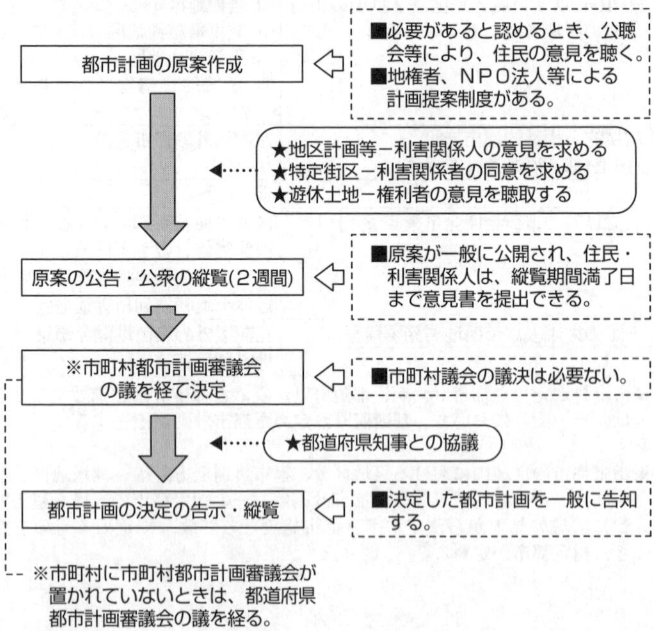
都市計画の原案作成
■必要があると認めるとき、公聴会等により、住民の意見を聴く。
■地権者、ＮＰＯ法人等による計画提案制度がある。
★地区計画等－利害関係人の意見を求める
★特定街区－利害関係者の同意を求める
★遊休土地－権利者の意見を聴取する
原案の公告・公衆の縦覧(２週間)
■原案が一般に公開され、住民・利害関係人は、縦覧期間満了日まで意見書を提出できる。
※市町村都市計画審議会の議を経て決定
■市町村議会の議決は必要ない。
★都道府県知事との協議
都市計画の決定の告示・縦覧
■決定した都市計画を一般に告知する。
※市町村に市町村都市計画審議会が置かれていないときは、都道府県都市計画審議会の議を経る。

出題履歴

H24.16- 3

MEMO

都市計画法５（開発行為等の規制）

重要ポイント

1．開発許可の要否

Point 開発行為の定義

主として建築物の建築又は特定工作物の建設の用に供する目的で行う土地の区画形質の変更

- 第一種特定工作物
  - コンクリートプラント
  - アスファルトプラント
  - クラッシャープラント 等
- 第二種特定工作物
  - ①ゴルフコース（面積を問わない）
  - ②１ha以上のレジャー施設・スポーツ施設
  - ③１ha以上の墓園

Point 開発許可不要の開発行為

<table>
<tr><th>開発行為</th><th>市街化区域</th><th>市街化
調整区域</th><th>非線引き区域
準都市計画区域</th><th>都市計画区域
及び
準都市計画区域外</th></tr>
<tr><td>小規模開発</td><td>1,000㎡未満
許可不要</td><td>例外なく
許可必要</td><td>3,000㎡未満
許可不要</td><td>１ha未満
許可不要</td></tr>
<tr><td>農林漁業用建築物を建築するための開発行為（畜舎、温室、サイロ、農林漁業を営む者の居住の用に供する建築物）</td><td>1,000㎡以上
許可必要</td><td colspan="3" rowspan="5">場所規模問わず
常に許可不要</td></tr>
<tr><td>公益上必要な建築物の建築のための開発行為（駅舎、図書館、公民館、変電所等）</td><td rowspan="4"></td></tr>
<tr><td>「～事業の施行として」行う開発行為</td></tr>
<tr><td>非常災害のため必要な応急措置として行う開発行為</td></tr>
<tr><td>通常の管理行為、軽易な行為（車庫・物置等の付属建築物の建築のための開発行為）</td></tr>
</table>

2．開発許可の手続

Point　開発許可の申請

申請者	開発区域内の土地所有者でなくても申請できる
申請書の記載事項	予定建築物等の用途等 （記載事項ではないもの） 高さ・階数・構造・価額・設備等
土地所有者等の同意	相当数の同意→同意書
開発行為に関係がある（既存）公共施設	管理者と協議＋同意→同意書
開発行為等により設置される（新設）公共施設	管理することとなる者等と協議 →協議書
１ha以上の開発行為の設計図書	有資格者が作成

Point　許可・不許可の処分

1　都道府県知事は、開発許可の申請があったときは、遅滞なく、許可又は不許可の処分をしなければならない。
2　許可又は不許可の処分は必ず文書で通知しなければならない。

Point　変更・承継・廃止

変更	①開発区域の位置、区域及び規模 ②予定建築物等の用途等	知事の許可
軽微な変更	工事施行者の変更等	知事への届出
一般承継	相続・合併	当然に承継
特定承継	開発区域の土地の売買等	知事の承認
廃止	開発行為に関する工事の取りやめ	知事への届出

Point　開発等行為により設置された公共施設及びその用地

開発行為等により設置された公共施設の管理	原則	工事完了の公告の日の翌日において、その公共施設が存する市町村の管理に属する。
	例外	①他の法律に基づく管理者が別にあるとき ②協議により管理者について別段の定めをしたとき
公共施設の用に供する土地の帰属	原則	工事完了の公告の日の翌日において、その公共施設の管理者（原則として、市町村）に帰属する。

Point　不服申立て

1　開発行為に関する処分等に不服がある者は、開発審査会に対して審査請求をすることができる。
2　開発許可等に関する処分取消しの訴えは、当該処分についての審査請求に対する開発審査会の裁決を経ずに、直ちに提起することができる。

3. 開発行為に関連する建築等の制限

Point 開発許可を受けた開発区域内の建築等の制限

開発許可を受けた開発区域

	工事完了公告前	工事完了公告後
原則	建築物の建築等はできない	①予定建築物以外の建築等はできない ②改築・用途変更によって予定建築物以外のものにできない
例外	①開発行為に不同意の土地所有者等による建築等 ②工事用仮設建築物等 ③都道府県知事が認めたとき	①用途地域等が定められているとき ②知事が許可したとき

Point 建蔽率等の指定

用途地域が定められていない開発区域
都道府県知事は、建築物の建蔽率、高さ、壁面の位置その他、敷地・構造・設備に関する制限をすることができる。

Point 開発許可を受けた開発区域以外の建築等の制限

市街化調整区域のうち開発許可を受けた開発区域以外の区域

原則	都道府県知事の許可必要
例外	開発許可が要らない開発行為とほぼ同様の例外 ①一定の農林漁業用建築物・農林漁業者の居住用建築物の新築等 ②鉄道施設、図書館、公民館、変電所等の新築等 ③仮設建築物の新築等

1 開発行為等の規制

開発行為等の規制の趣旨

理解する

開発行為が自由に行われると、道路・公園・下水道等の公共施設が整備されていない市街地が出来たり、自然が破壊される等、都市計画において意図した都市とは異なる都市環境が形成されてしまうおそれがある。いったん不良な市街地が形成されてしまうと、それを後から良好な市街地に作り直すことは非常な困難が伴うことから、一定の**開発行為等の規制**がなされるのである。

2 開発行為の許可（開発許可の要否）

1　開発行為の許可

重要度A

条文・原則

開発行為をしようとする者は、原則としてあらかじめ、都道府県知事の許可を受けなければならない（29条１項本文）。

2　開発行為の定義

重要度A

条文・原則

規制の対象となる開発行為とは、「主として建築物の建築又は特定工作物の建設の用に供する目的で行う土地の区画形質の変更」をいう（４条12項）。

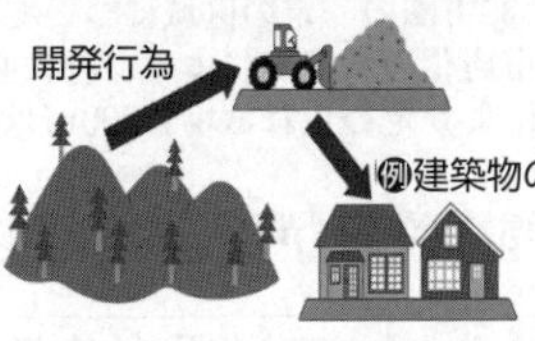

特定工作物には、**第一種特定工作物**と**第二種特定工作物**の２種がある（４条11項、施行令１条）。

講師からのアドバイス

「開発許可の要否」「開発許可の手続」「開発行為に関連する建築等の制限等」は、都市計画法の最頻出ポイントのひとつ。完全にマスターしよう。

講師からのアドバイス

「開発行為の許可」（開発許可の要否、開発許可の手続、開発許可の基準）は、「土地」に関する規制である。
一方、「開発行為に関連する建築等の制限等」は、工事中の土地や工事が終わった後の土地等における「建築物等の建築等」に関する規制である。
両者を混同しないように注意しよう。

出題履歴

H28.17- 2

出題履歴

H25.16- 1

◆土地の区画の変更

敷地の分割など

◆土地の形状の変更

切土、盛土等の造成工事など

◆土地の性質の変更

農地から宅地への地目の変更など

出題履歴
H29.17- 4
R 1.16- 3

出題履歴
H21.17- 2
R 2 (12) .16- 3、- 4

H25.16- 2

H21.17- 1
H22.17- 1
H29.17- 1
H30.17- 4
R 1.16- 1
H30.17- 3
R 3 (10).16- 2、- 3

講師からのアドバイス

1の「農林漁業の用に供する建築物」に、「農林水産物の処理・貯蔵・加工に必要な建築物」は原則として含まれない。また、2の「公益上必要な建築物」には、社会福祉施設、医療施設、教育施設(学校等)は含まれず、これらの建築の用に供する目的で行う開発行為は、原則として開発許可を要する点に注意しよう。
H23.17- 2
H24.17- イ、ウ
H25.16- 3
H26.16- ア、イ
H29.17- 2、3
R 1.16- 2、4
H24.17- ア
H26.16- ウ
H23.17- 4
H25.16- 4
H30.17- 1
R 2 (12).16- 1、- 2
R 3 (10).16- 4

- 第一種特定工作物 ―― 周辺の地域の環境の悪化をもたらすおそれがある一定の工作物
  - コンクリートプラント
  - アスファルトプラント
  - クラッシャープラント　等
- 第二種特定工作物
  - ①ゴルフコース（面積を問わない）
  - ②1ha以上のレジャー施設・スポーツ施設　野球場、庭球場、陸上競技場、遊園地、動物園　等
  - ③1ha以上の墓園

＊1ha＝10,000㎡

3　小規模開発（許可が不要な開発行為の規模）　重要度A

1　市街化区域	1,000㎡（※1）未満
2　市街化調整区域	どの規模でも許可が必要
3　非線引き都市計画区域及び準都市計画区域	3,000㎡（※2）未満
4　都市計画区域及び準都市計画区域以外の区域	1ha（10,000㎡）未満

※1　市街化の状況により、無秩序な市街化を防止するため特に必要があると認められ、都道府県等の条例により定められる場合300㎡以上1,000㎡（注）未満の範囲内

(注) 大都市圏の一定の区域については、1,000㎡は500㎡となる。

※2　市街化の状況等により、特に必要があると認められ、都道府県等の条例により定められる場合300㎡以上3,000㎡未満の範囲内

4　開発許可が要らない開発行為

開発許可が要らない開発行為	1　市街化区域以外で農林漁業用建築物を建築するための開発行為 2　駅舎、図書館、公民館、変電所等を建築するための開発行為 3　「～事業の施行として」行う開発行為 4　非常災害のために必要な応急措置 5　通常の管理行為、軽易な行為※

※「通常の管理行為、軽易な行為その他の行為で政令で定めるもの」とは、仮設建築物の建築、車庫、物置その他これらに類する附属建築物の建築の用に供する目的で行う開発行為等をいう（施行令22条）。

3 開発許可の手続

1 開発許可の申請

重要度B

開発許可は、**自己が所有していない土地**についても申請することができる。したがって、開発許可の申請にあたって、開発区域の土地の所有権等を、あらかじめ取得しておく必要はない。

工事の実施等の妨げとなる権利を有する者の同意

開発許可を申請しようとする者は、開発行為をしようとする土地、又は、その土地上の建築物その他の工作物等につき、工事の実施等の妨げとなる権利を有する者の相当数の同意を得て、この同意を得たことを証する書類を申請書に添付しなければならない（33条1項14号、30条2項、規則17条1項3号）。

講師からのアドバイス
工事の実施等の妨げとなる権利を有する者の同意は相当数であればよく、その全員の同意までは不要である。

申請書の記載事項

開発許可を受けようとする者は、次に掲げる事項を記載した申請書を都道府県知事に提出しなければならない（30条1項）。
1　開発区域の位置、区域及び規模
2　開発区域内において予定される建築物又は特定工作物の用途
3　開発行為に関する設計
4　工事施行者等

講師からのアドバイス
開発許可制度は、土地に関する行為制限であるから、建築物等の細目を申請書に記載する必要はない。

（1）予定建築物等の高さ・階数・**構造**・建築（建設）**価額・設備**等は、開発許可の申請書の記載事項とされていない。
（2）都道府県知事は、開発許可をしたときは、当該許可に係る土地について、**予定建築物等**（用途地域等の区域内の建築物及び第一種特定工作物を除く。）**の用途**等を開発登録簿に登録しなければならない（47条1項）が、予定建築物等の「**構造**」・「**設備**」等は、開発登録簿に**登録しなくともよい**。

法令上の制限

出題履歴
H20.19- 2
H23.17- 1

公共施設の管理者の同意等

1　開発許可を申請しようとする者は、あらかじめ、開発行為に関係がある公共施設（既存公共施設）の管理者と協議して、その同意を得なければならない（32条1項）。

出題履歴
R 2 (10).16- 1

2　開発許可を申請しようとする者は、あらかじめ、開発行為等により設置される公共施設（新設公共施設）を管理することとなる者その他一定の者（水道・電気・ガス事業者等）と協議しなければならない（32条2項）。

3　開発許可の申請書には、公共施設の管理者の同意を得たことを証する書面（同意書）、公共施設を管理することとなる者等との協議の経過を示す書面（協議書）等を添付しなければならない（30条2項）。

設計者の資格

1ha以上の開発行為の設計図書は、一定の資格を有する者の作成したものでなければならない（31条、規則18条）。

2　許可・不許可の処分

重要度B

許可・不許可の通知

都道府県知事は、開発許可の申請があったときは、遅滞なく、許可又は不許可の処分をしなければならない。これらの処分をするには、文書をもって当該申請者に通知しなければならない（35条）。

3　変更の許可・届出、許可に基づく地位の承継、開発行為の廃止

重要度B

変更の許可

出題履歴
H27.15- 1

開発許可を受けた者が、①開発区域の位置、区域及び規模、②予定建築物等の用途等の変更をしようとする場合においては、原則として、都道府県知事の許可を受けなければならない（35条の2第1項）。

◆軽微な変更

設計の変更のうち予定建築物等の敷地の形状の変更で一定のもの、工事施行者の変更（自己の居住又は業務の用に供す

る建築物の建築等の用に供する目的で行う開発行為以外の開発行為にあっては、工事施行者の氏名もしくは名称又は住所の変更に限る。）、工事の着手予定年月日又は工事の完了予定年月日の変更をいう（規則28条の４）。

変更の届出

開発許可を受けた者が、前記「変更の許可」に掲げる事項につき軽微な変更をしたときは、変更の許可を受ける必要はないが、遅滞なく、その旨を都道府県知事に届け出なければならない（35条の２第１項ただし書、３項）。

許可に基づく地位の承継

1　開発許可又は43条１項の許可（開発許可を受けた開発区域以外の建築等の制限の項参照）を受けた者の相続人その他の一般承継人は、被承継人が有していた当該許可に基づく地位を承継する（44条）。

2　開発許可を受けた者から当該開発区域内の土地の所有権その他当該開発行為に関する工事を施行する権原を取得した者は、都道府県知事の承認を受けて、当該開発許可を受けた者が有していた当該開発許可に基づく地位を承継することができる（45条）。

H28.17- 3
R 2 (10).16- 4

◆一般承継人

相続人のほか、合併により存続する法人や、合併により設立された法人等が該当する。許可、承認等を要せず、「当然に」承継する点に注意。

H28.17- 1

開発行為の廃止

開発許可を受けた者は、開発行為に関する工事を廃止したときは、遅滞なく、その旨を都道府県知事に届け出なければならない（38条）。

4　工事完了の届出・検査・公告

重要度Ｂ

条文・原則

1　開発許可を受けた者は、当該開発行為に関する工事を完了したときは、その旨を都道府県知事に届け出なければならない（36条１項）。

2　都道府県知事は、１の届出があったときは、遅滞なく、当該工事が開発許可の内容に適合しているかどうかについて検査し、その検査の結果当該工事が開発許可の内容に適合していると認めたときは、検査済証を当該開発許可を受けた者に交付しなければならない（同条２項）。

3　都道府県知事は、検査済証を交付したときは、遅滞なく、当該工事が完了した旨を公告しなければならない（同条３項）。

検査の対象は、開発許可の内容に適合しているか否かであって、許可基準に適合しているかどうかではない。

5　開発行為等により設置された公共施設及びその用地

重要度 B

開発行為等により設置された公共施設の管理

開発行為等により設置された公共施設は、工事完了の公告の日の翌日において、その公共施設が存する市町村の管理に属する。ただし、他の法律に基づく管理者が別にあるとき、又は設置の協議により管理者について別段の定めをしたときは、それらの者の管理に属する（39条）。

出題履歴
H21.17- 3
R 2 (10).16- 3

公共施設の用に供する土地の帰属

1　道路の付け替え等、旧公共施設の代替として新公共施設が設置されることとなる場合は、旧公共施設の用に供していた土地で国又は地方公共団体が所有するものは、工事完了の公告の日の翌日において開発許可を受けた者に帰属し、新公共施設の用に供する土地は、それぞれ国又は地方公共団体に帰属する（40条１項）。

2　公共施設用地は、上記１及び開発許可を受けた者が自ら管理するものを除き、工事完了の公告の日の翌日において、その公共施設の管理者（原則として、市町村）に帰属する（同条２項）。

6　不服申立て

重要度 B

◆開発審査会

不服申立てに対する裁決を行う等の権限を有する、都道府県及び指定都市等に設置される行政機関。

審査請求

開発行為に関する処分等に不服がある者は、開発審査会に対して審査請求をすることができる（50条１項）。

審査請求と訴訟の関係

開発許可等に関する処分取消しの訴えは、当該処分についての審査請求に対する開発審査会の裁決を経ずに、直ちに提起することができる。

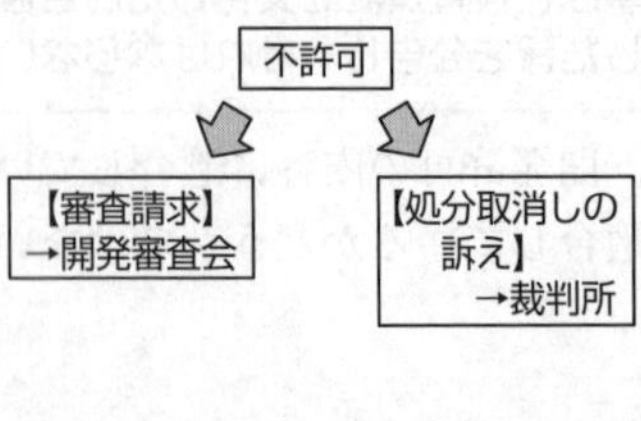

4 開発許可を受けた開発区域内の建築等の制限等

1　工事完了公告前の建築等の制限　重要度Ａ

開発許可の内容に反したり、造成工事の障害になる恐れのある建築行為を抑制するために、工事完了の公告があるまでは、建築行為は、一定の例外を除いて禁止される。

条文・原則

1　開発許可を受けた開発区域内の土地においては、工事完了の公告があるまでの間は、次の場合を除き、建築物を建築し、又は特定工作物を建設してはならない（37条１項）。

2　例外

（１）開発区域内の土地所有者その他の権利者で開発行為に同意していない者（33条１項14号）が、自己の権利の行使として、建築物を建築し、又は特定工作物を建設するとき

（２）工事用の仮設建築物又は特定工作物の建築・建設

（３）都道府県知事が支障がないと認めたとき

工事完了公告前であっても、土地の**譲渡**自体は**禁止**されていない。

2　工事完了公告後の建築等の制限　重要度Ａ

開発許可の申請に対して、都道府県知事は、申請書に記載された予定建築物等の用途を前提に許可・不許可を判断する。したがって、開発区域内において予定建築物等以外の建築物等が無制限に建築されることを認めると、開発許可による規制の意味が失われてしまう恐れがある。そこで、工事完了の公告後においては、一定の例外を除いて、予定建築物等以外の建築物等の建築等をすることはできないものとされている。

講師からのアドバイス
原則と例外３つを確実に覚えるのがポイント。

講師からのアドバイス
例外（１）は、「不同意地権者による建築行為」と略称すると覚えやすい。

出題履歴
H20.19- 1
H22.17- 3
H27.15- 3

講師からのアドバイス
工事の障害になる建築行為等を抑制する趣旨の規制であるから、開発区域内であれば、用途地域の指定の有無に関わらず適用される。

講師からのアドバイス
原則と例外２つを確実に覚えるのがポイント。

出題履歴
H22.17- 4
H27.15- 2

H21.17- 4

H30.17- 2

講師からのアドバイス
地方公共団体には、協議成立によるみなし許可はないこと、許可があったものと「みなされる」だけで、許可不要になるわけではない点に注意。

条文・原則

1 何人も、開発許可を受けた開発区域内においては、工事完了の公告があった後は、当該開発許可に係る予定建築物等以外の建築物又は特定工作物を新築・新設してはならず、また、建築物を改築し、又はその用途を変更して当該開発許可に係る予定建築物以外の建築物としてはならない（42条１項本文）。

2 例外

（１）建築物及び一定の第一種特定工作物の新築・新設等で、用途地域等が定められているとき

（２）都道府県知事が、利便の増進上もしくは環境の保全上支障がないと認めて許可したとき（国又は都道府県等が行う行為については、当該国の機関又は都道府県等と都道府県知事との協議が成立することをもって許可があったものとみなす。）（42条１項ただし書・２項）

市街化区域には必ず用途地域が定められ、建築基準法による建築物の用途制限が適用されるので、市街化区域内の開発区域内の建築物等には本条の制限は適用されない（13条１項７号後段）。区域区分が定められていない都市計画区域（非線引き都市計画区域）や、準都市計画区域においても、用途地域が定められていれば同様である。

3　建蔽率等の指定

重要度A

用途地域が定められていない土地の区域においては、用途地域の設定に基づく用途制限による建築物の規制ができない。そこで、用途地域が定められていない土地の区域で開発行為を許可する場合には、都道府県知事が、用途制限の代わりになる制限を定めることができるものとされている。

条文・原則

1　都道府県知事は、用途地域が定められていない土地の区域における開発行為について開発許可をする場合において必要があると認めるときは、当該開発区域内の土地について、建築物の建蔽率、建築物の高さ、壁面の位置その他建築物の敷地、構造及び設備に関する制限を定めることができる（41条１項）。

2　この制限が定められた土地の区域内においては、都道府県知事の許可を受けない限り、これらの制限に違反する建築物を建築してはならない（同条２項）。

講師からのアドバイス
①どこで適用されるのか、②知事は、どのような事項について制限を定めることができるのかを正確に覚えよう。

出題履歴
H28.17- 4

講師からのアドバイス
市街化区域には、必ず用途地域が定められるから、この規制が適用される余地がないことを意識しておこう。

5　開発許可を受けた開発区域以外の建築等の制限

開発許可を受けた開発区域以外の建築等の制限

開発許可を受けた開発区域以外の区域であっても、その区域が市街化区域内であれば、必ず用途地域が定められ、用途制限等が適用されるから、無秩序な建築行為が野放しになることはない。

これに対して、市街化調整区域では用途地域を原則として定めないから、用途制限による規制は期待できない。したがって、開発許可を受けた開発区域以外の区域においても、建築行為に規制をかけなければ、無秩序な建築行為が野放しになり、市街化を抑制すべき区域という市街化調整区域の本質が損なわれてしまう危険がある。そこで、市街化調整区域のうち、開発許可を受けた開発区域以外の区域では、開発行為を伴わずに行われる建築物等の建築等についても、原則として都道府県知事の許可を要するものとされている。

講師からのアドバイス
「市街化調整区域のうち開発許可を受けた開発区域以外の区域」とは、要するに「単なる市街化調整区域」のことである。

原則	都道府県知事の**許可必要**
例外	**開発許可がいらない開発行為とほぼ同じ例外** ①一定の農林漁業用建築物・農林漁業者の居住用建築物の新築等 ②鉄道施設、図書館、**公民館**、変電所等の新築等 ③「都市計画事業の施行として」行う建築物、第一種特定工作物の新築等 ④非常災害のために必要な応急措置として行う建築物、第一種特定工作物の新築等 ⑤「～事業の施行として行う開発行為」が行われた土地の区域内で行う建築物、第一種特定工作物の新築等 ⑥通常の管理行為、軽易な行為等 ⑦仮設建築物の新築

出題履歴
H22.17- 2
R 2 (10).16- 2
H27.15- 4

国又は都道府県等が行う建築物の新築、改築若しくは用途の変更又は第一種特定工作物の新設については、当該国の機関又は都道府県等と都道府県知事との協議の成立により、許可があったものとみなされる。

講師からのアドバイス
建築等について許可が不要とされる右記①～⑦の例外は、開発許可が不要とされる例外とほぼ一致する。したがって、これらが市街化調整区域内で行われる場合、開発許可も建築等の許可もともに不要であることになる。

講師からのアドバイス
この規制は、市街化調整区域内で、なおかつ開発許可を必要としない宅地だけに適用されることを意識しておこう。

都市計画法６（都市計画事業）

重要ポイント

1．都市計画事業

Point 都市計画事業

都市計画事業
- 都市計画施設の整備に関する事業
- 市街地開発事業

2．都市施設

Point 都市施設

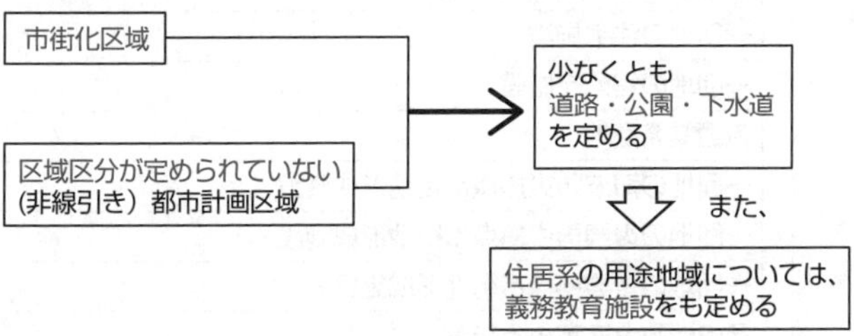
市街化区域
区域区分が定められていない（非線引き）都市計画区域
少なくとも
道路・公園・下水道
を定める
また、
住居系の用途地域については、
義務教育施設をも定める

3．都市計画事業制限等

Point 都市計画事業制限等

	建築物の建築	工作物の建設	土地の形質の変更	非常災害のため必要な応急措置	5ｔ超の物件の設置・堆積
市街地開発事業等予定区域	○	○	○	×	×
施行予定者が定められていない（都市計画施設の区域／市街地開発事業の施行区域）	○	×	×	×	×
施行予定者が定められている（都市計画施設の区域／市街地開発事業の施行区域）	○	○	○	×	×
都市計画事業の認可等の告示があった後の事業地	○	○	○	○	○

［注］○：都道府県知事等の許可を要する。×：都道府県知事等の許可を要しない。
国が行う行為については、当該国の機関と都道府県知事等との協議の成立をもって、許可があったものとみなされる。

1 都市施設

1　都市施設と都市計画施設
理解する

条文・原則

都市施設とは、都市計画において定められるべき以下の14種類の施設をいう（4条5項、11条1項）。

交通施設（道路、都市高速鉄道等）
公共空地（公園、緑地、広場、墓園等）
供給施設・処理施設（水道、電気、ガス、下水道、ごみ焼却場等）
水路（河川、運河等）
教育文化施設（学校、図書館、研究施設等）
医療施設・社会福祉施設（病院、保育所等）
市場、と畜場又は火葬場
一団地の住宅施設
一団地の官公庁施設
流通業務団地
一団地の津波防災拠点市街地形成施設
一団地の復興再生拠点市街地形成施設
一団地の復興拠点市街地形成施設
その他政令で定める施設

都市施設とは、我々が**文化的な都市生活を営むうえで不可欠な施設**のことである。都市施設のうち都市計画決定されたものを「**都市計画施設**」という（4条6項）。

2　都市施設を定めることができる区域
重要度 B

都市計画は、すべて都市計画区域内の土地について定められるのが原則であるが（7条、8条）、**都市施設**に関する都市計画は、特に必要があるときは、**都市計画区域外においても定めることができる**（11条1項後段）。

３　必ず定める都市施設

重要度Ｂ

条文・原則

都市計画区域については、都市計画に、都市施設を定めることができる（11条１項前段）。
ただし、市街化区域及び区域区分が定められていない都市計画区域については、少なくとも道路・公園・下水道を定める（13条１項11号後段）。
また、住居系の用途地域については、義務教育施設をも定める（同号後段）。

２ 市街地開発事業

市街地開発事業

理解する

条文・原則

市街化区域又は区域区分が定められていない都市計画区域内において、一体的に開発し、又は整備する必要がある土地の区域について定める（13条１項12号）。

出題履歴
H26.15- 3
R 2 (12).15- 2

市街地開発事業には、以下の**７種類**のものがある（12条１項）。

【市街地開発事業】
①土地区画整理事業
②新住宅市街地開発事業
③工業団地造成事業
④市街地再開発事業
⑤新都市基盤整備事業
⑥住宅街区整備事業
⑦防災街区整備事業

3 都市計画施設等の区域内における建築の制限

都市計画施設の区域・市街地開発事業の施行区域内の制限

重要度 B

出題履歴
H20.18- 1
H21.16- 1
H25.15- 1
H29.16- ア

条文・原則

1　都市計画施設の区域又は市街地開発事業の施行区域内において建築物の建築をしようとする者は、原則として、都道府県知事等の許可を受けなければならない。
2　例外
（1）政令で定める軽易な行為
（2）非常災害のため必要な応急措置として行う行為
（3）都市計画事業の施行として行う行為等（53条1項）
3　施行予定者が定められている都市計画施設の区域又は市街地開発事業の施行区域内における土地の形質の変更又は建築物の建築その他工作物の建設については、市街地開発事業等予定区域内における建築等の制限（6参照）に関する規定を準用する（57条の3第1項）。
4　国が行う行為については、当該国の機関と都道府県知事等との協議の成立をもって、許可があったものとみなされる（53条2項、52条の2第2項）。

講師からのアドバイス
あくまで事業の準備段階であるから、必要以上の制限を住民に課すべきではなく、移転・除却、原状回復が比較的容易な建築物以外の工作物の建設や土地の形質の変更については制限されない。

講師からのアドバイス
「施行予定者が定められている場合」には、①予定区域に関する都市計画により施行予定者を定めている場合と、②予定区域に関する都市計画を経ないで施行予定者を定める場合がある。
①の場合に、予定区域内における建築等の制限と同様の制限が引き続き適用されるのは当然である。
また、②の場合については、予定区域に関する都市計画を経る必要がない場合であっても、施行予定者を定めて、近い将来における事業の円滑な施行のために厳しい制限の適用を必要とする場合もありうるからである。

都市施設に関する都市計画又は市街地開発事業に関する都市計画が告示されると、将来における事業の円滑な施行に備えて、当該都市計画施設の区域内又は市街地開発事業の施行区域内での建築物の建築が制限される（53条1項）。

	建築物の建築	工作物の建設	土地の形質の変更	非常災害のため必要な応急措置	5ｔ超の物件の設置・堆積
施行予定者が定められていない都市計画施設の区域・市街地開発事業の施行区域	○	×	×	×	×
施行予定者が定められている都市計画施設の区域・市街地開発事業の施行区域	○	○	○	×	×

［注］○：都道府県知事等の許可を要する。×：都道府県知事等の許可を要しない。

4 都市計画事業制限（事業地内の制限）

1　都市計画事業制限（事業地内の制限）　重要度B

条文・原則

1　都市計画事業の認可又は承認の告示があった後において、当該事業地内において、都市計画事業の施行の障害となるおそれがある以下の行為を行おうとする者は、都道府県知事等の許可を受けなければならない（65条１項）。
（１）土地の形質の変更
（２）建築物の建築その他工作物の建設
（３）政令で定める移動の容易でない物件の設置もしくは堆積
2　国が行う行為については、当該国の機関と都道府県知事等との協議の成立をもって、許可があったものとみなされる（65条３項、52条の２第２項）。

（1）都市計画事業（都市計画施設の整備に関する事業又は市街地開発事業）の認可等の告示後は、事業の施行段階に差し掛かるため、現状凍結的な厳しい制限（都市計画事業制限＝事業地内の制限）が課せられる（65条１項）。
（2）都道府県知事等は、この許可申請があった場合において、その許可を与えようとするときは、あらかじめ、施行者の意見を聴かなければならない（65条２項）。
（3）**非常災害時**であっても**許可が必要**である。

	建築物の建築	工作物の建設	土地の形質の変更	非常災害のため必要な応急措置	５ｔ超の物件の設置・堆積
都市計画事業の認可等の告示があった後の事業地	○	○	○	○	○

［注］○：都道府県知事等の許可を要する。×：都道府県知事等の許可を要しない。

出題履歴
H20.18- 2
H25.15- 3
H29.16- ウ

◆政令で定める移動の容易でない物件
重量が５ｔを超える物件（容易に分割され、分割された各部分の重量がそれぞれ５ｔ以下となるものを除く。）をいう（施行令40条）。

講師からのアドバイス
都市計画事業については、土地収用法の事業の認定は行なわず、都市計画事業の認可又は承認をもってこれに代えるものとし、都市計画事業の告示をもって土地収用法の事業の認定の告示とみなされる（70条１項）。
H21.16- 4

5 市街地開発事業等予定区域

1　市街地開発事業等予定区域　参考

条文・原則

都市計画区域については、都市計画に、次に掲げる予定区域を定めることができる（12条の2第1項）。
（1）新住宅市街地開発事業の予定区域
（2）工業団地造成事業の予定区域
（3）新都市基盤整備事業の予定区域
（4）区域の面積が20ha以上の一団地の住宅施設の予定区域
（5）一団地の官公庁施設の予定区域
（6）流通業務団地の予定区域

2　予定区域を定めた場合の流れ　参考

条文・原則

1　市街地開発事業等予定区域に関する都市計画には、市街地開発事業等予定区域の種類、名称、区域とともに、必ず施行予定者を定める（12条の2第2項、12条の3第1項）。
2　施行予定者が定められている都市計画に係る都市計画施設の整備に関する事業及び市街地開発事業は、その施行予定者でなければ、施行することができない（59条7項）。
3　予定区域が定められた場合においては、その都市計画の告示の日から起算して3年以内に、当該予定区域に係る市街地開発事業又は都市施設に関する都市計画を定めなければならない（12条の2第4項）。
4　施行予定者は、本来の都市計画の告示の日から起算して2年以内に、都市計画事業の認可又は承認を申請しなければならない（60条の2第1項）。

出題履歴
H28.16-1

◆施行予定者
都市計画段階で定められた、将来都市計画事業を施行するときの施行者

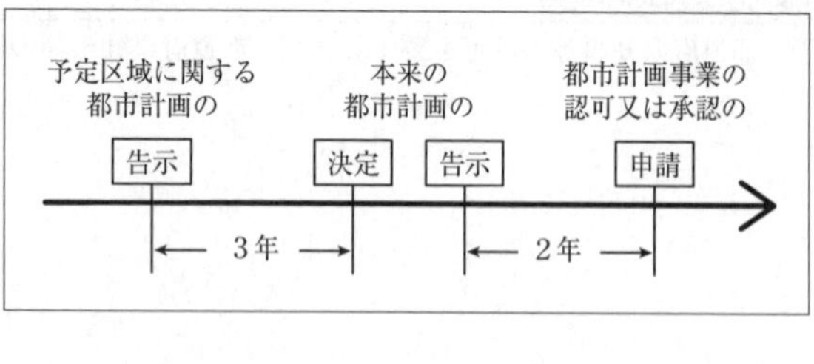

6 市街地開発事業等予定区域内における建築等の制限

市街地開発事業等予定区域内の制限

重要度C

条文・原則

1　市街地開発事業等予定区域に関する都市計画において定められた区域内において、土地の形質の変更を行い、又は建築物の建築その他工作物の建設を行おうとする者は、原則として、都道府県知事等の許可を受けなければならない。

2　例外

（1）通常の管理行為、軽易な行為その他の行為で政令で定めるもの

（2）非常災害のため必要な応急措置として行う行為

（3）都市計画事業の施行として行う行為又はこれに準ずる行為として政令で定める行為（52条の２第１項）

3　国が行う行為については、当該国の機関と都道府県知事等との協議の成立をもって、許可があったものとみなされる（同条２項）。

出題履歴
H24.16-1

都市計画決定がされるまでに時間がかかる一定の都市計画事業については、都市計画の決定の告示（20条１項）に先立って、基本的事項が決定した段階で、市街地開発事業等予定区域を定め、都市計画事業制限に準ずる厳しい制限をかけておくことができる（12条の２、52条の２第１項）。

	建築物の建築	工作物の建設	土地の形質の変更	非常災害のため必要な応急措置	５ｔ超の物件の設置・堆積
市街地開発事業等予定区域	○	○	○	×	×

[注] ○：都道府県知事等の許可を要する。×：都道府県知事等の許可を要しない。

7 田園住居地域内における建築等の規制

田園住居地域内における建築等の規制

重要度 B

出題履歴
H30.16- 1

条文・原則

1　田園住居地域内の農地（耕作の目的に供される土地をいう。）の区域内において、土地の形質の変更、建築物の建築その他の工作物の建設又は土石、廃棄物及び再生資源の堆積を行おうとする者は、原則として、市町村長の許可を受けなければならない（52条１項本文、施行令36条の３）。

2　例外

（１）通常の管理行為、軽易な行為、工作物で仮設のものの建設、法令又はこれに基づく処分による義務の履行として行う工作物の建設又は土地の形質の変更、現に農業を営む者が農業を営むために行う土地の形質の変更又は土石、廃棄物及び再生資源の堆積（施行令36条の４）

（２）非常災害のために必要な応急措置をして行う行為

（３）都市計画事業の施行として行う行為又はこれに準ずる行為

3　市町村長は、以下の行為について上記１の許可の申請があった場合においては、その許可をしなければならない（52条２項、施行令36条の６、36条の７）。

（１）農業の利便の増進及び良好な住居の環境の保護を図る上で支障がない土地の形質の変更でその規模が300㎡未満のもの

（２）建築物の建築又は工作物の建設で以下の①②のいずれかに該当するもの

①上記１の許可を受けて土地の形質の変更が行われた土地の区域内において行う建築物の建築又は工作物の建設

②農業の利便の増進及び良好な住居の環境の保護を図る上で支障がない建築又は建設でその敷地の規模が300㎡未満のもの

（３）農業の利便の増進及び良好な住居の環境の保護を図る上で支障がない土石、廃棄物及び再生資源の堆積でその土地の規模が300㎡未満のもの（ただし、覆いの設置、容器への収納その他堆積をした物件が飛散し、流出し、又は地下に浸透することを防止するために必要な措置を講じたものに限る）

4　国又は地方公共団体が行う行為については、上記１の許可を受けることを要しない。この場合において、当該国の機関又は地方公共団体は、その行為をしようとするときは、あらかじめ、市町村長に協議しなければならない（52条３項）。

建築基準法１（建築確認その他）

重要ポイント

1. 建築基準法の適用除外

Point 建築基準法の適用除外

建築基準法の適用除外
- 伝統的建築物（文化財保護法の重要文化財等）
  →建築確認を受ける必要はない。
- 既存不適格建築物
  →違法建築物にはならないが、増改築等の際には建築確認制度の適用がある。

2. 建築確認の要否

Point 建築確認

●建築主は
↓
建築工事の着手前に
↓
建築物の敷地、構造、建築設備等に関する法令（建築基準関係規定）に適合するものであることにつき、
↓
建築主事・指定確認検査機関の確認を受け
↓
確認済証の交付を受けなければならない。

建築確認が要らない場合

●特殊建築物において類似の用途に変更する場合

●①防火地域・準防火地域外で、
②増築、改築、移転をする場合に、
③その増築、改築又は移転に係る部分の床面積の合計が10㎡以内である場合

法令上の制限

Point 建築確認の要否

建築物の種類・規模		建築		大規模修繕模様替	用途変更	適用区域
		新築	増築　改築 移転			
用途に供する部分の床面積の合計が200㎡を超える特殊建築物（1号建築物）		○	○ 注①	○	○ 注②	全国
木造 大規模建築物 （2号建築物）	①3階以上 ②延べ面積500㎡超 ③高さ13m超 ④軒高9m超	○	○ 注①	○		
木造以外の 大規模建築物 （3号建築物）	①2階以上 ②延べ面積200㎡超	○	○ 注①	○		
上記以外の 建築物 （4号建築物）	一般建築物 200㎡以下の 特殊建築物等	○	○			都市計画区域 準都市計画区域 準景観地区 知事指定区域

○：建築確認の申請が必要な場合
注①：増築後に、建築確認を要する特殊建築物、建築確認を要する大規模建築物となる場合
注②：建築確認を要する特殊建築物に変更する場合（類似の用途に変更する場合：建築確認は不要）

3. 建築確認の手続

Point 建築確認の手続

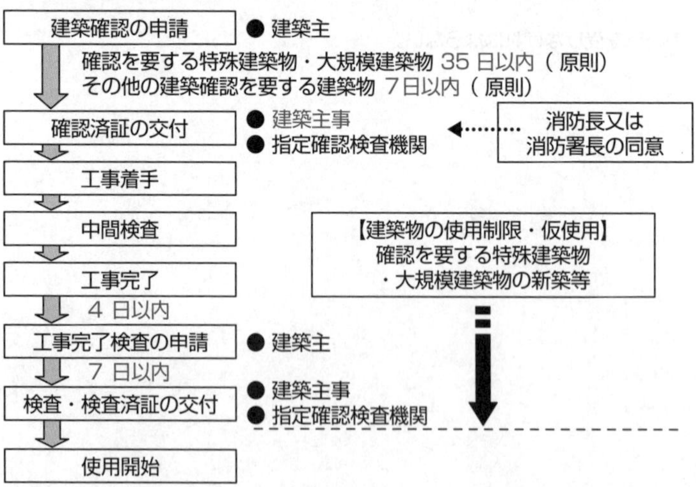

4．構造計算適合性判定

Point 構造計算適合性判定

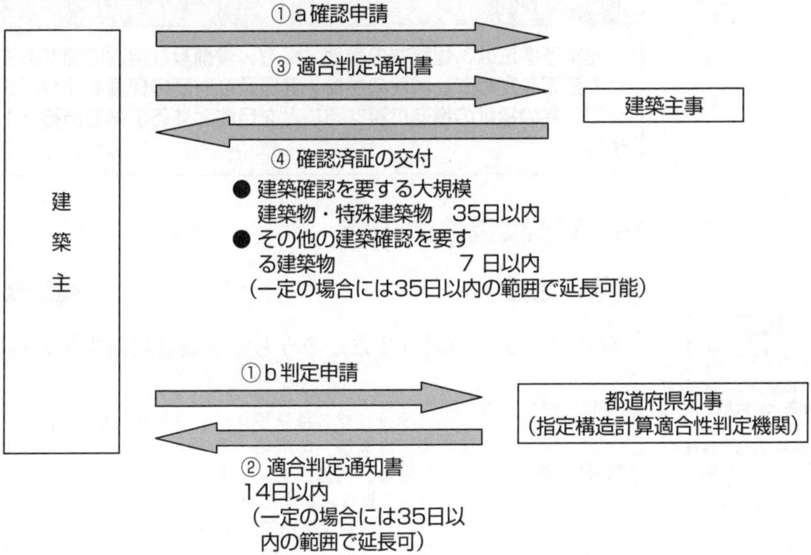

1 建築基準法の目的

1　建築基準法の目的

理解する

条文・原則

建築基準法は、建築物の敷地・構造・設備及び用途に関する最低の基準を定めて、国民の生命・健康及び財産の保護を図り、もって公共の福祉の増進に資することを目的とする法律である（1条）。

2 建築基準法の用語

用語の定義

理解する

講師からのアドバイス

特殊建築物は、**火災**や**衛生上の問題**が生じた場合、より深刻な影響を及ぼす性質を有するものである。したがって、バー、コンビニエンスストアなども特殊建築物である。
丸暗記は避けて、「人が集まる」「出火・延焼時の被害が大きい」建築物というイメージで捉えておこう。

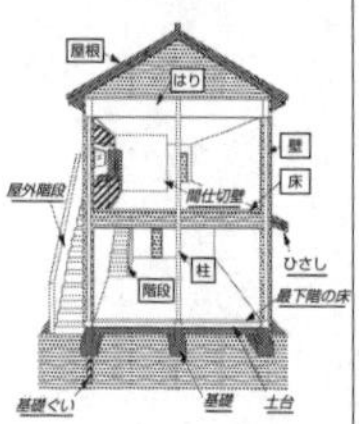

建築基準法の用語（2条）のうち、主要な用語を次に掲げる。

特殊建築物	学校（専修学校及び各種学校を含む。）、体育館、病院、劇場、観覧場、集会場、展示場、百貨店、ダンスホール、遊技場、公衆浴場、旅館、共同住宅、寄宿舎、倉庫、自動車車庫等その他これらに類する用途に供する建築物 ＊事務所は、特殊建築物ではない。
建　築	建築物を新築し、増築し、改築し、又は移転することをいう。 1　新築－新しく建築物を建てること 2　増築－今ある建築物に建て加えること 3　改築－建築物の全部又は一部を建てなおすこと（従前の建築物と用途、構造、規模が著しく異ならないもの） 4　移転－「同一敷地内」で建築物を、解体せず、別の位置に移すこと（敷地の外に建築物を移すことは、新築にあたる。）
主要構造部	壁、柱、床、はり、屋根又は階段をいい、構造上重要な部分のこと ＊建築物の構造上重要でないものは除く。
大規模修繕・模様替	建築物の主要構造部の一種以上について行う過半の修繕・模様替
建築主	1　建築物に関する工事の請負契約の注文者、又は、2　請負契約によらないで自らその工事をする者
工事施工者	1　工事の請負契約の請負人、又は、2　請負契約によらないで自ら工事をする者 ＊建築主が自ら工事をする場合は、その建築主は、同時に工事施工者でもあることになる。

建築主事	建築行政に関し、建築確認等の専門的事務を行う地方公務員 権限　1　建築確認 　　　2　建築物に関する中間検査 　　　3　建築工事完了の検査 　　　4　建築物の仮使用の承認 設置　1　政令で指定する人口25万以上の市は、必ず置かなければならない。 　　　2　市町村は、都道府県知事と協議して置くことができる。 　　　3　都道府県は、建築主事を置いた市町村の区域外における建築物に係る確認に関する事務をつかさどらせるために、置かなければならない。
指定確認検査機関	国土交通大臣又は都道府県知事が指定する確認検査業務等を行う民間機関
特定行政庁	ある管轄区域における建築行政の責任者 建築主事を置く市町村の区域については当該市町村の長をいい、その他の市町村の区域については都道府県知事をいう。
建築監視員	特定行政庁によって任命される市町村又は都道府県の職員（公務員）。職務等については、違反建築物に対する措置の箇所において後述。
建築審査会	特定行政庁等の行う処分に対する不服申立ての受付等を行う行政機関。職務等については後述。

講師からのアドバイス

「建築主事」については、建築行政を専門とする地方公務員であり、主に「建築確認」と「工事完了の検査」を行うことだけ覚えておけばよい。また、「特定行政庁」は、いわゆる「役所」の名称ではなく、その区域の建築行政の最高責任者である「人」を意味し、市町村長又は都道府県知事がこれにあたることを理解しておこう。

3 建築基準法の適用が除外されている建築物

1　伝統的建築物

重要度 B

条文・原則

1　文化財保護法の規定によって、国宝、重要文化財、重要有形民俗文化財、（特別）史跡名勝天然記念物に指定（仮指定）された建築物（3条1項1号）
2　文化財保護法に基づく条例により現状変更の規制及び保存のための措置が講じられている建築物（保存建築物）で、特定行政庁が建築審査会の同意を得て指定したもの（同3号）
3　上記1又は2の建築物であったものの原形を再現する建築物で、特定行政庁が建築審査会の同意を得てその原形の再現がやむを得ないと認めたもの（同4号）

出題履歴

H24.18- 1

◆既存不適格建築物

建築基準法令の規定の制定・改正により、従前の法令には適合するが、新たに制定・改正された新法令には適合しなくなってしまった既存の建築物をいう。

H30.18- 4

講師からのアドバイス

既存不適格建築物の移転については、従来、規制されていなかったが、原則として、現行基準への適合性が求められることとなった。しかし、①同一敷地内の移転、②特定行政庁が、交通上、安全上、防火上、避難上、衛生上及び市街地の環境の保全上支障がないと認める場合は、不適格のまま移転できる。

講師からのアドバイス

「だれが」「いつまでに」「だれの」確認を受けなければならないのかを必ず覚えよう。

◆指定確認検査機関

国土交通大臣又は都道府県知事の指定を受けて、建築主事の代わりに建築確認・工事完了の検査等を行う民間機関。

2　既存不適格建築物

重要度B

条文・原則

建築基準法令の規定の施行又は適用の際現に存する建築物もしくはその敷地又は現に建築、修繕もしくは模様替の工事中の建築物もしくはその敷地がこれらの規定に適合せず、又はこれらの規定に適合しない部分を有する場合においては、当該建築物、建築物の敷地又は建築物もしくはその敷地の部分に対しては、当該規定は、適用しない（3条2項）。

この結果、既存不適格建築物は、原則として、違法な建築物として扱われない。ただし、増改築等するときは、原則として、**既存部分も含めて適格なもの**としなければならず（同条3項3号）、建築物の種類や規模、増改築の規模によっては、建築確認を受けなければならない。

<適用除外建築物のまとめ>

建築基準法の適用除外

- 伝統的建築物（文化財保護法の**重要文化財**等）
  →**建築確認を受ける必要はない。**
- 既存不適格建築物
  →違法建築物にはならないが、増改築等の際には建築確認制度が適用される。

4 建築確認の要否

1　建築等の確認申請

重要度A

条文・原則

建築主は、建築工事の着手前に、建築物の敷地、構造、建築設備に関する法令（建築基準関係規定）に適合するものであることにつき、確認の申請書を提出して建築主事又は指定確認検査機関の確認を受け、建築主事又は指定確認検査機関の確認済証の交付を受けなければならない（6条・6条の2）。

建築主は、建築確認を「建築主事」又は「指定確認検査機関」の**どちらに申請してもよい**。**指定確認検査機関**の建築確認を受け、確認済証の交付を受けたときは、当該確認済証は、**建築主事により交付された確認済証とみなされる**（6条の2第1項）。指定確認検査機関は、確認済証の交付をしたときは、一定の期間内に、確認審査報告書を作成し、当該確認済証の交付に係る建築物の計画に関する一定の書類を添えて、これを特定行政庁に提出しなければならない（６条の２第10項）。

2　建築確認が必要な場合

重要度 A

○印に該当する場合、建築確認の申請が必要である。

建築物の種類・規模		建築：新築	建築：増築 改築 移転	大規模修繕 模様替	用途変更	適用区域
用途に供する部分の床面積の合計が200㎡を超える特殊建築物（１号建築物）		○	○ 注①	○	○ 注②	全国
木造 大規模建築物（2号建築物）	①３階以上 ②延べ面積 500㎡超 ③高さ13m超 ④軒高９m超	○	○ 注①	○		全国
木造以外の 大規模建築物（3号建築物）	①２階以上 ②延べ面積 200㎡超	○	○ 注①	○		全国
上記以外の 建築物（4号建築物）	一般建築物 200㎡以下の 特殊建築物等	○	○			都市計画区域 準都市計画区域 準景観地区 知事指定区域

○：建築確認の申請が必要な場合

注①：増築後に、建築確認を要する特殊建築物、建築確認を要する大規模建築物となる場合

注②：建築確認を要する特殊建築物に変更する場合（類似の用途に変更する場合：建築確認は不要）

（1）建築確認を要する特殊建築物

学校（専修学校及び各種学校を含む。）、体育館、病院、劇場、観覧場、集会場、展示場、百貨店、ダンスホール、遊技場、公衆浴場、旅館、共同住宅、寄宿舎、倉庫、自動車車庫等その他これらに類する用途に供する建築物のうち、その用途に供する部分の床面積の合計が**200㎡を超える**ものをいう（６条１項１号）。

出題履歴

H21.18-エ

出題履歴

H21.18- ア
H22.18- 1、- 2
H24.18- 2
H26.17- 2
H27.17- 2、- 3、- 4
H29.18- 4
R 2 (10).17- 1

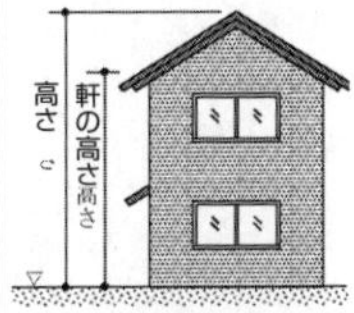

講師からのアドバイス

全ての建築物について、建築確認を要するわけではない。右表を使って、建築確認が必要な場合、不要な場合が判断できるようにトレーニングしよう。「何を（建築物の種類・規模）」「どうする（行為）」の順で考えるのがコツである。

「どこで（適用区域）」については、４号建築物の場合だけ考えればよい。

法令上の制限

＊事務所は、特殊建築物ではない。

(2) 建築確認を要する大規模建築物

①**木造大規模建築物**　木造の建築物で、**3以上の階数**を有し、又は**延べ面積が500㎡、高さが13m**もしくは**軒の高さが9mを超える**ものをいう（同条同項2号）。

②**木造以外の大規模建築物**　木造以外の建築物で**2以上の階数**を有し、又は**延べ面積が200㎡を超える**もの（同条同項3号）。

(3) 増築（前頁図表　注①）

増築しようとする場合は、**増築後**に、前記（1）**建築確認を要する特殊建築物**、上記（2）**建築確認を要する大規模建築物となる場合**に、建築確認が必要である。

(4) 用途変更（前頁図表　注②）

ここでの**用途変更**は、**建築確認を要する特殊建築物**に変更する場合をいう。特殊建築物をそれ以外の建築物にする場合は、建築確認は不要である。

また、例外的に、**類似用途の特殊建築物に変更**する場合は、**建築確認は不要**である（87条1項前段、施行令137条の17）。たとえば、下宿と寄宿舎、劇場と映画館、ホテルと旅館のそれぞれ相互間の用途変更があげられる。

用途変更前	用途変更後	具体例	確認の要否
一般建築物	特殊建築物	個人住宅→共同住宅	○
特殊建築物	特殊建築物（非類似用途）	共同住宅→ホテル	○
	特殊建築物（類似用途）	ホテル→旅館	×
特殊建築物	一般建築物	旅館→個人住宅	×

◆その他の建築確認を要する場合（87条の2、88条、施行令138条）

1　特殊建築物・大規模建築物に昇降機等の建築設備を設ける場合

2 (1)高さ2m超の擁壁

(2)高さ4m超の広告塔

(3)高さ6m超の煙突

(4)高さ8m超の高架水槽

(5)高さ15m超の鉄柱

等を建設する場合

3　防火地域・準防火地域外における増改築・移転の例外

重要度A

条文・原則

1　防火地域・準防火地域外で
2　増築、改築、移転をする場合に、
3　その増築、改築又は移転に係る部分の床面積の合計が10㎡以内であるときには、建築確認は不要である（6条2項）。

出題履歴

H21.18-イ
H27.17-1
H30.18-2

防火地域又は準防火地域**内**の増改築・移転は、**面積の大小を問わず**、原則どおり、**確認が必要**である。

5 建築確認の手続

1　確認済証の交付　重要度B

条文・原則

建築主事は、建築確認申請書を受理した場合においては、特殊建築物・大規模建築物は、受理した日から原則として35日以内、一般建築物は、受理した日から７日以内に、当該建築物の敷地、構造、建築設備が、建築基準関係規定に適合するかどうかを審査し、審査の結果適合することを確認したときは、当該申請者に確認済証を交付しなければならない（６条４項）。

2　確認しないとき　重要度C

条文・原則

建築主事は、申請に係る建築物の計画が建築基準関係規定に適合しないと認めたとき、又は、申請書の記載によっては適合・不適合の決定ができない正当な理由があるときは、その旨及びその理由を記載した通知書を、5 1の期間内に当該申請者に交付しなければならない（６条７項）。

3　消防長等の同意　重要度B

条文・原則

建築主事又は指定確認検査機関は、確認をする場合においては、確認に係る建築物の工事施工地又は所在地を管轄する消防長又は消防署長の同意を得なければ、確認をすることができない（93条１項本文）。

ただし、防火地域及び準防火地域以外の区域内における住宅（長屋、共同住宅等を除く。）については、この限りでない（同ただし書）。

出題履歴
H24.18- 4

◆構造計算適合性判定

1　建築主事は、申請に係る建築物の計画が構造計算適合性判定を要するものであるときは、建築主から適合判定通知書又はその写しの提出を受けた場合に限り、確認をすることができる（６条５項）。

2　建築主は、申請に係る建築物の計画が一定の構造計算基準に適合するかどうかの確認審査を要するものであるときは、構造計算適合性判定の申請書を提出して都道府県知事等の構造計算適合性判定を受けなければならず、都道府県知事は、当該構造計算適合性判定の申請書を受理した日から14日以内（一定の場合には35日以内の範囲で延長可）にその結果を記載した通知書を交付しなければならない（６条の３第１・４・５項、18条の２）。
H21.18- ウ

講師からのアドバイス

消防長等の同意を得るのは、「建築主」ではなく、建築主事（指定確認検査機関）である。

法令上の制限

4　確認を受けない工事

重要度B

条文・原則

建築主は、確認済証の交付を受けた後でなければ、建築物の建築、大規模の修繕又は大規模の模様替、用途の変更の工事は、することができない（6条8項、87条1項）。

5　建築物の工事完了と検査

重要度B

（1）完了検査の申請

条文・原則

建築主は、4 2に掲げた工事を完了した場合においては、その旨を工事が完了した日から4日以内に到達するように、文書をもって建築主事の検査を申請しなければならない（7条1項、2項本文、施行規則4条）。

ただし、一定のやむを得ない理由によって申請をしなかったときには、その理由がやんだ日から4日以内に検査の申請を建築主事に到達するようにしなければならない（7条2項ただし書、3項）。

（2）検査と検査済証の交付

条文・原則

1　完了検査の申請を受理した建築主事又はその委任を受けた市町村もしくは都道府県の職員（以下、「建築主事等」という。）は、その申請を受理した日から7日以内に、当該工事に係る建築物及びその敷地が建築基準関係規定に適合しているか否かを検査しなければならない（7条4項）。

2　建築主事等は、検査をし、建築基準関係規定に適合していると認めたときは、建築主に対して検査済証を交付しなければならない（同条5項）。

建築基準関係規定に適合していないときは、**違反建築物に対する是正措置**をとるよう命ぜられることになる（9条）。

6　検査済証交付までの建築物の使用制限

重要度 B

条文・原則

1　4 2の特殊建築物・大規模建築物の新築をする場合、又は、これらの建築物（共同住宅以外の住宅及び居室を有しない建築物を除く。）の増築、改築、移転、大規模修繕・模様替の工事で階段等の避難施設、消火栓等の消火設備等に関する工事その他一定の工事（避難施設等に関する工事）を含むものをする場合においては、完了検査の検査済証の交付を受けた後でなければ、当該新築又は当該避難施設等に関する工事に係る建築物を使用し、又は使用させてはならない（７条の６第１項本文）。

2　ただし、①特定行政庁、建築主事又は指定確認検査機関が仮使用の承認をしたとき、又は、②工事完了の検査申請が受理された日から７日を経過したときにおいては、検査済証の交付を受ける前でも、仮に使用し、又は使用させることができる（同ただし書）。

（１）上記以外の場合（たとえば、**一般建築物の新築等**）については、**使用制限はなく**、検査済証の交付前でも、当該建築物を使用することができる。

出題履歴

H29.18- 1
R 3 (10).17- 4

講師からのアドバイス

全ての建築物に検査済証交付までの使用制限があるわけではない点に注意しよう。また、例外的に仮使用が許される場合を覚えておこう。

6 その他

1　建築行政に対する不服申立て

重要度 B

条文・原則

1　建築基準法令による特定行政庁、建築主事もしくは建築監視員又は指定確認検査機関の処分又は不作為に不服がある者は、市町村又は都道府県の建築審査会に対して審査請求をすることができる（94条１項）。

2　審査請求に対する建築審査会の裁決に不服がある者は、国土交通大臣に対して再審査請求をすることができる（95条）。

建築審査会に対する審査請求をしないで、いきなり訴訟（処分の取消しの訴え）を提起することができる。

◆建築審査会

特定行政庁、建築主事、建築監視員の行った処分についての審査請求に対する裁決についての議決を行わせる等の目的のため、建築主事を置く市町村及び都道府県に置かれる（78条）。

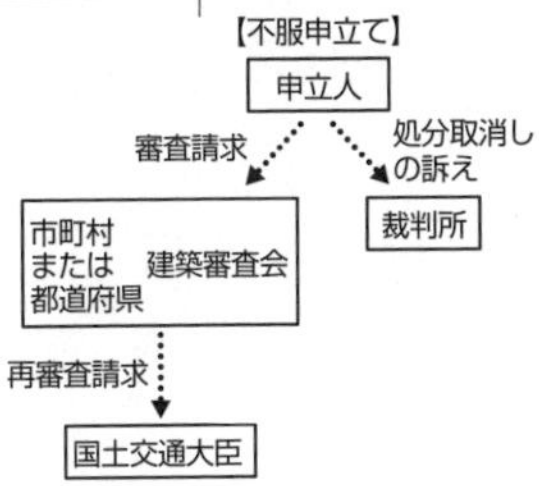

法令上の制限

建築基準法２（単体規定）

重要ポイント

1．単体規定

Point 単体規定

●「単体規定」は、個々の建築物に着目し、その安全性、衛生、防火性能等について、一定の水準を確保し、国民の生命、身体、財産等を保護するための規定である。

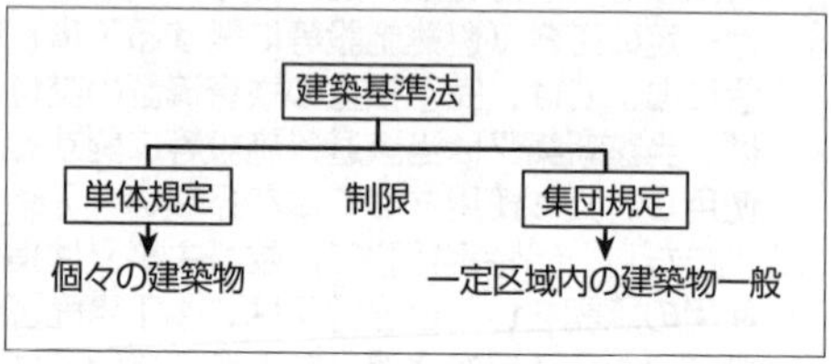

2．建築設備の基準

Point 建築設備の基準

規制対象	設備の基準
避雷設備	高さ20mを超える建築物には、有効に避雷設備（避雷針等）を設けなければならない。
非常用昇降機	高さ31mを超える建築物には、非常用の昇降機を設けなければならない。

1 単体規定の目的

単体規定の目的

理解する

条文・原則

「単体規定」は、**個々の建築物に着目**し、その**安全性、衛生、防火性能**等について、一定の水準を確保し、国民の生命、身体、財産等を保護するための規定であり、**全国一律に適用**される。

◆単体規定

どのような場所に存在する建築物であっても、最低限の安全性等は確保しなければならないから、都市計画区域の内外等に関わりなく、全国一律に適用される。

2 建築物の構造の衛生基準

1 居室の採光

重要度 B

条文・原則

住宅、学校、病院、診療所等の居室には、原則として、採光のための窓その他の開口部を設け、採光に有効な部分の面積を床面積の一定割合（住宅：1/7）以上のものとしなければならない（28条1項）。

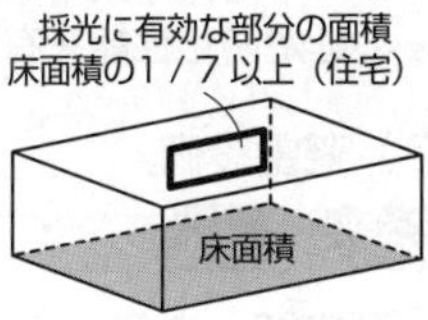

採光のための規制であり、日照についての規制ではない。

講師からのアドバイス

「採光」とは、建築物の室内に、外部から自然光を採り入れることをいう。「採光」と「日照」の違いに引っかからないように注意しよう。

出題履歴

H26.17- 1

2 居室の換気

重要度 B

条文・原則

居室には、原則として、換気のための窓その他の開口部を設け、換気に有効な部分の面積は、床面積の一定割合（1/20）以上のものとしなければならない（28条2項）。

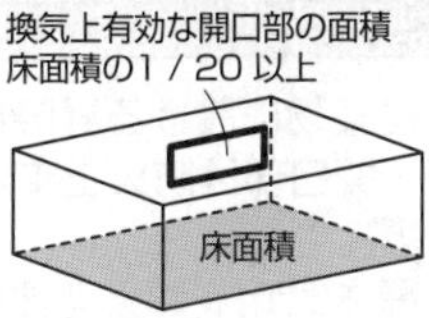

出題履歴

H24.18- 3

3 建築物等の防火基準

1 建築設備の基準

重要度A

（1）防火壁の設置

条文・原則

延べ面積が1,000㎡を超える建築物は、防火上有効な構造の防火壁又は防火床で有効に区画し、かつ、各区画の床面積の合計をそれぞれ1,000㎡以内としなければならない。

ただし、耐火建築物等※1又は準耐火建築物等※2については、防火壁又は防火床で区画する必要はない（26条）。

出題履歴
H28.18-4
R2(10).17-3

※1「耐火建築物等」とは、耐火建築物又はこれと同等以上の延焼防止性能を有する建築物をいう。
※2「準耐火建築物等」とは、準耐火建築物又はこれと同等以上の延焼防止性能を有する建築物をいう。

（2）避雷設備

条文・原則

高さ20mを超える建築物には、有効に避雷（ひらい）設備（避雷針等）を設けなければならない。

ただし、周囲の状況によって安全上支障がない場合においては、この限りでない（33条）。

H22.18-3
H26.17-3
R2(12).17-3

（3）昇降機

条文・原則

建築物に設ける昇降機は、安全な構造で、かつ、昇降路の周壁・開口部は防火上支障がない構造でなければならない（34条1項）。

高さ31mを超える建築物（政令で定めるものを除く。）には、非常用の昇降機を設けなければならない（同条2項）。

H25.17-エ
H28.18-2
R2(10).17-4

建築基準法３（道路制限）

重要ポイント

1．道路の定義

Point 道路の定義

【法第42条第2項による道路】

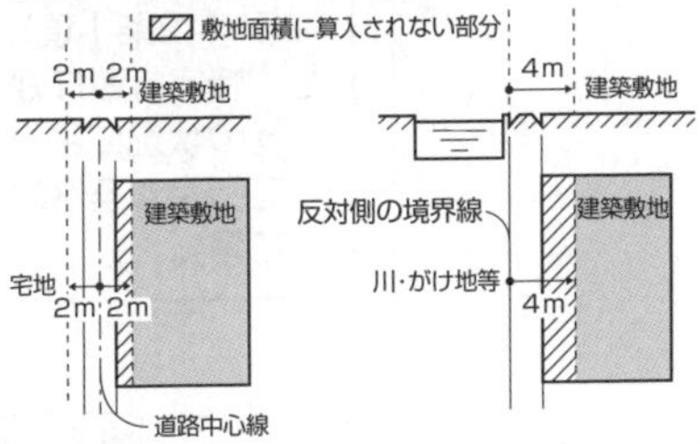

●原則：幅員４m以上
　例外：幅員４m未満の道でも
　　↓
　①集団規定の適用時、現に建築物が立ち並んでいるもの
　　かつ
　②特定行政庁の指定あればＯＫ
　（ただし、原則として、道路の中心線からの水平距離２mの線がその道路の境界線とみなされ、道路の境界線とみなされる線と道との間の部分の敷地は、敷地面積に算入されない。）

2．接道義務

Point 接道義務

●原則：敷地は、道路に２m以上接しなければならない。
●例外１
　①敷地が４m以上の道に２m以上接する一定の建築物　かつ
　②特定行政庁が交通上、安全上、防火上、衛生上支障がないと認めるもの

●例外２
　①敷地の周囲に広い空地を有する一定の建築物　かつ
　②特定行政庁が交通上、安全上、防火上、衛生上支障がないと認めて建築審査会の同意を得て許可したもの
　※地方公共団体は、一定の建築物の敷地の接道義務については、条例で、必要な制限を付加できる。

3．道路内の建築等制限

Point 道路内の建築等制限

●原則：道路内建築等禁止
　例外：地盤面下に設ける建築物等
　　　　ex．地下街、地下室
　　　　公衆便所、巡査派出所等で、特定行政庁が通行上支障がないと認めて建築審査会の同意を得て許可したもの

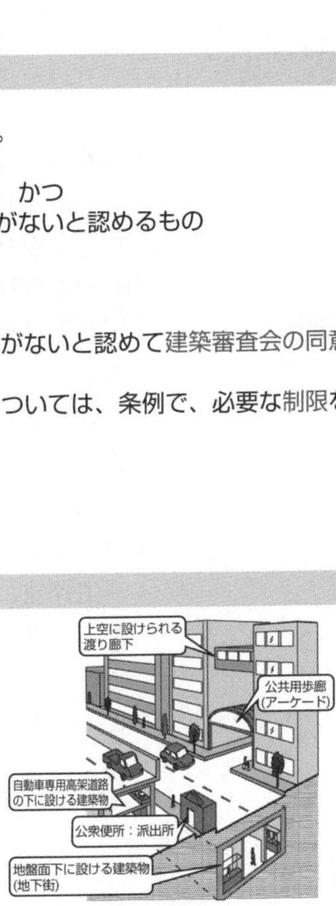

1 道路の定義

1　建築基準法における道路の定義

重要度 A

条文・原則

1　建築基準法により都市計画区域及び準都市計画区域内で道路として取扱われるものは、原則として、次の①～⑤の一つに該当する幅員４m以上のもの（地下におけるものを除く。）をいう（42条１項）。
2　特定行政庁が、その地方の気候もしくは風土の特殊性又は土地の状況により必要と認めて都道府県都市計画審議会の議を経て指定する区域内においては、６m以上のものをいう（同かっこ書）。

原則	幅員４ｍ以上（６ｍ以上）	① 道路法による道路 ② 都市計画法等による道路 ③ 既存の道 ④ いわゆる計画道路 ⑤ 道路位置指定を受けた私道
例外	幅員４ｍ未満（６ｍ未満）	⑥ 特定行政庁の指定を受けた、いわゆる「２項道路（みなし道路）」

講師からのアドバイス
道路法による道路であっても、すべてが建築基準法上の道路に該当するわけではないことに注意。

出題履歴
H29.19- 3

①道路法による道路

一般国道、都道府県道、市町村道等で道路法による路線の指定を受けたものをいう。

②都市計画法、土地区画整理法、都市再開発法等による道路

③建築基準法第３章の規定が適用されるに至った際現に存在する道

都市計画区域に指定された際すでに道としての状態を備え、かつ、幅員が４m以上（６m以上）あれば、公道、私道を問わず、建築基準法上の道路として扱われる。

④いわゆる「計画道路」

道路法、都市計画法、土地区画整理法、都市再開発法等による事業計画のある道路で、２年以内に事業が執行される予定のものとして、特定行政庁が指定したもの。この道路は、まだ事業計画の段階で道路としての実態をそなえていないものであるが、すでに「道路」として存在しているものとして、接道義務、建築物の高さ制限等が適用される。

⑤道路位置指定を受けた私道

土地を建築物の敷地として利用するため、道路法、都市計画法、土地区画整理法等によらないで築造する、政令で定める基準に適合する道で特定行政庁から位置の指定を受けたもの。

⑥例外（２項道路/みなし道路）

条文・原則

次の場合は、幅員が４m（６m）未満でも、建築基準法上の道路として扱われる。

1　都市計画区域の変更等によって建築基準法第３章の規定が適用されることとなった際、現に建築物が立ち並んでいる幅員４m（６m）未満の道で、特定行政庁の指定したものは、道路とみなし、その中心線から水平距離２m（３m）の線をその道路の境界線とみなす（42条２項本文）。

2　ただし、当該道がその中心線からの水平距離２m（３m）未満でがけ地、川、線路敷地その他これらに類するものに沿う場合においては、当該がけ地等の道の側の境界線及びその境界線から道の側に水平距離４m（６m）の線をその道路の境界線とみなす（同ただし書）。

道路とみなされる部分には、建築物を建築することはできない。また、後述の建蔽率、容積率の計算において、**敷地面積から除外**しなければならない。

講師からのアドバイス

本試験では、前頁及び右記①～⑤からの出題はほとんど見られないので、深入りしないようにしよう。

出題履歴

H23.19- 2
H30.19- 3

法令上の制限

2 敷地等と道路との関係

◆接道義務
少なくとも2mあれば、災害・火災時に、避難者と救助者がぶつからずにすれ違うことができる。

1 接道義務

重要度A

災害・火災時の避難・救助経路の確保、等を目的とする建築物の敷地と道路の関係に関する制限である。

条文・原則

1 建築物の敷地は、道路（自動車専用道路等を除く。）に2m以上接しなければならない（43条1項本文）。これを「接道義務」という。
2 以下のいずれかに該当する建築物については、適用しない（同2項）。
①その敷地が幅員4メートル以上の道（道路に該当するものを除き、避難及び通行の安全上必要な国土交通省令で定める基準に適合するものに限る。）に2メートル以上接する建築物のうち、利用者が少数であるものとしてその用途及び規模に関し国土交通省令で定める基準に適合するもので、特定行政庁が交通上、安全上、防火上及び衛生上支障がないと認めるもの
②その敷地の周囲に広い空地を有する建築物その他の国土交通省令で定める基準に適合する建築物で、特定行政庁が交通上、安全上、防火上及び衛生上支障がないと認めて建築審査会の同意を得て許可したもの

2 制限の付加

重要度A

条文・原則

出題履歴
H25.18- 1
R 1.18- 4

地方公共団体は、以下の建築物について、条例で、その建築物の敷地が接しなければならない道路の幅員、その敷地が道路に接する部分の長さその他その敷地又は建築物と道路との関係に関して必要な制限を付加することができる（43条3項）。
①特殊建築物
②階数が3以上である建築物
③政令で定める窓その他の開口部を有しない居室を有する建築物
④延べ面積が1,000㎡超の建築物
⑤その敷地が袋地状道路（その一端のみが他の道路に接続したものをいう。）にのみ接する建築物で、延べ面積が150㎡超のもの（一戸建ての住宅を除く。）

条例により制限を付加することはできるが、**緩和することは**

できない。

３　私道の変更・廃止の禁止

重要度Ｃ

条文・原則

私道の変更又は廃止によって、その道路に接する敷地が、前記１、２の接道義務に抵触することとなる場合においては、特定行政庁は、その私道の変更・廃止を禁止し、又は制限することができる（45条）。

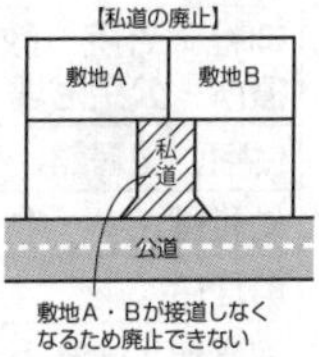

４　道路内の建築等制限

重要度Ｂ

条文・原則

建築物又は敷地を造成するための擁壁は、次の１～４の場合を除き、道路内に、又は道路に突き出して建築し、又は築造してはならない（44条）。

1　地盤面下に設ける建築物
2　公衆便所、巡査派出所等で、特定行政庁が通行上支障がないと認めて建築審査会の同意を得て許可したもの
3　地区計画の区域内の自動車専用道路等の上空又は路面下の建築物で、一定の要件に該当し特定行政庁が安全上、防火上及び衛生上支障がないと認めるもの
4　公共用歩廊（アーケード）等で、特定行政庁が安全上、防火上、衛生上他の建築物の利便を妨げ、その他周囲の環境を害するおそれがないと認めて、あらかじめ建築審査会の同意を得て許可したもの

出題履歴

H27.18- 3

R 2 (10).18- 1

講師からのアドバイス

例外的に、道路内に建築できるもの（特に１と２）を、「特定行政庁の許可」の要否に注意して、覚えよう。

法令上の制限

建築基準法4（用途制限）

重要ポイント

1．用途制限のポイント

Point 用途制限のポイント

●特定行政庁の許可がなくても建築できる建築物・地域

神社・寺院・教会、派出所・公衆電話所、診療所・公衆浴場・保育所	すべての用途地域でOK
住宅、図書館、老人ホーム	工業専用地域以外OK
幼稚園、小・中・高	工業地域・工業専用地域以外OK
料理店	商業地域・準工業地域だけOK
映画館・ナイトクラブ（客席床面積200㎡未満）	準住居地域・近隣商業地域・商業地域・準工業地域だけOK
映画館・ナイトクラブ（客席床面積200㎡以上）	近隣商業地域・商業地域・準工業地域だけOK
大学、病院	低層住居専用地域・田園住居地域・工業地域・工業専用地域以外OK
カラオケボックス、ダンスホール	低層住居専用地域・田園住居地域・中高層住居専用地域・第一種住居地域以外OK

※過半主義　建築物の敷地が異なる用途地域にまたがる場合、その敷地の用途制限は当該敷地の過半を占める用途地域の制限になる。

2．大規模集客施設

Point 大規模集客施設

大規模集客施設とは、店舗、劇場、アミューズメント施設、展示場等で床面積が10,000㎡を超えるものを指す。これらが、特定行政庁の許可なしで建築できるのは、用途混在系の3つの用途地域に限られる。

大規模集客施設（床面積10,000㎡超）が特定行政庁の許可なしで建築できる地域等

◎・・・床面積10,000㎡超OK　　○・・・床面積10,000㎡以下ならOK
●・・・物品販売業を営む店舗・飲食店を除く　　▲・・・床面積200㎡未満ならOK
×・・・床面積関係なく不可

	店舗	飲食店	マージャン屋・パチンコ屋	カラオケボックス	劇場・映画館
第二種住居地域	○	○	○	○	×
準住居地域	○	○	○	○	▲
近隣商業地域	◎	◎	◎	◎	◎
商業地域	◎	◎	◎	◎	◎
準工業地域	◎	◎	◎	◎	◎
工業地域	○	○	○	○	×
工業専用地域	○●	×	×	○	×
無指定区域	○	○	○	○	○

1 用途制限

1　用途制限

重要度 A

用途地域の目的は、住民が良好な都市生活を営めるように、土地の用途の混在を避けることである。そのためには、各用途地域等において具体的にどのような建築物を建てることができ、あるいは建てることができないのかを予め定めておく必要がある。これを定め、規制するのが、用途制限である（48条、別表第２）。

用途制限により当該地域等において建築できないとされる建築物は、公益上やむを得ないと認められる等の理由により特定行政庁が許可した場合以外は、建築することができない（48条）。

出題履歴

H20.21- 1、- 2、- 4
H22.19- 1、- 2、- 3、- 4
H23.19- 1
H25.18- 4
H26.18- 1、- 2
H28.19- 1
H29.19- 2
H30.19- 2
R 1.18- 1、- 2
R 2（10）.18- 2

〔用途地域等内の建築物の用途制限概要〕

	建物の種類 ＼ 地域
1	神社、寺院、教会、巡査派出所、公衆電話所、診療所、公衆浴場、保育所等
2	住宅、共同住宅、寄宿舎、下宿
3	住宅に付属する店舗・事務所等
4	老人ホーム、身体障害者福祉ホーム等
5	図書館
6	幼稚園、小学校、中学校、高等学校※1
7	美容院・店舗・飲食店（2階以下かつ床面積150㎡以内）※2
8	店舗・飲食店（2階以下かつ床面積500㎡以内）※2 ※3
9	自動車車庫（2階以下かつ床面積300㎡以下）
10	大学、高等専門学校、専修学校、各種学校
11	病院
12	事務所
13	店舗・飲食店（床面積1,500㎡以内）※2
14	自動車教習所
15	工場（原動機を使用し、床面積50㎡以内）
16	店舗・飲食店（床面積3,000㎡以内）※2
17	ボーリング場、スケート場、水泳場
18	ホテル、旅館
19	カラオケボックス、ダンスホール※4
20	マージャン屋、パチンコ屋、勝馬投票券発売所※4
21	店舗・飲食店（3階以上又は床面積10,000㎡以内）※2
22	自動車車庫（3階以上又は床面積300㎡超）
23	自動車修理工場（床面積150㎡以下）
24	倉庫業を営む倉庫
25	工場（原動機を使用し、床面積150㎡以内）
26	工場（原動機を使用し、床面積150㎡超）
27	劇場、映画館、ナイトクラブ（客席の床面積200㎡未満）
28	劇場、映画館、ナイトクラブ（客席の床面積200㎡以上）※4
29	店舗・飲食店（床面積10,000㎡超）※2
30	キャバレー、料理店
31	個室付浴場業に係る公衆浴場
32	卸売市場、火葬場、汚物処理場、ごみ焼却場

	1種低層	2種低層	田園住居	1種中高層	2種中高層	1種住居	2種住居	準住居	近隣商業	商業	準工業	工業	工業専用	無指定
													×	
													×	
													×	
													×	
												×	×	
	×													
	×	×												
	×	×	×											
	×	×	×									×	×	
	×	×	×									×	×	
	×	×	×	×										
	×	×	×	×										
	×	×	×	×	×									
	×	×	×	×	×									
	×	×	×	×	×									
	×	×	×	×	×								×	
	×	×	×	×	×							×	×	
	×	×	×	×	×	×								
	×	×	×	×	×	×							×	
	×	×	×	×	×	×								
	×	×	×	×	×	×	×							
	×	×	×	×	×	×	×							
	×	×	×	×	×	×	×							
	×	×	×	×	×	×	×	×						
	×	×	×	×	×	×	×	×	×	×				
	×	×	×	×	×	×	×					×	×	
	×	×	×	×	×	×	×	×				×	×	
	×	×	×	×	×	×	×	×				×	×	×
	×	×	×	×	×	×	×	×	×			×	×	
	×	×	×	×	×	×	×	×	×		×	×	×	
	×	×	×	×	都市計画でその敷地の位置が決定しているものは建築可能									

※1　幼保連携型認定こども園については、工業地域及び工業専用地域にも建築することができる。

※2　物品販売業を営む店舗又は飲食店は、工業専用地域には建築することができない。

※3　田園住居地域内で建築することができるのは、農業の利便を増進するために必要な店舗又は飲食店。具体的には、①田園住居地域及びその周辺の地域で生産された農産物の販売を主たる目的とする店舗、②田園住居地域及びその周辺の地域で生産された農産物を材料とする料理の提供を主たる目的とする飲食店等である。

※4　近隣商業地域、商業地域及び準工業地域を除き、床面積10,000㎡超の場合は建築することができない。

2　過半主義

重要度A

条文・原則

建築物の敷地が、建築基準法の規定（容積率・建蔽率・高さ制限等の一定の規定を除く。）による建築物の敷地、構造、建築設備又は用途に関する禁止又は制限を受ける区域、地域、地区の内外にわたる場合においては、その建築物又は敷地の全部について敷地の過半の属する区域、地域、地区内の規定を適用する（91条）。

出題履歴
H22.19- 1
H25.18- 4
H30.19- 2
R 2 (12).17- 1

※　建築物の敷地が用途地域の内外にわたる場合は、敷地の過半の属する用途地域の用途制限が、その**敷地の全部について適用**される。これを、「**過半主義**」という。

講師からのアドバイス
右図に「料理店」の例をあてはめて考えてみよう。
料理店は、商業地域では、特定行政庁の許可がなくても建築できるが、準住居地域では、特定行政庁の許可がない限り建築できない。
右図の例では、敷地の過半を占める準住居地域の制限が敷地全体に適用されるから、この敷地には、特定行政庁の許可がない限り、料理店を建築することはできない。

【敷地が制限の異なる用途地域にわたる場合】

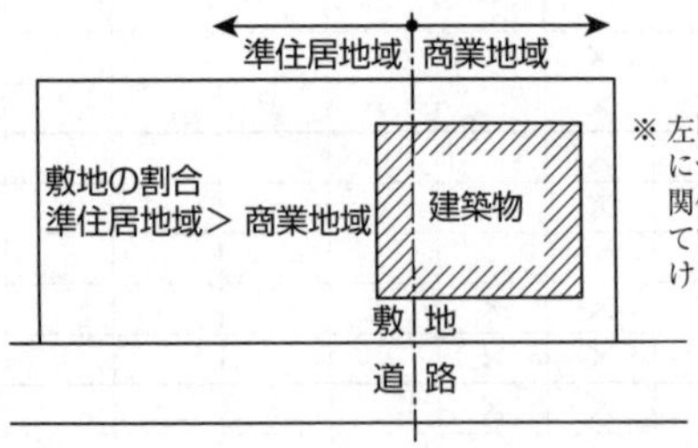

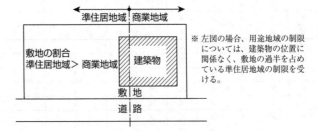

※ 左図の場合、用途地域の制限については、建築物の位置に関係なく、敷地の過半を占めている準住居地域の制限を受ける。

3　過半主義の例外

重要度B

①容積率	建築物の敷地が２以上の異なる容積率の地域にわたる場合	それぞれの部分の面積の敷地全体の面積に対して占める**割合に応じて按分する**（按分比例計算、加重平均）。
②建蔽率	建築物の敷地が２以上の異なる建蔽率の地域にわたる場合	
③高さ制限	建築物が２以上の異なる高さ制限の地域等にわたる場合	**それぞれの地域等の制限**が、**それぞれの建築物の部分**に適用される。
④防火・準防火地域の制限	建築物が防火地域又は準防火地域の内外にわたる場合	**厳しい方の制限**が適用される。

講師からのアドバイス
建築基準法を一通り学習し終ったら、必ず見直しておこう。

建築基準法5（建蔽率・容積率）

重要ポイント

1．建蔽率

Point 建蔽率

緩和措置	①指定角地加算 （特定行政庁の指定を受けている角地）		1/10加算	①②の重複 2/10加算
	・防火地域内にある耐火建築物等（※1） ・準防火地域内にある耐火建築物等（※1）、準耐火建築物等（※2）	②建蔽率の限度が8/10とされている地域以外	1/10加算	
	防火地域内にある耐火建築物等（※1）	③建蔽率の限度が8/10とされている地域	制限なし （10/10）	

※1「耐火建築物等」とは、耐火建築物又はこれと同等以上の延焼防止性能を有する建築物をいう。
※2「準耐火建築物等」とは、準耐火建築物又はこれと同等以上の延焼防止性能を有する建築物をいう。

2．容積率

Point 前面道路の幅員が12m未満の場合の容積率

●以下の①と②のうち、いずれか厳しい方（数値の小さい方）による。

①：指定容積率（都市計画で定められた容積率）

②：法定乗数により求められる容積率

住居系の用途地域内　　　：前面道路幅員（メートル数値）× $\frac{4}{10}$

住居系以外の用途地域内等：前面道路幅員（メートル数値）× $\frac{6}{10}$

●2以上の幅員の異なる前面道路がある場合最大幅員（幅員の大きい方）により計算する。

Point 容積率の緩和措置等

	容積率を算入しない部分	算入しない限度
緩和措置等	①住宅又は老人ホーム等の地階 ※　住宅又は老人ホーム等以外の用途に供する部分を有する建築物にも適用可	住宅又は老人ホーム等の用途部分の床面積の3分の1まで
	②昇降機の昇降路、共同住宅又は老人ホーム等の共用の廊下又は階段	すべて
	③宅配ボックスの設置部分の床面積	【宅配ボックス設置部分のうち共同住宅の共用の廊下と一体となった部分】 すべて
		【上記以外】 敷地内にある建築物の各階の床面積の合計の100分の1まで

1 建蔽率

1　建蔽率

理解する

建蔽率の制限は、**敷地に一定の空地**を保有させて、建築物を**安全、防火及び衛生等**の面で環境の良好なものに維持するためのものであり、**用途地域の区別によって、原則として都市計画**で建蔽率が定められている。

建蔽率とは、建築面積の敷地面積に対する割合をいう。

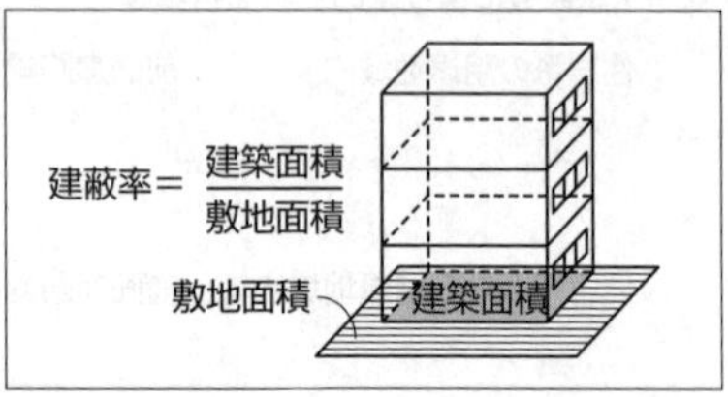

◆建築面積

建築物が実際に建築されている面積で、建築物の外壁又はこれに代わる柱の中心線で囲まれた部分の水平投影面積による。

講師からのアドバイス

建築面積と延べ面積を混同しないように注意すること。

用途地域	建蔽率（原則）	①指定角地	②準防火地域内耐火建築物等※２ 準耐火建築物等※３	③防火地域内耐火建築物等※２	④ ①＋② or ①＋③
第１種低層住居専用地域	最大6/10	＋1/10	＋1/10	1/10	＋2/10
第２種低層住居専用地域					
田園住居地域					
第１種中高層住居専用地域					
第２種中高層住居専用地域					
工業専用地域					
第１種住居地域	最大8/10	＋1/10	＋1/10	1/10	＋2/10
第２種住居地域					
準住居地域					
準工業地域					
近隣商業地域				8/10の場合制限なし	
商業地域	8/10のみ	＋1/10	＋1/10	常に制限なし	
工業地域	最大6/10	＋1/10	＋1/10		＋2/10
用途地域無指定区域	最大7/10 ※１	＋1/10	＋1/10		＋2/10
都計・準都計区域外	制限なし（条例による制限あり）				

※１　用途地域無指定区域の建蔽率は、特定行政庁が都道府県都市計画審議会の議を経て具体的に定める。
※２「耐火建築物等」とは、耐火建築物又はこれと同等以上の延焼防止時間となる建築物をいう。
※３「準耐火建築物等」とは、準耐火建築物又はこれと同等以上の延焼防止時間となる建築物をいう。

2　建蔽率の数値

重要度A

(1) 原則

都市計画区域及び準都市計画区域内の各地域区分による原則的な建蔽率は、都市計画等で定められる。

(2) 緩和措置

条文・原則

1　次の（1）又は（2）のいずれかに該当する建築物にあっては、原則値に1/10を加えた数値を各建蔽率とし、（1）及び（2）に該当する建築物にあっては、原則値に2/10を加えた数値を各建蔽率とする（53条3項）。

（1）街区の角地等で特定行政庁が指定するものの内にある建築物

（2）原則値8/10とされている地域外で、かつ、防火地域内にある耐火建築物等（※1）又は準防火地域内にある耐火建築物等（※1）、準耐火建築物等（※2）

2　建蔽率の制限を緩和する壁面線の指定等

隣地境界線から後退して壁面線の指定がある場合又は地区計画等で壁面の位置の制限（隣地境界線に面する建築物の壁等の位置を制限するものに限る。）がある場合において、当該壁面線又は壁面の位置の制限として定められた限度の線を越えない建築物（ひさし等で政令で定めるものを除く。）で、特定行政庁が、あらかじめ、建築審査会の同意を得て、許可したものの建蔽率は、その許可の範囲内において、法定の建蔽率の限度を超えるものとすることができる（同条4・7項）。

※1「耐火建築物等」とは、耐火建築物又はこれと同等以上の延焼防止時間となる建築物をいう。

※2「準耐火建築物等」とは、準耐火建築物又はこれと同等以上の延焼防止時間となる建築物をいう。

出題履歴

H20.20- 1
H24.19- 1
H26.18- 4
R 1.18- 3
R 2 (12).18- 3
R 3 (10).18- 1

H20.20- 4

（３）適用除外

条文・原則

次のいずれかに該当する建築物には、建蔽率の制限を適用しない。

1　都市計画等で定められた建蔽率が８/10で、かつ、防火地域内にある耐火建築物等※ H20.20- 1 H23.19- 4 H25.18- 2

2　巡査派出所、公衆便所、公共用歩廊（アーケード）等

3　公園、広場、道路、川その他これらに類するものの内にある建築物で、特定行政庁が安全上、防火上、衛生上の支障がないと認め、建築審査会の同意を得て許可したもの（53条５・７項） H28.19- 3

※「耐火建築物等」とは、耐火建築物又はこれと同等以上の延焼防止性能を有する建築物をいう。

2 容積率

1　容積率

理解する

敷地内における建築物の大きさ（密度）を制限し、間接的に建築物の高さを規制するとともに、その建築物が周辺環境に与える影響を調整しようとするものである。建築物と公共施設への負荷のバランスの確保は、その一つのあらわれである。

容積率とは、延べ面積の敷地面積に対する割合をいう。

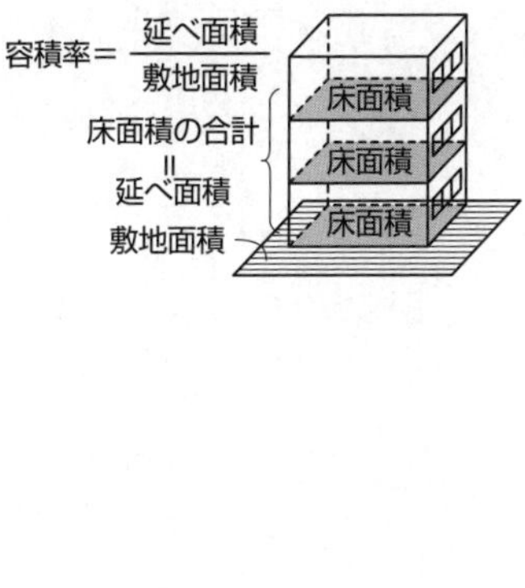

◆前面道路による容積率の制限

建築物のキャパシティ（収用人員等）と道路等の公共施設とのキャパシティのバランスを確保するため、道路との関係で容積率を制限するものである。

2　前面道路による容積率の制限

重要度A

条文・原則

1　前記のほか、当該建築物の前面道路（前面道路が２以上あるときは、その幅員の最大のもの）の幅員が12m未満である場合においては、前面道路の幅員のmの数値に、住居系の用途地域では原則として４/10を、それ以外の地域・区域では原則として６/10を乗じたもの以下でなければならない（52条２項）。

2　なお、ここにいう前面道路には、建築基準法42条１項４号に規定する都市計画道路が該当することは当然であるが、かかる建築基準法の規定に該当しない都市計画道路であっても、特定行政庁が交通上、安全上、防火上及び衛生上支障がないと認めて許可した建築物については、当該計画道路もかかる前面道路に該当するものとして扱う（同条10項）。

容積率は、建築物の**前面道路の幅員が12m未満のとき**は、原則として、当該幅員のメートル数値に**法定乗数**（４/10又は６/10）を乗じて得た数値と、都市計画等で定める数値（**指定容積率**）とを比較し、**いずれか厳しい方**（数値の小さい方）によらなければならないということである。

出題履歴

H23.19- 3
H28.19- 2
H29.19- 4

講師からのアドバイス

前面道路によって制限を受けるのは容積率だけであり、建ぺい率には前面道路による制限はないことを意識しておくこと。また、住居系4/10、住居系以外6/10という乗数は必ず覚えておこう。

◆２以上の幅員の異なる前面道路がある場合

最大幅員（幅員の大きい方）により計算する。

《容積率一覧》

<table>
<tr><th colspan="2">地域区分</th><th>指定容積率</th><th>前面道路の幅員が12m未満である場合</th></tr>
<tr><td rowspan="8">都市計画区域及び準都市計画区域内</td><td>第一種低層住専
第二種低層住専
田園住居地域</td><td>$\frac{5}{10}$ $\frac{6}{10}$ $\frac{8}{10}$ $\frac{10}{10}$ $\frac{15}{10}$ $\frac{20}{10}$
のうち都市計画で定めるもの</td><td>$\times\frac{4}{10}$</td></tr>
<tr><td>第一種中高層住専
第二種中高層住専</td><td rowspan="3">$\frac{10}{10}$ $\frac{15}{10}$ $\frac{20}{10}$ $\frac{30}{10}$ $\frac{40}{10}$ $\frac{50}{10}$
のうち都市計画で定めるもの</td><td rowspan="2">$\times\frac{4}{10}$
（特定行政庁が都道府県都市計画審議会の議を経て指定する区域内の建築物にあっては、6/10）</td></tr>
<tr><td>第一種住居地域
第二種住居地域
準住居地域</td></tr>
<tr><td>近隣商業地域
準工業地域</td><td rowspan="5">$\times\frac{6}{10}$
（特定行政庁が都道府県都市計画審議会の議を経て指定する区域内の建築物にあっては、4/10又は8/10のうち特定行政庁が都道府県都市計画審議会の議を経て定めるもの）</td></tr>
<tr><td>工業地域
工業専用地域</td><td>$\frac{10}{10}$ $\frac{15}{10}$ $\frac{20}{10}$ $\frac{30}{10}$ $\frac{40}{10}$
のうち都市計画で定めるもの</td></tr>
<tr><td>商業地域</td><td>$\frac{20}{10}$ $\frac{30}{10}$ $\frac{40}{10}$ $\frac{50}{10}$ $\frac{60}{10}$ $\frac{70}{10}$ $\frac{80}{10}$ $\frac{90}{10}$
$\frac{100}{10}$ $\frac{110}{10}$ $\frac{120}{10}$ $\frac{130}{10}$
のうち都市計画で定めるもの</td></tr>
<tr><td>高層住居誘導地区内の建築物であって、その住宅の用途に供する部分の床面積の合計がその延べ面積の２／３以上のもの</td><td>第一種住居地域、第二種住居地域、準住居地域、近隣商業地域又は準工業地域の都市計画で定められた数値から、その1.5倍以下で、政令で定める方法により算出した数値までの範囲内で、当該高層住居誘導地区に関する都市計画において定められたもの</td></tr>
<tr><td>用途地域無指定区域</td><td>$\frac{5}{10}$ $\frac{8}{10}$ $\frac{10}{10}$ $\frac{20}{10}$ $\frac{30}{10}$ $\frac{40}{10}$ のうち特定行政庁が土地利用の状況等を考慮して当該区域を区分して都道府県都市計画審議会の議を経て定めるもの</td></tr>
<tr><td colspan="2">都市計画区域及び準都市計画区域外</td><td colspan="2">制限なし（一定の地域を除く）</td></tr>
</table>

法令上の制限

3　容積率が緩和される場合等

重要度 B

◆複合建築物

住宅以外の用途に供する部分を有する建築物

(1) 地階の住宅用途部分の床面積不算入

条文・原則

建築物（共同住宅、複合建築物等も含む。）で地階（その天井が地盤面からの高さ１m以下）に住宅の用途に供する部分を有する場合には、その建築物の地階の床面積は、当該建築物の住宅の用途に供する部分の床面積の１／３を限度として、容積率を算定する場合の延べ面積に算入しない。また老人ホーム、福祉ホーム等の床面積は、その用途に供する部分の床面積の合計の３分の１を限度として、容積率を算定する場合の延べ面積に算入しない（52条３項）。

講師からのアドバイス

地階に住宅部分がある建築物は、容積率の算出にあたって、床面積の1/3までは算入されないということである。住宅以外の用途部分がある建築物でも適用される点に注意しよう。

たとえば、容積率100％の場合、敷地面積が200㎡とすると、地上階の延べ面積を200㎡×100％で200㎡（例：１階100㎡と２階100㎡）とする場合でも、さらに100㎡の地階を設けることができる。

(2) 昇降機の昇降路の部分・同住宅の共用廊下等の床面積不算入

出題履歴

H20.20- 3
H27.18- 1
R 2 (10).18- 3

条文・原則

政令で定める昇降機（エレベーター）の昇降路の部分や共同住宅若しくは老人ホーム・福祉ホーム等の共用の廊下又は階段の用に供する部分の床面積は、容積率の算定の基礎となる延べ面積に算入しない（52条６項）。

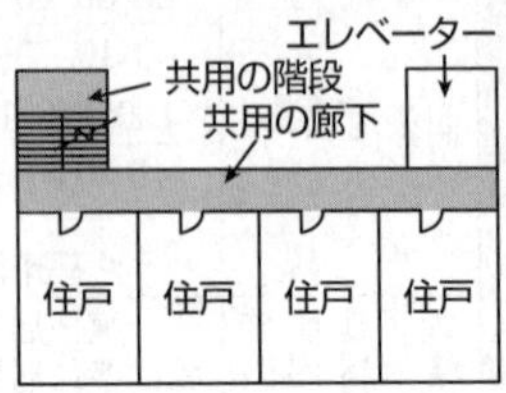

講師からのアドバイス

「住宅の地階は1/3まで」「昇降路・共用廊下等はすべて」算入されない。混同しないように注意しよう。

(3) 宅配ボックス設置部分の床面積不算入等

条文・原則

配達された物品の一時保管のための荷受箱である「宅配ボックス」の設置部分の床面積は、敷地内にある建築物の各階の床面積の合計の100分の１を限度として、建築物の容積率の算定の基礎となる延べ面積に算入しない（施行令２条１項４号へ、３項６号）。

共同住宅や老人ホーム等の共用の廊下に設置する宅配ボックス等については、容積率の算定の基礎となる延べ面積に算入しないが、これら以外の建築物については、延べ床面積に対する100分の１を上限に容積率の算定の基礎とある延べ面積に算入しない。

3 建蔽率・容積率の計算

1　建蔽率の角地・防耐加算

重要度B

(1) 角地加算（1/10加算）

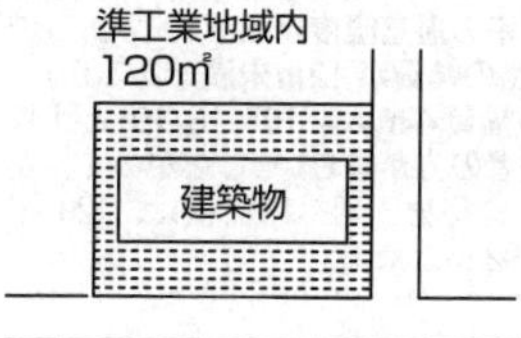

左図の**角地**の都市計画で定められた建蔽率の最高限度が6/10である場合、**特定行政庁の指定**を受けていれば、建蔽率の最高限度は、6/10に**1/10加算**するから、7/10となる。したがって、かかる敷地の建築物の建築面積は、120㎡×7/10＝84㎡となる。

(2) 防耐加算

①1/10加算

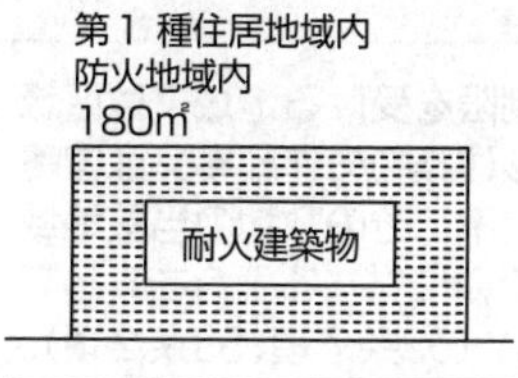

左図の敷地の都市計画で定められた建蔽率の最高限度が6/10である場合、建蔽率の最高限度は、**防耐加算**により、6/10に**1/10加算**するから、7/10となる。したがって、かかる敷地の建築物の建築面積は、180㎡×7/10＝126㎡となる。

②適用除外（10/10になるケース）

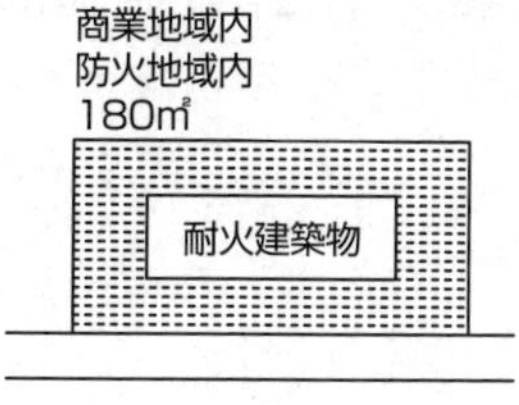

商業地域の建蔽率の最高限度は**8/10**であるが、左図の敷地は、**防火地域**内にあり、かつ当該敷地に**耐火建築物**を建築する場合であるから、建蔽率の最高限度は**10/10**となる。したがって、かかる敷地の建築物の建築面積は、180㎡×10/10＝180㎡となる。

（3）角地加算と防耐加算の重複適用

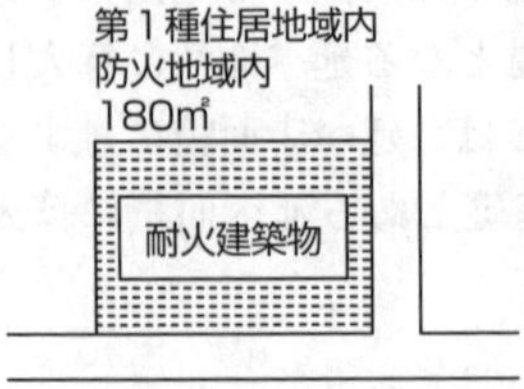

左図の角地の都市計画で定められた建蔽率の最高限度が6/10である場合、特定行政庁の指定を受けていれば、**角地加算**の**1/10**と**防耐加算**の**1/10**により、建蔽率の最高限度は、6/10に**2/10加算**され、8/10となる。したがって、かかる敷地の建築物の建築面積は、180㎡×8/10＝144㎡となる。

2　前面道路による容積率の制限

重要度 B

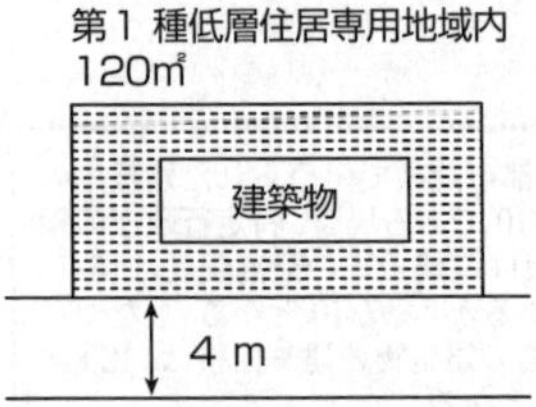

左図の敷地における**都市計画において定められた容積率の最高限度が 20/10** である場合、**前面道路の幅員が 12m未満**であるから、**前面道路の幅員４ｍ×4/10＝16/10** と比較すると、**後者の方が厳しい**。したがって、かかる敷地の建築物の延べ床面積は、120㎡×16/10＝192㎡となる。

3　建築物の敷地が２以上の異なる建蔽率又は容積率の地域にわたる場合

重要度 C

出題履歴
H27.18- 2

講師からのアドバイス
「各地域又は区域の建蔽率又は容積率にその敷地の当該地域又は区域内にある各部分の敷地面積に対する割合を乗じて得たものの合計」という部分がポイントである。

条文・原則

建築物の敷地が建蔽率又は容積率の制限を受ける地域又は区域の２以上にわたる場合においては、当該建築物の建蔽率又は容積率は、各地域又は区域の建蔽率又は容積率にその敷地の当該地域又は区域内にある各部分の面積の敷地面積に対する割合を乗じて得たものの合計以下でなければならない（52条７項、53条２項）。

（1）按分（あんぶん）比例計算/加重平均（かじゅうへいきん）

それぞれの地域（区域）の建蔽率又は容積率に、その地域の面積の敷地全体の面積に対する割合を乗じて得た合計が、当該建築物の建蔽率又は容積率となる。

（2）具体的な計算例

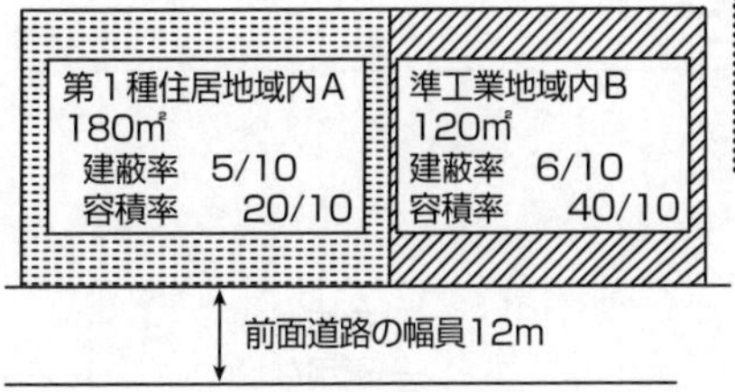

左図中の建蔽率・容積率は、都市計画で定められた建蔽率又は容積率の数値

①敷地全体の建蔽率又は容積率を求める式は以下のとおりとなる。

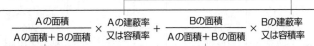

$$\frac{\text{Aの面積}}{\text{Aの面積}+\text{Bの面積}} \times \text{Aの建蔽率又は容積率} + \frac{\text{Bの面積}}{\text{Aの面積}+\text{Bの面積}} \times \text{Bの建蔽率又は容積率}$$

◆公式の意味

「各地域又は区域の建蔽率又は容積率」

「各部分の敷地面積に対する割合」

②上記算式に前記設例の数値を代入する。

イ 敷地全体の建蔽率

$$\frac{180㎡}{300㎡} \times \frac{5}{10} + \frac{120㎡}{300㎡} \times \frac{6}{10} = \frac{30+24}{100} = \frac{5.4}{10}$$

ロ 敷地全体の容積率

$$\frac{180㎡}{300㎡} \times \frac{20}{10} + \frac{120㎡}{300㎡} \times \frac{40}{10} = \frac{120+160}{100} = \frac{28}{10}$$

法令上の制限

建築基準法６（高さ制限等）

重要ポイント

高さ制限等

Point 高さ制限等のまとめ

○ 適用あり
— 適用なし

<table>
<tr><th>制限
地域</th><th>敷地面積の最低限度</th><th>外壁の後退距離の限度</th><th>絶対高さの制限</th><th>道路斜線制限</th><th>隣地斜線制限</th><th>北側斜線制限</th><th>日影規制</th></tr>
<tr><td>第一種・第二種低層住居専用地域・田園住居地域</td><td rowspan="9">200㎡を超えてはならない。</td><td>1m
又は
1.5m</td><td>10m
又は
12m以下</td><td rowspan="10">○</td><td>—</td><td>○</td><td>軒高７m超
又は
地上３階以上</td></tr>
<tr><td>第一種・第二種中高層住居専用地域</td><td rowspan="9">—</td><td rowspan="9">—</td><td rowspan="9">○</td><td>△
（日影規制あるもの除く）</td><td rowspan="4">10m超</td></tr>
<tr><td>第一種・第二種住居地域</td><td rowspan="8">—</td></tr>
<tr><td>準住居地域</td></tr>
<tr><td>近隣商業地域</td></tr>
<tr><td>商業地域</td><td>—</td></tr>
<tr><td>準工業地域</td><td>10m超</td></tr>
<tr><td>工業地域</td><td rowspan="2">—</td></tr>
<tr><td>工業専用地域</td></tr>
<tr><td>用途地域無指定区域</td><td>—</td><td>①軒高７m超
又は
地上３階以上
②10m超</td></tr>
</table>

＊日影規制：上記地域内の条例で指定する区域が対象区域となる。ただし、対象区域外の高さ10m超の建築物で、冬至日において対象区域内に一定の日影を生じさせるものには適用あり。

1 建築物の敷地面積の最低限度

建築物の敷地面積の最低限度

重要度 C

防災・環境面から敷地の細分化を防止するため、都市計画で、敷地面積の最低限度を定めるものである。

条文・原則

1　建築物の敷地面積は、用途地域に関する都市計画において建築物の敷地面積の最低限度が定められたときは、当該最低限度以上でなければならない。ただし、次の各号のいずれかに該当する建築物の敷地については、この限りでない（53条の２第１項）。

（1）建蔽率の限度が８/10とされている地域内で、かつ、防火地域内にある耐火建築物等

（2）公衆便所、巡査派出所その他これらに類する建築物で公益上必要なもの

（3）その敷地の周囲に広い公園、広場、道路その他の空地を有する建築物であって、特定行政庁が市街地の環境を害するおそれがないと認めて許可したもの

（4）特定行政庁が用途上又は構造上やむを得ないと認めて許可したもの

2　上記の都市計画において建築物の敷地面積の最低限度を定める場合においては、その最低限度は、200㎡を超えてはならない（同条２項）。

（1）用途地域に関する都市計画で定めるものであるから、用途地域の指定のある区域にのみ適用され、用途地域の指定のない区域には適用されない。

（2）厳し過ぎる規制は土地所有者等の財産権に対する過度の制約になりかねないので、制限の限度は、200㎡を超えてはならないものとされる。

講師からのアドバイス

例えば、ある地域における敷地面積について、「100㎡以上でなければならない」「200㎡以上でなければならない」と定めることはできるが、「300㎡以上でなければならない」と定めることはできないということである。

出題履歴

H24.19- 3

法令上の制限

2 第一種・第二種低層住居専用地域又は田園住居地域内の外壁の後退距離

第一種・第二種低層住居専用地域又は田園住居地域内の外壁の後退距離

重要度B

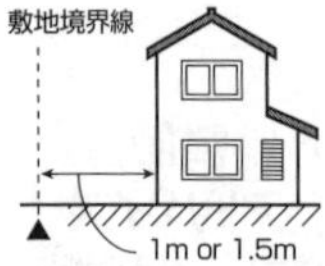

第一種・第二種低層住居専用地域又は田園住居地域では、低層住宅に係る良好な住居の環境を保護するため、建築物の外壁等から敷地境界線までの後退距離を制限することができる。

出題履歴
H28.19- 4

条文・原則

第一種低層住居専用地域、第二種低層住居専用地域又は田園住居地域内においては、都市計画により建築物の外壁又はこれに代わる柱の面から敷地境界線までの距離（外壁の後退距離）の限度（1m又は1.5m）が定められた場合は、一定の場合を除き、当該限度以上でなければならない（54条）。

3 建築物の絶対高さの制限

第一種・第二種低層住居専用地域又は田園住居地域内の建築物の高さ制限

重要度A

第一種・第二種低層住居専用地域又は田園住居地域では、低層住宅に係る良好な住居の環境を保護するため、建築物の絶対的な高さが制限される。

出題履歴
H24.19- 2
H30.19- 1

条文・原則

第一種低層住居専用地域内、第二種低層住居専用地域又は田園住居地域内においては、一定の建築物を除いては、建築物の高さは、10m又は12mのうち当該地域に関する都市計画で定められた高さの限度を超えてはならない（55条1項）。

4 斜線制限

1　道路斜線制限

重要度A

条文・原則

道路斜線制限は、すべての用途地域において適用があり、さらに用途地域が指定されていない区域においても適用がある。

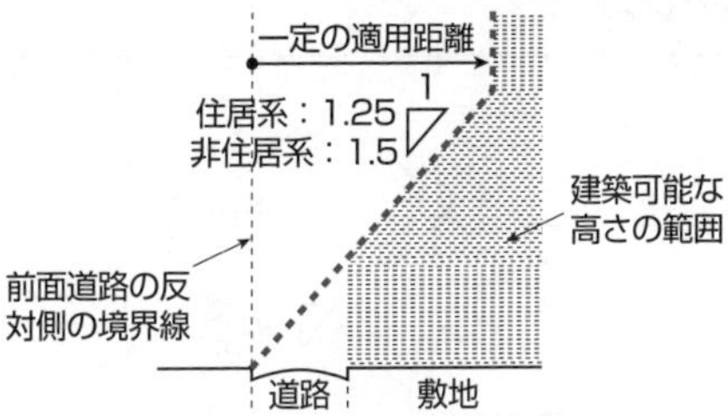

講師からのアドバイス

右図から道路斜線制限のイメージだけつかんでおけば十分である。細かい数値等を覚える必要はない。どの地域で適用があるかを確実に覚えておくこと。

2　隣地（りんち）斜線制限

重要度A

条文・原則

第一種低層住居専用地域、第二種低層住居専用地域又は田園住居地域においては、建築物の絶対高さの制限（前記**3**）があることから、隣地斜線制限は適用されない。

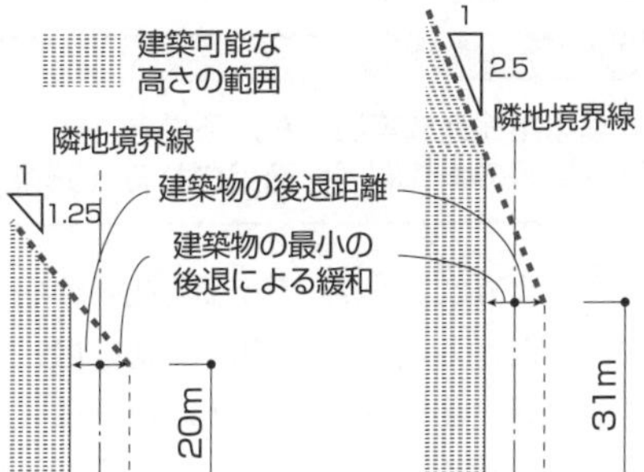

講師からのアドバイス

右図から隣地斜線制限のイメージだけつかんでおけば十分である。細かい数値等を覚える必要はない。どの地域で適用があるかを確実に覚えておくこと。

出題履歴
H25.18- 3
R 2 (12).18- 4

3　北側斜線制限

重要度A

条文・原則

（1）第一種低層住居専用地域、第二種低層住居専用地域もしくは田園住居地域又は第一種中高層住居専用地域もしくは第二種中高層住居専用地域でのみ適用される。
（2）第一種・第二種中高層住居専用地域については、日影による中高層建築物の高さ制限が適用されているときは、北側斜線制限の適用はない。

講師からのアドバイス
左図から北側斜線制限のイメージだけつかんでおけば十分である。細かい数値等を覚える必要はない。どの地域で適用があるかを確実に覚えておくこと。

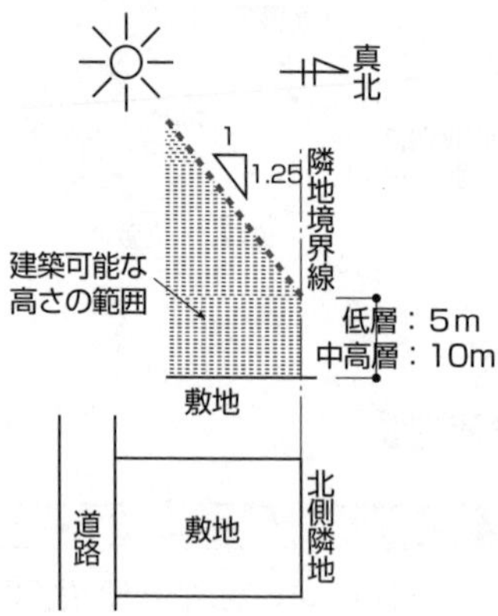

4　斜線制限の特則

重要度B

（1）用途地域等のまたがり

出題履歴
H20.21- 3
H25.18- 3

条文・原則

建築物が異なる用途地域等にまたがる場合、建築物の各部分ごとに、各用途地域等の斜線制限が適用される（56条5項）。

講師からのアドバイス
①道路斜線制限は、全ての地域・区域について適用がある。
②隣地斜線制限は、1・2種低層住居専用地域又は田園住居地域において適用がない。

例えば、下図のように、敷地が第二種低層住居専用地域と第一種住居地域にまたがる場合、北側斜線制限は、第一種・第二種低層住居専用地域、田園住居地域又は第一種・第二種中高層住居専用地域でのみ適用されるため、第二種低層住居専用地域内の部分には適用されるが、第一種住居地域内の部分には適用されないことになる。

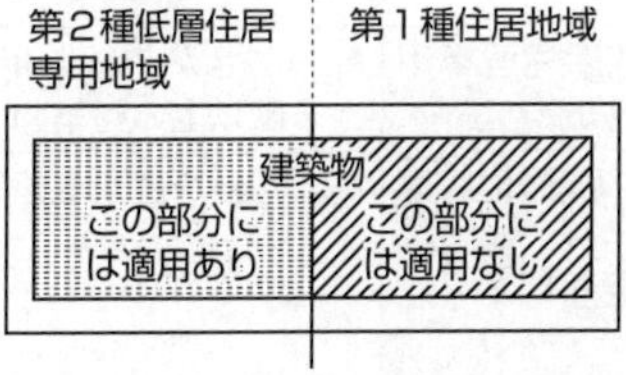

5 日影による中高層建築物の高さ制限

1　日影規制の対象区域と対象となる建築物　重要度B

条文・原則

都市計画法の用途地域のうち、すべての住居系用途地域、近隣商業地域、準工業地域の10種類の地域と用途地域の指定のない区域の全部又は一部のうち、地方公共団体の条例で指定された区域が日影規制の対象区域となる（56条の２第１項本文、別表第４）。この区域内では冬至日を基準として、一定時間以上の日影となる部分を生じさせないようにしなければならない。

（1）対象区域となるための要件

①一定の地域・区域内であること

用途地域のうち、商業地域・工業地域・工業専用地域を除く地域又は、用途地域の指定のない区域であることが前提である。したがって、商業地域・工業地域・工業専用地域内の区域は、条例で対象区域とすることはできない。

②条例による指定があること

例えば、第一種低層住居専用地域のすべてが、当然に対象区域になるのではなく、その地域の全部又は一部を条例により指定することによって、初めて対象区域になる。

③北側斜線制限は１・２種低層・田園住居地域・中高層住居専用地域のみ適用がある。
④すべての斜線制限の適用があるのは、１・２種中高層住居専用地域である。
⑤用途地域が指定されていなくても、道路斜線制限、隣地斜線制限、日影規制の適用はある。

講師からのアドバイス

日影規制の対象区域は、右記の区域の中から「条例」で指定される点に注意しよう。「都市計画」ではない。

出題履歴

R 2 (10).18- 4

法令上の制限

講師からのアドバイス
次のように覚えよう。
①対象区域を指定することができない地域を覚える。
②低層住居専用地域・田園住居地域は、軒高7m超又は地上3階建て以上。
③上記①②以外の用途地域は高さ10m超。

(2) 日影規制の対象区域と規制対象建築物の規模

第一種·第二種低層住居専用地域・田園住居地域	軒の高さが7mを超える建築物、又は地上3階以上の建築物
第一種・第二種中高層住居専用地域 第一種・第二種住居地域・準住居地域 近隣商業地域・準工業地域	高さ10mを超える建築物
用途地域の指定のない区域	①軒の高さが7mを超える建築物又は地上3階以上の建築物 ②高さ10mを超える建築物 ①、②のうちから地方公共団体がその地方の気候及び風土、当該区域の土地利用の状況等を勘案して条例で指定する。
商業地域・工業地域・工業専用地域	対象区域を指定することはできない。

①第一種・第二種低層住居専用地域、田園住居地域は、最も日照確保の必要性が高い地域であるため、軒高7m超又は地上3階建て以上の建築物が規制対象建築物とされる。
②商業地域、工業地域、工業専用地域は、日照確保の必要性が低い地域であるため、日影規制の対象区域を指定することはできない。

2 対象区域外の建築物

重要度C

条文・原則

対象区域外にある高さが10mを超える建築物で、冬至日において、対象区域内の土地に一定の日影を生じさせるものは、当該対象区域内にある建築物とみなして、日影規制を適用する（56条の2第4項）。

出題履歴
H21.19- 3

3　同一敷地内に２以上の建築物がある場合　重要度C

条文・原則

同一敷地内に２以上の建築物がある場合においては、これらの建築物を１つの建築物とみなして、日影規制を適用する（56条の２第２項）。

Ｂは単独では日影規制の対象となる建物に該当しないが、同一敷地内にあるＡが規制の対象となる建物に該当するため、**ＡもＢも日影規制の適用を受ける**ことになる。

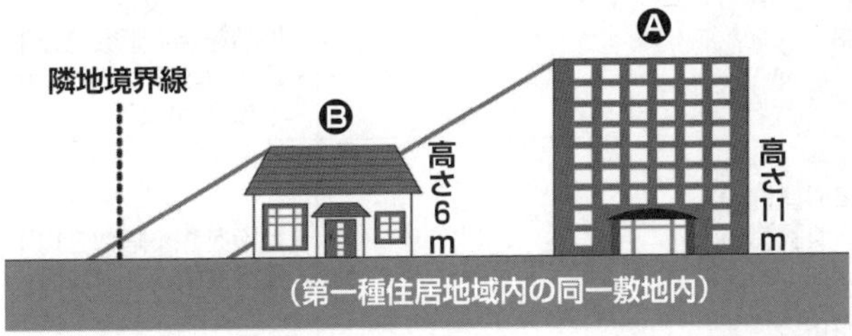

4　日影規制の適用除外と緩和　重要度C

条文・原則

1　特定行政庁が土地の状況等により周囲の居住環境を害するおそれがないと認めて建築審査会の同意を得て許可した場合は、日影規制の適用はない（56条の２第１項ただし書）。
2　建築物の敷地が道路、川又は海その他これらに類するものに接する場合、建築物の敷地とこれに接する隣地との高低差が著しい場合その他これらに類する特別の事情がある場合は、日影規制の適用が緩和される（56条の２第３項、施行令135条の12）。

講師からのアドバイス
敷地が公園に接していても、日影規制の緩和措置は認められていないことに注意すること。

建築基準法７（防火・準防火地域）

重要ポイント

1．防火・準防火地域

Point 防火地域・準防火地域の比較

	防火地域	準防火地域
耐火建築物 又は これと同等以上の 延焼防止時間となる 建築物にする義務	・階数３以上 ・延べ面積100㎡超	・地階を除く階数４以上 ・延べ面積1,500㎡超
耐火建築物、準耐火建築物 又は これらと同等以上の延焼防止時間 となる建築物に する義務	・階数２以下 ・延べ面積100㎡以下	・地階を除く階数３ ・延べ面積が1,500㎡以下 又は ・地階を除く階数２以下 ・延べ面積が500㎡超1,500㎡以下
【木造】 外壁・軒裏を防火構造に外壁開口部設備を防火設備等にする義務 【木造以外】 外壁開口部設備を防火設備等にする義務	――	・地階を除く階数２以下 ・延べ面積500㎡以下
看板等の防火措置	看板、広告塔、装飾塔等で ①建築物の屋上に設けるもの ②高さ３m超のもの は主要な部分を不燃材料で造るか、又は、覆う。	――

■以下のものは、条件を満たせば、「同等以上に延焼防止時間となる建築物」とみなされる。

①延べ面積50㎡以内の平家建の付属建築物（外壁・軒裏が防火構造であること等）
②卸売市場の上家、機械製作工場（主要構造部を不燃材料で造ること等）
③高さ２mを超える門・塀（延焼防止上支障のない構造とすること）

■以下の門・塀は制限の対象とはならない。

①高さ２m以下の門・塀　　②準防火地域内の木造以外の建築物に付属する門・塀

Point 防火地域・準防火地域の比較

	防火地域	準防火地域
屋根	屋根の構造は、政令で定める技術的基準に適合するもので、国土交通大臣が定めた構造方法を用いるもの（又は認定を受けたもの）とする。	
隣地境界線に接する外壁	外壁が耐火構造のものは、その外壁を隣地境界線に接して設けることができる。	
建築物のまたがり	建築物が防火地域、準防火地域、無指定区域にわたる場合→全部についてそれぞれ厳しい方の規制に従う（防火壁で区画されている場合、その防火壁外の部分については、この限りでない）。	

法令上の制限

1 防火地域内の制限

1　建築物の構造の規制

重要度B

（1）原則

条文・原則

防火地域内においては、階数が３以上（地階を含む）であり、又は延べ面積が100㎡を超える建築物は、耐火建築物等※１とし、その他の建築物は耐火建築物等又は準耐火建築物等※２としなければならない（61条本文）。

出題履歴

H23.18- 2

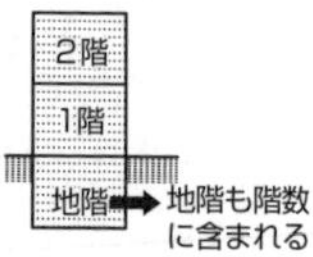

※１「耐火建築物等」とは、耐火建築物又はこれと同等以上の延焼防止時間となる建築物をいう。

※２「準耐火建築物等」とは、準耐火建築物又はこれと同等以上の延焼防止時間となる建築物をいう。

（2）例外

条文・原則

以下に該当する場合は、耐火建築物等又は準耐火建築物等でなくともよい（61条ただし書、告示）。

1　延べ面積が50㎡以内の平家建の附属建築物で、外壁及び軒裏が防火構造のもの

2　卸売市場の上家又は機械製作工場で、主要構造部が不燃材料で造られたもの、その他これらに類する構造でこれらと同等以上に火災発生のおそれの少ない用途に供するもの

3　高さ２ｍを超える門又は塀で、不燃材料で造り、又は覆われたもの

4　高さ２ｍ以下の門又は塀

◆耐火建築物

通常の火災であれば、倒壊することなく、開口部から延焼しない構造の建築物

◆準耐火建築物

通常の火災であれば、避難に必要な一定時間倒壊することなく、開口部から延焼しない構造の建築物

2　看板等の防火措置

重要度C

条文・原則

防火地域内にある看板、広告塔、装飾塔その他これらに類する工作物で、建築物の屋上に設けるもの又は高さ３ｍを超えるものは、その主要な部分を不燃材料で造り、又は覆わなければならない（64条）。

出題履歴

H23.18- 3
H26.17- 4
R 1.17- 3

２ 準防火地域内の制限

１　建築物の構造の規制

重要度Ｂ

条文・原則

準防火地域内においては、地階を除く階数が４以上の建築物又は延べ面積が1,500㎡を超える建築物は、耐火建築物等（※１）とし、地階を除く階数が３で延べ面積が1,500㎡以下の建築物若しくは地階を除く階数が２以下で延べ面積が500㎡を超え1,500㎡以下の建築物は、耐火建築物等（※１）又は準耐火建築物等（※２）としなければならない（61条本文）。

※１「耐火建築物等」とは、耐火建築物又はこれと同等以上の延焼防止時間となる建築物をいう。
※２「準耐火建築物等」とは、準耐火建築物又はこれと同等以上の延焼防止時間となる建築物をいう。

出題履歴
H28.18- 3

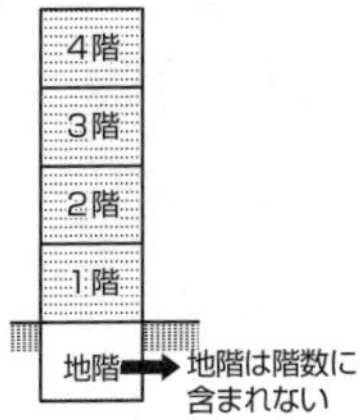

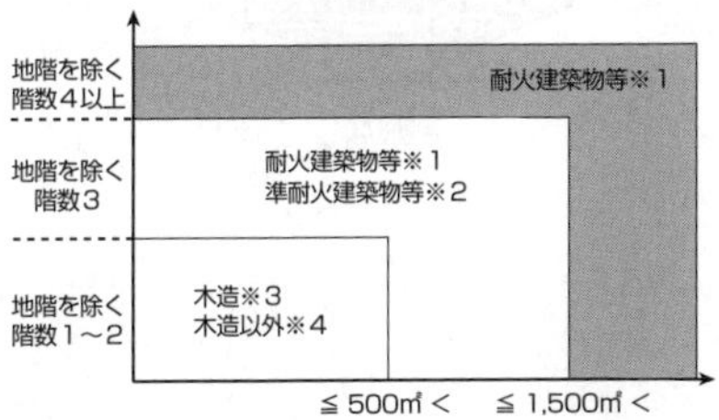

※１「耐火建築物等」とは、耐火建築物又はこれと同等以上の延焼防止時間となる建築物をいう。
※２「準耐火建築物等」とは、準耐火建築物又はこれと同等以上の延焼防止時間となる建築物をいう。
※３　外壁・軒裏を防火構造に外壁開口部設備を防火設備にする義務
※４　外壁開口部設備を防火設備にする義務

２　木造建築物等

重要度Ｃ

条文・原則

準防火地域内においては、地階を除く階数が２以下で延べ面積が500㎡以下の建築物のうち木造建築物は外壁及び軒裏で延焼のおそれのある部分を防火構造、外壁開口部設備を防火設備とし、木造以外の建築物は外壁開口部設備を防火設備としなければならない（61条本文）。

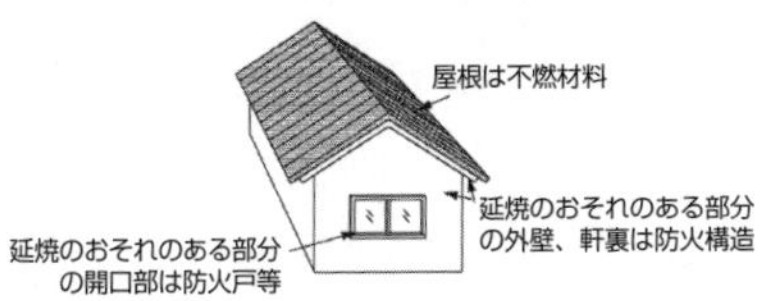

法令上の制限

3 防火地域・準防火地域に共通の制限

1　隣地境界線に接する外壁

重要度B

出題履歴

H23.18- 4
H28.18- 1
R 3 (10).17- 3

条文・原則

防火地域又は準防火地域内にある建築物で、外壁が耐火構造のものは、その外壁を隣地境界線に接して設けることができる(63条)。

民法234条１項（建物を築造するには、境界線より50cm以上の距離が必要）の特則である。防火・準防火地域内では防火上の規制が厳重なので、外壁を隣地境界線に接して建築できる。

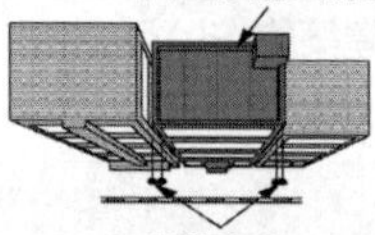

2　建築物が防火地域等の内外にわたる場合　重要度B

条文・原則

1　建築物が防火地域又は準防火地域とこれらの地域として指定されていない区域にわたる場合においては、その全部についてそれぞれ防火地域又は準防火地域内の建築物に関する規定を適用する。
2　ただし、その建築物が防火地域又は準防火地域外において防火壁で区画されている場合においては、その防火壁外の部分については、この限りでない（65条１項）。
3　建築物が防火地域及び準防火地域にわたる場合においては、その全部について防火地域内の建築物に関する規定を適用する。ただし、建築物が防火地域外において防火壁で区画されている場合においては、その防火壁外の部分については、準防火地域内の建築物に関する規定を準用する（同条２項）。

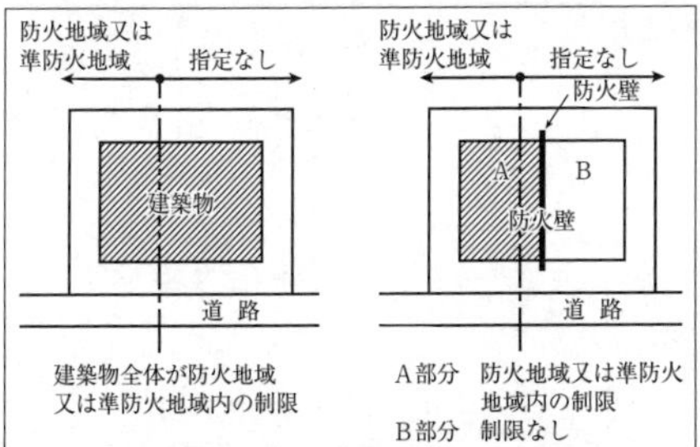

建築物が防火地域又は準防火地域と指定なしの区域にわたる場合の制限

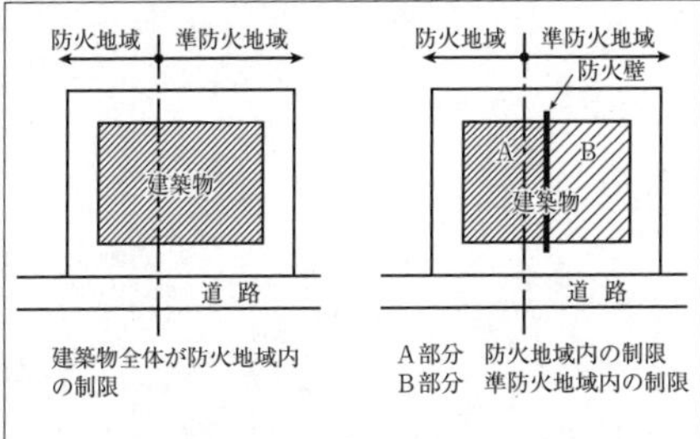

建築物が防火地域と準防火地域にわたる場合の制限

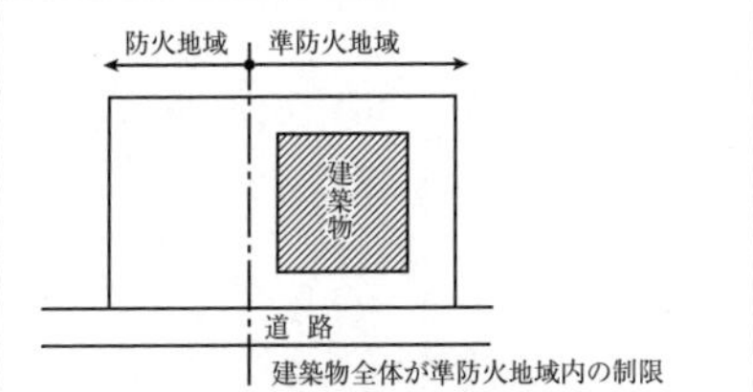

敷地のみが防火地域と準防火地域にわたる場合の制限

講師からのアドバイス

「厳しい方の制限に従う」「防火壁が境目になる」という考え方を理解しておこう。

出題履歴

H23.18-1
R2(12).17-1

講師からのアドバイス

この規制は「建築物」が防火地域等の内外にわたる場合であり、建築物の「敷地」が防火地域等の内外にわたる場合ではないことに注意しよう。

国土利用計画法

重要ポイント

1．土地に関する権利の移転等

Point 届出の対象となる土地に関する権利の移転等

届出の対象となる権利の移転等	届出の対象とならない権利の移転等
①売買・交換（金銭の授受の有無を問わない）	②抵当権の設定・移転 ③贈与・相続・遺産分割・取得時効
④賃借権・地上権の設定（設定の対価がある場合）	⑤賃借権・地上権の設定（設定の対価がない場合）
⑥信託財産の有償譲渡	⑦信託の引受・終了
⑧予約契約・予約完結権の譲渡	⑨予約完結権の行使
⑩条件付契約	

2. 事後届出・事前届出

Point 事後届出・事前届出

<table>
<tr><th></th><th>事後届出制</th><th colspan="2">事前届出制</th></tr>
<tr><td>適用区域</td><td>無指定区域</td><td>注視区域（知事が指定）</td><td>監視区域（知事が指定）</td></tr>
<tr><td>届出時期</td><td>契約締結後２週間以内</td><td colspan="2">契約締結前</td></tr>
<tr><td>届出義務者</td><td>権利取得者</td><td colspan="2">当事者双方</td></tr>
<tr><td>届出先</td><td colspan="3">都道府県知事（市町村長経由）</td></tr>
<tr><td>届出対象面積</td><td colspan="2">市街化区域　2,000㎡以上
市街化調整区域・非線引き都市計画区域　5,000㎡以上
都市計画区域外（準都市計画区域等）　10,000㎡以上</td><td>左記届出対象面積の基準を知事が都道府県の規則で引き下げ</td></tr>
<tr><td>「一団の土地」</td><td>買いの一団のみ</td><td colspan="2">売りの一団　又は　買いの一団</td></tr>
<tr><td>届出事項</td><td>①土地の利用目的
②対価の額　等</td><td colspan="2">①土地の利用目的
②予定対価の額　等</td></tr>
<tr><td>予定対価の額の変更</td><td></td><td colspan="2">増額変更　あらためて届出が必要
減額変更　あらためて届出は不要</td></tr>
<tr><td>届出制の適用除外</td><td colspan="3">①民事調停法による調停の場合
②当事者の一方又は双方が国・地方公共団体等である場合
③農地法３条１項の許可を受けることを要する場合
④競売により換価する場合　等</td></tr>
<tr><td>審査対象</td><td>①土地の利用目的
対価の額は審査対象ではない</td><td colspan="2">①土地の利用目的
②予定対価の額　等</td></tr>
<tr><td>勧告内容</td><td>①利用目的の変更</td><td colspan="2">①契約締結中止
②その他必要な措置</td></tr>
<tr><td>勧告期間</td><td>届出の日から３週間以内
（３週間の範囲で延長可）</td><td colspan="2">届出の日から６週間以内</td></tr>
<tr><td>勧告に従わない場合の措置</td><td colspan="3">①契約は有効　罰則なし
②知事は、勧告に従わない旨及び勧告内容を公表できる</td></tr>
<tr><td rowspan="2">届出義務違反</td><td colspan="3">①契約は有効
②罰則あり（６月以下の懲役又は100万円以下の罰金）
事後届出をしなかった者　事前届出をせずに土地の売買等の契約をした者
虚偽の届出をした者</td></tr>
<tr><td></td><td colspan="2">締結禁止期間内に契約　50万円以下の罰金</td></tr>
</table>

1 土地取引の規制

1　土地取引の規制の概要

理解する

国土法の規制目的は、地価の抑制と適正・合理的な土地利用であるが、目的達成のために、国土を下図のように分けて、土地取引を①事後届出制、②事前届出制、③許可制で規制する。

国土法の規制

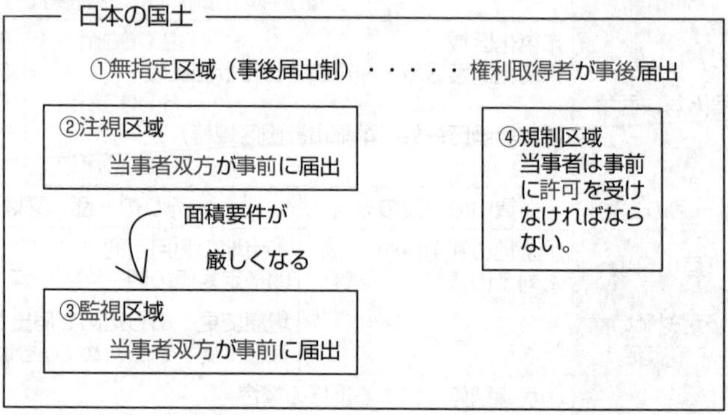

講師からのアドバイス

「無指定区域＝事後届出」「注視区域・監視区域＝事前届出」という組み合わせを覚え込むのが国土法をマスターする第一歩である。なお、全国に一般的に適用されるのは、「無指定区域＝事後届出」である。

◆注視区域・規制区域

どちらの区域も制度創設以来、指定された実績はない。

◆監視区域

現在、監視区域に指定されているのは、東京都小笠原村の父島、母島だけである（平成32年1月4日まで）。

2 土地に関する権利の移転等

1　届出の対象となる土地に関する権利の移転等

重要度A

出題履歴
H21.15- 3

条文・原則

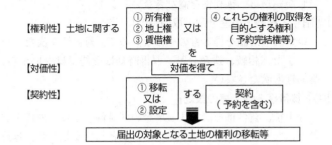

「土地に関する所有権若しくは地上権その他の使用及び収益を目的とする権利（賃借権）又はこれらの権利の取得を目的とする権利（以下「土地に関する権利」という。）の移転又は設定（対価を得て行われるものに限る。）をする契約（予約を含む。以下「土地売買等の契約」という。）をいう（14条１項前段）。

講師からのアドバイス
「権利性」「対価性」「契約性」の３つの要件を満たす土地取引につき、届出（許可）が必要となる。

【権利性】土地に関する　① 所有権　② 地上権　③ 賃借権　又は　④ これらの権利の取得を目的とする権利（予約完結権等）

を

【対価性】対価を得て

【契約性】① 移転　又は　② 設定　する　契約（予約を含む）

↓

届出の対象となる土地の権利の移転等

＜土地売買等の具体例＞

	権利の移転又は設定の形態	権利性	対価性	契約性
届出不要	1　地役権・永小作権の移転又は設定 2　**抵当権**・不動産質権の移転又は設定	×	○	○
届出不要	3　代価弁済・抵当権消滅請求	×	○	×
届出不要	4　贈与、財産分与、**信託**の引受・終了	○	×	○
届出不要	5　**形成権の行使** **予約完結権**・買戻権・解除権の**行使**	○	○	×
届出不要	6　**相続**、遺贈、遺産分割、法人の合併 7　時効 8　土地収用、権利変換（都市再開発） **換地処分**（土地区画整理、土地改良） 9　共有持分の放棄	○	×	×
届出必要	10　**売買**、売買予約、**共有持分譲渡**、 **保留地処分**（土地区画整理）、**交換** 11　**代物弁済**、代物弁済予約、**譲渡担保** 12　（**対価性ある**）地上権・**賃借権**の移転又は設定 13　**形成権の譲渡** 予約完結権の譲渡、買戻権の譲渡 14　**停止条件付**又は解除条件付**契約**	○	○	○

出題履歴
H23.15- 3
H29.22- 2
R 2 (10).22- 3

H20.17- 4
H21.15- 1
H27.21- 1

H21.15- 3
H23.15- 4

R 2 (10).22- 4

法令上の制限

2　土地に関する権利の移転等の具体例

重要度A

【①売買・交換】

土地の「所有権」を、対価として「金銭」(売買）又は「金銭以外の財産」（交換）を得て､「移転」する契約であるから、権利性、対価性、契約性をすべて満たし、届出（許可）の対象となる土地の権利の移転等に該当する。

【②抵当権の設定・移転】

抵当権は、「所有権」「賃借権」「地上権」のいずれにも該当しないから、権利性を満たさない。

【③贈与・相続・遺産分割・取得時効】

いずれも対価を得るものではないので、対価性を満たさない。また、相続、遺産分割、取得時効は契約ではないから、契約性も満たさない。

【④⑤賃借権・地上権の設定】

地上権、賃借権を設定する場合の「対価」とは、地代・賃料ではなく、権利金（権利設定の対価として支払われ、返還されない金銭）をいう。したがって、権利金の授受を伴わずに地上権・賃借権を設定・移転する契約は、対価性を満たさない。

【⑥⑦信託】

信託契約に伴う委託者・受託者間の財産権の移転等は無償であるから、信託の引受・終了に伴う土地所有権の移転等は対価性を満たさない。これに対して、信託財産を受託者が有償で譲渡する場合は、新たに対価が生じるから、対価性を満たし、届出（許可）の対象となる土地の権利の移転等に該当する。

【⑧⑨予約契約・予約完結権の譲渡、予約完結権の行使】

予約契約が締結されれば権利移転等がほぼ確実になるので、実質的に本契約と変わらない。したがって、届出（許可）の対象となる土地の権利の移転等に該当する。

また、売買契約の予約完結権の「譲渡」は、予約完結権という所有権の移転に係る権利を、新たに対価を得て移転する契約であるから、権利性、対価性、契約性を満たし、届出（許可）の対象となる土地の権利の移転等に該当する。

出題履歴

R 1.22- 2

H27.21- 4
R 2 (12).22- 4

◆信託契約

委託者が所有する財産を受託者に移転し、受託者が、定められた条件に従ってその財産（信託財産）を管理・処分して、それによって生じる利益を受益者に帰属させる契約。信託契約に伴う財産権の移転等の物権的処分行為は、常に無償であると考えるのが通説である。

◆予約

将来において、売買などの本契約を成立させることを約する契約。予約権利者が本契約の申込みをすると、相手方に承諾の義務が生じるタイプと予約権利者が予約完結権を持ち、その行使によって直ちに本契約が成立するタイプがある。

これに対して、予約完結権の「行使」は、既に締結した予約契約により発生した予約完結権を行使するだけで、新たに契約を締結するものではないから、契約性を満たさず、届出（許可）の対象となる土地の権利の移転等には該当しない。

◆予約完結権
予約権利者の一方的意思表示により、直ちに本契約を成立させることができる権利。

3 届出制の適用除外

1 届出制の適用除外

重要度A

届出を要する行為であっても、下記のいずれかに該当する場合は、例外的に、事後届出、事前届出を要しない（23条2項、18条、27条の4第2項2号、27条の7第1項）。

出題履歴
H20.17- 2
H22.15- 3
H24.15- 3
H25.22- 2
R 1.22- 4
R 2 (12).22- 3

条文・原則

1　届出の対象となる面積未満の場合
2　民事調停法による調停の場合
3　当事者の一方又は双方が国又は地方公共団体等である場合
4　その他政令で定める場合（施行令17条）
　（1）農地法3条1項の許可を受けることを要する場合
　　（農地法5条1項の許可を要する場合には、届出が必要）
　（2）滞納処分、強制執行、担保権の実行としての競売により換価する場合　等

農地法3条1項の許可を受けることを要する場合

H27.21- 3

農地を農地として利用するために取引をすることが明らかであり、取引価格も比較的低額であることから、適用除外とされる。

農地法5条1項の許可を受けることを要する場合

農地を宅地等に転用する目的で取引をする場合であり、地価に影響を与える可能性があるため、適用除外とはされない。

◆抵当権の設定と抵当権の実行としての競売
抵当権の設定は、そもそも「届出（許可）を要する土地に関する権利の移転等」に当たらないため、届出を要しない。
他方、抵当権の実行としての競売は、本来は届出の対象となるところであるが、例外的に届出を要しないものとされる。

講師からのアドバイス
本試験では、「国土利用計画法23条の届出」と表現される。出題頻度が最も高い。事後届出制がマスターできれば、他の規制は自然に頭に入ってくる。

出題履歴
H20.17- 3
H22.15- 1
H27.21- 2
H28.15- 1
H30.15- 2、- 3
R 2 (10).22- 2
R 3 (10).22- 1

講師からのアドバイス
対価の額と土地の利用目的が、記載される点に注意。

4 事後届出制

1 土地取引の事後届出

重要度A

事後届出制は、土地の適正・合理的な利用の確保を目的とする原則的な規制形態である。国土のうち、規制区域、監視区域及び注視区域に指定されていない区域に一般的に適用される、最も緩やかな規制形態である。

条文・原則

一定規模以上の一団の土地について、土地売買等の契約を締結した場合には、当事者のうち当該土地売買等の契約により土地に関する権利の移転又は設定を受けることとなる者（権利取得者）は、その契約を締結した日から起算して2週間以内に、次に掲げる事項等を、当該土地が所在する市町村の長を経由して、都道府県知事（又は指定都市の長。以下同じ。）に届け出なければならない（23条1項・2項1号）。

1　当事者双方の氏名又は名称、住所、法人の場合は代表者の氏名
2　契約を締結した年月日
3　契約に係る土地の所在及び面積
4　土地に関する権利の種別及び内容
5　土地の利用目的
6　対価の額（金銭以外の場合は時価を基準として金銭に見積もった額）

H21.15- 3
H24.15- 1
H26.22- 1
H24.15- 4

（1）**停止条件付き契約**の届出も、停止条件成就日ではなく、**停止条件付き契約の締結日**から起算して2週間以内である。

出題履歴
H15.16- 1

（2）代理人が契約を締結しても**本人名義**により届出を行う必要がある。

2 届出の対象となる土地取引の面積（面積要件）

重要度A

H20.17- 1

次のいずれかに該当する場合は、届出をしなければならない(23条2項1号)。

H20.17- 3
H24.15- 2
H28.15- 3
H30.15- 4
R 1.22-13
R 2 (10).22- 1
R 3 (10).22- 4

市街化区域内	2,000㎡以上
市街化調整区域及び非線引き都市計画区域内	5,000㎡以上
都市計画区域外（準都市計画区域など）	10,000㎡以上

5 注視区域における事前届出制

1　土地取引の事前届出　重要度C

事前届出制は、土地の適正・合理的な利用の確保とあわせて、地価の抑制を目的とする規制形態である。事前届出制には、注視区域における事前届出制と、面積要件等が強化された監視区域における事前届出制がある。

講師からのアドバイス
本試験では、「国土利用計画法27条の4の届出」と表現される。

2　注視区域　重要度C

(1) 注視区域の指定

条文・原則

都道府県知事は、当該都道府県の区域のうち、地価が一定期間内に社会的経済的事情の変動に照らして相当な程度を超えて上昇し、又は上昇するおそれがあるものとして国土交通大臣が定める基準に該当し、これによって適正かつ合理的な土地利用の確保に支障を生ずるおそれがあると認められる区域を、期間を定めて、注視区域として指定することができる（27条の3第1項）。

◆注視区域
平成10年の制度創設以来、指定された実績はない。

都道府県知事は、注視区域を指定しようとする場合には、あらかじめ、**土地利用審査会**及び**関係市町村長**の**意見**を聴かなければならない（同条2項）。

(2) 注視区域の指定期間

条文・原則

注視区域の指定期間は、指定の公告があった日から起算して5年以内で定める（27条の3第3項、12条2項）。

指定期間が満了する場合において、指定の事由がなくなっていないと認めるときは、**再指定**を行うことができる（27条の3第3項、12条11項）。

(3) 注視区域の指定の効力

条文・原則

注視区域の指定は、その区域及び期間の公告によって、その効力を生ずる（27条の3第3項、12条3・4項）。

法令上の制限

（4）注視区域指定の報告・通知

条文・原則

都道府県知事は注視区域の指定を公告したときは、速やかに国土交通大臣へ報告し、関係市町村長に通知するとともに、その旨を周知させるために必要な措置を講じなければならない（27条の3第4項、12条5項。なお、この点は、監視区域も同様）。

3　注視区域における土地取引の事前届出

重要度B

講師からのアドバイス

事後届出の場合と同じく、予定対価の額と、土地の利用目的が記載される点に注意。

講師からのアドバイス

届出義務者は、当該土地売買等の契約の当事者双方である。また、当事者の一方が定まっていない場合や、土地の利用目的が定まっていない場合には、届出をすることができない。

条文・原則

注視区域に所在する一定規模以上の一団の土地について、土地売買等の契約を締結しようとする場合には、当事者双方は、次の事項等を、当該土地が所在する市町村の長を経由して、あらかじめ、都道府県知事に届け出なければならない（27条の4第1項、2項1号、15条1項）。

1　当事者双方の氏名又は名称、住所、法人の場合は代表者の氏名
2　土地の所在及び面積
3　土地に関する権利の種別及び内容
4　予定対価の額
5　土地の利用目的

4　届出の対象となる土地取引の面積（面積要件）

理解する

次のいずれかに該当する場合は、届出をしなければならない（27条の4第2項1号、23条2項1号）。

市街化区域内	2,000㎡以上
市街化調整区域及び非線引き都市計画区域内	5,000㎡以上
都市計画区域外（準都市計画区域など）	10,000㎡以上

＊注視区域における事前届出の面積要件は、事後届出制の場合と同一である。

5　契約締結禁止期間

重要度 B

条文・原則

1　土地取引の届出をした者は、その届出をした日から起算して６週間を経過する日までの間は、その届出に係る土地売買等の契約を締結してはならない。
2　ただし、「勧告」又は「勧告をしない旨の通知」を受けた場合は、６週間以内であっても契約を締結することができる(27条の４第３項)。

6　届出事項の変更

重要度 B

条文・原則

届出に係る事項のうち、土地に関する権利の移転若しくは設定の予定対価の額の変更（その額を減額する場合を除く。）をして、又は土地に関する権利の移転若しくは設定後における土地の利用目的の変更をして、当該契約を締結しようとするときは、あらためて届出が必要となる（27条の４第１項後段)。

6 監視区域における事前届出制

1　監視区域

重要度 C

注視区域内の事前届出制では、届出をすべき取引に係る土地の面積が比較的大規模であるために（たとえば、市街化区域内では2,000㎡以上)、実際に地価が高騰している、あるいはそのおそれがある都市部においては、十分に機能しない場合がある。

そこで、事前届出制を充実強化するため監視区域を指定し、届出をすべき取引に係る土地の面積を引き下げ、より小規模な土地取引についても都道府県知事への事前の届出を義務付けるものとされている。

監視区域における事前届出制は、①監視区域の指定、②届出の対象となる土地取引の面積、③届出に対する勧告、④報告の徴収を除いて、注視区域における事前届出制と同じである。

出題履歴

H28.15- 2

講師からのアドバイス

本試験では、「国土利用計画法27条の７の届出」と表現される。

講師からのアドバイス

左記相違点を中心に学習し、「他は注視区域と同じである」と覚えておけばよい。特に相違点の②③をしっかりと覚えておこう。

2　監視区域の指定

理解する

条文・原則

都道府県知事は、当該都道府県の区域のうち、地価が急激に上昇し、又は上昇するおそれがあり、これによって適正かつ合理的な土地利用の確保が困難となるおそれがあると認められる区域を、期間を定めて、監視区域として指定することができる（27条の6第1項）。

3　届出の対象となる土地取引の面積

◆都道府県知事が都道府県の規則で別に定める面積

現在、唯一の監視区域に指定されている東京都小笠原村父島、母島では、届出の対象となる土地取引の面積が500㎡以上に引き下げられている。

条文・原則

監視区域に所在する土地について、土地売買等の契約を締結しようとする場合における届出については、市街化区域内2,000㎡、市街化調整区域又は非線引き区域内5,000㎡、都市計画区域外10,000㎡に満たない範囲内で、都道府県知事が都道府県の規則で別に定める面積以上とする（27条の7第1項）。

注視区域に指定される場合に比べて、地価の上昇の程度が高いため、事前届出を要する面積の基準を引き下げ、より小規模な取引についても規制対象とする。

4　報告の徴収

理解する

条文・原則

都道府県知事は、監視区域を指定した場合、当該区域を含む周辺の地域における地価の動向、土地取引の状況等を常時把握するため、これらに関する調査を行わなければならない。この調査を適正に行うため必要があると認めるときは、監視区域に所在する土地について土地売買等の契約を締結した者（届出をした者及び**2**1－2～4の「届出制の適用除外」に該当する者を除く。）に対し、当該契約等について報告を求めることができる（27条の9）。

7 勧告

1 事後届出の場合

重要度A

条文・原則

1　都道府県知事は、23条の届出（事後届出）があった場合、土地の利用目的が、公表されている土地利用基本計画その他の土地利用に関する計画に適合せず、当該土地を含む周辺の地域の適正かつ合理的な土地利用を図るために著しい支障があると認めるときは、土地利用審査会の意見を聴いて、その届出をした者に対し、利用目的について必要な変更をすべきことを勧告することができる（24条1項）。
2　事後届出に係る勧告は、届出があった日から起算して3週間以内にしなければならない（同条2項）。
3　3週間以内に勧告をすることができない合理的な理由があるときは、3週間の範囲内において、当該期間を延長することができる。
　この場合においては、その届出をした者に対し、2の期間内に、その延長する期間及びその期間を延長する理由を通知しなければならない（同条3項）。

講師からのアドバイス
事後届出の場合と事前届出の場合を比較して理解・記憶するのがポイント。
R 2 (12).22- 1
R 3 (10).22- 2

講師からのアドバイス
事後届出制では、対価の額については審査、勧告しない。

2 事前届出の場合

重要度C

条文・原則

1　都道府県知事は、27条の4の届出又は27条の7の届出（事前届出）があった場合、予定対価の額又は利用目的が適当でなく、当該土地を含む周辺地域の適正かつ合理的な土地利用を図るために著しい支障があると認めるときは、土地利用審査会の意見を聴いて、その届出をした者に対し、当該土地売買等の契約の締結を中止すべきことその他その届出に係る事項について必要な措置を講ずべきことを勧告することができる（27条の5第1項、27条の8第1項）。
2　事前届出に係る勧告は、届出があった日から起算して6週間以内にしなければならない（27条の5第2項、27条の8第2項）。
3　都道府県知事は、勧告をする必要がないと認めたときは、遅滞なく、その旨を届出をした者に通知しなければならない（27条の5第3項）。

講師からのアドバイス
事後届出制と異なり、「利用目的」が適当でない場合のほか、「予定対価の額」が適当でない場合にも勧告することができる点を覚えておこう。
また、契約の締結を中止すべき旨の勧告もできる。

監視区域内の土地売買等の契約については、予定対価の額及

法令上の制限

び取引後の土地の利用目的の審査だけでなく、当該**取引が投機的なものか否か**についても審査し、当該取引の中止等を勧告することができる（27条の８第１項２号）。

３　勧告に基づき講じた措置の報告

参考

条文・原則

都道府県知事は、勧告をした場合において、必要があると認めるときは、その勧告を受けた者に対し、その勧告に基づいて講じた措置について報告をさせることができる（25条、27条の５第４項、27条の８第２項）。

この報告をせず、**又は虚偽の報告をした場合**には、罰則（30万円以下の罰金）がある（49条１号）。

４　勧告に従わない場合の措置

重要度A

出題履歴
H22.15- 4
H30.15- 1

講師からのアドバイス
公表という形で、社会的に制裁を受ける。

条文・原則

都道府県知事は、必要な変更をすべきことを勧告をした場合において、その勧告を受けた者がその勧告に従わないときは、「その旨」及び「その勧告の内容」を公表することができる（26条、27条の５第４項、27条の８第２項）。

（１）勧告に従わない場合の措置（公表）は、事後届出、事前届出ともに同じである。

（２）勧告に従わない場合であっても、締結された**契約は有効**であり、**罰則の適用もない**。

5　勧告に従った場合の措置－あっせん　参考

条文・原則

都道府県知事は、勧告に基づいて当該土地の利用目的が変更された場合（事後届出の場合）、又は勧告に基づいて当該土地売買等の契約の締結が中止された場合（事前届出の場合）において、必要があると認めるときは、当該土地に関する権利の処分についてのあっせんその他の措置を講ずるよう努めなければならない（27条、27条の５第４項、27条の８第２項）。

講師からのアドバイス

当該土地に関する権利の買取請求は認められていない点に注意。

出題履歴

H22.15- 2
H23.15- 1

8 助言

助言　重要度B

条文・原則

都道府県知事は、事後届出をした者に対し、届出に係る土地の利用目的について、当該土地を含む周辺の地域の適正かつ合理的な土地利用を図るために必要な助言をすることができる（27条の2）。

（1）「勧告」とは異なって、届出をした者が知事の**「助言」に従わなくても、その旨を公表されるという規定はない。**

（2）都道府県知事の助言は、事後届出だけの制度であり、事前届出には助言制度はない（27条の５第４項、27条の８第２項参照）。

◆助言

行政指導として、適正・合理的な土地利用を図るため必要な事項を権利取得者に教示し、是正を促したり、利用目的の変更を促したりするものである。

出題履歴

H21.15- 2

9 届出義務違反

1　届出義務に違反した契約の効力　重要度A

条文・原則

届出義務に違反しても、締結された契約は有効である。

出題履歴
H22.15- 1
R 2 (12).22- 2
R 3 (10).22- 3

2 届出義務に違反した場合の罰則

重要度A

1 事後届出をしなかった者 事前届出をせずに土地売買等の契約をした者	6月以下の懲役 又は 100万円以下の罰金
2 虚偽の届出をした者	
3 契約締結禁止期間内に契約を締結した者（事前届出）	50万円以下の罰金

（47条、48条）

講師からのアドバイス
「6月以下の懲役又は100万円以下の罰金」は覚えておこう。

⑩ 一団の土地取引

1 一団の土地取引

理解する

出題履歴
H24.15- 2
H28.15- 4

◆物理的一体性
通常連接するひとまとまりの土地であることをいう。必ずしも隣接している必要はなく、道路等を隔てていても物理的一体性が認定される場合がある。

◆計画的一貫性
二以上の土地の売買等の契約が一連の計画の下に、その時期、目的等について相互に密接な関連を持っている土地であることをいう。

（1）複数の土地を取引する場合に、個々の土地は届出が必要な面積に満たなくても、それらの土地が「一団の土地」と評価されるときは、全体として届出対象となる面積以上になれば、個々の取引について届出が必要になる。取引対象となる土地を細分化することによって、規制が潜脱（せんだつ）されるのを防ぐ趣旨である（23条2項1号かっこ書、27条の4第2項1号かっこ書、27条の7第1項）。

（2）「一団の土地」であるか否かは、主体の同一性、物理的一体性、計画的一貫性から判断される。

2 事後届出制の場合

重要度A

◆事後届出の要否
買いの一団で判断する。

土地の利用目的を規制するために、権利取得者が届出義務者とされる。したがって、一団の土地取引についても、「買いの一団」についてのみ事後届出が必要であり、「売りの一団」、たとえば、一団の造成地を数期に分けて不特定多数の者に分譲するときには、各権利取得者（買主）が取得する土地が届出対象面積未満であれば、事後届出は不要である（23条2項1号かっこ書）。

事例①

Aが、市街化区域内において、一定の計画に基づき一団の土地として利用する目的で、Bから1,000㎡の甲地、Cから500㎡の乙地を購入し、更にDから500㎡の丙地について地上権の設定を受けた（権利金の授受あり）。

【事例①　事後届出　買いの一団】
市街化区域＝ 届出対象面積　2,000㎡ 以上

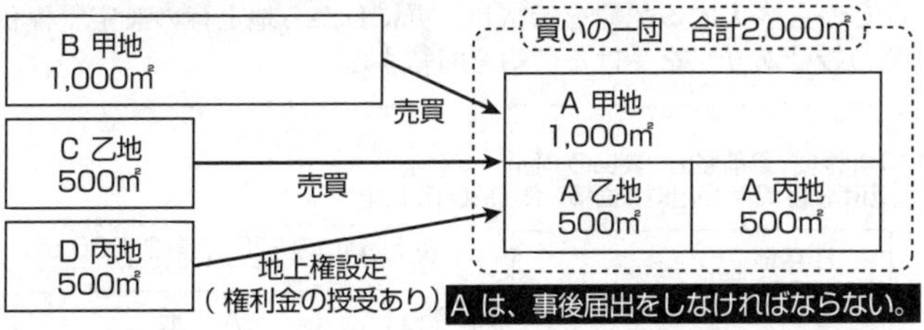

講師からのアドバイス
Dの地上権設定について権利金の授受がない場合には、届出をすべき土地取引にあたらず、取引にかかる土地の面積は2,000㎡未満なので、いずれの取引の際にも届出は不要となる。

事例②

Eが、市街化区域に所在する一団の土地を分割して、Fに1,000㎡、Gに500㎡の土地を売却する契約を、更にHに500㎡の土地について地上権を設定する契約（権利金の授受あり）を、それぞれF、G及びHと締結した。

出題履歴
H21.15- 4
R 1.22- 1

【事例②　事後届出　売りの一団】
市街化区域＝ 届出対象面積　2, 000㎡ 以上

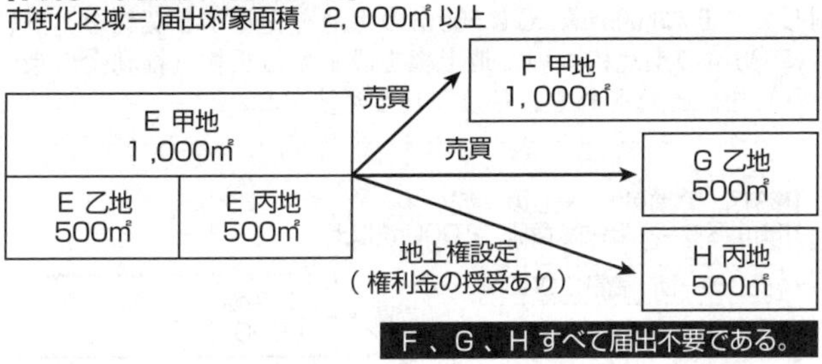

3　事前届出制の場合

重要度 B

土地の利用目的及び予定対価の額を規制するために、契約の当事者双方が届出義務者とされる。したがって、一団の土地取引についても、「買いの一団」のみならず「売りの一団」につ

◆事前届出の要否
買いの一団又は売りの一団で判断する。

いても事前届出が必要である（27条の４第２項１号かっこ書、27条の７第１項）。

事例③

Ａが、注視区域内にある市街化区域に所在するＢ所有の1,000㎡の甲地、Ｃ所有の500㎡の乙地及びＤ所有の500㎡の丙地について、一定の計画に基づき一団の土地として利用する目的で、Ｂ及びＣから購入する契約を締結し、更にＤから地上権の設定（権利金の授受あり）を受ける契約を締結する。

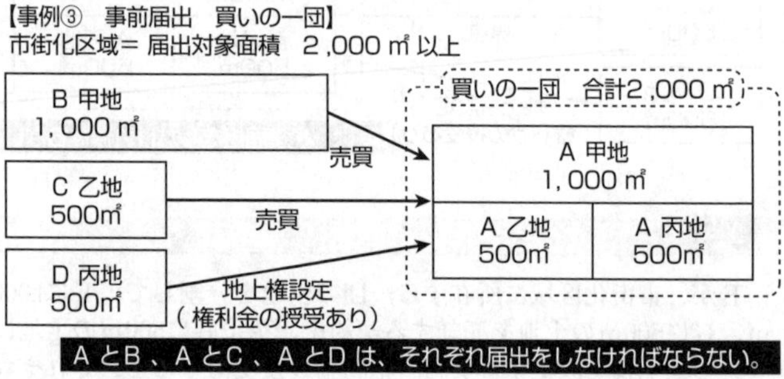

事例④

Ｅが、注視区域内にある市街化区域に所在する一団の土地を分割して、Ｆに1,000㎡、Ｇに500㎡の土地を売却する契約を、更にＨに500㎡の土地について地上権を設定する契約（権利金の授受あり）を、それぞれＦ、Ｇ及びＨと締結する。

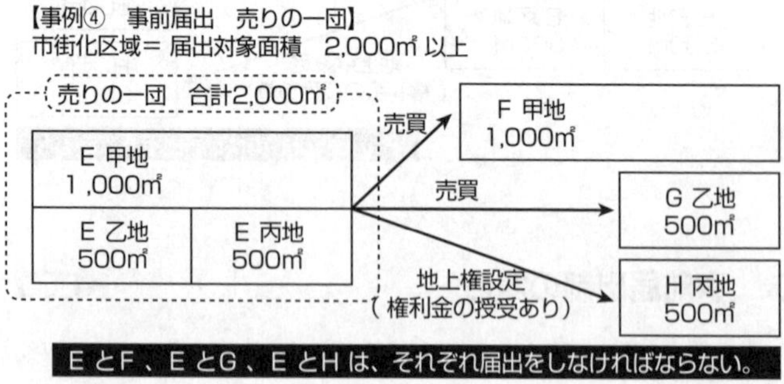

4　一団の土地取引のまとめ

重要度A

	事後届出制	事前届出制	
適用区域	無指定区域	注視区域	監視区域
「一団の土地」	買いの一団のみ	売りの一団　又は　買いの一団	

農地法

重要ポイント

1. 農地・採草放牧地の定義

Point 農地・採草放牧地の定義及び判断基準

農地	耕作の目的に供される土地　○…田畑、果樹園　×…山林、原野、宅地
採草放牧地	農地以外の土地で、主として耕作又は養畜の事業のための採草又は家畜の放牧の目的に供される土地
判断基準	現状を客観的な事実状態で判断 ※登記記録上の地目とは無関係

2. 各許可制の異同

Point 農地法3条・4条・5条の異同

		3条許可	4条許可	5条許可
規制	土地	農地⇒農地 採草放牧地 ⇒採草放牧地 採草放牧地⇒農地	農地⇒農地以外 ※採草放牧地の転用は規制されない	農地⇒農地以外 採草放牧地 ⇒採草放牧地以外
	人	A→B	A→A	A→B
許可権者		農業委員会	都道府県知事 （指定市町村の区域内では、指定市町村の長）	
例外 （許可不要）		土地収用法による場合		
		① 国・都道府県が取得 ② 農事調停による取得 ③ 相続、遺産分割、包括遺贈、相続人に対する特定遺贈 ④ 時効取得 ③と④は、遅滞なく、農業委員会に届出	国、都道府県又は指定市町村が、道路・農業用用排水施設等の一定の施設の用に供するため、転用又は権利を取得する場合	
			耕作事業者がその2a未満の農地を自己の農業用施設に供する場合	—
市街化区域内の特則		—	あらかじめ農業委員会に届出（許可不要）	
無許可の行為の効力		契約の効力は生じない	—	契約の効力は生じない
違反の効果		—	工事の停止命令・原状回復命令等	
		3年以下の懲役又は 300万円以下の罰金	3年以下の懲役又は 300万円以下の罰金 （法人：1億円以下）	

3. 農地又は採草放牧地の賃貸借

Point 農地・採草放牧地の賃貸借

契約締結方法	書面による契約
存続期間	最長：50年 最短：制限なし
契約終了の要件	期間満了の１年前から６か月前までの間に、更新をしない旨の通知なし ⇒従前と同一条件で更新したものとみなされる
解約等の制限	賃貸借の解除、解約申入れ、合意による解約、更新をしない旨の通知 ⇒都道府県知事（指定都市の場合は、その長）の許可必要
対抗力	登記又は引渡し
賃料増減額請求	将来に向かって増減額請求可能 ⇒一定期間増額しない旨の特約可能

1 総則

1　定義

重要度A

条文・原則

1　「農地」とは、耕作の目的に供される土地をいう。
2　「採草放牧地」とは、農地以外の土地で、主として耕作又は養畜の事業のための採草又は家畜の放牧の目的に供されるものをいう（2条1項）。

農地の判断基準

①　**現状を客観的な事実状態**で判断する。

登記記録上の地目や、所有者・使用者の主観的意図とは、関係がない。登記記録上の地目が田や畑になっていても、現状が耕作に供されていなければ農地ではなく、また地目が山林等でも、現状が耕作の目的に供されている土地であれば農地（**現況農地**）である。

②　肥培（ひばい）管理と収穫の継続性が必要である。

その土地で作物を収穫するため、耕作の目的で労力を費やし、肥料を施し、毎年収穫していることである。

③　**一時的に休耕**していても、農地として耕作できる状態の土地であれば、農地である。

反対に、現に作物が栽培されていても、たとえば、宅地として購入した土地を住宅を建てるまでの間、**一時的に菜園として使用**しているだけであれば、農地ではない。

出題履歴
H20.24- 1
H24.22- 1
H25.21- 2
H26.21- 4
H30.22- 4
R 2 (12).21- 1

講師からのアドバイス
一時的な休耕地は、潜在的な農業生産力があるので農地に「該当する」。家庭菜園は、農業生産力には影響がないから農地に「該当しない」。

2 農地・採草放牧地の権利移動の制限（3条許可）

1　農地法3条の許可（原則）

重要度A

条文・原則

農地又は採草放牧地について所有権を移転し、又は地上権、永小作権、質権、使用貸借による権利、賃借権若しくはその他の使用及び収益を目的とする権利を設定し、若しくは移転する場合には、当事者が農業委員会の許可を受けなければならない（3条1項本文）。

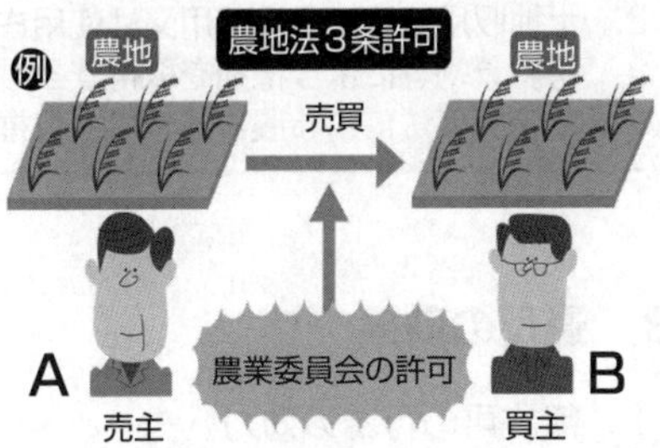

講師からのアドバイス
ここでの権利移動は、権利の設定・移転が有償か無償かは無関係であり、そのため、贈与についても許可が必要である。抵当権については、「抵当権の設定」の場合は許可不要であるが、抵当権の実行としての「競売」による権利移転の場合は許可が必要である。

(1)「**権利移動**」とは、農地・採草放牧地に関する所有権を移転し、又は**使用収益権を設定若しくは移転**することをいう。たとえば、農地について売買・**交換**・**贈与**をすること（＝所有権の移転）、地上権・永小作権・**使用借権**・質権・**賃借権**を設定・移転（＝使用収益権の設定・移転）することである。

(2) **抵当権**は使用収益権にあたらず、その設定又は移転につき**許可は不要**である。しかし、**抵当権が実行され競売**が行われる場合には、農地等の所有権の移転が行われるので、**許可が必要**である。

(3) 許可には、条件をつけることができる（同条5項）。この点は、4条、5条の場合も同様である。

(4) **3条許可**に関しては、**市街化区域内**に所在する農地又は採草放牧地であっても農業委員会の**許可を要する**のであり、**4条又は5条の場合のように、農業委員会への届出で足りるわけではない。**

出題履歴
H21.22- 2
H23.22- 2
H26.21- 3
H27.22- 4
H29.15- 3
R 1.21- 2
R 2 (10).21- 4
R 2 (12).21- 3

H26.21- 2
H27.22- 1
H29.15- 1

法令上の制限

2　適用除外

重要度A

条文・原則

下記に該当する場合は、許可を受けなくてもよい（3条1項ただし書）。

1　国・都道府県が権利を取得する場合
2　土地収用法等により収用又は使用される場合
3　遺産分割等により権利を取得する場合
4　民事調停法による農事調停により権利を取得する場合　等

出題履歴
H23.22- 1
H28.22- 1
H29.15- 4
H30.22- 2

3　違反の効果

重要度A

（1）無許可の行為の効力

条文・原則

許可を受けないでした行為は、効力を生じない（3条7項）。

出題履歴
H24.22- 2
H28.22- 3
R 2 (10).21- 1
R 3 (10).21- 2

（2）罰則

条文・原則

3年以下の懲役又は300万円以下の罰金に処せられる（64条）。

4　権利取得者の届出制

重要度A

条文・原則

権利取得者は、以下の場合を除き、遅滞なく、農業委員会に届け出なければならない（3条の3）。

1　許可を受けて権利を取得した場合
2　許可の適用除外事由のうちの一定の場合　等

出題履歴
H22.22- 1
H29.15- 4
R 2.21- 3

R 3 (10).21- 1

（1）届出が必要になる場合の具体例

①相続　②時効取得　③遺産分割

④包括遺贈又は相続人に対する特定遺贈

3 農地の転用の制限（4条許可）

1　農地法4条の許可

重要度A

条文・原則

農地を農地以外のものにする者は、都道府県知事（農林水産大臣の指定する市町村の区域内では、指定市町村長）の許可を受けなければならない（4条1項本文）。

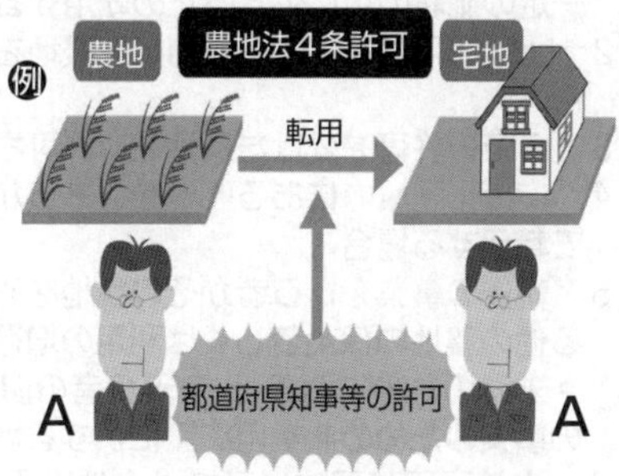

（1）「農地」を「農地以外のもの」にする場合の規制であり、農地を採草放牧地にする場合であっても、4条許可が必要となる。

（2）**「採草放牧地」を「採草放牧地以外のもの」にする場合**については、**規制はない**。よって、採草放牧地を農地又は宅地等に転用するにあたっては、**4条許可を要しない**。

定義	農地を農地以外のものにすること
転用にあたる例	農地を**一時的**に駐車場や資材置場などに**転用**し、すぐに農地に戻す場合
転用にあたらない例	採草放牧地の転用

出題履歴
H25.21- 4
H27.22- 2、- 3
H28.22- 4
R 1.21- 1
R 2 (12).21- 4

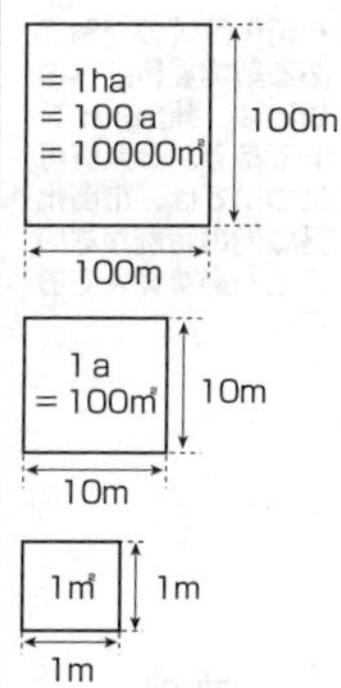

2　適用除外

重要度A

条文・原則

下記のいずれかに該当する農地の転用については、許可を受けなくてもよい（4条1項ただし書）。

1　国、都道府県又は指定市町村が、道路、農業用用排水施設等一定の施設の用に供するため転用する場合
2　土地収用法等により収用した農地を、収用目的に転用する場合
3　5条の許可を受けた農地を、許可された目的に転用する場合
4　市街化区域内にある農地を、あらかじめ農業委員会に届け出て転用する場合
5　耕作の事業を行う者がその農地をその者の耕作の事業に供する他の農地の保全若しくは利用の増進のため又はその農地（2a未満のものに限る。）をその者の農作物の育成若しくは養畜の事業のための農業用施設に供する場合
6　土地区画整理法に基づく土地区画整理事業の施行により道路、公園等公共施設を建設するために農地を農地以外のものにする場合
7　市町村がその設置する道路、河川、堤防等の敷地に供するため その区域内にある農地を農地以外のものにする場合
8　その他

講師からのアドバイス
国・地方公共団体が転用する場合であっても、一定の場合を除いて許可が必要である（左枠内1、7）。

出題履歴
H24.22- 3
R 2 (10).21- 2
H20.24- 3
H27.22- 2、3
H28.22- 4
R 1.21- 3
H21.22- 1

市街化区域内の農地の転用については、その**面積の大小を問わず農業委員会への届出**で足り、都道府県知事等の許可は不要である。

講師からのアドバイス
市街化区域の特例である農業委員会への届出は、頻出ポイントである。3条許可については、市街化区域内の特例がないことも必ず覚えておこう。

3　違反の効果

重要度A

（1）原状回復命令等

条文・原則

都道府県知事又は指定市町村長は、4条又は5条の規定に違反した者に対して、特に必要があると認めるときは、その必要の限度において、許可を取り消し、その条件を変更し、又は工事その他の行為の停止を命じ、若しくは相当の期限を定めて原状回復その他違反を是正するため必要な措置をとるべきことを命ずることができる（51条）。

講師からのアドバイス
4条の許可の対象となる行為は転用そのものであって、権利の移動を伴わない事実行為であるから、契約の効力の問題は生じない。

(2) 罰則

条文・原則

4条で必要とされる許可を受けないで農地を転用した場合や原状回復命令に違反した場合は、罰則(3年以下の懲役又は300万円(法人1億円)以下の罰金)が適用される(64条、67条)。

出題履歴
H22.22- 3

4 農地・採草放牧地の転用を目的とした権利移動の制限 (5条許可)

1 許可制

重要度A

条文・原則

農地を農地以外のものにするため、又は採草放牧地を採草放牧地以外のもの(農地を除く。)にするため、これらの土地について第3条に掲げる権利の設定又は移転をする場合には、当事者が都道府県知事(農林水産大臣の指定する市町村の区域内では、指定市町村長)の許可を受けなければならない(5条1項本文)。

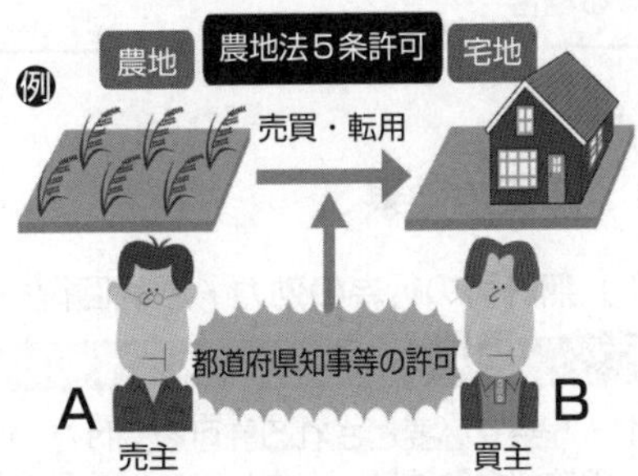

出題履歴
H22.22- 2
H23.22- 3
H29.15- 2

(1)「**権利移動**」とは、所有権を移転し、又は地上権、永小作権、質権、使用貸借による権利、賃借権等の**使用収益権を設定・移転する行為**で、3条と同じである(5条1項本文)。

(2) **採草放牧地を農地に転用**する目的での**権利移動**の場合は、5条ではなく、**3条の許可**が必要である。

(3) **一時使用**の目的の**賃貸借**も、**許可が必要**である。

◆採草放牧地を農地に転用する目的での権利移動

より農業的性格の強いものへの転用であるから、農地法は、「転用」については評価せず、「権利移動」だけを評価の対象とするため、3条許可の問題となる。

H20.24- 2
R 1.21- 4
R 3(10).21- 3

講師からのアドバイス

一時的に転用し、使用するための権利の移転・設定であっても、5条の許可が必要である点に注意しよう。

法令上の制限

2　適用除外

重要度A

条文・原則

下記のいずれかに該当する場合は、許可を受けなくてもよい（5条1項ただし書）。

1　国、都道府県又は指定市町村が、道路、農業用用排水施設等一定の施設の用に供するため権利を取得する場合
2　土地収用法等により収用又は使用される場合
3　市街化区域内の農地・採草放牧地（面積の大小を問わない）について、あらかじめ農業委員会に届け出て、転用目的で権利を取得する場合
4　市町村がその設置する道路、河川、堤防等の敷地に供するためその区域内にある農地又は採草放牧地について権利を取得する場合

出題履歴
H20.24- 4
H21.22- 3
H23.22- 4
H24.22- 3
H30.22- 1

3　違反の効果

重要度A

（1）無許可の行為の効力・原状回復命令等

条文・原則

1　5条で必要とされる許可を受けないでされた売買、賃貸借等の権利移動は効力を生じない（5条3項、3条7項）。
2　原状回復命令等を受けることがある（3 3（1）参照）。

出題履歴
H24.22- 2
H28.22- 3
H21.22- 4

（2）罰則

条文・原則

5条で必要とされる許可を受けないで農地又は採草放牧地の転用目的権利移動をした者や原状回復命令に違反した者は、3年以下の懲役又は300万円（法人1億円）以下の罰金に処せられる（64条、67条）。

宅地造成等規制法

重要ポイント

1. 定義

Point 宅地

●農地、採草放牧地及び森林並びに道路、公園、河川その他政令で定める公共の用に供する施設の用に供されている土地以外の土地

Point 宅地造成

①宅地以外の土地を宅地にするため
又は
②宅地を宅地のまま

行う

③土地の形質の変更

切土	2m超の崖を生じる工事
盛土	1m超の崖 〃 〃
切土+盛土	2m超の崖 〃 〃
切土又は盛土面積が500㎡超の工事	

宅地を宅地以外の土地にするために行うものは「宅地造成」に含まれない。

2. 規制区域と防災区域

Point 宅地造成工事規制区域（規制区域）と造成宅地防災区域（防災区域）

	規制区域	防災区域
目的	新規＋既存の造成工事の規制	既存の造成工事の規制
指定権者	都道府県知事	
手続	関係市町村長の意見を聴く→区域の公示 →国土交通大臣に報告＋関係市町村長に通知	
場所	宅地造成に伴い災害が生ずるおそれが大きい市街地又は市街地となろうとする土地の区域であって、宅地造成に関する工事について規制を行う必要があるもの	宅地造成に伴う災害で相当数の居住者その他の者に危害を生ずるものの発生のおそれが大きい一団の造成宅地（規制区域内の土地を除く）の区域であって政令で定める基準に該当するもの

●規制区域と防災区域は、重ねて指定されることはない。
●規制区域と防災区域は、都市計画区域又は準都市計画区域の内外にかかわらず、指定されうる。

法令上の制限

3．規制区域内の規制①－許可制

許可制の流れ

規制区域
において
宅地造成
を行うときは原則として
造成主
は工事着手前に
知事の許可 ← 許可申請には、遅滞なく、文書をもって許可又は不許可を申請者に通知
を受けなければならない
工事が完了
したら
知事の検査
を受けなければならない

（知事の許可）← 工事は、宅地造成に伴う災害を防止するため必要な措置が講ぜられたもの
※一定の資格者の設計
・高さ5m超の擁壁の設置
・土地の面積1,500㎡超における排水施設の設置

都道府県知事の監督処分

処分	処分を受ける者
①許可の取消し	造成主
②工事の施行停止等	造成主＋請負人・現場管理者
③宅地の使用禁止・制限等	造成主＋所有者・管理者・占有者

4．規制区域内の規制②－届出制

Point 工事等の届出

届出先	届出義務者	届出期間
都道府県知事	①規制区域の指定時に行われている工事の造成主	規制区域指定日から21日以内
	②規制区域内の宅地において、擁壁・排水施設等の除却工事を行おうとする者（許可を受けた者を除く）	工事着手日の14日前
	③宅地以外の土地を宅地に転用した者（許可を受けた者を除く）	転用した日から14日以内

1 宅地造成等規制法の目的

目的

理解する

条文・原則

この法律は、宅地造成に伴う崖崩れ又は土砂の流出による災害の防止のため必要な規制を行うことにより、国民の生命及び財産の保護を図り、もって公共の福祉に寄与することを目的とする（1条）。

<宅地造成等規制法の全体像>

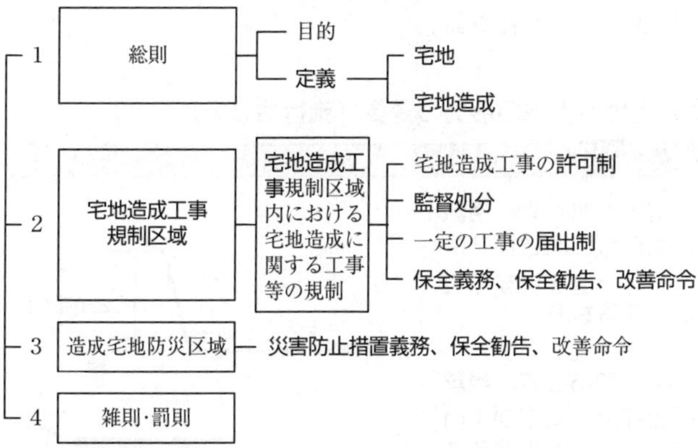

講師からのアドバイス
宅地建物取引業法や土地区画整理法における「宅地」の定義とは異なる。また、学校、運動場、墓地などは、公営か私営かによって取り扱いが異なる点に注意しよう。

2 定義

1　宅地の定義

重要度A

条文・原則

宅地造成等規制法では、次の土地を「宅地」という（2条1号）。

①「農地、採草放牧地及び森林」並びに②「道路、公園、河川」その他政令で定める③「公共の用に供する施設の用」に供されている土地以外の土地

講師からのアドバイス
①②③以外の土地が、宅地造成等規制法上の「宅地」である。

（1）政令で定める「公共の用に供する施設」とは、飛行場、鉄道施設等並びに国又は地方公共団体が管理する学校、運動場、墓地等をいう（施行令2条）。

（2）**ゴルフ場**、自動車教習所、**私立高校**、**私営の墓地**、工場

用地等も、宅造法にいう「宅地」である。

2　宅地造成の定義（2条2号）

重要度A

◆宅地造成

○宅地以外→宅地
○宅地→宅地
×宅地→宅地以外

出題履歴

H22.20- 1
H26.19- 1
H30.20- 3
R 2 (10).19- 2
R 3 (10).19- 1

条文・原則

1　宅地以外の土地を宅地にするため又は宅地において行う土地の形質の変更で政令で定めるものをいう。
2　宅地を宅地以外の土地にするために行うものを除く。

宅地の安全を図ることが目的であるから、宅地を宅地以外にする行為は規制されない。

政令で定める土地の形質の変更（施行令3条）

条文・原則

H20.22- 1
H21.20- 2
H27.19- 4

H25.19- 3

1　切土（きりど）であって、当該切土部分に高さが2ｍを超える崖（がけ）を生ずることとなるもの

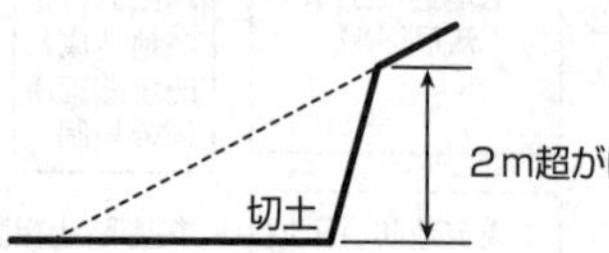

2　盛土（もりど）であって、当該盛土部分に高さが1ｍを超える崖を生ずることとなるもの

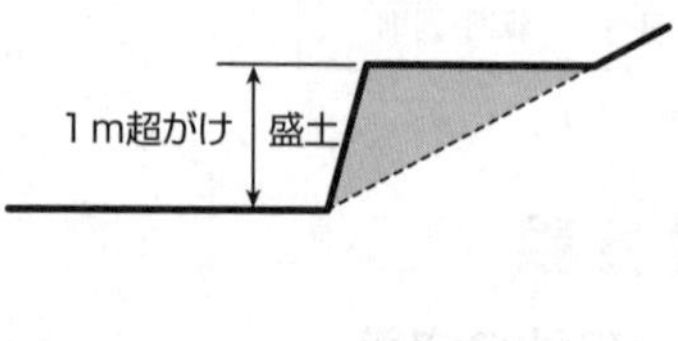

3　切土と盛土を同時にする場合における盛土であって、当該盛土部分に高さが1ｍ以下の崖を生じ、かつ、当該切土及び盛土部分に高さが2ｍを超える崖を生ずることとなるもの

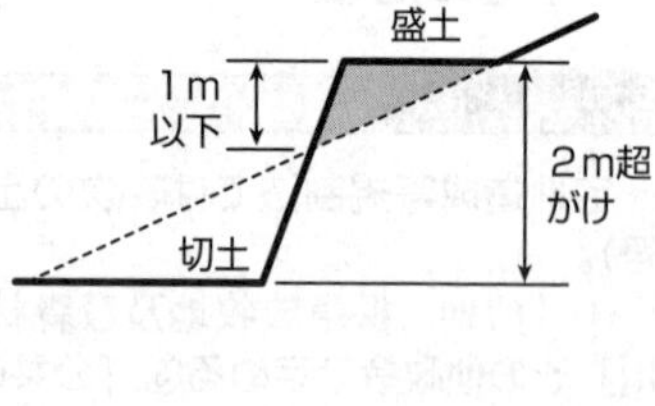

H25.19- 2
H30.20- 4

4　上記1～3に該当しない切土又は盛土であって、当該切土、又は盛土をする土地の面積が500㎡を超えるもの

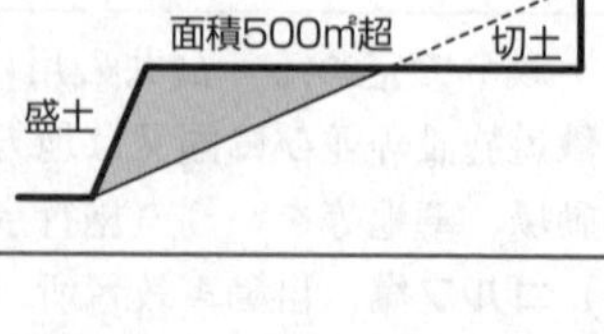

講師からのアドバイス

1～4のいずれか1つに該当すれば、規制される（許可が必要な）宅地造成となる。
切土は長い年月を経て固まった地盤を切ったものであるのに対して、盛土は新たに盛った地盤であるため、盛土の方が規制が厳しい。

講師からのアドバイス

盛土1m以下、切土2m以下であっても、全体の面積が500㎡超であれば規制対象となる点に注意。

3 宅地造成工事規制区域（規制区域）

1　規制区域の指定

重要度 B

R 2 (12).19- 1

条文・原則

都道府県知事は、宅地造成等規制法の目的を達成するために必要があると認めるときは、関係市町村長（特別区の長を含む）の意見を聴いて、宅地造成に伴い災害が生ずるおそれが大きい市街地又は市街地となろうとする土地の区域であって、宅地造成に関する工事について規制を行う必要があるものを、規制区域として指定することができる（3条1項）。

（1）**規制区域**は、都市計画区域内に限らず、**都市計画区域外**においても定めることができる。

4 規制区域内の規制①－許可制

1　宅地造成に関する工事の許可

重要度 A

出題履歴
H20.22- 1
H21.20- 2
H23.20- 4
R 1.19- 2

条文・原則

規制区域内において行われる宅地造成に関する工事については、造成主は、当該工事に着手する前に、都道府県知事の許可を受けなければならない（8条1項本文）。

ただし、都市計画法の開発許可を受けて行われる当該許可の内容に適合した宅地造成に関する工事については、この限りでない（同条同項ただし書）。

講師からのアドバイス
許可を受けなければならないのは、「造成主」であることに注意。

（1）**都道府県知事**は、許可の申請に係る宅地造成に関する工事の計画が宅地造成に伴う災害を防止するために必要な一定の技術的基準に従った擁壁、排水施設の設置等の措置が講ぜられたものでないと認めるときは、**許可をしてはならない**（8条2項）。

H21.20- 4
H24.20- 2
H30.20- 2

（2）都道府県知事は、**許可に際し**、工事施行に伴う**災害防止のため必要な条件**を付することができる（8条3項）。

2　工事完了の検査

重要度 B

出題履歴
H24.20- 1

条文・原則

1　宅地造成に関する工事の許可を受けた者は、当該許可に係る工事を完了した場合においては、その工事が宅地造成に関する工事の技術的基準等に適合しているかどうかについて、都道府県知事の検査を受けなければならない（13条1項）。

2　都道府県知事は、検査の結果、工事が宅地造成に関する工事の技術的基準等に適合していると認めた場合においては、検査済証を宅地造成に関する工事の許可を受けた者に交付しなければならない（同条2項）。

3　監督処分

重要度 C

（1）許可の取消し

出題履歴
H23.20- 2
H26.19- 2

条文・原則

都道府県知事は、偽りその他不正な手段により宅地造成に関する工事の許可若しくは変更の許可を受けた者又はその許可に付した条件に違反した者に対して、その許可を取り消すことができる（14条1項）。

（2）工事の施行停止等

講師からのアドバイス
右記（2）は工事完了前、（3）は工事完了後に受ける処分である。

条文・原則

都道府県知事は、規制区域内において行われている宅地造成に関する工事で、宅地造成に関する工事の許可若しくは変更の許可を受けず、これらの許可に付した条件に違反し、又は宅地造成に関する工事の技術的基準に適合していないものについては、当該造成主又は当該工事の請負人（請負工事の下請負人を含む。）若しくは現場管理者に対して、当該工事の施行の停止を命じ、又は相当の猶予期限を付けて、擁壁等の設置その他宅地造成に伴う災害の防止のため必要な措置をとることを命ずることができる（14条2項）。

（3）宅地の使用禁止・制限等

条文・原則

都道府県知事は、宅地造成に関する工事の許可若しくは変更の許可を受けないで宅地造成に関する工事が施行された宅地又は工事完了の検査を受けず、若しくは工事完了の検査の結果工事が宅地造成に関する工事の技術的基準に適合していないと認められた宅地については、当該宅地の所有者、管理者若しくは占有者又は当該造成主に対して、当該宅地の使用を禁止し、若しくは制限し、又は相当の猶予期限を付けて、擁壁等の設置その他宅地造成に伴う災害の防止のため必要な措置をとることを命ずることができる（14条3項）。

5 規制区域内の規制②－工事等の届出

1　工事等の届出

重要度A

条文・原則

① 規制区域の指定の際、当該規制区域内において行われている宅地造成に関する工事の造成主は、その指定があった日から21日以内に、当該工事について都道府県知事に届け出なければならない（15条1項）。

② 規制区域内の宅地において、擁壁等に関する工事その他の工事で政令で定めるものを行おうとする者は、その工事に着手する日の14日前までに、その旨を都道府県知事に届け出なければならない（同条2項）。

③ 規制区域内において、宅地以外の土地を宅地に転用した者は、その転用した日から14日以内に、その旨を都道府県知事に届け出なければならない（同条3項）。

出題履歴
H27.19- 2
R 1.19- 3

H20.22- 2
H22.20- 3
H28.20- 3
H29.20- 4

H28.20- 4
R 2(10).19- 3

（1）上記②の「その他の工事で政令で定めるもの」（施行令18条）

高さが**2ｍを超える擁壁**、地表水等を排除するための**排水施設、又は地滑り抑止ぐい**等の全部又は一部の**除却**（じょきゃく）の工事

（2）**宅地造成**に関する**工事の許可**若しくは**変更の許可**を受け、又は**軽微な変更の届出**をした者は、上記**②及び③の届出を要しない**（15条2項かっこ書・3項かっこ書）。

講師からのアドバイス
①・③の届出は事後でよいが、②は事前の届出が必要であることに注意。

講師からのアドバイス
「だれが」「いつから」「何日以内」又は「何日前」に届け出るのかを、必ず覚えよう。

法令上の制限

6 造成宅地防災区域

1　造成宅地防災区域の指定

重要度A

R 1.19- 4

従来の宅造法は、造成により生じた崖の崩壊を防止することに着目していたため、既存の大規模な盛土造成地での地滑り的な崩落に対する対策は十分ではなかった。そこで、災害時に甚大な被害の発生のおそれの高い既存の造成地を造成宅地防災区域として指定し、その区域内の宅地所有者等に対し、災害防止のための努力義務を課し、また、必要な勧告、改善命令をすることができることとした。

講師からのアドバイス
「規制区域」と「防災区域」が、重ねて指定されることはない。

条文・原則

都道府県知事は、宅地造成等規制法の目的を達成するために必要があると認めるときは、関係市町村長の意見を聴いて、宅地造成に伴う災害で相当数の居住者その他の者に危害を生ずるものの発生のおそれが大きい一団の造成宅地（これに附帯する道路その他の土地を含む）の区域であって政令で定める基準に該当するものを、造成宅地防災区域として指定することができる（20条1項）。

都道府県知事は、擁壁等の設置又は改造その他上記災害の防止のため必要な措置を講ずることにより、造成宅地防災区域の全部又は一部について上記指定の事由がなくなったと認めるときは、当該造成宅地防災区域の全部又は一部についてその指定を解除するものとする（同条2項）。

出題履歴
H23.20- 1

出題履歴
H24.20- 4
R 3 (10).19- 4

H20.22- 3

（1）**規制区域内の土地を、造成宅地防災区域として指定することはできない**（20条1項）。

（2）造成宅地防災区域の指定は、**公示**によって**効力を生ずる**（同条3項）。

（3）**都道府県知事**又はその命じた者若しくは委任した者は、造成宅地防災区域の指定のため他人の占有する土地に立ち入って測量又は調査を行う必要がある場合においては、その必要の限度において、**他人の占有する土地に立ち入ることができる**（同条3項、4条1項）。

土地区画整理法

重要ポイント

1．土地区画整理事業の施行者

Point 施行者

民間施行	個人 （1人又は数人共同）	宅地について所有権、借地権を有する者又はその同意を得た者 個人施行者の一般承継人	
	土地区画整理組合	宅地について所有権又は借地権を有する者が設立する組合	
	区画整理会社	宅地について所有権又は借地権を有する者を株主とする株式会社	
公的施行	地方公共団体	都道府県又は市町村	事業ごと（工区に分けた場合は工区ごとでもよい）に土地区画整理審議会を設置
	国土交通大臣	—	
	都市再生機構 地方住宅供給公社	—	

2．土地区画整理組合による施行

Point 土地区画整理組合

組合の設立	宅地についての所有権者、借地権者が7人以上共同
組合員	①施行地区内の宅地について所有権又は借地権を有する者 ②組合員の有する所有権又は借地権の全部又は一部を承継した者
賦課金の徴収	参加組合員以外の組合員に対して賦課徴収 ＊知事の認可は不要

3. 仮換地

Point 仮換地の指定・指定の効果

<table>
<tr><td>仮換地の指定</td><td colspan="4">仮換地指定の効力発生の日等を通知</td></tr>
<tr><td>通知の相手方</td><td colspan="4">①仮換地となるべき土地の所有者及び従前の宅地の所有者
②仮換地となるべき土地又は従前の宅地についての使用・収益権を有する借地権者等
＊質権者への通知：必要　　抵当権者への通知：不要</td></tr>
<tr><td rowspan="2">同意・意見</td><td>組合施行</td><td colspan="3">総会等の同意</td></tr>
<tr><td>公的施行</td><td colspan="3">土地区画整理審議会の意見</td></tr>
<tr><td>仮換地の指定の効力</td><td colspan="4">仮換地の指定の効力発生の日から、換地処分の公告がある日まで

<特別の事情があるとき>
使用・収益を開始することができる日を
仮換地の指定の効力発生日とは別に定めることができる</td></tr>
<tr><td rowspan="2">仮換地が指定された場合の権利関係</td><td colspan="2">従前の宅地</td><td colspan="2">仮換地</td></tr>
<tr><td>使用・収益権</td><td>処分権</td><td>使用・収益権</td><td>処分権</td></tr>
<tr><td>従前の宅地の所有者等</td><td>×</td><td>○
譲渡　抵当権設定
登記</td><td>○
賃貸</td><td>×</td></tr>
<tr><td>仮換地の所有者等</td><td>×</td><td>×</td><td>×</td><td>○
譲渡　抵当権設定
登記</td></tr>
<tr><td rowspan="2">従前の宅地の管理・工事</td><td colspan="2">仮換地の指定により使用・収益できる者がいなくなった従前の宅地</td><td colspan="2" rowspan="2">①換地処分の公告の日まで、施行者が管理する
②施行者は、所有者及び占有者の同意を得ずに、工事を行うことができる</td></tr>
<tr><td colspan="2">換地を定めない宅地の所有者等に、従前の宅地の使用・収益を停止した場合</td></tr>
</table>

4. 建築行為等の制限

Point 建築行為等の制限

許可権者	都道府県知事等･･･許可しようとするときは施行者の意見を聴く (大臣施行の場合は国土交通大臣)
期間	組合の設立等の認可等の公告の日から換地処分の公告の日まで
許可の対象となる行為	施行地区内における ①土地の形質の変更 ②建築物・工作物の新築・改築・増築 ③5ｔ超の物件の設置・堆積

5. 換地処分

Point 換地処分の手続

換地処分の手続	関係権利者に換地計画に定められた事項を通知	
換地処分の時期	原則	換地計画に係る区域の全部について工事が完了後、遅滞なく
	例外	定款等に別段の定めがある場合 工事完了前においても換地処分をすることができる

Point 換地処分の効果

換地処分の公告の日が終了したときに生じる効果	換地処分の公告の日の翌日に生じる効果
①仮換地の指定の効果の消滅 ②建築行為等の制限の消滅 ③換地を定めなかった従前の宅地に存する権利の消滅 ④事業の施行により行使する利益のなくなった地役権の消滅 ＊行使する利益のある地役権は、従前の宅地上に存続	①換地は従前の宅地とみなされ、従前の宅地について存した権利関係が、換地に移行する ②清算金が確定する ③保留地を施行者が取得する ④公共施設は、原則として市町村の管理に属する ＊公共施設に関する工事完了後は、換地処分の公告の日以前に管理を引き継ぐことができる 公共施設用地は公共施設の管理者（原則として市町村）に帰属する

出題履歴
H30.21- 1

講師からのアドバイス
「都市計画区域内」の土地について行われる事業である点を覚えておくこと。

講師からのアドバイス
不整形な土地を造成し直して、道路、公園等の公共施設を整備し、市街地の区画の形状を整える事業であることを覚えておけば十分である。

講師からのアドバイス
「土地区画整理審議会」の設置・関与は、公的施行の場合だけであることを覚えておこう(重要ポイント1参照)。

出題履歴
H29.21- 3

1 土地区画整理事業

1 土地区画整理事業の定義・目的

理解する

条文・原則

土地区画整理事業とは、「都市計画区域内」の土地について、公共施設（道路、公園、広場、河川等）の整備改善及び宅地の利用の増進を図るため行われる、土地の区画形質の変更（造成工事、池沼の埋め立て等）及び公共施設の新設又は変更に関する事業をいう（2条1項）。

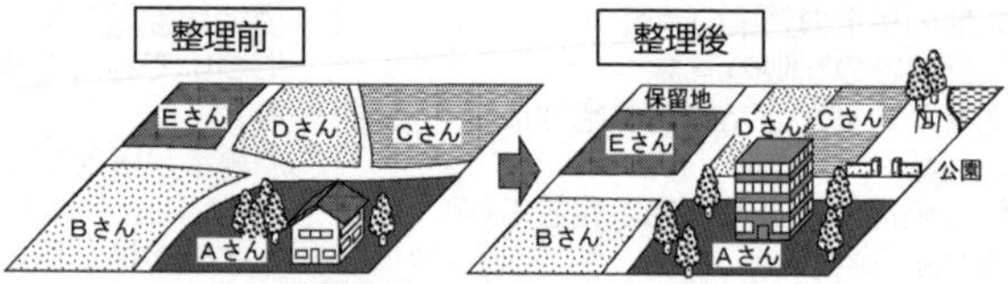

2 土地区画整理事業の施行者

1 土地区画整理組合が施行者となる場合

重要度 B

（1）土地区画整理組合の設立

条文・原則

1　宅地についての所有権者、借地権者が7人以上共同して、土地区画整理組合を設立して行う（14条1・2項前段、3条2項）。
2　土地区画整理組合を設立しようとする者は、定款及び事業計画を定め、組合設立について都道府県知事の認可を受けなければならない（14条1項前段）。
3　組合を設立しようとする者は、事業計画の決定に先立って組合を設立する必要があると認める場合においては、上記にかかわらず、7人以上共同して、定款及び事業基本方針を定め、その組合の設立について都道府県知事の認可を受けることができる（同条2項前段）。

①定款及び事業計画を定めて設立の認可を受ける場合と（14条1項）、②定款及び事業基本方針を定めて設立の認可を受け、その後事業計画を定めて事業計画の認可を受ける場合がある(14条2・3項)。

①定款・事業計画の作成→設立の認可・公告
②定款・事業基本方針の作成→設立の認可・公告
→事業計画の作成・総会の議決→事業計画の認可・公告

(2) 土地区画整理組合への加入（強制加入方式）

条文・原則

1　組合が施行する土地区画整理事業に係る施行地区内の宅地について所有権又は借地権を有する者は、すべてその組合の組合員とする（25条1項)。また、組合員の有する所有権又は借地権の全部又は一部を承継した者は、当該組合員の権利義務を承継し（26条)、組合員となる。
2　独立行政法人都市再生機構、地方住宅供給公社、地方公共団体等であって、組合が都市計画事業として施行する土地区画整理事業に参加することを希望し、定款で定められたものは、参加組合員として、組合員となる（25条の2）
3　組合は、その事業に要する経費に充てるため、賦課金(ふかきん)として参加組合員以外の組合員に対して金銭を賦課徴収することができる（40条1項)。
　組合員は、賦課金の納付について、相殺をもって組合に対抗できない（同条3項)。

賦課金の徴収について、知事の認可を得る必要はない。

組合の設立	宅地についての所有権者、借地権者が7人以上共同
組合員	①施行地区内の宅地について所有権又は借地権を有する者 ②組合員の有する所有権又は借地権の全部又は一部を承継した者
賦課金の徴収	参加組合員以外の組合員に対して賦課徴収 ＊知事の認可は不要

出題履歴
H24.21- 4
H29.21- 2、- 4
R 2 (10).20- 1、- 3

◆参加組合員
独立行政法人都市再生機構、地方住宅供給公社、地方公共団体等であって、組合が都市計画事業として施行する土地区画整理事業に参加することを希望し、定款で定められたもの（25条の2）
R 2 (10).20- 4

講師からのアドバイス
施行地区内の「借家人」は、組合員にはならない。また、全部承継だけでなく、一部承継の場合も、承継者は組合員になる点にも注意しよう。

法令上の制限

2　組合施行による土地区画整理事業の流れ　参考

講師からのアドバイス
組合施行の事業の流れの概要を把握しておこう。

（組合の設立にあわせて事業計画を決定する場合）

R 1.20- 2

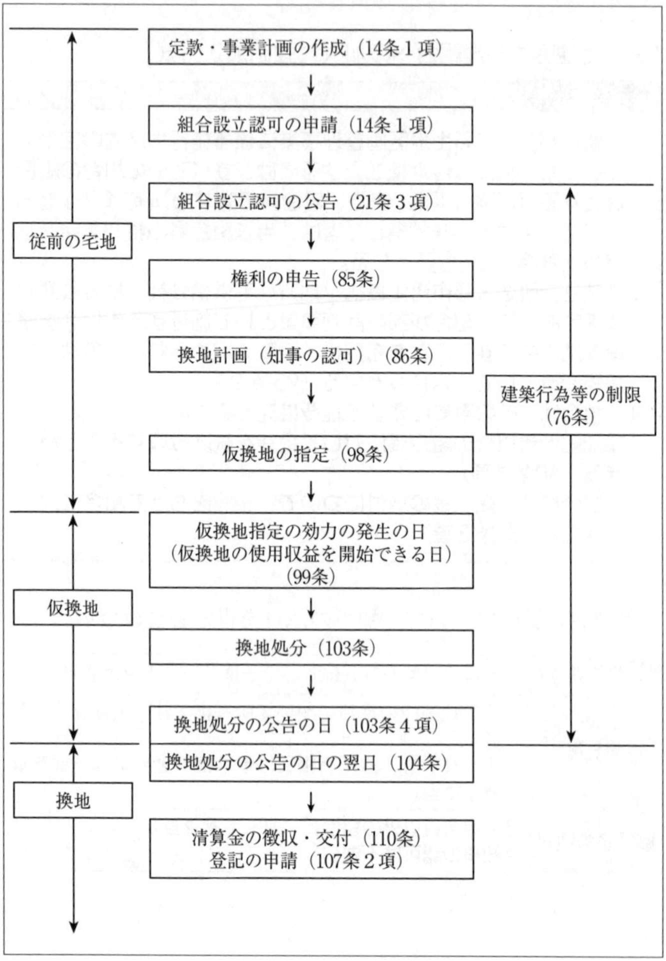

3 仮換地

1　仮換地の指定

重要度A

土地区画整理事業は長い期間を要する事業であるから、事業の終了まで、施行地区内の土地の使用・収益を完全に停止しては不便である。工事が完了した土地は、できるだけ早く使用・収益だけでもできるようにすべきであり、また、工事によって一時的に土地を使用・収益できなくなる者には、代替となる土地を提供する必要がある。そこで、換地処分によって権利関係が確定する前に、使用・収益だけが許される土地として指定されるのが仮換地である。

条文・原則

施行者は、「換地処分を行う前」において、以下の場合に施行地区内の宅地について仮換地を指定することができる（98条1項）。

1　土地の区画形質の変更もしくは公共施設の新設・変更に係る工事のため必要がある場合
2　換地計画に基づき換地処分を行うため必要がある場合

講師からのアドバイス

1は、「工事によって一時的に土地を使用・収益できなくなる者に代替となる土地を提供する」場合である。2は、工事全体としてはまだ換地処分ができる段階に至っていないが、換地計画に定められた換地を、仮換地として指定することによって、「できるだけ早く使用・収益だけでもできるように」する必要がある場合である。

出題履歴

H21.21- 1
H23.21- 4
H28.21- 1

2　仮換地指定の手続

重要度A

条文・原則

1　仮換地の指定は、仮換地となるべき土地の所有者及び従前の宅地の所有者に対して、仮換地の位置、地積、仮換地指定の効力発生の日を通知して行う（98条5項）。
2　仮換地となるべき土地又は従前の宅地についての使用・収益権を有する借地権者等に対しても同様の通知をしなければならない（同条6項）。
3　指定に際しては、「個人施行の場合」には従前の宅地及び仮換地となるべき宅地の所有者及びこれら宅地について施行者に対抗できる使用・収益権を有する者の同意、「組合施行の場合」には総会等の同意を得、「都道府県等公的機関が施行する場合」には土地区画整理審議会の意見を聴かなければならず（同条3項)、「区画整理会社が施行する場合」には施行地区内の宅地について所有権を有するすべての者及びその区域内の宅地について借地権を有するすべての者のそれぞれの2/3以上の同意を得なければならない（同条4項）。

講師からのアドバイス

仮換地の指定は、「公告」ではなく「通知」して行う点に注意。
H27.20- 1

出題履歴

H20.23- 1
H25.20- 4

法令上の制限

仮換地の指定の通知は、「所有者」及び「使用・収益権を有する者」への通知であるため、**「質権を有する者」には通知が必要**だが、**「抵当権を有する者」には、通知は不要**である。

3　仮換地指定の効果

重要度 A

事例

従前の宅地である甲地（所有者A）の仮換地として乙地（所有者B）が指定された場合

所有権者は、宅地に対する処分権と、使用・収益権を有している。

仮換地が指定されると、従前の宅地の使用・収益権だけが仮換地に移り、処分権は従前の宅地に残る。したがって、Aは、処分権に基づいて従前の宅地（甲地）を売却したり抵当権を設定することやその登記をすることができるが、使用・収益権に基づいて従前の宅地（甲地）を使ったり、他人に貸したりすることはできなくなる。

一方、仮換地（乙地）については、Aに処分権がないため、売却したり抵当権を設定することはできないが、使用・収益権に基づいて貸すことは可能である。

◆処分権

売却できる・抵当権を設定できる・それらに伴う登記もできるなど

◆使用・収益権

使ったり、他人に貸すことができるなど

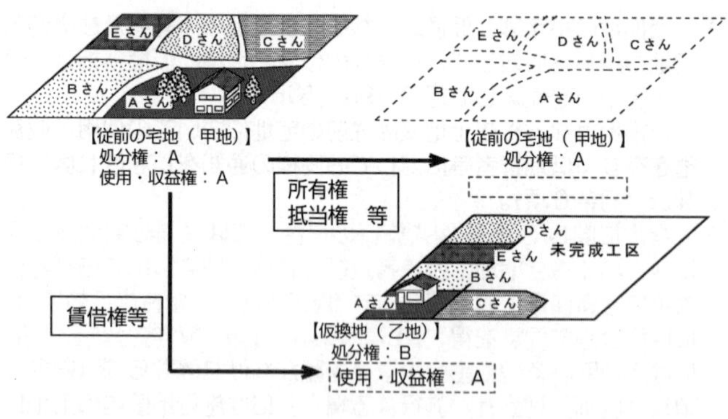

(1) 従前の宅地(甲地)の所有者等の権利関係

条文・原則

1　仮換地が指定された場合は、従前の宅地について権原に基づき使用し、又は収益することができる者(A)は、仮換地の指定の効力発生の日から、換地処分の公告がある日まで、仮換地(乙地)について従前の宅地と同様に使用し、又は収益することができる。
2　従前の宅地(甲地)については、使用し、又は収益することができなくなる(99条1項)。

出題履歴
H20.23- 3
H21.21- 2
H28.21- 2

(2) 仮換地(乙地)の所有者等の権利関係

条文・原則

仮換地について権原に基づき使用し、又は収益することができる者(B)は、仮換地の指定の効力発生の日から、換地処分の公告がある日まで、当該仮換地(乙地)を使用し、又は収益することができない(99条3項)。

(3) 使用収益を開始できる日を別に定めた場合

条文・原則

1　施行者は、その仮換地に使用・収益の障害となる物件が存するなど特別の事情があるときは、仮換地について使用・収益を開始することができる日を仮換地の指定の効力発生日とは別に定めることができる(99条2項)。
2　この場合は、「使用・収益を開始することができる日」以後でなければ、仮換地を使用・収益することができない。

出題履歴
H28.21- 3
H30.21- 4

この場合、従前の宅地も使用・収益することができないという事態が生じうる。これによって損失を受けた場合は、**損失補償**がされる(101条1項)。

(4) 従前の宅地の管理

条文・原則

1 施行者は、換地を定めないこととされる宅地の所有者その他の権利者に対して、期日を定めて、従前の宅地についての使用・収益を停止させることができる(100条1項前段)。
2 この場合、所有者その他の権利者は、指定された期日から換地処分の公告がある日まで、従前の宅地を使用・収益することができない(同条2項)。
3 上記の使用・収益の停止又は仮換地の指定により使用・収益できる者のなくなった従前の宅地については、換地処分の公告がある日までは、施行者が管理する(100条の2)。

出題履歴
H20.23- 4

この使用・収益の停止によって損失を生じたときは、施行者が**損失補償**をする(101条3項)。

H20.23- 2

また、仮換地を指定した場合又は使用・収益を停止させた場合に、必要があると認めるときは、仮清算金を徴収又は交付することができる(102条1項)。

(5) 土地の工事

条文・原則

仮換地を指定した場合又は従前の宅地の使用・収益を停止させた場合において、それらの処分により使用し、又は収益することができる者のなくなった従前の宅地については、施行者は、その宅地の所有者及び占有者の同意を得ることなく、土地区画整理事業の工事を行うことができる(80条)。

4 建築行為等の制限

1 建築行為等の制限

重要度 B

組合の設立等の認可等の公告があると、土地区画整理事業は、計画段階から実施段階に進む。そこで、事業の施行の障害となるおそれのある行為を排除し、また、権利者の投資が無益なものになることを回避するため、施行地区内における建築行為等について許可制が採られる。

条文・原則

1　組合の設立等の認可等の公告があった日後、換地処分の公告がある日までは、施行地区内で、次の行為をしようとする者は、都道府県知事等又は国土交通大臣（国土交通大臣が施行する土地区画整理事業の場合）の許可を受けなければならない(76条1項、同施行令70条)。
（1）事業の施行の障害となるおそれがある土地の形質の変更
（2）事業の施行の障害となるおそれがある建築物その他の工作物の新築・改築・増築
（3）政令で定める移動の容易でない物件（重量5tを超える物件）の設置・堆積
2　都道府県知事等は、上記の許可をしようとするときは、施行者の意見を聴かなければならない（同条2項)。

出題履歴
H23.21- 1
H28.21- 4
H30.21- 2
R 3 (10).20- 3

講師からのアドバイス
都市計画事業制限とほぼ同じ内容の制限である。「制限を受ける期間」「許可権者」「許可の対象となる行為」を必ず覚えておこう。

5 換地処分

1　換地処分の手続

重要度A

換地処分は、従前の宅地上の権利をそのまま換地上に移転させる土地区画整理事業の終局的な確定処分である。換地処分により土地区画整理事業は終了し、権利関係が確定する。

講師からのアドバイス
換地処分そのものは「公告」ではなく「通知」して行う点に注意。

条文・原則

1　換地処分は、関係権利者に換地計画に定められた事項を通知して行う（103条1項)。
2　換地処分は、換地計画に係る区域の全部について工事が完了した後において、遅滞なく、しなければならない。ただし、定款等に別段の定めがあれば、工事完了前においても換地処分をすることができる（同条2項)。
3　換地処分をした場合、個人施行者、組合、区画整理会社、市町村又は独立行政法人都市再生機構等は、遅滞なく、その旨を都道府県知事に届け出なければならない（同条3項)。
4　国土交通大臣が換地処分をした場合には国土交通大臣が、都道府県が換地処分をした場合又は3の届出を受けたときは都道府県知事が、換地処分があった旨を公告しなければならない（同条4項)。

出題履歴
H25.20- 2

H25.20- 1

講師からのアドバイス
「工事完了前」でも換地処分をすることができる場合があることを意識しておく。

法令上の制限

＜換地処分の手続の流れ＞

工事の全部完了	定款等に別段の定めがある場合：工事完了前でも可
↓ 遅滞なく	
換地処分の通知	関係権利者に換地計画に定められた事項を通知
↓	
換地処分の届出	個人施行、組合施行、会社施行、市町村施行等の場合
↓	
換地処分の公告	都道府県知事（大臣施行の場合は国土交通大臣）

2　換地処分の効果

重要度A

（1）従前の宅地上の権利関係

出題履歴
H21.21-4
R1.20-4

講師からのアドバイス
「従前の宅地とみなされる」とは、具体的には、従前の宅地の上に存在していた権利が、換地の上に同じ内容の権利として存続することを意味する。

条文・原則

1　換地計画において定められた換地は、換地処分の公告の日の翌日から、従前の宅地とみなされる。
2　換地計画で換地を定めなかった従前の宅地について存する権利は、換地処分の公告があった日が終了した時において消滅する（104条1項）。

事例

従前の宅地である甲地（所有者A）の仮換地として乙地（所有者B）が指定された場合

従前の宅地について存した権利関係（**抵当権**等）が、同一性を維持して、**換地又はその部分に移行**する。**権利の申告がされていない未登記の所有権以外の権利**（**借地権**等）も、換地上に移行して存続する（判例）。

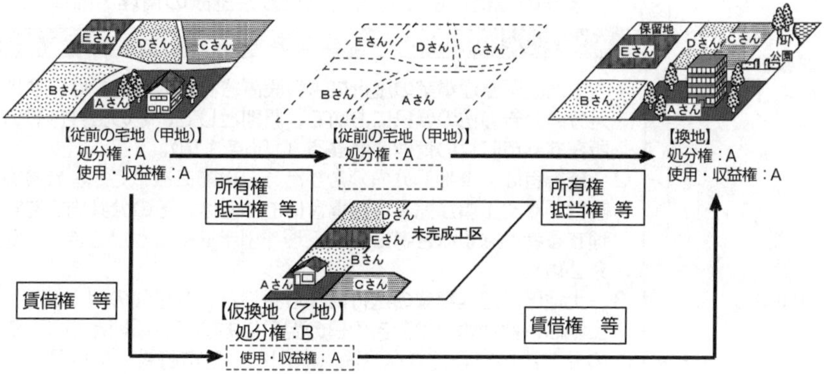

（2）保留地の帰属

事業の施行の費用に充てる等の目的で、換地計画において換地として定めないでおくことができる一定の土地を保留地という（96条）。

出題履歴
H24.21- 3

条文・原則

換地計画において定められた保留地は、換地処分の公告の日の翌日において、施行者が取得する（104条11項）。

H27.20- 3

施行者が保留地を譲渡するにあたり、譲渡先につき、特に制限はない。

保留地は、次の場合に定めることができる。

個人、組合、区画整理会社施行の場合（民間施行）	事業の施行の費用に充てるため、又は規準、規約、定款で定める目的のために定めることができる。
その他の施行の場合（公的施行）	事業の施行の費用に充てるためにのみ定めることができる。 ＊限度額 ＝施行後の宅地価額の総額－施行前の宅地価額の総額

H23.21- 3
H24.21- 3
H25.20- 3

（3）事業の施行により設置された公共施設の管理・帰属

条文・原則

出題履歴
H26.20- 4

1　土地区画整理事業の施行により設置された公共施設は、換地処分の公告の日の翌日において、原則として、その公共施設の所在する市町村の管理に属する（106条1項）。

2　施行者は、換地処分の公告がある日以前においても、公共施設に関する工事が完了した場合においては、その公共施設を管理する者となるべき者にその管理を引き継ぐことができる（同条2項）。

H27.20- 4

3　土地区画整理事業の施行により生じた公共施設の用に供する土地は、換地処分の公告の日の翌日において、原則として、その公共施設を管理すべき者（原則として市町村）に帰属する（105条3項）。

（4）従前の宅地上に存する地役権

条文・原則

出題履歴
H27.20- 2

施行地区内の宅地について存する地役権は、換地処分の公告があった日の翌日以降も、原則として、従前の宅地の上に存する。ただし、土地区画整理事業の施行により行使する利益がなくなった地役権は、換地処分の公告があった日が終了した時に、消滅する（104条4・5項）。

その他法令上の制限

重要ポイント

許可権者又は届出先のまとめ

法律名		許可権者・届出先	適用区域・制限される行為等
1 急傾斜地の崩壊による災害の防止に関する法律		知事の許可	急傾斜地崩壊危険区域内の工作物の設置等
2 都市緑地法	特別緑地保全地区	知事等の許可	建築物の新築、土地の形質変更等
	緑地保全地域	知事等へ届出	
3 地すべり等防止法		知事の許可	地すべり防止区域内の地下水の誘致や停滞等、ぼた山崩壊防止区域内の土石の採取等
4 土砂災害警戒区域等における土砂災害防止対策の推進に関する法律		知事の許可	土砂災害特別警戒区域内の都市計画法上の一定の開発行為
5 土壌汚染対策法		知事へ届出	形質変更時要届出区域内の土地の形質変更
6 自然公園法	国立公園	環境大臣の許可	特別地域内の工作物の新築等
	国定公園	知事の許可	
7 密集市街地における防災街区の整備の促進に関する法律	事業施行地区	知事等の許可	一定の土地の形質変更等
	地区計画区域	市町村長へ届出	建築物の新築、土地の形質変更等
8 生産緑地法		市町村長の許可	生産緑地地区内の建築物の新築等
9 河川法		河川管理者の許可	河川保全区域内の土地の掘さく等
10 海岸法		海岸管理者の許可	海岸保全区域内の土石の採取等
11 港湾法		港湾管理者の許可	港湾区域内の一定の行為
12 道路法		道路管理者の許可	道路の区域が決定された区域内の土地の形質変更、工作物の新築等
13 文化財保護法		文化庁長官の許可	史跡名勝天然記念物の保存に重大な影響を及ぼす行為等
14 森林法		知事の許可	保安林の立木の伐採

MEMO

必勝合格

宅建士テキスト

税・その他

税・その他［税・価格］

土地・建物に関する税制の全体構造

1 不動産に関する税の種類とその概要 ◀参考

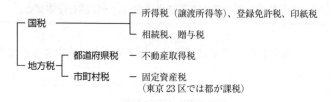

- 国税
  - 所得税（譲渡所得等）、登録免許税、印紙税
  - 相続税、贈与税
- 地方税
  - 都道府県税 ― 不動産取得税
  - 市町村税 ― 固定資産税（東京 23 区では都が課税）

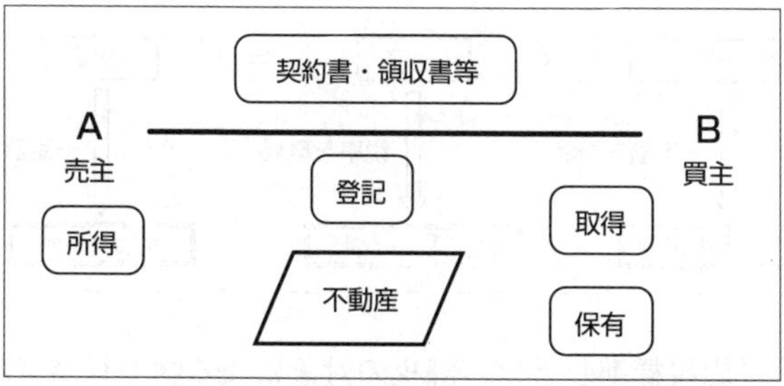

2 税に関する基本用語の意味 ◀参考

課税主体	税を賦課する権限を有するもの
納税義務者	税を納める者
課税対象	課税される行為や事実等(課税客体・課税物件ともいう。)
課税標準	税額を算出する元になる金額等
免税点	課税の対象とならない限度額
税率	税額を算出する課税標準に対する割合
税額	納税義務者が収める税金額
納付方法	納税義務者が税を納める方法(申告納付、普通徴収等がある。)
控除	金額等を差し引くこと
軽減税率	本来の税率よりも引き下げられた税率

講師からのアドバイス

宅建試験においては、宅地建物取引の上での税金のごく基本となる事柄から出題される。ポイントは、以下の5項目を意識しながら考えておくことである。

①課税主体
②課税対象
③納税義務者
④課税標準
⑤税率

3 税額の基本計算式と特例措置

理解する

条文・原則

1　納める税額は各税とも、課税標準に税率をかけて求める。
2　主な特例措置は、以下の３つに大別できる。
①課税標準の特例：課税標準から一定額を控除する。
②軽減税率の特例：本来の税率より低い税率で税額を計算できる。
③税額の特例：算出された税額から、一定額を控除する。

（1）税額算出の基本計算式は、以下のように表すことができる。

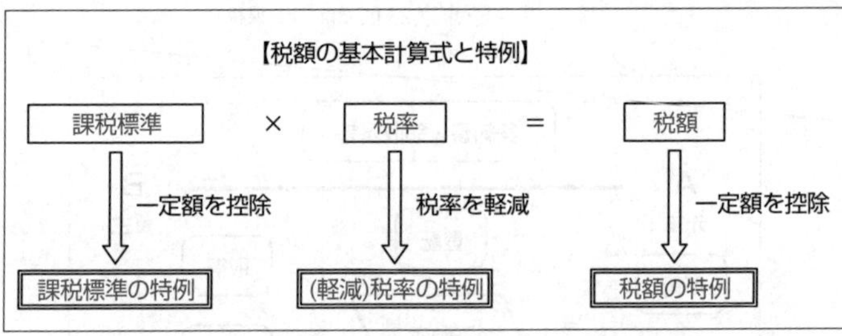

【税額の基本計算式と特例】

（2）**「課税標準」**とは、課税の対象になる物や行為（課税客体）を金額や量の形で数量化したものをいう。

不動産取得税と固定資産税

重要ポイント

1．不動産取得税・固定資産税の基本事項の比較

	不動産取得税	固定資産税
課税主体	取得不動産が所在する都道府県	固定資産が所在する市町村
課税客体	不動産の取得 ×　立ち木その他定着物 ○　無償 ○　新築・増改築（価格が増加した場合のみ） ×　相続・法人の合併・信託	賦課期日（1月1日）現在の固定資産
納税義務者	不動産を取得した者	賦課期日（1月1日）において登記簿等に所有者として登記又は登録されている者（その後、譲渡等により所有者でなくなっても） ①質権、期間100年地上権 →質権者、地上権者 ②死亡しているとき →現に所有している者 ③震災・風水害等で行方不明のとき →使用者
課税標準	固定資産課税台帳の登録価格	固定資産課税台帳の登録価格
免税点	・土地の取得　10万円 ・建築による家屋の取得　23万円 ・建築以外の家屋取得　12万円	・土地　30万円 ・家屋　20万円 ・償却資産　150万円
税率	標準税率　原則4％ 土地及び住宅は3％	標準税率　1.4％
納付方法	普通徴収	普通徴収

2．不動産取得税の住宅取得に係る課税標準の特例

	新築住宅	耐震基準適合既存住宅
特例適用住宅地 （別荘は除く）	住宅の床面積50㎡以上240㎡以下	①個人が自己居住用として取得すること ②住宅の床面積50㎡以上240㎡以下 ③昭和57年1月1日以後に新築されたもの又は一定の耐震基準を満たしていることが照明されたもの
取得者	個人・法人を問わない	個人のみ
住宅の用途	①賃貸・自己居住用を問わない ②親族等に居住させてもよい	取得した個人の居住用のみ
控除される額	1,200万円	新築された時期によって決まる一定額

3．固定資産税の特例等

【課税標準の特例※】

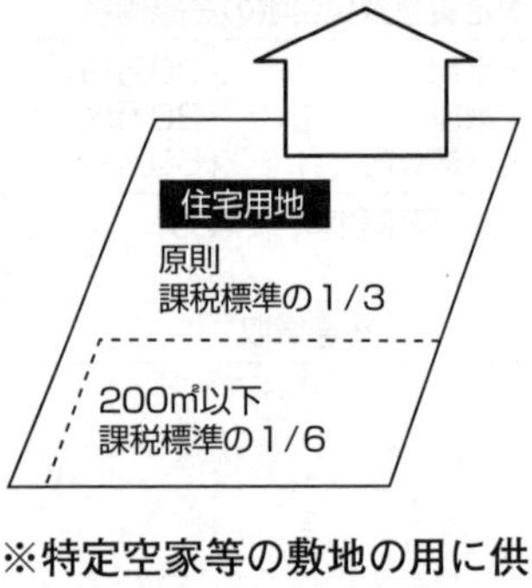

【税額の特例】

	新築住宅
適用要件	①居住部分の床面積１/２以上 ②床面積50㎡以上280㎡以下
控除期間	①非中高層耐火住宅　：３年度間
	②中高層耐火住宅　：５年度間
控除される額	税額の１/２（床面積120㎡までの居住部分）

※**特定空家等の敷地の用に供されている土地**については、住宅用地に対する課税標準の特例の**適用**が**除外**される。

4．不動産取得税・固定資産税の特例の比較

【不動産取得税の特例】

	課税標準の特例	税率の特例	税額の特例
土地	宅地　1／2	3％	住宅用土地　一定額
家屋	新築住宅　1,200万円控除 耐震基準適合既存住宅　一定額を控除	住宅　3％ 住宅以外4％	耐震基準不適合既存住宅　一定額 改修工事対象住宅　一定額

【固定資産税の特例】

	課税標準の特例	税率の特例	税額の特例
土地	一般住宅用地　1／3 小規模住宅用地　1／6		
家屋			新築住宅　3年度間　1／2 （中高層耐火住宅は5年度間）

不動産取得税

1 意義

重要度A

条文・原則

不動産取得税は、不動産の取得に対し、当該不動産所在の都道府県において当該不動産の取得者に課する（地方税法73条の2、1条2項）。

出題履歴
H26.24- 1

（1）海外の不動産の取得に対しては、課されない。

2 課税対象

重要度A

1 不動産の取得

条文・原則

課税対象は、土地の取得と家屋の取得（住宅のほか店舗・工場・倉庫などの取得も含む。）である。ここでいう不動産とは、土地・家屋のことで、立ち木その他の定着物は含まれない（地方税法73条）。

出題履歴
H22.24- 2

◆包括遺贈
相続財産全部の一定割合を譲与すること

H22.24- 1、- 3
H26.24- 4
H28.24- 2
H30.24- 3

H30.24- 2
R 2 (10).24- 3

（1）取得は**有償**（売買、交換、買換え等）であるか**無償**（贈与等）であるかを**問わない**。

ただし、**相続**、**包括遺贈**、被相続人から相続人に対してなされた特定遺贈や**法人の合併・分割、信託等形式的移転**による取得については**課税されない**（73条の7）。

（2）**家屋の取得**には、**新築**の他、**増築**や**改築**（この改築の場合には家屋の**価格が増加**した場合に限る。）により家屋の価格が増加した場合も含む（73条6号、73条の2第3項）。

また、現在保有している家屋を解体し、これを材料として他の場所に同一の構造で再建するいわゆる「**移築**」は、新築に該当するものであるが、負担の均衡上、改築の場合に準じて扱う（地方税法の施行に関する取り扱いについての通達第5章第1－2(5)）。

3 納税義務者

重要度B

1 原則

条文・原則

不動産を取得した者である。会社など法人にも課される。国、地方公共団体の場合には課税されない（73条の2第1項、73条の3第1項）。

取得時期は、現実に所有権を取得した時であり、所有権の取得に関する登記の有無は問わない。

2 新築家屋の例外

条文・原則

1 家屋を新築して譲渡することを業とする宅地建物取引業者が新築家屋を注文した場合、請負人から新築した家屋を譲渡された後、最初の使用又は譲渡が行われた日に家屋の取得がなされたものとみなされ、その時点の家屋の所有者又は譲受人が取得者とみなされて、その者が納税義務を負う。

2 ただし、家屋が新築された日から1年を経過しても、最初の使用又は譲渡が行われない場合は、1年を経過した日に家屋の取得がなされたものとみなされて、その時点の所有者が取得者とみなされ、その者が納税義務を負う（地方税法73条の2第2項、地方税法附則10条の2第1項、地方税法施行令36条の2の2）。

出題履歴
H22.24- 4
H28.24- 1
R 3 (10).24- 2

4 課税標準

理解する

条文・原則

不動産取得税の課税標準は、不動産を取得した時における不動産の価格である（73条の13）。

（1）不動産の価格は、**固定資産課税台帳**に登録されている不動産については、原則として、その**登録価格**による（73条の21）。

現実に払った取得価格ではない。

登録されていないものは、総務大臣が定める基準により都道府県知事が決定する（73条の21第2項）。

◆固定資産課税台帳

固定資産課税台帳とは、市役所や町村役場の税務課に備えられている帳簿で、この帳簿に登録された不動産の評価額が固定資産税等の課税標準の算定基準となる。

5 課税標準の特例

1　宅地取得に係る課税標準の特例

1－1　内容

重要度A

出題履歴
H24.24- 3

条文・原則

宅地の取得に係る課税標準は、当該土地の価格（固定資産課税台帳登録価格）の２分の１の額とする（附則11条の５第１項）。

2　住宅取得に係る課税標準の特例

2－1　新築住宅取得に係る課税標準の特例

重要度A

条文・原則

以下の一定の要件をみたす新築住宅を取得した場合には、その住宅に係る課税標準の算定については、１戸につき1,200万円が控除される（73条の14第１項）。

適用要件

H24.24- 2
H28.24- 3

条文・原則

床面積が50㎡以上（戸建て以外の貸家住宅にあっては40㎡以上）240㎡以下であること（施行令37条の16・17）。

（1）これを**特例適用住宅**という。

「対象範囲」は、人の居住の用に供する家屋又はその部分で、専ら避暑・避寒その他の日常生活以外の用に供するもの以外のものであり、週末に居住するため郊外等に取得するもの、遠距離通勤者が平日に居住するために職場の近くに取得するもの等は住宅の範囲に含まれるが、別荘は対象とならない。

（2）この規定は、共同住宅（アパートなど）については、**独立的に区画された一つの部分毎**に適用される。

（3）この特例の適用を受けることができるのは、**個人・法人を問わない**。

（4）賃貸しても、親族に住まわせても、住宅であればよい。

2－2　耐震基準適合既存住宅取得に係る課税標準の特例

理解する

条文・原則

個人が、後記の要件をみたす、新築された住宅でまだ人の居住の用に供されたことのないもの以外の住宅を取得した場合には、その既存住宅に係る課税標準の算定については、１戸につき、その既存住宅が新築された当時において控除されることとされていた控除額が控除される（73条の14第３項）。

適用要件

条文・原則

特例の対象となる既存住宅は、以下に掲げるいずれかの要件に該当する住宅で、その床面積が50㎡以上240㎡以下のものである（施行令37条の18）。

1　昭和57年１月１日以後に新築されたものであること。

2　建築基準法施行令第３章及び第５章の４の規定又は国土交通大臣が総務大臣と協議して定める地震に対する安全性に係る基準に適合することにつき総務省令で定めるところにより証明がされたものであること。

（1）**貸家用**に取得する場合は**適用がない**。取得した個人の居住用のみである。**法人が既存住宅を取得した場合は適用されない**。

2－3　控除額

参考

既存住宅の新築された時期	控除額
昭和60年７月１日～平成元年３月31日	450万円
平成元年４月１日～平成９年３月31日	1,000万円
平成９年４月１日以後	1,200万円

◆耐震基準不適合既存住宅の税額減額の特例

個人が耐震基準不適合既存住宅（耐震基準適合既存住宅の適用要件の１と２のいずれの要件を満たしていない既存住宅）を取得した場合でも、当該耐震基準不適合既存住宅を取得した日から６月以内に、耐震改修を行い、耐震基準に適合することにつき証明を受け、かつ、当該住宅をその者の居住の用に供したときは、耐震基準適合既存住宅において控除するものとされていた額に税率を乗じて得た額が、税額から減額される（73条の27の２第１項）。

R 3 (10).24- 1

税・その他

6 免税点

重要度A

1　免税点

課税標準額が、次の金額に満たないときは課税しない（73条の15の２）。

土地の取得	１つの土地につき	10万円
建築による家屋の取得（新築・増改築）	一戸につき	23万円
建築以外による家屋の取得（売買・交換・贈与）	一戸につき	12万円

（1）土地（家屋）を取得した者が当該土地（家屋）を取得した日から１年以内に当該土地に隣接する土地（当該家屋と一構となるべき家屋）を取得した場合においては、その前後の取得に係る土地（家屋）の取得をもって一の土地（一戸の家屋）の取得とみなして免税点の規定を適用する。

出題履歴
H24.24-1
H30.24-4
R2(10).24-2

7 税率

重要度A

条文・原則

標準税率は、原則４/100であるが（73条の15）、住宅又は土地の取得が行われた場合においては、３/100となる（附則11条の２）。

出題履歴
H28.24-4
R2(10).24-1

◆標準税率

不動産取得税の税率は、都道府県の条例により定めることになるが、それを定める場合に標準となる税率のことである。

標準税率であるから、税率が３/100でない都道府県もある。

8 納付方法

重要度A

条文・原則

納税通知書を不動産の取得者に交付して徴収する普通徴収の方法による（73条の17）。

出題履歴
H26.24-1
H30.24-1
R3(10).24-3

◆普通徴収

普通徴収とは、税を本来の納税義務者に請求し、その者に納入させることをいう。

固定資産税

1 意義

重要度B

東京23区内は、特例として都が課税する（734条1項）。

条文・原則

固定資産税は、固定資産の所在地の市町村が所有者等に対して課税する市町村税である（地方税法342条）。

2 課税対象

理解する

条文・原則

課税対象は、土地、家屋（建物）及び償却資産である（341条1号）。

3 納税義務者

重要度A

出題履歴
H27.24- 1
H29.24- 1
R 1.24- 4
R 2 (12).24- 1

1 原則

条文・原則

1 毎年1月1日（賦課期日）現在における所有者である。
ただし、質権の目的である土地は質権者、100年より永い存続期間の定めのある地上権の目的である土地は地上権者が納税義務者となる（343条1項）。
2 ここで所有者とは、土地又は家屋については、登記簿又は土地補充課税台帳若しくは家屋補充課税台帳に所有者として登記又は登録されている者をいう（343条2項）。

◆**固定資産課税台帳**
・土地課税台帳
・土地補充課税台帳
・家屋課税台帳
・家屋補充課税台帳
・償却資産課税台帳の総称

◆**土地課税台帳及び家屋課税台帳**
登記簿に登記されている土地及び家屋について登録した帳簿

（1）真実の所有者をいちいち探索するのは大変なので、登記簿等の記載に基づいて**形式的に判断**するのである。
（2）**賦課期日後に**土地・家屋を売却し、**所有者でなくなった場合**でも、**その年度分の固定資産税**については、**その者が納税義務者**となる。

税・その他

2　課税台帳主義の例外

参考

◆土地補充課税台帳及び家屋補充課税台帳

登記簿に登記されていない土地及び家屋で固定資産税を課することができるものについて登録した帳簿

出題履歴

H20.28- 1

条文・原則

1　所有者として登記又は登録されている個人が賦課期日前に死亡しているとき、又は所有者として登記又は登録されている法人が賦課期日前に消滅しているときは、賦課期日においてその土地又は家屋を現に所有している者が納税義務者となる（343条2項）。

2　市町村は、固定資産の所有者の所在が震災、風水害、火災その他の事由によって不明である場合においては、その使用者を所有者とみなして固定資産税を課することができる（343条4項）。

（1）固定資産税の納税義務者は、原則として登記簿等に所有者として登記又は登録されている者であるが、それを貫き通すと課税漏れが起きてしまうなど不合理が生じることがあるため、その**例外**として、固定資産の**実際の使用者等**に対して**課税**することとしているのである。

4 課税標準

重要度A

1　固定資産課税台帳

条文・原則

固定資産税の課税標準は、基準年度に係る賦課期日現在における固定資産課税台帳に登録されている価格である（349条）。この価格とは適正な時価をいう（341条5号）。

出題履歴

H20.28- 3

H20.28- 3

（1）価格の決定

① 固定資産の評価の基準並びに評価の実施の方法及び手続（固定資産評価基準）は、**総務大臣**が定め、**告示**する（388条1項）。

② 原則として、市町村長は、この固定資産評価基準によって、固定資産の価格を決定し（403条）、市町村は、固定資産の状況及びその価格を明らかにするため、固定資産課税台帳を備えなければならない（380条）。

※　この土地及び家屋の課税標準となる価格について

は、**原則として**据置制度が設けられており、**基準年度**（**評価替え**が行われる年度－**3年ごと**）の価格を翌々年度まで**3年間据え置く**こととされている。

しかし、基準年度以降、**地目の変換**とか家屋の増改築又は損壊などにより**価格措置が不適当**となったときは、その時点で**見直し**が行われる（349条）。

（2）台帳の閲覧

市町村長は、納税義務者や賃借権者等の求めに応じ、固定資産課税台帳のうちこれらの者に係る固定資産に関する事項が記載をされている部分又はその写しを閲覧させなければならない（382条の2、施行令52条の14）。

（3）証明書の交付請求

市町村長は、**納税義務者**や**賃借権者等**の請求があったときは、これらの者に係る固定資産課税台帳に記載をされている事項についての証明書を交付しなければならない（382条の3）。

◆基準年度

登録される価格は、3年度毎に到来する基準年度に評価し直すことになっており、基準年度に評価した額は、原則として3年間据え置かれる。

出題履歴

H23.24- 3

2　土地価格等縦覧帳簿と家屋価格等縦覧帳簿

理解する

条文・原則

市町村長は、土地価格等縦覧帳簿並びに家屋価格等縦覧帳簿を当該市町村内に所在する土地及び家屋に対して課する固定資産税の納税者の縦覧に供しなければならない（415条、416条）。

（1）帳簿の作成

市町村長は、土地価格等縦覧帳簿並びに家屋価格等縦覧帳簿を毎年3月31日までに作らなければならない。ただし、災害その他特別の事情がある場合においては、4月1日以後に作成することができる。

（2）縦覧期間

原則として、毎年4月1日から、4月20日又は当該年度の最初の納期限の日のいずれか遅い日以後の日までの間である。

ただし、災害その他特別の事情がある場合においては、4月2日以後の日から、当該日から20日を経過した日又は

出題履歴

H20.28- 4

◆土地価格等縦覧帳簿

土地課税台帳等に登録された土地の所在、地番、地目、地積及び当該年度の固定資産税に係る価格を記載した帳簿

H29.24- 2

◆家屋価格等縦覧帳簿

家屋課税台帳等に登録された家屋の所在、家屋番号、種類、構造、床面積及び当該年度の固定資産税に係る価格を記載した帳簿

当該年度の最初の納期限のいずれか遅い日以後の日までの間とすることができる。

※　この縦覧制度の目的は、固定資産税の納税者が、その納付すべき当該年度の固定資産税に係る土地又は家屋について固定資産課税台帳に登録された価格と当該土地又は家屋が所在する市町村内の他の土地又は家屋の価格とを比較することができるようにするためである。

3　不服申立て

重要度B

条文・原則

固定資産税の納税者は、その納付すべき当該年度の固定資産税に係る固定資産について固定資産課税台帳に登録された価格について不服がある場合においては、一定の期間内に文書をもって、固定資産評価審査委員会に審査の申出を行うことができる（432条）。

出題履歴
H29.24- 3

登録価格についての不服	固定資産評価審査委員会に審査の申出
登録価格以外の不服	市町村長に審査請求

H23.24- 1

5 住宅用地に対する課税標準の特例

重要度A

条文・原則

1　現に住宅の用に供している一般住宅用地（空家等対策の推進に関する特別措置法の規定により所有者等に勧告された特定空家等の敷地の用に供する土地を除く。）に対して課する課税標準は、その固定資産税の課税標準となるべき価格の1／3の額とする。

2　さらに、住宅一戸あたりの敷地の面積が200㎡以下の小規模住宅用地（空家等対策の推進に関する特別措置法の規定により所有者等に勧告された特定空家等の敷地の用に供する土地を除く。）に対して課する課税標準は、その固定資産税の課税標準となるべき価格の1／6の額とする（349条の3の2）。

出題履歴
H25.24- 3
R 1.24- 2
R 2 (12).24- 4

（1）つまり、住宅用地は、1戸あたりの**敷地面積200㎡以下の部分**の台帳価格を**1／6**とし、それを**超える部分**も**1／3**となる。

（2）この特例は、貸家住宅の用に供されている土地にも適用される。

（3）特定空家等で、空家等対策の推進に関する特別措置法に基づく必要な措置の勧告の対象となった特定空家等の敷地の用に供されている土地については、この特例の適用が除外される。

◆特定空家等

①そのまま放置すれば倒壊等著しく保安上危険となるおそれのある状態、②そのまま放置すれば著しく衛生上有害となるおそれのある状態、③適切な管理が行われないことにより著しく景観を損なっている状態、④その他周辺の生活環境の保全を図るために放置することが不適切である状態にある空家等をいう。

6 免税点

重要度 B

市町村は、同一の者について当該市町村の区域内におけるその者の所有に係る土地、家屋又は償却資産に対して課する固定資産税の課税標準額が**次の金額に満たないとき**は課税しない。

ただし、財政上その他**特別の必要がある場合**には、課することができる（351条）。

出題履歴
H20.28- 2
H27.24- 4

土地	30万円
家屋	20万円
償却資産	150万円

7 税率

重要度 B

条文・原則

固定資産税の標準税率は、1.4/100とする（350条１項）。

（1）「標準税率」とは、地方公共団体が課税する場合に通常よるべき税率をいい、これより高い税率や低い税率でも適用できる。具体的には**地方公共団体の条例**で定める。

出題履歴
H27.24- 2
R 2 (12).24- 2

8 新築住宅に対する税額の減額の特例

重要度A

条文・原則

新築住宅で次の要件に該当するものは、その住宅につき新たに固定資産税が課税されることとなった年度から3年度間（中高層耐火住宅は、5年度間）、床面積が120㎡までの居住部分について固定資産税額（併用住宅にあっては、住宅部分の固定資産税額）の1／2相当額を減額する（地方税法附則15条の6、施行令附則12条1項～6項）。

1　新築された専用住宅及び併用住宅（居住の用に供する部分の床面積が、総面積の1／2以上であるもの）であること

2　床面積（併用住宅にあっては居住の用に供する部分の床面積）が、50㎡以上（一戸建て以外の貸家住宅にあっては40㎡以上）280㎡以下であること

◆中高層耐火住宅

主要構造部を耐火構造又は準耐火構造とした住宅で地上階数3以上を有するものをいう。

9 納付方法

重要度A

条文・原則

徴収は、納税通知書を交付して徴収する普通徴収による（364条1項）。

この固定資産税の納税通知書は、遅くとも納期限前10日までに納税者に交付しなければならないことになっている（364条9項）。

R 1.24- 3
R 2 (12).24- 3

（1）納付期日は、4月・7月・12月及び2月中において、**各市町村の条例**で定めることになっている（ただし、特別の事情があるときは、これと**異なる納期を定めることができる**（362条））。

所得税

重要ポイント

1. 土地・建物の譲渡所得に関する基本事項

課税主体	国（国税）
納税義務者	土地や建物等の譲渡により所得を得た個人
課税標準 （課税譲渡所得金額）	課税譲渡所得金額＝収入金額－（取得費＋譲渡費用）－特別控除
主な特別控除	1　収用・交換等の　5,000万円特別控除　※長期・短期可 2　居住用財産の　3,000万円特別控除　※長期・短期可
長期譲渡所得の税率	原則税率15% 【長期譲渡所得の課税の特例】 1　優良住宅地の造成等のために土地等を譲渡した場合の課税の特例 2,000万円以下の部分について　10% 2,000万円を超える部分について　15% 2　所有期間10年を超える居住用財産を譲渡した場合の課税の特例 6,000万円以下の部分について　10% 6,000万円を超える部分について　15%
納付方法	申告納付

2. 住宅ローン控除制度の適用要件等

控除期間	13年	
控除率	1.0%	
適用要件	所得金額	3,000万円を超える年は受けられない。
	借入金等の償還期間	10年以上 ⇒親族等の個人的な借入金や、勤務先からの借入金で年利1%未満のものは含まれない。
	居住用家屋の主な要件	・取得等の日から原則6か月以内に居住 ・床面積50㎡以上 ・床面積の2分の1以上が自己居住用

3．重複適用について

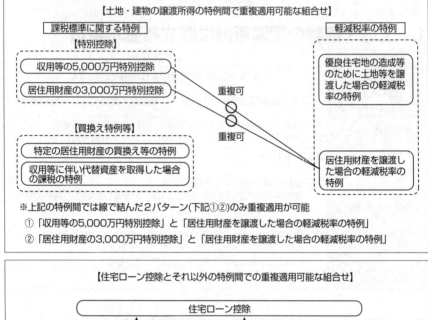

【土地・建物の譲渡所得の特例間で重複適用可能な組合せ】

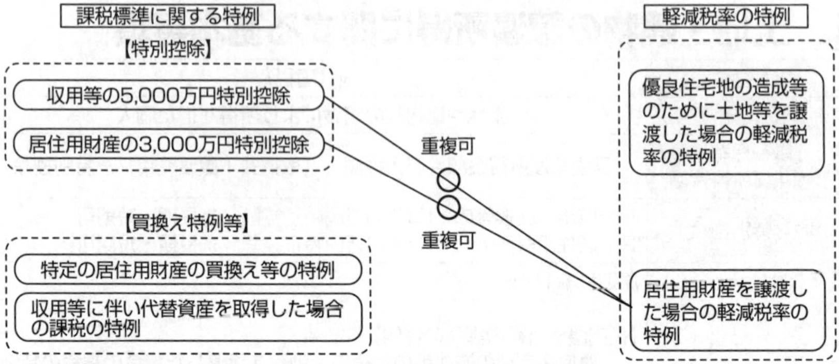

※上記の特例間では線で結んだ２パターン(下記①②)のみ重複適用が可能

①「収用等の5,000万円特別控除」と「居住用財産を譲渡した場合の軽減税率の特例」

②「居住用財産の3,000万円特別控除」と「居住用財産を譲渡した場合の軽減税率の特例」

【住宅ローン控除とそれ以外の特例間での重複適用可能な組合せ】

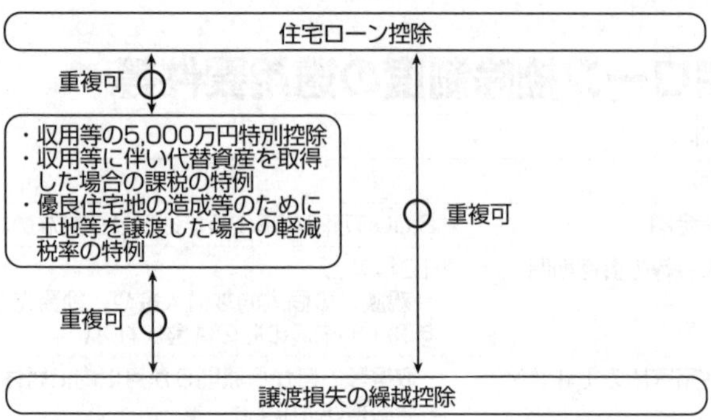

※同じ枠内に重ねて適用できる特例はない。

1 所得税の意義

参考

条文・原則

所得税は、個人の所得（法人の所得は除く－法人税）に対して課税される国税である。

2 譲渡所得総説

1 譲渡所得の意義

理解する

条文・原則

譲渡所得とは、資産の譲渡による所得をいい、例えば、土地、借地権、建物、機械等の譲渡による所得である（所得税法33条１項、租特法31条１項）。

2 譲渡所得の税額の計算式

理解する

条文・原則

総収入金額－（取得費＋譲渡費用）－特別控除

課税譲渡所得金額 × 税率 ＝ 税額

3 土地・建物の長期譲渡所得と短期譲渡所得

重要度A

条文・原則

譲渡年１月１日における所有期間が５年を超える土地建物等を譲渡して得た所得を長期譲渡所得、所有期間が５年以下の土地建物等を譲渡して得た所得を短期譲渡所得という（租特法31条、32条）。

（１）長期譲渡所得と短期譲渡所得では、後述のとおり、税率が異なっている。具体的には、長期譲渡所得の原則税率が15％なのに対し、短期譲渡所得の原則税率は30％で、短期譲渡所得の方が高くなっている。

◆取得費

譲渡した資産の取得に要した費用とその後支出した設備費、改良費の合計額である（所得税法38条１項）。たとえば、資産を買った時の代金、媒介手数料等である。

◆譲渡費用

資産を譲渡するために直接かかった経費である。たとえば、媒介手数料、契約書を作成するための印紙税、土地の測量費用等である。

出題履歴

H20.26-1

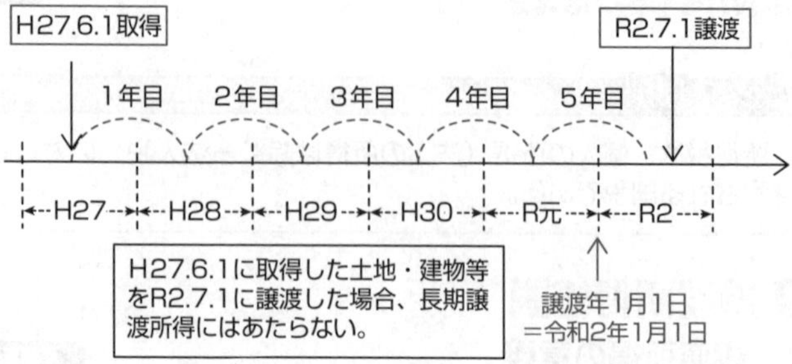

4 土地・建物の譲渡所得の特別控除

理解する

1　収用・交換等の場合の譲渡所得等の特別控除

条文・原則

個人の有する土地建物等が収用等又は交換処分等により譲渡された場合で一定の要件を満たすとき、5,000万円の特別控除を受けることができる（租特法33条の4）。

（1）土地等が、土地収用法、都市計画法等の規定に基づいて収用され、補償金を取得する場合等の特別控除である。短期譲渡所得についても適用される。

2　居住用財産の譲渡所得の特別控除

重要度A

条文・原則

個人が、居住用財産を譲渡した場合には、3,000万円の特別控除を受けることができる（租特法35条1項）。

（1）**「居住用財産の譲渡」**とは、現に自己が居住の用に供している**家屋の譲渡**又は**その家屋とともにするその敷地**の用に供されている土地の譲渡をいう。

また、自己が居住していた家屋で、その居住の用に供されなくなった家屋の譲渡又はその家屋とともにするその敷地に供されていた土地の譲渡（**居住の用に供されなくなった日から3年を経過する日の属する年の12月31日までの**

間の譲渡に限る。）なども含む。

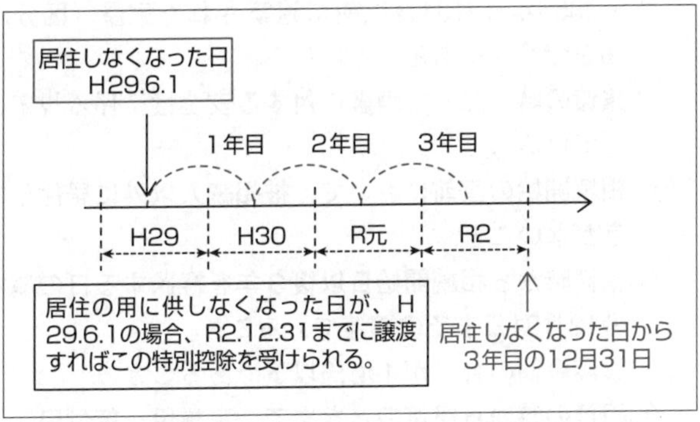

この特別控除は、**長期譲渡所得、短期譲渡所得のいずれについても適用がある**。

出題履歴
H24.23- 1

（2）ただ、当該個人と**特別な関係にある者に譲渡した場合には、この特別控除を受けることができない。ここに「特別な関係」とは、配偶者、直系血族、当該個人の親族で当該個人と生計を一にしているもの等をいう**（租特法施行令23条2項、20条の3第1項）。

H24.23- 4
R 1.23- 3

（3）また、当該個人がその年の**前年又は前々年に**、既にこの特別控除又は**特定の居住用財産の買換え・交換の課税の特例、居住用財産の買換え等の場合の譲渡損失の繰越控除若しくは特定居住用財産の譲渡損失の繰越控除の適用**を受けている場合にも、**この特別控除を受けることができない**。

（4）この特例を受けるためには、居住用財産を譲渡した日の属する年分の確定申告書にこの特例を受けようとする旨の記載をしなければならない（租特法35条2項）。

3　空き家に係る譲渡所得の3,000万円特別控除

重要度 A

条文・原則

相続又は遺贈による被相続人の居住用財産（当該家屋とともにするその敷地および当該家屋を除却した後のその敷地を含む）を譲渡した場合、一定の要件のもと、3,000万円の特別控除を受けることができる（租特法35条3項）。

税・その他

（1）適用要件

①**昭和56年5月31日以前に建築された家屋**（**区分所有建物を除く**）であること。

②**譲渡の時**において**地震に対する安全性**に係る規定に適合していること。

③**相続開始の直前**において、**被相続人以外に居住していた者がない**こと。

④**相続時から相続開始日以後3年を経過する日の属する年の12月31日までの譲渡**であること。

⑤譲渡金額の合計が**1億円以下**であること。

⑥**相続の時から譲渡のときまで、事業用、貸付用、居住用になっていない**こと。

⑦地方公共団体の長などが②⑥の要件を満たすことの確認をした旨を証する書類を添付すること。

5 土地・建物の長期譲渡所得の税率と軽減税率の特例

1　長期譲渡所得の税率

重要度C

条文・原則

税率は、一律15%となる（租特法31条）。

2　課税の特例（軽減税率の特例）

2－1　優良住宅地の造成等のために土地等を譲渡した場合の軽減税率の特例

重要度B

条文・原則

個人が行った土地等の譲渡が、優良住宅地の造成等のために土地を譲渡した場合には、他の長期譲渡所得と分離して税率は、課税譲渡所得金額2,000万円以下の部分については10%、2,000万円を超える部分については15%となる（租特法31条の2）。

課税長期譲渡所得金額2,000万円以下の部分について	10%
〃　　　2,000万円を超える部分について	15%

（1）**優良住宅地の造成等のための譲渡**

① 国・地方公共団体又は首都高速道路株式会社等に対する譲渡

② 独立行政法人都市再生機構、土地開発公社等の行う住宅建設又は宅地造成の用に供するための譲渡

③ **収用交換等による土地等の譲渡** 等

（2）収用交換等の場合の**5,000万円特別控除**の適用を受ける場合、**特別控除後**の譲渡益について、さらに**この特例の適用を受けることはできず**、収用交換等により代替資産等を取得した場合の課税の特例などを適用する場合にも、この特例の適用はない（租特法31条の２第４項）。

2－2 居住用財産を譲渡した場合の軽減税率の特例

重要度A

条文・原則

個人が、その年の１月１日において所有期間が10年を超える土地建物等のうち、居住用財産に該当するものを譲渡した場合は、課税長期譲渡所得金額につき、他の長期譲渡所得と分離して、次のように課税される（租特法31条の３）。

課税長期譲渡所得金額が6,000万円以下の部分について	10%
〃 6,000万円を超える部分について	15%

（1）たとえば、所有期間11年の居住用財産を売って１億円の課税長期譲渡所得金額がある場合、6,000万円までの部分は10％の600万円が、6,000万円を超える部分に相当する4,000万円については15％の600万円が税額となり、合計の税額は1,200万円となる。

出題履歴
H24.23- 3

（2）この特例における**居住用財産**とは、居住用財産を譲渡した場合の**3,000万円の特別控除における居住用財産と同様**のものをいう。

また、自己の居住の用に供している家屋が**複数ある場合**には、主として居住の用に供していると認められる**一の家屋に限って**適用される（租特法施行令20条の３第２項）。

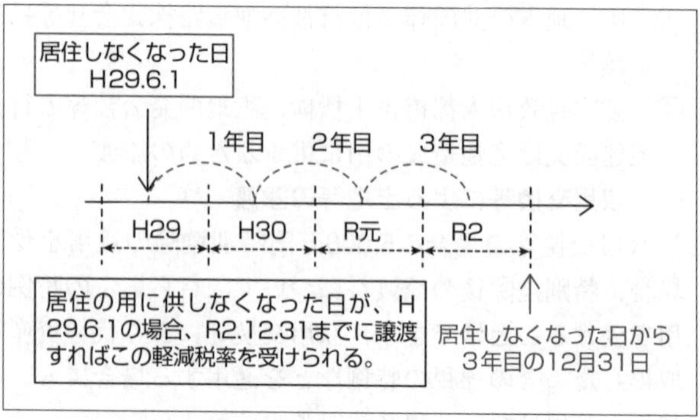

（3）この特例は、次の場合には受けることができない（租特法施行令20条の3第1項）。

① **配偶者、直系血族、当該個人の親族で当該個人と生計を一にしているもの等、特別な関係にある者に譲渡した**場合

R 1.23- 2 ② その年の**前年又は前々年**に既にこの特例を受けている場合

③ **買換え特例**を受けた場合

（4）この特例を受けようとする者は、その年分の確定申告書に、この特例の適用を受けようとする旨の記載をしなければならない（租特法31条の3第3項）。

R 1.23- 1 （5）居住用財産を譲渡した場合の**3,000万円特別控除**と、この特例は**重ねて適用を受けることができる**。また、土地が収用事業のために買い取られた場合などには、収用・交換等の場合の**5,000万円特別控除との重複適用も可能**である。

出題履歴
H24.23- 2

6 土地・建物の短期譲渡所得の税率

1 短期譲渡所得の税率

参考

条文・原則

個人が、譲渡した日の属する年の1月1日における所有期間が5年以下の土地建物等を譲渡した場合の短期譲渡所得の課税額は、譲渡益から特別控除額を控除した課税短期譲渡所得金額について以下の金額となる（租特法32条）。
課税短期譲渡所得金額×30%
ただし、国等に対する譲渡については、×15%となる。

講師からのアドバイス
短期譲渡所得の税率は高い(30%)ということを覚えておく程度でよい。

7 土地・建物の譲渡所得の買換え特例

1　特定の居住用財産の買換え・交換の場合の長期譲渡所得の課税の特例（租特法36条の2、36条の5、同施行令24条の2）

重要度 A

条文・原則

個人が以下の要件を満たす居住用財産の買換え・交換をした場合には、居住用財産の譲渡による収入金額が買換え・交換資産の取得価額以下である場合には課税されず、その収入金額が買換え・交換資産の取得価額を超える場合にあっては、その超える部分について課税される。

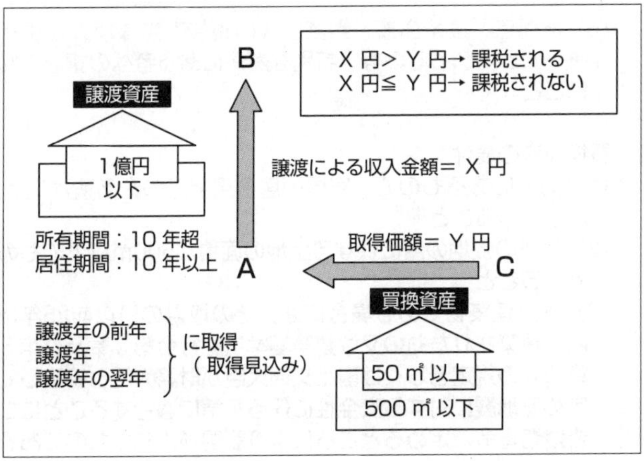

適用の要件

条文・原則

1　譲渡資産の要件

(1) 譲渡した年の１月１日における所有期間が10年を超えていること

(2) 国内にあるもので、当該個人の居住期間が10年以上であること

(3) 譲渡に係る対価の額が１億円以下であること

(4) 現に自己が居住の用に供している家屋、もしくは居住の用に供されなくなった日から同日以後３年を経過する日の属する年の12月31日までの間に譲渡されるものであること

(5) 配偶者、直系血族、当該個人の親族で当該個人と生計を一にしているもの等、特別な関係にある者への譲渡でないこと

2　買換資産の要件

(1) 国内にあるもので、家屋の居住用部分の床面積が50㎡以上であること

(2) 家屋の敷地の用に供する土地の面積が500㎡以下のものであること

(3) 耐火建築物である場合には、その取得の日以前25年以内に建築されたもの又は建築基準法施行令第３章及び第５章の４の規定若しくは国土交通大臣が財務大臣と協議して定める地震に対する安全性に係る基準に適合することにつき財務省令で定めるところにより証明がされたものであること

(4) 取得の時期が、以下のいずれかのものであること

① 譲渡資産の譲渡の日の属する年の前年の１月１日から譲渡の日の属する年の12月31日までの間に取得したものであること

② 譲渡資産の譲渡の日の属する年の翌年中に取得する見込みであるものであること

(5) 以下の時期までに当該個人の居住の用に供し、又は供する見込みであること

① 上記①の時期に取得したものについては、譲渡資産の譲渡の日の属する年の翌年12月31日までの間に居住の用に供し、又は供する見込みであること

② 上記②の時期に取得したものについては、買換資産の取得の日の属する年の翌年12月31日までの間に居住の用に供する見込みであること

◆耐火建築物

登記簿に記録された当該家屋の構造が鉄骨造、鉄筋コンクリート造、鉄骨鉄筋コンクリート造等である建物をいう。

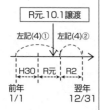

（1）居住の用に供している家屋を譲渡した場合に限らず、居住の用に供されなくなった家屋についても、**居住の用に供されなくなった日から同日以後３年を経過する日の属する年の12月31日までの間に譲渡されるもの**であれば、この特例の適用を受けることができる。

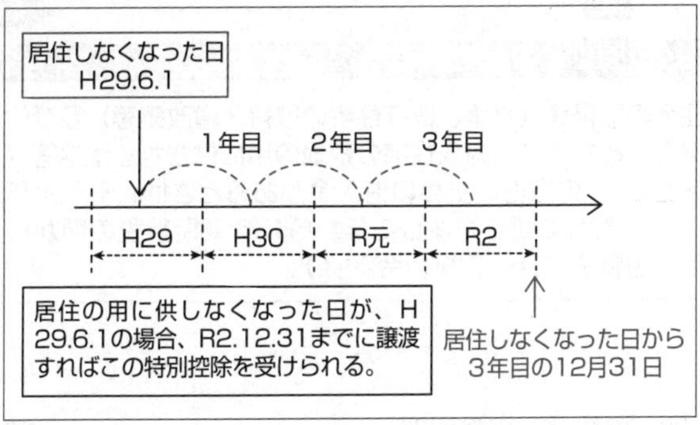

（2）譲渡資産の譲渡に係る対価の額については、譲渡資産の譲渡以前及び以後**３年以内**に、**譲渡資産と一体であった居住用財産**を譲渡した場合は、その居住用財産の譲渡に係る対価の額も含めて**１億円以下**でなければならない（租特法36条の２第３・４項）。

（3）譲渡資産の譲渡先が、譲渡した者の配偶者、直系血族その他**一定の関係にある者であるときは**、この特例の適用を受けることはできない（租特法施行令24条の２第１項、20条の３第１項）。

なお、この適用を受けようとする者は、譲渡資産の譲渡をした年分の確定申告書にその適用を受けようとする旨を記載しなければならない。

（4）この特例と居住用財産を譲渡した場合の**3,000万円特別控除及び**居住用財産を譲渡した場合の**長期譲渡所得の軽減税率の特例とは、選択適用**になる。

8 住宅借入金等を有する場合の所得税額の特別控除

1　住宅借入金等を有する場合の所得税額の特別控除（住宅ローン控除制度）

1－1　概要

重要度B

条文・原則

住宅の取得等（新築、既存住宅の取得・増改築等）及び住宅の取得等とともにする対象住宅の敷地の用に供される土地等（借地権を含む。）の取得のための借入金があるときは、借入金年末残高の一定割合の額を居住した年から13年間所得税の額から控除する（租特法41条、同施行令26条）。

1－2　控除額と控除期間

理解する

条文・原則

その年分の所得税の額から、その年の12月31日における借入金又は債務の金額の区分に応じて、一定の額が控除される。

（1）一般住宅を令和４年10月１日に居住の用に供した場合は、以下の所得税額が控除される。

住宅の取得等が特別特定取得（※１）に該当する場合

居住開始時期	控除期間	住宅借入金等の年末残高	控除率	最大控除額（※２）	
				年　間	10年間
令和３年１月１日～令和４年12月31日	13年	4,000万円	1.0%	40万円	400万円

※１　「特別特定取得」とは、住宅の取得等の対価の額又は費用の額に含まれる消費税額等が、10%の税率により課されるべき消費税額等である場合におけるその住宅の取得等をいう。

※２　11年目～13年目は一定額から控除

1－3　控除要件

重要度B

条文・原則

合計所得金額が3,000万円を超える年は、控除を受けられない。

（1）適用の要件

① 借入金又は債務は、**償還期間が10年以上**の割賦償還の方法又は割賦払いの方法によるもので、住宅の取得等に要する資金にあてるための金融機関、独立行政法人住宅金融支援機構、地方公共団体等からの借り入れであること（**住宅ローン**）。

親族等からの個人的な借入金や、勤務先からの借入金で**年利１％未満**のものは含まれない（租特法施行令19条の２第２項、同施行規則11条の２第１項）。

② 住宅を新築又は取得等の日から**６か月以内**にその者の**居住**の用に供し、引き続き居住していること。

ただ、転勤等やむをえない事情により一時転出し、その後当該事情が解消され再び入居した場合、再入居した年以後の適用又は再適用を認める（租特法41条11・14項）。

③ 床面積が、**50㎡（合計所得金額が1,000万円以下の者は40㎡）以上**であり、その家屋の床面積の２分の１以上がもっぱら自己の居住の用に供されるものであること。

④ **既存住宅**の場合には、次のいずれかに該当するものであること。

ア　当該家屋がイに規定する**耐火建築物以外の建物**である場合には、その取得の日以前**20年以内**に建築されたものであること。

イ　当該家屋が**耐火建築物**である場合には、その取得の日以前**25年以内**に建築されたものであること。

ウ　当該家屋が建築基準法施行令第３章及び第５章の４の規定又は国土交通大臣が財務大臣と協議して定める**地震に対する安全性に係る基準に適合**するものであること。

⑤ **増築**、**改築**及びマンションの**リフォーム**、一定のバリアフリー改修工事、一定の省エネ改修工事等の場合には、その工事に要した費用の額（**国等から補助金等の交付を受け**

税・その他

る場合には、その額を控除した金額）が100万円を超えるものであること。

※　これらの増改築等については、居住の用に供している住宅について行った増改築等だけではなく、当該住宅に居住する前に行った増改築等についても適用がある（もちろん、どちらにしても、増改築等後、６か月以内に増改築等の部分を居住の用に供する必要がある。）。

（２）適用除外

入居した年以前３年間に居住用財産の課税の特例**（3,000万円特別控除、軽減税率の特例、買換え特例等）**の適用を受けた場合には、この特別控除の適用は受けられない。また、入居した年の**翌年・翌々年**において、この控除対象家屋とその敷地以外の資産の譲渡に関し、上記居住用財産の課税の特例の適用を受けた場合にも、この特別控除の適用は受けられない。

（３）居住用財産の**譲渡損失の繰越控除制度と併用**することはできる。

１－４　適用の手続

参考

この特別控除の適用を受けようとする者は、所轄税務署に**確定申告**をしなければならない。なお、給与所得者は適用**２年目以降**については、給与所得の**年末調整**で税額控除を受けることができる。

２　住宅の三世代同居改修工事等に係る住宅借入金等を有する場合の所得税額の特別控除

重要度C

◆一定の三世代同居改修工事

①調理室、②浴室、③便所又は④玄関のいずれかを増設する工事（改修後、①から④までのいずれか２つ以上が複数となるものに限る。）であって、その工事費用（補助金等の交付があるときは、当該補助金等の額を控除した後の金額）の合計が50万円を超えるものをいう。

条文・原則

個人がその者の有する居住用家屋について借入金を利用して、一定の三世代同居改修工事を含む増改築等をした場合、居住の用に供した時から５年間、一定の金額が所得税額から控除される（租特法41条の３の２第２項３号）。

9 居住用財産の譲渡損失の繰越控除

1　居住用財産の買換え等に伴う譲渡損失の繰越控除制度（租特法41条の5、同施行令26条の7）

重要度B

条文・原則

個人の一定の住宅の買換え等において発生した譲渡損失については、その年の損益通算後の控除しきれない譲渡損失について、翌年以後3年間にわたり繰越控除ができる。

（1）**譲渡損失**とは、たとえば、5年前に5,000万円で購入した住宅が、その後の値下がりにより今回は3,000万円でしか売却できなかった場合の差し引き2,000万円の損失（減価償却は考えない。）をいう。

このような場合、たとえば給与所得が1,000万円の者であれば、所得より損失が大きいが、所得と損失を損益通算して、その年の所得税は課税されないものとすることはできないのが原則である。しかし、特例により損益通算が認められ、その年の所得税は課税されず、しかも、1,000万円－2,000万円＝▲1,000万円の控除しきれなかった譲渡損失は、一定の住宅に買い換えた場合に限り、**翌年以降も3年間**にわたり（**当年を含めると合計4年間**）繰越控除を認めることにした。

主要な適用要件

条文・原則

1　所有期間5年超の居住用財産を譲渡した場合であること
この譲渡資産とされる家屋については、居住の用に供しているもの又は居住の用に供されなくなった日から同日以後3年を経過する日の属する年の12月31日までに譲渡されるものであることが適用要件とされている。
2　買換資産は、譲渡年の前年1月1日から翌年12月31日までに取得すること
3　合計所得金額が3,000万円以下である年であること
4　買換資産の住宅の床面積が50㎡以上であること

税・その他

（1）前述の**住宅借入金等を有する場合の所得税額の特別控除制度と併用**することができる。

MEMO

その他の税法

重要ポイント

1. 贈与税における相続時精算課税制度の住宅取得等資金の特例

	相続時精算課税
贈与者の資格	年齢制限なし
受贈者の資格	20歳以上の直系卑属である推定相続人又は孫
控除	限度額2,500万円
税率	20%

2. 登録免許税・印紙税の比較

	登録免許税	印紙税
課税主体	国（国税）	国（国税）
納税義務者	不動産の登記などを受ける者	課税文書の作成者
課税対象	不動産の登記など	課税文書の作成
課税標準	不動産の価額・債権額など	文書の記載金額など

登録免許税の特例による税率の軽減措置

①住宅用家屋の所有権保存登記　一定の要件→1.5/1,000　※①

②住宅用家屋の所有権移転登記（売買等）　一定の要件→　3/1,000　※②

③住宅取得資金の貸付け等に係る抵当権設定登記　一定の要件→　1/1,000　※③

※①　特定認定長期優良住宅の場合は 1/1,000

※②　建築後使用されたことのない特定長期優良住宅の場合は 1/1,000（一戸建ては 2/1,000）

※③　特定の増改築等がされた住宅用家屋の場合は 1/1,000

適用要件	①自己居住用家屋であること ②家屋の床面積が50㎡ 以上であること ③新築又は取得後１年以内に登記を受けること ④所有権移転登記については、売買・競売による取得であること ⑤所有権保存登記については、新築住宅のみ適用。所有権移転登記・抵当権設定登記については、既存住宅※にも適用可能。 ※既存住宅の場合以下のいずれかに該当するもの ア）非耐火建築物は築20年以内、耐火建築物は築25年以内 イ）一定の耐震基準に適合していること
注意点	①土地には適用がない ②法人には適用がない ③所得要件はない

3．印紙税の課税文書と非課税文書・不課税文書

主な課税文書とポイント	非課税文書と不課税文書
・不動産の譲渡に関する契約書⇒不動産売買契約書等 ・地上権又は土地の賃借権の設定又は譲渡に関する契約書⇒土地賃貸借契約書等 ・請負に関する契約書 ・金銭の受取書⇒手付の受取書等	【非課税文書】 ・記載された金額が５万円未満の受取書 ・営業に関しない受取書 ・国等が作成した文書
【ポイント】 ※上記契約には、予約に関するものも含まれる。 ※仮文書、仮契約書等も課税文書になり得る。 ※写し、副本、謄本等も一定の場合には課税文書に該当する。	【不課税文書】 ・建物の賃貸借契約書 ・抵当権の設定に関する契約書 ・委任に関する契約書（不動産売買等の媒介契約書等） ・委任状

4．主な印紙税課税文書の記載金額

契約書の種類		記載金額	備考
1．売買契約書		売買金額	
2．交換契約書		交換金額	・契約書に交換対象物双方の価格が記載されているときは高い方の額 ・交換差金のみが記載されているときは当該交換差金の額
3．贈与契約書		記載金額のない契約書	・「記載金額のない契約書」として200円の印紙税がかかる。
4．地上権及び土地賃借権の設定・譲渡契約書		設定又は譲渡の対価たる金額	・権利金、礼金、更新料等、契約に際して相手方に交付し、後日返還されることが予定されていない金額 ・地代、賃料は記載金額ではない。
5．契約金額の変更を証すべき文書	増額変更	増加額	
	減額変更	記載金額のない契約書	・「記載金額のない契約書」として200円の印紙税がかかる。
6．1通の契約書に複数の記載金額がある場合	同一種類の契約	合計金額	・土地甲を5,000万円、土地乙を4,000万円、建物丙を3,000万円で譲渡する旨を記載した契約書の課税標準は、1億2,000万円となる。
	異なる種類の契約	高い方の金額	・土地の譲渡契約（譲渡金額4,000万円）と建物の請負契約（請負金額5,000万円）を1通の契約書にそれぞれ区分して記載した場合、契約書の課税標準は、5,000万円　となる。
7．単価・数量・記号等によりその契約金額等の計算をすることができるとき		計算により算出した金額	・1㎡当たり20万円の土地を100㎡譲渡する旨記載した契約書の課税標準は、2,000万円となる。
8．消費税額等が明らかである場合		消費税額等は記載金額に含まれない	・下記①②③の場合には、いずれも消費税額等は記載金額に含まれない。 <建物の譲渡契約の例> ①譲渡金額1,100万円 （税抜価格1,000万円 消費税額等100万円） ②譲渡金額1,100万円 （うち消費税等100万円） ③譲渡金額1,000万円 消費税額等100万円 合計1,100万円

贈与税

1 意義

参考

条文・原則

贈与税とは、個人から土地や家屋などの財産を贈与された場合に、贈与を受けた個人に対して課せられる国税である。

2 贈与税の計算

参考

1 計算式

条文・原則

{（贈与財産—非課税財産）－控除}×税率＝贈与税額

（贈与財産—非課税財産）：課税価格

2 直系尊属から住宅取得等資金の贈与を受けた場合の贈与税の非課税制度（租特法70条の2、同施行令40条の4の2）

贈与者	直系尊属（年齢不問）
受贈者	1月1日現在、20歳以上の者
所得要件	合計所得金額が2,000万円以下
贈与財産の種類	住宅の取得等（新築・取得・増改築等）のための資金（金銭）
非課税限度額	1,000万円（省エネ等の住宅は1,500万円）
贈与を受けた資金で取得等する住宅用家屋	・床面積50㎡以上240㎡以下（合計所得金額1,000万円以下の場合は40㎡以上240㎡以下） ・下記の①②のいずれかに適合すること ①耐震基準 ②経過年数基準［非耐火建築物：築後20年以内 耐火建築物　：築後25年以内］ ・床面積の2分の1以上が専ら自己居住用 ・受贈者と特別の関係にある者（配偶者・直系血族・生計を一にしている親族等）から取得等したものでないこと
増改築	・増改築費用が100万円以上であること・増改築後の床面積が50㎡以上240㎡以下であること
併用適用	3暦年課税、4 1 相続時精算課税（本則）、2 2 特定の贈与者から住宅取得等資金の贈与を受けた場合の相続時精算課税の特例との併用可能

出題履歴
H27.23- 1～4

講師からのアドバイス

例えば、親から住宅取得等資金の贈与を受けた者が、その資金で、生計を一にしている宅建業者の叔父から住宅を購入したときは、この非課税制度を受けることができない。

◆他の控除との併用

この非課税制度の適用後の残額に、暦年課税であれば基礎控除（110万円）、相続時精算課税であれば特別控除（2,500万円）が適用される。

税・その他

◆暦年課税

1年間（暦年単位）に贈与を受けた財産の合計額を基に贈与税額を計算するもの

◆基礎控除

贈与額が少額のため課税するのが適当でないもの

講師からのアドバイス

暦年課税では、住宅取得等資金の贈与の場合、700万円(非課税限度額)＋110万円(基礎控除額)＝810万円まで課税されないことになる。

◆相続時精算課税

贈与を受けた時に、一定の税率で贈与税を納付し、贈与者が亡くなった時に相続税で精算するもの

3 暦年課税

参考

控除等

控除	①基礎控除　限度額110万円 ②配偶者控除　限度額　2,000万円 ・贈与者　婚姻期間が20年以上である配偶者 ・居住用不動産又は居住用不動産を取得するための金銭の贈与が行われたこと ・同じ配偶者につき既にこの控除の適用を受けているときには重ねて適用を受けられない。
税率	超過累進税率
税額	贈与税の配偶者控除・基礎控除後の課税価格に、税率を乗じて計算する。

（相続税法21条の６、21条の７、租特法70条の２の４）

4 相続時精算課税制度

重要度A

1　相続時精算課税（本則）

条文・原則

生前の贈与における資産の移転を円滑化にすることを目的に導入され、納税者の選択により、暦年課税に代えて本制度による納税ができる（相続税法21条の9、租特法70条の2の6)。

贈与者	60歳以上の父母・祖父母
受贈者	1月1日現在、20歳以上の推定相続人・孫
所得要件	なし
贈与財産の種類	制限なし
累積控除限度額	贈与者ごとに、2,500万円 （累積額がこの範囲内であれば、贈与・控除回数に制限なし）
税率	20% ［贈与税額は、贈与者ごとに贈与財産の合計額から2,500万円を控除した後の金額に、一律20%の税率を乗じて算出する］
併用適用	22 直系尊属から贈与を受けた住宅取得等資金の贈与を受けた場合の贈与税の非課税制度との併用可能

2　特定の贈与者から住宅取得等資金の贈与を受けた場合の相続時精算課税の特例

贈与者	父母・祖父母（年齢不問）
受贈者	1月1日現在、20歳以上の推定相続人・孫
所得要件	なし
贈与財産の種類	住宅の取得等（新築・取得・増改築等）のための資金（金銭）
贈与を受けた資金で取得等する住宅用家屋	・床面積40㎡以上（上限なし） ・下記の①②のいずれかに適合すること ①耐震基準 ②経過年数基準［非耐火建築物：築後20年以内／耐火建築物　：築後25年以内］ ・床面積の2分の1以上が専ら自己居住用 ・受贈者と特別の関係にある者（配偶者・直系血族・生計を一にしている親族等）から取得等したものでないこと
取得等の期限	贈与を受けた年の翌年3月15日までに、贈与を受けた金銭全額を住宅用家屋（その敷地等の取得を含む）の取得等のための対価に充て、かつ、受贈者の居住の用に供し、又は供する見込みであること
累積控除限度額	贈与者ごとに、2,500万円 （累積額がこの範囲内であれば、贈与・控除回数に制限なし）
増改築	・増改築費用が100万円以上で、かつ、居住用部分の工事費用が全体の2分の1以上であること ・増改築後の床面積が40㎡以上（上限なし）であること ・床面積の2分の1以上をもっぱら居住の用に供すること
税率	20% 贈与税額は、贈与者ごとに贈与財産の合計額から2,500万円を控除した後の金額に、一律20%の税率を乗じて算出する
併用適用の可否	22 直系尊属から贈与を受けた住宅取得等資金の贈与を受けた場合の贈与税の非課税制度との併用可能

（相続税法21条の9、21条の10、21条の12、21条の13、租特法70条の3、同施行令40条の5）

出題履歴
H22.23- 1、- 2

H22.23- 3

講師からのアドバイス
例えば、祖母から住宅取得等資金の贈与を受けた者が、その資金で、大工をしている父親に住宅を建築してもらったときは、この特例を受けることができない。

H22.23- 4

講師からのアドバイス
相続時精算課税では、住宅取得等資金の贈与の場合、特例の適用があれば、700万円(非課税限度額)＋2,500万円(特別控除額)＝3,200万円まで課税されないことになる。また、こちらは、所得制限がない。

2　相続税との精算

（1）相続時には、贈与額と相続額の合計から計算された相続税から、既に納めている贈与税を控除する。

（2）相続税から控除しきれない贈与税は還付される。

登録免許税

1 意義

参考

条文・原則

登録免許税は、登録免許税法別表第一に掲げる登記、登録、特許、免許、許可等について課せられる国税である（登録免許税法2条）。

（1）表示に関する登記については、原則として登録免許税は課されない。

ただし、土地の**分筆・合筆又は建物の分割・区分・合併による表示の変更登記**には**課税**される。

2 納税義務者

重要度C

条文・原則

1　登記等を受ける者は、登録免許税を納める義務がある。
2　登記等を受ける者が2人以上あるときは、これらの者は、連帯して登録免許税を納付する義務を負う（3条）。

（1）たとえば、**土地の売買契約**に基づき所有権移転登記を受ける場合、**売主と買主の双方が連帯して**登録免許税を納める義務を負う。

（2）**国、地方公共団体**等が自己のために受ける登記等には、課税されない（4条）。

3 課税標準及び税率

1　主な登記の課税標準と税率

理解する

登記等の事項	課税標準	税率
1　所有権の保存登記	不動産の価額	4/1,000
2　相続による所有権移転登記 売買・贈与による所有権移転登記 ※土地の売買による所有権移転登記	不動産の価額 不動産の価額 不動産の価額	4/1,000 20/1,000 15/1,000 （特例税率）
3　地上権・賃借権の設定登記	不動産の価額	10/1,000
4　抵当権・質権の設定登記	債権金額 極度金額	4/1,000

2　不動産の価額

理解する

条文・原則

1　不動産の価額は、当該登記の時における不動産の価額による。
2　この場合において、当該不動産の上に所有権以外の権利その他処分の制限が存するときは、当該権利その他処分の制限がないものとした場合の価額による（10条１項）。

（1）**課税標準たる不動産の価額**は、当分の間、**固定資産課税台帳に登録された価格**のある不動産については、課税台帳に登録された当該不動産の価格に100/100を乗じて計算した金額となる（附則７条、施行令附則３）。

出題履歴
H21.23- 3
R 2 (12).23- 3

4 税率の軽減

1　住宅用家屋の所有権の保存登記の税率の軽減

重要度A

条文・原則

個人が、住宅用の家屋で政令で定めるもの（以下「住宅用家屋」という。）を新築し、又は建築後使用されたことのない住宅用家屋を取得し、当該個人の居住の用に供した場合には、当該住宅用家屋の所有権の保存の登記に係る登録免許税の税率は、当該住宅用家屋の新築又は取得後１年以内に登記を受けるものに限り、1.5/1,000となる（租特法72条の２、同施行令41条）。

R 2 (12).23- 4

（1）**個人に限り適用**があり、法人が社宅を新築し、その所有権保存登記をするに当たっては、この特例の適用を受けることはできない。ただ、個人は、その**年収にかかわらず**、また、**既にこの特例の適用を受けた**ことがあるか否かにかかわらず、この特例の適用を受けることができる。

（2）対象となる住宅用家屋は、床面積**50㎡以上**であることを要するが、木造の戸建て住宅であっても適用がある（租特法施行令41条）。

2　住宅用家屋の所有権の移転登記の税率の軽減

重要度A

条文・原則

個人が、建築後使用されたことのない住宅用家屋又は建築後使用されたことのある住宅用家屋のうち政令で定めるものの取得をし、当該個人の居住の用に供した場合には、これらの住宅用家屋の所有権移転登記に係る登録免許税の税率は、これらの住宅用家屋の取得後１年以内（一定のやむを得ない事情がある場合には、政令で定める期間内）に登記を受けるものに限り、3/1,000となる（租特法73条、同施行令42条）。

出題履歴
H21.23- 4
H26.23- 1
R 2 (12).23- 1

（1）この特例も法人については適用がない。また、個人は、その年収にかかわらず、また、既にこの特例の適用を受けたことがあるか否かにかかわらず、この特例の適用を受けることができる。ただ、取得した本人が居住の用に供することが必要であり、個人事業者が従業員の社宅として取得した住宅用家屋の所有権移転登記については適用されない。

H26.23- 3
H26.23- 2

出題履歴
H21.23- 1
H26.23- 4

（2）対象となる住宅用家屋は、床面積**50㎡以上**であることを要するほか、建築後使用されたことのある住宅用家屋については、以下の要件のいずれか一つに該当するものでなければならない（租特法施行令42条１・２項）。

H30.23- 3

① 取得の日以前**25年以内**に建築された**耐火建築物**である家屋

② 取得の日以前**20年以内**に建築された**耐火建築物以外**の家屋

③ 建築基準法施行令第３章及び第５章の４の規定又は国

土交通大臣が財務大臣と協議して定める地震に対する安全性に係る基準に適合する家屋（築後経過年数を問わない）

（3）また、この特例は、売買又は競落により取得した家屋の所有権移転登記に限り適用があり、**贈与**等により取得した家屋の所有権移転登記については**適用されない**（租特法施行令42条3項）。

出題履歴
H21.23- 2
H30.23- 2
R 2 (12).23- 2

3　住宅取得資金の貸付け等に係る抵当権の設定登記の税率の軽減

参考

条文・原則

個人が、住宅用家屋の新築をし、又は建築後使用されたことのない住宅用家屋若しくは建築後使用されたことのある住宅用家屋のうち政令で定めるものの取得をし、当該個人の居住の用に供した場合において、これらの住宅用家屋の新築若しくは取得をするための資金の貸付けが行われるとき又は賦払の方法によりその対価の支払いが行われるときは、その貸付けに係る債権又はその賦払金に係る債権を担保するために受けるこれらの住宅用家屋を目的とする抵当権の設定の登記に係る登録免許税の税率は、その新築又は取得後1年内に登記を受けるものに限り、1/1,000となる（租特法75条、同施行令42条の2）。

（1）対象となる住宅用家屋の要件について、前記④2住宅用家屋の所有権の移転登記の税率の軽減の特例の場合に準ずる（租特法施行令42条の2）。

税・その他

5 納付方法

参考

条文・原則

1　登記等に課せられる登録免許税に相当する額を国に納付し、その領収証書を登記等の申請書に貼り付けて当該登記等に係る登記官署等に提出する（登録免許税法21条、現金納付）。
2　例外として、登録免許税の額が３万円以下である場合等には、その登録免許税の額に相当する金額の収入印紙を申請書に貼り付けて登記官署等に提出することができる（22条、印紙納付）。

（1）印紙納付できる場合でも、原則通り現金で納付することもできる。
（2）「納税地」は、納税義務者が受ける登記等の事務を行う登記官署等の所在地である（８条）。
（3）「納期限」（納めるべき期限）は、**登記等を受ける時まで**である（27条）。
（4）登記機関は、納付すべき登録免許税に不足額があるとき、納税地の税務署長に対しその旨を通知する（28条１項）。通知を受けた税務署長は、この納付していない登録免許税を当該通知に係る登記等を受けた者から徴収する（29条１項）。

印紙税

1 意義

参考

条文・原則

印紙税は、不動産の譲渡に関する契約書等、一定の課税文書の作成者に課税される国税である。

2 課税対象

1　課税文書

重要度A

条文・原則

印紙税の課税対象となる課税文書とは、印紙税法別表第一（課税物件表）の課税物件の欄に掲げる文書のうち、法により印紙税を課さないものとされる文書（非課税物件）以外の文書をいう。

（1）具体的には、不動産の譲渡に関する契約書、地上権又は土地の賃借権の設定又は譲渡に関する契約書、消費貸借に関する契約書、**請負に関する契約書**、金銭の受取書等である。なお、ここにいう契約には、予約に関するものを含む(通則5)。

なお、売買契約に際して受領した**手付の受取書**や賃貸借契約に際して受領した**権利金の受取書**は、売上代金に係る金銭の受取書として課税文書となり、賃貸借に際して作成される敷金の預かり証も、金銭の寄託に関する契約書としてではなく、売上代金以外のものに係る金銭の受取書として課税文書となる。

（2）後日、正式文書を作成することとなる場合において、一時的に作成する**仮文書**、たとえば、売買の**仮契約書**や代金の**仮受取書**であっても、当該文書が課税事項（課税物件表の課税物件欄に掲げる文書により証されるべき事項）を証明する目的で作成するものであるときは、**課税文書**に該当する（通達58条)。

（3）契約当事者間において、同一の内容の文書を2通以上作

出題履歴
H20.27- 1
H23.23- 2

税・その他

成した場合において、それぞれの文書が課税事項を証明する目的で作成されたものであるときは、それぞれの文書が課税文書に該当する。

そして、**写し**、**副本**、**謄本**等と表示された文書であっても、次に掲げるものは、**課税文書**に該当する（通達19条）。

① 契約当事者の双方又は一方の署名又は押印があるもの（ただし、文書の所持者のみが署名又は押印しているものを除く。）

② 正本等と相違ないこと、又は写し、副本、謄本等であることの契約当事者の証明のあるもの（ただし、文書の所持者のみが証明しているものを除く。）

（4）契約当事者以外の者に提出する文書、たとえば、監督官庁、融資銀行等当該契約に直接関与しない者に提出する文書については、当該文書に提出先が記載されているもの又は文書の記載文言からみて当該契約当事者以外の者に提出することが明らかなものについては、課税文書に該当しない。しかし、消費貸借契約における保証人、**不動産売買契約における仲介人等当該契約に参加する者に交付する文書**については、**課税文書**となる（通達20条）。

出題履歴
H25.23- 2

2 印紙税が課税されない文書

重要度A

条文・原則

1 印紙税法別表第一（課税物件表）の課税物件の欄に掲げる文書のうち、次に掲げるものには、印紙税を課さない（非課税文書）（印紙税法5条）。
(1) 課税物件表の非課税物件の欄に掲げる文書
(2) 国、地方公共団体等が作成した文書その他

2 印紙税法別表第一（課税物件表）の課税物件の欄に掲げられていない文書については、印紙税が課税されない（不課税文書）。

（1）課税物件表の非課税物件の欄に掲げる文書の注意すべき具体例としては、以下のものがある。

H28.23- 4

① 記載された金額が**5万円未満の受取書**

② **営業に関しない受取書**

したがって、**給与所得者**である個人が居住用財産を譲渡し、代金を受領したときに作成する受取書は、**営業に関しない受取書**として**非課税**となる。

（2）**国等が作成した文書**は**非課税**となるが、国等と国等以外の者とが共同して作成した文書については、**国等が保存**するものは**国等以外の者が作成**したものとみなされ、**国等以外の者が保存**するものは**国等が作成**したものとみなされる（4条5項）。よって、国等以外の者が保存するものは非課税となる。

出題履歴
H20.27- 4
R 2 (10).23- 3

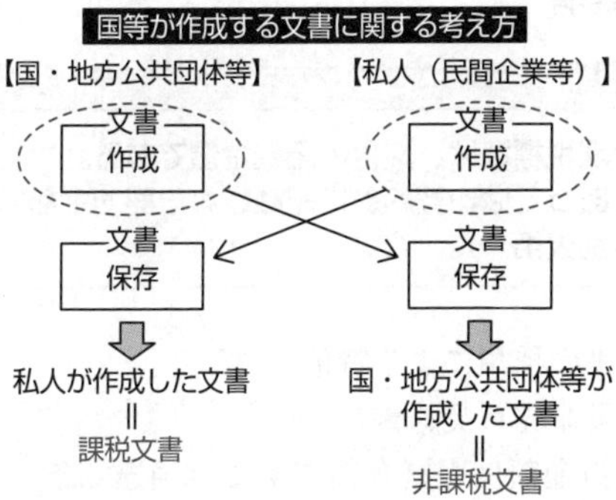

3 納税義務者

重要度 B

条文・原則

1　課税文書の作成者は、その作成した課税文書につき、印紙税を納める義務がある。
2　一の課税文書を二以上の者が共同して作成した場合には、当該二以上の者は、その作成した課税文書につき、連帯して印紙税を納める義務がある（3条）。

（1）**作成者**とは、当該課税文書に記載された**作成名義人**をいうが、法人等の役員又は法人等若しくは人の従業員がその法人等又は人の業務又は財産に関し、**役員又は従業員の名義で作成した課税文書**は、**当該法人等又は人が作成者**となり、当該法人等又は人が印紙税の**納税義務を負う**（通達42条）。

出題履歴
H21.24- 3

（2）これに対し、委任に基づく**代理人**が、当該委任事務の処理に当たり、**代理人名義で作成する課税文書**については、当該文書に委任者の名義が表示されているものであっても、当該**代理人が作成者**となり、当該課税文書の印紙税を納税する義務を**負う**。もっとも、代理人が作成する課税文書であっても、**委任者名のみを表示する文書**については、当該**委任者が作成者**となる（通達43条）。

4 課税標準

1　課税標準

重要度A

条文・原則

印紙税の課税標準は、文書の記載金額である。
契約書にあっては、契約書に記載された契約金額である（印紙税法７条、別表第一）。

（1）契約書の種類による特色

①　不動産売買契約書

契約金額は売買金額である（通達23条（1）イ）。売買契約書に手付金額又は内入金額が記載されていても、契約金額とは認められず、売買契約書の記載金額に該当しない（通達28条）。

出題履歴
H23.23- 4
H28.23- 2
R 2 (10).23- 2

②　交換契約書

契約金額は交換金額である。交換契約書に交換対象物の**双方の価額が記載**されているときはいずれか**高い方**（等価交換のときは、いずれか一方）の金額が交換金額となり、**交換差金のみが記載**されているときは**当該交換差金**が交換金額となる（通達23条（1）ロ）。

③　贈与契約書

H21.24- 2
H28.23- 3

贈与契約においては、譲渡の対価たる金額はないから、贈与契約書に土地等の時価の記載がなされていても、契約金額はないものとして取り扱われ、**記載金額のない契約書**となる（通達23条（1）ホ）。

R 2 (10).23- 4

④　地上権・土地賃借権の設定・譲渡契約書

地上権・**土地賃借権の設定・譲渡契約書の記載金額**

は、地上権又は土地の賃借権の設定又は譲渡の対価たる金額である。ここにいう設定又は譲渡の対価たる金額とは、**地代・賃貸料を除き、権利金・礼金・更新料**等、その名称のいかんを問わず、契約に際して相手方当事者に交付し、**後日返還されることが予定されていない金額**をいう。したがって、後日返還されることが予定されている**保証金、敷金等は契約金額とならない**（通達23条（2））。

（2）計算が必要なケース

① 当該文書に二以上の記載金額があり、かつ、これらの金額が課税物件表の同一の号に該当する文書により証されるべき事項に係るものである場合には、これらの金額の**合計額を当該文書の記載金額**とする（通則４イ）。たとえば、土地甲を5,000万円、土地乙を4,000万円、建物丙を3,000万円で譲渡する旨を記載した契約書の課税標準は、１億2,000万円となる。

出題履歴
H23.23- 3

② 当該文書に記載されている**単価**及び**数量**、記号その他によりその契約金額等の計算をすることができるときは、その**計算により算出した金額が当該文書の記載金額**となる（通則４ホ（一））。

（3）契約金額等が増・減額変更したことを証すべき文書

① **増額した場合**は、**増加額が当該文書の記載金額**となる。 H21.24- 1

② **減額した場合**は、当該文書の**記載金額はないもの**となる（通則４ニ）。 H20.27- 3

ただし、**変更前の契約金額等の記載のある文書が作成**されていることが明らかであり、かつ、増・減額変更したことを証すべき文書により**差額が記載**されている場合（変更前の契約金額等と変更後の契約金額等が記載されていることにより**差額**を明らかにすることができる場合を含む。）に限る。

（4）一つの文書が課税物件表の各号のうち二つ以上の号に掲げる文書に該当することとなる場合

例えば、**土地の譲渡契約と建物の請負契約を１通の契約書にそれぞれ区分して記載した場合**、原則として**土地の譲**

渡契約書として印紙税が課税され、土地の譲渡契約の契約金額が記載金額となる。

出題履歴
H25.23- 3

ただし、建物請負契約の契約金額が土地の譲渡契約の契約金額を超える場合には、請負契約書として課税され、建物請負契約の契約金額が記載金額となる（通則３ロ）。

H25.23- 4
R 2 (10).23- 1

（5）消費税について

不動産の譲渡等に関する契約書や請負に関する契約書等に消費税及び地方消費税の金額が区分記載されている場合又は税込価格及び税抜価格が記載されていることにより、その取引に当たって課されるべき**消費税額等が明らかである場合**には、**当該消費税額等は記載金額に含まれない**（個別通達）。

5 税率

参考

1 税率（税額）

条文・原則

1　印紙税の税率（税額）は、課税物件表の課税文書の区分に応じ、課税標準である契約金額等により定められたところによる（印紙税法７条）。
2　契約金額等の記載のない文書の印紙税の税率（税額）は、１通につき200円である。

6 納付方法

重要度 B

条文・原則

1　課税文書の作成者は、原則として課税文書に課されるべき印紙税に相当する金額の印紙を、当該課税文書の作成の時までに、当該課税文書に貼り付ける方法により、印紙税を納付しなければならない。
2　課税文書の作成者は、課税文書に印紙を貼り付ける場合には、当該課税文書と印紙の彩紋（さいもん）とにかけ、判明に印紙を消さなければならない（印紙税法８条）。

◆彩紋
模様のことである。

（1）印紙を消す方法としては、**印章又は署名**で消さなければならない。

しかし、作成者自身の印章又は署名による必要はなく、

代理人や使用人その他の従業者の印章又は署名により印紙を消すことも認められる（印紙税法施行令５条）。

（２）印紙を**間違えて貼り付け**、消印した場合には、所定の手続により**還付**を受けることができる（印紙税法14条）。

出題履歴
H20.27- 2
H25.23- 1

7 過怠税

参考

条文・原則

課税文書の作成者がその課税文書作成の時までに印紙税を納付しなかった場合には、納付しなかった印紙税の額とその額の２倍に相当する金額との合計金額（つまり、印紙税額の３倍の金額）の過怠税（かたいぜい）が徴収される（20条）。

出題履歴
H21.24- 4
H28.23- 1

（１）印紙税を納付していない旨の**申出があり、かつ、その申出が過怠税の決定があるべきことを予知してされたものでない**ときの過怠税の額は、納付しなかった印紙税の額と当該印紙税額に**10/100の割合を乗じて計算**した金額との合計額（つまり、印紙税額の**1.1倍**）に相当する金額となる。

（２）また、課税文書に貼り付けた印紙を**消印しなかった場合の過怠税**は、その消印されていない印紙の額面金額に相当する金額となる。

税・その他

MEMO

不動産鑑定評価基準

重要ポイント

1. 不動産鑑定評価の全体構造

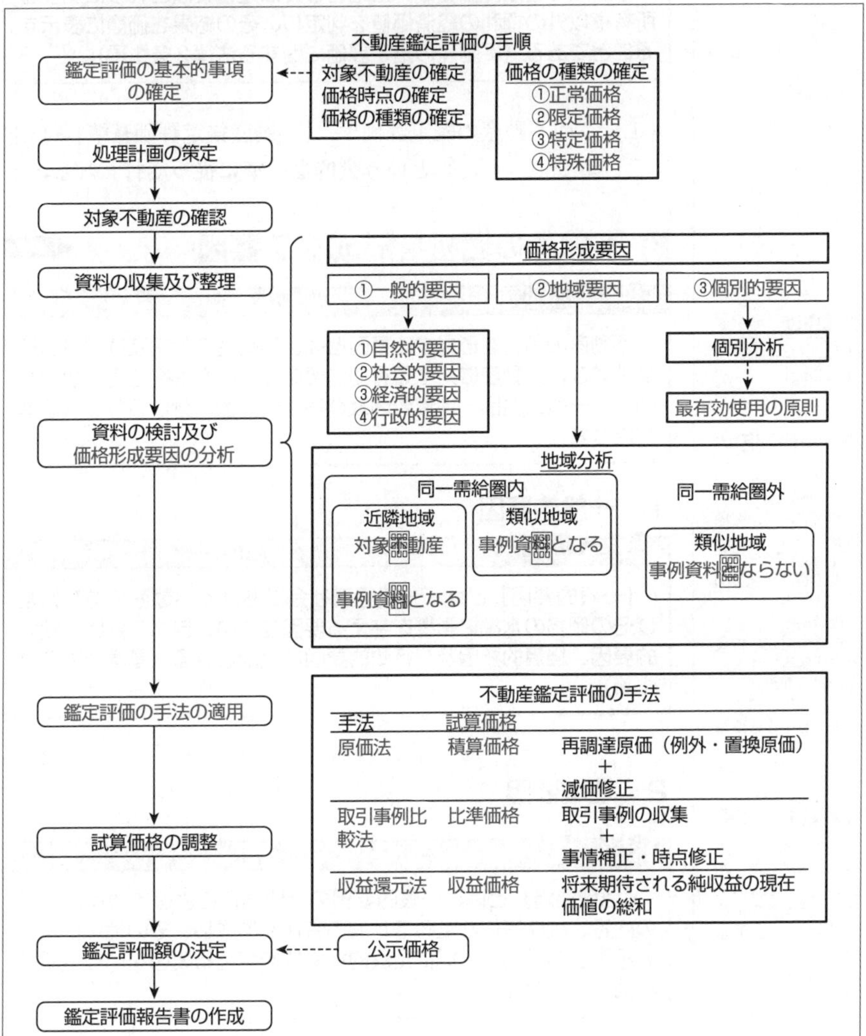

1 不動産の鑑定評価

参考

1　不動産の鑑定評価

条文・原則

不動産の鑑定評価とは、土地若しくは建物又はこれらに関する所有権以外の権利の経済価値を判定し、その結果を価額に表示することである（不動産の鑑定評価に関する法律2条1項）。

（1）この不動産の鑑定評価は、**「不動産鑑定評価基準」**（以下「基準」という。）という**公的な基準に従って**行われる。

2 不動産の価格を形成する要因

参考

出題履歴
H22.25- 2
H24.25- 1

条文・原則

不動産の価格を形成する要因とは、不動産の効用及び相対的稀少性並びに不動産に対する有効需要の三者に影響を与える要因をいい、一般的要因、地域要因及び個別的要因に分けられる（基準総論3章）。

1　一般的要因

◆一般的要因の例
①自然的要因
　地質や地理、気象状態等
②社会的要因
　人口や公共施設の整備状態等
③経済的要因
　物価や財政、税負担の状態等
④行政的要因
　土地利用や建物の規制・施策の状態等

条文・原則

「一般的要因」とは、一般経済社会における不動産のあり方及びその価格の水準に影響を与える要因をいい、自然的要因、社会的要因、経済的要因及び行政的要因に大別される（基準総論3章1節）。

2　地域要因

◆地域要因の例
日照・温度・湿度等の気象の状態、街路の幅員・構造等の状態、商業施設の配置の状態、上下水道・ガス等の供給・処理施設の状態等

条文・原則

「地域要因」とは、一般的要因の相関結合によって規模、構成の内容、機能等にわたる各地域の特性を形成し、その地域に属する不動産の価格の形成に全般的な影響を与える要因をいう（基準総論3章2節）。

3　個別的要因

条文・原則

「個別的要因」とは、不動産に個別性を生じさせ、その価格を個別的に形成する要因である（基準総論３章３節）。

◆個別的要因の例

地勢・地質・地盤、間口・奥行・地積・形状、高低・角地その他の接面街路との関係等

3 鑑定評価によって求める価格

重要度A

条文・原則

不動産の鑑定評価によって求める価格は、基本的には正常価格であるが、鑑定評価の依頼目的に対応した条件により限定価格、特定価格又は特殊価格を求める場合があるので、依頼目的に対応した条件を踏まえて価格の種類を適切に判断し、明確にすべきである（基準総論５章３節Ⅰ）。

①正常価格	市場性を有する不動産について、現実の社会経済情勢の下で合理的と考えられる条件を満たす市場で形成されるであろう市場価値を表示する適正な価格をいう。鑑定評価によって求められる基本的な価格である（基準総論５章３節Ⅰ１）。
②限定価格	市場性を有する不動産について、不動産と取得する他の不動産との併合又は不動産の一部を取得する際の分割等に基づき正常価格と同一の市場概念の下において形成されるであろう市場価値と乖離（かいり）することにより、市場が相対的に限定される場合における取得部分の当該市場限定に基づく市場価値を適正に表示する価格をいう（基準総論５章３節Ⅰ２）。
③特定価格	市場性を有する不動産について、法令等による社会的要請を背景とする鑑定評価目的の下で、正常価格の前提となる諸条件を満たさないことにより正常価格と同一の市場概念の下において形成されるであろう市場価値と乖離することとなる場合における不動産の経済価値を適正に表示する価格をいう（基準総論５章３節Ⅰ３）。
④特殊価格	文化財等の一般的に市場性を有しない不動産について、その利用現況等を前提とした不動産の経済価値を適正に表示する価格をいう（基準総論５章３節Ⅰ４）。

出題履歴

H22.25- 3

H28.25- 1

H28.25- 1
H30.25- 4

H20.29- 3
H28.25- 1
R 2 (10).25- 3

（1）正常価格が形成される「現実の社会経済情勢の下で合理的と考えられる条件を満たす市場」とは、以下の条件を満たす市場をいう（基準総論５章３節Ⅰ１）。

①　市場参加者が**自由意思**に基づいて市場に参加し、参

入、退出が自由であること。

② 取引形態が、**市場参加者が制約**されたり、**売り急ぎ、買い進み等を誘引**したりするような特別なものではないこと。

③ 対象不動産が**相当の期間**市場に**公開**されていること。

（２）**限定価格を求める場合の例示**（基準総論５章３節Ⅰ２）

① 借地権者が**底地の併合**を目的とする売買に関連する場合

② **隣接不動産の併合**を目的とする売買に関連する場合

③ **経済合理性に反する不動産の分割**を前提とする売買に関連する場合

（３）**特定価格を求める場合の例示**（基準総論５章３節Ⅰ３）

① 一定の証券化対象不動産に係る鑑定評価目的の下で、投資家に示すための投資採算価値を表す価格を求める場合

② 民事再生法に基づく鑑定評価目的の下で、早期売却を前提とした価格を求める場合

③ 会社更生法又は民事再生法に基づく鑑定評価目的の下で、事業の継続を前提とした価格を求める場合

（４）**特殊価格を求める場合の例示**

文化財の指定を受けた建造物、宗教建築物又は現況による管理を継続する公共公益施設の用に供されている不動産について、その保存等に主眼をおいた鑑定評価を行う場合（基準総論５章３節Ⅰ４）

4 鑑定評価の方式

重要度A

条文・原則

鑑定評価の方式には、原価方式、比較方式及び収益方式の三方式がある。

原価方式は不動産の再調達（建築、造成等による新規の調達）に要する原価に着目して、比較方式は不動産の取引事例又は賃貸借等の事例に着目して、収益方式は不動産から生み出される収益に着目して、それぞれ不動産の価格又は賃料を求めようとするものである（基準総論７章前文）。

（1）不動産の鑑定評価の方式は、価格を求める手法と賃料を求める手法に分類される。それぞれの鑑定評価の手法の適用により求められた価格又は賃料を試算価格又は試算賃料という（基準総論7章前文）。

（2）鑑定評価の手法の適用に当たっては、鑑定評価の手法を当該案件に即して適切に適用すべきである。この場合、地域分析及び個別分析により把握した対象不動産に係る市場の特性等を適切に反映した複数の鑑定評価の手法を適用すべきであり、対象不動産の種類、所在地の実情、資料の信頼性等により複数の鑑定評価の手法の適用が困難な場合においても、その考え方をできるだけ参酌するように努めるべきである（基準総論8章7節）。

出題履歴
H20.29- 1
H30.25- 3

5 価格を求める鑑定評価の手法

重要度A

条文・原則

価格を求める鑑定評価の基本的な手法は、原価法、取引事例比較法及び収益還元法に大別され、このほか開発法等の手法がある（基準総論7章1節前文）。

1 原価法

条文・原則

「原価法」は、価格時点における対象不動産の再調達原価を求め、この再調達原価について減価修正を行って対象不動産の試算価格（積算価格）を求める手法である（基準総論7章1節Ⅱ）。

（1）原価法は、対象不動産が建物又は建物及びその敷地である場合において、再調達原価の把握及び減価修正を適切に行うことができるときに有効であり、対象不動産が土地のみである場合においても、再調達原価を適切に求めることができるときはこの手法を適用することができる。

（2）建設資材、工法等の変遷により、対象不動産の再調達原価を求めることが困難な場合には、対象不動産と同等の有用性を持つものに**置き換えて**求めた原価（**置換原価**）を再

◆再調達原価
対象不動産を価格時点において再調達することを想定した場合において必要とされる適正な原価の総額

H22.25- 1
R 2 (10).25- 4
R 3 (10).25- 2

税・その他

調達原価とみなすものとする。

出題履歴
H20.29- 2

（3）土地についての原価法の適用において、宅地造成直後の対象地の地域要因と価格時点における対象地の地域要因とを比較し、公共施設、利便施設等の整備及び住宅等の建設等により、社会的、経済的環境の変化が価格水準に影響を与えていると客観的に認められる場合には、地域要因の変化の程度に応じた増加額を**熟成度**として**加算することができる**。

H24.25- 4

（4）原価法において、対象不動産の再調達原価から控除すべき**減価額を求める方法**には、**耐用年数に基づく方法**と**観察減価法**があり、これらを**併用**するものとする。耐用年数に基づく方法とは、対象不動産の価格時点における経過年数及び経済的残存耐用年数の和として把握される耐用年数を基礎として減価額を把握する方法をいい、**観察減価法**とは、対象不動産について、維持管理の状態、補修の状況等各減価の要因の実態を調査することにより、減価額を直接求める方法をいう。

2　取引事例比較法

R 3 (10).25- 3

条文・原則

「取引事例比較法」は、まず多数の取引事例を収集して適切な事例の選択を行い、これらに係る取引価格に必要に応じて事情補正及び時点修正を行い、かつ、地域要因の比較及び個別的要因の比較を行って求められた価格を比較考量し、これによって対象不動産の試算価格（比準価格）を求める手法である（基準総論７章１節Ⅲ）。

（1）**取引事例比較法**は、近隣地域若しくは同一需給圏内の類似地域等において対象不動産と類似の不動産の取引が行われている場合又は同一需給圏内の代替競争不動産の取引が行われている場合に有効である。

出題履歴
H24.25- 3

（2）取引事例は、**原則として近隣地域又は同一需給圏内の類似地域**に存する不動産に係るもののうちから選択するものとし、**必要やむを得ない場合**には**近隣地域の周辺の地域に存する不動産**に係るもののうちから、対象不動産の最有効使用が標準的使用と異なる場合等には、**同一需給圏内の代替競争不動産**に係るもののうちから**選択する**ものとする。

3　収益還元法

条文・原則

「収益還元法」は、対象不動産が将来生み出すであろうと期待される純収益の現在価値の総和を求めることにより対象不動産の試算価格（収益価格）を求める手法である（基準総論７章１節Ⅳ）。

◆**純収益**
総収益から総費用を控除した差額

（１）収益還元法は、**賃貸用不動産**又は**賃貸以外の事業の用に供する不動産の価格**を求める場合に**特に有効**である。

出題履歴
H20.29- 4
H30.25- 2

（２）この手法は、文化財の指定を受けた建造物等の一般的に市場性を有しない不動産以外のものには基本的にすべて適用すべきものであり、**自用の不動産といえども賃貸を想定することにより適用されるものである**。

（３）なお、市場における**不動産の取引価格の上昇が著しいとき**は、取引価格と収益価格の乖離が増大するものであるので、先走りがちな取引価格に対する有力な験証手段として、この**収益還元法**が活用されるべきである。

H28.25- 4

（４）収益価格を求める方法には、**一期間**の純収益を還元利回りによって還元する方法（「**直接還元法**」）と、**連続する複数の期間**に発生する純収益及び復帰価格を、その発生時期に応じて現在価値に割り引き、それぞれを合計する方法(Discounted Cash Flow法「**ＤＣＦ法**」）がある。

（５）**証券化対象不動産**の鑑定評価における収益価格を求めるに当たっては、**ＤＣＦ法を適用しなければならない**。この場合において、併せて直接還元法を適用することにより検証を行うことが適切である（基準各論３章５節）。

4　試算価格を求める場合の一般的留意事項

（1）事例の収集及び選択

条文・原則

鑑定評価の各手法の適用に当たって必要とされる事例は、鑑定評価の各手法に即応し、適切にして合理的な計画に基づき、豊富に秩序正しく収集し、選択すべきであり、投機的取引であると認められる事例等適正さを欠くものであってはならない（基準総論7章1節Ⅰ2）。

出題履歴
H24.25- 2

① たとえば、取引事例比較法における取引事例としては、特殊事情のある事例でもその具体的な状況が判明しており、補正できるものであれば採用することができるが、**投機的取引であると認められる事例は採用できない。**

（2）事情補正

H22.25- 4

条文・原則

取引事例等に係る取引等が特殊な事情を含み、これが当該取引事例等に係る価格等に影響を及ぼしているときは適切に補正しなければならない（基準総論7章1節Ⅰ3）。

（3）時点修正

条文・原則

取引事例等に係る取引等の時点が価格時点と異なることにより、その間に価格水準に変動があると認められる場合には、当該取引事例等の価格等を価格時点の価格等に修正しなければならない（基準総論7章1節Ⅰ4）。

地価公示法

重要ポイント

1. 地価公示法の全体構造

－地価公示法の目的－

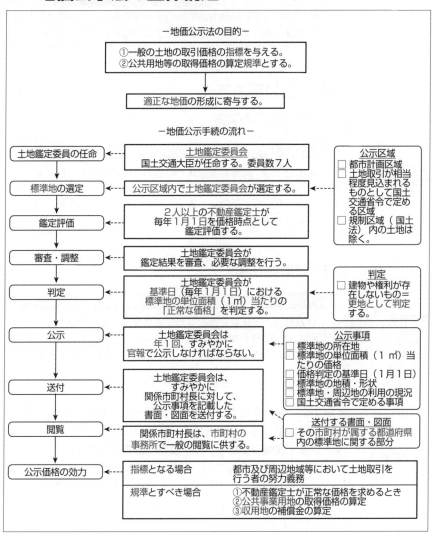

①一般の土地の取引価格の指標を与える。
②公共用地等の取得価格の算定規準とする。

↓

適正な地価の形成に寄与する。

－地価公示手続の流れ－

- **土地鑑定委員の任命** ← 土地鑑定委員会　国土交通大臣が任命する。委員数７人
- **標準地の選定** ← 公示区域内で土地鑑定委員会が選定する。
  - 公示区域
    - □ 都市計画区域
    - □ 土地取引が相当程度見込まれるものとして国土交通省令で定める区域
    - □ 規制区域（国土法）内の土地は除く。
- **鑑定評価** ← ２人以上の不動産鑑定士が毎年１月１日を価格時点として鑑定評価する。
- **審査・調整** ← 土地鑑定委員会が鑑定結果を審査、必要な調整を行う。
- **判定** ← 土地鑑定委員会が基準日（毎年１月１日）における標準地の単位面積（１㎡）当たりの「正常な価格」を判定する。
  - 判定
    - □ 建物や権利が存在しないもの＝更地として判定する。
- **公示** ← 土地鑑定委員会は年１回、すみやかに官報で公示しなければならない。
  - 公示事項
    - □ 標準地の所在地
    - □ 標準地の単位面積（１㎡）当たりの価格
    - □ 価格判定の基準日（1月1日）
    - □ 標準地の地積・形状
    - □ 標準地・周辺地の利用の現況
    - □ 国土交通省令で定める事項
- **送付** ← 土地鑑定委員会は、すみやかに関係市町村長に対して、公示事項を記載した書面・図面を送付する。
  - 送付する書面・図面
    - □ その市町村が属する都道府県内の標準地に関する部分
- **閲覧** ← 関係市町村長は、市町村の事務所で一般の閲覧に供する。
- **公示価格の効力**

指標となる場合	都市及び周辺地域等において土地取引を行う者の努力義務
規準とすべき場合	①不動産鑑定士が正常な価格を求めるとき ②公共事業用地の取得価格の算定 ③収用地の補償金の算定

1 地価公示法の目的

参考

出題履歴
H25.25- 1

条文・原則

この法律は、都市及びその周辺の地域等において標準地を選定し、その正常な価格を公示することにより、一般の土地の取引価格に対して指標を与え、及び公共の利益となる事業の用に供する土地に対する適正な補償金の額の算定等に資し、もって適正な地価の形成に寄与することを目的とする（地価公示法１条）。

2 地価公示の手続

重要度A

1　地価公示の実施

出題履歴
H23.25- 1
H27.25- 1
R 1.25- 2

条文・原則

地価公示は、都市計画区域その他の土地取引が相当程度見込まれるものとして国土交通省令で定める区域（公示区域）内の標準地について行う。ただし、国土法により指定された規制区域は除かれる（２条１項）。

2　標準地の選定

出題履歴
H21.25- 4
H25.25- 2
H29.25- 3
R 1.25- 4

条文・原則

標準地は、土地鑑定委員会が、自然的及び社会的条件からみて類似の利用価値を有すると認められる地域において、土地の利用状況、環境等が通常と認められる一団の土地について選定する（３条）。

H26.25- 2
R 2 (12).25- 1

（1）一団の土地とは、登記簿上の**一筆の土地であるか否かを問わず**、同一利用者によって一つの利用目的に供されている**1区画の土地**をいう。**更地である必要はない**。
（2）土地鑑定委員等が、標準地の選定等のために他人の占有する土地に立ち入ろうとする場合、土地の占有者は、正当な理由がない限り、立入りを拒み、又は妨げてはならない(22条１・５項)。

3　標準地の価格の判定・公示

条文・原則

土地鑑定委員会は、毎年１回、２人以上の不動産鑑定士の鑑定評価を求め、その結果を審査し、必要な調整を行って、一定の基準日における当該標準地の単位面積当たりの正常な価格を判定し、公示する（2条1項）。

出題履歴
H27.25- 3
H29.25- 2

（1）標準地の価格判定の基準日は、**毎年１月１日**である（同施行規則２条）。
（2）単位面積当たりとは、**１㎡当たり**をいう。

4　正常な価格

条文・原則

「正常な価格」とは、土地について、自由な取引が行われるとした場合の取引において通常成立すると認められる価格をいう（地価公示法２条２項）。

出題履歴
H27.25- 2

（1）標準地に建物等が存在する場合又は借地権等の権利が付着している場合には、**それらがないものとして**の価格、すなわち、**更地としての価格**をいう。

H21.25- 3
R 1.25- 3

5　標準地の鑑定評価の基準

条文・原則

標準地の鑑定評価は、近傍類地の取引価格から算定される推定の価格、近傍類地の地代等から算定される推定の価格及び同等の効用を有する土地の造成に要する推定の費用の額を勘案して行わなければならない（４条）。

出題履歴
H21.25- 2
H25.25- 4
H26.25- 4

6　標準地の価格等の公示

条文・原則

土地鑑定委員会は、標準地の単位面積当たりの正常な価格を判定したときは、すみやかに次に掲げる事項を官報で公示しなければならない（6条）。
1　標準地の所在の郡・市・区・町村及び字並びに地番
2　標準地の単位面積当たりの価格・価格判定の基準日
3　標準地の地積及び形状
4　標準地及びその周辺の土地の利用の現況
5　標準地の住居表示、前面道路の状況、ガス・水道施設及び下水道の整備状況、鉄道その他の主要な交通施設との接近状況等

出題履歴
H26.25- 1
H27.25- 4
H29.25- 1

H23.25- 4
H27.25- 4

R 2 (12).25- 3

（1）地価公示は、**毎年１回官報**で行う。

7　公示事項を記載した書面等の送付と閲覧

条文・原則

1　土地鑑定委員会は、2 6の公示をしたときは、速やかに、関係市町村長に対して、公示した事項のうち当該市町村が属する都道府県に存する標準地に係る部分を記載した書面及び当該標準地の所在を表示する図面を送付しなければならない（7条1項）。
2　関係市町村長は、その図書を市町村の事務所において一般の閲覧に供しなければならない（7条2項）。

3 公示価格の効力

重要度A

1　不動産鑑定士についての規準

条文・原則

不動産鑑定士は、公示区域内の土地の正常な価格を求めるときは、標準地の公示価格を規準としなければならない（8条）。

出題履歴
H21.25- 1
H25.25- 3

（1）「規準とする」とは、鑑定評価の対象となる土地の更地価格を求める場合に、**対象土地と類似する**利用価値をもつと認められる標準地との間で、土地の客観的価値に作用す

る諸要因についての比較を行って、その結果に基づいて、対象土地の価格と標準地の公示価格との間に均衡を保たせることである（11条）。

2　公共事業用地の取得の規準

条文・原則

土地収用法その他の法律による公共事業を行う者が、公示区域内において、公共事業用地を取得する場合は、公示価格を規準としなければならない（9条）。

出題履歴
H23.25- 2

3　土地収用法の補償金の算定では規準として考慮

R 2（12）.25- 4

条文・原則

土地収用法71条により、公示区域内の収用される土地についての事業認定の告示の時における相当な価格を算定するときは、公示価格を規準として算定したその土地の価格を考慮しなければならない（10条）。

4　土地取引を行う者の指標

条文・原則

都市及びその周辺の地域等において、土地の取引を行う者は、標準地について公示された価格を指標として取引を行うよう努めなければならない（1条の2）。

出題履歴
H23.25- 3
H29.25- 4
R 1.25- 1

公示価格の効力

公示価格を「指標」として取引を行うよう努めなければならない者	土地の取引を行う者
公示価格を「規準」としなければならない場合	①不動産鑑定士が、正常な価格を求めるとき ②公共事業を行う者が、用地の取得価格を定めるとき ③土地収用法により、収用地の補償金額を算定するとき

住宅金融支援機構法

重要ポイント

1．住宅金融支援機構法の全体構造

－住宅金融支援機構法の全体構造－

■機構の目的

①民間の金融機関による住宅の建設等に必要な資金の融通を支援
②良質な住宅の建設等に必要な資金の調達等に関する情報を提供
③民間の金融機関による融通を補完

■証券化支援業務（主要な業務）

① 住宅の建設又は購入資金の貸付けに係る金融機関の貸付債権の譲受けを行うこと
（買取型）

② 上記①の貸付債権で特定貸付債権のうち、住宅融資保険法に規定する保険関係が成立した貸付けに係るものを担保とする債券等に係る債務の保証（特定債務保証）を行うこと
（保証型）

■住宅融資保険業務

住宅ローンに貸倒れが発生した場合に、あらかじめ住宅金融支援機構と民間金融機関との間で締結された保険契約に基づき、未回収部分の一部を保険金として、民間金融機関に支払う業務である。

■直接融資業務

●原則として、直接融資は行わない。
●以下の行為をするために必要な資金の貸付けを行う。
　災害関連融資
　① 災害復興建築物の建設等・被災建築物の補修
　② 災害予防代替建築物の建設等・災害予防移転建築物の移転
　　災害予防関連工事
　　地震に対する安全性の向上のための住宅の改良
　　都市居住再生融資
　③ 合理的土地利用建築物の建設・合理的土地利用建築物で人の居住の用その他その本来の用途に供したことのないものの購入
　　マンションの共用部分の改良
　④ 子どもを育成する家庭・高齢者の家庭（単身世帯含む。）に適した良好な居住性能等を有する賃貸住宅等の建設
　　当該賃貸住宅の改良
　⑤ 高齢者の家庭（単身世帯含む。）に適した良好な居住性能等を有する住宅とするための住宅の改良（高齢者が自ら居住する住宅に限定）
　　高齢者の居住の安定確保に関する法律に規定する登録住宅（賃貸住宅に限る。）とすることを主目的とする人の居住の用に供したことのある住宅の購入

■住情報の提供業務

住宅の建設等をしようとする者等に対し資金の調達等に関する情報の提供・相談・その他の援助を行うこと

■既往債権の管理・回収業務

住宅金融公庫の権利義務を承継し、既往債権の管理・回収業務を行う。

1 支援機構の目的

理解する

1　目的

条文・原則

機構は、以下の業務を行うことにより、住宅の建設等に必要な資金の円滑かつ効率的な融通を図り、もって国民生活の安定と社会福祉の増進に寄与することを目的とする（独立行政法人住宅金融支援機構法（以下「機構法」という。）4条）。

1　一般の金融機関による住宅の建設等に必要な資金の融通を支援するための貸付債権の譲受け等の業務を行う。
2　良質な住宅の建設等に必要な資金の調達等に関する情報の提供その他の援助の業務を行う。
3　一般の金融機関による融通を補完するための災害復興建築物の建設等に必要な資金の貸付けの業務を行う。

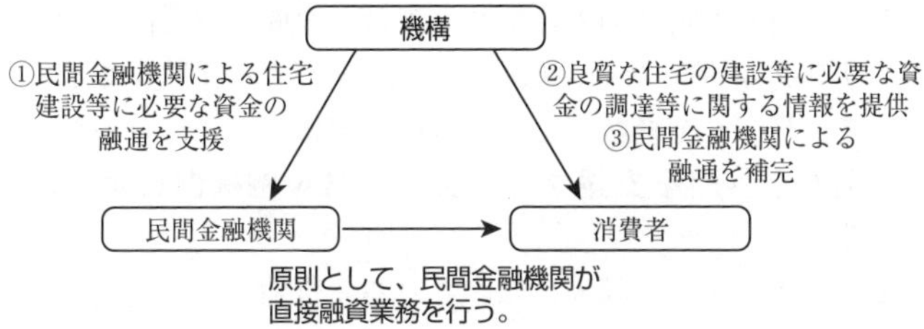
機構
①民間金融機関による住宅建設等に必要な資金の融通を支援
②良質な住宅の建設等に必要な資金の調達等に関する情報を提供
③民間金融機関による融通を補完
民間金融機関
消費者
原則として、民間金融機関が直接融資業務を行う。

2 業務の範囲

重要度A

1　業務の範囲

機構は、1の目的を達成するため、以下の業務を行う（13条1項）。

講師からのアドバイス

機構法の勉強は、業務の範囲を中心にすればよい。
また、証券化支援業務は、機構が、直接融資をするのではなく、金融機関の融資を支援するということがポイントとなる。

税・その他

2　証券化支援業務（主要な業務）

条文・原則

1　住宅の建設又は購入に必要な資金の貸付けに係る主務省令で定める金融機関の貸付債権の譲受けを行うこと（1号、買取型）。

2　1の貸付債権で、その債権について、以下の行為を予定した貸付けに係るもの（特定貸付債権）のうち、住宅融資保険法に規定する保険関係が成立した貸付けに係るものを担保とする債券等に係る債務の保証（特定債務保証）を行うこと（2号、保証型）。

(1) 信託会社等に特定信託をし、当該信託の受益権を譲渡すること。

(2) 一定の法律に規定する特定目的会社に譲渡すること。

(3) その他一定の行為

◆信託

信託会社等に一定の目的に従い、財産の処分管理をさせること

◆特定目的会社

資産の流動化のために設立された会社

（1）長期・固定金利の住宅ローンは、民間金融機関にとってリスクが高いため、機構が一定の措置を講ずることにより、リスクを軽減し、民間金融機関による当該ローンの安定的な供給を**支援**する（**金利は各金融機関により異なる。**）。

（2）住宅の建設・購入には、これらに付随する土地又は借地権の取得と住宅の購入に付随する当該住宅の改良を含む(同施行令5条1項)。

（3）買取型

機構が、民間金融機関の長期・固定金利ローン債権を買い取り、信託銀行等に信託し、当該ローン債権を担保とした証券（ＭＢＳ）を発行する。証券は債券市場で売買され、売買代金は、機構の財源となる。

出題履歴

H22.46- 3
H24.46- 2
H29.46- 3
R 2 (12).46- 2

H25.46- 1
H29.46- 4
R 2 (10).46- 3
R 2 (12).46- 4

◆債権譲受けの対象となる金融機関

銀行、信用金庫、信用協同組合、農業協同組合、農林中央金庫、保険会社、法人である貸金業者等である。

H22.46- 2

H22.46- 4
H24.46- 1
H30.46- 3
R 2.46- 1
H22.46- 1
H24.46- 4
R 1.46- 1
H26.46- 2
H30.46- 1

H25.46- 4
H28.46- 2
R 3 (10).46- 1

買取りの対象となる住宅ローンの主要な要件

1　住宅の建設又は購入に必要な資金（当該住宅の建設に付随する土地・借地権の取得に必要な資金、住宅の購入に付随する土地・借地権の取得又は当該住宅の改良に必要な資金を含む。）の貸付けであること（これらの借り換えのための貸付けを含む。新築・中古を問わない。）
2　申込本人又は親族が居住する住宅を建設又は購入する者に対する貸付けであること
3　建築基準法の基準とともに一定の耐久性等の機構が定めた技術基準に適合する住宅であること
4　1戸当たりの住宅建設費又は住宅購入価額（土地取得費がある場合はその費用を含む。）が1億円以下（消費税を含む。）であること
5　貸付額が、住宅建設費又は住宅購入価額（非住宅部分に関するものを除く。）以内

であり、かつ、100万円以上8,000万円以下であること
6　長期・固定金利の住宅ローンであること
(1) 償還期間が15年以上50年以内であること
(2) 貸付けの時に貸付金の利率が償還期間の全期間について定まっていること

H23.46- 3

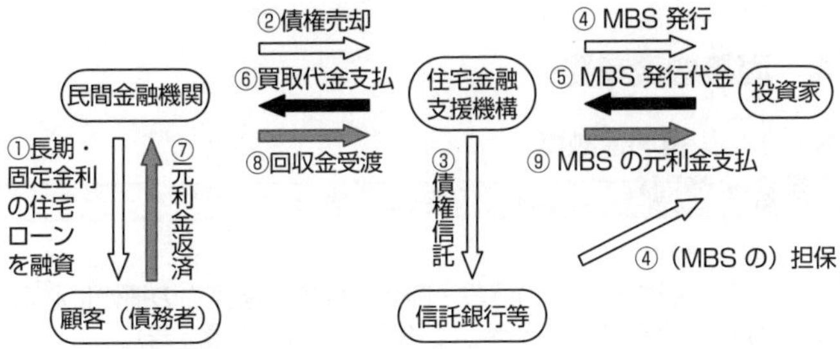

講師からのアドバイス
保証型よりも、買取型の方が実際の運用額も圧倒的に多いので、買取型を押さえておこう。
ただし、細かな仕組みについては、参考程度でよい。
H22.46- 4
H23.46- 3

（4）保証型
民間金融機関の長期・固定金利ローン債権に対して、機構が保険を付した上で、当該債権を担保として発行された債券等について、投資家に対し、期日どおりの元利金を保証する（特定債務保証）。

H21.46- 2

3　住宅融資保険業務

出題履歴
H20.46- 1
H21.46- 1
H30.46- 2

条文・原則

住宅融資保険法による保険を行うこと（機構法13条１項３号）。

講師からのアドバイス
機構が、保険契約の方法で、消費者の信用を補完することにより、民間ローンの円滑な供給を促進することを目的としている。

（1）住宅ローンに貸倒れが発生した場合に備えて、あらかじめ、機構と民間金融機関との間で締結された保険契約に基づき、未回収分の一部を保険金として、民間金融機関に支払う業務である。

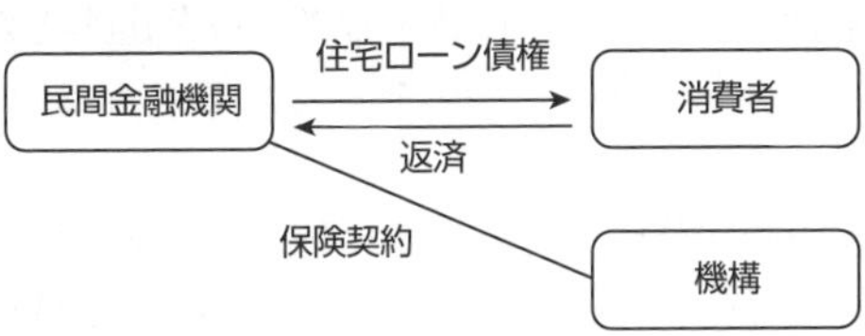

（2）住宅融資保険法３条
機構は、事業年度又はその半期ごとに、金融機関を相手

税・その他

方として、当該金融機関が貸付けを行ったことを機構に通知することにより、貸付金の額の総額が一定の金額に達するまで、その貸付けにつき、機構と当該金融機関との間に保険関係が成立する旨を定める契約を結ぶことができる。

講師からのアドバイス
建設や購入だけではなく、補修や改良があることに注意しておこう。

出題履歴
H20.46- 2
H25.46- 2
H26.46- 1
R 1.46- 4
R 2 (12).46- 1、- 3

◆災害復興建築物
災害により、滅失した建築物等に代わる建築物等

◆被災建築物
災害により、損傷した建築物等

◆災害予防代替建築物
災害を防止・軽減するため、除却する一定の建築物に代わる建築物等

◆災害予防移転建築物
災害の防止・軽減のため、移転する必要のある一定の建築物

◆災害予防関連工事
災害を防止・軽減するため、建築物の敷地に擁壁等の設置等の工事を行う必要のある場合の当該工事

4　直接融資業務

4－1　災害関連融資

条文・原則

1　災害復興住宅融資
　災害復興建築物の建設・購入又は被災建築物の補修に必要な資金の貸付けを行うこと（機構法13条1項5号）。
2　災害予防関連融資
(1) 災害予防代替建築物の建設・購入若しくは災害予防移転建築物の移転に必要な資金の貸付けを行うこと。
(2) 災害予防関連工事に必要な資金の貸付けを行うこと。
(3) 地震に対する安全性の向上を主たる目的とする住宅の改良に必要な資金の貸付けを行うこと（6号）。

（1）機構は、**原則として**、住宅資金の**直接融資をしない**。
（2）災害関連、都市居住再生（後述4－2）等の**民間金融機関による融通が困難な分野に限り**、融資を行う（直接融資の限定的な実施）。
（3）災害復興建築物・被災建築物の建設等に付随する行為（同施行令5条2項）
　①　建設・・・これに付随する土地・借地権の取得又は堆積土砂の排除その他の宅地の整備を含む。
　②　購入・・・これに付随する土地・借地権の取得又は当該災害復興建築物の改良を含む。
　③　補修・・・これに付随する当該被災建築物の移転又は堆積土砂の排除その他の宅地の整備を含む。
（4）災害予防代替建築物の建設・購入若しくは災害予防移転建築物の移転には、これらに付随する土地・借地権の取得又は災害予防代替建築物の購入に付随する当該災害予防代替建築物の改良を含む（同施行令5条1項）。

4－2　都市居住再生融資

(1) 密集市街地建替等融資

条文・原則

1　合理的土地利用建築物の建設若しくは合理的土地利用建築物で人の居住の用その他その本来の用途に供したことのないものの購入に必要な資金の貸付けを行うこと。
2　マンションの共用部分の改良に必要な資金の貸付けを行うこと（機構法13条１項７号）。

①　合理的土地利用建築物の建設・購入には、これらに付随する土地・借地権の取得を含む（同施行令５条１項）。

◆合理的土地利用建築物

市街地の土地の合理的な利用に寄与する一定の要件を満たした耐火建築物及びこれに準ずる一定の建築物等

H26.46- 4
H28.46- 4
R 1.46- 3
R 3 (10).46- 2

(2) 子育て世帯向け・高齢者向け賃貸住宅融資

条文・原則

1　子どもを育成する家庭若しくは高齢者の家庭（単身の世帯を含む。）に適した良好な居住性能及び居住環境を有する賃貸住宅若しくは賃貸の用に供する住宅部分が大部分を占める建築物の建設に必要な資金の貸付けを行うこと。
2　上記賃貸住宅の改良に必要な資金の貸付けを行うこと（機構法13条１項８号）。

H20.46- 2
H28.46- 1

①　当該賃貸住宅等の建設には、これらに付随する土地又は借地権の取得を含む（同施行令５条１項）。

②　改良には、当該賃貸住宅とすることを主たる目的とする人の居住の用その他その本来の用途に供したことのある建築物の改良を含む。

(3) 高齢者向け住宅の改良・購入のための融資

条文・原則

1　高齢者の家庭（単身の世帯を含む。）に適した良好な居住性能及び居住環境を有する住宅とすることを主たる目的とする住宅の改良（高齢者が自ら居住する住宅について行うものに限る。）に必要な資金の貸付けを行うこと。
2　高齢者の居住の安定確保に関する法律に規定する登録住宅（賃貸住宅であるものに限る。）とすることを主たる目的とする人の居住の用に供したことのある住宅の購入に必要な資金の貸付けを行うこと（機構法13条１項９号）。

H26.46- 3
H30.46- 4

◆高齢者の居住の安定確保に関する法律に規定する登録住宅

サービス付き高齢者向け住宅事業の登録を受けた住宅をいう。

① 住宅の購入には、これに付随する土地・借地権の取得を含む（同施行令５条１項）。

◆財形住宅融資制度

財形貯蓄をしている一定の勤労者に対して、持ち家の取得又はリフォームのための資金を直接融資する制度。
H20.46- 2

４－３ 財形住宅融資

条文・原則

事業主又は事業主団体から独立行政法人勤労者退職金共済機構の行う転貸貸付に係る住宅資金の貸付けを受けることができない勤労者に対し、財形住宅貸付業務を行う（機構法13条２項２号、勤労者財産形成促進法10条１項）。

直接融資業務

業務	貸付け対象となる資金	
災害復興住宅融資	①災害復興建築物	建設・購入
	②被災建築物	補修
災害予防関連融資	③災害予防代替建築物	建設・購入
	④災害予防移転建築物	移転
	⑤住宅部分を有する建築物の敷地	災害予防関連工事
	⑥住宅	地震に対する安全性の向上を主目的とする改良
都市居住再生融資	⑦（相当の住宅部分を有する）合理的土地利用建築物	建設
	⑧（相当の住宅部分を有する）（新築の）合理的土地利用建築物	購入
	⑨マンション	共用部分の改良
	⑩子育て家庭・高齢者家庭（単身世帯含む。）向け賃貸住宅	建設・改良
	⑪高齢者自らが居住する住宅	高齢者家庭に適した住宅にすることを主目的とする改良
	⑫（中古の）住宅	**高齢者の居住の安定確保に関する法律に規定する登録住宅**（賃貸住宅に限る。）にすることを主目的とする購入
財形住宅融資	⑬住宅	建設・購入・改良

＊土地、借地権の取得又は宅地の整備等に必要な資金を含む。

5　返済の特例

（1）保険金等による弁済

条文・原則

以下の者とあらかじめ契約を締結して、その者が死亡した場合（重度障害の状態となった場合等を含む。）に支払われる生命保険の保険金等を当該貸付けに係る債務の弁済に充当すること（機構法13条１項10号）。

1　機構が証券化支援業務（買取型）により譲り受ける貸付債権に係る貸付けを受けた者

2　災害関連・密集市街地建替等関連・財形住宅融資等の規定により貸付けを受けた者

出題履歴
H20.46- 3
H25.46- 3
H29.46- 1
R 2 (10).46- 4

（2）高齢者の償還方法

条文・原則

高齢者が自ら居住する住宅に対して行うバリアフリー工事又は耐震改修工事に係る貸付けについて、毎月の返済を利息のみの支払いとし、借入金の元金は債務者本人の死亡時に一括して返済する制度がある（機構業務方法書24条４項、機構ホームページ「リフォーム融資-高齢者向け返済特例制度」）。

H21.46- 4
H23.46- 2
H24.46- 3
H27.46- 1
H29.46- 2

（3）貸付けの条件の変更等

条文・原則

財形住宅貸付けを受けた者、その他貸付けを受けた者が、災害や経済事情の変動等により、元利金の支払が著しく困難となった場合、貸付けの条件の変更又は延滞元利金の支払方法の変更をすることができる（機構業務方法書26条、機構ホームページ「返済方法変更のメニュー」）。

H20.46- 4
H21.46- 3
H23.46- 4
R 2 (10).46- 2
R 3 (10).46- 4

6　住情報の提供業務

条文・原則

住宅の建設、購入、改良若しくは移転（以下「建設等」という。）をしようとする者又は住宅の建設等に関する事業を行う者に対し、必要な資金の調達又は良質な住宅の設計若しくは建設等に関する情報の提供、相談その他の援助を行うこと（機構法13条１項４号）。

不当景品類及び不当表示防止法

重要ポイント

1．景表法の全体構造

－不当景品類及び不当表示防止法・公正競争規約の全体構造－

－目的－

一般消費者による自主的かつ合理的な選択を阻害するおそれのある行為の制限及び禁止

↓

一般消費者の利益の保護

－規制対象－

景品類の制限・禁止
内閣総理大臣は、
景品類の提供を制限・禁止することができる。

＊景品類の種類・最高額・総額・提供の方法
など

不当表示の禁止
事業者は、一般消費者に対して、
次の表示をしてはならない。

商品・役務（サービス）の
①品質・規格その他の内容について
②価格その他の取引条件について

↓

□実際のものよりも著しく優良であると示す
□同種・類似の商品・役務を供給している事業者のものより取引の相手方に著しく有利であると一般消費者に誤認される

↓

不当に顧客を誘引し、一般消費者による自主的かつ合理的な選択を阻害するおそれがあると認められる表示

－規制方法－

内閣総理大臣（消費者庁長官）
（措置命令）
①違反行為の差止命令
②再発防止に関する事項の命令
（違反行為がなくなっている場合でも可。）

適格消費者団体
（差止請求）
違反行為を現に行い又は行うおそれがあるときは、事業者に対し、当該行為の停止・予防請求等ができる。

公正取引協議会
（違約金等）
①違反行為を行った事業者に対し、違約金を課すことができる。
②違反事業者名等を公表できる。

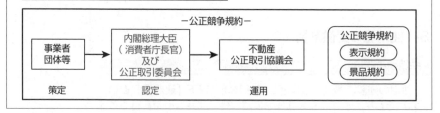

－公正競争規約－

事業者団体等（策定）→ 内閣総理大臣（消費者庁長官）及び公正取引委員会（認定）→ 不動産公正取引協議会（運用）

公正競争規約
- 表示規約
- 景品規約

2．公正競争規約のポイント

Point 公正競争規約（表示規約）の主なまとめ

①特定事項の明示義務
- 市街化調整区域の土地－「市街化調整区域。宅地の造成及び建物の建築はできません。」
- 接道義務違反－「再建築不可」又は「建築不可」と明示
- 朽廃建物の土地－その旨を明示
- 高圧電線路下の土地－その旨及びおおむねの面積を表示
- 傾斜地割合が30%以上の土地－傾斜地を含む旨及び傾斜地の割合又は面積を明示（傾斜地割合が30%以上を占めるか否かにかかわらず、傾斜地を含むことによって、有効利用が著しく阻害される土地も同様）

②表示基準
- 交通機関－原則として、電車・バス等の公共交通機関は、現に利用できるものを表示
- 新設予定の駅又は停留所－運行主体が公表していれば、新設予定時期を明らかにして表示
- 徒歩による所要時間－道路距離80mにつき１分間を要するものとして表示
- 居室と認められない納戸等－納戸等と表示
- 未完成建物に他の建物の写真を用いる場合－当該写真が他の建物のものである旨を写真に接する位置に明示＋（取引しようとする建物と規模・形質・外観が同一の他の建物の「外観写真」／建物の「内部写真」で、写真に写される部分の規模・形質等が同一のもの）
- 分譲住宅の価格－原則として、１戸当たりの価格を表示
- 団地と施設との間の距離又は所要時間－その施設から最も近い当該団地内の地点を起点又は着点として算出した数値を表示

③特定用語の使用基準
- 新築－建築後１年未満であって、居住の用に供されたことがないもの
- ＤＫ／ＬＤＫの文言－必要な広さ、形状及び機能を有していること

④不当表示の禁止
- 不当な二重価格表示－事実に反したり、実際より有利と誤認されるおそれのあるもの－禁止
- おとり広告禁止

Point 公正競争規約（景品規約）の主なまとめ

①懸賞により提供する景品類
- 取引価額の20倍又は10万円のいずれか低い価額の範囲
  ＊景品類の総額は、取引予定総額の2/100以内の場合に限る。

②懸賞によらないで提供する景品類
- 取引価額の1/10又は100万円のいずれか低い価額の範囲
  ＊①②とも正常な商慣習に照らして適当と認められるものは除く。

Point 違反した場合の措置

①景表法違反
内閣総理大臣（消費者庁長官）による措置命令
＊違反行為が既になくなっている場合でも可

②不当表示
適格消費者団体による差止請求

③公正競争規約違反
公正取引協議会による違約金や事業者名等の公表

1 公正競争規約（表示規約）

重要度A

公正競争規約は、**自主規制のルール**だが、法律の不当表示を**具体化した基準**なので、ある行為が法律に違反するかどうかの基準にもなる。

公正競争規約は、宅地建物取引業についても定められている。そして、この規約が、実際上、不当表示や誇大広告になるかどうかの基準となる。基準のうち、主なものを次にあげておこう。

講師からのアドバイス
規約の内容は本文記載のものに限られない。したがって、全部暗記して対処しようとしても意味がない。おおむね常識で解答できる面があるので、暗記の必要はない。

1 広告表示の開始時期の制限

条文・原則

事業者は、宅地の造成又は建物の建築に関する工事の完了前においては、宅建業法第33条に規定する許可等の処分があった後でなければ、当該工事に係る宅地又は建物の内容又は取引条件その他取引に関する広告表示をしてはならない（5条）。

ただし、建築条件付土地取引に関する広告表示中に表示される当該土地に建築すべき建物に関する表示については、取引の対象が建築条件付土地である旨の表示をすること等の一定の要件を満たすものについては、この限りでない（6条）。

出題履歴
H21.47- 4
R 2 (10).47- 3

◆建築条件付土地
自己の所有する土地を販売するに当たり、自己と土地購入者との間において、自己又は自己の指定する建設業者との間に、当該土地に建築する建物について一定期間内に建築請負契約が成立することを条件として売買される土地をいう（4条6項1号）。
R 1.47- 1

2 必要な表示事項

条文・原則

事業者は、規則で定める表示媒体（新聞・雑誌広告、新聞折込チラシ等）を用いて物件の表示をするときは、物件の種別ごとに、次に掲げる事項について、規則で定めるところにより、見やすい場所に、見やすい大きさ、見やすい色彩の文字により、分かりやすい表現で明りょうに表示しなければならない（8条）。

1 広告主に関する事項
2 物件の所在地、規模、形質その他の内容に関する事項
3 物件の価格その他の取引条件に関する事項
4 物件の交通その他の利便及び環境に関する事項
5 前各号に掲げるもののほか、規則で定める事項

3　特定事項の明示義務

3－1　法令制限事項の明示

条文・原則

1　都市計画法第7条に規定する市街化調整区域に所在する土地については、同法第29条に規定する開発許可を受けているもの等を除き、「市街化調整区域。宅地の造成及び建物の建築はできません。」と16ポイント以上の文字で明示すること。
　ただし、新聞・雑誌広告における文字の大きさについては、この限りでない（規則8条1号）。
2　原則として、建築基準法第42条に規定する道路に2メートル以上接していない土地については、「再建築不可」又は「建築不可」と明示すること（規則8条2号）。
3　建築基準法第42条第2項の規定により道路とみなされる部分（セットバックを要する部分）を含む土地については、その旨を表示し、セットバック面積がおおむね10％以上である場合は、併せてその面積を明示すること（規則8条5号）。
4　道路法第18条第1項の規定により道路区域が決定され、又は都市計画法第20条第1項の告示が行われた都市計画道路等の区域に係る土地についてはその旨を明示すること（規則8条13号）。

出題履歴

H28.47- 2

1ポイント＝0.3514mm（JIS＝日本工業規格）

H21.47- 2

R 2 (12).47- 1

H20.47- 4
H27.47- 3

税・その他

3－2　土地の特殊な形質及び状況の明示

条文・原則

出題履歴

H22.47- 1
R 2 (10).47- 1

1　路地状部分のみで道路に接する土地であって、その路地状部分の面積が当該土地面積のおおむね30%以上を占めるときは、路地状部分を含む旨及び路地状部分の割合又は面積を明示すること（規則8条4号）。

H30.47- 2

2　土地取引において、当該土地上に古家、廃屋等が存在するときは、その旨を明示すること（規則8条6号）。

3　土地の全部又は一部が高圧電線路下にあるときは、その旨及びそのおおむねの面積を表示すること。この場合において、建物その他の工作物の建築が禁止されているときは、併せてその旨を明示すること（規則8条8号）。

4　傾斜地を含む土地であって、傾斜地の割合が当該土地面積のおおむね30%以上を占める場合（マンション及び別荘地等を除く。）は、傾斜地を含む旨及び傾斜地の割合又は面積を明示すること。ただし、傾斜地の割合が30%以上を占めるか否かにかかわらず、傾斜地を含むことにより、当該土地の有効な利用が著しく阻害される場合（マンションを除く。）は、その旨及び傾斜地の割合又は面積を明示すること（規則8条10号）。

H22.47- 3

5　土地の有効な利用が阻害される著しい不整形画地及び区画の地盤面が2段以上に分かれている等の著しく特異な地勢の土地については、その旨を明示すること（規則8条11号）。

H24.47- 4

3－3　建築工事の中断状況の明示

条文・原則

H26.47- 4

建築工事に着手した後に、同工事を相当の期間にわたり中断していた新築住宅又は新築分譲マンションについては、建築工事に着手した時期及び中断していた期間を明示すること（規則8条14号）。

4　物件の内容・取引条件等に係る表示基準

4－1　取引態様

条文・原則

H20.47- 2
H24.47- 1
H30.47- 4
R 2 (12).47- 2

取引態様は、「売主」、「貸主」、「代理」又は「媒介（仲介）」の別をこれらの用語を用いて表示すること（規則10条1号）。

4－2　交通の利便性

条文・原則

1　公共交通機関は、現に利用できるものを表示し、特定の時期にのみ利用できるものは、その利用できる時期を明示して表示すること。ただし、新設の路線については、現に利用できるものと併せて表示する場合に限り、路線の新設に係る国土交通大臣の許可処分又はバス会社等との間に成立している協定の内容を明示して表示することができる（規則10条４号）。
2　新設予定の鉄道、都市モノレールの駅若しくは路面電車の停留場（以下「駅等」という。）又はバスの停留所は、当該路線の運行主体が公表したものに限り、その新設予定時期を明示して表示することができる（規則10条５号）。
3　電車、バス等の交通機関の所要時間は、乗換えを要するときは、その旨を明示すること。通勤時の所要時間が平常時の所要時間を著しく超えるときは、通勤時の所要時間を明示すること。この場合において、平常時の所要時間をその旨を明示して併記することができる（規則10条６号）。
4　自動車による所要時間は、道路距離を明示して、走行に通常要する時間を表示すること。この場合において、表示された時間が有料道路（橋を含む。）の通行を含む場合のものであるときは、その旨を明示すること。ただし、その道路が高速自動車国道であって、周知のものであるときは、有料である旨の表示を省略することができる（規則10条７号）。

出題履歴
H23.47- 4
H28.47- 4

H20.47- 1

4－3　各種施設までの距離又は所要時間

条文・原則

1　団地（一団の宅地又は建物をいう。以下同じ。）と駅その他の施設との間の距離又は所要時間は、それぞれの施設ごとにその施設から最も近い当該団地内の地点を起点又は着点として算出した数値を表示すること。ただし、当該団地を数区に区分して取引するときは、各区分ごとに距離又は所要時間を算出すること（規則10条９号）。
2　徒歩による所要時間は、道路距離80メートルにつき１分間を要するものとして算出した数値を表示すること。この場合において、１分未満の端数が生じたときは、１分として算出すること（規則10条10号）。
3　自転車による所要時間は、道路距離を明示して、走行に通常要する時間を表示すること（規則10条11号）。

H23.47- 3
H29.47- 3
R 2 (10).47- 2
R 3 (10).47- 2

4－4　面積

条文・原則

1　面積は、メートル法により表示すること。この場合において1平方メートル未満の数値は、切り捨てて表示することができる（規則10条13号）。
2　土地の面積は、水平投影面積を表示すること（規則10条14号）。
3　建物の面積（マンションにあっては、専有面積）は、延べ面積を表示し、これに車庫、地下室等の面積を含むときは、その旨及びその面積を表示すること。ただし、中古マンションにあっては、建物登記簿に記載された面積を表示することができる（規則10条15号）。
R 3 (10).47- 1　4　住宅の居室等の広さを畳数で表示する場合においては、畳1枚当たりの広さは1.62平方メートル（各室の壁心面積を畳数で除した数値）以上の広さがあるという意味で用いること（規則10条16号）。

4－5　物件の形質

条文・原則

出題履歴

H26.47- 1　1　採光及び換気のための窓その他の開口部の面積の当該室の床面積に対する割合が建築基準法第28条の規定に適合していないため、同法において居室と認められない納戸その他の部分については、その旨を「納戸」等と表示すること（規則10条17号）。
H25.47- 2　2　地目は、登記簿に記載されているものを表示すること。この場合において、現況の地目と異なるときは、現況の地目を併記すること（規則10条19号）。
H24.47- 2
R 1.47- 3　3　建物をリフォーム又は改築（以下「リフォーム等」という。）したことを表示する場合は、そのリフォーム等の内容及び時期を明示すること（規則10条21号）。

4－6　写真・絵図

条文・原則

1　宅地又は建物の写真は、取引するものの写真を用いて表示すること。ただし、取引しようとする建物が建築工事の完了前である等その建物の写真を用いることができない事情がある場合においては、次に掲げるものに限り、他の建物の写真を用いることができる。この場合においては、当該写真が他の建物のものである旨を写真に接する位置に明示すること（規則10条22号）。

(1) 取引しようとする建物と規模、形質及び外観が同一の他の建物の外観写真。この場合において、門塀、植栽、庭等が異なる場合は、その旨を明示すること。

(2) 建物の内部写真であって、写真に写される部分の規模、形質等が同一のもの

2　宅地又は建物の見取図、完成図又は完成予想図は、その旨を明示して用い、当該物件の周囲の状況について表示するときは、現況に反する表示をしないこと（規則10条23号）。

出題履歴
H29.47- 2
H25.47- 1

4－7　設備・施設等

条文・原則

温泉法による温泉については、次に掲げる事項を明示して表示すること（規則10条26号）。

ア　温泉に加温したものについては、その旨

イ　温泉に加水したものについては、その旨

ウ　温泉源から採取した温泉を給湯管によらずに供給する場合（運び湯の場合）は、その旨

エ　共同浴場を設置する場合において、循環装置又は循環ろ過装置を使用する場合は、その旨

H22.47- 4

4－8　生活関連施設

条文・原則

1　学校、病院、官公署、公園等の公共・公益施設は、次に掲げるところにより表示すること（規則10条29号）。

(1) 現に利用できるものを表示すること。

※　学校については、学校の設置について必要とされる許可等の処分を受けているもの又は国若しくは地方公共団体が事業決定しているものにあっては、現に利用できるものと併せて表示する場合に限り、その整備予定時期を明示して表示することができる。また、学校以外の施設については、都市計画法第11条に規定する都市施設であって、都市計画決定の告示があったものに限り、その内容を明示して表示することができる（規則10条30号）。

(2) 物件までの道路距離を明示すること。

(3) その施設の名称を表示すること。ただし、公立学校及び官公署の場合は、パンフレットを除き、省略することができる。

2　デパート、スーパーマーケット、商店等の商業施設は、現に利用できるものを物件までの道路距離を明示して表示すること。ただし、工事中である等その施設が将来確実に利用できると認められるものにあっては、その整備予定時期を明示して表示することができる（規則10条31号）。

出題履歴
H28.47- 3
R 3 (10).47- 3

H22.47- 2

H24.47- 3

4－9　価格・賃料

条文・原則

1　土地の価格については、1区画当たりの価格を表示すること。ただし、1区画当たりの土地面積を明らかにし、これを基礎として算出する場合に限り、1平方メートル当たりの価格で表示することができる（規則10条35号）。

※　すべての区画の価格を表示することが困難であるときは、分譲宅地の価格については、1区画当たりの最低価格、最高価格及び最多価格帯並びにその価格帯に属する販売区画数を表示すること。この場合において、販売区画数が10未満であるときは、最多価格帯の表示を省略することができる（規則10条36号）。

2　住宅（マンションにあっては、住戸）の価格については、1戸当たりの価格（敷地の価格（当該敷地が借地であるときは、その借地権の価格）及び建物（電気、上下水道及び都市ガス供給施設のための費用等を含む。）に係る消費税等の額を含む。以下同じ。）を表示すること（規則10条38号）。

※　すべての住戸の価格を示すことが困難であるときは、新築分譲住宅及び新築分譲マンションの価格については、1戸当たりの最低価格、最高価格及び最多価格帯並びにその価格帯に属する住宅又は住戸の戸数を表示すること。
この場合において、販売戸数が10戸未満であるときは、最多価格帯の表示を省略することができる（規則10条39号）。

3　賃貸される住宅（マンション又はアパートにあっては、住戸）の賃料については、1か月当たりの賃料を表示すること。ただし、新築賃貸マンション又は新築賃貸アパートの賃料について、すべての住戸の賃料を表示することが困難である場合は、1住戸当たりの最低賃料及び最高賃料を表示すること（規則10条40号）。

4　管理費（マンションの事務を処理し、設備その他共用部分の維持及び管理をするために必要とされる費用をいい、共用部分の公租公課等を含み、修繕積立金を含まない。）については、1戸当たりの月額（予定額であるときは、その旨）を表示すること。ただし、住戸により管理費の額が異なる場合において、そのすべての住宅の管理費を示すことが困難であるときは、最低額及び最高額のみで表示することができる（規則10条41号）。

出題履歴
H23.47- 1

H21.47- 3
R 1.47- 2

H25.47- 3
R 2 (10).47- 4

4－10　住宅ローン

条文・原則

住宅ローン（銀行その他の金融機関が行う物件の購入資金及びこれらの購入に付帯して必要とされる費用に係る金銭の貸借）については、次に掲げる事項を明示して表示すること（規則10条44号）。

1　金融機関の名称若しくは商号又は都市銀行、地方銀行、信用金庫等の種類
2　提携ローン又は紹介ローンの別
3　融資限度額
4　借入金の利率及び利息を徴する方式（固定金利型、固定金利指定型、変動金利型、上限金利付変動金利型等の種別）又は返済例（借入金、返済期間、利率等の返済例に係る前提条件を併記すること。）

出題履歴
H27.47- 2

5　特定用語の使用基準

5－1　物件用語

条文・原則

事業者は、次に掲げる用語を用いて表示するときは、それぞれ当該各号に定める意義に即して使用しなければならない（18条1項）。

1　新築
建築後1年未満であって、居住の用に供されたことがないものをいう。

2　新発売
新たに造成された宅地又は新築の住宅（造成工事又は建築工事完了前のものを含む。）について、一般消費者に対し、初めて購入の申込みの勧誘を行うこと（一団の宅地又は建物を数期に区分して販売する場合は、期ごとの勧誘）をいい、その申込みを受けるに際して一定の期間を設ける場合においては、その期間内における勧誘をいう。

3　ダイニング・キッチン（ＤＫ）
台所と食堂の機能が1室に併存している部屋をいい、住宅（マンションにあっては、住戸。次号において同じ。）の居室（寝室）数に応じ、その用途に従って使用するために必要な広さ、形状及び機能を有するものをいう。

4　リビング・ダイニング・キッチン（ＬＤＫ）
居間と台所と食堂の機能が1室に併存する部屋をいい、住宅の居室（寝室）数に応じ、その用途に従って使用するために必要な広さ、形状及び機能を有するものをいう。

5　宅地の造成工事の完了
宅地上に建物を直ちに建築することができる状態に至ったことをいい、当該工事の完了に際し、都市計画法その他の法令による工事の完了の検査を受けることが必要とされるときは、その検査に合格したことをいう。

6　建物の建築工事の完了
建物をその用途に従い直ちに使用することができる状態に至ったことをいう。

出題履歴
H25.47- 4
R 1.47- 4
H27.47- 4

税・その他

5－2　宣伝用語

条文・原則

事業者は、次に掲げる用語を用いて表示するときは、それぞれ当該表示内容を裏付ける合理的な根拠を示す資料を現に有している場合を除き、当該用語を使用してはならない。この場合において、4及び5に定める用語については、当該表示内容の根拠となる事実を併せて表示する場合に限り使用することができる（18条2項）。

1　物件の形質その他の内容又は役務の内容について、「完全」、「完ぺき」、「絶対」、「万全」等、全く欠けるところがないこと又は全く手落ちがないことを意味する用語
2　物件の形質その他の内容、価格その他の取引条件又は事業者の属性に関する事項について、「日本一」、「日本初」、「業界一」、「超」、「当社だけ」、「他に類を見ない」、「抜群」等、競争事業者の供給するもの又は競争事業者よりも優位に立つことを意味する用語
3　物件について、「特選」、「厳選」等、一定の基準により選別されたことを意味する用語
4　物件の形質その他の内容又は価格その他の取引条件に関する事項について、「最高」、「最高級」、「極」、「特級」等、最上級を意味する用語
5　物件の価格又は賃料等について、「買得」、「掘出」、「土地値」、「格安」、「投売り」、「破格」、「特安」、「激安」、「バーゲンセール」、「安値」等、著しく安いという印象を与える用語
6　物件について、「完売」等著しく人気が高く、売行きがよいという印象を与える用語

6　不当表示の禁止

6－1　不当な二重価格表示

条文・原則

事業者は、物件の価格、賃料又は役務の対価について、二重価格表示（実際に販売する価格（以下「実売価格」という。）にこれよりも高い価格（以下「比較対照価格」という。）を併記する等の方法により、実売価格に比較対照価格を付すことをいう。）をする場合において、事実に相違する広告表示又は実際のもの若しくは競争事業者に係るものよりも有利であると誤認されるおそれのある広告表示をしてはならない（20条）

※　かかる誤認されるおそれのある二重価格表示とは次のものをいう。

1　過去の販売価格を比較対照価格とする二重価格表示

過去の販売価格を比較対照価格とする二重価格表示は、次に掲げる要件のすべてに適合し、かつ、実際に、当該期間、当該価格で販売していたことを資料により客観的に明らかにすることができる場合を除き、不当な二重価格表示に該当するものとする（規則13条）。

(1)　過去の販売価格の公表時期及び値下げの時期を明示したものであること。

(2)　比較対照価格に用いる過去の販売価格は、値下げの３か月以上前に公表された価格であって、かつ、値下げ前３か月以上にわたり実際に販売のために公表していた価格であること。

(3)　値下げの時期から６か月以内に表示するものであること。ただし、６か月以内であっても災害その他の事情により物件の価値に同一性が認められなくなった場合には、同一性が認められる時点までに限る。

(4)　土地（現況有姿分譲地を除く。）又は建物（共有制リゾートクラブ会員権を除く。）について行う表示であること。

2　割引表示

一定の条件に適合する取引の相手方に対し、販売価格、賃料等から一定率又は一定額の割引をする場合において、当該条件を明示して、割引率、割引額又は割引後の額を表示する場合を除き、不当な二重価格表示に該当するものする（規則14条）。

出題履歴
H30.47- 1
R 3 (10).47- 4

R 2 (12).47- 3

6－2　おとり広告

条文・原則

事業者は、次に掲げる広告表示をしてはならない（21条）。

1　物件が存在しないため、実際には取引することができない物件に関する表示

2　物件は存在するが、実際には取引の対象となり得ない物件に関する表示

3　物件は存在するが、実際には取引する意思がない物件に関する表示

6－3　不当な比較広告

条文・原則

事業者は、比較広告において、次に掲げる広告表示をしてはならない（22条）。

1　実証されていない、又は実証することができない事項を挙げて比較する表示

2　一般消費者の物件等の選択にとって重要でない事項を重要であるかのように強調して比較するもの及び比較する物件等を恣意的に選び出すなど不公正な基準によって比較する表示

3　一般消費者に対する具体的な情報ではなく、単に競争事業者又はその物件等を誹謗し又は中傷する表示

6－4　その他の不当表示

条文・原則

事業者は、次に掲げる広告表示をしてはならない（23条）。

1　物件の面積について、実際のものよりも広いと誤認されるおそれのある表示
※私道負担部分が含まれている土地を表示するにあたっては、私道負担部分がある旨のみならず、私道負担部分の面積も表示しなければ不当表示となる。

2　宅地の造成材料又は建物の建築材料若しくは造作について、実際のものよりも優良であると誤認されるおそれのある表示

3　建物の構造について、実際のものよりも優良であると誤認されるおそれのある表示

4　建物の建築経過年数又は建築年月について、実際のものよりも経過年数が短い又は建築年月が新しいと誤認されるおそれのある表示

5　建物の保温・断熱性、遮音性、健康・安全性その他の居住性能について、実際のものよりも優良であると誤認されるおそれのある表示

6　モデル・ルーム又は写真、コンピュータグラフィックス、見取図、完成図若しくは完成予想図による表示であって、物件の規模、形状、構造等について、事実に相違する表示又は実際のものよりも優良であると誤認されるおそれのある表示

7　物件からの眺望若しくは景観又は物件を中心とした眺望若しくは景観を示す写真、絵図又はコンピュータグラフィックスによる表示であって、事実に相違する表示又は実際のものよりも優良であると誤認されるおそれのある表示

8　割賦販売又は不動産ローンの条件について、実際のものよりも有利であると誤認されるおそれのある表示（アドオン利率のみの表示等）
※実質利率も併せて表示すること

9　新発売でない物件について、新発売であると誤認されるおそれのある表示

10　物件について、完売していないのに完売したと誤認されるおそれのある表示

出題履歴

H29.47- 1

H26.47- 3

H21.47- 1

H30.47- 3

◆アドオン方式

元金に最終返済期限までの利息を加算し、それを返済回数で割って毎月の返済額とする方法。当初の元金に利息を加算しているため実質金利は、表面金利より高くなる。

H27.47- 1

H27.47- 1

土地

重要ポイント

1. 宅地としての適性

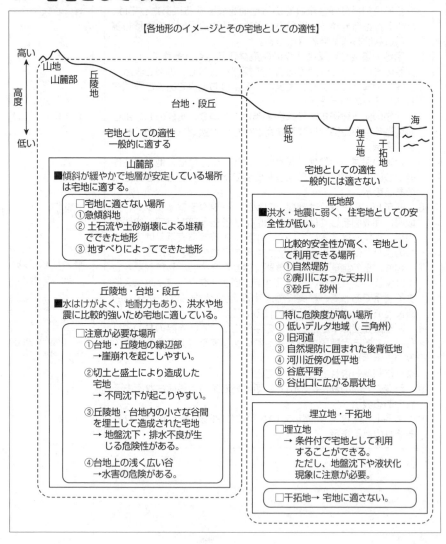

【各地形のイメージとその宅地としての適性】

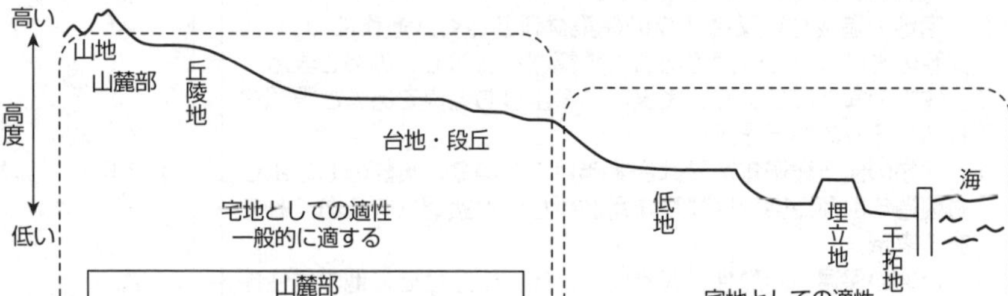

宅地としての適性
一般的に適する

山麓部

■傾斜が緩やかで地層が安定している場所は宅地に適する。

□宅地に適さない場所
①急傾斜地
② 土石流や土砂崩壊による堆積でできた地形
③ 地すべりによってできた地形

丘陵地・台地・段丘

■水はけがよく、地耐力もあり、洪水や地震に比較的強いため宅地に適している。

□注意が必要な場所
①台地・丘陵地の縁辺部
→崖崩れを起こしやすい。
②切土と盛土により造成した宅地
→ 不同沈下が起こりやすい。
③丘陵地・台地内の小さな谷間を埋土して造成された宅地
→ 地盤沈下・排水不良が生じる危険性がある。
④台地上の浅く広い谷
→水害の危険がある。

宅地としての適性
一般的には適さない

低地部

■洪水・地震に弱く、住宅地としての安全性が低い。

□比較的安全性が高く、宅地として利用できる場所
①自然堤防
②廃川になった天井川
③砂丘、砂州

□特に危険度が高い場所
① 低いデルタ地域（三角州）
② 旧河道
③ 自然堤防に囲まれた後背低地
④ 河川近傍の低平地
⑤ 谷底平野
⑥ 谷出口に広がる扇状地

埋立地・干拓地

□埋立地
→ 条件付で宅地として利用することができる。
ただし、地盤沈下や液状化現象に注意が必要。

□干拓地→ 宅地に適さない。

2．等高線のポイント

■等高線とは、平均海面から高さの等しい点を結んだ地図上の線をいう。

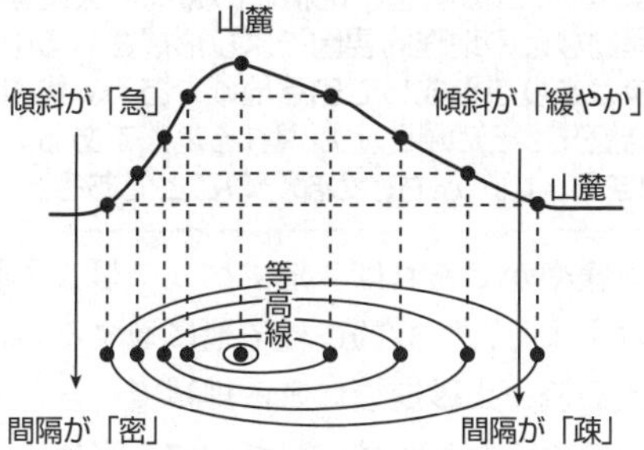

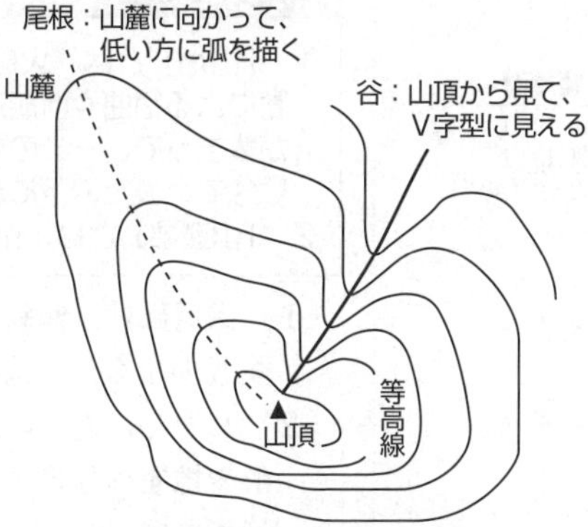

□ 等高線の間隔が密になっている所は、傾斜が急であることを表し、等高線の間隔が疎となっている所は、傾斜が緩やかであることを表す。

□ 等高線が山麓に向かって低い方に弧を描いている部分は尾根で、山頂から見て等高線がV字型に見える部分は谷である。

3．その他土地に関するポイント

ー盛土又は切土についてー

・切土部と盛土部にまたがる区域は不同沈下を生じやすい。
・切土又は盛土をした崖の擁壁は、鉄筋コンクリート造、無筋コンクリート造又は練積み造のものとしなければならない。
・造成して平坦になった宅地では、一般に切土部分に比べて盛土部分で地盤沈下量が大きくなる。

ーその他ー

・地すべり地⇒上部は急斜面＋中部は緩やかな斜面＋下部には末端部に相当する急斜面＋等高線は乱れて表れることが多い。
・崖錐（がいすい）、河川の出口で堆積物の多い所等⇒土石流の危険が大きい。
・断層地形⇒直線状の谷、滝その他の地形の急変する地点が連続して存在するといった特徴＋断層に沿った崩壊、地すべりが発生する危険性が高い。

1 地形別の宅地としての適性

重要度A

1　山地・山麓部

条文・原則

1 「山地」とは、火山活動による隆起、堆積、あるいは大陸移動による褶曲や断層運動などの地理的要因により形成される山が集まって、一つのまとまりを形成している地域である。傾斜は急で、表土の下に岩盤又はその風化土が現れる地盤である。
2 「山麓部」とは、山すそ、山のふもとの部分のことである。

出題履歴
H21.49- 1
H30.49- 1
R 2 (12).49- 1

H23.49- 2
（1）山麓部は、**傾斜が緩やかであれば**、地すべりを起こす危険も少なく、水はけもよく、一般的には宅地に適する。

H28.49- 3
（2）しかし、過去の**土石流**や**土砂崩壊**による堆積でできた地形や**地すべり**によってできた地形は、崩れやすく宅地には適さない。

H22.49- 3
「土石流」は、急勾配の渓流に多量の不安定な砂礫の堆積がある所や、流域内で豪雨に伴う斜面崩壊の危険性の大きい場合に起こりやすい。

山麓部

■傾斜が緩やかで地層が安定している場所は宅地に適する。

□宅地に適さない場所
①急傾斜地
②土石流や土砂崩壊による堆積でできた地形
③地すべりによってできた地形

2　丘陵地・台地・段丘

条文・原則

1 「丘陵地」とは、平地の周縁や山地の入り口に位置し、似たような起伏が帯状に続いた、高度300m程度以下のやや高い土地をいう。
2 「台地（段丘）」は、河川・湖・海などに接する階段状の地形で、広い段丘面と周縁部の急傾斜の段丘崖から構成される。

（1）これらの場所は、地表面は比較的平坦であり、よく締まった砂礫・硬粘土からなり、地下水位は比較的深い地盤である。したがって、**水はけもよく、地盤も安定**しており、洪水や地震等の自然災害に対して安全度の高いところであり、宅地として積極的に利用すべき地形である。

出題履歴
H21.49- 2
H24.49- 1
H25.49- 3
H29.49- 3
R 1.49- 1、- 3
R 2 (12).49- 4

（2）ただし、次の点に注意しなければならない。

① 台地、丘陵の**縁辺部**（崖下等）は、**集中豪雨のとき崖崩れ**を起こす危険が多い。

H26.49- 4
H28.49- 4

② 丘陵地や台地内の**小さな谷間**は、軟弱地盤であることが多く、これを埋土して造成された宅地では、地盤沈下や排水不良を生じることが多い。

H30.49- 2
R 1.49- 2

③ 台地の上の**浅く広い**谷は、**豪雨のとき浸水**することがある。

H24.49- 2
H27.49- 3

丘陵地・台地・段丘

■水はけがよく、地耐力もあり、洪水や地震に比較的強いため宅地に適している。

□注意が必要な場所

①台地・丘陵地の縁辺部→崖崩れを起こしやすい。
②丘陵地・台地内の小さな谷間を埋土して造成された宅地
→地盤沈下・排水不良が生じる危険性がある。
③台地上の浅く広い谷→ 水害の危険がある。

河岸段丘

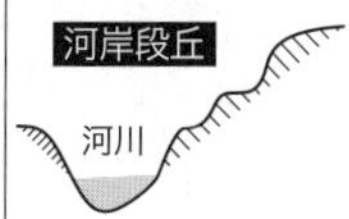

3 低地

条文・原則

「低地」とは、標高200m以下で、周辺より低い平野のことである。
扇状地、氾濫原、三角州等に大別される。

出題履歴
H29.49- 1

①扇状地	山地から平地へ川が流れるところにできた山地からの砂礫等が扇状に堆積したところである。
②氾濫原	河水により運搬された土砂が堆積して河川沿いにできた平野で、旧河道・自然堤防・後背湿地等に分けられる。
③三角州	河川の水が運搬した土砂が河口の海岸部に堆積して生じた三角形の土地のことである。

H29.49- 2

H21.49- 3
H25.49- 4
R 2 (12).49- 2

（1）一般的には、**地盤が軟らかい**ところが多く、**洪水や地震**

H23.49- 3
H27.49- 1
H21.49- 4

に対しても弱いので、住宅地として好ましくない。

しかし、わが国の大都市地域は、用水や水運等の便利さから大部分が低地に立地している。

（2）低地の中でも**比較的危険度の「低い」**のは、**砂質で水はけのよい微高地**である。

具体的には、

① **自然堤防**

低地の河川沿いに、過去の洪水による堆積土砂で作られた微高地で、砂質や砂礫質の土質からなり、排水性がよく地盤の支持力もある。

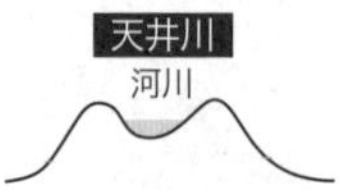

② 川底が周辺の低地より高い廃川敷（**古い天井川**）

③ その他（**砂丘**）（**砂州**）等

（3）逆に、低地の中で**災害の危険度が「高い」**のは

H30.49- 3、- 4

① 沿岸部の低いデルタ地域（**三角州**）

ここは、地下水の汲み上げによる地盤沈下や地震時に液状化する危険がある。

H26.49- 1
R 1.49- 4

② **旧河道**

過去の河川流路である旧河道は、軟弱で水はけの悪い土が堆積していることが多く、宅地として選定する場合は注意を要する。

③ 自然堤防や人為的な工作物（堤防、道路・鉄道等の盛土）に**囲まれた低地**

自然堤防背後で1m程度低い平地を**後背低地（後背湿地）**というが、**典型的な軟弱地盤**であり宅地として不向きである。

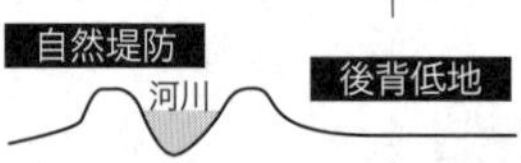

④ 河川近傍の低平地

河川近傍の低平地で、周辺に盛土を施した古い家屋が多い土地は、洪水の常習地帯である可能性が高い。

⑤ 谷底平野

谷底平野は、河川の堆積作用によって山間部の谷底に形成される狭長な沖積平野であり、土砂災害とともに水害の危険性も高い。

⑥ 谷出口に広がる**扇状地**

H22.49- 2

扇状地は、砂礫層からなり**地盤も比較的良好**と言えるが、谷の出口にあたる場所等では、**土石流災害**に注意が必要である。

※これら①～⑥は、地盤も軟弱、低湿で、地震や洪水の被害を受けやすい。

低地部

■洪水・地震に弱く、住宅地としての安全性が低い。

□比較的安全性が高く、宅地として利用できる場所
①自然堤防
②廃川になった天井川
③砂丘、砂州

□特に危険度が高い場所
①低いデルタ地域（三角州）
②旧河道
③自然堤防に囲まれた後背低地
④河川近傍の低平地
⑤谷底平野
⑥谷出口に広がる扇状地

講師からのアドバイス
扇状地は、過去問において、「砂礫質で地盤が良好であること（プラス面）」と「土石流災害の危険性（マイナス面）」の両側面から出題されているので注意しよう。

4 干拓地、埋立地

（1）一般的には、住宅地として**余り好ましくない**。特に、**干拓地は、海面以下**の場合が多く、注意を要する。

（2）**埋立地**は、一般に海面に対し数メートルの高さの比高を持つので、**信頼のおける業者がしっかりとした施工をしていれば**、宅地としての利用も十分可能である。

（3）しかし、高潮や津波あるいは地震等の頻発地帯では、工場、倉庫、公園等の利用を優先すべきである。また、塵芥や産業廃棄物等による埋立地の場合には、地盤沈下が激しい場合が多い。

地震などのときに起きる**液状化現象**（地下水位が高いところで起こりやすい。）は、埋立地などに起こりやすい。

出題履歴
H23.49- 4
H29.49- 4
R 2 (12).49- 3
H24.49- 3
H26.49- 2
R 2 (10).49- 3

◆液状化現象

地下水位の高い砂地盤において、地震の振動により水分を多く含んだ砂層の砂粒子が水中に浮遊したような状態（液状）になる現象。これにより、建物が倒壊したり、下水管等が浮き上がったりする。

埋立地・干拓地

- □ 埋立地→条件付で宅地として利用することができる。
  ただし、地盤沈下や液状化現象に注意が必要。
- □ 干拓地→宅地に適さない。

2 宅地造成及び宅地災害について　重要度A

1　宅地造成に関する注意点

（1）切土と盛土により造成した宅地は、その境目での地盤の強度が異なるため、**不同沈下**が起こりやすい。

切土斜面は、掘削直後の斜面安定が確認できても、その後、雨や雪等により不安定となることを忘れてはならない。

（2）宅地の安定に排水処理は重要であり、擁壁の水抜き穴、盛土のり面の小段の排水溝等による**排水処理の行われていない宅地は、不適当**であることが多い。

宅地周りの既存の擁壁の上に、ブロックを積み増し、盛土して造成することは、宅地面積を広げることにはなるが、安全な宅地として利用できないことが多い。

（3）盛土をする場合には、盛土をした後の地盤に雨水その他の地表水の浸透によるゆるみ、沈下又は崩壊が生じないように締め固めるとともに、必要に応じて、地滑り抑止ぐい等の設置その他の措置を講じなければならない（宅地造成等規制法施行令５条３号）。

（4）切土又は盛土をした崖の擁壁は、鉄筋コンクリート造、無筋コンクリート造又は練積み造のものとしなければならない（宅地造成等規制法施行令６条）。

（5）造成して平坦になった宅地では、一般に**切土部分に比べて盛土部分で地盤沈下量が大きくなる**。

2　最近の宅地災害の傾向

出題履歴
R 2 (10).49- 1

最近の宅地災害の傾向として、都市部の小河川の氾濫が多いことがあげられる。この原因の一つには、急速な都市化、宅地化に伴い、降雨時に降水が**短時間**に川に流れ込むことがある。もう一つは、本流筋の改修が進み、これに流入する支川との流入調整が円滑になっていないことである。

近年、**洪水氾濫危険区域図、土砂災害危険区域図**等災害時に危険性があると予想される区域を表示した図書が一般に公表されており、これらは安全な宅地を選定するための資料として有益である。

3 崖崩れ・地すべり・土石流等に関する知識

重要度A

1　のり面・自然斜面

◆のり面
切土や盛土によって人工的に造られた斜面のこと。

（1）自然斜面は、地層分布、土質等が複雑かつ不均一で地盤の強さが場所により異なることが多いので、特にのり高の大きい切土を行う際は、**のり面の安定性の検討**をする必要がある。
（2）マサ、シラス、山砂、段丘砂礫などの**主として砂質土からなるのり面**は、地表水による浸食には比較的弱いため、**排水施設の設置**により安定を図ることが必要である。
（3）樹木が生育する斜面地では、その根が土層と堅く結合しても、根より深い位置の斜面崩壊に対しては、樹木による安定効果を期待することはできない。

2　地すべり地

（1）**地すべり地**については、特定の地質や地質構造を有する地域に集中して分布する傾向が強く、**地すべり地形**と呼ばれる特有の地形を形成することが多く、**上部は急斜面、中部は緩やかな斜面、下部には末端部に相当する急斜面**があり、**等高線は乱れて表れる**ことが多い。
（2）**地すべり地**の多くは、過去に地すべり活動を起こした経

出題履歴
H22.49- 1

歴があり、棚田等の水田として利用されることがある。

3　崖崩れ、崖錐等

出題履歴
H24.49- 4

（1）崖崩れは、梅雨の時期や台風時の豪雨によって発生することが多く、崖に近接する住宅では日頃から降雨に対する注意が必要である。

R 3 (10).49- 3、- 4

（2）**崖錐**（がいすい）、河川の出口で堆積物の多い所等は、土石流の危険が大きい。

崖錐とは、急斜面や崖の下に、風化等により崩落した砂礫等が半円錐状に堆積した地形のことである。

（3）崖錐堆積物は、一般的に透水性が高く、基盤との境付近が水の通り道となって、そこをすべり面とした地すべりが生じやすい。崖錐堆積物におおわれた地域は、一般的に、切土をすると、崩壊や地すべりを起こしやすい。

（4）崩壊跡地は、微地形的には**馬蹄形状の凹地形**を示すことが多く、また、地下水位が高いため、竹などの好湿性の植物が繁茂することが多い。

H22.49- 4

（5）**断層**地形は、直線状の谷、滝その他の地形の急変する地点が連続して存在するといった特徴が見られることが多く、断層に沿った崩壊、地すべりが発生する危険性が高い。

（6）砂質土は、粘性土（粘土）に比べ、剛性（硬さ）、強度に優れており、建物の基礎の支持力においてまさっている。

4 等高線

重要度A

1　等高線とは

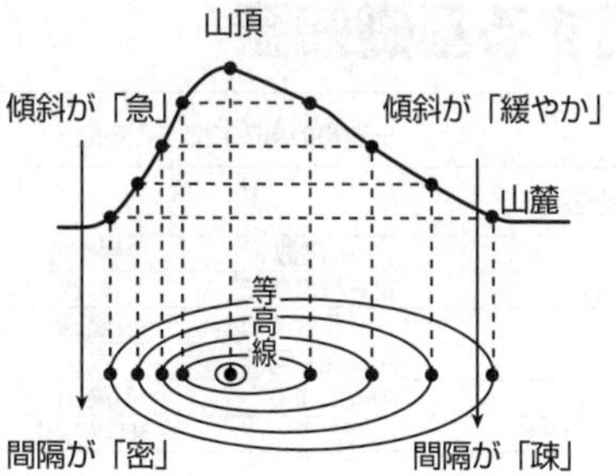

等高線は、平均海面から高さの等しい点を結んだ地図上の線をいい、等高線の**間隔が密**になっている所は、**傾斜が急**であることを表し、等高線の**間隔が疎**となっている所は、**傾斜が緩やか**であることを表す。

出題履歴
H20.49- 1

2　谷と尾根の等高線

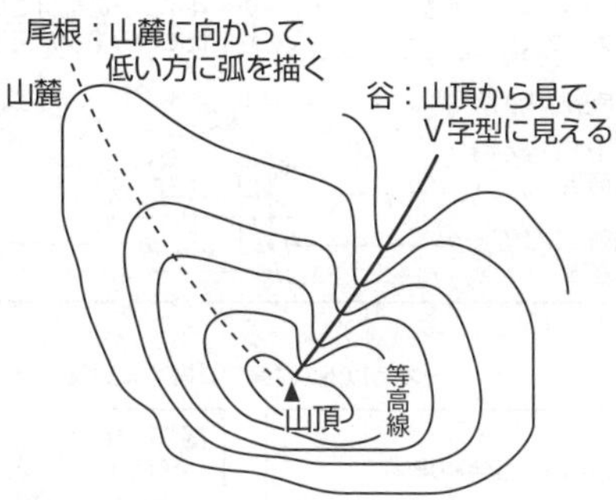

等高線が山頂に向かって高い方に弧を描いている部分、すなわち、**山頂から見てV字型に見える部分は谷**である。一方、山頂から見て等高線が張り出している部分、すなわち、**山麓に向かって低い方に弧を描く部分は尾根**である。

出題履歴
H20.49- 3

3　その他

扇状地は、山地から平野部の出口で、勾配が急に緩やかになる所に見られ、等高線が**同心円状**になるのが特徴的である。

等高線の間隔の大きい河口付近では、河川の氾濫により河川より離れた場所でも浸水する可能性が高くなる。

出題履歴
H20.49- 2

H20.49- 4

税・その他

建物

重要ポイント

1. 建物に関する基礎知識

－建物の構造に関する知識－

■建築物の構造別の特性

構造	階数	耐震性	耐火性	耐久性
□木造	２Ｆ程度まで	普通	低い	低い
□ブロック造	３Ｆ程度まで	普通	高い	普通
□鉄骨造	超高層も可能	高い	普通	普通
□鉄筋コンクリート造	中高層まで	高い	高い	高い
□鉄骨鉄筋コンクリート造	高層まで	非常に高い	高い	非常に高い

－木造建築物に関する知識－

■木造建築物　　骨組みを木材で形成する建築物の総称
□軽量で強度が大きいが、燃えやすく、腐朽・虫害に弱い。

構造	概要	例
□在来軸組工法	通常の木造工法	住宅
□集成木材構造	集成木材で骨組みを構成した木造工法	体育館
□枠組壁工法（ツーバイフォー工法）	2インチ×4インチの板材で骨組みを構成した工法	住宅
□丸太組工法（ログハウス）	丸太を井桁状に積み重ねた工法別荘	別荘

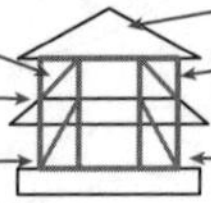

－木造以外の建築物に関する知識－

■鉄骨造（Ｓ造）
骨組みを鉄鋼材で形成する建築物の総称

□自重が軽く、靭性が大きい。
大スパン建築物（工場、倉庫、体育館など）、高層建築物に適する。
□熱による耐力減少が著しい。
耐火材料（モルタル等）による被覆が必要。

■骨組みの構造

□ トラス式	三角形を構成し、ピンで接合する構造
□ ラーメン式	直方体の集合で構成する構造
□ アーチ式	円弧・楕円状に形成されたトラス骨組等

■鉄筋コンクリート造（ＲＣ造）
鉄筋（棒鋼）とコンクリートにより骨組みを形成する建築物の総称

□耐久性、耐火性、耐震性、耐風性に優れる。
□自重が大きく、施工が複雑である。

■鉄骨鉄筋コンクリート造（ＳＲＣ造）鉄筋コンクリートに鉄骨を併用した複合構造で骨組みを形成する建築物の総称

□鉄筋コンクリート造よりも、強度・靭性が大きい。

1 木造

重要度A

条文・原則

木造とは、骨組みを木材で構成する建物の総称である。

1木材

（1）樹木の構成

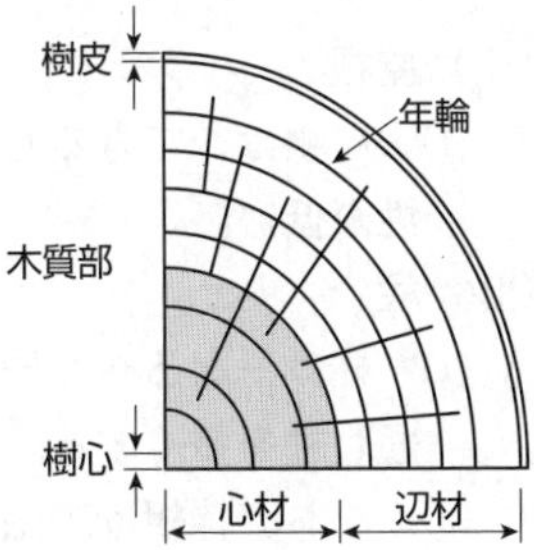

木口部分を見ると、髄（樹心）に近い部分は、色が濃く、樹皮に近い部分は色が淡い。一般的には、前者の部分を**心材**（**赤身**）といい、後者の部分を**辺材**（**白太**）という。一般に、**辺材は心材に比べて軟らかく**、乾燥収縮による変形が大きい。また、**虫害を受けやすく、耐久性も乏しい**。

（2）木材の性質

木材は、ある**程度乾燥している方が強度が大きい**。含水率**15%以下**が望ましい。

木材の強度は、比重・含水率によっても多少影響されるが、加力方向によって、その強度はかなり異なる。「引張力及び圧縮力」については、**繊維方向が最も強く**、直角方向に対して引張では10～30倍、圧縮では5～10倍位である。「せん断」に対しては、**繊維に直角方向のほうが強い**。

長所	短所
・他の材料に比べて**軽い** ・比較的強度が高い ・**加工しやすい** ・断熱性がよい ・感触がよい	・**燃えやすい** ・腐朽しやすい ・虫害を受ける ・変形しやすい

出題履歴
H22.50- 3
H24.50- 2
H27.50- 1
H29.50- 1
H30.50- 1

税・その他

出題履歴
H21.50- 4
H22.50- 4
H30.50- 2

（3）**集成材**

集成材は、厚さ2.5～5㎝程度の木材を積み重ね、接着剤で張り合わせたものであり、均一性に優れ、伸縮しにくく、変形にも強いところから、体育館等大規模な木造建築物の骨組みにも使用される。

2　木造建築物

（1）**屋根**

① 屋根は、できるだけ**軽量**にする。日本瓦は重く、**耐震性が低い**。

（2）**柱**

① 柱は、**なるべく均等**に設け、上下階の柱を1本で通す**通し柱を多くする**。

② なお、**枠組壁工法（ツーバイフォー）**は、2インチ×4インチ用材枠組を作り壁及び床により構造体とする工法であり、**耐震性が高く、通し柱でなくてもよい**。

③ 木造2階建の建築物で、隅柱を通し柱としない場合、柱とけた等との結合部を金物で補強することにより、通し柱と同等以上の耐力をもつようにすることができる。

④ 構造耐力上主要な部分である柱の張り間方向及びけた行方向の小径は、それぞれの方向でその柱に接着する土台、足固め、胴差、はり、けたその他の構造耐力上主要な部分である横架材の相互間の垂直距離に対して、原則として一定の割合以上のものでなければならない。

（3）**壁**

① 壁は、その軸組の要所（建物の隅角部等）に**できるだけ多くの筋かい等**を組み入れた**耐力壁**（たいりょくへき）（構造体の壁で、鉛直と水平荷重を負担する壁）を均等に設ける。

② 平面形状が長方形の木造建築物の壁は、多くの場合張り間方向とけた行方向とで風圧力を受ける面積が異なるので、それぞれ所定の計算方式により算出して耐力壁の長さを決める必要がある。

（4）**基礎、土台**

① **基礎、土台**は、耐震・耐風性を強化するために、建物

形態をできるだけ**単純なものとする**とともに、基礎は地盤の不同沈下に対して変形破壊されないよう**鉄筋コンクリート造の布基礎（連続基礎）**とする。

出題履歴
R 2 (10).50- 3

② 「**杭基礎**」は、建築物自体の重量が大きく、**浅い地盤の地耐力では建築物が支えられない場合**に用いられる。

R 2 (10).50- 2

③ 建築物の基礎に木ぐいを使用する場合においては、その木ぐいは、平家建の木造の建築物に使用する場合を除き、常水面下にあるようにしなければならない。

④ 基礎と上部構造は、土台を介して**アンカーボルトで堅固に接合**する。仕口及び継手を金物で緊結する。

⑤ 原則として、土台は、基礎に緊結しなければならない。

⑥ 建築物には、**異なる構造方法による基礎を併用してはならないの**が原則であるが、建築物の基礎について国土交通大臣が定める基準に従った構造計算によって構造耐力上安全であることが確かめられた場合においては、この限りではない。

出題履歴
H20.50- 3

（5）仕口及び継手

① 仕口及び継手は、意匠の面よりも強度を重視すべきである。

（6）防腐措置等

① 木造の外壁のうち、鉄網モルタル塗その他軸組が腐りやすい構造である部分の下地には、防水紙その他これに類するものを使用しなければならない。

② 構造耐力上主要な部分である**柱、筋かい及び土台**のうち、地面から**1m以内**の部分には、有効な防腐措置を講ずるとともに、必要に応じて、しろありその他の虫による害を防ぐための措置を講じなければならない。

③ 構造耐力上主要な部分に使用する木材の品質は、節、腐れ、繊維の傾斜、丸身等による耐力上の欠点がないものでなければならない。

（7）筋かい

① 筋かいには、欠込みをしてはならない。ただし、筋かいをたすき掛けにするためにやむを得ない場合において、必要な補強を行ったときは、この限りではない。

② はり、けたその他の横架材には、その中央部附近の下側に耐力上支障のある欠込みをしてはならない。

◆アンカーボルト
鉄骨柱の脚部や木造土台の基礎への緊結のために基礎に埋め込んで使うボルトのこと。

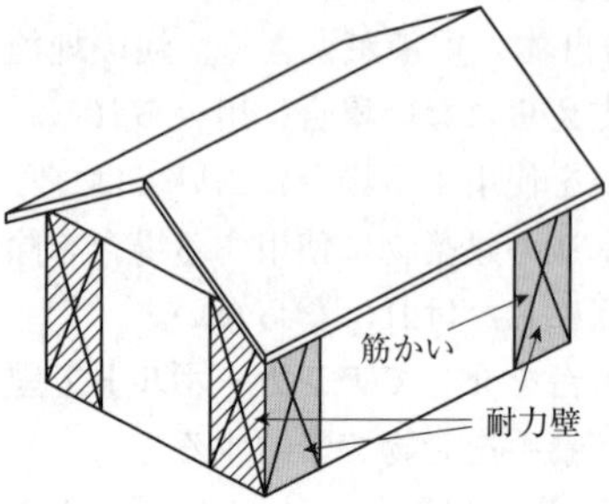

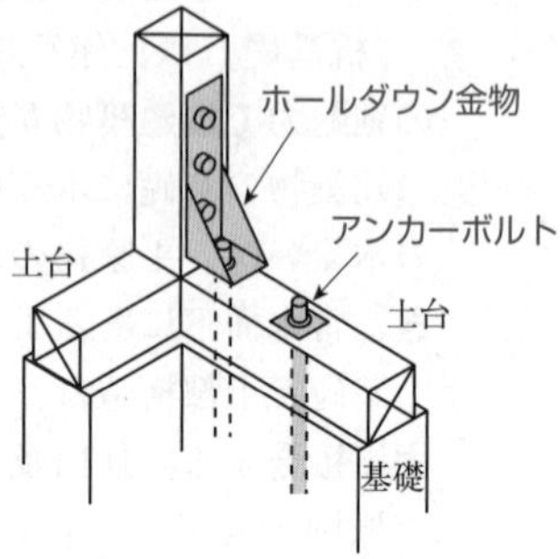

3 その他

（1）**広い部屋は2階**に、小さい部屋は1階に配置した方が建物が安定する。

（2）建築物の設計においては、**クリープ**（一定過重のもとで時間の経過とともに歪みが増大する現象）を考慮する必要がある。

木造建築物の耐久性を大きくするためには**防虫・防腐対策**が必要であり、特に常時水がかかる場所や湿気が多い浴室、台所、便所等の土台、柱脚は、防水対策が必要である。

2 鉄骨造

重要度 B

条文・原則

鉄骨造とは、骨組みを鉄鋼材で構成する建築物の総称である。

1 鋼材

条文・原則

鋼材は、靭性（じんせい）（粘り強さ）に富むが、耐火性・耐食性に乏しいため、建築材料として使用する場合には、耐火被覆や防錆処理が必要である。

（1）一般に建築で用いられる鋼材は軟鋼であり、形状としては、形鋼・棒鋼・鋼板・鋼管が多く使用されている。

鉄の性質は炭素量が大きく影響するが、一般的には、**炭素量が多いほど、比重、熱膨張率、熱伝導率、電気伝導度が減少**する。

出題履歴
H29.50- 2

（2）鋼は**引張力に対して大変強度**があり、引張部材として用いられる場合が多い。

温度による影響については、温度が500℃付近になると、鋼材の引張強度、弾性率などがほぼ半減する。よって、鉄骨構造の場合は、**耐火被覆が必要**となる。

H30.50- 3
R 2 (12).50- 3

（3）鉄骨造の建築物の構造耐力上主要な部分の材料は、炭素鋼若しくはステンレス鋼又は鋳鉄としなければならない。ただし、鋳鉄は、圧縮応力又は接触応力以外の応力が存在する部分には、使用してはならない。

（4）鋼材の接合方法としては、溶接のような冶金的方法とボルト等により接合する機体的方法がある。鉄骨造においても、こうした方法が用いられる。

2　鉄骨造の特徴

自重が軽く靭性（粘り強さ）が大きいことから、**大空間**の建築物の骨組みや**高層**建築物の骨組みに適する。

不燃構造であるが**火勢にあうと耐力が著しく減少**するので、耐火構造とするためには、ラスモルタル等の**耐火材料で被覆**する必要がある。

鋼材は、錆により断面が減少するので、**防錆処理**を行い耐久力を増す必要がある。

従来、鉄骨造は、工場、倉庫、体育館、講堂等の単層で大空間をもつ建物や鉄塔等の高い構築物に利用されてきたが、**耐火被覆構法の進展や鋼材の加工の良さが見直され**、現在、住宅、店舗、事務所、工業化建築等にも進出している。

出題履歴
H28.50- 1
H21.50- 1
H24.50- 4
R 3 (10).50- 1

◆ラスモルタル
ワイヤーラスやメタルラスなどの金属製左官仕上げ用下地材を下地にしたモルタル仕上げ。

R 3 (10).50- 3、- 4

3 鉄筋コンクリート造・鉄骨鉄筋コンクリート造

重要度A

1　鉄筋コンクリート造

条文・原則

鉄筋コンクリート造とは、鉄筋（棒鋼）とコンクリート（セメントと砂、砂利を水で混練したもの）を複合した材料で骨組みを形成する建物の総称である。

（1）これに使用される骨材・水及び混和材料は、鉄筋をさびさせ又はコンクリートの凝結及び硬化を妨げるような酸・塩・有機物又は泥土を含んではならない。

1－1　コンクリート

出題履歴
H26.50- 2、- 4

条文・原則

コンクリートとは、水・セメント・砂・砂利を調合して練り混ぜたものをいう。使用骨材によって、普通コンクリート、軽量コンクリートなどに分かれる。

一方、水・セメント・砂を練り混ぜたものをモルタルという。

（1）**コンクリートの性質**

H22.50- 2

①　**圧縮強度が大きい。**

普通コンクリートでは、一般に引張強度は圧縮強度の**約1/10程度**である。

②　耐久性、**耐火性が大きい。**

③　断熱性、遮音性に優れている。

④　質量が重い。

（2）調合

コンクリートは、打上りが均質で密実になり、かつ、必要な強度が得られるようにその調合を定めなければならない。

（3）**中性化**

H26.50- 1

コンクリートは、アルカリ性で、鉄筋の防錆に役立っているが、経年とともに空気中の炭酸ガスと反応して炭酸カルシウムに変化し、表面から**アルカリ性が失われて中性化**

する。コンクリートの**中性化速度は、水セメント比が大きくなるほど速くなる**。また、調合や施工が不適当でコンクリート面のじゃんか（打設したコンクリートの表面に見られる砂利の凝集・露出部分）やコールドジョイント（打設したコンクリートに一定時間をおいて打ち足したときに生ずる打継ぎあと）、ひび割れが発生した個所の中性化も速い。

1－2　鉄筋コンクリート造の特徴

条文・原則

鉄筋コンクリート造は、耐火、耐久性が大で、耐震・耐風的にも優れた構造であり、鋳造によりつくることができるため骨組み形態を自由にできる特徴がある。
短所として、自重が大きい、施工期間が長く施工が難しいことがある。

出題履歴
H21.50- 2
H29.50- 4

（1）「耐久力」を大きくするには、
　① コンクリートの硬化及び硬化後の諸性質に影響を及ぼす骨材（こつざい）に含まれる**有害のゴミ・土・有機不純物・塩分等を排除**し、良質のコンクリートを造ることである。
　② **中性化**（鉄筋を錆びないよう保護している**コンクリートのアルカリ性が減少**すること）の防止、鉄筋を錆びさせる要因となるコンクリートの亀裂防止などを注意する必要がある。

◆骨材
コンクリートを構成する砂や砂利のこと。

H24.50- 1
H30.50- 4

（2）常温常圧において、鉄筋と普通コンクリートを比較すると、温度上昇に伴う体積の膨張の程度（熱膨張率）は、**ほぼ等しい**。

H22.50- 1
H29.50- 3

（3）鉄筋コンクリート造の柱については、**主筋は４本以上**とし、**主筋と帯筋は緊結**しなければならない。

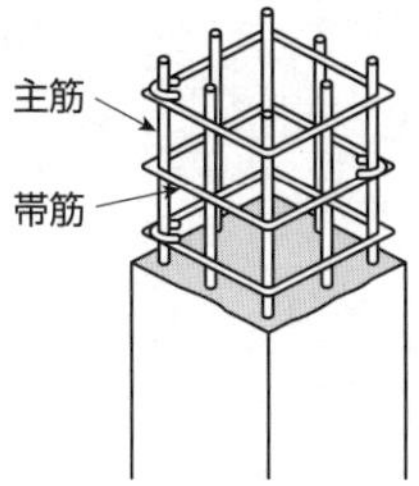

鉄筋コンクリート造における「柱の帯筋」や「はりのあばら筋」は、地震力に対する**せん断補強**のほか、内部のコンクリー

税・その他

トを拘束したり、**柱主筋の座屈を防止する効果**がある。

（4）耐力壁と周囲の柱及びはりとの接合部は、その部分の存在応力を伝えることができるものとしなければならない。

（5）鉄筋の末端は、原則としてかぎ状に折り曲げて、コンクリートから抜け出さないように定着しなければならない。

出題履歴
H24.50- 3

また、鉄筋に対するかぶりの厚さは、耐力壁以外の壁又は床にあっては２cm以上、耐力壁、柱又ははりにあっては３cm以上、直接土に接する壁、柱等にあっては４cm以上、基礎にあっては捨コンクリート部分を除いて６cm以上としなければならない。ただ、プレキャスト鉄筋コンクリートで造られた部材であって、国土交通大臣が定めた構造方法を用いるものについては、この限りでない。

（6）構造耐力上主要な部分に係る型わく及び支柱は、コンクリートが自重及び工事の施工中の荷重によって著しい変形又はひび割れその他の損傷を受けない強度になるまでは、取りはずしてはならない。

2　鉄骨鉄筋コンクリート造

条文・原則

鉄筋コンクリートに鉄骨を併用した複合構造で骨組みを形成した建物の総称である。

出題履歴
H21.50- 3
H28.50- 3

（1）鉄筋コンクリート造の優れた諸点に、さらに**強度と靭性の大きい点が追加**され、**高層建築物・公共建築物の構造に用いられているが**、特徴は鉄筋コンクリート造とほぼ同様である。

4 各種ブロック造

理解する

条文・原則

ブロック造とは、石、レンガ、コンクリートブロック等の単体をモルタル、コンクリートにより組積して壁体を造る構造（組積造）である。

（1）ブロック造の組積方法は、積んだブロックの**各層の垂直目地が2層にわたって続かないように組積する**ことが基本である。

（2）耐震的な構造とするためには、**鉄筋コンクリートの布基礎及び臥梁（がりょう）**により壁体の底部、頂部を固めることが必要である。

（3）熱・音などを遮断する性能は優れているが、**耐震性が劣る**ので、壁厚を大きくし、大きな開口部を造ることを避ける必要がある。

（4）**大張間**の建物、**高層**建物の構造には**適さない**。

ちなみに、我が国で多い補強コンクリートブロック造につき、建築基準法の施行令により、耐力壁の中心線により囲まれた部分の水平投影面積は、60㎡以下と定められている。

（5）組積造の建築物の「はね出し窓」又は「はね出し縁」は、**鉄骨又は鉄筋コンクリートで補強しなければならない**。

出題履歴
H28.50- 4

◆臥梁（がりょう）
コンクリートブロックなどの組積造で壁体の頂部を固めるために水平に回す鉄筋コンクリート造の梁のこと。

5 構造耐力・その他

重要度A

1　建築物の構造耐力

（1）**構造計算が必要な建物**

①　**超高層建築物**（高さが60mを超える建築物）

高さが60mを超える建築物は、耐久性等関係規定に適合する構造方法を用いなければならない。この場合において、その構造方法は、荷重及び外力によって建築物の各部分に連続的に生ずる力及び変形を把握することその他の政令で定める基準に従った構造計算によって安全性が確かめられたものとして国土交通大臣の認定を受けたものでなけ

出題履歴
H20.50- 1

税・その他

ればならない。

② **大規模建築物**（高さ60m以下の建築物のうち、高さ13m又は軒高９m超の木造、地上４階以上の鉄骨造、高さ20m超の鉄筋コンクリート造・鉄骨鉄筋コンクリート造等）

出題履歴
H20.50- 2

③ **中規模建築物**（高さ60m以下で上記②以外の建築物のうち、３階以上又は延べ面積500㎡超の木造、２階以上又は延べ面積200㎡超の非木造等）

（２）**構造計算適合性判定が必要な場合**

H20.50- 4

高さが60m以下の建築物の計画が国土交通大臣が定めた方法若しくは国土交通大臣の認定を受けたプログラムによるものによって確かめられる安全性を有するか否かを審査するときは、都道府県知事の構造計算適合性判定を求めなければならない。

（３）**荷重と外力**

① **積雪荷重**

雪下ろしを行う慣習のある地方においては、その地方における垂直積雪量が１mを超える場合においても、積雪荷重は、雪下ろしの実況に応じて垂直積雪量を１mまで減らして計算することができる。

② **風圧力**

建築物に近接してその建築物を風の方向に対して有効にさえぎる他の建築物、防風林その他これらに類するものがある場合においては、その方向における速度圧は、一定限度まで減らすことができる。

H25.50- 2

（４）**免震構造**

免震構造とは、地面の揺れが建物に伝わらないように、建物の基礎と上部構造との間に免震装置を設けた構造である。この免震建築物の免震層には、積層ゴムやオイルダンパー（油の粘性を利用して振動や衝撃を和らげる装置）が使用される。

R 1.50- 1、3

（５）**建築設備**

建築物に設ける自然換気設備の給気口は、居室の天井の高さの２分の１以下の高さの位置に設け、常時外気に開放された構造とし、排気口は、給気口より高い位置に設け、常時開放された構造としなければならない。

統計

重要ポイント

1. 不動産に関する統計

－統計に関する学習の指針－

■土地・建物に関する需給・統計資料

- □地価公示（国土交通省）
- □住宅着工統計（国土交通省）
- □住宅・土地統計調査（総務省）
- □国土交通白書（国土交通省）
- □土地白書（国土交通省）　など

↓

■土地に関する統計	
□国土の利用割合	宅地の国土における割合などをおさえる。
□地価公示	全国平均や大都市圏と地方圏の比較及び住宅地と商業地の比較をおさえる。
□土地取引の件数	売買による土地取引件数(売買による土地の所有権移転登記の件数)をおさえる。
□土地取引の面積	特に全国の土地取引（区分所有に係るものを除く。）の面積規模別の割合をおさえる。
□宅地供給の動向	全国の宅地供給量のここ数年の特徴をおさえる。

■住宅（建物）に関する統計	
□住宅着工統計	新設住宅着工戸数その中でも一番多く出題されるのは総数の前年又は前年度比較、さらに年によって、その中の貸家・分譲住宅の前年比較、分譲住宅の中で一戸建・分譲マンションの年度比較をおさえる。
□住宅統計調査の内容	１世帯当たり住宅数、総住宅数に占める持家数の割合をおさえる。

■不動産業に関する統計	
□指定流通機構	売り物件とか賃貸物件の新規登録件数をまずおさえ、あとは総登録件数、売り物件の新規登録件数の種類別比較をおさえる。
□不動産業に関する統計	宅地建物取引業者の数や不動産業の売上高・経常利益などをおさえる。

権利関係／宅地建物取引業法／法令上の制限／税・その他

索引

[ゆ]

[よ]

[り]

[れ]

[わ]

1級建築士試験 全国 合格者占有率 No.1

総合資格学院は「今」最も合格者

令和2年度
1級建築士 学科・設計製図試験

全国 ストレート合格者占有率

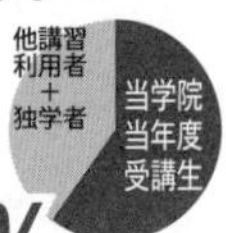

60.8%

全国ストレート合格者1,809名中／当学院当年度受講生1,099名
〈令和2年12月25日現在〉

令和2年度
1級建築士 設計製図試験

全国 合格者占有率

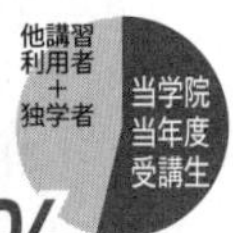

53.8%

全国合格者3,796名中／当学院当年度受講生2,041名
〈令和2年12月25日現在〉

令和3年度
1級建築士 学科試験

全国 合格者占有率

45.6%

全国合格者4,832名中／当学院当年度受講生2,202名
〈令和3年9月7日現在〉

令和3年度
2級建築士 学科試験

当学院基準達成当年度受講生合格率

94.0%

全国合格率 42.0%

8割出席・8割宿題提出・総合模擬試験正答率6割達成
当年度受講生763名中／合格者717名
〈令和3年8月24日現在〉

令和2年度
2級建築士 設計製図試験

当学院基準達成当年度受講生合格率

82.6% その差 31.9%

当学院基準達成者以外の合格率 50.7%

8割出席・8割宿題提出・模試2ランクI達成
当年度受講生841名中／合格者695名

当学院当年度受講生合格者数1,974名 〈令和2年12月10日現在〉

令和3年度
1級建築施工管理 第一次検定

当学院基準達成当年度受講生合格率

81.4% その差 45.4%

過去10年で最も低い全国合格率 36.0%

6割出席・6割宿題提出
当年度受講生440名中／合格者358名
〈令和3年7月16日現在〉

令和3年度
建築設備士 第一次試験

当学院基準達成当年度受講生合格率

75.0% 全国合格率の2倍以上

全国合格率 32.8%

8割出席・8割宿題提出
当年度受講生40名中／合格者30名
〈令和3年7月29日現在〉

令和3年度 (前期)
2級建築施工管理 第一次検定

当学院基準達成当年度受講生合格率

75.7% 全国合格率の2倍

全国合格率 37.9%

8割出席・8割宿題提出
当年度受講生103名中／合格者78名
〈令和3年7月6日現在〉

令和3年度
1級土木施工管理 第一次検定

当学院基準達成当年度受講生合格率

82.4%

全国合格率 60.6%

6割出席
当年度受講生102名中／合格者 84名
〈令和3年8月19日現在〉

※当学院のNo.1に関する表示は、公正取引委員会「No.1表示に関する実態調査報告書」に沿って掲載しております。 ※全国合格者数・全国ストレート合格者数は、(公財)建築技術教育普及センター発表に基づきます。 ※学科・製図ストレート合格者とは、令和2年度1級建築士学科試験に合格し、令和2年度1級建築士設計製図試験にストレートで合格した方です。 ※総合資格学院の合格実績には、模擬試験のみの受験生、教材購入者、無料の役務提供者、過去受講生は一切含まれておりません。

令和4年度 試験対策

宅建パーフェクト合格必勝コース

目標は受講生全員合格!!

実際に教壇に立つ講師陣と、講師とともに受講生の学習状況をチェックし、学習アドバイスを行う教室マネージャー。この講師・教室マネージャーが連携し、みなさんの「合格」を全力サポートします。合格のために大切なのは、宅地・建物の取引に関する様々な法律を正しく理解すること。長年にわたる指導経験により、受講生が苦手としがちなポイントを把握している当学院だからこそ可能な「受講生の目線」に立った指導を、受講生一人ひとりに合わせ実践しています。

合格サイクル+継続学習

本試験で合格点を達成した受験生は、それまでの模試やテストでも、常にトップ近くの水準をキープしてきた傾向があります。当学院では、原理・原則の正しい理解を重視した講義で基礎から着実にインプット学習を行い、さらにアウトプットトレーニングを繰り返すことで得点力を養成。さらに自宅学習を含め、規則正しい学習のサイクルを継続することにより、得点力を維持します。計画的に本試験合格レベルの実力を身につけられます。

講習当日に完全理解
本試験を突破するために必要な知識を、当日のうちに確実にインプット

＋

アウトプットトレーニング
理解不足の箇所を確認し補完すると同時に、知識を得点に結びつける実戦型トレーニング

▶ **知識の定着 応用力の養成**

POINT 定期研修で常時高レベル!

優秀な講師陣

当学院では、全国どこの教室でも変わらない質の高い講義を行えるよう、厳しい採用基準をクリアし、育成期間を経て極めて高い指導水準に達した講師のみが、教壇に立つことを許されています。また各科目の特性に応じた指導を行うべく科目専任制を採用。加えて最新の試験情報を共有するための会議や、最良の指導方法を学ぶための研修も定期的に開催。「受講生全員合格」を目標に、日々研鑽を重ねています。

インタ・ライブ講義

【interactive(相互作用のある、双方向の)】+【ライブ講義(人対人の理解度優先講義)】から生まれた、個々の学力を把握しながら指導を行う、当学院独自の講義システムです。

※教室によっては通学映像となる場合がありますので、必ず受講希望校までお問い合わせください。

科目専任制で各科目の実務専門家によるライブ講義、教材作成を実現!

権利関係	弁護士／司法書士、他	法令上の制限	1級建築士／不動産鑑定士、他
宅建業法	宅地建物取引士／不動産鑑定士、他	税・その他	不動産鑑定士、他

- 各科目とも第一線で活躍する実務専門家がライブ講義、教材作成を担当!
- 難化した最新傾向の宅建士試験に対応した講義を最適な教材で受けることができます!

定期研修前に情報抽出
講師自身の理想とする講座方針や課題、留意点などを定期研修前に講師が抽出

▶

受講生の成績に基づいた学習メニュー立案
指導技術の共有
講義のロールプレイング

定期研修で内容を検討
当学院の全国の講師が集まり、最新情報を元に分析した試験対策や講義内容を検討

▶

より進化した講習システムへ
定期研修の内容を受けて指導の成功例や注意点を集約し、問題点などの改善を反映

▶

実際の講義へフィードバック
当学院の選び抜かれた講師たちが指導する、常に内容が更新された講義を実現

POINT 受講生一人ひとりの理解状況を正しく確認!

チェックポイント&講習カルテ

適切な指導を行うために受講生一人ひとりの理解状況を正しく確認する「チェックポイント」と「講習カルテ」を導入。「チェックポイント」は、その回の講義で必ず理解しなければならない重要項目であり、これを中心に講義が進行します。また講習日までの学習状況や、講義終了後の理解度を回答する「講習カルテ」により、講義の理解度や満足度、学習の進捗状況を検証し、受講生一人ひとりに適した学習方法をアドバイスします。

チェックポイント

講習カルテ

POINT 》学習状況を確認し、効果的な学習方法をアドバイス！

今年絶対合格するダイアリー

宅建士合格に必要なのは、日々の学習の継続。大半の資格スクールでは、自宅での学習は本人任せですが、当学院では毎日の学習管理もしっかりサポート。「今年絶対合格するダイアリー」で日々の予定を確認し、効果的な学習方法をアドバイスします。

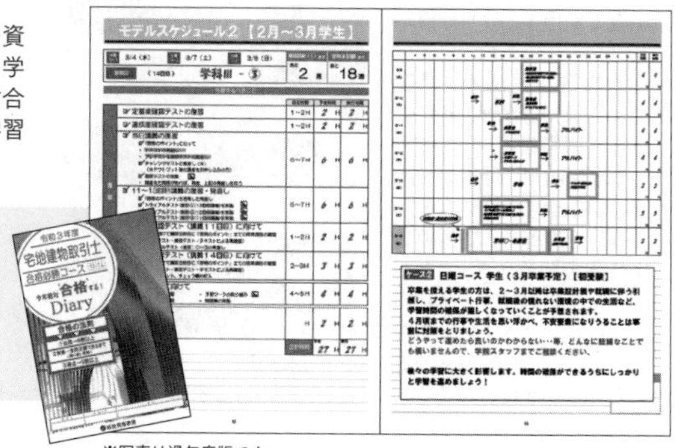
モデルスケジュール２【2月〜3月学生】
宅地建物取引士
合格必勝コース
合格
Diary

※写真は過年度版です。

合格までのすべての時間を無駄なく効率的に管理！

受講生の記入しやすさ、使いやすさを追求！

受講生
毎日の学習だけではなく1日のスケジュール、学習状況などをダイアリーに記入
学院スタッフ・講師
ダイアリーから日々の学習状況を確認
○○××
受講生一人ひとりに合わせた効果的な学習方法や時間の使い方をアドバイス

POINT 》講義中の疑問点は当日中にすべて解消！

フォローアップ学習

理解不足の箇所があれば、いつでも質問に対応します。講義中の疑問や、解けない問題があれば、ぜひ当学院の講師やスタッフにご相談ください。また自習室や映像ブースなど、フォローアップ学習のための設備も完備していますので、当日のうちに疑問点をすべて解消し、独力で問題を解けるレベルをめざしましょう！

POINT 》経験やノウハウを活かした受講生目線のサポート！

チューター

講義直後に教室で受講生が講義・テキストの復習に取り組むフォローアップ学習にて、講師とチューターが連携して受講生のサポートを行います。チューターは、当学院を受講して試験を突破された皆さんの先輩。合格した経験や勉強方法のノウハウを活かして、より受講生の目線で学習指導・相談に応じます。

連携
指導
質問
相談
指導
講師
受講生
チューター

※チューターの在室状況は各校にお問い合わせください。

■受講料

受講料内訳

宅建 パーフェクト合格必勝コース
370,000円
(税込407,000円)

＝

必修項目習得講座
80,000円
(税込88,000円)

＋

宅建合格必勝コース(宅建総合講座)
受講料の一部を国が補助!!
290,000円
(税込319,000円)

※受講料や講座に関する詳細・ご不明な点等は、当学院までお問い合わせください。
※上記各コースにおける各種割引制度での割引は、宅建合格必勝コース(宅建総合講座)より割引いたします。

Feature 3 合格サイクル＋継続学習

インプット学習とアウトプットトレーニングのくり返しで、合格水準の得点力を養い、試験日まで知識をキープするのが当学院のオリジナルメソッド。計画的に本試験合格レベルの実力を身につけられます。

STEP 1 予習(自宅学習)

「予習ワーク」で効率的な予習を行い、講義の効果を最大限に発揮する!

STEP 2 講習

受講生の目線に立った理解度最優先の講義で、実力が飛躍的にアップ!

STEP 3 フォローアップ学習

講義内容や演習テストについての疑問は、講習当日にすべて解決!

STEP 4 復習(自宅学習)

復習用の教材で効果的な復習を行い、短期記憶を長期記憶へ!

格必勝コースの流れ

8月　10月

※科目の進行順は教室によって異なります。詳しくは各教室にお問い合わせください。

宅建業法④⑤
税・その他①②
特別法講義
実力診断模試②
演習講座：科目別演習／宅建士模試／総合答練
公開統一模擬試験①②
本試験

令和2年度
宅地建物取引士合格 合格体験記

三上 拓也さん 28歳

受講講座名	宅建パーフェクト合格必勝コース
勤務先業種	建設会社
職種	賃貸住宅建設営業

Q 現在の仕事の道に進もうと思ったきっかけをお聞かせください。

A **不動産業務のプロへ**
親族が不動産賃貸業をやっており、土地売買、管理、税金対策、不動産業務全般で、困らないよう私自身が知識を身に付け家族を守っていきたいと考えたのがきっかけです。

Q 宅建士試験の受験を決断した理由・きっかけ、また受験を決める際に不安なことやそれをどう克服したかお聞かせください。

A **独学の壁**
受験は二回で、一回目は独学で資格を取ろうと考え、結果は31点でした。一回目の受験で気づいたことは圧倒的に問題を解く力と、対策が足りないことでした。そこで独学に限界を感じ資格学校に通い二回目の受験を決断しました。一度試験に落ちてしまうと自信がなくなり不安になりますが、自信がつくまで問題を解き、克服しました。

Q 独学または、他の学校利用ではなく「総合資格学院」に決めた理由をお聞かせください。

A **合格者の感想**
独学に限界を感じていました。そこで同期の合格者に話を聞くと、総合資格学院に通い合格した方が多かったため、通うことを決めました。

Q ご自身と独学者を比べてみて、一番大きな違いは何でしたでしょうか。

A **試験対策が充実**
問題を解くポイントや、試験対策への学習の仕方が、大きく合否を左右します。学習を継続的にできるカリキュラムや試験対策が効率的であり、独学者と比べるととても大きなものでした。

Q ズバリ、宅建士合格のポイントはどこですか?

A **独学の限界を知れたこと**
独学の時は解説者もいなく間違えて覚えていることがありました。総合資格学院のカリキュラムに合わせて継続して勉強することで、しっかり理解することができました。総合資格学院で試験対策を徹底的にできたことが合格のポイントだと思います。

Q 御自身の経験を元に資格取得をめざす方へアドバイスをお願いします。

A **努力は裏切らない**
努力したことは仕事上で自信になりましたし、得た知識はお客様のためになります。サポートしてくださった総合資格学院の方に感謝です。そして、資格取得は誰かを守るために必要なことだと思いました。また、知識の向上にも必要だと思いました。少しでもいいので継続して勉強に励み、最後まで諦めなければ、努力は裏切らないと思います。受験される皆さんを心から応援しております。

資格取得をめざすきっかけは人それぞれ。置かれている環境や、抱える悩みも人それぞれ。
しかし、めざすところはただ一つ。「合格」の2文字です。
令和2年度宅建士合格を勝ち取った総合資格学院OBの困難克服法や必勝法など、
一人ひとりの合格ストーリーをお届けします。

直井 優さん 22歳

受講講座名	宅建パーフェクト合格必勝コース
勤務先業種	ハウスメーカー
職種	営業

Q 宅建士試験の受験を決断した理由・きっかけ、
また受験を決める際に不安なことやそれをどう克服したかお聞かせください。

A **就活内定時にしていた決意**
現在の職場において必須の資格であったため、すでに受験を決めていました。また、学生時代に思いっきり遊んで社会人になったら必死にがんばると決めていたので、特に不安はありませんでした。

Q 独学または、他の学校利用ではなく「総合資格学院」に決めた理由をお聞かせください。

A **希望に合わせたコース選択**
4月から宅建士試験の勉強を始めた私にとっては、基礎から学べるコースが用意されていたのと、絶対に合格出来るカリキュラムになっていると言われ、総合資格学院に決めました。

Q ご自身と独学者を比べてみて、一番大きな違いは何でしたでしょうか。

A **徹底したスケジュール管理**
スケジュールに沿って講義が進むので、ひと通りの内容を理解するまでは、自分自身がスケジュール管理に使う労力が少なく済みました。また、時期ごとに学習で到達していなければならない具体的な基準が示されていたので、そこを目標に今の自分の位置を確認しながら勉強をすることができました。

Q 合格したからこそ言える失敗談や反省点、
受験期間中の印象に残るエピソードなどお聞かせください。

A **学習モチベーション失速時の支え**
勉強を一人で頑張っていくことに慣れてくると、モチベーションが下がってしまう時期がありました。その時に学院スタッフの方が、毎週気にかけて下さり、力強い言葉で、背中を押してくれ、最後まで頑張ることができたことが、とても印象に残っています。

Q 今後の目標や抱負、この受験を通じて得た知識・資格を仕事上どのように活かしていきたいか、
また、次に取得をめざしている資格があればお聞かせください。

A **社会に貢献できるように**
宅建士を取得したことによって、重要事項説明ができるようになったため、自分の力で契約をして会社に、そして社会に貢献できる社会人になっていきたいと思います。

Q 御自身の経験を元に資格取得をめざす方へアドバイスをお願いします。

A **総合資格学院で必ず合格できる**
総合資格学院のカリキュラムを積み重ねていけば必ず合格できるので、一生の財産を手に入れるために数カ月に力を注いでください。

1級建築士・2級建築士

資料請求▶

設計製図試験を見据えた学科講座!

建築士試験において、学科高得点者は設計製図試験の合格率が高いことが判明しており、当学院では設計製図試験を見据えた学科講座を展開しています。試験対策にはとどまらない、実務に即した知識を講座を通して深めていくことで、問題に対して正しく理解し、解答を選ぶことができるのはもちろん、解答を記述できるレベルまで実力を引き上げます。この原動力となるのが、総合資格学院独自の対面形式の講義システム「インタ・ライブ講義」。映像講義をただ視聴するのではなく、実際に講師が教壇に立ち、受講生の理解度を確かめつつ、疑問や不明点を解消し、実力を養成します。

設計製図試験は学科試験の知識が必須 ＞ 学科試験高得点者は設計製図試験の合格率が高い ＞ 学科試験を高得点で合格できる力が必要!!

「人」対「人」の直接的なコミュニケーションによる理解度最優先指導

インタ・ライブ講義

受講生一人ひとりの理解状況を確認し、理解不足であれば、わかるまで丁寧に指導するための講義システム。当学院では長年にわたりライブによる「個別指導」にこだわった講義を行っています。そして、「個別指導」のために「講義理解度チェックポイント」や「講習カルテ」を導入することで、理解が足りない箇所を素早く確認し、追加指導できる学習環境を実現しています。

教材　毎年改訂

「対面指導」で培った合格へのノウハウが満載!

受験生や試験を知り尽くした講師や講習開発スタッフによる執筆だから、「受講生目線」の理解しやすい構成。また、毎年改訂により、法改正や規準改定、最新試験傾向への対応はもちろん、受講生の意見や要望などを取り入れ、より使いやすさを追究。まさに"合格に最も近い教材"です。

講師

「全員合格」を目標に、一人ひとりに対応したきめ細やかな指導!

厳しい採用基準をクリアした真のプロフェッショナルたちが、全国の教室で受講生一人ひとりに対応したきめ細やかな指導を実践。「受講生全員合格」を目標に日々全力で取り組んでいます。

自習室　講習日以外も開放!

講習日以外も教室を開放して学習スペースを提供します!

会社帰りに! | 予習・復習に! | 集中して学習したい方に!

- 講習当日の利用で"フォローアップ学習"を徹底!
- 平日の会社帰りにも利用可能!
- 適度な緊張感のあるスペースで高い学習効果が生まれる!

※開放日や開放時間の詳細は各校にお問い合わせください。

忙しい方や自分のペースで学習したい方に最適な講座です。 令和4年4月 開講予定

宅建通信講座

FAX申込記入欄

太枠線内 にご本人がご記入ください。

FAX送信先

03-3340-2809

フリガナ		申込日	令和　年　月　日	性別	男・女
氏名	印	生年月日	昭和 平成　年　月　日（　歳）	受験回数	回目
自宅住所	〒　都道府県				
	TEL		携帯電話	個人・会社	
	メールアドレス				
勤務先名	支店名:　所属:　部(課)				
勤務先住所	〒　都道府県				
	TEL	（　）			
職種	1.不動産業　2.金融関係　3.建設関係　4.学生　5.主婦　その他（　）				
卒業(在学) 学校名	大学院　大学　短大　専門学校　高校　中学　学部　学科　在学（　年生）卒業（S・H・R　年卒）				
ご購入済の書籍名	□必勝合格 宅建士テキスト　□必勝合格 宅建士過去問題集	※ご購入済みの書籍につきましては、受講料から書籍購入代金を割り引かせていただきます。			

当グループでは、ご提供いただいた個人情報を個人情報保護法の定めに基づいて当グループ以外の第三者に提供することはありません。また、ご提供いただいた個人情報は各種の資格試験に関する商品・サービスのご案内など、当グループの業務遂行に必要な範囲で利用させていただく場合があります。
※受講料確認のためメールアドレスは必ずご記入ください。

(株)総合資格 (株)中部資格

お申込の流れ

① FAX申込書を送信ください

② メールにて受講料・振込口座をお知らせいたします

③ 受講料をお振込みください

④ お振込み金額を確認いたします

⑤ IDを発行し、教材を発送いたします

クレジットカード決済、コンビニエンスストア決済をご希望の方は、総合資格学院オンラインショップ
(http://www.shikaku-online.jp/)
からお申込みください。

※IDの発行後、教材を発送いたしますので、お振込みいただいてから教材の発送までは、1週間程度お時間を頂戴いたしますことをご了承ください。

※オンラインショップでの販売は2022年2月より開始予定です。

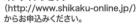

令和４年度版　必勝合格　宅建士テキスト

発行日　初版第１刷　2021年12月１日

発行人　岸　隆司

企画・編集　総合資格学院［若狭毅徳、今川義威、月岡洋人、東野真知子］

発行　株式会社 総合資格
〒163-0557　東京都新宿区西新宿1-26-2 新宿野村ビル22Ｆ

電話　03-3340-3007（内容に関するお問い合わせ先）
03-3340-6714（販売に関するお問い合わせ先）
03-3340-3082（プレゼントに関するお問い合わせ先）

URL　株式会社 総合資格　http://www.sogoshikaku.co.jp/
総合資格学院HP　https://www.shikaku.co.jp/
総合資格学院出版サイト　https://www.shikaku-books.jp/

本文レイアウト・DTP　朝日メディアインターナショナル 株式会社

印刷　セザックス 株式会社

ISBN978-4-86417-420-6 C2032
Printed in Japan